侵权法报告

Qinquanfa Baogao

侵权法报告（第7卷）

张民安 主编

自治性隐私权研究

——自治性隐私权的产生、发展、适用范围和争议

张民安 主 编
宋志斌 副主编

中山大学出版社
·广州·

LAW

图书在版编目（CIP）数据

自治性隐私权研究：自治性隐私权的产生、发展、适用范围和争议/张民安主编；宋志斌副主编．—广州：中山大学出版社，2014.8

（侵权法报告·第7卷/张民安主编）

ISBN 978-7-306-04954-4

Ⅰ.①自…　Ⅱ.①张…　②宋…　Ⅲ.①隐私权-研究-美国
Ⅳ.①D971.23

中国版本图书馆CIP数据核字（2014）第156040号

出 版 人：徐　劲
策划编辑：蔡浩然
责任编辑：蔡浩然
封面设计：方楚涓
责任校对：杨文泉
责任技编：何雅涛
出版发行：中山大学出版社
电　　话：编辑部 020-84111996，84111997，84113349，84110779
　　　　　发行部 020-84111998，84111981，84111160
地　　址：广州市新港西路135号
邮　　编：510275　　传　真：020-84036565
网　　址：http：//www.zsup.com.cn　E-mail：zdcbs@mail.sysu.edu.cn
印 刷 者：广州中大印刷有限公司
规　　格：787mm×1092mm　1/16　35.25印张　538千字
版次印次：2014年8月第1版　2014年8月第1次印刷
定　　价：69.00元

如发现本书因印装质量影响阅读，请与出版社发行部联系调换

主编特别声明

倡导新理论，援引新资料，提出新观点，解决新问题，推动中国侵权法理论的创新和学术的进步，是《侵权法报告》一贯的宗旨，也是《侵权法报告》主编一直追求的目标。

《侵权法报告》凭借主编张民安教授和宋志斌律师良好的专业素质、外语水平和与国内外侵权法理论界和侵权法实务界的良好关系，从理论和实务、国内和国外两个角度诠释当代侵权法的最新理念，揭示当代侵权法案例中所蕴含的内涵，提升我国侵权法的理论水准，为我国立法机关科学地制定侵权法方面的法律提供理论支撑，为我国司法机关妥当地解决纷繁复杂的侵权案件提供理论指导。

尊敬的读者，如果您在《侵权法报告》中读到所援引的案例、法官的判词、外国学者的精辟论语和提出的学术观点，并在出版的著作或撰写的文章时引用，请您遵守最基本的学术规范和尊重作者最基本的权利，加上“转引自张民安主编的《侵权法报告》”等字样，以体现对《侵权法报告》作者艰辛劳动的尊重。因为学术虽然是开放的，但是，作者的劳动是应当得到尊重的。只有这样，学术才能繁荣，侵权法学才能进步，在学术上倡导新理论、提出新观点的学者才能真正体现其自身价值。

序　　言

一、自治性隐私权的界定

所谓自治性隐私权（right to decisional privacy），是指他人所享有的就其具有私人性质的事务作出自我决定的权利 。当他人享有此类隐私权时，其所享有的此类隐私权除了受到一般侵权法的保护之外，也受到宪法的保护；除了一般的社会公众不能够侵犯他人享有的此类隐私权之外，政府也不得侵犯他人享有的此类隐私权。例如，当他人作出与另外一个同性结婚的决定时，他人就其同性婚姻作出的决定就属于自治性隐私权。同样，当他人作出与另外一个人实施鸡奸行为的决定时，其所作出的与别人实施鸡奸行为的决定也属于自治性隐私权。他人作出的与另外一个人缔结同性婚姻的决定之所以在性质上属于自治性隐私权，一方面是因为他人享有按照自己的意思与别人缔结同性婚姻的自由权，行为人尤其是政府不得以他人作出的此类决定违反了公共政策或者良好道德原则为由，宣告他们作出的此类决定无效，更不得将他人作出的此类决定规定为犯罪行为并因此对他人施加刑事制裁；另一方面是因为当他人作出与别人缔结同性婚姻的决定时，他人所作出的此类决定在性质上属于他人在私人事务方面作出的决定，不属于他人在公共事务方面作出的决定，行为人尤其是政府不得擅自公开他人所作出的此类决定。

在历史上，自治性隐私权是由美国联邦最高法院在 1965 年的 Griswold v. Connecticut 一案当中首次确立的，它是美国联邦最高法院在 20 世纪 60 年代中后期所确立的三种新隐私权之一。所谓新隐私权，是指相对于 20 世纪 60 年代中后期之前的侵权法所确立的传统隐私权而言的隐私权。在 20 世纪 60 年代中后期之前，侵权法虽然也确立了众多的隐私权，包括：他人对其姓名、肖像或者其他人格特征所享有的隐私权，他人对其私人事务所享有的隐私权，他人对其独居或者安宁所享有的隐私权，等等，[①] 但是，这些隐私权被学者称为传统隐私权，因为这些隐私权较少受到新科技和新发明的影响，行为人在实施侵害他人隐私权的行为时较少借助于新科技和新发明的手段，使他们侵犯他人隐私权的行为受到极大的限制。随着大量新科技和新发明的产生、应用和普及，行为人开始借助于这些新科技和新发明实施侵犯他人隐私权的行为，使他人的隐私权面临20世纪60年代中后期之前所没有面临的各种各样的威胁。为了应对新科技和新发明的使用对他人隐私权产生的新威胁，美国联邦最高法院开始通过其司法判例确立新的、不同于传统隐私权的一些理论，这就是所谓的新隐私权。

除了自治性隐私权之外，美国联邦最高法院在20世纪60年代中后期所确立的另外两种新隐私权分别是物理性隐私权和信息性隐私权，它们与自治性隐私权一起共同构成所谓的三分法的新隐私权理论。所谓物理性隐私权（right to physical privacy），也称为空间性隐私权（right to spatial privacy）或者场所性隐私权（local privacy），是指他人对某一个特定的地理区域、地理空间或者场所所享有的隐私权。例如，他人对其住所所享有的隐私权、他人对其机动车尾箱所享有的隐私权等都属于物理性隐私权。所谓信息性隐私权（right to informational privacy），是指他人所享有的对其个人信息的披露或者公开予以控制的隐私权。例如，他人对其上网记录所享有的隐私权，或者他人对其医疗记录所享有的隐私权就属于信息性隐私权。无论是自治性隐私权、物理性隐私权还是信息性隐私权均属于宪法性隐私权（constitutional privacy）的组成部分，因为它们均保护民众在宪法上所享有的免受政府尤其是政府执法人员侵犯的隐私权。

二、自治性隐私权的确立

在1961年的Poe v. Ullman一案[②]中，美国联邦最高法院首次面临宪法性隐私权的问题，在该案当中，康涅狄格州的一名药剂师认为

---

① William L. Prosser, Privacy (1960), 48 Calif. L. Rev., p. 389；张民安著：《无形人格侵权责任研究》，北京大学出版社2012年版，第446－447页；威廉·普罗瑟，W. 佩奇·基顿著：《论隐私权》，廖嘉娴译，载张民安主编：《美国当代隐私权研究》，中山大学出版社2013年版，第186页。

② 367 U. S. 497 (1961).

该州禁止他人使用避孕工具的法律违宪，他为此向法院起诉，要求法院宣告该法无效。尽管美国联邦最高法院的多数意见从技术层面驳回了原告的诉讼请求，但大法官 Douglas 与大法官 Harlan 在他们的异议意见当中认为，该州的法律确实侵犯了他人享有的隐私权。

在 1965 年的 Griswold v. Connecticut 一案①中，美国联邦最高法院最终废除了康涅狄格州禁止他人使用避孕工具的法律，并且首次明确认可了自治性隐私权。在美国，康涅狄格州的立法者所制定的一部制定法，禁止任何人以药物、手术等方式进行避孕，禁止任何人帮助、教唆其他人采取避孕措施；一旦行为人违反此项法律，他们将会遭受该法所规定的刑事制裁。② 在 Griswold 一案当中，Griswold 是康涅狄格州计划生育联合会（the Planned Parenthood League of Connecticut）的理事，他为已婚夫妇提供有关避孕方法的信息或者医疗指导。检控机关认为他违反了该法的规定，其行为构成犯罪行为，并因此对其提出了犯罪检控。当该案被上诉到美国联邦最高法院时，美国联邦最高法院认定康涅狄格州的此项法律违宪，认为该法侵犯了已婚夫妻所享有的自由做出是否避孕的决定的权利；而该种权利属于一种宪法性的权利，属于《美国联邦宪法》所规定的隐私权。这就是所谓的自治性隐私权。

Griswold 一案真正非同寻常的地方在于，七位大法官在没有任何先例或宪法文本明确指引的前提下就一致认为，涉案的康涅狄格州法律是违宪的。Douglas 大法官撰写的法院意见认为，特定宪法条文提供的保护并不局限于其文字表面，而是会发散形成一个“外延区域”（penumbra），因此，包括隐私权在内的未明确列举的权利就可以纳入“外延区域”进行保护。Douglas 大法官首先引用了过往的一系列判例，在这些判例中，联邦最高法院均认可和支持了宪法中没有明确列举的权利，③ 例如 Meyer v. Nebaska 一案和 Pierce v. Society of Sisters 一案所主张的有关家庭的权利。而根据《美国联邦宪法第一修正案》引申出结社自由和其他相应权利的做法也表明，联邦最高法

---

① 381 U. S. 479 (1965).

② Conn. Gen. Stat. Rev. § 53 -32, § 54 -196. (1958).

③ 381 U. S. at 482 -483.

院确实曾经从特定宪法条文当中相应地推导出其他具有必然性的权利。可见，《美国联邦宪法第一修正案》确实可以引申出一个保护特定相关活动的“外延区域”，Douglas 大法官由此认为，《权利法案》中的条文都可以形成它们的“外延区域”，这些“外延区域”保护那些使宪法条文获得生命和意义的相关权利。① 所以，《美国联邦宪法第一修正案》、《美国联邦宪法第三修正案》、《美国联邦宪法第四修正案》和《美国联邦宪法第五修正案》共同引申出一项名为“隐私权”或“独处权”（the right to be let alone）的权利来保护相关的利益。上述修正案，加上《美国联邦宪法第九修正案》规定“宪法对权利的列举，不能被理解为对人民所保留的其他权利的拒绝或蔑视”，这些因素使得 Douglas 大法官认为，特定宪法条文的外围存在一个“隐私区域”（zone of privacy）。通过上述推理将隐私权引入到宪法当中之后，Douglas 大法官简单地总结道：“本案涉及的关系属于‘隐私区域’的范围。”

Griswold v. Connecticut 一案的规则确立之后随即获得美国联邦最高法院和美国地方法院的遵循，这些法院在审理涉及限制民众就其私人事务做出决定的制定法时均援引该案所确立的规则。例如，在 1969 年的 Stanley v. Georgia 一案②中，法官援引 Griswold v. Connecticut 一案所确立的规则认为，佐治亚州禁止民众在其家中观看黄色电影的法律违宪，因为它侵犯了民众所享有的受到《美国联邦宪法》所保护的获得智识性的权利。法官在该案当中指出：“除非在某些例外的情况下，否则，他人所享有的免受政府对其隐私予以非法干预的权利是他人的基本权利。”再如，在 1972 年的 Eisenstadt v . Baird 一案③中，美国联邦最高法院援引 Griswold v. Connecticut 一案所确立的规则认为，马萨诸塞州禁止民众使用避孕工具避孕的法律违宪无效，因为它认为，该法除了违反男女平等保护的原则之外，也侵犯了民众所享有的受美国联邦宪法所保护的隐私权，法官在该案当中指出：“如果隐私权有任何意义的话，那么，隐私权一定是指他人所享有的

① 381 U. S. at 484.
② 394 U. S. 557 (1969).
③ 405 U. S. 438 (1972).

诸如是否生育孩子这一类影响他人的基本事务方面免受政府非法侵害的个人权利，无论他人是单身还是已婚人士。”同样，在1973年的Roe v. Wade一案[①]当中，美国联邦最高法院再一次援引Griswold v. Connecticut一案所确立的规则认为，德州禁止妇女堕胎的法律违宪，因为它认为，该法侵犯了孕妇所享有的受到《美国联邦宪法》所保护的基本隐私权，“这种基本隐私权暗含在《美国联邦宪法第十四修正案》所规定的自由概念当中及其对州立法所施加的限制当中”。

在美国，自治性隐私权保护民众就有关其家庭、生育、婚姻、性行为、教育小孩、在私人场所阅读黄色书刊或者观看黄色电影等方面的事务做出自由决定的权利，政府不能够制定法律，限制他们就这些事务做出自由决定的权利，否则，它们所制定的这些法律将会因为侵犯民众依据《美国联邦宪法》所享有的自治性隐私权而违宪无效。美国联邦最高法院认为，虽然《美国联邦宪法》并没有明确规定民众所享有的此类自治性隐私权，但是，民众所享有的自治性隐私权暗含在《美国联邦宪法第一修正案》、《美国联邦宪法第四修正案》、《美国联邦宪法第五修正案》等的规定当中，这些修正案的规定除了包含其他内容之外还包含了他人所享有的就其家庭、生育、婚姻、性行为或者小孩教育等方面的事务做出自由决定的权利。大法官Blackmun在著名的Roe v. Wade一案当中对此规则做出了明确说明，他指出：“虽然《美国联邦宪法》并没有对隐私权做出明确的规定，但是，从美国联邦最高法院所作出的众多司法判例当中可以看出，法官实际上承认《美国联邦宪法》暗含地规定了隐私权。”也就是说，法官认为，《美国联邦宪法》为他人的隐私权提供了法律保护。在不同的案例中，法院或是法官个人分别在《美国联邦宪法第一修正案》（具体表现在Stanley v. Georgi一案）、《美国联邦宪法第四修正案》、《美国联邦宪法第五修正案》（具体表现在Terry v. Ohio一案及Katz v. United States一案）、《人权法案》（具体表现在Griswold v. Connecticut一案）、《美国联邦宪法第九修正案》、《美国联邦宪法第十四修正案》所规定的自由（具体表现在Meyer v. Nebraska一案）当中发现了民众隐私权存在的根据。这些判决表明，只有民众享有的某些基

---

① 410 U. S. 113 (1973).

本的或暗含在有序自由（具体表现在 Palko v. Connecticut 一案）当中的人身权利才受到《美国联邦宪法》的保护，并且民众所享有的宪法性隐私权的保护范围已经延伸到民众的婚姻（具体表现在 Loving v. Virginia 一案）、生育（具体表现在 Skinner v. Oklahoma 一案）、避孕（具体表现在 Eisenstadt v. Baird 一案）、家庭关系（具体表现在 Prince v. Massachusett 一案）、孩子的抚养和教育（具体表现在 Pierce v. Society of Sisters 一案和 Meyer v. Nebraska 一案）等领域。[①]

三、学者对自治性隐私权的认可

在美国，除了联邦最高法院和地方法院普遍认可自治性隐私权之外，美国的学者也普遍认可自治性隐私权。例如，Jerry Kang 在其《网络交易中的信息隐私权》当中就认可自治性隐私权的存在。他认为，隐私权的一个主要方面的含义是指自治性隐私权。所谓自治性隐私权，是指他人所享有的在不受任何干扰的情况下独立作出关于自己的重要决定的权利。在美国历史上著名的 Roe v. Wade 一案[②]中所讨论的问题即是自治性隐私权。这类隐私权不太关注空间上界限的保持和维护，它更关注民众在不受政府干预的情况下作出决定和选择的自由。[③] 再如，美国学者 Paul M. Schwart 也在其《财产、隐私和个人数据》当中认可自治性隐私权。他指出，自治性隐私权区别于信息性隐私权，因为信息性隐私权是指他人对其个人信息的使用、加工或者转移所享有的隐私权，而自治性隐私权则是指他人所享有的能够作出某些基本决定的权利，诸如作出是否生育或者如何教育小孩的决定等。[④]

由于受到美国联邦最高法院和美国学者的影响，其他国家的学者也开始认可自治性隐私权。例如，爱尔兰的学者 Hilary Delany 和 Eoin Carolan 就认可自治性隐私权，他们指出："所谓自治性隐私权，

① 410 U. S. 113 (1973), at 152 - 53.

② 410 U. S. 113 (1973).

③ Jerry Kang, Information Privacy in Cyberspace Transactions, (1998) 50 Stan. L. Rev. 1193, pp. 1202 - 1203.

④ Paul M. Schwart, Property, Privacy, And Personal Data, (2004) Harvard Law Review, Vol. 117, No. 7, p. 2058.

是指他人所享有的作出自我决定的权利，它属于他人所享有的个人自我决定权利的组成部分；此种类型的隐私权是为了限制国家或者政府所采取的行动，防止他们通过自己的行为限制他人所享有的作出自己决定的权利。”① 同样，荷兰学者 Beate Rössler 也在其《隐私的价值》当中认可了自治性隐私权，认为他人能够就其私人性质的事务作出自己的决定。②

四、自治性隐私权确立的原因

美国联邦最高法院之所以在 20 世纪 60 年代通过其司法判例确立了自治性隐私权，是为了适应 20 世纪 60 年代以来社会客观情况变化和发展的需要。在 20 世纪 60 年代之前，虽然法律认可自由原则的存在，认可意思自治原则的存在，但是，法律也普遍对自由原则或者意思自治原则施加了公共秩序或者良好道德原则的限制。根据此种限制，即便他人能够自由地实施他们所愿意实施的行为，他们在实施其行为的时候也应当受到公共秩序或者良好道德原则的限制，如果他们实施其行为的时候违反了公共秩序或者良好道德规范的要求，那么，除了他们所实施的行为无效之外，他们还可能会遭受刑事制裁。例如，在 20 世纪 60 年代之前，法律虽然认可契约自由原则，认为契约当事人有权按照自己的意思签订结婚契约，但法律禁止他们按照自己的意思签订同性结婚契约，否则，不仅他们所签订的同性结婚契约无效，他们还可能会遭受刑事制裁。再如，在 20 世纪 60 年代之前，法律虽然认为他人享有按照自己的意愿阅读书刊的权利，但是，法律也仅仅认为他人享有按照自己的意愿阅读健康书刊的权利，他们不享有阅读黄色书刊的权利，即便他们是在其家中阅读黄色书刊，他们的行为也可能遭受刑事制裁。

20 世纪 60 年代以来，随着妇女解放运动的发展，随着性自由理念的逐渐深入人心，社会公众的道德观念逐渐发生了变化，他们放弃了之前不能够忍让少数人实施反自然行为的做法，逐渐对少数人所实施的反自然行为采取宽容的态度。例如，20 世纪 60 年代以来，人们

---

① Hilary Delany and Eoin Carolan, The Right to Privacy, Thomson Round Hall, 2008, p. 21.

② Beate Rössler, The Value of Privacy, Polity Press, p. 6.

逐渐对他人实施的同性婚姻行为持宽容的态度，认为即便大多数人会选择与异性结婚，少数人仍然有权按照自己的意愿同同性结婚。同样，20 世纪 60 年代以来，人们逐渐对他人所实施的鸡奸行为持宽容的态度，认为即便大多数人不会采取鸡奸方式实施其性行为，少数人仍然能够按照自己的意愿采取鸡奸方式实施其性行为。在此种时代背景之下，法官逐渐放弃了他们在 20 世纪 60 年代之前所实行的良好道德原则，认为他人违反传统道德规范时所实施的上述反自然的行为不再是无效的行为，不再是应当受到国家刑事制裁的行为，而是应当受到法律尤其是宪法保护的行为。

五、《侵权法报告》（第 7 卷）对自治性隐私权的关注

在我国，他人所享有的隐私权是否包括他人所享有的自治性隐私权？如果他人所享有的隐私权包括他人所享有的自治性隐私权，他人的自治性隐私权保护他人在哪些私人领域所享有的隐私权？当行为人侵犯他人享有的自治性隐私权时，法律该如何保护他人所享有的自治性隐私权？对于这些问题，迄今为止，我国的民法学者均没有作出任何说明。我国民法学者之所以没有对这些问题作出说明，其主要原因有二：

其一，我国的民法学者长久以来对英美法系国家的民法理论均采取漠视的态度。不知从何年何月开始，我们民法学者就自觉或者不自觉地将我国的民法标榜为大陆法系国家的民法，自觉或者不自觉地将我国的民法标榜为大陆法系国家德国式的民法。因此，为了捍卫我国民法血统的纯正大陆性，为了捍卫我国民法血统的纯正德国性，我国民法学者长期以来均无视英美法系国家民法的存在，就像他们长期以来均无视法国民法的存在一样，即便英美法系国家的某些重大的、重要的民法理论早已经越过英美法系国家的边界而席卷整个大陆法系国家，我国民法学者仍然对英美法系国家的民法理论熟视无睹，他们沉迷在我国台湾地区民法学者的著作当中而不能够自拔，除了希望从我

国台湾地区民法学者的民法著作当中获得民法理论的丝丝灵感之外，[1] 他们从来就没有试图了解、理解英美法系国家的民法理论。

其二，我国民法学者对美国20世纪60年代之后隐私权理论的发展漠不关心。在我国，民法学者普遍通过我国台湾地区民法学者尤其是吕光教授的著作对美国20世纪60年代之前的隐私权理论有所了解，尤其是对美国学者 Samuel D. Warren 和 Louis D. Brandeis 在1890年提出隐私权的历史有所了解。由于受到我国台湾地区学者的影响，我国民法学者普遍认为，隐私权最早产生于美国，它是由 Samuel D. Warren 和 Louis D. Brandeis 在1890年首次提出的。[2] 不过，除此之外，我国民法学者普遍对20世纪60年代之后美国隐私权的历史发展知之甚少，即便美国的隐私权法在20世纪60年代之后获得了重大的、实质性的发展，即便美国联邦最高法院在20世纪60年代之后通过其司法判例确立了新隐私权理论，我国民法学者也对这些重大的隐私权理论知之甚少。

鉴于自治性隐私权在隐私权法当中的重要地位，鉴于我国民法学者对美国联邦最高法院所确立的自治性隐私权知之不多，为了让我国民法学者对自治性隐私权有所了解并因此开展对自治性隐私权的研究，《侵权法报告》（第7卷）专门对美国联邦最高法院所确立的自治性隐私权作出介绍。

具体来说，《侵权法报告》（第7卷）共分为四编：

第一编为自治性隐私权的一般理论。该编讨论的核心问题是，自治性隐私权的产生、发展和确立。该编非常详细地讨论了美国联邦最高法院是如何通过著名的 Griswold v. Connecticut 一案[3]确立自治性隐私权理论的，非常详细地讨论了美国联邦最高法院之外的其他法院是如何在不同的领域适用该案所确立的自治性隐私权理论的。此外，该

① 参见张民安：《隐私权的起源——对我国当前流行的有关隐私权理论产生于美国1890年观点的批判》，张民安主编：《隐私权的比较研究》，中山大学出版社2013年版，第13－14页。

② 参见张民安：《隐私权的起源——对我国当前流行的有关隐私权理论产生于美国1890年观点的批判》，张民安主编：《隐私权的比较研究》，中山大学出版社2013年版，第19－22页。

③ 381 U. S. 479 (1965).

编还介绍了美国联邦最高法院所确立的自治性隐私权所产生的影响力，这就是，除了美国学者认可自治性隐私权之外，其他国家的学者也开始认可自治性隐私权理论。例如，荷兰学者贝亚特·罗斯勒对美国式的自治性隐私权作出的讨论和说明。

第二编为自治性隐私权的论争。该编讨论的核心问题是：美国联邦最高法院在 Griswold v. Connecticut 一案当中所确立的权利究竟是不是隐私权。在美国，即便联邦最高法院已经认可了自治性隐私权，即便大量的学者已经认可了自治性隐私权，但是，美国仍然有不少学者对美国联邦最高法院所确立的此种权利的性质存在争议，不同的学者有不同的理论。某些学者认为，美国联邦最高法院在该案当中所确立的权利在性质上仅为自治权、自由权，即他人享有按照自己的意愿从事某些基本的自由行为的权利，该种权利是独立的，其他人不得侵犯。某些学者则认为，美国联邦最高法院在该案当中所确立的权利是身体权，也就是他人所享有的能够自由支配其身体的权利。某些学者认为，美国联邦最高法院在该案当中所确立的权利在性质上属于生活方式的选择权，也就是他人所享有的按照自己的意愿选择其生活方式的权利。还有某些学者认为，美国联邦最高法院在该案当中所确立的权利在性质上既不属于自治权、身体权或者生活方式的选择权，而属于反极权，也就是他人所享有的反对国家或者政府对其个人行为施加限制的权利等。

第三编为自治性隐私权的道德基础。该编所讨论的核心问题是，自治性隐私权的道德基础究竟是什么。在美国，即便联邦最高法院认定他人享有的权利在性质上属于宪法性的隐私权，但是，美国联邦宪法实际上并没有对该种隐私权作出明确规定。迄今为止，《美国联邦宪法》并没有对隐私权的问题作出任何规定，甚至连隐私这个术语都没有出现在《美国联邦宪法》的任何文本当中。既然《美国联邦宪法》并没有对隐私权作出规定，美国联邦最高法院认定他人享有的自治性隐私权在性质上属于宪法性隐私权，其理论根据是什么？对此问题，美国的学者曾进行过热烈的讨论，不同的学者有不同的理论。某些学者认为，自治性隐私权的道德基础是非成文宪法所规定的基本人权；某些学者则认为，自治性隐私权的基础是自由主义的宽容理论；某些学者认为，自治性隐私权是一种被强制的“基本权利”；

还有某些学者认为，自治性隐私权在性质上属于他人的主权。

第四编为自治性隐私权的功能。该编讨论的核心问题是，自治性隐私权的价值或者功能是什么。在美国，所有的隐私权均具有一定的价值和功能，它们均是为了实现某种具有重大意义的目的，自治性隐私权也不例外。问题在于，自治性隐私权的价值和功能是什么？对此问题，美国的学者也有不同的意见。某些学者认为，自治性隐私权的价值或者功能是保障他人的行为自由和行为自治，确保他人能够独立自主地按照自己的意愿生活或者作出自己的决定；某些学者则认为，自治性隐私权的价值或者功能是确保他人自治性自我观念的形成和发展，包括在道德层面和社会层面确保他人自治性自我的形成和发展等。

《侵权法报告》（第7卷）之所以能够顺利出版，除了主编和各著译者的努力之外，还得益于中山大学出版社的鼎力支持，在《侵权法报告》（第7卷）即将出版之际，本书主编真诚地对他们表示衷心的感谢！

张民安教授
2014年3月15日于
中山大学法学院

目　　录

第一编　自治性隐私权的一般理论

第二编 自治性隐私权的论争

第三编　自治性隐私权的道德基础

第四编　自治性隐私权的功能

第一编　自治性隐私权的一般理论

自治性隐私权研究

苏珊·N. 赫尔曼[①]　琳达·唐纳森[②] 著　罗小艺[③] 译

目　次

一、导论

虽然宪法性隐私权产生时间不长，但法律界对宪法性隐私权存在不少争议。在最近的 Roe v. Wade[④] 一案中，美国联邦最高法院判决妇女有权决定是否采取堕胎措施，正是“隐私权”为法院的这一判决提供了理论支持。联邦最高法院的判决结果可谓一石激起千层浪：有的观点认为这是道德败坏的表现，有的观点对此表示支持，有的观点认为法院越俎代庖行使了立法职能。在宪法性隐私权产生之初即 Griswold v. Connecticut 一案[⑤]中，美国联邦最高法院的判决同样引起

---

① 苏珊·N. 赫尔曼（Susan·N. Herman），美国纽约布鲁克林法学院教授。

② 琳达·唐纳森（Linda·Donaldson），美国威尔默·黑尔律师事务所高级项目助理。

③ 罗小艺，中山大学法学院助教。

④ 410 U. S. 113 (1973).

⑤ 381 U. S. 479 (1965).

过激烈的争议。在 Griswold 一案中，联邦最高法院认为，“隐私权”应当保护已婚夫妇采取避孕措施的决定。虽然在该案中有七位大法官一致认为案件中主张的权利值得保护，但保护该权利的宪法来源则饱受争议，大法官们对此各持已见，没有任何三位大法官的意见是一致的。尽管 Douglas 大法官十分坚持，但宪法文本确实没有明确规定隐私权，没有明确表示保护公民采取避孕措施、堕胎措施的权利。应当认为，Griswold 一案和 Roe 一案的判决支持了这样的观点，即虽然宪法文本没有明确列举，他人仍然拥有一项默示的宪法性权利，[①] 他人有权根据此种宪法性权利作出关乎其个人生活的重大决定。

这样的观点并不新奇。从历史上考察，许多没有被明确列举的权利就曾纳入到《美国联邦宪法第五修正案》和《美国联邦宪法第十四修正案》所规定的对“自由”的保护当中。此种适用正当程序条款的方式通常被称为实质性正当程序。在 20 世纪初，这一规则开始受到重视，美国联邦最高法院在审查规制经济关系和经济活动的立法时，大量地甚至不当地适用实质性正当程序规则。[②] 但是，在 Lochner v. New York 一案[③]中，当 Holmes 大法官在其著名的异议意见中谴责联邦最高法院不知节制地使用这一规则的做法之后，实质性正当程序的“黄金时期”才逐渐走向衰落。到了 20 世纪 30 年代初期，美国联邦最高法院的多数法官都接受 Holmes 大法官的观点[④]，他们都认为，实质性正当程序和 Lochner 一案实际上成为不加节制的司法裁判（unstructured judicial fiat）的代称。

此后 40 年以来，美国联邦最高法院一直拒绝适用实质性正当程序规则，因为此种原因，在 Griswld 一案和 Roe 一案的判决意见中，联邦最高法院一开始就排除该规则的适用。不过，在 Lochner 一案规则得到确立并且获得广泛适用的时期，联邦最高法院在 Meyer v. Ne-

---

① See San Antonio Indep. School Dist. v. Rodriguez, 411 U. S. 1, 30 – 34 (1973).

② E. g., Adkins v. Children's Hosp., 261 U. S. $25 (1923); Coppage v. Kansas, 236 U. S. 1 (1915); Adair v. United States, 208 U. S. 161 (1908); Lochner v. NowYork, 198 U. S. 45 (1905).

③ 198 U. S. 45, 74 – 76 (1908).

④ See Nebbia v. New York, 291 U. S. 502, 530 – 539 (1934).

braska 一案[①]和 Pierce v. Society of Sisters 一案[②]中所作出的判决却没有遭到猛烈的批判。在这几十年以来的犹豫和徘徊中，美国联邦最高法院仍然一直为某些没有被《美国联邦宪法》所明确列举的特定权利提供保护。[③] 回顾这些过程，尽管联邦最高法院始终否定 Lochner 一案的做法，但法院已经通过一种迂回的方式认同并合理地解释了这些判决，即：根据不同的案件类型适用不同的标准[④]，涉及他人个人自由的案件受正当程序条款的保护，涉及其他“经济性”权利的案件则不受其保护。[⑤]

Griswold 一案是一个转折点，它标志着美国联邦最高法院重新注重保护《美国联邦宪法》未明确列举的权利。康涅狄格州公然侵害他人个人生活领域的行为促使联邦最高法院确立一项宪法性隐私权，在政府行为缺乏实质正当性的情况下，该项宪法性隐私权保护他人的个人生活免受政府的侵害。但是，因为实质性正当程序规则早已被抛弃，所以，美国联邦最高法院的大法官们缺乏一个明确、合理的理论途径来达成这一目的。为此，Douglas 大法官和 Goldberg 大法官提出了两个富有创造性的理论。但 Stewart 大法官一针见血地指出，这些解决方案只是掩人耳目罢了，Griswold 一案的判决实际上就是适用实质性正当程序得出的结果。[⑥]

在 Roe v. Wade 一案[⑦]中，美国联邦最高法院不再绝对地排除实质性正当程序规则的适用，它认为，在难以确定某项隐私权是否值得保护的情况下，实质性正当程序是作出判决时优先考虑的因素。如果

---

① 262 U. S. 390 (1923).

② 268 U. S. 910 (1925).

③ See, e. g., Aptheker v. Secretary of State, 378 U. S. 500 (1964) (the right totravel); Kent v. Dulles, 357 U. S. 116 (1958) (the right to travel); Schware v. Board of Bar Examiners, 353 U. S. 232 (1957) (the right to practice a profession).

④ See Roe v. Wade, 410 U. S. 113, 152 (1973); Griswold v. Connecticut, 381U. S. 479, 482 (1965).

⑤ 410 U. S. at 152 – 153; id. at 168 – 171 (Stewart, J., concurring). For recent criticism of this distinction, see Tribe, Fore. word: Toward a Model of Roles in the Due Process of Life and Law, 87 Hare. L. Rev. 1, 9 (1973).

⑥ Griswold v. Connecticut, 381 U. S. 479, 527 – 531 (1965) (dissenting opinion); see Roe v. Wade, 410 U. S. 113, 410 U. S. 113, 167 – 168 (1973) (Stewart, J., concurring).

⑦ 410 U. S. 113 (1973).

美国联邦最高法院再次全面适用实质性正当程序，那么，它又将重新面临 Lochner 一案时期法院面临的老问题。如今我们面临的主要问题是，是否有一种方式能够合理区分他人享有的哪些个人权利值得作为隐私权的一部分得到保护，而他人享有的哪些个人权利的意义相对较小，因此不纳入隐私权的保护范围。按照 Griswold 一案和 Roe 一案的原则，几乎所有人类活动都能纳入隐私权的保护领域。为了使隐私权能够长久地存续发展下去，我们必须适度地限制其适用，但 Griswold 一案的判决意见对此却毫无帮助。本文旨在考察美国联邦最高法院的做法以及下级法院援引 Griswold 一案判决时所做出的努力，在此基础上提出一系列标准，来解决美国联邦宪法未明确列举的哪些权利应当纳入宪法性隐私权进行保护的问题。

本文的第二部分将详细分析美国联邦最高法院就 Griswold 一案作出的判决，以及它后来为了扩大隐私权保护范围而就 Roe 一案作出的判决。在分析的基础上，本文将进一步提出一个衡量隐私权主张的理论框架。接下来，笔者将分析下级法院作出的隐私权判例，首先是和 Griswold 一案、Roe 一案类似的关乎他人所享有的计划生育的权利。随后的探讨将延伸至 Griswold 一案没有涉及的其他权利：他人所享有的进行私密的性行为的权利、有关组建家庭和规划家庭生活的权利、在其住所中进行特定活动的权利（如吸食大麻）以及其他和家庭无关的个人自治事项（如选择自己头发长度的权利）。上述分析的目的在于：一方面，研究这些判决是如何作出的；另一方面，考察隐私权在这些判决中起到什么作用，或者隐私权在保护个人自由的过程中可能起到什么作用。

二、美国联邦最高法院的自治性隐私权判例

（一）Griswold v. Connecticut：宪法性隐私权的源起

从作出判决后将近八年的时间以来，Griswold v. Connecticut 一案[①]一直是唯一一个美国联邦最高法院在判决中针对宪法性隐私权作出明确表述的案件。在处理同类隐私权纠纷时，下级法院的法官们详

① 381 U. S. 479 (1965).

尽地阅读了 Griswold 一案的判决，提炼该案当中法官们所表达的观点，甚至逐句逐字地检视该案判决中的多数赞成意见，希望能够找出答案解决 Griswold 一案遗留下来的诸多问题。因为 Griswold 一案的判决十分复杂，而且大法官们的意见还存在矛盾之处，因此，下级法院的法官们从 Griswold 一案的判决无法得出一个直接、明确的答案。试图只分析一种意见或仅仅通过一个句子来解释 Griswold 一案的判决是不可能的，想要弄清 Griswold 一案的判决究竟表达了什么、产生了何种影响，唯一的办法是考察所有的四种意见并从某些细节上加以领会。

Griswold 一案的案情简单明了。康涅狄格州的法律禁止任何人以药物、手术等方式进行避孕，禁止任何人帮助、教唆其他人采取避孕措施。[①] Griswold 是康涅狄格州计划生育联合会的理事，因为向已婚夫妇提供关于避孕方法的信息和医疗指导，Griswold 因此被认为违反了该种法律，并被认定为从犯。他不服法院的裁判，案件最终上诉至美国联邦最高法院。Griswold 认为，康涅狄格州的相关法律侵害了已婚夫妇所享有的采取避孕措施的宪法权利。

Griswold 一案的一个重要方面是，美国联邦最高法院决定越过程序上的障碍而直接考虑实质上的宪法问题。事实上，康涅狄格州的这些法律早就受到挑战，因为当事人早就在 Tileston v. Ullman 一案[②]和 Poe v. Ullman 一案[③]中对相关法律规定提出质疑。但当时美国联邦最高法院认为这些案件还没有达到进行宪法裁判的程度，于是驳回了上诉。

其实，Griswold 一案真正非同寻常的地方在于，七位大法官在没有任何先例或宪法文本明确指引的前提下就一致认为，涉案的康涅狄格州的法律是违宪的。为了得出这一结论，任何一种论证过程都必须回答以下三个问题：第一，要对一项未明确列举的权利进行保护，依据的是哪些宪法条文？第二，为什么已婚夫妇采取避孕措施的权利是一项值得宪法保护的权利？第三，康涅狄格州的法律之所以被认为侵害了上述权利，是因为这项权利是绝对的，还是因为州的利益尚不足以

① Conn. Gen. Stat. Rev. § 53 – 132, § 54 – 196. (1958).

② 318 U. S. 44 (1943).

③ 367 U. S. 497 (1961).

对该权利进行限制，或者仅仅是因为相关法律干预的范围太过宽泛？

1. Griswold 一案的法院意见：Douglas 大法官与“有限的自然法则”

Douglas 大法官撰写的法院意见认为，特定宪法条文提供的保护并不局限于其文字表面，而是会发散形成一个“外延区域”，因此包括隐私权在内的未明确列举的权利就可以纳入“外延区域”进行保护。Douglas 大法官首先引用了过往的一系列判例，在这些判例中，联邦最高法院认可和支持了宪法中没有明确列举的权利，[①] 如 Meyer v. Nebaska 一案[②]和 Pierce v. Society of Sisters 一案[③]所主张的有关家庭的权利。而根据《美国联邦宪法第一修正案》引申出结社自由和其他相应权利的做法也表明，联邦最高法院确实曾经从特定宪法条文当中相应地推导出其他具有必然性的权利。可见，《美国联邦宪法第一修正案》确实可以引申出一个保护特定相关活动的“外延区域”，Douglas 大法官由此认为，《权利法案》中的条文都可以形成它们的“外延区域”，这些“外延区域”保护那些使宪法条文获得生命和意义的相关权利。[④] 所以，《美国联邦宪法第一修正案》、《美国联邦宪法第三修正案》、《美国联邦宪法第四修正案》和《美国联邦宪法第五修正案》共同引申出一项名为“隐私权”或“独处权”（the right to be let alone）的权利来保护相关的利益。上述修正案，加上《美国联邦宪法第九修正案》规定“宪法对权利的列举，不能被理解为对公民所保留的其他权利的拒绝或蔑视”，这些因素使得 Douglas 大法官认为，特定宪法条文的外围存在一个“隐私区域”（zone of privacy）。

通过上述推理将隐私权引入到宪法当中之后，Douglas 大法官简单地总结道：“本案涉及的关系属于‘隐私区域’的范围。”这个结论显得有些武断和突然，不过 Douglas 大法官又进一步提出理由来解释为什么应当将已婚夫妇采取避孕措施的权利纳入“隐私区域”：第

① 381 U. S. at 482 - 483.

② 262 U. S. 390 (1923).

③ 268 U. S. 510 (1925).

④ 381 U. S. at 484.

一，Douglas 大法官认为，婚姻是一种悠久、亲密而神圣的关系，婚姻关系明显地具有天然的隐蔽性、私密性。第二，Douglas 大法官主张，“让警察搜查已婚者的卧室这样一个神圣的场所，然后寻找使用避孕工具的痕迹，这种侵犯婚姻关系隐私的做法十分令人反感”。不过，Douglas 法官的这一观点也可以纳入《美国联邦宪法第四修正案》（保护公民免受不正当搜查和扣押）的保护当中，事实上，是实现相关法律规定的行为方式而不是法律规定本身会侵害已婚夫妇之间的隐私，这种行为方式才是康涅狄格州相关法律最令人反感的地方。第三，Douglas 大法官将婚姻视为“一种改善生活而不是造就生活的结合，婚姻关系关注的是生活和谐而不是政治信仰，它追求的是相互忠诚而不是商业目的或社会目的。婚姻关系所追求的目的和以往判决中所涉及的目的相比同样地崇高”。除了这一观点和 Douglas 大法官从《美国联邦宪法第一修正案》引申出结社权的阐释，Douglas 大法官还认为，“虽然某些‘结社’方式通常不具有政治意义，但和社会、法律以及‘社员’的经济利益息息相关，所以我们已经为某些‘结社’方式提供了保护”。[①] 但 Douglas 大法官的上述言论容易使人认为，婚姻关系作为“结社”的一种方式，好像更接近于《美国联邦宪法第一修正案》引申出来的“外延区域”。[②]

在 Poe v. Ullman 一案[③]判决的反对意见中，Douglas 大法官曾经明确提出一个更具普遍适用性的理论，来衡量哪些权利应当受到《美国联邦宪法第十四修正案》规定的正当程序条款的保护。尽管《权利法案》是“关于何为宪法所保护之自由的主要文本依据”，但它并未囊括“一个自由社会中可能隐含的所有默示权利”。Douglas 大法官认为，政府侵入他人特定亲密关系的行为和自由的宪政社会之间存在不可调和的矛盾，只有“极权主义政体才会允许政府侵入他人的特定亲密关系”。尽管利用《人权法案》在 Griswold 一案中发展出一个完整的宪政理论，但 Douglas 大法官就案件判决所提出的判断标

① 381 U. S. at 483.

② See, e. g., Lewis v. Stark, 312 F. Supp. 197, 206 (N.). Cal. 1968) (three - judge court), rev'd sub nor. Lewisv. Martin, 397 U. S. $52 (1970); People v. Frazier, 256 Cal. App. 2d 630, 631, 64 Cal. Rptr. 447 (1967).

③ 367 U. S. 497, 509 (1961).

准似乎相当主观，他认为，如果某项权利是自由社会隐含的权利，并且州政府对该权利的侵扰可以被认定为极权主义行为，那么，该权利就应当受到保护。

很显然，Douglas 大法官以为他在 Griswold 一案中提出的“外延区域”（penumbra）理论富有创造性，应该不会被认为是再次适用实质性正当程序规则而遭受批评。但是，与其说“外延区域”理论为美国联邦宪法没有明确列举的权利提供了保护，不如说“外延区域”理论只是一味扩大特定宪法条文所提供的保护范围。而 Douglas 大法官在 Poe 一案中曾经提出的判断标准是：是否保护某项权利，关键在于对该权利的保护是否有助于维护、促进《权利法案》中明确列举的权利。相比之下，Douglas 大法官在 Griswold 一案中提出的判断标准还相对客观。如果赋予这一点上的比较以决定性意义，那么相对 Harlan 大法官提出的正当程序原则或 Douglas 大法官在 Poe 一案中的观点而言，“外延区域”理论则相对节制。

然而，即使认为 Douglas 大法官就宪法未明确列举的权利如何获得宪法保护所作出的阐释比程序正当原则更加节制和规范，Douglas 大法官的理论也无法同“自然法则”的分析区分开来。[①] 不同于“隐私区域”本身，已婚夫妇采取避孕措施的权利在《权利法案》中并没有任何坚实的依据。而 Douglas 大法官将该权利归入“隐私区域”的几个理由，即婚姻关系由来已久且庄严神圣、已婚者卧室的不可侵犯性，这些理由都只能来源于“自然法则”的思想理念：如果有一定数量的大法官根据“自然法则”理念认为婚姻关系是神圣、特别的，那么已婚者在卧室中的权利就能得到保护。因此，Douglas 大法官的观点顶多被认为是运用“有限的自然法则”的一次实践。

除了留下问题让下级法院在判断某个特定活动何时应当纳入“隐私区域”进行保护时苦苦斟酌，还有一点即在判断州政府侵入他人受保护领域的行为是否合宪时适用的标准是何种性质，Douglas 大法官对这一点的看法也含糊不清。此外，采取避孕措施的权利并不是绝对的——Douglas 大法官在“政府规制行为之合宪性”的部分对此

① 381 U. S. at 511 - 512; see Beaney, The Griswold Caseand The Expanding Right to Privacy, 1966 Wis. L. Rev. 979, 982.

进行了阐述。最后，既没有经过利益平衡的考量，也没有考虑康涅狄格州政府为相关法律作出的辩解，Douglas 大法官诉诸“过度干预原则”（doctrine of overbreadth）这一司法审查原则并得出结论认为，限制他人采取避孕措施的行为“是一种过度的干预行为，侵害了他人受保护的自由领域”。① 因此，Griswold 一案既有效地为康涅狄格州的已婚夫妇采取避孕措施的权利提供保护，也保护未婚者采取避孕措施的自由。

2. Goldberg 大法官：基于《美国联邦宪法第九修正案》的主张

虽然 Goldberg 大法官、Warren 大法官和 Brennan 大法官均同意保护 Griswold 一案中原告所主张的权利，但他们也都认为有必要撰写一份独立的意见书来强调《美国联邦宪法第九修正案》对该案判决所起到的作用。虽然 Goldberg 大法官并不认为正当程序条款提供的保护源于《权利法案》的所有条款，但 Goldberg 大法官认为，正当程序条款所体现的自由理念保护“那些基本的个人权利，不限于《权利法案》所明确列举的权利”。Doldberg 大法官阐述道，长期蛰伏的《美国联邦宪法第九修正案》本身并不是权利的来源，《美国联邦宪法第五修正案》、《美国联邦宪法第十四修正案》提供了保护他人免受联邦政府或州政府侵扰的“自由理念”，而《美国联邦宪法第九修正案》则进一步支持“自由理念”，从中可以推导认为“自由理念”提供的保护不限于前八个修正案所明确列举的权利。因此，根据 Goldberg 大法官的观点，证明案件争议的权利（如果该权利不是“基本权利”）是否处于《权利法案》的“外延区域”并不具有决定性意义，而且也没有必要。《美国联邦宪法第九修正案》就可以用来反驳 Black 大法官主张的认为“只有《权利法案》所明确列举之权利才免受州政府侵扰”的观点。

早有学者主张，相对于正当程序理论而言，《美国联邦宪法第九修正案》提供了一个更加节制、明确的标准，因为《美国联邦宪法第九修正案》的语义和历史背景表明，由公民保留的未明确列举的权利和明确列举的权利同样重要。至于 Goldberg 大法官基于《美国联邦宪法第九修正案》和“基本权利之正当程序理论”所提出的主

---

① 381 U. S. at 485, quoting NAACP v. Alabama, 377 U. S. 288, 307 (1964).

张和普通的基本权利之正当程序理论相比是否有所不同，这个问题还有探讨的余地。在阐释了《美国联邦宪法第九修正案》和 Griswold 一案判决之间的关联后，Goldberg 大法官继续探讨应当采取什么标准来判断宪法未明确列举的某种权利是否属于他人的“基本权利”。Goldberg 大法官赞成并引用了 Snyder v. Massachusetts 一案[①]判决中关于“基本权利之正当程序”的经典阐释：法官必须“考虑‘传统观念和民众的正义理念’来判断某个原则是否‘根深蒂固，以至于应当被赋予基础性地位’”。[②] 另一种阐释则认为，判断他人的某一项权利是否属于基本权利，要看如果拒绝保护该项权利，是否会违背“作为政治体制和文明社会之基石的自由、正义理念”。此外，基本权利还被认为是产生于“民众所赖以生存的宪政制度的整体”。Goldberg 大法官引用 Brandeis 大法官在 Olmstead v. United States 一案[③]中的著名反对意见，在该反对意见中，Brandeis 大法官从各种方面探讨了“独处权”(the right to be let alone)，而 Goldberg 大法官认为，“独处权”能够囊括“宪法保障下的多种默示权利”。但一位学者认为，Goldberg 通过引用传统的“基本权利之正当程序理论”得出的结论：“无法将《美国联邦宪法第九修正案》所指的‘保留权利’同灵活多变的正当程序概念区分开来……事实上，Black 就指出 Harlan 大法官主张的正当程序理论和 Goldberg 大法官基于《美国联邦宪法第九修正案》提出的主张其实没有什么区别，而这样的观点似乎更令人信服。”[④]

然而，应当认为 Goldberg 大法官的意见和美国联邦最高法院的意见在结论上是一致的。Douglas 大法官认为自由“也从特定宪法条款所提供之保护的‘外延区域’”和“自由社会的要求”中获取、充实其内容，Goldberg 大法官对此明确表示支持。因此，或许会有观点认为，Goldberg 大法官的正当程序理论是赞成对自由的范围进行适当限制的，并再次重申了《权利法案》所提供之保护的重要性，强调通过正当程序条款将《权利法案》的潜在理念作为司法裁判的依据。

---

① 291 U. S. 97, 105 (1934).

② 381 U. S. at 493.

③ 277 U.S. 438, 478 (1928).

④ McKay, Emanations and Intimations, 64 Mich. L. Rev. 259, 270 (1965).

在判断已婚夫妇采取避孕措施的权利是否应当受宪法保护时，Goldberg 大法官主张，“婚姻隐私权、组建并供养家庭的权利和宪法明确保护的基本权利相比具有同等的重要性”。Goldberg 大法官强调传统理念对婚姻关系的保护以及婚姻关系本身具有的特性，这样做也许是为了表明确实有些东西植根于人们共同的理念之中，不过，Goldberg 大法官在得出其结论的过程中也借助了《权利法案》中的特定条款。事实上，Goldberg 大法官是将《权利法案》作为衡量标准来判断某个特定权利是否属于“隐私区域”的范围，这种方式和 Douglas 大法官处理该问题的方式并不相同。

根据 Goldberg 大法官的观点，检验某项州立法是否限缩了他人的某项基本权利，关键在于州政府是否能证明该项立法对实现某些令人信服的公共利益来说是必不可少的。康涅狄格州声称，涉案的该州法律有助于防止通奸行为的泛滥；但 Goldberg 指出，这样的辩驳“令人质疑，尤其是康涅狄格州的法律同时又允许该州公民（无论是已婚者还是未婚者）出于预防疾病的目的使用避孕用品”。Goldberg 进一步总结道：“无论如何，康涅狄格州可以区分不同情况从而制定更加合理的法律规定来保护夫妻之间的相互忠诚，而现有法律对婚姻的干预过于宽泛，反而造成更大的损害。”① 可以看出，Goldberg 大法官并不认为涉案法律对保护公共利益来说是没有必要的。此外，和 Douglas 大法官的做法相同，Goldberg 大法官也诉诸“过度干预原则”来证明涉案的法律规定是无效的。

最后，Goldberg 大法官又补充道，美国联邦最高法院的判决“不会妨碍州政府对不正当性行为的合理规制”。② 这一观点的重大影响将在下文进行探讨。

3. Harlan 大法官：自由观念的合理外延

不同于 Douglas 大法官或者 Goldberg 大法官的意见，Harlan 大法官的协同意见中并没有什么出人意料的地方。因为早在四年以前的 Poe v. Ullamn 一案③中，Harlan 大法官就已经对康涅狄格州的法律进

① 381 U. S. at 498.

② 381 U. S. at 498 –499.

③ 367 U. S. 497, 539 –555 (1961) (dissenting opinion).

扰”，所以相关法律是违宪的。

虽然19世纪60年代是并入原则和平等保护原则蓬勃发展的时期，但Harlan大法官一直坚持实质性正当程序理论，Harlan大法官的努力直到他退休和逝世后才显示出其重要性。尽管美国联邦最高法院没有抛弃并入原则，[①] 但事实上只有宪法未明确列举的少数特定的基本权利才会被给予保护。[②] 既然到目前为止，通过并入原则无法为扩大《权利法案》的保护提供理论基础，那么美国联邦最高法院只能寻求其他理论来保护宪法未明确列举的那些权利。最近，美国联邦最高法院就表明，宪法性隐私权或者其他未明确列举的权利来源于《美国联邦宪法第十四修正案》对个人自由的保护以及对政府行为的限制。[③] 如果这样的话，那么，Harlan大法官的理论可以为美国联邦最高法院后来的判决提供一个很好的理论框架。

4. White大法官：一个相对狭窄的视角

White大法官同意Harlan大法官的观点，他认为相对于其他大法官提出的新理论而言，通过正当程序条款来认定某个法律规定是否无效的传统做法更加合理。不过，在一个重要的方面，White大法官和Harlan大法官的意见又有所不同，而且和Douglas大法官、Goldberg大法官的意见也都不相同。不同于其他大多数法官的意见，White大法官似乎不太愿意把Griswold一案中原告所主张的权利称为“隐私权”。White大法官并不认为采取避孕措施的权利是“隐私权”的一部分，而是将采取避孕措施的权利视为一种相对特定、狭窄的“自由”，并由此对该权利进行保护。[④]

因为花太多时间来阐述《美国联邦宪法第十四修正案》所保护之自由的范围“显然是一种不合理的重复”，所以White大法官并没

---

① See Johnson v. Louisiana, 406 U. S. 356, 360 (1972); Williams v. Florida, 399 U. S. 78, 86 (1970).

② See, e. g., Roe v. Wade, 410 U. S. 113, 152 - 153 (1973). See also San AntonioIndep. School Dist. v. Rodriguez, 411 U. S. 1, 32, 33 - 36 (1973) (reaffirmation of rightto interstate travel; discussion of "implicit" rights).

③ Roe v. Wade, 410 U. S. 113, 153 (1973).

④ 381 U. S. at 502 - 507. at 503.

有在理论学说上花太多时间，而是直接指出涉案法律“未经法律的正当程序即剥夺了已婚夫妇的‘自由’”。[①] White 大法官引用其他案例来支持自己的观点，在这些案例中，当事人主张的未明确列举的权利都被授予宪法保护。[②] 但 White 大法官没有提出标准来判断何种权利可以被视为“自由”的一部分，甚至都忽略了通常被作为支持理由的《权利法案》、历史传统以及“基础性”（fundamentality）等方面的内容。

White 大法官也没有详细阐述涉案法律究竟侵害了他人的何种利益，以及为什么该种利益受到宪法上的自由理念保护。White 大法官将问题限定在一个狭小的范围，认为 Griswold 一案涉及的自由是“婚姻关系的私密部分免受政府规制……的权利”。[③] White 把这一权利和其他受到保护的未明确列举权利联系在一起，[④] 将这一权利置于通常不受政府管制的“家庭生活领域”。[⑤] 至于“家庭生活领域”的范围和 Harlan 大法官的“家庭”概念是否相同，White 大法官没有作出明确说明。

White 的论述明显限于婚姻关系和那些保护已婚者权利的判例。和 Harlan 大法官相同，White 大法官似乎并不关注政府对他人家庭住所实施的物理性侵扰行为，也不关心政府对他人家庭生活所实施的精神性或情感性侵扰行为。但是，不同于 Harlan 大法官，White 大法官没有说明为什么对已婚者的特定保护没有扩展到未婚者身上。通过描

---

① 381 U. S. at 502 – 507. at 502.

② Among the cases he cited are: Aptheker v. Secretary of State, 378 U. S. C00 (1964); Schware v. Board of Bar Examiners, 353 U. S. 232 (1957); Pierce v. Society of Sisters, 268U. S. 510 (1925); Meyer v. Nebraska, 262 US. 390, 399 (1923); Jacobson v. Massachusetts, 197 U. S. 11 (1905). 381 U. S. at 504 n.

③ 381 U. S. at 502 – 503.

④ The rights he mentions are protected in Skinner v. Oklahoma, 316 U. S. 53S (1942) (the right to procreate); Pierce v. Society of Sisters, 268 U. S. 510 (1925) (the right to direct the education of one's children); Aleyer v. Nebraska, 262 U. S. 390, 399 (1923) (the right to marry and raise a family).

⑤ 381 US. at 502, quoting Prince v. Massachusetts, 321 U. S. 158, 166 (1944). 381 U. S. at 503, quoting Kovacs v. Cooper, 336 U. S. 77, 95 (1949) (Frankfurter, J., concurring).

述涉案权利的特征并将其限定于婚姻关系之中，White 大法官回避了一个问题，即未婚者在事实上也拥有决定其私密行为的权利。实际上，White 大法官认为州政府可以规制未婚者的私密行为。而且，White 大法官没有说明还有哪些权利属于“家庭生活领域”的范围，也没有说明应当如何确定某项权利是否受自由理念的保护。

White 大法官的大部分意见都在说明应当采用合理的标准来认定案件事实。当他人自由的一个“敏感方面”受到侵害时，侵害它的法律就应当受到“严格审查”。如果经过“严格审查”后认为存在其他“较缓和的方式”来实现州政府的目标，那么，州政府制定的相关法律就是违宪的。就算不存在其他“较为缓和的方式”，也只有某种“必不可少的公共利益”才能够使州政府的行为获得正当性。在 Griswold 一案中，White 认为：“州政府的目的并不在于反对避孕措施，而在于限制、禁止混乱的或不正当的性关系……这一目标毫无疑问是合法而且合理的。”但州政府禁止已婚者采取避孕措施无法达成这一目标，尤其是同时还存在其他法律允许未婚者出于健康目的采取避孕措施。因为涉案法律的“效用太过微小”而且过度干预他人自由，所以涉案法律是违宪的。

考虑到他给定的初步结论，White 大法官适用该标准的论述是无可辩驳的。尽管对实质性正当程序规则存在一些质疑，但 White 大法官采用实质性正当程序规则的论述代表了美国联邦最高法院裁判此类案件的传统做法。White 大法官不愿扩大隐私权范围的做法也可以理解；同样，他还认为将“隐私权”认定为“自由”的一部分只会给美国联邦最高法院增加一个难以界定的概念。然而，由于 White 未能提出标准来判断何种权利可以被视为“自由”的一部分从而获得宪法保护。因此，White 大法官的意见对后来涉及未明确列举权利的案件几乎毫无帮助。所以，如果存在一个标准将某项权利认定为自由的一部分，那么，White 大法官的论述路径就可以为下级法院提供指引，但 White 大法官的论述恰恰没有提供这个最初的支点。

尽管 Griswold 一案宣告了宪法上存在一个“隐私区域”，但它并没有明确界定这个“隐私区域”的范围。该案的事实情况包括以不同方式相互关联的若干要素：首先，案件涉及的行为发生在家庭住所当中，而家庭这一场所本身就可能获得宪法上的保护；其次，案件涉及的法律旨在规制婚姻关系间的亲密行为，侵害了可能受到宪法保护的婚姻关系；最后，州政府禁止他人采取避孕措施的行为干涉了他人对是否生育子女的决定权，而宪法已经将这一决定权划归他人个人自治的范围。这三个方面的情况在此后的隐私权案例中仍相继出现。

（二）Stanley v. Georgia：家庭住所隐私权

在 Stanley v. Georgia 一案[①]中，美国联邦最高法院将 Griswold 一案中产生的家庭隐私权同《美国联邦宪法第一修正案》衍生的权利结合起来，并据此判决佐治亚州一项禁止他人在家中持有淫秽物品的法律无效。在该案的判决意见最初公布的时候，它似乎因此宣示了对待色情淫秽问题的一种新主张，创造出一种思想自由与道德自主相混合的强大权利。然而，美国联邦最高法院其后的一些判决却逐渐削弱了 Stanley 一案的判决意见，否定多数法官意见中的大部分言辞用语和论证过程。目前，美国联邦最高法院认为 Stanley 一案“仅仅是对‘家庭是他人之城堡’这一古老原则的再次确认”——这样的解释将该案视为一个单纯的隐私权案件，完全剔除了案件中涉及《美国联邦宪法第一修正案》的内容。

Marshall 大法官撰写了 Stanley 一案的判决意见。该案判决意见认为：“如果《美国联邦宪法第一修正案》确实有所意味的话，那么，它意味着国家没有权利告诉他人，独自坐在自己的屋子里时应该读什么书，看什么电影。”[②] 他人享有权利去“获取信息和不同观点，无论其社会价值大小”，他人有权自由决定“其思想在道德上崇高与否”并且有权“满足自己的智力和情感需求”，哪怕他人实现上述权利时使用的是淫秽物品。尽管 Marshall 大法官指出，该案判决的目的并不在于改变 Roth v. United States 一案[③]所确立的淫秽之事不受宪法保护的原则，但该案判决意见确实从思想和言论自由的观念中获得了

---

① 394 U. S. 557 (1969).

② See Stanley v. Georgia, 394 U. S. 557, 560 - 563, 567 (1969), at 565.

③ 354 U. S. 476 (1957).

实质要义。虽然可以认为该案判决是将《美国联邦宪法第一修正案》提供的保护扩大到特定情境下的淫秽物品，但重新回顾后可以发现，美国联邦最高法院更看重《美国联邦宪法第一修正案》体现的另一价值：即为了保证他人的思想和言论自由能够得到保护，应当限制政府对他人思想和言论自由的管控。

Stanley 一案所涉权利之所以受宪法保护，另一个主要依据是他人的家庭住所隐私权。起初，家庭住所隐私权的保护同《美国联邦宪法第一修正案》所提供的保护相互重叠。但是，隐私权还有其独特的作用。对美国联邦最高法院来说，闯入他人住所搜寻淫秽书籍的警察和闯入已婚者卧室的警察一样令人反感。Stanley 的行为发生在家庭住所这一私人空间，这一事实为该案增加了“另一个新的层面。因为他人的隐私权也是一项基本权利，隐私权能够保护他人隐私免受不必要的政府行为的侵扰（除了少数例外情况）”。而且家庭住所中进行的活动通常关乎他人的“信仰、思想、情感和认知”，这些都集中反映了“独处权”所蕴含的价值。

美国联邦最高法院认为，不能仅仅因为州政府希望查处淫秽物品就使其侵害他人“独处权”的行为获得正当性。这意味着州政府管制淫秽物品需要基于正当的理由，而且仅仅为了维护他人的道德品行良好尚不足以成为管制行为的正当理由。尽管他人获取淫秽信息后可能作出危害社会的违法犯罪行为，但美国联邦最高法院认为，州政府也不能因此对他人可能获取的观点、信息进行管制，因为如果真的出现违法犯罪行为，州政府完全可以直接惩罚这些违法犯罪行为，限制他人获取信息反而是矫枉过正。确实，州政府可以出于防止儿童接触淫秽物品的目的，或者出于防止对不愿接触淫秽物品的敏感人群造成侵扰的目的而管制淫秽物品。但上述危害结果和他人私下持有淫秽物品之间并没有必然联系。因此，既然不能因为佐治亚州政府希望查处淫秽物品就使其行为获得正当理由，而且佐治亚州政府又无法证明存在其他正当理由，那么，佐治亚州政府查处 Stanley 持有的淫秽影片的行为就是违宪的。

总之，根据美国联邦最高法院的观点，政府管制他人传播淫秽物品的行为需要正当理由，联邦最高法院提出的上述考量因素似乎同

《模范刑法典》[①] 和《沃芬顿报告》[②] 的规定是一致的。美国联邦最高法院的观点也表明，除非关乎他人的道德品行，否则，成年人自愿做出的私密行为不受政府管制。根据这一观点，只有他人被迫参与淫秽活动或者淫秽活动涉及未成年人时，政府才能合法地进行规制。因此，Marshall 大法官在 Stanley 一案中的观点可以被理解为要求州政府为其管制提供正当理由，以便说明他人受到管制的行为可能会对社会道德造成直接或间接的不良影响。

然而，在随后一系列案件的判决意见中，美国联邦最高法院一方面最大程度地明确拒绝承认 Stanley 一案中提出的“成年人自愿行为”原则，另一方面由于淫秽色情产业的发展，美国联邦最高法院逐渐开始考虑淫秽物品可能会对社会造成的不利影响。政府是否能够直接规制那些成年人自愿做出的纯粹私人行为？虽然这个问题依然没有明确的答案，但最近在 Paris Adult Theatre I v. Slaton 一案[③]的判决意见中，Burger 大法官的观点稍微厘清了这个问题。Burger 大法官认为，就其管辖范围内公民的思想道德健康而言，政府确实享有一定的利益，所以，为了保护整个社会的良好道德风尚以及预防可能发生的反社会行为，政府可以规制其公民的思想道德健康状况。而且，虽然他人有权在自己的家中观看淫秽物品，但是美国联邦最高法院的判决早已严格限制他人从外界获取淫秽物品的渠道。所以，除非他人“在自家阁楼当中书写淫秽作品，然后到自家地下室印刷出来，最后在自家客厅阅读这部淫秽作品”，否则他人无法行使这个在自己家中观看淫秽物品的权利。

Paris Adult Theatre 一案和最近其他案件的判决不仅在事实方面限制了 Stanley 一案的判决，而且完全剔除了 Stanley 一案判决中关于《美国联邦宪法第一修正案》的内容，将 Stanley 一案转化成一个纯粹的隐私权案件。而且作为美国联邦最高法院首席大法官的 Burger 大法官，很少在这些判决中同时提及 Stanley 一案和《美国联邦宪法第

① Model Penal Code § 207. 1, Comment at 207 (Tent. Draft No. 4, 1955).

② Committee on Homosexual Offenses and Prostitution, Report, Cmd. No. 247 (1957) [hereinafter Wolfenden Report].

③ 413 U. S. 49 (1973).

一修正案》。当确实谈及这两者时，Burger 大法官把“Stanley 一案所保护的家庭住所隐私权”和《美国联邦宪法第一修正案》提供的保护并列，将家庭住所隐私权作为一个独立的方式来限制政府为了追求公共利益而对他人思想和言论自由实施的规制。

Burger 大法官明确地将 Stanley 一案所保护的隐私权同家庭住所这一物理性场所联系在一起。因为置身于自己的家中，他人有权做出那些在其他场所不会被允许的行为，例如，持有和观看淫秽物品。但只要他人携带淫秽物品离开自己的家，或者到电影院和其他自愿观看的成年人一起观看淫秽影片，那么，他人就不受隐私权的保护。如果他人有办法将相同的影片带回家中而不被发现，那么，根据 Burger 大法官默示的观点，跨进家门的那一刻他就自由了。但是如果他在其他任何地方被发现了，那就可能面临刑事指控。

如果从逻辑上考虑这种家庭住所隐私权的极端情况，我们将会得出令人吃惊的结果。Burger 大法官说道：“没有必要去明确列举出那些不计其数的、在家庭住所的隐私范围内合法但在公共场合被禁止的行为。”① 虽然这句话是否定意义上的，不过，一份这样的清单确实有助于给他人提供指引信息。他人可以据此明确其在家庭住所范围内实施的哪些行为能够受到隐私权保护。那么，他人实施的何种行为可能受到家庭住所隐私权的保护？是吸食大麻，是赌博？还是通奸？

这种“家庭住所隐私权”明显区别于目前已经获得宪法保护的其他类型的隐私权。例如，最近基于《美国联邦宪法第四修正案》作出的保护他人之私人住所免受政府侵入的判例，就区别于传统财产法对私人住所的保护。② 美国联邦最高法院表示，《美国联邦宪法第四修正案》对他人隐私提供的保护之所以与家庭住所隐私权无关，其原因并不在于非法搜查发生在他人的家庭住所内，而是因为“《美国联邦宪法第四修正案》保护的是人而不是住所。因此，他人有意

① United States v. Orito, 413 U. S. 139, 142 - 143 (1973).

② See Goldman v. United States, 316 U. S. 129, 134 - 136 (1942); Olmstead v. United States, 277 U. S. 438, 457, 467 (1928). Silverman v. United States, 365 U. S. 505, 512 (1961); see Note, From Private Places to Personal Privacy: A Post - Katz Study of Fourth Amendment Protection, 43 N. Y. U. L. Rev. 968, 971 - 978 (1968).

公开的信息不受《美国联邦宪法第四修正案》保护，哪怕他人有意公开的场所是其住所或办公室……相应地，他人希望保密的信息就受到《美国联邦宪法第四修正案》的保护，哪怕他人身处公共场合”。而且，通过 Eisenstadt v. Baird 一案[①]和 Roe v. Wade 一案[②]的判决反观 Griswold 一案，可以发现该案所保护的权利是他人所固有的，而不是某一个场所固有的。也许 Burger 大法官要表达的意思只是：他人的某些特定行为虽然不一定会危害社会，但对别人来说可能是古怪的或私密的行为。在公共场合做出这些行为令人无法接受，但在家庭住所这样一个别人看不到的地方，他人做出这些行为就完全合法。但对这么一个简单的观点来说，Stanley 一案是个太过庞杂的表达载体，实际上，Stanley 一案的阐释很难为这个观点提供支持。最近涉及淫秽案件的判决通过一些含糊的方式表明：一方面传播和观看淫秽物品确实会通过某些方式对社会产生危害。他人个人持有淫秽物品的行为不再被视为完全无害，他人在住所之外的单纯持有行为也遭到禁止，哪怕没有让别人接触到其持有的淫秽物品。另一方面，他人在自己的家庭住所内持有淫秽物品还是不受政府干涉的。因此 Stanley 一案表明，某些特定的行为虽然不被社会公众所赞同，但这些行为对社会的危害也没有大到足以使政府侵入他人住所的行为获得正当性。如果 Stanley 一案对涉及淫秽物品以外的其他案件能够产生影响，即如果 Stanley 一案所确立的原则能够保护其他具有类似特征的行为，那么，“家庭住所隐私权”才会成为一个强有力的宪法性权利。

（三）Eisenstadt v. Baird：隐私权与个人

Stanley 一案和 Paris Adult Theatre 一案主要关注家庭住所这个他人可能做出受保护行为的场所，Eisenstadt v. Baird 一案[③]和 Roe v. Wade 一案[④]则基于 Griswold 一案发展出另一个关乎他人个人自治的隐私权。在这两个案件中，美国联邦最高法院都面临着同样的问题：

---

① 405 U. S. 438 (1972).
② 410 U. S. 113 (1973).
③ 405 U. S. 438 (1972).
④ 410 U. S. 113 (1973).

如果他人有权就自身生活的重大事项作出决定，那么，宪法是否保护这一权利？政府能否对这一权利加以限制？如何限制？

在1965年Griswold一案作出判决的时候，康涅狄格是唯一一个禁止他人采取避孕措施的州。[①] 当时其他各州的法律只是禁止或限制避孕用品的销售，而且或多或少是基于健康或道德上的立法考量；因此，严格来说，Griswold一案的判决对当时各州的法律影响甚微。[②] 不过，可能是因为意识到道德观念已经改变，从而决定对Griswold一案判决进行扩大解释，或者是接受了新的政策考量，有数个州从Griswold一案的判决中获得启示并对其法律进行了修改。

虽然经过修改，但多数州的法律仍然严格限制他人使用避孕用品。有些州制定了一系列复杂的法律规范，只允许医生或取得执照的药店销售避孕用品，[③] 而且只允许在特定情况下销售给已婚人士。[④] 这些法律规范通常还附随着一些条款，禁止商店宣传或陈列避孕用品。[⑤] 在许多情况下，立法机关通过这些法律规范明确指出，在公共场合提及避孕也是一种淫秽的行为。[⑥] 许多州禁止自动贩售机销售避孕用品。

这些法律规定引发了一个问题：如果他人采取避孕措施的权利受宪法保护，那么，州政府能够在多大范围内去限制他人取得避孕用品？如果认为他人采取避孕措施的权利源自于以家庭住所为中心的场所性隐私权，那么，比起禁止他人使用避孕用品的法律规定，限制销

① See Poe v. Ulman, 367 U. S. 497, 554 (1961) (Harlan, J., dissenting). The statement was still valid in 1965.

② See, e. g., Idaho Code Ann. § § 39 - 801 to - 810 (1961) (mostly concerned with health); W'is. Stat. Ann. § 151. 15 (1957) (now § 450. 11 (Supp. 1973)) (mostly-concerned with morality).

③ E. g., Ark. Stat. Ann. § § 82 - 944 to - 954 (1960); Del. Code Ann. tit. 16, § 92501 - 03 (1953); Mont. Rev. Codes Ann. § § 94 - 3620 to - 3623 (Supp. 1973); Ore. Rev. Stat. § § 435. 010 - . 130 (1971).

④ Mass. Gen. Laws Ann. ch. 272, § § 21 - 21A (1970); Wis. Stat. Ann. § 151. 15 (1957) (noi" § 450. 11 (Supp. 1973)).

⑤ E. g., Ark. Stat. Ann. § 82 - 950 (1960); Del. Code Ann. tit. 16, § 2502 (1953); Ore. Rev. Stat. § 435. 110 (1971) (advertisement must be "discreet and tasteful").

⑥ E. g., Iowa Code Ann. § 725. 5 (1946); Mich. Comp. Laws Ann, § 750. 40 (1968).

售避孕用品的法律规定的干预程度较低；如果认为他人采取避孕措施的权利源自于宪法对婚姻关系的保护，那么，禁止向未婚者销售避孕用品的法律规定完全是合理的。但是，如果认为他人采取避孕措施的权利源自于他人有权做出个人生活决定的自治理念，那么，任何禁止销售避孕用品的法律规定都会侵害这一权利，甚至可能是违宪的。

不过在实际生活中，很少有人关心这个问题——有的人乐意从现有的渠道获取避孕用品，有的人自有办法回避这些规定。不过，计划生育顾问 William Baird 确实关心这个问题。马萨诸塞州有一项法律禁止向未婚者销售避孕用品，但已婚者可以根据医生的处方取得避孕用品，而且不限制其使用的目的。[①] 在 Eisenstadt 一案中，Baird 就是对这一规定提出质疑。1967 年 4 月，Baird 违反上述法律规定在波士顿大学向人数众多的观众展示避孕用品，并分发了一袋避孕用品给部分观众。马萨诸塞州最高法院认为，州政府只允许医生发放避孕用品是出于保护公众健康的正当理由，故判决 Baird 有罪。在判决作出后不久，马萨诸塞州最高法院又稍微改变其判决理由，认为州政府对未婚者私密的性生活加强法律控制，有利于实现“具有更高利益”的道德目的。因此，适用于已婚者时这个规定被解释成一种卫生措施，而适用于未婚者时则被解释成一种道德措施。

在经过判决和上诉之后，Baird 向联邦法院申请人身保护令并提出另一起诉讼，认为马萨诸塞州的法律侵害了未婚者的隐私权且违反平等保护原则。然而，美国联邦地区法院对 Griswold 一案进行狭义的解释，认为只有限制已婚者采取避孕措施的法律才侵害他人的隐私权。美国联邦地区法院赞同马萨诸塞州最高法院的观点，认为涉案法律的目的和效力与州政府的目标之间具有理性的联系。美国联邦上诉法院的意见正好相反，认为涉案法律的目的是为了防止未婚者采取避孕措施而引发道德危害，而根据 Griswold 一案所确立的原则，这样的目标“超出了州政府的权限”。美国联邦最高法院支持美国联邦上诉法院的观点，但没有认定涉案法律是否侵害了他人的隐私权。

Brennan 大法官的观点获得多数支持，他认为法律对已婚者和未

---

① Mass. Gen. Laws Ann. ch; 272, § § 21 - 21A (1970).

婚者的区别对待违反了平等保护原则。正如学者们所言[①]，相对美国联邦最高法院过去的做法，Brennan 大法官在经过一系列案件判决后发展出一个更加严格的“合理关系”标准（rational relationship test），在“令人信服的公共利益”标准和以往过于宽松的“合理关系”标准之间发展出一个折中地带。采取这一折中标准使得美国联邦最高法院可以直接对涉案法律进行深入审查，而不用考虑涉案法律是否侵害了 Griswold 一案所保护的宪法性权利。因此，美国联邦最高法院赞同美国联邦上诉法院的观点，认为马萨诸塞州政府所主张的保护公众健康的目的只是一个表象，就算不是表象，涉案法律和这样的目的之间也不存在合理关系。公众对健康的需求不会因为婚姻状况的改变而改变，因此不能将已婚者和未婚者区别对待。而且不是所有避孕用品都对健康有害，有害健康的避孕用品自然会受到联邦和州的药品法的规制。

美国联邦上诉法院认为，涉案法律并不能合理地体现马萨诸塞州维护他人道德品行良好的目的，美国联邦最高法院也赞同这一观点。而且经过一系列判例的发展，涉案法律“充斥着各种例外情况”，也允许未婚者在特定情况下获得避孕用品。更重要的是，通奸作为一项轻罪会被判处 90 天的监禁，而违反禁止销售避孕用品的法律却要被判处 5 年刑期。那么，销售避孕用品作为通奸行为的帮助犯或教唆犯，面临的刑期却是通奸犯刑期的 20 倍。而且，禁止避孕用品的销售可能还会使通奸者面临怀孕、产下非婚生子女的过重惩罚。[②]

美国联邦最高法院提及美国联邦上诉法院的观点，认为马萨诸塞州政府是将避孕视为一种不道德的行为，涉案法律的真正目的是为了禁止避孕这一行为本身，而这样的目的是不正当的。不过美国联邦最高法院保留其意见，没有明确表示这样的目的是否符合 Griswold 一案

---

① See Gunther, Foreword to The Supreme Court, 1971 Term, 86 Harv. L. Rev. 1, 18 - 20 (1972); Note, Public Access to Beaches, 48 N. Y. U. L. Rev. 369, 390 - 391 (1973); Note, Fundamental Personal Rights: Another Approach to EqualProtection, 40 U. Chi. L. Rev. 807, 818 - 821 (1973).

② 405 U. S. at 448 - 450; see Baird v. Eisenstadt, 429 F. 2d 1398, 1401 - 1402 (1stCir. 1970), aff'd, 405 U. S. 438 (1972).

确立的原则。美国联邦最高法院认为，不管涉案法律的目的是什么，区别对待已婚者和未婚者的做法本身就违背了平等保护原则。因此美国联邦最高法院主张，虽然 Griswold 一案判决的论证过程很大程度上基于婚姻关系的神圣性，但不能因此将该案所保护的权利局限为“婚姻关系”的隐私权，未婚者同样享有这一权利：“如果根据 Griswold 一案，州政府不得禁止他人向已婚者销售避孕用品，那么它也同样不得禁止他人向未婚者销售避孕用品。Griswold 一案中的隐私权确实和婚姻关系有着天然的联系。但是，已婚夫妇并不会融合成一个具有相同思维和能力的共同体，它依然是由两个具有各自独立思维和情感的个人组合而成。如果说隐私权还有所意味的话，那么，隐私权应当是属于他人个人的权利。无论是已婚者还是未婚者，隐私权都保护他们免受政府的不当侵扰，尤其是要保护是否生育子女这类对他人私人生活具有重大影响的事项。”

美国联邦最高法院的言辞表明，不应当将 Griswold 一案判决的含义解释得过于狭隘。这再次体现出，美国联邦最高法院支持那些未被宪法文本明确列举的权利。而且美国联邦最高法院的观点表明，州政府是否需要对其规制他人私人事务的行为作出正当解释，取决于受规制的事项对他人私人生活会造成多大影响，即受政府规制的是他人的基础性事项还是普通事项。

（四）Roe v. Wade：隐私与自治

美国联邦最高法院就 Roe v. Wade 一案[①]作出的判决认为，他人决定是否堕胎的权利应当受到隐私权的保护，这是迄今为止关于宪法性隐私权的最重要阐释。尽管法院没有过多地考虑这一权利的理论根源，但通过 Blackmun 大法官撰写的法院意见，美国联邦最高法院确实表现出理论上的偏好。美国联邦最高法院认为：“不管宪法性隐私权是基于《美国联邦宪法第十四修正案》的个人自由理念从而限制政府的行为，还是像美国联邦地区法院认为的那样，属于《美国联邦宪法第九修正案》所说的公民保留的权利，其范围都足以包括妇女决定是否终止妊娠的权利……。”[②] 尽管在 Roe 一案判决意见的开

---

① 410 U. S. 113 (1973).

② 410 U. S. 113 (1973). at 153 (emphasis added).

头，美国联邦最高法院仍然一贯地排斥实质性正当程序规则，但如今美国联邦最高法院似乎逐渐倾向于接受 Harlan 大法官在 Griswold 一案、Poe 一案等案件中所主张的实质性正当程序规则，至少在涉及私人权利的案件中是如此。而且，Blackmun 大法官的做法更加强了这一趋势——Harlan 大法官主张，“只有‘基本的’或‘暗含在有序的自由概念中’的个人权利……才能够纳入隐私权的保护”，而 Blackmun 大法官在判断隐私权的范围时就引用了 Harlan 大法官的这一观点。

虽然 Blackmun 大法官略微倾向于《美国联邦宪法第十四修正案》的“自由”理念，但 Blackmun 大法官似乎也不愿意放弃任何有助于将隐私权纳入宪法保护的其他理论。Blackmun 大法官提到，“宪法性隐私权的根源”也见于《美国联邦宪法第一修正案》、《美国联邦宪法第四修正案》和《美国联邦宪法第五修正案》，也可以在《权利法案》的整体含义的外延范围中找到。Blackmun 大法官显然不支持 Douglas 大法官的“外延区域”理论，不过其观点表明，美国联邦最高法院愿意采用美国联邦宪法修正案前九条所蕴含的理念作为标准，来判断某一特定的个人权利是否应当受到宪法保护。

Blackmun 大法官也在其观点中提出其他两个判断标准：其一，美国联邦最高法院应当回顾以往的判例，包括那些有关《权利法案》中某些特定条款的判例和那些涉及实质性正当程序规则的判例。从 Meyer v. Nebeaska 一案开始，这些案例都涉及如何保护与婚姻、家庭和生育有关的权利。和 Douglas 大法官在 Griswold 一案中所做的那样，Blackmun 大法官也愿意对以往的这些判例做扩大解释。其二，美国联邦最高法院应当考虑，如果允许政府禁止妇女采取堕胎措施，那么，妇女可能要为此付出哪些个人代价。① 这样的考虑似乎源自于 Eisenstadt 一案，即判断权利之重要性的一个标准是，考量政府对该权利的侵害可能会对他人造成多大程度的影响（how fundamentally）。从另一个相关的角度来考虑，Eisenstadt 一案判决认为隐私权是属于他人个人的权利（不管他人的婚姻状况如何），Roe 一案的判决也同这一观点相契合。

美国联邦最高法院认为，如果某项“基本权利”受《美国联邦

① 410 U. S. at 153.

宪法第十四修正案》的自由理念保护，那么只有存在某种“令人信服的利益”时，政府才能对该权利进行限制，而且制定出来的法律“必须严格限定于保护受到威胁的公共利益”。Blackmun 大法官对政府通常所主张的若干理由进行了反驳：其一，基于美国联邦宪法的文本用语、历史背景以及堕胎法的发展历史，美国联邦最高法院认为，胎儿不属于《美国联邦宪法第十四修正案》所保护的主体意义上的“人”。其二，和某些下级法院一样，虽然美国联邦最高法院曾经谈到，限制堕胎的法律可以被视为控制婚外性行为的手段，但内容十分简要，而且只是为了进一步加以反驳才会提及这一点。其三，美国联邦最高法院认为，不能仅仅因为案件涉及难以解决的道德和哲学问题，就因此认定规制堕胎问题是立法机关专有的职权而不属于法院的管辖范围。而且美国联邦最高法院认为，妇女拥有宪法上的基本权利，完全可以根据医生的意见自己决定是否堕胎的问题。

不过，美国联邦最高法院也承认，有两种公共利益可以限制妇女决定是否堕胎的权利：其一，保护“潜在生命”的利益。毫无疑问，在怀孕 24 周到 28 周以后，胎儿就具备了生存能力。[①] 政府可以禁止妇女在胎儿获得生存能力之后采取堕胎措施，除非妇女本人的生命或健康受到威胁。[②] 其二，保护怀孕妇女的健康。这一目的是“重要而且合法的”，因此为了防止妇女不重视这个问题而随意堕胎，政府可以为了妇女的利益而限制她们堕胎。尤其是在怀孕三个月以后，限制妇女堕胎变得更加必要，政府可以通过规定有资格实施堕胎手术的地点和医师来限制堕胎。[③]

美国联邦最高法院在 Roe 一案中认可的隐私权，其作用是保护他人能够自主地作出个人生活的基本决定，这些决定往往对他人的个人生活有重大影响。这表明美国联邦最高法院倾向于认为该权利来源于《美国联邦宪法第十四修正案》的保护，而不是源于《美国联邦宪法第一修正案》、《美国联邦宪法第三修正案》和《美国联邦宪法第四修正案》所共同构成的“外延区域”。因为根据“外延区域”理论，

---

① 410 U. S. at 160, 163 - 164.

② 410 U. S. at 163 - 164.

③ 410 U. S. at 163.

隐私权更接近于与特定场所相关的概念，比如家庭住所这样通常不受政府干预的场所。虽然 Roe 一案的判决也提到私密活动场所的概念，但相比之下，Griswold 一案存在的一些因素可能将隐私权单纯局限于住所内发生的隐私行为，而在 Roe 一案中这些因素不复存在：首先，堕胎行为通常并不是发生在家庭住所当中；其次，政府限制堕胎的做法之所以令人反感，也不是因为可能会有警察闯入已婚者的神圣卧室；最后，Roe 一案中也不像 Griswold 一案那样，存在某些私密信息可能因此而遭到公开的问题。因此，Roe 一案直接保护的是他人作出个人生活重大决定的权利。

美国联邦最高法院还简要地提及一个“身体自治权”的概念，即他人自主控制其身体的权利。美国联邦最高法院声称：“有些法庭认为，他人对自己的身体拥有一项不受限制的权利，这一权利同美国联邦最高法院以往判决中涉及的隐私权之间有密切的联系，不过我们（指美国联邦最高法院）还不太肯定这一观点。”[①] 虽然美国联邦最高法院已经在其他案件的判决中承认，他人确实对自己的身体享有重大的利益，但美国联邦最高法院显然认为这一利益和隐私权所保护的利益截然不同。

三、自治性隐私权的论证方法

对希望采取避孕措施、堕胎措施或希望在自己家中观看淫秽物品的人们来说，上述包括 Griswold 一案、Stanley 一案、Eisenstadt 一案和 Roe 一案在内的一系列判例显然意义重大，不过在这些案件的判决中还有很多问题尚未明确解决。这些判决引起了广泛的学术探讨，比如这些权利的合理性及其宪法依据，或者这些案件判决的逻辑合理性和一致性等问题。但是对下级法院来说，它们面临的首要问题不是宪法性隐私权的来源或依据问题，而是宪法性隐私权的适用问题。为了判断他人享有的何种个人自由可能受宪法性隐私权保护，下级法院必须完成美国联邦最高法院尚未面临的重要任务——界定宪法性隐私权的合理范围。

为了解决这个问题，我们有必要先确立若干前提条件：首先，应

① 410 U. S. at 154.

当认为宪法性隐私权是依据宪法本身即存在的概念，而不是美国联邦最高法院在作出判决时创造出来的[①]；其次，美国联邦最高法院的隐私权判决应当被视为一个协调的整体；最后，应当承认确实存在某些合理的方法，能够对目前过于宽泛的宪法性隐私权加以限制。

正如上文所述，Roe v. Wade 一案所保护的权利可以被合理地命名为自治性隐私权。那些曾经在 Griswold 一案中涉及的重要因素在 Roe 一案中成为相应的前提背景，比如家庭住所之于外界的相对独立性以及婚姻关系的神圣性。不过，美国联邦最高法院对他人个人自治的重视并不意味着所有的个人自治权利或者所有的个人决定都应当受宪法性隐私权的保护。否则，对任何可能干涉他人个人决定的行为，政府都必须证明存在某种“令人信服的公共利益”。那样的话，政府基本上不可能制定得出法律，就算有恐怕也寥寥无几。因此，应当确立一些标准，把宪法上保护的隐私权同政府可以进行合理规制的其他个人行为区别开来。

进行区别的一个出发点是美国联邦最高法院已经加以保护的那些隐私权。从 Palko v. Connecticut 一案[②]开始，美国联邦最高法院已经根据这些权利是否为“基本权利”或者是否“暗含在有序的自由概念当中”的标准，对涉案权利进行考量并决定是否加以保护。所以，或许可以将涉案权利是否属于“基本权利”作为一个判断标准，由此可以断定，所有满足这一标准的权利都能受到宪法保护。相应，如果涉案权利无法被认定为“基本权利”，那么，就无法获得任何宪法上的保护。

然而，这一标准存在的最大问题就是其不确定性，因为并不存在明确的标准来界定何为基本权利。既然难以确定某一权利到底是不是基本权利，那么，这一标准很可能导致法院作出的判决是主观的、是结果导向的。而且更重要的是，虽然这一标准本身是模糊的，但根据这一标准所作出的划分却具有决定性的意义：如果法官认定某一权利为基本权利，那么政府必须证明存在“令人信服的公共利益”才能

---

① Some critics of Roe are unwilling to make this assumption. See, e. g., Ely, The Wages of Crying Wolf: A Comment on Roe v. Wade, 82 Yale L. J. 920 (1973).

② 302 U. S. 319, 325 (1937), cited in Roe v. Wade, 410 U. S. 113, 152 - 153 (1973).

和《美国联邦宪法第五修正案》所保护的他人的人身安全和个人自治？在某个程度上，这样的考量和先例的审查有相互重合的地方。

一旦认定某项权利值得作为隐私权保护，第二个问题就是该权利是不是一种“基本的”隐私权。在此，应当着重考虑该权利是否“暗含在有序的自由概念当中”，以及对权利人来说该权利的重要性如何。如果法院认定该权利是“基本的”，那么，政府必须证明对该权利的限制是出于某种“令人信服的公共利益”；如果法院认定该权利并不是那么重要，那么，法院应当考虑政府对该权利的限制实际上是否能够合理地促进某种合法的公共利益。

隐私权案件中最值得注意的地方之一就是，案件中政府所主张的利益要么不甚明确，要么根本不存在。通常，受到质疑的法律往往反映出政府并不是为了维护公众的健康、安全或福利而制定法律，而是试图将某个道德准则强加于他人身上。尽管维护公众的良好道德品行确实属于政府治安权的一部分，但是政府基于此种目的做出的行为并不一定合法，尤其是在某些情况下，政府仅仅是为了促进某些抽象的所谓“良好道德”，而疏于考虑其行为可能会对他人或社会整体造成的不利影响。而且，当社会公众对何种行为属于“良好道德行为”存在不同意见时，政府的这一目的就更加站不住脚了。例如，对堕胎行为的争议归根结底集中在堕胎决定道德与否的问题上，然而，这个问题根本没有所谓正确答案。因此，包括美国联邦最高法院在内的大多数法院更倾向于将这个问题留给直接相关的当事人来解答，从而选择保护相对真实的怀孕妇女的身体健康利益和潜在的胎儿的生命利益。

自治性隐私权的实质在于，他人管理自己生活的基本决定（不管是长期的或是短期的）应当保留给他人自己作出，政府必须具备正当理由才能对他人的决定权作出限制。但是此种判断并不意味着政府制定法律的权力应当被废弃，而是意味着如果他人认为政府的规制行为侵害其隐私权，他人有权主张政府的规制行为不具备合法利益或者政府制定的法律同政府的合法目的之间不存在合理联系。法院应当审慎地考量他人的主张，如果他人能够证明政府制定的法律实际上无法促进政府想要维护的合法利益，那么，举证责任就转移到政府一方，政府应当证明其行为确实存在合法的利益或者确实能够实现其预设的目标。也就是说，法院应当采用“手段－目的”的标准来判断政府选择的手段实际上是否能够实现其合法目的，即手段与目的之间是否具有合理联系。

如果他人隐私权同政府促进某一合法目标的行为之间存在直接冲突，那么，法院应当考虑，政府是否能够通过其他不侵害他人权利或不加重他人负担的手段实现该目标。也就是说，法院应当考虑政府制定的法律是不是一种不必要的过度干预。同时，由于此处探讨的是非基本权利，所以法院还应当同时考虑采取其他规制手段可能会给政府造成的负担。如果采取其他方式会给政府带来过重的负担，或者如果他人隐私权与政府所主张的公共利益之间存在不能化解的冲突，那么，应当优先考虑政府的主张。

综上所述，基于此种背景，本文将继续探讨美国联邦最高法院尚未面临的那些隐私权案件。首先，本文将围绕计划生育方面的隐私权来探讨一些相关的问题；其次，本文将探讨一些尚未获得承认的隐私权类型；最后，本文将探讨一种经常与宪法性隐私权相混淆的利益——他人的个人自由。

四、下级法院的自治性隐私权判例

Griswold 一案给政府和下级联邦法院留下许多问题。该案判决的理论基础源自美国联邦宪法修正案发散形成的“外延区域”或者某个“被遗漏”了的修正案，或者源自实质性正当程序，而这些理论根据都遭到质疑。不过理论根据的问题并不会在司法实践中造成严重的困扰，因为 Griswold 一案本身就可以作为宪法性隐私权的来源而被其他法院援引。正如前文已经指出，更重要的是宪法性隐私权的范围界定问题。“隐私区域”确实存在，但没有人知道其确切的边界。

由于有一些法院担心 Griswold 一案所确立的宪法性隐私权的范围可能无限地扩张，所以在判决中对其加以限制。有一些法院则认为，宪法性隐私权不仅保护已婚夫妇在其卧室中采取避孕措施的权利不受政府侵扰，还应当包括其他内容。最终，在探索的过程中，法院提出了住所与家庭、个人自治、性行为的私密性以及“独处权”等诸多概念来解决这一问题。

(一)与计划生育有关的事项

不管宪法性隐私权的最终范围如何，毫无疑问的是，在 Griswold 一案和 Roe 一案之后，宪法性隐私权应当包括他人决定和实施计划生育措施的权利。因此，争议的焦点主要集中在，政府能够在多大程度上限制该权利，以及他人是否能够要求政府提供帮助来促进该权利的实现（如要求政府不禁止避孕用品的销售）。

1. 避孕

Griswold 一案和 Eisenstadt 一案都没有直接表明，有一项宪法上的权利能够保护他人获取避孕用品，也没有直接表明州政府能够在多大程度上限制他人获取避孕用品。尽管如此，Griswold 一案和 Roe 一案都清楚地表明，如果他人获取避孕用品的渠道得以保证，那么，隐私权就衍生出一项保护他人使用避孕用品的权利。而且 Eisenstadt 一案和 Roe 一案也表明，只有出于维护公众健康的目的州政府才能对该权利加以限制，并且对公众健康的威胁应当是真实存在的。因此，美国联邦最高法院的判决为将来的进一步调整留下了广阔的空间。

现有的法律规定并没有区分哪些避孕措施会危害他人的健康，哪些避孕措施不会危害他人的健康。对不会危害他人健康的避孕措施来说，要求他人根据医生的处方才能获得避孕用品的法律规定就不合理。① 州政府要禁止自动贩售机销售避孕用品，也必须证明使用该种避孕用品会损害他人的健康。鉴于禁止自动贩售机销售避孕用品的法律大多明示或默示地规定避孕用品是“有伤风化的物品”，② 所以很难将这些法律解释为出于维护公众健康的目的。还有一种观点认为，在公共场所陈列避孕用品带有一些“淫秽色彩”，不过这种观点被美国联邦最高法院先前关于淫秽物品的判决否定了，该判决限制州政府侵入他人“描绘性行为”的私密交流信息。

---

① E. g. , Ark. Stat. Ann. § § 82 – 944 to – 954 (1960); Del. Code Ann. tit. 16, § 92501 – 03 (1953); Mont. Rev. Codes Ann. § § 94 – 3620 to – 3623 (Supp. 1973); Ore. Rev. Stat. § § 435. 10 – 130 (1971).

② See, e. g. , Del. Code Ann. it. 16, § 2601 (1953) (implied); Wis. Stat. Ann. § 450. 11 (Supp. 1973) (stated). See also authorities cited in note ② supra.

此外，州政府似乎也无法通过限制他人采取避孕措施来防止他人进行不正当的性行为。而且，无论州政府在制定刑罚时如何仔细斟酌，禁止他人采取避孕措施的法律都可能潜在地使通奸者面临怀孕、产下非婚生子女等额外惩罚。虽然可能会有观点认为，这样的额外惩罚是可以避免的，因为妇女如今有权采取堕胎措施，所以是否承受这些额外惩罚的决定权在妇女手上而不是在州政府手上。但是根据 Roe 一案，州政府不能为了惩罚通奸的妇女而强迫她作出本来不必作出的决定。如果州政府确实需要惩罚他人实施的“不道德”行为，那么，政府应当直接惩罚他人实施的“不道德”行为本身。

有趣的是，尽管有许多州的法律仍然值得质疑，但是在 Eisenstadt 一案之后有关避孕的案件很少。因为希望采取避孕措施的人自有办法获得避孕用品，而且随着人口的增长，个人的利益逐渐同州政府的利益趋向一致。但是，堕胎案件盛行的事实还是表明，社会中依然有些人无法获得足够的避孕信息和避孕用品。[①] 也许更多的州政府需要时间来废除这些限制他人避孕的法律，主动通过有效的公共计划或公共项目来帮助他人，为他人提供相关的避孕信息。

2. 堕胎

在 Roe v. Wade 一案中，美国联邦最高法院明确表示，妇女决定堕胎的权利是《美国联邦宪法第十四修正案》所保护的宪法性隐私权的一部分。不过，美国联邦最高法院也认为，如果州政府有必要保护怀孕妇女的身体健康和胎儿的潜在生命利益，那么，州政府可以限制妇女决定堕胎的权利。尽管该案判决明确了州政府可以作出限制的范围，但该案判决仍然留下一些问题尚未解决，比如医生在妇女的堕胎决定中扮演着什么样的角色，或者妇女是否有权要求政府为其实施堕胎措施提供帮助。

---

① See Colo. Rev. Stat. Ann. § 66 – 32 – 2 (Supp. 1971); Georgia Code Ann. § 99 – 3103 (Supp. 1972). Some require consent. See Fla. Stat. Ann. § 381. 382 (5) (a) (4) (Supp. 1973). See also Note, Minors and Contraceptives: The Physician's Right to Assist Unmarried Mimors in California, 23 Hastings L. J. 1486 (1972). Although minors have constitutional rights, see Tinker v. Des Moines Indep. Community School Dist., 393 US. 503 (1969).

在怀孕的前三个月，妇女会向医生咨询堕胎的可行性，维护妇女健康的任务落在医生身上。而医生这一角色的具体性质恰恰是Roe一案留下的疑难问题之一。美国联邦最高法院曾明确表示，隐私权包括了“妇女决定是否终止妊娠的权利”。[①] 然而美国联邦最高法院在Roe一案判决中的某些其他用语却表明，决定堕胎的权利似乎既属于医生又属于怀孕的妇女。州政府可以要求所有堕胎措施必须由医生实施，怀孕妇女必须和医生共同考虑堕胎措施可能涉及的个人、情感、心理、家庭和身体等各方面因素。医生会基于这些因素给出一个“最好的医学诊断”，或者请其他医生一起参与诊察。那么，医生“经过与孕妇的磋商，可以自由地提出诊断意见”，决定是否应该采取避孕措施。判决书中这样的表述似乎表明，美国联邦最高法院允许一个“尽责的医生”成为影响妇女作出堕胎决定的限制性因素。虽然医生作出的是“医学”判断，但毫无疑问，医生的个人道德信念会对其医学判断产生影响。不过当妇女确实希望并要求采取堕胎措施时，这一点并不会限制妇女决定采取避孕措施的能力，因为在现实中，最终能够排除其个人道德观点而为病人实施避孕措施的人，毫无疑问也是医生。尽管如此，美国联邦最高法院赋予医生的重要角色可能会给妇女决定是否堕胎的隐私权增加不合理的负担。[②] 在现实生活中，这意味着怀孕的妇女可能需要咨询数个医生才能找到愿意为其实施堕胎手术的医生。如果怀孕的妇女生活贫困或地处偏远乡村，这会成为一件相当困难的事情。然而在理论上，医生这一角色甚至可能潜伏着更大的危害，因为医生削弱了妇女的堕胎决定权：虽然决定堕胎的“隐私权”属于妇女，但在某种程度上，医生分享了妇女的决定权。

另一个限制妇女堕胎权利的不确定因素是推定的胎儿父亲的潜在权利。在Roe一案中，美国联邦最高法院提到，有些州要求在某些情况下必须经过胎儿的父亲同意或经过孕妇的父母同意才能实施堕胎措

① 410 U. S. at 153.

② Tribe, Fore. word: Toward a Model of Roles in the Due Process of Life and Law, 87 Hare. L. Rev. 1, 9 (1973). at 37.

施。Roe 一案的当事人并没有提出这个问题，美国联邦最高法院也未能明确界定如果宪法当中隐含着胎儿父亲的权利，那么，胎儿父亲的权利应当是何种性质。[①] 自 Roe 一案之后，至少有两个法院面临过这个问题，而这两个法院最终都认定胎儿父亲的利益并不能优先于妇女决定是否堕胎的宪法性隐私权。

在 Coe v. Gerstein 一案[②]中，两位孕妇（一位是已婚妇女，另一位是未婚的未成年人）和两位医生对佛罗里达州的一项法律提出质疑，该法律规定：对已婚妇女，医生在实施堕胎手术之前必须先取得其丈夫的同意，对未婚的未成年人，医生在实施堕胎手术前必须先取得其父母的同意，未取得同意就实施堕胎手术的医生构成轻微犯罪。[③] 对此，受诉法院认为，如果在孕妇妊娠期的头三个月和第二个三个月，州政府都不能直接保护胎儿的潜在生命利益和孕妇的生命健康利益，那么，州政府同样不能为了保护相同的利益而假借胎儿的父亲和孕妇的父母的名义，来干涉孕妇决定是否堕胎的权利。受诉法院认为，胎儿的父亲或孕妇的父母对孕妇的堕胎决定确实各自享有一定的利益——对胎儿的父亲来说，他至少享有"和孕妇同等的权利，来确保自己的子女度过一个完整的妊娠周期后能够最终得以降生"，其利益同孕妇的妊娠情况息息相关；对孕妇的父母来说，他们对其家庭这一"自治共同体"所享有的利益也不能被轻易忽视。但是，因为佛罗里达州政府并没有将胎儿的父亲和孕妇的父母可能主张的利益，同胎儿的潜在生命利益、孕妇的健康利益区分开来，该州政府无权擅自将胎儿、孕妇的利益委托给胎儿的父亲和孕妇的父母，故涉案法律是无效的。受诉法院进一步补充道，如果胎儿的父亲和孕妇的父母对孕妇的堕胎决定存有异议，他们应当亲自向孕妇提出意见进行协商，而不能期望着由州政府替他们主张权利。[④]

尽管受诉法院的论证过程可能会遭到质疑，但 Coe 一案的判决结

---

① 410 U. S. at 165 n. 67.

② Civil Action No. 72 – 1842 (S. D. Fla. Aug. 13, 1973) (three – judge court).

③ Fla. Stat. Ann. § § 458. 22 (3), 458. 22 (6) (c) (Supp. 1973).

④ Civil Action No. 72 – 1842, at 4 (S. D. Fla. Aug. 13, 1973) (three – judge court). at 6 – 7.

果是正确的。在先前的Roe一案中，州政府就通过其制定的法律提出胎儿的潜在生命利益和孕妇的生命健康利益，不过，这两种利益确实存在，但是相当有限。在Coe一案中，佛罗里达州的涉案法律规定医生实施堕胎手术必须经过胎儿的父亲或孕妇的父母同意，否则，医生要承担刑事责任。这样的法律规定又将两种新的利益纳入考虑：一是胎儿的父亲作为相关主体有权参与堕胎的决定，二是父母的同意有助于维护家庭稳定。在Roe一案中，主要问题在于衡量州政府所主张的利益是否足以使其获得正当理由来限制妇女决定是否堕胎的隐私权，而该案中的答案是否定的。因此，如果在妊娠期的前六个月中，州政府都不能以保护胎儿的潜在生命利益为理由来限制妇女决定是否堕胎的权利，那么州政府就不能以保护胎儿父亲和孕妇家庭的情感利益这样更加次要的理由，来限制妇女决定是否堕胎的权利。

但是，这并不意味着否定胎儿父亲和孕妇父母的个人利益，他们仍然可以就妇女的堕胎决定向法院提起诉讼来主张自己的利益。州政府无法“代表”（delegate）孕妇的身体健康利益、胎儿的潜在生命利益、孕妇父母的家庭隐私利益以及胎儿父亲的生育利益，这些利益同州政府自己的利益是相互独立存在的。事实上，如果某项宪法性隐私权保障他人有权参与那些同自身有重大、密切联系的事务，那么，胎儿的父亲、孕妇的父母就享有这样的权利，而州政府至少要保证他们能够根据该权利向法院提起诉讼。因此，当胎儿的父亲、孕妇的父母成为这类案件中的原告时，他们就负有举证责任，由他们来证明那些本应排除政府干预的私密事项在该案中应当由政府加以适当调整。

州政府可以通过不同方式在其制定的法律中承认胎儿父亲的利益。例如，州政府可以赋予胎儿的父亲一项权利，如果怀孕的妇女未经胎儿父亲的同意就擅自进行堕胎手术，那么，胎儿的父亲可以依该权利提起诉讼并要求妇女承担侵权损害赔偿责任。[①] 在这样的案件中，主要问题就在于胎儿的父亲是否拥有足够强大的权利来对抗妇女决定是否堕胎的宪法性隐私权。尽管可能和怀孕妇女决定是否堕胎的权利相悖，但胎儿父亲确实拥有一项基本利益来期待其“生育权”

① See Utah Code Ann. § § 76-7-307, 76-7-308 (Supp. 1973).

能够经过一个完整的妊娠周期而最终得以实现。从这个角度来说，基于隐私权的概念，胎儿的父亲和怀孕的妇女共同享有是否生育子女的决定权。虽然衡量胎儿父亲的权利和怀孕妇女的权利孰轻孰重是一件困难的事，但显然怀孕妇女的权利具有优先地位。如果认定胎儿父亲的权利和怀孕妇女的权利具有同等地位，胎儿的父亲就可以强迫怀孕妇女生下孩子或要求怀孕妇女堕胎后赔偿损失，那么，以此类推，胎儿的父亲同样也可以强迫怀孕的妇女采取堕胎措施或强迫妇女放弃避孕措施。但是既然宪法性隐私权是一项个人权利而不是一项共有权利，那么，通过州政府制定的法律实施上述强迫行为就是违宪的。而且单纯从利益平衡的角度来看，怀孕妇女的利益也明显优先于胎儿父亲的权利。虽然怀孕妇女和胎儿父亲在生育子女上都享有利益，但是只有怀孕妇女才有必要经历堕胎或者分娩的过程，违反其意愿实施这些措施会给怀孕妇女造成情感上、心理上、身体上的多重痛苦。

州政府还可以通过其他方式来承认胎儿父亲的利益。美国联邦最高法院就曾经提出（至少在大法官的个人意见中），妇女在决定堕胎之前应当听取医生的意见。以此类推，州政府也可以要求妇女在决定堕胎之前应当同胎儿的父亲进行协商，至少在胎儿父亲关心怀孕妇女是否会决定堕胎时是如此。比起要求取得胎儿父亲同意才能实施堕胎措施的法律，这样的法律规定实质上降低了对怀孕妇女的隐私权的侵害，同时又能为胎儿的父亲提供相同的保护。或者州政府也可以规定，如果妻子不愿生育子女，丈夫有权同妻子离婚。不过，无论政府通过何种方式来保护胎儿父亲在这一方面的权益，都应当对胎儿父亲的权利进行适当限制，从而最大程度上避免侵害妇女决定是否堕胎的权利。

Jones v. Smith 一案①揭示出，如果法律没有规定胎儿父亲的权利，那么，胎儿的父亲在主张其利益时可能会遇到种种困难。在该案中，胎儿的父亲为了阻止尚未同其结婚的女友实施堕胎手术，向法院提起诉讼并申请了禁令。在缺乏法律依据的情况下，胎儿的父亲主要

① 278 So. 2d 339 (Fla. App. 1973), petition for cert. filed, 42 U. S. L. W. 3434 (U. S. Jan. 21, 1974) (No. 73 -1133).

根据契约理论来提出主张。受诉法院否定了胎儿父亲的主张并且认为，州政府保护妇女、胎儿之生命身体健康的利益应当优先于胎儿父亲的利益。但是除该理论之外，胎儿的父亲找不到其他理由作为诉讼中主张其利益的根据。事实上，除非州政府通过制定法对胎儿父亲的权利加以确认，否则，胎儿的父亲很难通过诉讼主张自己的权益。如果通过制定法确认胎儿父亲的权利，很可能有利于使妇女决定是否堕胎的隐私权发展成一项更加强有力的权利。

除了上述的医生和胎儿父亲的权利问题之外，Roe 一案的判决还在下级法院引发了其他类型的诉讼。虽然旧的堕胎法①和试图回避 Roe 一案判决的新堕胎法②都被废弃了，但新的问题也随之产生。目前，下级法院面临的最有趣的问题是：妇女是否有权要求医院为其提供堕胎设施或堕胎用品？以及妇女实施堕胎手术的医疗费用能否通过医疗保险由政府承担?

目前，第一个问题已经转化为另一种形式，即医院拒绝实施堕胎手术的行为是否构成州政府的行为？法院认为，公立医院是隶属于州政府的行为主体，所以无权拒绝实施堕胎措施，③ 对私立医院则没有这项强制性要求。对于第二个问题，审理 Klein v. Nassau County Medical Center 一案④的三位法官作出了相关阐释。涉案的医疗中心是一家公立医院，在州社会服务委员会发出行政函件告知该医院，某一项堕胎手术不属于“医疗事项”因而不纳入医疗保险的范围时，如果接受堕胎手术的妇女自己也无力支付医疗费，那么，这家医院就会停止实施该项堕胎手术。受诉法院认为，堕胎属于美国联邦医疗法中的“必要”医疗措施。因为美国联邦医疗法规定，妇女怀孕过程中产

---

① See, e. g., Doe v. Woodahl, 360 F. Supp. 20 (D. Mont. 1973); Henro v. Derrybery, 358 F. Supp. 719 (ND. Okla. 1973).

② See Doe v. Rampton, 366 F. Supp. 189 (D. Utah 1973) (three - judge court); Doe v. Israel, 358 F. Supp. 1193 (D. R. I.), motion for stay pending appeal denied, 482 F. 2d 156 (1st Cir. 1973).

③ E. g., Nyberg v. City of Virginia, 361 F. Supp. 932 (D. Minn. 1973); sea N. Y. Times, July 2, 1973, at 11, col. 1.

④ 347 F. Supp. 496 (E. D. N. Y. 1972) (three - judge court) (per curiam), 412 U. S. 925 (1973).

前、分娩、产后的相关措施都是“必要”的，那么堕胎措施也应当属于其中的“必要”措施。既然州法律没有区分必要的治疗性堕胎和他人自愿选择的堕胎，那么，州社会服务委员会就不能在管理医疗保险事务时根据公共政策擅自加以判断。经济困难的妇女无法自行为其自愿选择的堕胎手术支付医疗费用，所以州社会服务委员会的做法违背了平等保护原则。因为 Klein 一案早于 Roe 一案，所以该案的判决依据不是妇女有权决定是否堕胎的宪法性隐私权。不过受诉法院在判决中提出，如果妇女决定是否堕胎的宪法性隐私权获得承认，那么，州政府分配医疗补助时显然不能因为堕胎措施的种类不同而区别对待，否则，实际上就等同于强迫经济困难的妇女放弃宪法所保障的自由选择权。

3. 绝育

他人自愿决定是否采取绝育措施的权利毫无疑问属于“隐私区域”的范围。早在 1942 年，美国联邦最高法院就认为，生育子女是“他人的个人基本权利之一”。[1] Griswold 一案和 Roe 一案所保护的权利使他人能够选择从生育子女的负担中解放出来，使他人能够自由地选择生育的时期，这些“基本”权利受美国联邦宪法保护。而他人自愿决定是否采取绝育措施的权利，使他人能够自主控制这一关乎其生活的重大方面。

绝育可以说是避孕和堕胎的结合，但是绝育和它们之间也各自有所不同，1965 年后据此产生了独立的关于绝育的判例法类型。首先，不同于避孕或堕胎，绝育措施在过去从未被制定法禁止或严格限制。[2] 在 1965 年，只有康涅狄格州禁止他人采取绝育措施，[3] 只有北卡罗来纳州限制他人采取绝育措施——当时该州法律规定，他人自愿选择采取绝育措施的，需要持三位医生共同开具的意见书并轮候一段

① Skinner v. Oklahoma, 316 U. S. 535, 541 (1942).

② Note, Sterilization and Family Planning, 56 Geo. L. J. 976, 977 n. 8 (1968) [hereinafter Note, Family Planning].

③ Conn. Gen. Stat. Ann. § 53 - 63 (1953) (repealed 1969). Conn, Gen. Stat. Ann. § 19 - 66 (b) (Supp. 1973) now requires that the patient consent and that a doctor perform the operation.

时间，在某些特定情况下还需要取得配偶或父母的同意[①]；其次，绝育和避孕相似，其实绝育就是通过避孕实现的，或者大部分是通过避孕实现的。因此，绝育没有像堕胎那样引起关于胎儿的潜在生命利益的广泛争议；最后，绝育和堕胎一样都是通过某些医疗措施来实现的，这些医疗措施通常不会在他人家里进行。根据 Roe 一案，这一点并不会导致决定是否采取绝育措施的权利被排除在隐私权之外，而是意味着他人必须接受其他人的医疗服务才能享有这一权利。而绝育权案件的争议主要集中在绝育措施的性质和范围上。

虽然在 Griswold 一案之前，几乎每个州在事实上都允许他人自愿决定是否采取绝育措施，但此种以绝育措施为手段来控制生育的权利也并不是完全自由、毫无负担的。尽管自愿选择采取绝育措施的人不会面临刑事指控的风险，但因为公共政策不赞同任何限制生育的措施，所以他人选择实施绝育措施时可能会受到一些比较轻微的惩罚。例如，如果绝育手术失败了，他人无权向实施绝育手术的医生主张损害赔偿。此外，判例法已经建立起这样的规则，即不禁止他人出于健康[②]或计划生育[③]的目的而采取绝育措施。然而，在绝育手术失败使妇女怀孕并生下子女时，法院却认为这是“正常情况生育出来的正常婴儿”，拒绝判决原告有权获得损害赔偿。在这种案件中，法院通常会怀疑原告进行绝育手术的动机，并拒绝承认他人在经济、情感上遭受的损失和关爱一个意外降临的孩子之间实际上并不存在必然的冲突。

尽管在 Griswold 一案之前法院的态度就已经有所改变，但 Griswold 一案的判决才是影响这类案件判决的主要因素。例如，Custodio v. Bauer 一案[④]的受诉法院就认为，Griswold 一案判决保护涉及他人道德的私密事项免受政府管控，该案判决为往后其他类似的案件提供了指引。不过受诉法院并没有在该案判决中设定明确的标准，来计算原告对医生不当实施绝育手术的行为可能主张的损害赔偿额是多少。

① N. C. Gen. Stat. § 90 - 271 (Supp. 1965).

② See, e. g., Christensen v. Thornby, 192 Minn. 123, 125, 255 N. W. 620, 621 (1934).

③ See, e. g., Shaheen v. Knight, 11 Pa. D. &C. 2d 41, 43 (1957).

④ 251 Cal. App. 2d 303, 59 Cal. Rptr. 463 (1967).

原告可以主张的损害赔偿种类包括其支付的医疗费、怀孕和分娩所需要的费用、精神损失补偿费以及护理费。其他法院遵循 Custodio 一案的做法，并不断地完善相关的责任理论①和损害赔偿理论。这些法院均认为，“他人选择不生育子女的宪法性权利”来源于 Griswold 一案。

绝育权案件的另一个主要问题是，在他人行使这项宪法性权利时，州政府应当为他人提供多大程度的帮助？法院在最近作出的两个案件判决中都提出，在某些特定的情况下，自愿实施绝育措施的人有权要求州政府通过公立医院为其提供便利或帮助。在 McCabe v. Nassault County Medical Center 一案②中，涉案的医疗中心是一家公立医院，因为医院的规章规定原告这个年龄的妇女必须生育过 5 个孩子后才能实施绝育手术，所以该医疗中心拒绝为原告实施输卵管结扎手术。原告认为医疗中心的规章侵害了她的婚姻隐私权，把别人的宗教信仰强加给她，并违反了平等保护原则，故原告起诉要求被告赔偿其损失并申请了禁令。最后，医疗中心撤回其抗辩并为原告实施了绝育手术，受诉法院撤销了该案。美国联邦第二巡回法院认为原告有权根据《美国联邦法典》第 1983 条③请求损害赔偿，而原受诉法院没有处理原告请求损害赔偿的主张，故第二巡回法院撤销了原受诉法院撤销该案的决定。

上述案件的判决实际上赋予了他人强制要求医院实施绝育手术的权利。在 Hathaway v. Worcester City Hospital 一案④中，审理该案的美国联邦第一巡回法院认为：“一旦公立医院承诺为他人提供短期医疗服务，诸如包括绝育在内的需要一定设备和技术才能完成的手术，虽然这些手术从医学角度来说没有什么区别，但如果公立医院拒绝实施那些与他人基本权利紧密联系的手术，那么，该医院的做法就是违宪的。”受诉法院发现，在医院被授权的范围内，公立医院的负责人通常有权决定是否实施特定的某项手术。但是受诉法院认为，根据 Eis-

① See Jackson v. Anderson, 230 So. 2d 503 (Fla. App. 1970).
② 453 F. 2d 698 (2d Cir. 1971).
③ 42 U. S. C. 1983 (1970).
④ 475 F. 2d 701 (1st Cir. 1973).

enstadt 一案和 Roe 一案，他人自愿决定是否采取绝育措施的权利体现他人的基本利益，该权利不受政府的不当干涉。尽管州政府确实在保护他人健康上享有一定利益，但这一利益既比不上他人自愿决定实施特定手术（如绝育）所体现的利益，也不如州政府在 Roe 一案中主张的利益来得重要。因此，如果公立医院愿意实施诸如切除盲肠等类似的手术，那么该医院就不得拒绝为他人实施绝育手术。

Hathaway 一案的判决具有重大意义，因为该判决保障了他人决定不生育子女的基本权利，使他人的这一权利能够得到实现。同样，他人也可以据此要求州政府提供合理的渠道使其能够获得避孕用品。除此之外，该案判决还具有其他方面的广泛影响。有些州设有公共卫生设施来为他人提供有关计划生育的服务，这些服务通常由政府免费提供或只收取少许费用，或者由保险项目支付费用，在这些州，他人有正当理由来主张州政府不仅要提供公共卫生设施，还应当支付相应的手术费用。这一点对经济困难的人来说尤为重要，如果他们自愿决定采取避孕、绝育或堕胎措施却无力支付相应的医疗费用，那么他们也无法从这些基本决定权中获益。

不过，如果政府愿意提供公共卫生设施并支付相应的医疗费用，政府还应当对这类手术进行严格监管，避免发生强迫他人接受手术而侵害他人基本权利的情况。已经有一些州在其制定法中规定，不得强迫他人接受其不愿接受的医疗建议或医疗服务。[①] 这样的限制性规定是必要的，最近在阿拉巴马州发生了一起事故，两个女孩（分别是 12 岁和 14 岁）仅仅因为“恰好在附近徘徊”就被实施了绝育手术。这两个女孩提起共同诉讼，她们主张医院的行为侵害其宪法性隐私权，并且没有提供适当的程序保障以避免此类事故的发生。

Griswold 一案的判决起到了原因、参照或催化剂的作用，使公共政策发生重大改变，关于绝育权的案件就揭示了 Griswold 一案所产生的影响。避孕以及其他计划生育措施不再被视作不道德或不健康的行

---

① Ga. Code Ann. § 99 – 3105 (Supp. 1972); Ore. Rev. Stat. § 435. 215 (Supp. 1971). Other states protect the right of an advisor or hospital to refuse for various reasons to provide such advice or services. Fla. Stat. Ann. § 381. 382 (1973); N. J. Rev. Stat. § 30: 11 – 19 (1971); Ore. Rev. Stat. § 435. 225 (1971).

为，相反地，他人作出这些决定的权利受宪法保护，而且州政府甚至应当为他人实现这一权利提供帮助。下文将继续提出一个相关的但略微有所不同的问题，即在何种限度内，政府可以对他人决定要生育子女的权利加以限制？

4. 怀孕

他人决定是否生育子女的权利包括两个方面：一是决定不生育子女的权利，二是决定要生育子女的权利。如果他人自愿决定不生育子女的权利受宪法保护，那么，很显然他人自愿决定要生育子女的权利也应当受宪法保护。鼓励他人生育子女的政策在美国历史上由来已久，尽管如此，他人决定生育子女的权利依然面临着诸多限制。社会对怀孕的妇女或有怀孕能力的妇女强加了许多不利条件，[①] 其中最突出的例子就是，怀孕的妇女通常在怀孕初期就会被要求离开其工作岗位，而且通常不保证其在子女出生后能够回到原来的工作岗位。在最近一些案件中，作为雇主的州政府解雇了一些孕妇。这些妇女认为怀孕生子的权利受宪法保护，故提起诉讼，主张州政府不能仅仅因为她们在行使一项宪法性权利就拒绝为其提供补助。

上述主张大多由两类妇女提出，一是从军队退役的妇女，二是被所任教的学校开除或辞退的妇女。从案件判决结果来看，法院似乎相对更加尊重军队的决定，除此之外这些案件的判决结果基本相同。在 Roe 一案之前，有一个法院作出的判决认为此种案件完全不涉及他人的隐私权。而另外一个更加常见的判决意见是，妇女有权自主决定要生育子女，但是无权要求在生育子女的同时继续担任教师或者空军军官。

只有一个法院试图认真地将这个问题中相互关联的各个方面划分清楚。在 Robinson v. Rand 一案[②]中，一位怀孕的空军女飞行队队员针对军队强制勒令其退役的规定提起诉讼。受诉法院认为，和男性一样，妇女对家庭和事业二者都享有基本的利益。这一基本利益足以使法院对空军强制其退役的理由进行仔细审查。受诉法院认为，空军主张的

---

① See Cary, Pregnancy Without Penalty, 1 Civil Liberties Rev. 31 (1973).

② 340 F. Supp. 37 (D. Colo. 1972).

程序简易及节省开支的利益并不足以优先于怀孕妇女的权利。另外，空军主张其有理由认为怀孕的妇女无法在作战区域内胜任工作。但受诉法院认为,空军可以采取一种更加合理的方式来实现其目的,即空军可以在妇女怀孕时将其调离危险的任务,但是不能强制勒令其退役。

Robinson 一案的判决试图将妇女受到侵害的重要利益独立出来，因此，其分析比其他类似案件判决的分析更加合理。毫无疑问，政府开除怀孕妇女的行为侵害了妇女的隐私权。如果政府采取强制怀孕妇女休产假的方式，虽然造成的侵害相对较小，但这依然是对妇女权利的一种侵害。政府主张其采取这些行为是为了追求合法的目的，比如保护妇女和胎儿的健康、保证军队和教学工作不受影响，但问题在于，这些合法目的能否使政府的行为获得正当理由？很显然，这些合法目的并不具有足够的“说服力”，除非妇女的健康和工作确实因怀孕而受到损害。鉴于这些损害是因人而异的，那么政府必须根据不同个案中的具体情况来作出决定。

根据平等保护原则来分析这一问题也会得出相同的结论，即不能因为妇女的能力暂时因为怀孕而受到限制，就把怀孕的妇女同其他人区分对待。相较于根据平等保护原则作出的分析，基于隐私权作出的分析更具有优势——在涉及有关计划生育的事项时他人享有的是一项“基本权利”，因此政府必须证明存在“令人信服的公共利益”才能对抗他人的“基本权利”。

因为性别不再是一项“可疑分类”,[1] 法院面对根据平等保护原则提出的主张时采用的是“合理依据”标准，这一标准给法院留下了巨大的自由裁量空间。也许最好的方式是将这两种依据结合起来，主张妇女生育子女的权利是一项受到宪法保护的“基本权利”，政府必须基于某种“令人信服的公共利益”才能使其侵害该权利的区别对待行为获得正当性。

这样的主张在 Buckley v. Coyle Public School System 一案[2]中得到

① See Frontiero v. Richardson, 411 U. S. 677 (1973) (four of nine justices held sex a suspect classification); Reed v. Reed, 404 U. S. 71 (1971).

② 476 F. 2d 92 (10th Cir. 1973).

受诉法院的支持。受诉法院认为，被告在原告 Buckley 怀孕 6 个月后强制解除劳动关系，被告的行为侵害了原告的隐私权，强迫其在工作与生育子女之间作出选择，“侵害原告生育子女的利益”。原告主张的不是要求获得公职的权利，而是职业状况免受违宪行为侵害的权利。因此，州政府必须基于某种令人信服的利益才能限制妇女决定要生育子女的权利。

本文在这一部分探讨了生育子女、避孕、堕胎等方面的权利，这些权利都是宪法性隐私权的一部分。Griswold 一案的判决认为，宪法保护他人就关乎其私人生活的重大事项作出自主决定的权利，上述生育子女等方面的权利正是据此产生发展而来。在接下来的一部分，本文将探讨尚未被作为隐私权而进行保护的一些权利。

（二）他人私密的性行为

以《圣经》[①] 和早期英国法[②]为基础的英美传统观念一直以来均认为，出轨和通奸行为理应受到政府的规制。几乎美国所有的州都制定有相关法律，禁止他人自愿做出的通奸、私通、鸡奸、性变态和非法同居等不正当的性行为。[③] 这些法律的效力不断遭到质疑，逐渐成为司法实践所关注的重要问题。质疑这些法律的观点认为，政府规制他人性行为的法律不仅制定得含糊不清，规定的惩罚罕见而严酷，而且还违背了政教分离条款。[④] 不过，目前反对这些法律的最有力的武

---

① See Leviticus 18：21 – 23, 20：13; Deuteronomy 23：18 (Rev. Standard Version).

② E. g., 5 Eliz. 1, c. 17 (1562); 25 Hen. 8, c. 6 (1533); see 4 W. Blackstone, Commentaries * * 215 – 216.

③ Fornication statutes proscribe heterosexual intercourse between unmarried individuals. E. g., Idaho Code § 18 – 6603 (1948); N. J. Rev. Stat. § 2A：110 – 1 (1969). Adultery statutes generally forbid sexual intercourse between individuals at least one of whom is married. E. g., S. D. Comp. Laws Ann. § § 22 – 22 – 17 to – 18 (1969). Sodomy statutes, E. g., NAI. Stat. Ann. § 40A – 9 – 6 (1972). Most state statutes do not distinguish between consensual and forcible sodomy. E. g., Iowa Code Ann. § 705. 1 –. 2 (1950).

④ See, e. g., State v. Trejo, 83 N. M. 511, 512, 494 P. 2d 173, 176 (1972) (dissenting opinion); State v. Rhinehart, 70 Wash. 2d 649, 424 P. 2d 906, cort. denied, 389 U. S. 832 (1967); Note, Private Consensual Adult Behavior：The Requirement of Harm to Others in the Enforcement of Morality, 14 U. C. L. A. L. Roy. 581, 600 – 01 (1967).

器是他人的隐私权。

1. 对刑事法律造成的冲击

在 Griswold 一案之后，许多学者和诉讼中的当事人都认为，该案判决中对隐私权的论证同样也能够保护他人私密的性行为，因此，政府必须证明存在更重要的正当理由，才能制定刑事法律来规制他人私密的性行为。据此，许多案件对州政府禁止他人私通、鸡奸的法律提出质疑，但是这些案件的判决却没有留下多少成效——只有少数案件的判决宣告涉案法律无效或对涉案法律作出限制。因为大多数法院都选择尽力回避这个问题，所以只有极少数判决能够为往后的类似案件提供指引，用来分析他人私密的性行为是否受隐私权保护这个问题。

这一领域的隐私权之所以发展缓慢，其中的一个原因是，法院很少遇到合适的案件来提出隐私权理论。根据 Poe v. Ullman 一案①所确立的"成熟理论"，对州政府制定的刑事法律提起合宪性审查的案件，其原告通常是根据该刑事法律被提出指控的人，但事实上成年人自愿做出的、私密的性行为被提起刑事指控的情况是少之又少。相反，最经常遭到刑事指控的是其行为涉及暴力、儿童或公开传播的人，而这些人没有资格基于隐私权提出州政府的刑事法律干预范围过宽的主张。

即使原告提出的主张属于应受法院审判的案件，原告还必须解决其他的一些问题，才能使法院认真考虑该案是否应当适用隐私权理论。撰写 Griswold 一案的赞成意见的三位大法官均明确表示，Griswold 一案判决的目的并不在于干涉"州政府对他人不正当的性行为的合理规制"。有许多法院武断地认为这一观点具有决定性意义，因此拒绝作出任何独立的见解和分析。有些法院坚持认为，Griswold 一案和宪法性隐私权理论不适合用于解决原告主张的性行为隐私权。有些法院认为，Griswold 一案只保护婚姻这样高贵而神圣的关系，而通奸这样的行为是令人厌恶的。还有一些法院认为，原告提出的隐私权主张更像是针对《美国模范刑法典》所提出的建议，② 这属于立法上

---

① 367 U. S. 497, 501 - 509 (1961).

② See Model Penal Code § 207. 1, Comment at 207 (Tent. Draft No. 4, 1955).

的问题而不应当由法院考虑。

许多案件的原告提出主张时也因为Griswold一案判决本身的表述而陷入困境。许多法院倾向于认为Griswold一案仅仅涉及他人的婚姻隐私权，这一点是可以理解的。这些法院不愿考虑未婚原告提出的涉案法律侵害他人婚姻隐私权的主张，也不愿将隐私权保护的范围扩大至包括未婚者在内。尽管上述限制条件值得令人怀疑，而且使得许多法院巧妙地拒绝了原告要求将一切私密的性行为都纳入隐私权进行保护的主张，但这些限制条件确实也推动了Griswold一案确立的隐私权保护的发展。在Cotner v. Henry一案①中，受诉的美国联邦第七巡回上诉法院才第一次遇到适合由法院审判的婚姻隐私权主张：该案原告Clarles Cotner同妻子进行了鸡奸行为，故受到刑事指控。受诉法院提出，"Griswold一案判决的重要意义在于，保护成年人在婚姻关系中自愿作出私密行为，使其免受政府通过刑事惩罚所施加的干涉和限制。"因此，州政府对已婚成年人同其配偶自愿做出的鸡奸行为进行刑事指控的做法是违宪的。

Cotner一案的受诉法院显然认为该案简单明了，因此没有在判决中对涉案权利进行深入分析。换句话说，受诉法院的判决只是简单地建立在Cotner一案同Griswold一案的相似之处上。Griswold一案的判决中认为"已婚者的卧室是神圣不可侵犯的"，Cotner一案的判决对这一表述直接加以引用。不过受诉法院认为Cotner一案中出现的新的行为类型，即已婚成年人在婚姻关系中做出的私密且非正常的性行为也应当受隐私权保护，这样的观点确实在理论上扩张了隐私权的保护范围。不过受诉的美国联邦第七巡回上诉法院并没有直接认定涉案的反鸡奸法的干预范围过宽，而是要求该州法院对涉案法律进行解释，使已婚夫妇的行为免受其规制。因此，受诉法院将Cotner一案判决的论证和效力都限制在婚姻关系的范围内。

Cotner一案的判决作出后既受到批评也受到赞同，一些法院试着将其作为有效但有限制的先例加以引用。有些法院接受了Cotner一案的观点，认为州政府不得禁止已婚成年人在婚姻关系中做出的私密

---

① 394 F. 2d 873 (7th Cir.), cert. denied, 393 U. S. 847 (1968).

且非正常的性行为。但因为提起诉讼的原告和过去一样通常是未婚者，所以这些法院依然拒绝未婚者所提出的涉案法律干涉范围过宽的主张，也没有限制涉案法律的规制范围或宣告涉案法律无效。后来，在这种保守的趋势中出现了一个例外——在 Buchanan v. Batchelor 一案[①]中，三位激进的法官允许一对已婚夫妇参与到指控一位同性恋者的鸡奸行为的刑事诉讼中，且认定整部得克萨斯州反鸡奸法的干预范围过大，潜在地侵害这对夫妇的宪法性隐私权。审理 Buchanan 一案的法院认为其判决“不会干涉州政府对他人不正当的性行为的合理规制”。该案判决的论证过程比 Cotner 一案更为全面：“在不能证明存在一定必要性的情况下，他人私密的性行为（无论是好的方面还是坏的方面）应当免受政府规制。”[②] 通过宣告涉案的反鸡奸法全部无效，审理 Buchanan 一案的法院保护他人私密的性行为免受政府干涉，无论他人是已婚还是未婚，也无论涉及的性行为是好是坏，至少在州政府的立法机关重新通过一部较为节制的法律之前，Buchanan 一案的判决能起到这种保护作用。[③] 因此，Buchanan 一案判决的实践意义超出了判决本身。

Cotner 一案提出的“婚姻隐私权”并没有遭到太多反对。关于“婚姻隐私权”的唯一一个尚待解决的问题是，该权利能否为质疑涉案法律干预范围过宽的主张提供支持？这个问题似乎现在也得到了解决，因为除了审理 Buchanan 一案的法院之外几乎每个法院都认为，不能仅仅因为某部法律可能潜在地侵害已婚夫妇的权利就宣告该法律全部无效。Cotner 一案唯一的实际效果仅仅在于保护已婚夫妇之间自愿作出的、不正当的性行为免受政府干涉，但实际上这些行为很少会遭受到刑事指控，所以该案判决的实际作用十分有限。

对法院来说更为棘手的问题是，宪法性隐私权是否保护未婚者之间私密的性行为？越来越多的人向法院提起诉讼，主张其受到刑事指

① 308 F. Supp. 729 (NJD. Tex. 1970) (three - judge court).

② 308 F. Supp. at 733.

③ Vehement opposition to this creative, interventionist approach was evidenced by a Texas state court in Pruett v. State, 463 S. W. 2d 191, 193, 197 (Te. Crim. App. 1970), appeal dismissed, 402 U. S. 902 (1971).

控的私密的性行为应当受到宪法保护。对法院而言，政府行为的正当性是解决这一问题的最大障碍。一般情况下，法院更愿意采取上文提及的各种方式来回避这个问题，从而支持受到质疑的法律。有少数持不同意见的法官认为，宪法性隐私权既保护已婚成年人也保护未婚成年人自愿作出的、私密的性行为，对其进行干涉的法律应当被宣告无效。遗憾的是，这些法官并没有为解决这一问题提出一个合理的分析论证过程。实际上，所有法官都只关注州政府缺乏正当理由来规制他人私密的性行为这一点，忽略了案件所涉行为本身的性质。而州政府是否具有正当理由和某一宪法性权利是否受到侵害之间并不具有必然联系，州政府不具有正当理由并不意味着他人的隐私权一定会受到侵害，反之亦然。

哥伦比亚特区高等法院的一位法官提出许多理由来主张他人私密的性行为应当受宪法保护，这些理由包括：他人有权控制自己身体的使用和活动，他人的性行为具有私密性，他人自愿的、非正常的性行为受宪法性隐私权保护，故免受政府干涉。[1] 在探讨州政府是否具有正当理由来制定法律惩罚鸡奸行为和相应的教唆行为时，这位法官指出："第一，他人自愿作出的、非正常的性行为并不会给其他人造成损害。第二，根据《金赛性学报告》，对大多数人来说，同性性行为并不会令人反感。[2] 第三，州政府不能根据其反鸡奸法对同性之间自愿作出的、私密的性行为提起指控，这一事实表明政府没有正当理由来惩罚这样的行为。"因此，这位法官宣布哥伦比亚特区惩罚鸡奸行为教唆者的法律无效，并对相关的反鸡奸法作出限缩性解释，使他人自愿作出的、私密的性行为免受政府干涉。

关于隐私权适用于他人私密的性行为的情况，最近一个案件的判决中出现了迄今为止最具有洞察力的见解。在 Lovisi v. Slaytoytn 一案[3]中，受到刑事追诉的原告夫妇对弗吉尼亚州反鸡奸法的合宪性提出质疑，并向法院申请人身保护令。该案中，一对已婚夫妇和一个第

---

① United States v. Doe, 12 Crim. L. Rptr. 2531, 2532 (D. C. Super Ct. Feb. 21, 1973).

② United States v. Doe, 12 Crim. L. Rptr. 2531, 2532 (D. C. Super Ct. Feb. 21, 1973), at 2533.

③ 363 F. Supp. 620 (E. D. Va. 1973).

三人自愿进行了鸡奸行为。这对夫妇将这一过程中拍摄的照片随意放置在家中，后来他们的孩子发现了这些照片，于是该夫妇被提起刑事指控。该案判决中，有一位法官认同 Roe v. Wade 一案中适用实质性正当程序规则的“公正处理”并认为，正当程序条款保护那些“暗含在有序的自由概念”当中的基本价值。这位法官的观点直接来源于 Griswold 一案判决所宣称的婚姻关系的神圣性，他认为已婚夫妇对其私密的性行为享有一项基本的权利，其私密的性行为免受政府干涉。弗吉尼亚州反鸡奸法干涉已婚夫妇之间私密的性行为，因此“毫无疑问该法律预示着对他人隐私权的侵害”。审理 Lovisi 一案的法院进一步总结道，法院在 Eisenstadt v. Baird 一案之后就不再适用已婚或未婚的划分标准，故弗吉尼亚州反鸡奸法不得干涉成年人自愿作出的、私密的性行为。在得出这一结论时，保护这些私密行为的前提条件在于这些行为是成年人自愿作出的，但法官回避了这一前提问题而更加关注这些行为的高度私密性。因此，州政府必须证明存在某种“令人信服的公共利益”才能使涉案法律获得正当性。

不过审理 Lovisi 一案的法官进一步认为，在该案中没有必要进行此种利益平衡，因为该案原告夫妇的行为不能被界定为私密行为。这位法官明确地指出，隐私有两重含义：一种含义是指他人独居的安宁，另一种含义是指他人的个人行为或个人决定。虽然宪法性隐私权涉及的通常是他人的个人行为或个人决定（无论他人是否处于独居状态），但独居安宁是宪法保护他人私密的性行为的先决条件。公开的性行为缺少私密性这一重要特征，因此，不能像私密的性行为那样受到保护。既然 Lovisi 一案的原告随意放置载有私密内容的照片而使其私密行为得到公开，那么，他们当然无权基于隐私权理论来对涉案法律的合宪性提出质疑。

Lovisi 一案判决的基本论述看起来十分具有说服力。更重要的是，虽然该案基于隐私权理论作出的分析只是出现在法官的个人附带意见中，但这并不妨碍其成为今后法院审理同类案件的一个范例。尽管有些案件的判决将 Griswold 一案和隐私权分离开来，但平心而论，因为这些判决是在 Eisenstdt 一案和 Roe 一案之前作出的，所以无法从这两个案件判决中关于隐私权的阐述中获得指引。总而言之，这一部分探讨的案件判决为隐私权保护他人私密的性行为扫清了若干障碍，尤其是“隐私权只保护已婚夫妇之间私密的性行为”这一个隐私权发展道路上的重大阻碍。因此，法院将不得不对此类案件中所涉及他人的个人利益与政府所主张的公共利益进行慎重分析。

2. 对非刑事惩罚造成的冲击

除了直接制定规制他人私密的性行为的法律之外，州政府和联邦政府还通过一些间接手段来惩罚那些参与不正当性行为的人。例如：涉及同性恋、非法同居或通奸的人，其道德品行会因此而遭受怀疑，他们通常不得担任公职，[①] 不得加入州律师协会，[②] 不能通过安全调查[③]入籍移民申请、[④] 不能领取零售酒类许可证申请、[⑤] 不能领取团体注册执照申请，[⑥] 也不能获得军队的荣誉退役证书。[⑦] 而且，政府对

---

① See, e. g., Fisher v. Snyder, 476 F. 2d 375 (8th Cir. 1973); McConnell v. Anderson, 451 F. 2d 193 (8th Cir. 1971), cert. denied, 405 U. S. 1046 (1972); Norton v. Macy, 417 F. 2d 1161 (D. C. Cir. 1969); Richardson v. Hampton, 345 F. Supp. 600 (D. D. C. 1972); Mindel v. United States Civil Serv. Comm'n, 312 F. Supp. 485 (N. D. Cal. 1970); Morrison v. State Bd. of Educ., 1 Cal. 3d 214, 461 P. 2d 375, 82 Cal. Rptr. 175 (1969); Note, Government – Created Employment Disabilities of the Homosexual, 82 Harv. L. Rev. 1738 (1969).

② See, e. g., In re Kimball, 33 N. Y. 2d 586, 301 N. E2d 436, 347 N. Y. 2d 453 (1973); In re Fleckenstein, 27 App. Div. 2d 184, 277 N. Y. S. 2d 830 (1st Dep't 1967).

③ See, e. g., Adams v. Laird, 420 F. 2d 230 (D. C. Cir. 1969), cert. denied, 397 U. S. 1039 (1970); Schlegel v. United States, 416 F. 2d 1372 (Ct. CI. 1969), cert. denied, 397 U. S. 1039 (1970); Wentworth v. Laird, 348 F. Supp. 1193 (D. D. C. 1972); Gayer v. Laird, 332 F. Supp. 169 (D. D. C. 1971).

④ See, e. g., Velez – Lozano v. Immigration &Naturalization Serv., 463 F. 2d 1305 (D. C. Cir. 1972); In re Labady, 326 F. Supp. 924 (S. D. N. Y. 1971); Note, Naturalization and the Adjudication of Good Moral Character: An Exercise in Judicial Uncertainty, 47 N. Y. U. L. Rev. 545, 560 – 562, 565 – 570 (1972).

⑤ See, e. g., Inman v. City of Mami, 197 So. Zd 50 (Fla. 1967), cert. denied, 389 U. S. 1048 (1968); One Eleven W. &L., Inc. v. Division of Alcoholic Bevcrage Control, 50 N. J. 329, 235 A. 2d 12 (1967).

⑥ See Gay Activists Alliance v. Lomenzo, 31 N. Y. 2d 965, 293 N. E2d 255, 341 N. Y. S. 2d 108 (1973).

⑦ Weir v. United States, 474 F. 2d 617 (CL CL 1973), cert. denied, 94 S. CL 574 (1973); see Note, Homosexuals in the Military, 37 Fordham L. Rev. 465 (1969).

上述不符合道德传统的行为进行惩罚时，主要针对同性恋行为，这一点并不出人意料。

如果他人私密的性行为受宪法性隐私权保护，那么，拒绝为涉及同性恋、非法同居或通奸的人提供上述福利就意味着，他们只有放弃其宪法性隐私权才能够获得政府所提供的福利。既然如此，政府应当提出正当理由来解释其惩罚同性恋者、非法同居者或通奸者的行为，因为这些歧视性的惩罚同时也意味着对他人行使宪法性隐私权的行为进行惩罚。因此，大量的同性恋者和其他可能受宪法性隐私权保护的人（如通奸者、非法同居者等）为了维护自己的权益，纷纷提起诉讼来反对政府对其就业等方面施加的诸多限制。

本文的上一个部分探讨了规制他人私密性行为的刑事法律是否合宪这一问题，但其结论不能当然地适用于非刑事惩罚的领域。

有一个法院认为，法院可以根据他人私密的性行为受宪法保护这一点来宣告某个法律无效，但不能因此认定雇佣实践中违反这一保护的歧视性惯例也无效，反之亦然，因为这两个方面所涉及的政府利益是完全不同的。例如，为了维护婚姻关系之稳定或限制他人之不道德行为，也许政府具有合法、充分的利益来制定刑事法律惩罚他人私密的性行为，但是如果政府仅仅出于相同的目的、为了惩罚相同的行为而拒绝雇用一个同性恋者，法院也许会认定拒绝雇用同性恋者与政府的目的之间不具有充分联系，因为政府的目的早已经在刑事法律中得到了直接、适当的体现。相反，也许政府对其制定的某一刑事法律不具有合法、充分的利益，因此该刑事法律被宣告违宪而无效，但法院却可能允许政府禁止学校聘用同性恋者执教，因为政府在这种情况下可能享有更重要的合法利益。

然而，和审理针对刑事法律提起的案件时的做法相同，大多数法院在审理这一领域的案件时并没有根据隐私权理论进行阐释，而是首先分析政府所主张的公共利益的性质。此种分析途径的关键词是“联系”，这表明法院试图在政府主张的合法利益同政府对他人所作出的限制之间找出一些合理联系。因此，当一名同性恋者因其性取向而不得担任公职时，法院会要求政府提出证据，证明该同性恋者的性取向确实可能对其职业行为造成不利影响。当一名同性恋者因其性取向而无法通过安全调查时，法院会要求政府提出证据，证明是否有理由怀疑该同性恋者具有人身危险性，可能危害国家安全。如果法院发现上述因果之间缺乏必要的联系，那么，法院会认定政府的行为过于武断而违反了正当程序或平等保护原则，不必再过多地考虑他人的隐私权问题；如果法院发现他人的主张确实不成立，那么，法院会认定政府的行为不构成对同性恋者的歧视，或者不是对他人私密的性行为所施加的惩罚。因此，不管是哪一种结果，法院最终都会避开隐私权的分析。没有一个法院会在弄清是否存在合理联系的问题之后，还进一步考虑案件是否涉及某种重要的、能够对抗政府利益的个人权利。

如果政府拒绝“道德品行不端者”担任公职或者不通过其安全调查的行为被认定为恣意或武断的行为，那就意味着政府不享有合法的利益来限制所谓的不道德行为。法院在政府的行为和政府的利益之间寻找“联系”的做法，表明大多数法院不愿意直接承认，政府实际上可能通过间接的非刑事手段来惩罚或阻止他人的“不道德行为”。不过，相较于建立在隐私权基础上的分析，寻找“联系”并不是最合适的做法。因为尽管法院承担着慎重考察因果之间“联系”的任务，但许多法院容易倾向于认为，同性恋者不会是一名优秀的员工或者可能对公共安全造成威胁。法院有时潜在地受传统观念影响，认为同性恋者的人格发展不健全或者喜欢实施敲诈勒索行为，[①] 所以法院容易在“不道德”与“低效率”之间建立起一种直接、绝对的联系。在 McConnell v. Anderson 一案[②]中，受诉的美国联邦第八巡回上诉法院作出了一个相对激进的判决，该法院宣称在政府拒绝同性恋者担任公职的情况下，有一种政府利益是合法而且正当的。该案的原告公开宣称自己是一名激进的同性恋者，故因其性取向而被开除，失去了州立大学图书馆管理员的职位。受诉法院认为，政府开除原告的行为并不是一种恣意武断的行为，也不能归咎于对同性恋者的歧视，因为原告公开宣称了其同性恋取向，而这一做法是为了“强迫其雇主默许同性恋这一尚未被社会所接受的身份”。因此，在该案中，政府为了表示其反对同性恋而解雇原告，该行为被法院用来提出一个政

① Adams v. Laird, 420 F. 2d 230, 240 (D. C. Cir. 1969), cert. denied, 397 U. S. 1039 (1970).

② 451 F. 2d 193 (8th Cir. 1971), cert. denied, 405 U. S. 1046 (1972).

府能够主张的合法理由：即至少在他人公开宣称其同性恋身份时，政府可以解雇该同性恋者。

尽管很少有法院愿意直接面对这类案件中涉及的隐私权问题，但隐私权理论仍然以各种不同方式对一些法院的判决产生潜移默化的影响：

其一，有些法院认为，在涉及个人自由（比如参与私密的性行为的自由）的情况下，程序性正当程序规则的要求应当逐步提高。有些法院则关注他人隐私权的私密性特征，这些法院认为：“在正常情况下，《美国联邦宪法第一修正案》保护他人性生活的私密信息不被外界所知晓，而且不管是通过直接阐释还是间接推定，这样的保护也应当适用在同性恋者身上。”那么，为了保护他人私密的性生活不被外界知晓，这些法院会要求政府提出证据，来证明在提供公职或进行安全调查时确实有必要过问他人的性生活情况。因此，为了保护他人私密的性生活信息不被强迫公开从而使他人私密的性行为免受政府干涉，这当然意味着他人私密的性行为本身就必须得到保护。

其二，为了避免引发潜在的合宪性问题，法院会仔细审查政府所制定的规制所谓“不道德行为”的法律之后再作出判决，这些案件判决的背景通常也潜在地涉及隐私权问题。在 Morrikon v. State Board of Education 一案①中，加利福尼亚州最高法院认为：“如果政府在规制他人的‘不道德行为’时不当地侵害了他人的权利，那就有可能引发严重的宪法性问题。”该法院认为只有在教师的行为导致其不适宜进行教学工作时，政府才可以因教师作出的“不道德行为”或违反职业道德的行为而将其开除。② 纽约州上诉法院曾经在一个案件判决中主张，州政府可以禁止同性恋者加入州律师协会。有两位法官对此表示反对，他们认为，虽然纽约州法律将他人自愿作出的同性性行为规定为犯罪行为，但也不能因此禁止同性恋者加入州律师协会，因为纽约州的反鸡奸法很可能是违宪的。有一个美国联邦地区法院也提出，俄勒冈州允许政府因教师的“不道德行为”而将其开除的法律

---

① 1 Cal. 3d 214, 461 P. 2d 375, 82 Cal. Rptr. 175 (1969).

② 1 Cal. 3d 214, 461 P. 2d 375, 82 Cal. Rptr. 175 (1969). at 229, 461 P. 2d at 386, 82 CaL Rptr. at 186.

很可能违宪。

一些比较大胆的法院确实直接地在其判决中提及隐私权问题。在Mindel v. United States Civil Service Commission 一案[①]中，调查员发现原告同一名不是他妻子的妇女非法同居，因此，原告所任职的邮局将其开除。受诉法院认为，原告的“不道德”行为同他在邮局的工作之间没有必然联系。而且他人私密的性生活受宪法保护，所以政府在缺乏正当理由的情况下不得侵害原告家庭住所的神圣性。[②] 既然“不道德行为”并不能成为政府开除雇员的正当理由，那么政府就不具有合法的理由“来要求原告按照政府所主张的特定道德准则而生活”。

审理 Mindel 一案的法院没有解释为什么该案中政府必须按照 Griwold 一案判决的要求为其行为提出正当理由，即究竟是因为他人性行为的私密性特征，还是因为非法同居行为发生在原告的住所当中，抑或者因为政府是通过秘密侦查这一具有侵扰性的方式才发现了原告的“不道德行为”？不过，该法院的阐释清楚地表明：政府不得要求他人牺牲其权利来获得某个职位，因为他人作出私密的性行为的权利受宪法保护。据此，政府必须提出正当的理由才能制定法律规制他人私密的性行为。因此，Mindel 一案的受诉法院迈出了大多数审理此类案件的法院不愿迈出的第一步。根据这一思路，法院必须考察不同情况下政府为了规制他人不正当的性行为而主张的利益，进而审查这些政府利益是否足以使政府的侵扰行为获得正当性。

还有其他一些法院已经得出结论认为，教师的私密的性行为属于“隐私区域”，应当受隐私权保护。在内布拉斯加州某地方法院审理的 Fisher v. Snyder 一案[③]中，身为教师的原告留宿一名男性宾客在其公寓过夜，她的行为被指责为“与教师的身份不相称”并遭到其所任职的学校开除。受诉法院判决恢复原告的教师职业，因为原告留宿别人过夜的权利受隐私权和结社自由的保护，不必考虑留宿过程中是

---

① 312 F. Supp. 485 (NJD. Cal. 1970).

② 312 F. Supp. 485 (NJD. Cal. 1970). at 488.

③ 346 F. Supp. 396 (D. Neb. 1972), afi'd on other grounds, 476 F. 2d 375 (8th Cir. 1973).

否涉及性行为。因此，该案中原告是在行使其宪法权利，州政府必须提出其开除原告的正当理由。因为该案事件发生在一所公立学校当中，所以受诉法院援引美国联邦最高法院在 Tinker v. Des Moines Independent School District 一案①中所确立的标准，来判断在何种情况下公立学校有理由剥夺教师根据《美国联邦宪法第一修正案》所享有的权利，即，教师的行为是否“显著而实际地”妨害了学校的工作？Fisher 一案的受诉法院认定，该案原告的行为既没有妨碍其教学工作，也不会对其学生产生影响。

在 Acanfora v. Board of Education 一案②中，原告是一名同性恋教师，教育委员会在得知其性取向之后便将其调离教学岗位。该案的受诉法院总结道：“现在已经是时候将成年同性自愿作出的、私密的性行为纳入宪法保护的范围内了。”正当程序条款“保护他人的个人事务免受侵扰，无论对其他多数人来说这些事务是否偏离正统或令人厌恶”，受诉法院的观点同日益发展的正当程序条款相契合。该法院认为同性恋者应受正当程序条款保护，因为同性恋者并不具有人身危险性，不会危害其他人的生存，也有能力出色地完成工作。③ 此外，受诉法院还提出，对平等保护原则来说，同性恋是一个“可疑分类”。因为“同性恋”这一身份通常成为对同性恋者施加就业等方面限制的基础，但实际上“同性恋”这一性取向对他人的工作能力或社会贡献来说并没有太大关系。因此，Acanfora 一案的受诉法院认为，学校不能仅仅因为某个人是同性恋就拒绝雇用他，也不能仅仅因为某个教师是同性恋就开除或调走他，因为学校没有正当的理由将同性恋者排除在教师这一职业之外。

在 In re Labady 一案④中，受诉法院探讨了入籍移民申请的情况下政府通常所主张的道德利益。该案原告是一名同性恋者，因其性取向而被认为不具备“良好的道德品行”，因而未能通过入籍移民申请。审理该案的 Mansfield 法官将上文所述之寻找“联系”的方法同

① 393 US. 503, 509 (1969).
② 359 F. Supp. 843, 851 (D. Md. 1973).
③ 359 F. Supp. 843, 851 (D. Md. 1973).
④ 326 F. Supp. 924 (S. D. N. Y. 1971).

“隐私区域”理论结合起来，认定原告的道德品行良好。Mansfield 法官认为，解决这类问题的关键在于涉案行为在性质上是属于公开行为还是私密行为：“如果涉案行为属于公开行为或涉及其他多数人的行为，那么该行为可能对社会造成威胁。相反地，如果涉案行为完全属于私密行为，则该行为对其他人造成危害的可能性微乎其微，那么，对该行为的任何干涉或惩罚都有可能构成对他人宪法性权利的不当侵害。”①

单独来看，Mansfield 法官之所以考虑原告的行为是否可能对社会造成危害，似乎仅仅是因为在法院看来，政府提出“道德品行良好”这项要求是为了保护社会免遭危害，而法院试图通过此案将政府决定是否授予他人公民资格的权力限制在这一目的上。除非不道德行为本身造成了危害或影响了“公共道德”，否则，不道德行为本身并不具有危险性，不能成为拒绝授予他人公民资格的理由。但是 Mansfield 法官认为：“现在已经可以确认，政府对他人私密的性生活状况进行询问、审查的行为侵害了他人受到宪法保护的‘隐私区域’。”这样的观点表明，Mansfield 法官采取的是一种范围更加宽广的隐私权理论。Mansfield 法官暗示道，政府不能因为申请者的性取向而拒绝通过外来同性恋者的入籍移民申请，因为政府必须具有一个有力的正当理由才能对申请者私密的性生活状况进行调查和干涉。如果政府是为了防止潜在危险人物或可能触犯公共道德的人危害社会，那么，此种利益可以为政府侵害外来移民申请者的宪法性权利的行为提供正当理由。但如果政府仅仅是为了不让社会当中存在同性恋者，那么，这一点不足以为政府的行为提供正当理由。

根据 Labady 一案、Mindel 一案、Fisher 一案和 Acanfora 一案的分析思路，他人私密的性行为属于“隐私区域”的范围。在此基础上，法院必须判断在什么情况下政府具有正当的理由来对他人私密的性生活状况进行审查。因为此种审查会侵害他人的隐私权，所以，政府必须为其调查和干预提出实质性的正当理由。Labady 一案的判决表明，政府对他人道德品行是否良好的关切，或者对同性恋行为一旦被发现就可能危害社会的担忧，都不足以成为实质性的正当理由。

---

① 326 F. Supp. at 927.

3. 他人进行私密的性行为的权利是不是一项受宪法保护的隐私权

正如前文所述，大多数法院不愿直接面对这个问题，只有少数法院作出试探性的回答。然而，这个问题迟早要得到解决。本文的第一部分和第二部分就美国联邦最高法院在其判例中发展出来的隐私权理论进行了梳理，并提供了相关理论基础以便于回答以下两个问题：第一，他人私密的性行为是否应当获得宪法提供的保护？第二，他人进行私密的性行为的权利是否属于他人的基本权利，并因此而应当获得全面的保护？第一个问题的关键在于考察该权利同 Griswold 一案、Roe 一案等案件所保护的权利，即那些与他人的家庭、婚姻、住所、生育、子女抚养有关的权利之间具有何种联系。如果他人进行私密的性行为的权利能够体现美国联邦最高法院在 Griswold 等案件中所保护的价值，那么，该权利就能够被视为一项隐私权，哪怕不能被认定为一项基本权利，也应当得到一定程度的宪法保护。

他人私密的性行为确实同 Griswold 一案所保护的行为具有许多相似之处。例如，他人私密的性行为通常发生在他人的住所当中，因此，通常只有“侵入”他人的住所才能够发现这些私密的性行为。Douglas 大法官曾经描绘了一幅警察闯入已婚者卧室检查其是否使用避孕用品的画面，但是，同警察闯入他人家中查获他人实施鸡奸行为或通奸行为的画面相比，Douglas 大法官描绘的场景就不是最令人憎恶的了。Stanley v. Georgia 一案更是增强了他人家庭住所的神圣不可侵犯性，除非政府具有比防止不道德行为更加重要的正当理由，否则，政府不得侵入他人住所。最近一些涉及淫秽物品案件的判决又进一步加强了 Stanley 一案判决的观点，即他人在住所中进行的活动具有重要的私密性，故应当受到保护。

根据 Douglas 大法官的观点，他人的住所之所以成为受宪法保护的区域，是基于《美国联邦宪法第三修正案》和《美国联邦宪法第四修正案》所蕴含的深刻理念。如果 Griswold 一案涉及的权利受这两个修正案保护，那么，当他人私密的性行为发生在其住所内的时候，也应当考虑他人的权利是否受这两个修正案保护。如果 Griswold 一案中他人形成和维持亲密关系的权利受《美国联邦宪法第一修正案》的“外延区域”（penumbra）保护，那么，他人自愿形成的性关系也应当受该修正案保护。

进一步来说，隐私概念本身就当然地涉及性行为这一人类最私密的行为。Griswold 一案判决的观点是基于一种社会期待，即他人婚姻关系当中的私密事务不属于法律干涉的对象。有一种观点认为，他人私密的性行为同样也不属于法律干涉的对象，[①] 这一观点正逐渐获得认可。[②] 有一位学者甚至提出，Griswold 一案所保护的原本就不是已婚夫妇决定是否生育子女的权利，而是已婚夫妇决定是否进行性行为的权利[③]。因为康涅狄格州的反避孕法并没有强迫已婚夫妇生育子女，而是强迫已婚夫妇在不想生育子女的时候不得进行性行为。至少有一位大法官曾经表示，Griswold 一案判决可以用来保护成年人自愿作出的性行为。[④]

单独考虑上述因素的话，确实有可能得出这样的结论，即他人进行私密的性行为的权利是一种隐私权。但更加困难的问题是，该权利是不是一项基本权利，并因此而应当获得 Roe v. Wade 一案所提供的全面的宪法保护？为了解决这个问题，首先要考察的一点是该权利的重要程度。政府规制他人行为而对他人生活产生的影响，会因为他人行为的性质不同而改变。禁止同性之间进行任何性行为的法律，或者禁止他人同异性非法同居的法律会对他人造成严重的侵害，因为这两种法律惩罚的都是他人的重大生活选择。正如 Hart 所指出的："如果法律完全禁止他人在婚姻关系之外可能发生的性行为，可能会影响他人之情感、幸福、个性的平衡和发展。"[⑤] 性行为是人类的一项基本需求。那些完全禁止婚姻关系外之性行为的法律强迫他人必须在异性婚姻关系当中实现这一需求，而无视这样的规定可能会给同性恋者、不愿束缚于一夫一妻制的人及其配偶造成严重的精神痛苦。因此，即便有些法院会贬低他人私密的性行为的重要性，但政府对他人性行为

① Wolfenden Report, Committee on Homosexual Offenses and Prostitution, Report, Cmd. No. 247 (1957).

② See Barnett, Sexual Freedom and the Constitution 21 – 39 (1973), at 124 – 128 n. 46. See also A. Kinsey, W. Pomeroy &C. fartin, Sexual Behavior in the Human Male 392 (1948).

③ Barnett, Sexual Freedom and the Constitution 21 – 39 (1973), at 97.

④ California v. LaRue, 409 U. S. 109, 132 n. 10 (1972) (MarshaH, J., dissenting).

⑤ H. Hart, Law, Liberty and Morality 22 (1963).

留下空间，而法院对某一权利是否属于基本权利的认定通常对案件判决结果具有决定性意义，因此，这种模糊不定的标准可能使法院陷入进退两难的艰难处境。即如果将他人进行私密的性行为的权利认定为一项基本权利，那就意味着法院接下来必须适用“令人信服的公共利益标准”，并可能认定大量政府所制定的法律因为侵害他人的该项基本权利而无效。这样的顾虑很可能左右法院的判决，反倒难以为该权利提供全面的保护。如果将他人进行私密的性行为的权利认定为非基本权利，则法院无法对案件所涉及的政府利益进行任何严格审查。这样的话，政府可以堂皇地称其制定法律是为了促进和维护婚姻家庭关系，或者如 Harlan 大法官所言是为了保护民众的“道德健康”,[①] 无论这些理由多么模糊不清，都可以成为政府制定法律规制他人私密的性行为的理由。

或许上文提及的折中标准（严格的合理关系标准）特别适合在这类案件中使用，能够较为公平地考虑他人的权利和涉及的政府利益。无论他人进行私密的性行为的权利是否属于一项基本权利，性行为确实属于他人的私密行为，并且对他人具有重大意义。适用折中标准进行分析可以为法院审查涉案法律的合宪性提供多种选择：法院可以要求政府提供证据来证明，限制他人个人自由的法律同政府的合法目的之间存在“合理的实质性联系”。根据这一标准，法院首先会审查政府为涉案法律所提出的正当利益。比如，政府可能会主张这些法律是为了促成他人的婚姻关系和维护传统的家庭结构，或者更直接地主张涉案法律是为了维护公共道德利益。这些利益似乎难以对抗他人的个人自由，不过，法院可以避开这个困难的任务，根据普遍的宪法原则来认定政府所主张的利益是否真实合法。政府促成他人婚姻关系的目的同美国联邦最高法院的观点相抵触，因为美国联邦最高法院认为，是否缔结婚姻属于他人的基本选择或基本权利,[②] 这一权利当然地包括选择结婚或选择不结婚两个方面。因此，政府不得限制或促成他人的婚姻关系，不能在他人受宪法保护的自由选择之上施加负担。至于维护公共道德，这一利益本身就含义模糊、过于宽泛。此外，不

---

① Poe v. Ullman, 367 U. S. 497, 545 - 546 (1961) (Harlan, J., dissenting).

② Loving v. Virginia, 388 U. S. 1, 12 (1967).

同的法律可能代表着不同的政府利益。反通奸法可能和反私通法暗含着部分相同的利益，但反通奸法还旨在保护通奸者的配偶一方。公然的非法同居可能会损害公众的情感，而他人私密的不正当性行为则不会。总而言之，至少采取折中标准进行分析，能够尽量地将各种相关利益纳入考虑，哪怕实际上法院并不乐意进行复杂艰辛的利益平衡过程。

上述折中标准的另一个要点集中在政府所主张的利益同涉案法律之间是否具有合理联系方面。政府干涉他人私密的性行为的法律在实践中很少得到执行，这一事实表明，无论政府在制定这些法律时主张了何种利益，这些法律对实现政府所主张的利益来说并不起决定性作用。而且法院可能会质疑政府为了实现这些利益所选择的手段。因此，如果政府主张其制定反鸡奸法仅仅是为了防止他人在婚姻关系之外发生性行为，但该法律在实施过程中还会限制已婚夫妇的性行为，法院可能会认定该法律的干涉范围过宽。如果政府在反鸡奸法之外没有制定禁止私通的法律，那么，法院可能会认定反鸡奸法是对同性恋者的歧视，或者认定反鸡奸法同政府的目的之间不具有合理联系。因此，这些审查避开了政府利益的模糊性问题，既避免衡量政府利益的重要性，同时又考虑其合理性。

4. 小结

如果认定他人进行私密的性行为的权利属于“隐私区域”，那么，政府必须为其限制或侵害该权利的行为提出实质性的正当理由。而将他人私密的性行为纳入隐私权的保护范围，意味着法院在审理相关案件时必须适用“令人信服的公共利益标准”，并可能认定大量政府制定的法律因为侵害他人的该项基本权利而无效。这样的顾虑使得大多数法院在面对这个问题时犹豫不前，不愿作出有建设性的隐私权分析。如果将他人私密的性行为排除在“隐私区域”之外，则法院无法对案件所涉及的政府利益进行任何严格审查。不过，正如一些法院已经指出的，他人私密的性行为确实是人类行为的一个私密且重要的部分。或许，采用一种略微宽松但更注重现实的审查方式可以对政府行为给他人所造成的侵害进行全面审查，是一种更具合理性的方式。

法院不可能很顺利地就废除政府大量制定的那些规制“不道德

性行为”的法律，虽然这些法律在实践中很少得到执行，但这并不意味着这些法律已经衰败。实际上，许多州政府仍然坚持应当制定规制他人鸡奸行为、通奸行为、私通行为的法律，而且将严格惩罚鸡奸行为的法律置于主要地位，这些事实表明确实有些根深蒂固的道德观念根植于这些法律当中。正如一位著名学者所言，Griswold 一案“并没有消除法律中存在已久的，对不道德或非正常性行为严厉取缔的态度”。Griswold 一案仅仅是一个开端。

（三）与家庭有关的事项

在构建“隐私区域”时，美国联邦最高法院在很大程度上依赖于特定的一些案件来表明，他人的家庭生活处在外界的包围当中，应当得到全面的保护使其得以免受政府侵扰。而且，美国联邦最高法院就宪法性隐私权之性质所做出的一系列阐述也可以归结到对他人家庭生活的保护。与生育有关的案件判决显然属于家庭生活的范围，与抚养、教育子女有关的案件判决也是如此。美国联邦最高法院认为决定是否缔结婚姻是“他人的一项基本性权利”。Harlan 大法官也坚持主张，家庭住所“因其作为他人家庭生活的载体而获得重要的地位”。[①]

许多下级法院也认同有关他人家庭生活的权利确实应当纳入“隐私区域”而受到保护，并且通过其判决完善对这些权利的保护。不过，下级法院在一个难题上出现了分歧，即他人的家庭隐私权究竟包含哪些具体方面的权利？比如，他人的家庭隐私权是否包括他人决定不结婚的权利？是否包括他人选择非传统生活方式的权利（诸如公社制生活、同性婚姻、同性或异性非婚同居）？许多案件中涉及他人的非传统生活方式，这些生活方式同样具备那些使传统家庭生活受到宪法保护的因素：同样涉及那些关乎他人生活的基本决定、同样经常涉及他人之间的私密关系、且通常与他人的住所有关。对身处其中的他人来说，这些非传统生活方式与传统婚姻家庭生活之间的唯一区别就是：是否符合传统要求。这一点表明，因为“隐私区域”的范围会随着法官个人信仰的不同而改变，所以某种非传统生活方式是否能够纳入“隐私区域”也会因此而改变。

---

① Poe v. Ullman, 367 U. S. 497, 551 (1961) (dissenting opinion).

Blackmun 大法官在 Roe v. Wade 一案[1]判决中所列举的隐私权为“美国梦”（the American Dream）增加了新内容。从传统、保守的角度来说，是否享有自由的权利来自主决定与婚姻、家庭、抚养子女有关的事务，这一点对追求幸福生活的他人来说至关重要。或许这正是美国联邦最高法院为家庭隐私权提供保护的内在、真实原因。然而，如果认定他人选择的非传统生活方式不受隐私权保护，那就意味着他人在追求幸福的时候不能选择那些异于传统的生活方式，不能选择那些背离大法官之观念、信仰的生活方式。

传统家庭形式与非传统家庭形式之间的唯一区别在于，政府支持传统家庭形式而反对非传统家庭形式。为了作出符合宪法规定的判决，这正是值得法院考虑的地方。就算目前隐私权只保护传统的家庭和生活方式，那么，法院还是应当对政府限制非传统生活方式的法律或行为进行严格审查。如果这些权利属于基本权利，那么，政府必须证明存在令人信服的公共利益才能使其侵扰行为正当化。对他人选择非传统生活方式的权利可以适用一个较低的审查标准，即要求政府对他人的规制行为同政府的目的之间存在某些实质性的合理联系。

政府鼓励婚姻家庭并通过其保留记录、承担家庭财产责任，其中所体现的公共利益并非毫无意义。政府保护传统的家庭结构使其成为社会的基本组织形式，尽管此种目的的合法性有待商榷，但此种利益也一直得到称颂。因此，或许是政府为了实现这些目的所采取的特定手段可能干预范围过宽，或者这些手段不应当被允许。法院只有在严格审查特定情况下政府所主张的利益之后才能够作出合理的决定。

1. 传统形式的家庭

虽然大多数法院在审理家庭隐私权案件时通常只采用 Griswold 一案判决作为保护传统婚姻关系的工具，但实际上，隐私权为他人的权利提供了更加全面的保护。最近出现的一些判决结果主要在于保护高中生和接受福利救济者这两个群体，使其婚姻关系免受政府干涉。

审理 Holt v. Shelton 一案[2]的法院认为，学校因为某一名高中生已经结婚就勒令其休学并剥夺其参加学校课余活动的权利，这样的做法是违宪的，因为学校通过限制该学生的教育情况而侵害其决定缔结

① 410 U. S. at 152 – 153.

② 341 F. Supp. 821 (M. D. Tenn. 1972).

婚姻的基本权利。受诉法院认为上述权利都应当受宪法保护，因此适用“令人信服的公共利益”标准对学校的主张进行分析，认为学校勒令原告休学的行为并不体现任何合法的公共利益。不过遗憾的是，受诉法院得出此种全面结论的分析论证过程太过单薄。

相反地，审理 Davis v. Meek 一案①的法院认为他人并不享有决定缔结婚姻的基本权利。该案的受诉法院阐释道，他人的婚姻关系属于政府可以适当规制的事项，但是只要他人缔结的婚姻关系合法有效，那么他人就享有 Griswold 一案所确立的婚姻隐私权及其附带的相关权利。因此，政府不能在他人的婚姻关系上施加那些“令人无法忍受的限制”，并且由此给他人婚姻关系造成冲突或导致他人婚姻关系解散，因为这些都是侵害他人婚姻隐私权的表现。受诉法院认为，该案中学校因为某一名学生已经结婚就禁止其参加课外活动，这就是一种“令人无法忍受的限制”。该案中的教育委员会主张，其行为的目的是为了防止学生过早结婚并因此放弃学业。和审理 Holt 一案的法院不同，审理此案的 Young 法官认为，学校的这一目的不仅合法，而且值得赞扬。然而，因为学校的行为侵害了他人受宪法保护的权利，所以一个合理且值得赞扬的目的并不足以使学校的行为获得正当理由，故该案原告参加学校棒球队的权利受宪法保护。

虽然 Holt 一案和 Davis 一案的判决认为他人开始享有婚姻隐私权的时间不同，但这两个案件的判决都着眼于他人婚姻自治的方面，而不是他人私密信息的方面。这两个案件都不涉及警察闯入已婚者卧室的问题——只要他人一经结婚，学校的规制行为就会对其产生影响。因此，这两个案件的判决表明，即使是出于某种合法且值得赞扬的目的，政府也不能侵害他人的合法婚姻，因为他人决定缔结婚姻或保持已婚状态的权利属于他人的基本权利。

由于政府通常倾向于促成他人的婚姻关系，所以上述破坏他人婚姻关系的情况并不多见。此外，在其他几种情况下，政府可能通过一些具有潜在破坏性的方式来干涉他人的婚姻关系，其中一种方式就是对受领福利救济者设置限制条件。例如，威斯康星州就规定，一位母亲在申请未成年子女家庭援助计划②时必须满足一些前置条件，即必

---

① 344 F. Supp. 298, 299 - 301 (N. D. Ohio 1972).

② See 42 U. S. C. § § 601 - 610 (1970).

须终止其婚姻关系或先提起诉讼控告其丈夫不履行抚养义务。[①] 审理 Doe v. Schmidt 一案[②]的法院认为，政府的这些规定确实侵害了原告的隐私权，不过，受诉法院并不是直接依此作出判决。受诉法院认为："虽然许多法院对宪法所保护之权利的具体范围存在不同意见，但毫无疑问，隐私权是他人受宪法保护的基本自由之一，或者更确切地说，在 Griswold 一案之后，他人的婚姻隐私权受宪法保护……我们认为无需超越人类的共同经验就能够清楚地认识到，要求接受公共救济的母亲先离婚、分居或对其丈夫提起诉讼，这样的限制条件很可能严重侵害其婚姻隐私权。"上述威斯康星州的法律规定是政府破坏他人婚姻关系的典型例子。Doe 一案的受诉法院认定威斯康星州政府的行为侵害他人的婚姻隐私权，即他人决定继续维持婚姻状态的权利，这也是从他人个人自治的角度作出的阐释。

如果认为 Griswold 一案判决所提供的保护旨在限制政府披露他人个人信息而非保护他人的个人自治，那么，宪法所保护的范围就相对局限。在一种特殊的情况下，政府保护他人的私密信息免遭其他人查探，这一点为政府行为的有效性提供了另一个基础。Murphy v. Houma Well Service 一案[③]判决认为，路易斯安那州关于生父推定的法律有利于维护他人家庭的稳定性，是合法有效的。该案案情属于《琼斯法》[④] 规定的死亡之诉的情况，原告试图证明死者之妻所生的孩子不是死者的亲生子女，因此这个孩子不能成为索赔主体。但受诉法院认为，路易斯安那州关于生父推定的法律是有效的，因为州政府"显然拥有正当的利益来保护他人亲密的家庭关系，使别人不能质疑其婚姻期间生育之子女的身份，并借此来分裂、破坏他人的婚姻关系"。[⑤] 受诉法院认为，"根据 Griswold 一案"，他人在婚姻期间生育之子女的身份"显然属于他人的私密事务，故应当受到宪法的保护"。和 Davis 一案、Doe 一案相同，该案判决的深层关切在于保护传统婚姻家庭关系的稳定性。

当生父推定涉及非传统形式的家庭时，政府的角色由保护者转变

---

① Wis. Stat. Ann. § 49. 19 (4) (d) (1957).

② 330 F. Supp. 159 (ED. Wis. 1971) (three - judge court).

③ 413 F. 2d 509 (5th Cir. 1969).

④ 46 U. S. C. § 688 (1970).

⑤ 413 F. 2d at 512.

为审查者，利益之间的平衡也就发生了改变。在 Saiz v. Goodwin 一案①中，政府要求他人在申请未成年子女家庭援助时必须提供相关信息，以便政府能够对非婚生子女的生父进行评估。审理该案的法官认为原告的平等保护主张和隐私权主张不具有实质性，因此，拒绝组成合议庭对其进行审判。该法官认为不适合在此处援引 Griswold 一案的判决，并且根据 Wyman v. James 一案②所确立的原则，认为政府在分配家庭援助计划金额时基于适当的行政管理目的做出的适当行为，不构成对他人隐私的不必要侵害。

如果强迫他人公开信息属于政府计划的必要组成部分并危害他人家庭关系的稳定性，他人对私密信息享有的利益实际上和他人的个人自治利益相重合。在这种情况下，如果法院选择通过隐私权来保护他人的私密信息，那就排除了更加重要的自治权分析路径。例如，在 Lewis v. Stark 一案③中，加利福尼亚州的“禁止女性福利接受者和男性同居”规则（man – in – the – house rule）遭到质疑，这项规则将同居的男性假定为子女的父亲并要求其履行抚养义务。该案的受诉法院虽然赞同 Griswold 一案的判决能够保护他人婚姻关系免受“特定侵扰”，法院还是认为：“虽然政府搜查他人是否使用避孕用品的手段被美国联邦最高法院认定为‘令人憎恶’，但原告未能证明本案中政府的行为也同样‘令人憎恶’。”因为在该案中，证明原告存在私密关系不必采取令人厌恶的调查方式，故受诉法院认为此案与 Griswold 一案不同，从而忽略了潜在的他人个人自治的问题。

从整体上来看，大多数法院在审理涉及已婚夫妇或传统家庭的案件时都认为，Griwsold 一案判决保护的是他人的自治权，通常表现为他人决定是否继续保持婚姻状态的权利。不过，就他人决定结婚的权利来说，法院还没有碰到最困难的那些问题。例如，如果他人确实享有决定结婚的权利，那么，政府对该权利作出限制（诸如年龄要求、血型测试要求等等）时是否必须提供必要的正当理由？他人享有决定结婚的权利是否当然地意味着他人享有决定离婚的权利？如果是的

① 325 F. Supp. 23 (D. NI.), vacated and remanded, 450 F. 2d 788 (10th Cir. 1971).

② 400 U. S. 309 (1971).

③ 312 F. Supp. 197 (NJ). Cal. 1968) (three – judge court), rev'd sub nom. Lewis v. Martin, 397 U. S. 552 (1970).

话，那么，认为政府是离婚案件的一方且必须经过政府同意他人才能离婚的普遍观点[①]就有待商榷了。如果他人决定结婚的权利是一项基本权利，那么，他人决定不结婚的权利也同样是一项基本权利吗？如果是的话，政府就不得通过可能迫使已婚夫妻离婚的方式对其施加压力，以免侵害他人决定是否结婚的个人基本决定。

这一领域仍有许多尚待解决的重大难题，不过因为法院确实对传统的家庭关系带有深厚的关切，因此在限制政府对他人私人生活造成的侵害时，隐私权仍然会起到重要的作用。

2. 非传统形式的家庭

州政府和联邦政府有许多方式来阻止和反对他人选择非传统的生活方式，例如，在离婚程序上设置各种限制，制定相关法律来禁止他人实施非法同居、鸡奸或私通行为，[②] 制定法律介入他人对子女的监护，[③] 制定不利于非婚生子女的法律，[④] 制定法律来限制公共福利、[⑤] 保障性住房、[⑥] 贫民粮票[⑦]的申请，分区隔离管理[⑧]，等等。如果他人享有一项构筑个人家庭生活的基本权利，或他人有权决定自己希望和谁一起生活，那么，政府只有证明存在某项令人信服的公共利益才能

① See H. Clark, Law of Domestic Relations 302 – 303 (1968).

② Fornication statutes proscribe heterosexual intercourse between unmarried individuals. E. g., Idaho Code § 18 – 6603 (1948); N. J. Rev. Stat. § 2A: 110 – 1 (1969). Adultery statutes generally forbid sexual intercourse between individuals at least one of whom is married. E. g., S. D. Comp. Laws Ann. § § 22 – 22 – 17 to – 18 (1969). E. g., Wyo. Stat. Ann. § 6 – 86 (1959); see Kennedy v. State, 470 P. 2d 372 (Wyo. 1970), cert. denied, 401 U. S. 939 (1971).

③ See Stanley v. Illinois, 405 U. S. 645 (1972).

④ See, e. g., Labine v. Vincent, 401 U. S. 532 (1971). La. Rev. Stat. § 14: 79. 2 (Supp. 1973).

⑤ See. e. g., Doe v. Schmidt, 330 F. Supp. 159 (E. D. Wis. 1971) (three – judge court).

⑥ See Federal Low Rent Housing Act, 42 U. S. C. § § 1401 – 02 (1970), as amended, 42 U. S. C. § § 1401 – 1402 (Supp. 1972).

⑦ See Moreno v. Department of Agriculture, 345 F. Supp. 310 (D. D. C. 1972) (three – judge court), aff'd, 413 U. S. 528 (1973).

⑧ Boraas v. Village of Belle Terre, 476 F. 2d 806 (2d Cir. 1973), prob. juris, noted, 42 U. S. L. W. 3226 (U. S. Oct. 15, 1973) (No. 73 – 191); Palo Alto Tenants Union v. Morgan, 321 F. Supp. 908 (N. D. Cal. 1970), aff'd per curlam, 487 F. 2d883 (9th Cir. 1973).

使上述法律或行为获得正当性。只有一个法院曾经在其判决中采取这样的分析方式，不过其判决确立的原则随后就被美国联邦最高法院的判决所限制。[①] 而其他法院采取的分析路径则大相径庭，有的法院几乎毫不掩饰其对非传统生活方式的反对，[②] 有的法院则根据平等保护原则提出一个新的理论框架并在其判决中作出富有创造性的尝试。

（1）同性婚姻。审理 Baker v. Nelson 一案[③]的法院认为，常规婚姻关系背后所蕴含的传统观念通常足以为政府提供充分的理由，使政府有正当理由来拒绝给同性恋者发放结婚证。在该案中，两位同性恋者认为政府制定的法律违反了《美国联邦宪法第一修正案》、《美国联邦宪法第八修正案》和《美国联邦宪法第九修正案》，并主张其有权得到正当程序规则和平等保护原则的保护，故请求法院颁发令状要求政府为其发放结婚证。受诉法院在一条脚注中驳回了原告的大多数主张，唯一受到法院审查的主张是，原告认为政府妨害其行使决定是否结婚的基本权利。但受诉法院并不认为他人决定是否结婚的权利应当受宪法保护，所以政府制定歧视性法律时只需具备一个合理依据（rational basis）。而受诉法院认为，传统观念就足以提供这样的合理依据："从创世纪以来，家庭作为男性与女性结合的共同体，一直担负着生育、抚养子女的神圣任务……此种历史悠久的婚姻组织形式，显然比当今的婚姻概念和本案原告所主张的社会利益来得更加稳固。"[④]

可见，受诉法院根据 Griswold 一案的表述将婚姻关系描述为一种古老而根本的组织形式，并且根据 Harlan 大法官的观点进一步认为，政府可以对他人的婚姻关系进行规制，除非其行为可能侵害他人婚姻

---

① Moreno v. Department of Agriculture, 345 F. Supp. 310, 314 (D. D. C. 1972) (three - judge court), aff'd on other grounds, 413 U. S. 528 (1973).

② See, e. g., McConnell v. Anderson, 451 F. 2d 193, 196 (8th Cir. 1971), cert. denied, 405 U. S. 1046 (1972); Schlegel v. United States, 416 F. 2d 1372, 1378 (Ct. Cl. 1969), cert. denied, 397 U. S. 1039 (1970).

③ 291 Minn. 310, 191 N. W. 2d 185 (1971) (en banc), appeal dismissed, 409 U. S. 810 (1972).

④ 291 Minn. 310, 191 N. W. 2d 185 (1971) (en banc), appeal dismissed, 409 U. S. 810 (1972). at 312, 191 N. W. 2d at 186.

关系的私密性。

或许政府拒绝发放结婚证的行为本身并不会侵害他人的个人自由。婚姻是国家创设的一种法律关系，应当受到地方政府的规制。如果政府允许该案中的两位同性恋者生活在一起，允许其按照自己的意愿设立婚姻关系，那么，就不会发生政府拒绝发放结婚证而侵害其个人自由的情况。或许不是政府拒绝发放结婚证的行为侵害这两位同性恋者的权利，而是政府可以根据反鸡奸法对其提起刑事指控的可能性才会侵害其权利，使其不能自由地作出关乎其生活的重大决定。因为政府已经预先禁止了所有的同性恋的性表达途径，因此，只有依据平等保护原则提起诉讼，这两位同性恋者想要合法结婚的意愿才可能获得认可。

（2）团体生活：血缘、婚姻或收养。同性婚姻和团体生活中哪一个对现有的正统生活方式造成的冲击更大，这一点很难下定论。大多数州都制定了相关的刑事法律，通过这些法律将同性或异性非婚同居等非传统生活方式排除在传统社区之外。其中最典型的社区自我保护方式是分区条例，利用此种条例可以将非传统形式的家庭排除在传统社区之外。即，地方政府将其自身或其特定区域划分为公民的居住区，[①] 按照一个家庭一个住房的方式分配，并将家庭成员限定为通过血缘关系、婚姻关系或收养关系联系在一起的人（即由这些家庭构成所谓的"传统"或"正统"社区）。[②] 为了保持住宅区划的家族、居住特征，传统社区不仅将公社、学生团体和寄宿公寓排除在外，还将其他任何由无血缘关系之人组成的团体排除在外，包括抚养无正式收养关系之子女的家庭。[③] 有时候这些条例遍及整个地区，[④] 创造出大量由传统家庭所组成的区域。

---

① E. g., N. Y. Village Law §7－700 (McKinney 1973).

② Typical ordinances are set out in Boras v. 'Village of Belle Terre, 476F. 2d 805, 809 (2d Cir. 1973), prob. juris. noted, 42 U. S. L. W. 3226 (U. S. Oct. IS, 1973) (No. 73－191), and in Palo Alto Tenants Union v. Morgan, 321 F. Supp. 908, 909 (ND. Cal. 1970), aff'd per curiam, 487 F. 2d 883 (9th Cir. 1973).

③ Newark v. Johnson, 70 N. J. Super. 381, 175 Aid S00 (County CL 1961).

④ See Boraas v. Village of Belle Terre, 476 F. 2d 806, 818 n. 9 (2d Cir. 1973), prob. juris. noted, 42 U. S. L. W. 3226 (U. S. Oct. 19, 1973) (No. 73－191).

当这些条例的合宪性遭到质疑时，这些社区提出了能够想到的所有理由来证明这些条例的正当性：例如，这些条例有利于控制人口密度①、有利于防止干扰和骚乱的发生②、能够避免交通和停车问题③、可以维持社区的租金水平。④ 除非有法院发现这些条例侵害了他人受宪法保护的权利，否则，上述理由就足以使这些条例通过合宪性审查，并且掩藏着其真实目的和效力而继续存在下去。而质疑这些条例的合宪性的两个主要根据是平等保护原则和他人的隐私权，这两个主要依据都可以归结成一个同样的问题。根据美国联邦最高法院解决平等保护问题时创立的还不甚成熟的二分法，只有在这些条例侵害他人的基本权利、宪法权利，或者将其前提建立在一个“可疑分类”的基础之上时，这些条例才会受到严格审查。不过，这些条例可能对那些无血缘关系、婚姻关系或收养关系之人构成歧视的观点，并没有在司法实践中引起太大关注。因此，无论是基于平等保护还是基于隐私权提出的主张，其根本问题都在于：他人是否有权同那些与自己无关的人（如没有血缘关系、婚姻关系、收养关系，下文简称“无关之人”）居住在一起？最早对这些条例的合宪性进行审查的两个法院都选择回避这个问题，而认定这些条例是合宪的。

在 Palo Alto Tenants Union v. Morgan 一案⑤中，原告们组成一个社团，一起生活在被当地划分为独户住宅区（single - family housing）的社区当中。但是根据当地的分区条例，一个家庭中没有血缘关系、婚姻关系或收养关系的人不能超过 4 个。因此原告方提起诉讼，请求法院禁止市政官员以执行分区条例为借口不断地骚扰他们，并请求法院作出一项宣告性判决来认定涉案的分区条例因违反宪法之平等保护

① Palo Alto Tenants Union v. Morgan, 321 F. Supp. 908, 912 (N. D. Col. 1970), aff'd per curiam, 487 F. 2d 883 (9th Cir. 1973).

② Palo Alto Tenants Union v. Morgan, 321 F. Supp. 908, 912 (N. D. Col. 1970), aff'd per curiam, 487 F. 2d 883 (9th Cir. 1973). ; Kirsch Holding Co. v. Borough of Manasquan, 59 N. J. 241, 245, 281A. 2d 513, 515 (1971).

③ Palo Alto Tenants Union v. Morgan, 321 F. Supp. 908, 912 (N. D. Cal. 1970), aff'd per curiam, 487 F. 2d 883 (9th Cir. 1973).

④ Palo Alto Tenants Union v. Morgan, 321 F. Supp. 908, 912 (N. D. Cal. 1970), aff'd per curiam, 487 F. 2d 883 (9th Cir. 1973). at 912 - 913.

⑤ 321 F. Supp. 908 (N. D. Cal. 1970), aff'd per curiam, 487 F. 2d 883 - 1973).

原则而无效。受诉法院采取了适用平等保护原则的二分法，认为如果分区条例侵害了原告的宪法性权利，那么，政府必须证明存在某种令人信服的公共利益才能使涉案的分区条例获得正当性。不过受诉法院进一步指出，虽然他人建立团体或社团的权利受《美国联邦宪法第一修正案》的结社自由所保护，但是在此案中，原告方享有的此种权利并没有受到侵害。因为涉案的分区条例并没有禁止原告们居住在一起，只是禁止原告们在城市的特定区域中作为一个团体而居住在一起。受诉法院谨慎地提出，原告们可以在城市的其他区域中合法地居住在一起。因此，既然受诉法院认为本案中没有他人的基本权利或宪法性权利受到侵害，那么很显然上文提到的那些理由足以为涉案的分区条例提供一个合理依据。

可见，Palo Alto 一案的受诉法院认为涉案的分区条例还不足以对该案原告的基本权利构成彻底侵害，故认定政府的行为有效，这样的判决理所当然遭到了众多批评。一方面，并不是只有在政府行为彻底地侵害了他人的基本权利时才能够认定该政府行为违宪。只要政府对他人行使宪法性权利的行为施加惩罚，或者强迫他人在两个宪法性权利当中放弃一个，这些政府行为就都可能是违宪的。另一方面，Palo Alto 一案判决所提出的标准也难以适用。即要满足什么样的条件才能认定社团成员的基本权利遭受了侵害？比如遭到多少个社区的拒绝，或者拒绝其居住的社区要达到某个面积总数？

在随后的 Boraas v. Village of Belk Terre 一案①中，受诉的美国联邦地区法院确实认为，他人决定同“无关之人”一起居住的权利应当受宪法保护，但受诉法院也同样维护了该案中更加严格的分区条例的合宪性。在该案中，原告方是 6 名大学生和他们的房东。而 Belle Terre 社区将其区域划分为独户住宅区，规定住户只能由构成独立家庭单位的人员组成，并且不具有血缘关系、婚姻关系或收养关系的成员不得超过 2 名。因此，Palo Alto 一案中的情况在该案中又再次出现——“无关之人”组成的生活团体被排除在整个社区之外。

---

① Civil No. 72C - 1030 (ED. N. Y. Sept, 20, 1972), rev'd and remanded, 476 F. 2d 806 (2d Cir. 1973), prob. juris. noted, 42 U. S. L. W. 3226 (U. S. Oct. 15, 1973) (No. 73 - 191).

和审理 Palo Alto 一案的法院相同，Boraas 一案的受诉法院也认为，如果能证明原告大学生们决定一起居住的“确凿权利”受到了侵害，那么，该案的问题就能迎刃而解。从 Boraas 一案的判决来看，受诉法院并不认为原告的宪法性权利没有受到侵害，因而政府所主张的控制人口密度等利益就足以使涉案分区条例获得合理依据。受诉法院似乎认为，原告的权利确实受到了部分侵害，因此，政府需要为其分区条例提出更具有实质意义的正当理由。受诉法院将一个家庭希望和其他家庭在社区当中一起生活的意愿，同本案原告大学生们希望居住在一起生活的意愿进行比较，然后认定前者的权利能够对抗原告大学生们的结社自由和隐私权。受诉法院提出，虽然不能因为该权利就完全剥夺原告大学生们决定一起居住的权利，但该权利能够使涉案的分区条例获得正当性。① 因此，虽然受诉法院努力直面案件的根本问题并试图摆脱 Palo Alto 一案判决当中的错误逻辑，但受诉法院的观点同 Palo Alto 一案判决的观点并没有什么实质区别，即认为原告方的权利并没有遭受彻底侵害，故不足以认定涉案的分区条例违宪。该案判决意见中最重要的一方面在于，受诉法院认为政府在创造和保护传统家庭组织上具有重大的合法利益。

在 Boraas 一案的上诉过程中，美国联邦第二巡回上诉法院推翻了原审法院的判决。而且比这一判决结果更加重要的是，上诉法院采取了一种富有创造性的方法来分析案件中提出的平等保护问题。上诉法院原本可以采取分析平等保护问题的一般方法，但为了回应美国联邦最高法院致力于寻找一个更加合理的折中方法的努力，为本案撰写法院意见的 Mansfield 法官并没有采取以往那种过时、僵化的二分方法。

在其认为更加公正和灵活的分析路径中，美国联邦第二巡回上诉法院明确地提出了一系列新的标准和一种新的检验方法。与案件判决相关的因素包括涉案的不平等分类的性质、原告受到侵害的权利的性质、用以支持该种不平等分类的政府利益。而政府必须证明，该种不

① Civil No. 72C - 1030 (ED. N. Y. Sept, 20, 1972), rev'd and remanded, 476 F. 2d 806 (2d Cir. 1973), prob. juris. noted, 42 U. S. L. W. 3226 (U. S. Oct. 15, 1973) (No. 73 - 191). at 35.

平等分类与某种合法目的之间具有实质性联系。并且除此之外不能存在其他可能导致该分类无效的原因，比如干预范围过宽或者含义过于模糊。Mansfield 法官认为，这种新的检验方法更加关注涉案法律可能产生的作用，而不是政府提出的各种假定的正当理由。

在审理案件的过程中，美国联邦第二巡回上诉法院认定涉案分区条例的作用在于将“无关之人”组成的团体排除在社区之外，且这样的行为并不存在一个合理依据（rational basis）。而原告方所主张的权利则被认定为“重要的”，并且“当然地比那些商业化的利益更具人性和基础性”。该案原审法院认为政府为其侵害行为提出的这些利益具有说服力，但 Mansfield 并不赞同这些利益。建立由传统家庭组成的社区也不再被视为一个正当的区域划分目标，因为建立传统家庭社区与公共健康、公共安全、公共福利之间并不具有相关性。对于涉案分区条例通常所体现的政府利益，原审法院认为：“如果严格要求涉案分区条例只能通过其体现的区域划分目标来获得正当性，那么，涉案分区条例几乎不可能获得其正当性。”上诉法院并不赞成这一观点。更进一步地，Mansfield 法官认为，即使涉案分区条例与这些目的之间具有某些联系，案件中的划分仍然是一种过度的行为。因为政府原本可以采取不那么苛刻的方式：例如，如果社区居民担心的是租金上涨问题，那么，制定控制租金的法律才是更加合理的解决方式；如果社区居民担心的是停车位可能紧缺的问题，那么，制定法律限制每户居民的车辆数目才是更直接的解决方式。

美国联邦第二巡回上诉法院也不赞同因为原告可以搬到别的地方就认定其权利没有受到侵害的观点。尽管原告方的大学生们可以选择住在学校宿舍，或者住在其他社区，但这一事实无法构成一项抗辩。因为即便如此，涉案分区条例与政府的合法目的之间依然不存在实质性联系。

正如 Mansfield 法官所指出的那样，根据以往适用平等保护原则的方法，只有在涉案法律可能导致极不公正的情况时这些法律才会受到严格审查，而根据此案中新的分析方式，法院就能够对这些涉案法律进行司法干预。同样，在基于实质性正当程序主张提起的隐私权案件中也可以适用类似的分析方式。因为 Roe v. Wade 一案判决所确立的适用实质性正当程序规则的二分方法很可能像适用平等保护原则的

政府所提出的理由足以为其侵害行为提供正当性？这一点还不甚明了。在该案中，Ainsworth 法官提出的反对意见认为，对那些年龄超过 21 岁的学生，其隐私权和结社自由受到了不当侵害，对那些年龄不到 21 岁的学生，家长们对其子女享有的权利受到了不当侵害。Ainsworth 法官提出，决定是否在校园内居住的权利属于学生或其父母，而不是属于政府。

在随后的 Cooper v. Nix 一案①中，审理 Pratz 一案的法院又面临着一个类似的校园规章，不过至少该法院在 Cooper 一案中采用了 Ainsworth 法官的部分观点。在 Cooper 一案中，东南路易斯安那大学的校园规章要求除了年满 23 岁的学生以外，所有学生都必须住在校园宿舍。撰写法院意见的 Dawkins 法官认为，涉案的规章违反了平等保护原则，而且和政府对其"生活和学习"计划所主张的利益之间也不存在合理联系。Pratz 一案涉及的原告都在 21 岁以下，但 Dawkins 法官总结认为，涉案规章只要适用于达到法定成年年龄的人时就是不合理的，并且坚持认为 21 岁以下学生的权利同其父母的权利之间不会发生冲突。Dawkins 法官甚至主张，成年人选择其居住地点的权利可能被认定为一项基本权利，并因此需要适用"令人信服的公共利益"标准，不过本案不需要涉及这个问题。

在针对校园性教育计划的质疑中，也会涉及父母决定如何教育其子女的权利。在这种情况下，学校的性教育是否为强制性的，或者父母是否有权让其子女不接受学校的性教育，这些通常是判断是否有父母的某种宪法性权利遭受侵害的决定性因素。在另一个案件中，一些父母和唯一神派教堂一起开展了一个性教育运动。② 法院认为父母享有一项决定其子女教育事务的宪法性权利，故颁发禁令要求被告的地区检察官不得根据反淫秽法对教堂和父母们提起检控。

（四）家庭住所与个人自治

在 Roe 一案的判决明确表示隐私权不仅仅局限于婚姻关系之后，Griswold 一案所确立的宪法性隐私权的性质可以划分成两个相互重叠

---

① 343 F. Supp. 1101 (W. D. La. 1972).

② Unitarian Church W. v. McConnell, 337 F. Supp. 1252 (E. D. Wis. 1972), aff'd, 474 F. 2d 1351 (7th Cir. 1973).

的部分：他人在自己住所当中进行特定活动的权利，以及关乎他人个人自由的权利尤其是他人自主作出决定的权利。而政府干涉他人计划生育事务、他人自愿作出的性行为和非传统家庭团体的活动时出现的各种问题，被认为同上述两种性质的权利都有着相当直接、显著的联系。

在下级法院的一些判例中，他人试图通过 Griswold 一案保护其宪法上的利益时，通常倾向于根据两种性质的权利当中的一种来提起主张。因此，认为 Griswold 一案判决主要涉及家庭住所或其他私密场所之权利的人认为，Griswold 一案判决扩大了美国联邦宪法第四修正案的保护范围，[1] 或者加强了 Breard v. City of Alexandria 一案[2]，该案被视为他人隐私权与言论自由权的平衡[3]所确立的他人的安宁权。而认为 Griswold 一案判决主要涉及他人的个人自治或个人自由的人，从广泛的角度提出了与他人住所、独居或安宁无关的各种主张。一般来说，他人在这些案件中提出主张反对政府对其身体活动所作出的某些限制。例如，被征召入伍者[4]、骑摩托车不愿戴头盔的人[5]和想要参与斗鸡比赛的人[6]都曾经根据 Griswold 一案所确立的隐私权提出主

① See United States v. Baker, 262 F. Supp. 657, 666 (D. D. C. 1966); United States v. Kahn, 251 F. Supp. 702, 707 (S. D. N. Y.), aftd, 366 F. 2d 259 (2d Cir.), cert. denied, 385 U. S. 948 (1966); State v. Schaffel, 4 Conn. Cir. Ct. 234, 246, 229A. 2d 552, 561 (1966). See also State v. Kabayama, 94 N. J. Super. 78, 82, 226 A. 2d 760, 763, aff'd, 98 N. J. Super. 85, 236 A. 2d 164 (1967), aff'd per curiam, 52 N. J. 507, 246 A. 2d 714 (1968); In re Kauffman, 215 Pa. Super. 110, 112, 257 A. 2d 313, 314 (1969) (per curiam).

② 341 US. 622 (1951).

③ See People v. Doorley, 338 F. Supp. 574, 577 (D. R. I.), rev'd on other grounds, 468 F. 2d 1143 (1st Cir. 1972); Dlietemann v. Time, Inc., 284 F. Supp. 925, 929 (C. D. CaL 1968), aff'd, 449 F. 2d 245 (9th Cir. 1971).

④ See, e. g., United States v. Dorris, 319 F. Supp. 1306, 1307 (W. D. P a. 1970); United States v. Cook, 311 F. Supp. 618, 619 – 620 (W. D. Pa. 1970); Katz v. United States, 287 F. Supp. 29, 32 – 33 (S. D. N. Y. 1966).

⑤ See, e. g., American Motorcycle Ass'n v. State Police, 11 Mich. App. 351, 359, 158 N. W. 2d 72, 76 (1968); State v. Fetterly, 254 Ore. 47, 50, 456 P. 2d 996, 999 (1969); Note, Motorcycle Helmets and the Constitutionality of Self – Protective Legislation, 30 Ohio St. L. J. 35S, 361 – 363 (1969).

⑥ See State v. Abellano, 50 Hawaii 384, 386 – 396, 441 P. 2d 333, 335 – 340 (1965) (concurring opinion).

张。也有人曾经提起诉讼认为，涉案的无过失保险法剥夺了其受过失侵权法保护的“人身安全和身体完整”的宪法性权利，不过其主张未能得到法院支持。[①] 还有人提起诉讼声称当地的贸易实践法律不公平地禁止了某些商业形式，侵害其按照自己的意愿进行投资的宪法性权利，而受诉法院认为该主张是“异想天开”，并没有支持这一主张。这个案件是唯一一个试图通过 Griswold 一案判决来主张类似 Lochner 一案的经济性权利应当获得宪法保护的案例。

在这些性质各异的案件中，隐私权的主张很少得到发展。从每一个单独的案件来看往往缺少了某些因素，虽然法院也无法明确指出缺少的究竟是哪些因素。有一种观点认为，基于他人隐私权的主张要获得认可，必须兼具 Griswold 一案判决所体现的两种不同性质权利的内容。虽然如此，某些利益确实主要与其中一种性质的权利相关，这一点不得不令人注意。本文将对这两种性质的权利所体现的利益进行探讨，即他人在自己住所当中吸食大麻的“权利”，以及他人按照个人喜好决定自己发型的“权利”。

1. 吸食大麻的“权利”

和先前某些判例中所保护的隐私权相比，他人在自己家中持有和吸食大麻的权利有所不同。例如，和他人是否生育子女的决定相比，是否能够在家中持有和吸食大麻并不会对他人的生活产生根本性影响。而且吸食大麻来过瘾的权利几乎不可能被认为是“暗含在有序的自由概念当中”的权利。尽管如此，该权利和那些受到保护的隐私权在某些特定方面还是存在相似之处的。

他人在自己住所当中吸食大麻的行为，和 Stanley v. Georgia 一案[②]判决所保护的行为十分相似。虽然不能说吸食大麻的人是像观看淫秽物品的人那样在获取信息，但美国联邦最高法院确实认为，Stanley 一案与《美国联邦宪法第一修正案》无关。Stanley 一案的判决现在应当被视为《美国联邦宪法第四修正案》的补充，它旨在更加全面地保护他人以家庭住所为中心的独居和安宁价值。和观看淫秽

① See Pinnick v. Cleary, 271 N. E. 2d 592, 600 (Mass. 1971).

② 394 U. S. 557 (1969).

物品的人一样，吸食大麻的人也无权从公共渠道获取大麻。但是，如果说 Stanley 一案判决为他人提供的是一种有限保护，使他人得以在自己家中合法地进行某些在别处进行可能违法的行为，那么吸食大麻似乎也可以成为受保护的行为之一。因此，如果他人享有的隐私权允许他人在自家阁楼书写淫秽作品然后在自家客厅里阅读这部淫秽作品，那么似乎也应当允许他人在自家窗台种植大麻然后在自家房间里吸食这些大麻。

吸食大麻的行为同其他隐私权之间还存在相似性，这将使上述结论更加具有说服力。虽然吸食大麻从表面上看同他人的计划生育事务和家庭生活无关，但是从某种狭义的角度来说，吸食大麻的行为同他人选择的生活方式密切相关。进一步来说，如果一个成年人自愿吸食大麻仅仅是为了改变、放纵其精神意识状况，而不是为了进行某种反社会行为，那么，他所作出的只是一个不会影响别人的自治行为。在这种情况下，至少应当仔细考量政府为其干涉行为所提出的利益，进而判断政府所主张之利益同某种合法的公共目的之间是否具有合理联系。

迄今为止，法院还未曾对政府所主张的利益进行过详尽、细致的审查。政府立法行为的合宪性推定，使得法院有借口来避免审查限制他人吸食大麻的法律是否具备内在合理性。许多法院认为，立法机关可以正当地假定这些法律能够防止反社会行为的发生，从而有利于维护公共安全，并且能够预先阻止他人服用其他更危险的药品，从而有利于维护公共健康。尽管没有任何事实依据能够支持政府提出来的这些主张，但也从未有法院认定政府所提出的某一事实抗辩是无效的。

为了否定禁止他人吸食大麻的法律的合宪性，被政府依据这些法律进行追诉的人曾经提出，这些法律违反了《美国联邦宪法第一修正案》所保护的宗教信仰自由①和《美国联邦宪法第八修正案》关于

---

① E. g., United States v. Ruch, 288 F. Supp. 439 (D. D. C. 1968); Gaskin v. Stater - Tenn. 490 S. W. 2d 521, 523 - 524 (1973), appeal dismissed, 94 S. Ct. 221 (1973); Bonnie & Whitebread, supra note 542, at 1142 - 1148.

不得施加极端、残酷刑罚的规定,[①] 但这一主张没有得到法院的支持。这些人还认为，将大麻划分为麻醉品是不合理的，并且违反了平等保护原则,[②] 而根据隐私权提起的主张也没有得到法院的支持，法院的判决通常只用一个段落或者寥寥数语就解决了这样的主张，比如，简单地认定 Griswold 一案判决保护的是他人“与计划生育有关的行为”，解决的是他人的“私人问题”而不是涉及大麻之类的“公共健康”问题。

只有一个法院曾经对这一问题进行过全面深入的考察。在 State v. Kantner 一案[③]中，审理案件的夏威夷州最高法院认为，立法上将大麻划分为“麻醉品”的做法是合理的，并没有违反平等保护原则。不过，两位审理案件的法官在洋洋洒洒的判决书中暗示道，如果原告基于隐私权提出该案主张会更加合适。Abe 法官认为，他人享有吸食大麻的权利，这一权利来源于“允许他人愚弄自己的基本自由权”。对这一问题，Abe 法官持纯粹的自治观点并总结道，虽然大麻对吸食者确实有害，但是在证明大麻会对一般公众造成危害之前，政府不得直接禁止他人吸食大麻。Levinson 法官则认为，享受吸食大麻带来的愉悦属于他人“独处权”的一部分，这一权利既受美国联邦宪法保护，也受各州宪法保护。这一权利既带有个人自治权的性质，也带有场所隐私权的性质。Levinson 法官并没有直接否定政府对公共健康所享有的利益，而是根据以往的判例认为，此种利益应当是必要的而且能够证明的。而目前还没有任何事实证据能够表明，吸食大麻会对他人或社会造成危害。

在 Kantner 一案中，两位法官基于个人自治作出的论证为我们指出了分析的焦点。而且把 Stanley 一案和 Paris Adult Theatre 一案结合

---

① E. g., United States v. Drotar, 416 F. 2d 914, 915 – 917 (5th Cir, 1969), vacated on other grounds, 402 U. S. 939 (1970); United States v. Ward, 387 F2d 843, 845 (8th Cir. 1967); Gaskin v. State, —Tenn. 490 S. W. 2d 521, 524 (1973), appeal dismissed, 94 S. CL. 221 (1973); Bonnie & Whitebread, supra note 542, at 1133 – 1140.

② E. g., English v. Virginia Probation & Parole Bd., 481 F2d 188, 191 – 192 (4th Cir. 1973); Scott v. United States, 395 F. 2d 619, 620 (D. C. Cir.), (per curiam), cert. denied, 393 U. S. 986 (1968); Bonnie & Whitebread, supra note 542, 1128 – 1133.

③ 53 Hawaii 327, 493 P. 2d 306, cert. denied, 409 U. S. 948 (1972).

起来，他人的主张会更加具有说服力。这些案件表明，他人在住所当中进行的行为更容易因该行为发生的场所而受到宪法保护。如果认可这一点，那么，他人至少有权要求政府必须具备某种能够感知、能够证明的利益才能够侵入他人住所这一私人领域。为了在吸食大麻的案件中平衡他人的个人利益和政府所主张的公共利益，法院可以自由地选择其中一个标准。因为他人的家庭住所隐私权已经被认定为一项“基本”权利，所以，政府必须证明存在某种令人信服的公共利益才能够进入他人家中阻止其吸食大麻。即使法院不认为他人吸食大麻的权利是一项基本权利，上述判例仍然能够约束法院，使其对涉案法律的手段和目的采取进一步的司法审查，而不至于沦为传统的“合理依据”审查。在涉及他人重大个人利益的平等保护案件中，美国联邦最高法院已经采取了一种折中的“手段－目的”分析标准。也许在他人个人自由受到侵害的正当程序案件中，此种折中标准也不失为一个适当的分析方法。既然在他人吸食大麻的案件中确实涉及某种程度的个人自由，那么，法院也应当适用折中标准进行分析，来判断政府禁止他人私下持有大麻的法律是否能够促进某些明确、合法的政府目的。

如果政府仅仅是为了禁止他人在家中进行某些特定行为，此种政府目的就不应当得到允许。他人无权在剧院观看淫秽影片，因为此种行为可能会被发现，从而对社会公众产生不良影响。但他人有权在自己家中观看淫秽物品，因为对社会公众造成危害的可能性降低了，对他人自身来说也不足以造成重大危害，而且他人独居的安宁比警察清扫淫秽物品的行为更值得保护。同样，为了使其侵入他人家中阻止他人吸食大麻的行为获得正当性，政府必须具备维护社会公共利益的明确需求，或者是为了防止他人对其自身的健康或福祉造成实质性的损害。

如果采用“手段相关性”标准来审查那些遭到质疑的禁止他人在家中吸食大麻的法律，我们可以发现，这些法律并不总是能够促进某些立法上预设的目的。① 比如，就公共安全方面来说，那些认为吸

① See Bonnie & Whitebread, supra note 542, at 1149 – 1153.

件的事实情况严重与否是影响法院判决的主要因素，因为在学生们发生肢体冲突或激烈争吵的几个案件中，法院基本上都认定教育委员会有正当理由为了减少纷争而限制学生的头发长度。① 然而，因为通常是其他酗酒的学生对留长头发的学生做出暴力行为，所以认为他人选择其发型的权利具有宪法意义的法院通常认为，学校应当惩罚缺少忍让而导致纠纷发生的那一方。有一位法官提出，即使纠纷是由留长头发的学生做出挑衅行为而引起的，学校仍然可以采用不侵害学生个人自由的其他替代性惩戒措施。② 而更普遍的情况是，案件并不涉及实际的违纪行为。在这种情况下，违纪行为的问题就取决于受诉法院的司法倾向。例如，支持教育委员会的法院就乐于接受校长和老师的意见证词，即学生留长头发容易导致纠纷和不端行为；而支持学生利益的法院则不愿采纳这样的证据，要求校方提出证据证明学生存在实际的违纪行为。

反观那些发生实际纠纷的案件，无论是那些主张他人选择发型的权利属于“基本”宪法权利的法院，还是较少为该权利提供保护的法院，它们的做法似乎没有什么不同。这两类法院都认为，发生轻微纠纷并不能使涉案规章获得正当性。③ 那么究竟是何种程度的纠纷，才使得这两类法院的意见开始出现分歧？这一点无法查明。总而言之，这两类法院都选择将举证责任转移到政府一方，由政府提出事实证据来证明涉案规章具有合理性。如果法院为学生选择其发型的权利提供较少的保护，那么，从理论上来看，只要政府具备实际的正当理由即可完成其举证责任，不必证明存在某种“令人信服的”目的。在绝大多数此类案件中，政府的根本难题就是无法举出事实依据来证

① See Rumler v. Board of School Trustees, 327 F. Supp. 729, 734 - 735 (D. S. C. 1971); Jeffers v. Yuba City Unified School Dist., 319 F. Supp. 368, 373 (ED. Cal. 1970); Pritchard v. Spring Branch Indep. School Dist., 308 F. Supp. 570, 579 (S. D. Te. 1970); Giangrecq v. Center School Dist., 313 F. Supp. 776, 778 - 779 (W. D. Mo. 1969); Brick v. Board of Educ., 305 F. Supp. 1316, 1319 (D. Colo. 1969).

② See Watson v. Thompson, 321 F. Supp. 394, 405 (ED. Tex. 1971), vacated per curiam, 458 F. 2d 1361 (Sth Cir. 1972).

③ See Bishop v. Colaw, 450 F. 2d 1069, 1075 - 1076 (8th Cir. 1971) (lesser right); Crews v. Cloncs, 432 F. 2d 1259, 1265 (7th Cir. 1970) (fundamental right Implied by use of more rigorous test).

明留长头发可能导致学生之间发生纠纷、争端。

然而，在其他类型的发型选择案件中，案件涉及的政府利益较为重大或者争议双方的利益主张各不相同，此时法院在理论选择上的差别就显得更加重要。通过对适用折中标准的其他发型选择案件进行考察，这一结论可以部分得到证实。在这些案件中，法院已经开始关注不同案件情况下所涉及的独特利益，尽管也要求政府为涉案规章提出正当理由，但也不吝于承认那些合法有效的政府利益。例如，法院一贯认可，为了维护纪律，军队拥有正当的权力来规定士兵的头发长度。[①] 但是对于后备军人，因为他们履行现役义务时间较为短暂，所以至少已经有三个法院认为，军队必须提出证据来证明戴着假发的后备军人确实会降低军队的效率。[②]

在其他类型的一些案件中，警察和消防员都曾依据宪法提出主张，反对那些限制其头发长度的规定。对此，有一些法院遵循传统的观点，它们认为警局和消防部门都是“半军事化”机构，可以制定其部门内的规章制度。不过，美国联邦第二巡回法院最近提出，警察这一身份的性质更接近于公务员而非军人，因此维护纪律并不足以成为政府限制警察之个人自由的正当理由。[③] 法院认为，他人对其“身体完整”所享有的利益并不是一种基本权利，无法使他人获得免受“政府任意干涉”的保护。不过，法院也同时认为，警局应当提出证据来证明，限制警察的头发长度确实能够促进某种合法有效的目的。此外，在最近的数个案件中，一些在押犯人提出主张认为其有权自由选择头发的长度。一些审前羁押者也提出了类似的权利主张，反对政府所主张的维护被羁押者健康和纪律的目的。在押犯人所提出的主张

① See, e. g., Anderson v. Laird, 437 F. 2d 912 (7th Cir.), cert. denied, 404 U. S. 865 (1971); Raderman v. Kaine, 411 F. 2d 1102 (2d Cir.), cert. denied, 396 U. S. 976 (1969).

② Friedman v. Froehlke, 470 F. 2d 1351 (Ist Cir. 1972); Schreiber v. Wick, 362 F. Supp. 193, 194 (N. D. Ill. 1973); see Etheridge v. Schlesinger, 362 F. Supp. 198, 203 – 204 (E. D. Va. 1973) (equal protection analysis); Harris v. Knine, 352 F. Supp. 769 (S. D. N. Y. 1972). But see McWhirter v. Froeldke, 351 F. Supp. 1098 (D. S. C. 1972) (National Guard).

③ Dwen v. Barry, 483 F. 2d 1126, 1128 – 1129 (2d Cir. 1973); see Black v. Rizzo, 360 F. Supp. 648, 652 – 653 (E. D. Pa. 1973).

并没有获得法院的支持。有些法院认为，虽然这一权利具有潜在的宪法意义，但考虑到案件的情况以及政府管理监狱的效率问题，同时也为了防止犯人在长头发中私藏违禁物品，法院最终认定这一权利并不具有显著的重要性。

发型选择案件中出现的这些问题显然和个人自由有关，下级法院在审理这些案件的过程中逐渐发展出一种折中的实质性正当程序标准，使其能够对案件涉及的个人利益和公共利益进行平衡，这一点具有重大的意义。通过这种折中标准，下级法院能够保证他人的个人自由不被缺乏正当理由的政府行为侵害，同时能够兼顾那些并非“令人信服”，但仍然合法有效的政府利益。法院还可以采用过度干预原则或手段相关性方法对该折中标准进行补充，作为一种附加的保障。因此，即使政府限制他人自由时主观上具备一个合法有效的目的，客观上也不得采取侵害他人个人权利的手段来实现这一目的。例如，如果政府是为了维护公共健康和公共安全，防止工人因为长发卷进机器而造成伤亡，那么，政府可以要求工人们在使用危险设备进行作业时戴上发网，这样的手段就足以实现其目的。

这种折中标准似乎是解决他人发型选择案件的最有效方式。折中标准的适用范围还应当继续扩大，以保护其他个人自由受到侵害的情况。目前，他人的许多行为已经被纳入“广义的自由概念”当中。但其中只有一小部分属于他人的“基本权利”，对于这些“基本权利”，政府必须证明存在某种“令人信服的”利益才能对其进行干涉。除了“基本权利”之外，还有其他许多权利也具有相当的重要性，应当允许受政府行为影响的人向法院主张其权利，质疑政府所主张之利益的正当性。对于这种情况，政府的行为在合理表象之下还必须具备某种现实的依据。如果他人的个人目的和政府所主张的公共目的能够相互共存而不发生冲突，那么，法院有理由要求政府向他人作出让步。折中的正当程序标准可以对自由和秩序之间的平衡进行再次调整，法院也应当对该折中标准加以适用，发挥其应有的作用。

（五）私人信息之披露：信息性隐私权与宪法性隐私权的交叉

关于宪法性隐私权，另一个有趣的方面在于，它很少或者根本不保护他人的信息性隐私权。此处的“信息性隐私权”是指他人使其个人信息保持在秘密状态的权利，有一位学者曾将该权利界定为隐私权的“重大或主要部分”。[①] 大多数情况下，他人对其私人生活信息的控制受普通法上的侵权法保护。如果取得或揭露他人私密信息的行为是政府作出的，那么，他人约束政府行为的能力取决于政府行为所依据之法律的有效性。一般来说，如果政府收集他人的个人信息是出于合法有效的目的，那么，即使政府后来公开了这些信息，法院也不会认定此种行为涉及他人在宪法上的利益。

他人使其私人生活信息保持在秘密状态的权利、他人作出其个人生活之重大决定的权利以及他人使其私密生活场所免受政府侵扰的权利，这三者之间确实存在一定差异。到目前为止，只有后两种被纳入宪法性隐私权的保护范围。尽管如此，因为这三者之间也具有紧密的联系，有个别法院也试图将他人控制其私人信息的权利提升到宪法层面上。

在 Schulman v. New York City Health & Hospitals Corp 一案[②]中，涉案卫生部门制定了相应规章，要求医院向政府报告实施堕胎手术、领取“胎儿死亡证明书”的妇女的姓名和地址。受诉法院认为，这样的规定侵害了他人的宪法性隐私权。受诉法院指出，妇女有权决定是否采取堕胎措施，但实施过堕胎手术的未婚妇女从此就背负着一种社会污名；无论是已婚妇女还是未婚妇女，她们都有权使其曾经实施堕胎手术的事实保持秘密，不为公众所知。受诉法院认为，没有一种政府目的，诸如为了保护多次实施堕胎手术之妇女的身体健康能够使其侵害妇女的该项权利。

因为案件涉及堕胎问题，所以审理 Schulman 一案的法院未能将他人控制其私人信息的权利同他人的自治权区分开来，这一点可以理解。但其他法院作出的一些判决则令人费解：最近，美国联邦第二巡回法院将一个案件发回重审，因为审理案件的合议庭认为，《纽约州

---

① Gross, The Concept of Privacy, 42 N. Y. U. L. Rev. 34, 35 - 38 (1967)., at 35 - 37; see Fried, Privacy, 77 Yale L. J. 475, 482 - 483 (1968).

② 70 Asc. 2d 1093, 335 N. Y. S. 2d 343 (Sup. CL. 1972), vacated and remanded, 41 App. Div. 2d 714, 341 N. Y. S. 2d 242 (1st Dep't.), judgment reinstated, - Misc. 2d -, 346 N. Y. S. 2d 920 (Sup. CL 1973).

管制物品法》所规定的对他人私人信息的披露，侵害了他人的宪法性隐私权。① 其他几个法院在此类私人信息披露的案件中援引 Griswold 一案，但未就其准确含义进行详细分析就创建出一种宪法性隐私权，并依此权利直接认定，政府在他人被宣告无罪或被撤销指控之后仍保留其羁押记录的做法侵害了他人的该种隐私权。

在涉及政府披露他人私人信息的情况下，保护他人免受政府行为侵害的要求十分强烈。因为如果他人的某种行为受宪法性隐私权保护，与该行为有关的详细信息通常也是他人希望保持秘密而不愿被政府或别人知晓的信息，诸如采取避孕、堕胎、绝育等措施的决定，作出有关家庭生活的决定，自愿进行的性行为等。但是从另一个方面来看，如果案件涉及的纯粹只是他人控制、保持其私密信息的问题，而不是他人的自治决定方面的问题，那么，利用宪法性隐私权对他人权利进行保护只会混淆问题，导致“隐私权”的概念比现在更加难以捉摸。实际上，目前所使用的“宪法性隐私权”是用“隐私权”这一概念来指称相对有限的个人自治权。但无论这种做法有什么样的优点，法院都应当区分不同种类的“私人”利益，只有在涉及他人的自治事项时才能够援引 Griswold 一案和 Roe 一案的判决。除非美国联邦最高法院表明将扩大宪法性隐私权的保护范围，将保护私人信息免遭披露这一性质不同的“隐私权”也纳入其中，否则，下级法院应当严格区分这两种隐私权。

五、结语

通过 Griswold 一案和 Roe 一案，美国联邦最高法院承认了他人有权对关乎其个人生活的重大事项作出自主决定，这必然会在法院今后审理案件时起到重要作用，包括避孕和堕胎之外的其他案件。Roe v. Wade 一案②判决和 Paris Adult Theatre I v. Slaton 一案③判决中的多数

① Roe v. Ingraham, 480 F. 2d 102, 107 – 08 (2d Cir. 1973), preliminary injunction denied, 364 F. Supp. 536, 542 – 546 (S. D. N. Y. 1973) (three – judge court). See also Merriken v. Cressman, 364 F. Supp. 913 (EDl. Pa. 1973) (testing program invades privacy of students).

② 410 US. 113 (1973).

③ 413 U. S. 49 (1973).

意见早已描画出一个“隐私区域”，其中包括涉及他人住所、家庭、计划生育、抚养和教育子女的事项。本文试图对这一“隐私区域”进行考察，一方面分析他人主张其宪法性隐私权的可能途径，另一方面探讨可能被纳入隐私权进行保护的特定他人利益。不过，本文并未穷尽他人可能享有的隐私权类型，上文提及的仅仅是目前下级法院在隐私权案件中最经常面临的问题，以及同 Griswold 一案和 Roe 一案所保护的隐私权具有相似之处的那些问题。

本文并非旨在界定“隐私区域”的明确范围，或者认定某一种权利是否应当被列入“基本”权利。相反，本文所关注的重点是隐私权的分析论证方法。在下级法院作出的隐私权判决中，最为欠缺的恐怕就是分析论证过程。如果要使目前还处于发展形成过程的隐私权能够有效地保护他人的个人自由，那么，最亟需的也是分析论证的过程；如果未经合理的分析论证就加以滥用，那么，不就预示着另一个“Lochner 时期”将再次来临吗？

自治性隐私权：行为与决定的范围

贝亚特·罗斯勒[①] 著　孙言[②] 译

目　次

一、导论

人们常常将其隐私观念表达如下："宗教信仰属于一个人的私人事务，这是我的私人决定，与你没有任何关系。"显然，我们既不能将这种隐私观念简化为一种信息层面上的隐私权，也不能将其简化为一种场所层面上的隐私权。"私人事务"这一概念反映了隐私权理论的一个维度，它不涉及行为人披露他人空间或揭露与他人有关的不可获得的信息的行为，而涉及实际上具有"公共性"的私人生活。我们已经知道，当他人有权控制其他人对其信息与事务的介入时，他人就应当受到"隐私权"的保护。对于自治性隐私权理论以及确立自治性隐私权保护的惯例与规范而言，表面上它们意味着或应当被作为一种隐私权保护形式，这种隐私权保护可以确保我们有理由告诉其他人某些事务不关他们的事，确保我们能够对生活中的某些方面进行控制，并且通过各种形式的反对与干预，限制其他人对我们私人事务的介入。可以认为，这种保护不仅仅覆盖到我们的公共行为模式，还覆

① 贝亚特·罗斯勒（Beate Rossler），荷兰阿姆斯特丹大学伦理和社会哲学教授。
② 孙言，中山大学法学院助教。

盖到我们的生活模式以及更多的基本决定与行为。例如，去哪个教堂、学习哪些课程以及开展哪些生活计划，换言之，它涉及人们的活动、行为与生活方式以及整体目标与计划。从以上各方面看来，当其他人试图反对他人的行为与决定时，他人应当指出，就某些事务而言，除了他人自己以外谁也不能介入其中，这些事务根本上属于他人的“私人事务”，这项权利对他人而言不仅是十分有意义的，并且也是富有启发性的。这些决定、行为或生活方式越重要，人们越能够明白并且主张这些事务应当属于个人的私人事务。这也意味着，他人无需就其决定或行为模式对其他人作出任何进一步的解释。

事实上，“自治性隐私权”这一概念本身是十分不恰当的，这主要是由以下两个原因引起的：其一，我们所讨论的隐私权不仅仅涉及他人的决定，还涉及他人的活动、行为方式以及生活方式；其二，这一权利的确立可以追溯到美国司法审判实践中的一种传统理论，这种传统理论以自治性隐私权作为人们享有生育自由（如避孕权或堕胎权）的理论依据。实际上，它将自由权或公民自由与隐私权混为一谈，对此笔者将在下文中作出进一步的解释。尽管如此，如果笔者仍然坚持使用这一概念，那么，这不仅仅是因为许多学者在其著作中采用了这一概念，还是因为这一概念上附着着其他更加具有解释价值的传统理论，如 Mill 对自由的论述，这些理论比较易于接受并且也能够让自治性隐私权理论自圆其说。

接下来，笔者将在本文的第二部分中更加准确地阐明自治性隐私权的含义。自治性隐私权理论与保护机制为人们的社会行动策略提供了一定的空间，这种空间对个人自治而言是必不可少的。从这一点看来，自治性隐私权理论建立在消极自由与积极自由之间的区分之上，并且它也为伦理与道德之间的区分提供了一个不同的视角。在本文的第三部分中，笔者还会简要地介绍，在 Roe v. Wade 一案①的判决中，美国联邦最高法院是如何根据自治性隐私权理论对堕胎权进行论证。这一判决不仅对美国司法理论产生了决定性的影响，在自治性隐私权的哲学理论与政治理论中也占据了重要地位，在上述理论中，学者们常常遵循这一司法理论，将“生育权”理所应当地视为一种隐私权。

---

① 410 U. S. 113 (1973).

在这一部分的介绍中，笔者还将对法院将自治性隐私权作为堕胎权的理论基础的做法提出质疑。在对本文所涉及的问题作出初步说明之后，我们的目标是通过以下几个步骤对上述问题作出进一步的详细说明。由于自治性隐私权理论与自治理论之间具有功能上的联系，因而我们不能仅仅将隐私权视为社会授予、给予或允许他人享有的一定领域或空间，而应当将其视为他人享有的主张或权利。在本文的四部分中，笔者将从上述观点出发对社群主义的批判观点进行分析。在本文的第五部分中，笔者将对男女平等主义的批判观点进行分析，说明自治性隐私权理论还涉及一种个人自治理论。在本文的第六部分中，笔者将再一次论证自治性隐私权理论与个人自治理论的合理性，通过对相互矛盾的自由理论的简要分析，得到一种自由主义的理论。

二、私人事务与自治自由

（一）自治性隐私权与自由

上文中所使用的“私人”一词涉及人们的公民自由，这种消极的公民自由保障他人享有选择生活方式的权利、选择伴侣的权利以及按照自己的意愿实施行为或活动的权利。然而，为了使人们可以在社会中不受妨碍地生活，这种自由依赖于一定的社会空间，这种空间正是自治性隐私权所要保护的。Gavison 对此作出了说明，她指出，“隐私权可以保护人们无须承受干扰、服从的压力、嘲弄、惩罚、令人不快的决定以及对他人不利的其他形式的反作用力。鉴于隐私权确实具有这些功能，因而它能够促进行为自由，消除某些行为所具有的不利影响，从而使人们可以更加自由地实施这些行为。”① 因此，他人应当在所有关系中都享有自治性隐私权。这种隐私权是他人自我决定的生活中所固有的，它以各种方式存在于他人所处的一切社会关系中的各个方面。这种隐私权可以表现为：女儿要求父母不要干涉她选择朋友的自由；色情杂志的购买者希望自己能够免受店主无礼的评头论足。这种隐私权能够保护他人的权利，他人可以以此反对其他人在工作场合讨论其私人生活，主张其他人不应对其华丽浮夸的着装作出不

① Gavison, R. (1980). Privacy and the Limits of the Law, Yale Law Journal, 421, 448.

必要的评论，同性恋伴侣可以以此防止亲戚、朋友或是不特定的其他人对他们的生活方式大加批评。以上所有行为、决定以及生活方式都是以公民自由为基础的，当然，公民自由也始终受到一系列有关权利与义务的法律规定的保护。然而，这种自由还依赖于私人在社会空间中得到的特定保护，以便人们可以在不被其他人反对、评论或评价的情况下享受其私人空间。因此，隐私权是对自由权或公民自由的具体化，有利于保护他人的自由权或公民自由。以上这些有关隐私权道德上的主张与诉求绝大部分都不具有司法上的效力，它们主要表现在社会惯例中，这些社会惯例认为，如果行为人干涉了他人的生活，那么，行为人的行为似乎就构成了对他人的侵犯。笔者指出，这些惯例的规范有效性在于，它们保护他人试图过上自我决定的生活的努力。在面对国家与其他公民的侵扰时，公民自由实际上并不足以产生并且保障自我决定生活所依赖的特定的社会背景。因此，我们必须通过隐私权的确立从而将这些自由具体化，进而保障特定的社会背景。

就这一点而言，我们可以简要地通过 John Stuart Mill 的论著以及 Richard Rorty 的论著，对公民自由与自治性隐私权之间的关系作出进一步的说明，正如我们所知，Mill 提出的关于私人自由与公共规制之间的区分理论具有非常大的影响力。虽然如此，事实上，Mill 与 Rorty 一样，他们都将隐私权简化成一种自由，笔者首先说明的是，隐私权已经超出了消极公民自由的范畴，因而我们不应当将隐私权等同于一种自由权。尽管如此，我们还是可以从 Mill 对私人与公共范围的区分中得到一些启示。

在 Mill 写作的专著《论自由》中有一段著名的论述："社会中存在着这样一种活动范围，在此活动范围中，区别于个人的社会对个人仅具有间接利益，这一范围包含了个人生活与行为中所有仅对个人自身产生影响的部分，即便它可能对其他人形成影响，其他人都自由地、自愿地、不受欺骗地同意与参与其中。" Mill 的理论认为，在现代社会，"公共权力对私人行为的每个部分的规制" 不再具有可能性或合理性，无论公共权力是由公共立法机构实施的或是由社会道德观念驱使的。Mill 认为，公共权力对纯粹私人生活的干涉阻碍了个人的

"私人生活自由"，因而公共权力从根本上违背了现代自由主义理念。[①] 反过来，这就意味着，只要个人的私人生活自由不会"影响到"其他人的生活，个人的私人生活自由就必须受到尊重，并且这是一项具有规范性的原则。此外，Rorty 的理论正是着眼于私人与公共之间存在的上述区分，他在书中写道："本书试图说明，如果我们放弃了要求将公共与私人融为一体的理论，转而主张自我创造与人类团结具有同样的正当性，那么，将会产生何种效果，虽然我们永远无法对自我创造与人类团结进行比较。"[②] 与 Mill 一样，Rorty 也认为，私人领域与公共领域的区分实际上就是公共自由正义领域与私人领域之间的区分，前者的作用在于保障公民自由，尽可能地保障社会公正；后者的作用则在于实现个人的自我创造，使个人得以自由地选择其生活方式。

可见，Mill 与 Rorty 的基本观点是一样的。他们都关注人们的生活活动或生活区域，都主张人们应当在不受其他人干涉，不需向其他人证明自己行为的合理性的情况下自由地生活。因此，他们讨论的实际上就是自治性隐私权的问题。此外，他们都认为，在公共与私人之间进行区分能够为个人的自我实现创造自由的空间。当然，我们也很快发现，他们对公共领域的"不自由"与私人领域的"自由"所做的区分太过概括化与简单化。因为如果把隐私权等同于自由权，那么，我们就再也无法明确，"隐私权"理论除了可以明确哪些事项是"个人"事项以外还应当解决哪些问题、"私人自由"的范畴为什么应当大于或区别于"个人自由"以及为什么隐私权不能被简化为一种自由权。Mill 认为，只要他人不"影响到"其他人，他人就是自由的、私人的，这种令人难以置信的原则恰恰体现了自由与隐私权之间存在的上述剪不断理还乱的联系。这种自由理论是如此的粗糙，甚至看起来不像是 Mill 提出的理论。

实际上，与 Mill 的上述激进理论恰恰相反，我们从他的理论中了解到，由于个人的行为、风险与计划总是会对其他人造成影响，因此，其他人的自治性隐私权也应当受到限制。这与他对自治性隐私权

---

① J. S. Mill, On Liberty, in Utilitarianism, Liberty and Representative Government 75 (1910).

② R. Rorty, Contingency, Irony and Solidarity 45 (1989).

原则的最初表述不同，Mill 自己似乎也认识到了这一点。因此，他写道："这一原则要求人们能够享有审美与追求上的自由，构建符合自己性格与特征的人生计划的自由，按照自己的意愿行事，并且服从于其行为可能带来的后果；即便其他人觉得他人的行为是愚蠢的、不正当的或是错误的，只要他人行为不对其他人造成损坏，他人就可以不受其他人的妨碍。"这才是 Mill 的理论的真实且具有说服力的一面，它意味着对于我们的决定、行为模式与生活方式，我们无须向其他人作出解释，但是反过来，当我们的行为实际上多少直接影响到其他人时，只要这种行为并不直接"关他们的事"，我们就仍然可以期待这种行为将会受到其他人的抑制、保留或冷漠对待。然而，通过这一理论，Mill 暗中在公民自由与行使公民自由的可能性之间进行了区分，如果行为人公开地或在他人的朋友圈子里将他人的特定行为描述为"愚蠢"的行为，那么，行为人的行为并不会直接侵犯他人的自由。他人没有必要在意行为人的此类行为。然而，在某些情况下，行为人的行为将会侵犯他人的自治性隐私权，他人会因此而无法按照自己的意愿不受阻碍地在社会空间中行事或者生活。在这种矛盾之下，他人不会以自由原则作为依据，而是以隐私权理论为依据向法院提起诉讼。

实际上，通过对 Mill 理论的解读，我们还可以获得另一个要点：社会空间对个人自治是不可或缺的，但是这并不必然要求建立一种强有力的积极自由理论。Mill 与 Rorty 共同要求的真正的自由，即进行自我实现的试验的自由，仅仅是自治可能存在的各种具体化形式中的一种。对自由与自治性隐私权之间的区分并不等同于对自由与行使自由的特定模式之间的区分。即便试验自由理论具有很强的适用性，能够论证社会空间中自治性隐私权保护的需要，能够保护私人试验免受公共惯例的干预，并且要求抑制社会公共领域对私人偏好的干涉，但是相比之下，自由理论或自治理论虽然不那么激进和具有试验性，也不那么关注自我创造理念，但它也能够说明公民自由与隐私权之间的差别，二者的差别就在于在对私人提供保护时是否需要将自由以现实的、实质的形式表现出来。

自治性隐私权理论正是建立在对消极自由与积极自由进行区分的基础之上。笔者试图提出的自治理论，即自治是自由的一种具体化形式，其本身并不包含特定的关于自治生活的积极观念，这是因为，不论这种观念倾向于试验性的自我实现，或是理性的生活计划，它们最终都会并且必然会诉诸个人自治理论，因此而超出这一观念本身的范畴。然而，并不是所有的更加具有实质性的自由理论都能够与自治理论相一致。在此需要指出的是，自治理论以及与之相关的各式各样的生活理念往往与要求保护并尊重自治性隐私权的主张具有密切的联系。主张自由是自治的与主张他人应当享有隐私权是存在区别的，这种区别并不是由特定的积极自由理论所导致的，而是先于上述任何一种理论而存在的。那么，迄今为止我们发现了哪些真相呢？对自治性隐私权保护是必不可少的，通过这种保护，他人可以在社会空间中，在社会其他成员中享受自由的生活，他人可以在不受其他人干涉的情况下追求自己的行为模式、生活方式与计划。对于他人在社会公共生活中的私人生活，我们期待其他人能够通过抑制、疏忽、保留与冷漠等形式尊重他人的自治性隐私权。当然，我们可能会发现，人们在不同的社会背景中享有的自治性隐私权的方面也有所不同；尽管如此，不同背景下的自治性隐私权保护理论在结构上仍然是相同的。在社会中，当他人无意授予其他人解释自己生活的主权时，他人的生活也不应受制于其他人的评论、解释或影响。这一惯例使得他人得以享有上述解释与决定自己生活的主权。因此，在各式各样的社会背景下，人们可以以不同的方式将自己与社会隔绝。人们受到两方面的影响，一方面是个人所隶属的文化、社会与基本环境，另一方面是个人试图过上自我努力所决定的生活。如果个人想要突破那些与各种环境密切相关的观念、期待与假设，那么，个人就必须依赖于自治性隐私权保障的一定形式的隔离。诚然，各种形式的交互主体性现象是实现自治的首要前提。然而，只有在他人能够重复地将自己与外界隔离，主体间的交互关系才能够具有实现自治的功能。否则，自治是不可能实现的。只有当交互主体性现象能够体现在惯例或规则之上并通过干涉与施压从而调节人们的决定与行为时，个人才能够实现自治。

让我们更加详细地对这些不同的社会背景与各方面隐私权保护进行讨论。我们可以明确一下隐私权诉求所针对的特定人群。他们可能是他人的至交、爱人、朋友、算不上朋友的熟人以及匿名的第三人。上述这些关系部分取决于其他人掌握了他人的哪些信息，并且这些关系影响着他人自治与生活的不同方面。相应地，这些人群也预示着可能产生的特定方面的隐私权主张。比起与不亲密的朋友之间的交往，在我们与伴侣、家长或子女之间的亲密关系中，我们的隐私权主张更多地涉及其他方面的行为、决定、行为模式与生活方式，而人们在更加疏远的社会背景中所需要担忧的问题又与上述两种情况不同。如果我们不对这些社会关系进行更加精确的类型化分析，针对上述关系提出的隐私权诉求往往要求对他人生活的次要方面进行保护，那么，这些次要方面并不关系到他人的自治性隐私权。与自治性隐私权有关的因素包括两个方面，一方面是有关的社会惯例，另一方面则是自我决定的生活的实现。举例而言，在面对父母时，他人会主张其对朋友的选择属于其私人事项；在职场中，他人如何度过假期会被视为其私人事项；对于匿名的第三人而言，他人的穿衣风格属于其私人事项；对于朋友而言，他人如何养育子女也属于其私人事项。在上述例子中，特定事项与特定关系都不具有直接的关系，这些特殊关系分别由个人生活的其他方面构成，当然，其中涉及的各方面之间的边界是有待商榷的。

不同人群不仅涉及自治性隐私权保护的不同方面，还涉及不同人群所表达出的对他人隐私权的尊重程度。如果尊重可以被表达为一种“抑制”，那么，有人可能认为，在各种具有不同特点的关系中，抑制可能会表达为各种不同的形式。对于父母、伴侣或朋友，我们通常期待他们表现出一种善意且关怀的抑制；而对于匿名的第三人而言，我们则希望他们表现出完全的冷漠。在职场或其他社会背景下，我们希望其他人表现出保留或疏忽的态度。在所有社会关系中，自我决定的生活理念意味着通过一定的界限划出特定的私人区域，从而抵抗外界的任何干涉。这里的干涉不仅仅包括消极的反对与意见，还包括积极的介入与认可。隐私权不仅仅会被贬低诋毁的言论所侵犯，当一个人对他人的服装或外貌作出积极评价时，也可能会侵犯他人的隐私权，也就是说，他人享有免受干涉与注意的自由意味着其他人对他人的积极认可也是不受欢迎的。当熟人向他人表达对其对待伴侣的方式的认可，或者一个陌生人在超市付款处称赞他人养育孩子的方式时，他人的隐私权也会受到侵犯。上述这两种评价都会构成对他人私人行为模式的令人厌恶的干涉。

（二）抑制理论

在描述人们尊重他人自治性隐私权采取的各种表达形式时，笔者使用了诸如抑制、保留、冷漠、疏忽等词语，这些词语尤其被用于公共领域理论中，它们被用于描述人们在社会共处，尤其是城市共处时所必需的距离。举例而言，Georg Simmel 在对现代城市中的个人状态进行分析时，提出了保留的概念。在 Simmel 的设想中，当人们处于“城市人群”中时，人们就需要彼此保留与冷漠，这种定义使得冷漠这个词本身具有了文化批判的弦外之音。① 在其论著的其他部分中，Simmel 也对距离与回避的形式进行了讨论，他认为：“如果缺少了距离与回避，那么，我们根本不可能过上这种生活。”② 这里的“这种生活”可以被解读为现代社会中他人的自治生活，在所有社会背景下，这种自治生活的建立都依赖于上述形式的距离与回避。Simmel 提到了匿名关系中的保留与冷漠，类似的概念在 Thomas Nagel 的论著中被表述为“礼貌”。Nagel 将礼貌描述为自由主义社会的典型特征。自由主义主体向其他人表现出的礼貌态度，正如陌生人关系所表现出的态度。他认为，这种态度是自由主义文化所固有的，由于人们有着多元的生活计划，因此，其他人对他人表现出的“抑制因素”是所有社会关系中必不可少的。③ 因此，我们应当明确地对抑制的不同表达形式进行区分。虽然通常我们可以用抑制来描述人们基于对他人自治性隐私权的尊重而表现出的一系列态度，但冷漠、保留、疏忽以及善意的抑制之间仍然存在不同，它们会依据主体所处的特有的社会关系而具有不同的特征。父母对子女决定表现出的抑制、工作中同事对他人私人事务表现出的抑制以及地铁上匿名乘客之间表现出的抑制都互不相同，但它们仍然都表现为各种形式的抑制。这也意味着，在社

① See G. Simmel, Die Großstädte und das Geistesleben, in Aufsätze und Abhandlungen 1901 - 1908, edited by R. Kramme, A. Rammstedt and O. Rammstedt, Frankfurt - am - Main 126 (1995).

② G. Simmel, Die Großstädte und das Geistesleben, in Aufsätze und Abhandlungen 1901 - 1908, edited by R. Kramme, A. Rammstedt and O. Rammstedt, Frankfurt - am - Main 123 (1995).

③ T. Nagel, Concealment and Exposure, 27 (1) Philosophy & Public Affairs 3, 5 (1998).

会背景下，无论是工作场合的谈话或是熟人之间的闲聊，人们的某些行为模式或生活方式都是“私人的”，不允许其他人对其进行讨论或评判，即便这些评价的内容属于谈话各方的常识，因而在一定意义上具有公共的性质。这种礼貌距离并不仅仅是一种空洞或空虚的礼仪惯例。其重点在于为人们提供一个象征性的空间，使人们能够在此空间中独立地生活，并且在必要的时候突破惯例或集体思维模式。即便其他人仅仅对他人发表了不受欢迎的评论，对他人的干涉仍然会扰乱他人的生活方式。

礼貌距离（即 Nagel 所指的礼貌），还意味着如果个人在错误的场合下披露了自己的私人细节，没有与其他人保持一定的距离，那么，由于其他获悉其披露的信息的人会被迫面对他们不想面对的问题，因而此人的行为也同样扰乱了其他人的一定范围的自由。多亏了这种距离的设立，社会空间中才可能存在多元的自我决定的生活与行为模式，并且这种距离还要求具备以下两方面的要素：一方面是对他人的自治性隐私权的尊重，另一方面是将自己的自我表达限制于无形边界内的主体能力。这就引起了一种典型的冲突。如果我们认为隐私权具有保护个人自治的功能，那么，自治性隐私权理论也必须承受公共社会中各种不同诉求之间相互影响所带来的矛盾。从某种意义上看，我们在上文中提到的冷漠与抑制能够消解个人在公共社会领域中经营私人生活所产生的冲突与紧张。能够消解上述紧张局势的惯例并不能被一次性地、永久地确定下来，而应当被不断地重新确立与重新接受，只有当这些惯例能够发挥其规范作用，从而确保个人实施的同等范围的行为能够得到同等保护，我们才有可能成功地消解私人间的上述矛盾。

象征性的自治性隐私权保护旨在确保他人作为一个整体，能够在不受干扰的情况下自由地生活。不仅行为人对他人的生活方式提出的反对可能侵犯他人的隐私权，当行为人对他人的身体作出不必要的评论时，其行为也侵犯了他人的隐私权。因此，我们也可以将自治性隐私权视为一种身体隐私权。举例而言，当一个人在大街上用言语调戏一位女性时，无论其言辞是轻蔑的或是本质上出于善意的，其行为都侵犯了这位女性的隐私权。在这种情况下，该女性可以主张行为人侵犯了她的自治性隐私权。虽然她在公共场所也享有隐私权、有权要求其他人与其保持一定的距离，但是此时她被迫受制于第三人对她作出的评论，因此，行为人侵犯的是她在身体上的自治。显然，当某些惯例受到人们的批判时，正如女性对性骚扰的“惯例”存在异议，人们所诉诸的规范性原则是尊重他人的原则，也就是尊重他人作为人而享有的自治权利，在上述例子中则表现为对他人身体自治的尊重。同样，公共与私人的界限划分通常表现出一种针对性别的层级结构，从而给予不同性别的个人以不同的、在公共场合进行自我表达的机会。当然，这种隐私权主张同样会产生某种典型的冲突。虽然并非所有的评论都是在言论自由权的基础上作出的，但是，我们也不能以特定言论侵犯了他人的自治性隐私权而禁止所有的评论。尽管如此，当上述冲突发生时，我们应当将它们作为一种结构上的冲突在公共领域中对其作出评判，在自由主义社会中，没有其他手段比这种公共程序更适于此类冲突的解决。

因此，在面对自治性隐私权主张时，人们被要求表现出一种抑制、保留甚至于冷漠的态度。通过对上述概念的说明，现在我们可以对抑制理论与另一个理论即宽容理论进行区分，实际上宽容理论往往被视为最适合论证自治性隐私权的合理性的理论。毕竟，Mill 也在自治性隐私权的语境下对宽容理论进行了讨论，而抑制恰恰就是宽容行为的可能的表现形式。事实上，人们通常认为，宽容理论的要求与问题的典型特征是其不仅仅对纯粹的个人有效，而且对作为政治、宗教或文化团体、派系的成员的个人也同样有效。因此，比较典型的情况是，宽容理论常常针对持有不同政治观点的人们展开论述。然而在本文讨论的自治性隐私权的语境下，因为自治性隐私权首要涉及的是作为个体的个人，涉及个人与其他所有人的关系的各个方面，换言之，其涉及个人与其自身的计划、生活方式以及行为方式等等，因此，此处讨论的宽容理论仅仅局限于其众多方面中的其中一个方面。宽容理论中的冷漠应当适用于所有的社会关系，包括在个人所处的特定团体，个人作为团体的一员被要求对其他人持有宽容的态度。即便是在最小规模的团体、关系或家庭中，对于自治性隐私权的冷漠或抑制也是必不可少的。宽容理论通常也不适用于反常的个人。宽容理论更主要关注的是政治立场的群体差异。抑制理论与宽容理论之间的差别主要在于其本身表现出的态度，宽容理论主要适用于其他人的行为或生活方式受到他人的谴责、反对或厌恶的情形，这种情形实际上就是宽容悖论产生的源头。抑制或冷漠理论则关注他人的隐私权，相比之下，抑制理论完全不考虑其他人对特定行为是否表现出认可，即便是对他人的赞赏也可能对他人的决定产生不适当的影响，即便是赞成他人也是一种不受欢迎的行为，即便是对他人的鼓励也是不恰当的。这就是 Simmel 的抑制或冷漠理论如此行之有效的原因。人们只有采取一种抑制或冷漠的态度才是对他人隐私权的真正尊重，它要求人们严格地贯彻一种疏忽的态度，而不是将注意力集中于宽容理论所主张的忍让与宽容。对于在大街上对女性吹口哨的男性而言，抑制理论期待其做到的并不是宽容，而是冷漠。至于咖啡厅中隔壁桌客人的对话，我们要做的不是留意他们说了什么然后宽容他们的观点，而是根本不去注意他们说了什么。

那么，我们现在的立场是什么呢？我们已经发现，对他人自治性隐私权的尊重要求对人们作出明确的限制，限制他们作出那些可能会阻碍或限制他人行为、生活方式或个人自治的解释、反对或影响。只有这样才有可能为个人追求与实现目标与计划过程中的活动、决定与行为模式开放一定的社会空间，毕竟个人特有的活动、决定与行为模式是自由主义多元化的应有之义。因此，在个人的所有关系中都需要形成上述特定形式的距离。有人可能会指出，在各种各样的人际关系中，只有在他人生活中的某些方面，他人才会被要求对其行为与生活方式做出合理的解释。然而，如果我们认为，他人的自治性隐私权主张的核心在于他人享有无须承担自我证成义务的自由，那么，我们就可以对这一层面的隐私权，即对他人就其决定与行为所享有的隐私权做出更深层次的阐释。现在的问题是，他人可以在多大程度上彻底地主张，对其他人而言，他人的生活、计划与往事都属于其私人事项，他人可以在多大程度上坚持主张其他人在这些私人事项上应当与其保持一定的距离。

（三）伦理与道德的区分理论

在实践哲学中，学者们通常是在思考如何对伦理与道德进行区分时提出与讨论上述问题的，通过对伦理与道德的区分，学者们试图阐明与解释，当我们在不同的背景下、不同的问题中对特定行为进行正当性论证时，我们也应当考虑各种不同的理由。由于对伦理与道德进行区分的基础是根据相关行为与问题可能涉及的各种原因与论证理由对行为与问题进行区分，因此，我们可以通过伦理与道德的区分理论对自决性隐私权进行分析，判断他人是否需要就其行为模式或生活方式向其他人作出辩解。

当我们通过上述方法对伦理与道德进行区分时，对于某一问题在性质上属于伦理问题还是道德问题，我们可以辨别出三个有关的因素：一是该问题所涉及的对象，二是需要向何人解释该问题，三是该问题的论证形式。简要来说，如果该问题仅仅涉及他人本身，那么，该问题在性质上属于伦理问题；如果该问题涉及其他人，那么，该问题在性质上就属于道德问题。在伦理上，他人只需要就该问题向“伦理上的其他人”进行辩解，换言之他人只需要在其人际关系内部做出解释；而在道德上，他人原则上需要就该问题向所有人做出解释。如果他人可以完全从其个人的局部角度判断原因的合理与否，那么，该问题就是伦理问题；如果他人（必须）从全面的、其他所有人共同的角度对问题进行论证，那么，该问题就是道德问题。伦理问题只关注那些有关他人自身（美好）生活的问题，而明确的道德问题是具有“不可简化的交互主体性”的，其关注的则是一些诸如分配正义的问题。

就隐私权而言，我们应该从一个基本的问题入手，即我们是否能够对他人的私人生活计划进行伦理与道德的区分。举例而言，有人可能会主张，生活计划往往整合了他人可能对自己持有的一系列不同的视角。其中，伦理性计划往往表现为一些十分脆弱的协议，其中暗含了他人对其朋友、同事、亲戚、父母与子女作出的承诺，这些承诺与他人的期待有着密切的联系，并且人们甚至往往分不清在什么情况下这些承诺实际上属于道德上的责任，属于他人所承担的额外的义务，而在什么情况下违背上述承诺并不是一件难事。概括起来，私人生活计划的典型特征是，其中的伦理性计划与道德性计划是难分难解、相互缠绕、错综复杂的。笔者只能将这个问题暂且搁下，从另一个角度以不同观点对这一问题作出说明。

与本文所讨论的自治性隐私权更加有关的是另一个问题。这就是，即便他人的自我实现计划是伦理性的，那么，我们又能够在多大程度上坚决主张他人应当向“伦理上的其他人”，即朋友、伴侣与家人等承认与解释其伦理性计划、决定与目标的内容呢？在他人与特定的其他人的关系中，在他人与其他大多数人的关系中，当他人拒绝向其他人解释、论证其计划、决定目标时，“私人”一词具有什么意义呢？Jürgency Habermas 对“私人”的含义作出了影响深远的阐述，他认为，在一切社会空间中，他人的解释义务都不能被免除。Habermas 指出：“如果我不能在所有人的目光下面对自我，如在一场可以无限沟通的群体讨论会中，那么，我对自己生活历史的自省式挪用与反射性延续就会沦为一种不具有约束力甚至于不明确的观点。在这里，‘自我’意味着在丰富而广阔的生活背景中，在塑造自我的构成过程中，我作为一个整体而存在。”①

伦理上的自我实现必须能够向所有人肯认与解释其决定与目标的内容，这不仅关系到他人生活中某些不涉及其历史背景的方面，例如，特定的决定或行为模式关系到其跨越历史维度的全部生活以及其作为整体而存在的生活历程。然而，Habermas 所称的“在所有人的目光下”意味着什么呢？他的观点是，他人作出的伦理性的生活计划应当始终处于所有交互主体的“价值尺度”内，否则，他人根本无法建立起其所关注的自尊或自我。因此，我们有必要获得其他所有人的认同。这一点体现在 Habermas 的同一本专著中：“一个判断与行为都符合道德的人必须能够预先获得无限沟通群体的同意，实现了负责任的、为人所接受的生活历程的人必须能够预先得到无限群体的认知。因此，只有当我认识到我是一个人，是一个特定的人时，我才能够巩固自我，巩固永远属于我的个性，将自己理解为一个自主行动的个体存在。”②

Habermas 主张伦理上的自我实现总是发生在一定的文化框架中，这一基本命题肯定是正确的。这是因为，究其本源，特定个人提出的

---

① J. Habermas, “Individuation through Socialization: On George Herbert Mead's Theory of Subjectivity”, in Habermas, Postmetaphysical Thinking: Philosophical Essays 186 (1992b) (W. Hohengarten, Trans.).

② J. Habermas, “Individuation through Socialization: On George Herbert Mead's Theory of Subjectivity”, in Habermas, Postmetaphysical Thinking: Philosophical Essays 192 (1992b) (W. Hohengarten, Trans.).

生活计划总是依赖于主体间相互分享的文化所提供的特定素材，并且只有在一个相互分享的文化视野与文化假设的背景下，才可能培养出有意义的个人计划。此外，这意味着，实现个人自我构建的评估框架必须足够宽广，这样才能确保它不会不当地排除一些可能的生活计划。然而，令人怀疑的是，Habermas 所提到的“无限沟通的群体”是否是必要的呢？值得注意的是，“在所有人的目光下”的比喻实际上针对的是私人与公共之间的关系，这一比喻反过来使我们明白了，生活计划个性化的关键就在于个人不必“在所有人的目光下”作出设想、披露与决定，甚至是假设。事实上，我们首先应该明确的是这里的“认知”具有什么含义，这一概念所包含的积极评价越多，它就越站不住脚。实际上，在伦理问题上，人们既不需要期待从其他所有人那里获得积极评价，也没有真正从其他所有人那里获得积极评价。有人可能会反驳 Habermas 的观点，他们认为，后俗成的自我认同恰恰证明人们具有区分不同情况的能力，其中不同情况包括要求所有人同意的情况、只需要被他人自己选择的特定相关人所接受的情况以及必须他人自己决定何者具有重要性的情况。在寻找自我决定的伦理生活计划的过程中，个人在某些情况下需要明确地对主流的社会与文化设想提出挑战，因而不能满足“所有人的目光”或至少大多数人的期待。在这种情况下，认知理论是空洞的或是应被淘汰的。

Habermas 后来也对其先前的主张进行了修改，他提出，他人的自我实现只依赖于“伦理上的其他人”对他人的认知，而不需要所有人对他人的认知。尽管如此，伦理上的其他人对他人的认知仍然是至关重要的，因为只有通过与其他人的相会、受到其他人的认知与批判，他人才可能认可其伦理上的自我实现。他就是否需要进行伦理论证的问题作出了修改，并且这一修改是十分合理的，它合理地暗示了人们在其伦理计划中，往往依赖于他们自己选择的伦理上的其他人对他们的认知。问题在于，对个人伦理计划的这种形式的认知，是以个人必须承受被要求进行自我证成的压力为前提的，这样一来，个人就必须去识别、确立并且论证其伦理计划，即便个人仅需要对伦理上的其他人进行论证。

主体间对伦理计划的讨论意味着，他人的伦理计划应当是能够通过通用的语言表达出来的，我们不应当将之与主体交互背景下伦理计划的证成相混淆。尽管 Habermas 的观点确实限缩了他人需要向其他人进行自我证成的领域与维度，但是笔者认为，即便是在这种情况下，其理论对他人自我证成的要求仍然过于强硬。以 Maeve Cooke 的观点为例，在 Habermas 表达上述观点后，Cooke 提出："当我们将个人个性中的特定维度划分出来，作为本质上属于私人的领域时，这也意味着在这些私人领域中，个人对意义与价值的理解的正确与否在原则上与其他人的批评意见无关。"① 如果上述观点不仅仅是一种术语学上的观点（这是因为只有在主体交互的背景下才可能论及"意义与价值"，并且伦理见解作为一种见解与反馈，其本质上属于一种语言，因而其必须通过通用的语言才能够表达出来），那么，笔者认为，Cooke 的主张，即原则上个人生活的所有领域都与其他人的评价有关，在现象上与规范上都是存在问题的。每个人都当然享有一个本质上私人的领域，其中至少包括了混乱的思想领域与矛盾的感觉、未实现的生活计划与未满足的渴望以及被个人赋予了"意义"与"价值"的完全私人的混乱状态，并且个人在赋予其意义与价值时特别强调了个人的自治与真实。个人的日常生活与经历显然会由于个人对隐私权的创造性保留程度的不同而有所不同，为了保护个人的创造性，个人必须回避其他人对他的评判，尽管这些评判在主观上具有一定的意义与价值。当个人与其他人相会甚至于相对立时，个人会试图对自己的生活作出自己的解释，此时隐私权的保留就为个人构建了一个避难所与藏身之处。在解释的过程中，个人通过语言吐露自己的观点从而实现主体之间的交流。而在自我解释的过程中，人们却能够避开其他人的评判。在某种意义上，当个人对其生活经历进行自我解释时，这一过程也是私人的。个人如何面对其生活经历中离经叛道的一面，或是如何看待那些关于先前生活经历的回忆，都属于其私人事项，个人不愿意再将这些事项披露给其他人，供其他人批判、评价。我们暂且不去讨论个人自我受到了多大的威胁，换言之，个人可能会

① M. Cooke, A Space of One's Own: Autonomy, Privacy, Liberty, 25. 1 Philosophy & social criticism 34 (1999a).

他人产生影响的事务的权利，正如决定是否生育子女的权利。”① 不考虑其他因素，我们可以由此认定，隐私权是一项能够包含并且保护他人的生育自由的权利。隐私权被解读为一项巩固宪法保护的个人自由的权利，维护那些从根本上关系到他人人格的个人决定，换言之，即他人的性领域。根据上述观点，我们可以直接将隐私权保护他人享有的使用避孕用品的权利的命题，与隐私权保护他人享有的终止妊娠的权利的命题联系在一起。根据上述（自决性）隐私权与性行为之间的联系，美国联邦最高法院在司法论证中将自治性隐私权理论运用于四大领域，包括避孕用品的使用、堕胎、异族通婚以及色情作品的使用。正如我们所知，实施同性性行为的权利仍然被排除在隐私权的保护范围之外。

美国联邦最高法院在 Roe v. Wade 一案中作出的判决不仅在社会上引发了大规模的激烈讨论，还催生了许许多多讨论自治性隐私权的学术论文。事实上，从各个方面来看，该判决都是并且始终是极具争议的。如果我们仅仅关注法院将隐私权理论作为裁判基础所带来的影响，那么，我们可以认为，在第一个层面上，法院的判决引起了关于如何对宪法作出正确解释的基本法律问题的讨论与解释学上的讨论。在第二个层面上，其引发了关于宪法是否规定他人享有隐私权的问题，换言之，该问题关系到如何在具体事例中正确地解释宪法。在第三个层面上，不可计数的论著在讨论，即便宪法的确将隐私权作为一项原则进行了规定，那么隐私权是否能够适用于堕胎的情形呢？

然而，该判决还催生了一系列以男女平等主义理论为视角的论著，这些论著中既涵盖了反对该判决的声音，也涵盖了对该判决作出的具有影响力的赞成意见。学者们之所以赞成 Roe v. Wade 一案的判决，不仅仅是因为它推进了女性实施堕胎的控制权，还因为这一判决是以隐私权为依据作出的，因而该判决能够对男女平等主义的哲学理论与政治科学产生相当大的影响，并且其影响不仅仅局限于美国。这些论著许多是属于哲学范畴的，大体上都属于非法律范畴，并且也不仅仅涉及男女平等主义的视角，它们已经不再对法院的判决进行质

---

① 405 U. S. 438 (1972), at 358.

疑，而是理所当然地将法院判决作为既定规范，这种趋势对隐私权理论的哲学分析与政治分析都产生了决定性的影响。笔者认为，这是一个非常不幸的发展。

接下来，笔者不会对堕胎行为本身的道德性与合法性展开讨论。笔者也不会讨论如何解释《美国联邦宪法》或堕胎权的正确法律基础是什么。笔者仅仅关注一个有限的规范与哲学问题，即隐私权是否或者应否在堕胎权的确立上发挥作用。

我们应当区分两种针对美国联邦最高法院判决提出的批判观点，这两种批判观点都是围绕着隐私权与堕胎之间的联系展开的。一方面是社群主义的批判观点，另一方面是男女平等主义的批判观点。社群主义批判观点的代表学者是 Mary Ann Glendon、Michael Sandel 以及 Amitai Etzioni①。他们的观点是，美国联邦最高法院的判决表现为一种个人主义的隐私权与自治理论，这种理论既不能适当地处理人们所处的现实关系，也不能正确地看待美好生活的规范性理论。此外，社群主义批判观点认为，法院的做法必然忽略了堕胎问题上存在的真正道德冲突，即胎儿与女性之间的冲突。这一批判观点的要点在于，在堕胎问题上，以隐私权理论作为根据在规范上是不恰当的，原因在于其依赖的自由主义自治理论是站不住脚的。因此，社群主义批判观点采取了一个更为广阔的分析框架，对个人自治理论与一般性的隐私权理论之间的联系进行了讨论。换言之，这种批判观点不太关注判决本身，更关注判决的自由主义前提。笔者认为，这种观点是错误的。然而，鉴于其采取的更加广阔的分析框架，我们不仅可以在 Roe v. Wade 一案的背景下对此观点进行分析，还可以在更普遍、更基本的背景下对其进行分析。笔者将在下一部分进行具体讨论。

男女平等主义批判观点的代表学者是 MacKinnon，同样，这种批判观点也对隐私权与堕胎权之间的联系提出了挑战，只不过其采取了与社群主义批判观点不同的方法与路径。概括来说，MacKinnon 认

---

① See M. Sandel, Democracy's Discontent: America in Search of a Public Philosophy 100 (1996); Moral Argument and Liberal Toleration: Abortion and Homosexuality, 77 Cal. L. Rev. 521 (1989); M. A. Glendon, Abortion and Divorce in Western Law (1987); A. Etzioni, The Limits of Privacy 192 (1999).

为，美国联邦最高法院以隐私权理论为依据，只不过是换个表达方式，主张应当将女性拉回到意识形态上构建的隐私权领域，这种隐私权领域被认定为非政治的，仅仅是在认为女性是不同的或是不正常的基础上承认她们的权利。MacKinnon 认为，在既定的社会情况下，如果堕胎权被视为隐私权，那么，人们就不会对以性别为基础的层级秩序提出质疑，而是进一步深化、巩固由女性与男性、隐私权与公共领域之间的相互关系所产生的社会权力结构。换言之，MacKennon 主张，自由主义隐私权理论具有无法缓和的压迫性，因而不能将之作为女性自我决定权利的基础。① 她认为，自由主义隐私权理论的作用不过是掩盖真实的权力与支配关系，完全无法在法律上保障妇女对其身体的控制权。尽管如此，我们必须承认，只有当社会发生了许多解放性的改变之后，我们才能对隐私权理论作出男女平等主义的重新解释，然而，笔者仍然认为，MacKinnon 的观点是错误的，我们没有理由认为人们会像她那样对隐私权理论持有如此悲观主义的看法。在上文中，笔者已经试图说明了可能对隐私权理论进行重构的适当方式。最令人惊奇的是，MacKinnon 完全忽略了隐私权理论的其他维度与组成部分，而事实上这些被忽略的维度与组成部分中恰恰包含了一种解放精神。MacKinnon 批判观点的不足在于，她将矛头指向一种范围极其狭窄的隐私权理论，因而她无法对隐私权与堕胎权之间的联系提出彻底、有力的质疑。

社群主义批判观点与 MacKinnon 的男女平等主义批判观点都不具有可行性。接下来，笔者将对美国联邦最高法院的判决进行还原式批判，试图说明法院在为隐私权与堕胎权建立联系时存在的问题。还原批判观点主张，对于生育权的问题，法院没有必要诉诸隐私权，这种做法实际上兜了个大圈子，法院本应该以公民自由作为他人享有生育权的基础。例如，Ruth Gavison 采取的就是这种主张。② 与其他学者一样，Gavison 也认为，法院在判决中以隐私权理论为依据的做法是

---

① See C. MacKinnon, Reflection on Sex Equality under Law, 100 Yale L. J. 1281, 1311 (1991).

② R. Gavison, Privacy and the Limits of the Law, 89 Yale L. J. 421, 357 (1980).

完全没有必要的，并且这种做法不恰当地稀释了隐私权本身的含义：我们完全可以以个人自由与自治理论为基础，限制国家侵扰他人的能力，使他人能够在避孕与生育等问题上自由地作出决定，因而没有必要诉诸特殊的隐私权理论。John Hart Ely 也表达了类似的观点，他指出："法院并没有解释其认为该案涉及到隐私权的原因。"①

许多学者都在他们的论著中声援、支持美国联邦最高法院的判决论证，这些学者在术语使用上的不准确为我们对法院论证的批判提供了最好的素材。学者们往往难以确定应当如何界定自治性隐私权与自由或自治之间的关系。举例而言，Anita Allen 在一篇论文中写道："自治性隐私权意味着，人们具有自己做决定、免受政府或其他不必要的干预的能力。"② 同样，Cohen 同时使用了"自治性自治"与"自治性隐私权"的概念。③ 我们无法确定，应当如何界定自治性隐私权与自治之间的关系，才不会由于自治理论与隐私权理论的混同，而导致隐私权理论成为一种多余的或废弃的理论。也许有人会问，如果不以隐私权为根据将会产生什么实际损失呢？一方面，很明显，在这类案件中，他人直接寻求的是一种免受限制的自由，自己决定自己身体的自由。通过这种方式，我们可以在作为自由权的公民自由与堕胎权之间建立起直接的联系。另一方面，将堕胎案件中的冲突描述为女性隐私权与国家干预权之间的冲突是违反直觉的。我们似乎有理由认为，不应将上述冲突描述为隐私权与国家权力之间的冲突，而应将其描述为女性的自我决定权以及国家在必要时保护胎儿的义务之间的冲突。如果国家为了胎儿的利益将堕胎规定为违法行为，首当其冲受到侵犯的显然不是女性的隐私权，而是女性对其身体享有的自由决定权、身体完整权。相比之下，女性的隐私权就只能被放在次要的地位了。

有人会主张，法院之所以以隐私权理论作为堕胎权的基础，是因为法院已经在 Roe v. Wade 一案之前的先例（Griswold v. Connecticut

---

① See J. H. Ely, The Wages of Crying Wolf: A Comment on Roe v. Wade, 82 Yale L. J. 920, 931 (1973).

② A. L. Allen, Privacy in American Law 460 (1998).

③ J. L. Cohen, Redescribing Privacy: Identity, Difference and the Abortion Controversy, 3 Colum. J. Gender & L. 43, 48 (1992).

一案与 Eisenstadt v. Baird 一案）中根据隐私权理论确立了他人享有“生育自由”的规则。这一规则首先被适用于确立已婚夫妇享有的获取避孕用品的自由，而后也被适用于确立未婚人士享有的获取避孕用品的自由。如果在这些先例中隐私权的理论论证能够站得住脚，那么，我们为什么不能采取同样的隐私权理论以证明堕胎权的合法性呢？这两类案件之间存在什么区别呢？不过在获取避孕用品的案件中，受到威胁的是他人自我决定性生活的权利，为了实现自我决定，我们的确必须依赖于隐私权提供的保护，包括场所性隐私权与信息性隐私权，同性性行为案件亦是如此。然而，自治性隐私权似乎与此并不相关。Sandel 在对 Griswold 一案的判决进行评论时也不自觉地表达了上述观点：“法院之所以在该案中保护他人的隐私权，并不是为了让人们可以按照其个人选择开展性生活，而是为了保护社会婚姻制度。”① 当然，由于上述观点完全不顾法院判决的真实依据，因而这是一种社群主义的错误观点，从规范性的角度上看，就法院允许他人获取避孕用品的判决而言，它保护的不是婚姻而是由他人自己决定的性生活。在自由民主国家，个人显然享有这种自己决定性生活的权利，国家只能禁止个别人享有使用避孕用品的权利。一个自由民主的国家应当对个人的价值观保持中立立场。因此，对于个人性生活这种基本事项而言，国家不能对其作出规定，否则，就等同于树立了一种集体的价值观。认为隐私权是自己决定性生活的应有之义的观点是完全正确的，不论个人是已婚还是未婚，为了能够过上“自己选择的性生活”，个人必须依赖于信息性隐私权与场所性隐私权。在自由社会中，保护婚姻是一回事，保护性生活是另一回事，二者并不是必然相关的。

因此，从规范性的视角来看，我们有理由相信，法院在 Griswold v. Connecticut 一案与 Eisenstadt v. Baird 一案中将隐私权理论作为其判决与说理的基础是恰当的，但隐私权论证并不适用于 Roe v. Wade 一案。如果人们可以享受到隐私权的保护，免受不速之客的侵扰，包括国家或个人的侵扰，那么，人与人之间的关系只会越来越好，亲密关系也会持久不衰。然而，就堕胎而言，情况则相当不同，这是因为

① M. Sandel, Democracy's Discontent: America in Search of a Public Philosophy 96 (1996).

堕胎问题的关键不在于人际关系、性生活或是其他事项，而在于女性享有的自我决定权、对其身体与生活作出自我决定的权利是否具有合法性。无需诉诸任何类型的隐私权，我们就可以全面地描述、说明与确立堕胎案件中涉及的冲突与权利。这并不意味着自治性隐私权对他人而言是多余的。这只不过说明自治性隐私权在堕胎权的问题上不能发挥其作用。

四、自治性隐私权与自治：社群主义批判观点

一般而言，持社群主义观点的学者往往会对自治性隐私权与自治之间的联系进行讨论。这是因为在社群理论中，隐私权不被视为个人自由的特定领域或维度因而在功能上与个人自我息息相关，而被视为一种与特定社会实践相关并且涉及整个社会的生活领域或维度，此时的隐私权不是个人作为自治的个体存在而享有的私人领域，而是个人作为社会的一员而从社会获得的让步。以上就是笔者对社群主义批判观点的概括。现在笔者将更加详细地对 Michael Sandel 与 Amitai Etzioni 两位学者明确阐述的隐私权理论进行分析。①

Sandel 与 Etzioni 都详尽论述了美国隐私权理论的衰败历史，美国联邦最高法院的司法实践正是隐私权理论衰败的例证。但是，Sandel 是从个人或自我的特定理论入手，而 Etzioni 则是从社会整体的角度对该问题进行讨论。笔者之所以认为他们对美国隐私权理论的论述体现了隐私权理论的衰败，是因为他们都对“旧的”、“传统的”、“实质性的”隐私权类型与“新的”、“自发的”、个人主义的隐私权类型作出了区分，而后者既不符合实际的隐私权理论，也不符合宪法传统。②

Sandel 写道：“现代隐私权指的是他人享有在不受政府限制的情况下实施特定行为的权利，而传统隐私权指的是他人享有保持其特定

---

① See A. Etzioni, The Limits of Privacy 199 (1999); M. Sandel, Democracy's Discontent: America in Search of a Public Philosophy (1996); M. Sandel, Moral Argument and Liberal Toleration: Abortion and Homosexuality, 77 Cal. L. Rev. 521 (1989).

② See M. Sandel, Democracy's Discontent: America in Search of a Public Philosophy 103 (1996).

私人事实远离公共视线的权利。"① 在 Sandel 看来，"传统的"隐私权涉及的是家庭安宁，主张保护他人的个人事项免受公众的注视，而相比之下，"新的"隐私权则主张保护他人的特定行为模式免受国家或社会的干涉。经过对比我们发现，免受公众注视的安宁并不能覆盖他人实施的所有"行为"，只能对特定的行为或实践提供保护。我们在上文中援引的对 Griswold 一案判决的评论文章更加清晰地体现了这一点："法院对隐私权的论证并不是自发的，而是建立在实质性的道德判断的基础上的；法院之所以在该案中保护他人的隐私权，并不是为了让他人可以按照其个人选择开展性生活，而是为了保护社会婚姻制度。"② 并不是他人实施的所有行为、他人性生活的所有方面都属于受到保护的私人领域，但是婚姻实践与制度显然属于受到保护的私人领域。这就是 Sandel 对美国联邦最高法院的判决作出的解读，Sandel 与 Etzioni 都认为，正是在 Griswold 一案之后，正是在法院判决未婚人士可以自由地使用避孕用品之后，美国联邦法院的隐私权理论论证才开始走向衰微。有人可能会提出，旧的隐私权理论包括了场所性隐私权与信息性隐私权，而 Sandel 或 Etzioni 都认为，这两种隐私权与人们的自由与自治保护毫无关系。而对于 Sandel 而言，自治性隐私权是一种新的隐私权类型，事实上这种隐私权必然具有保护自由与自治的功能。尽管如此，Sandel 与 Etzioni 不仅都对美国联邦最高法院有关生育自由的论证进行了分析，还对隐私权与自治之间的大体联系进行了讨论。接下来笔者将对此进行详细的说明。

Sandel 认为，隐私权最应该保护那些非自愿形成的人际关系，也就是家庭或亲密关系、宗教或集体关系。因而，他从一开始就对这种仅仅关注个人与其独自作出决定的隐私权提出了反对。相应地，Sandel 对这种"新的"隐私权理论的批判与他对自由主义个人理论的批判或是他对自由主义国家中立理论的批判有着密切的联系。他对自治性隐私权理论的批判结合了上述后两种批判观点。根据他的著名理论，自由主义国家无论如何都不是中立的，也不可能是中立的。但是，这种假定的中立理论往往伴随着一种自发的、个人主义的、关于

① M. Sandel, Democracy's Discontent: America in Search of a Public Philosophy 93 (1996).

② M. Sandel, Democracy's Discontent: America in Search of a Public Philosophy 96 (1996).

自我与个人、选择与个人自治的理论，由于这一理论拒绝受到特定的实践与价值的摆布，因此它对特定实践与价值采取反对的态度。然而，由于自我，甚至于自由主义自我的形成与发展往往在本质上依赖于上述文化实践与价值，因此，对特定实践与价值的反对也给其理论带来了灾难性的后果。在Sandel看来，美国联邦最高法院违反《美国联邦宪法》的精神、从联邦宪法中解读到的自发性的隐私权理论，概括反映了自我与国家之间存在的骇人关系。

Sandel的观点之所以存在问题，并不是因为他坚持认为个人本质上处于各种关系之中。自我是通过关系构成的，因而也依赖于他人自己选择的隐私权形式，很有必要在政治理论中将这种联系概念化，这也是早期自由主义理论从社群主义理论与男女平等主义理论中借鉴而来的。Sandel对自由主义国家中立理论的批判观点也不是必然存在问题的，至少当我们将其批判观点解释为每个国家都存在某些先定的文化规范，这些规范不可避免地“受到伦理观念的影响”，这不仅体现在宪法中，通常还体现在法律体系与行政体系中，我们必须对这些规范进行仔细的思考与反省。Sandel观点的问题在于，他认为隐私权保护的并不是他人的隐私事项，而是某些受到人们高度重视的、人们私下里追求的行为实践。换言之，他的问题在于，他利用的是一种非形式上的隐私权（“形式上”指的是，自由国家只能关切个人美好或有益生活的形式条件，并且承担相应的责任），但是他似乎又向人们暗示着，这些条件在性质上具有十分重要的价值，因而特定实践的价值优先于个人享有的作出决定的权利，因而也优先于个人自治。

只有通过上述方法，他才能将美国联邦最高法院在Griswold v. Connecticut一案中作出的判决适用到Bowers v. Hardwick一案中，并且就法院对后者作出的判决进行批判。Sandel认为，Griswold一案的判决保护了神圣不可侵犯的婚姻，因此也保护了个人的隐私权。由于同性恋关系“与婚姻近似”，如果能够证明它们具有价值，那么，它们应该得到同样的隐私权保护。但这仅仅是因为这些行为与实践是具有内在价值的，它们才会受到上述保护。Sandel有意识地采取了一种实质上的隐私权理论，而非形式上的隐私权理论。然而，这种理论在自由主义社会中是存在争议的，由于在自由主义社会中，人们希望能够感受到实质的美好生活，也就是他们所重视的行为与实践，并且人们希望这不是通过对个人的规制，而是通过对个人的给与而实现的。由于实质上的隐私权与形式上的隐私权或“自发性的”隐私权之间的对立，以及学者们对旧隐私权理论与新隐私权理论作出的分类，Sandel从一开始就无法看到自治性隐私权在生育权问题上具有的重要性，而只是在“旧”隐私权理论的语境下强调宗教信仰或其他某些事项属于他人的私人事务，不关其他人的事。因而，Sandel只能从信息性隐私权或场所性隐私权的角度出发，他认为这两种隐私权维度始终能够囊括人们的公共实践。然而，这种理解是对17世纪尤其是19世纪以来有关决策与行为的隐私权理论的简略与减缩，也是对有关自由主义社会的规范性理论的简略与缩减。

当我们将Sandel的理论与Etzioni的理论联系起来理解时，我们发现Sandel的观点具有相当明显的社群主义色彩，Sandel比Etzioni更加精明敏锐，将其置于这种情况下进行比较未免有些不公平。根据Etzioni所提出的规范性基本问题，我们可以发现，他毫不掩饰自己对自由主义理论的态度。Etzioni提出的问题并不是为什么我们重视隐私权，而是社会能够允许其成员享有多大程度的隐私权：“他人实施的多少行为、哪些行为可以合法地免受社会的审查?”他认为，隐私权是一种“社会许可”。① 由此看来，Etzioni彻底背离了自由主义理念，原因在于，要求将特定事项排除在社会控制之外或是期待社会对特定事项进行控制的主张本质上暗含了对社会控制的煽动，正是社会控制使得我们可以从一开始就制定规则将特定的例外情形排除在政府的控制之外。虽然Etzioni与Sandel一样，都反对“新的”自治性隐私权理论，支持“旧的”信息性隐私权理论，并且Etzioni也将其理论建立在隐私权的各种作用与实践以及美国联邦最高法院宣判的一系列判决之上，但是他真正的观点却与Sandel不同，他不再拿信息性隐私权与自治性隐私权之间的区分说事，而是关注个人自由理论与强大社会群体理论之间的冲突。

Etzioni明确地指出，自治性隐私权理论影响下的社会模式完全不同于自由主义社会。他写道：“如果社会上能够建立起足够充分的公共审查制度，那么，重要的社会价值观应该交由个人通过私人选择做

① A. Etzioni, The Limits of Privacy 199 (1999).

出。群体通过共同认知、赞许与责难，培养符合社会道德准则的行为。上述过程中对行为的审查并不是由警察或特工作出的，而是由朋友、邻居以及自治组织的同伴作出的。”①

如果隐私权在一开始就被定义为一种社会许可，那么，从逻辑上看，根据这种社群观念，隐私权就不会被作为他人实现其个人自治的条件，人们也不会将其视为一项重要的权利。隐私权只会导致人们对自由的自发渴望沦为社会整体的附属品；因此，Etzioni 与 Sandel 都认为，其中可能发生的冲突并不是由个人对自由的不同渴望而形成的，因而也不是个人隐私权主张的不同而形成的，如他人坚持其享有自决性隐私权或其他类型的隐私权。唯一可能的冲突发生在个人所持的自由愿望与社群利益之间。至少在 Etzioni 看来，在这些冲突中，社会群体总是扮演着获胜方的角色。

通过将 Etzioni 的观点与 Sandel 的观点联系起来，我们可以清楚地发现，以主体的关系条件为基础，他们在隐私权与有价值的社会实践之间建立了一定的联系，并且这种联系不可能离开社群概念而存在，社群控制了他人的隐私权，并且在必要时对其进行介入、采取一定的措施对其进行打击。尽管如此，强大的社群概念并不是 Sandel 所要论述的目标而是 Etzioni 讨论的目标。这样看来，Etzioni 明确地说明了，如果主体不是由于其对自治的固执渴望而主张隐私权、获得一定的独立空间与维度，那么，我们将会面临什么样的规范。这样一来，隐私权作为一种规范性的诉求，是由社会群体（向社会实践）让渡、准允或提供的一项权利，而不再是个人享有的对抗社会群体的权利。因此，社群主义批判观点对隐私权问题的分析再一次揭示了，这种分析观点不能照顾到现代主体的规范性自我理解，实际上只有当主体至少在某些方面脱离了那些被认为具有价值的公共实践时，主体才会去寻求隐私权的保护。事实上，Sandel 并不赞同这种理解。毕竟，只有当人们能够主张其享有私下与公共场合下的自治性隐私权从而对抗社会惯例（异性恋）时，同性恋者才可能为其同性恋行为进行辩护。即便我们知道很难在文化上颠覆人们对同性恋者的态度，但公开的同性恋关系本身就足以构成对社会惯例的改变。现代自由主义

---

① A. Etzioni, The Limits of Privacy 213 (1999).

理念不仅允许这种改变，并且也确保可能发生这种改变，其结果是人们永远相信社会实践是可以改变的并且将会被改变。换句话说，只有主体享有自治性隐私权，他们才能够以一种创造性的、自圆其说的方式对待现有的社会惯例。一方面，人们总是被置于一定的文化背景中，另一方面，人们又努力地追求自己想要的生活、打造并且解释自己的人生，这两方面之间存在激烈的矛盾，如果人们必须与社会大多数人的价值与设想作对，那么，个人主体就必须依赖于自决性隐私权，从而与其他人获得一定的距离，进而保护其个人的自治权。

五、自治性隐私权与自治：男女平等主义批判观点

正如我们所知，Sandel 与 Etzionideng 等社群主义学者在批判自治性隐私权理论的同时，基本上也对自由主义自治理论进行了批评。许多男女平等主义理论学者也以同样的形式对自治理论进行了批判。在接下来对男女平等主义批判观点的讨论中，笔者的首要目标是探究如何更进一步地阐明自治性隐私权与个人自治之间的联系。当然，笔者仍将采用上文对自治理论的论述，再一次分析自治理论是否经得起男女平等主义批判观点的考验。

首先，男女平等主义理论对自治理论进行了彻底的批判。举例而言，Alison Jaggar 宣称："自治理论是一种具有男性特征的理论。"①这一观点贯穿于男女平等主义批判观点之中。这种观点认为，具有自由思想的自治主体是男性的、单性生殖的、个人主义的、利己主义的，他们执着于支配统治、为权力而着迷；该观点没有考虑到人们所关切的关系，实际上一般为人际关系，它不仅仅忽略了自治个体只有在一定的关系中才能构成，还忽略了现实中的人并不是孤立于其他人而存在，而是与其他人相互依赖、共同联合的。对自治理论与主体的批判往往伴随着一项基本质疑，即自治理论究竟具有什么作用，对男女平等主义理论有何助益？

其次，男女平等主义批评观点可能采取另一种方式对自治理论进行批评，汲取了先前的教训，学者们不再彻底地反对自治理论，而是对自治理论进行重新的诠释。这种观点试图利用自治与自治主体理论

① A. Jaggar, Feminist Politics and Human Nature 131 (1983).

支持、推进男女平等主义理论。这种批判方法试图对自我、主体以及主体的自治赋予更加丰富的含义，假设自治主体总是处于某种承诺与联系之中，他们依据感觉与情感作出决定，在确立自我评价时受到偏好的影响，由形成其部分自我理解的身体构成，并且置身于对其产生塑造作用的文化背景中。这种观点试图提出一种相对不同的自治理论，这种自治理论总是包含了主体的联系、承诺、肉体、情感所具有的开启世界的能力以及文化背景与家庭情感背景。然而，这种观点基本上不再将自治主体理论作为分析的目标。通常来说，男女平等主义者之所以有兴趣对自治理论进行重新解释，是因为他们意识到，男女平等主义理论可以有利于自由民主框架下政治理论的发展，但是无论这种贡献多么关键、多么具有修正性，它也不可能将主体、自治、个人权利以及自由等概念聚集于一身。

最后，讨论延续、整合了上述批判观点。可以说，讨论的重点在于自治主体理论中的关系性（relationality）问题。“关系性”问题指的不仅仅是在关系中认识到自治，或是在关系——关系性所处的背景中自治地生活，而应当将它理解为自治理论的基本本质，是自治理论的应有之义。Jennifer Nedelsky 与 Virginia Held 具有代表性地采取了上述观点，例如，她们认为应当以母子关系作为模型，对自治理论进行重新定义。①

然而，这种长期存在于狭义的自由主义政治理论框架下的批判方法仅仅是关系性问题争论中的一方观点，后现代主义批判理论也对主体的关系性与自治的关系性进行了讨论，并以一种极端的方式并且采取了不同的理论分类。② Wendy Brown 在其自由主义理论中将自治主体描述为自由移动的、不受家庭承诺阻碍的、自给自足的、只追求自己利益与关切的主体，这种理解响应了早期男女平等主义批判观点，但其焦点在于关系性理论或关联理论，而不在于个人对其他人的依赖。Brown 试图提出一种“关联背景下的自治形式”，以替代“由个

---

① See V. Held, Feminist Morality: Transforming Culture, Society and Politics 57 (1993); J. Nedelsky, “Reconceiving Autonomy: Sources, Thoughts and Possibilities” (1989).

② See W. Brown, States of Injury: Power and Freedom in Late Modernity 135 (1995).

体间相互的、局部的、因情况而异的依赖而形成的稳定的依赖层次结构”。[①] 然而，她在其中使用了另一种不同的理论话语，这种理论话语坚持对自治主体进行推论建构，并且由于概念二分法具有排他性而反对该方法的使用。Butler 写道：“主体是通过排除、区分或压抑而构建起来的，随后就被自治掩盖了。从这一点看来，自治是拒绝从属的逻辑上的后果，也就是说，只要自治主体能够掩盖其自我构建环境的破裂，他就能够维持一种自治的错觉。”[②]

尽管 Bulter 自己也不愿意放弃传统的自治理论，但是由于她所讨论的关系理论具有很强的相关性，人们不得不提出这样一个问题：我们对自治问题的讨论是否仍然有意义？

令笔者感兴趣的问题是，我们是否需要认为关系式自治理论违背了上文提到的自治理念以及主体在其所有社会关系中都需要的自治性隐私权理论，或者反过来，就自治性隐私权理论自身而言，该理论是否决定了关系式自治可能受到的限制。根据笔者在上文中提出的观点，由于关系性本身就存在于自治理论中，并且被理解为自治理论的应有之义，因此“关系式自治”与自治理论是相对立的。相比之下，笔者认为，关系性关系到两方面与两种背景。接下来我们需要简要地说明一下实质关系式自治理论与程序关系式自治理论之间的差别。

首先，自治毫无疑问来自于社会关系，首先就来源于亲密关系，其目的在于使依赖别人的孩童成为独立的个人，成为具有自信与自尊，并且能够将自己视为自治个体的个人。想要将自治培养成个人的习性，就必须依赖于个人享有的亲密关系，依赖于其他人充满爱的赞赏以及使实现自治成为可能的外部条件。尽管如此，这既不意味着人们不需要认识到自治与联系、承诺是相对立的，也不意味着我们应当在概念上将自治描述为一种关系式的自治。它意味着，由于压抑的社会化形式会导致人们产生从属与劣等的自我评价，因此，我们可以将这种社会化形式明确地理解为对自治的妨碍。关系性具有两面性，一方面它可以被理解为实现自治的条件，另一方面它也可以被理解为实现个人自治的阻碍。

---

① W. Brown, States of Injury: Power and Freedom in Late Modernity 158 (1995).

② J. Butler, Contingent Foundations: Feminism and the Subversion of Identity 12 (1992).

其次，自治的个人通常会认为自己处于一种关系式的生活背景中。大多数人的生活中都包含了与朋友或爱人等其他人之间的关系，如果个人认为，其能够独自或者与其他人一起决定他想过什么样的生活、他如何看待自己，那么，个人就可以认为他是自治的。这意味着，他有足够的能力确定其作出特定决定的关系背景，能够决定他想要与谁一起生活以及以何种关系一起生活，能够决定他愿意作出哪些承诺以及其想要追求哪些个人计划。由此看来，笔者提出的上述决定个人是否自治的关键性因素是十分重要的。独立并且能够充分认识到自己所处的处境并且寻找自己真实的需求、渴望、信念以及目标，有时能够帮助人们从受到控制的关系中解脱出来。计划可能落空、关系可能会破败，如果个人能够从这些计划与关系中挣脱出来，那么，个人就是自治的。从男女平等主义的角度看来，上述观点是非常重要的，这是因为，如果人们能够自主地认识到不平等关系、脱离从属地位或坚持自己的独立地位，那么，将会产生显著的解放效果。此外，从隐私权理论的角度来看，坚持个人自治与女性有着非常特殊的关联，这是由于“自然”隐私权的分配，即对特定任务的分配，以及针对某种生活方式或至少是某种生活方式的重要方面作出的规定，如针对养育子女等方面作出的规定，都具有很强的支配性，因而对个人自治的坚持能够使女性从以性别为基础的层级结构确立的归责与假定中解放出来。上述论述有效地证明了女性对自治性隐私权的需求，女性在其所处的所有关系中都必须享有自治性隐私权，并且当她们扪心自问自己想要过什么样的生活时，她们能够具有决定与行为的能力。

因此，在笔者看来，这种非关系式的自治理论以及对其进行保护的非关系式的隐私权理论在理论上与规范上都与女性所处的生活环境相符合、相适应，女性所面对的生活环境常常鼓励女性不要将自己视为独立的个人，而应当将自己放在依赖附属地位，女性因此而被剥夺了询问自己想要过上什么样的生活的平等权利。正是这种关系式理论与非关系式理论之间的差别使女性能够挣脱那些对其构成束缚的联系。当然，这种挣脱也可能表现为一种不负责任。

然而，我们同样可以对人们自治作出的决定进行批判：它们在道德上并不一定都是正确的，在某些具有利益冲突的情况下，我们必须在这些决定与其他决定之间进行权衡。但在自治理论中嵌入关系性要素的做法也不能帮助我们解决上述冲突。

六、何种自由能够受到隐私权的保护

对于自治性隐私权的阐述使我们能够再一次对自治的概念进行阐述。在上文中，我们考察了自治性隐私权的各种社会语境，考察了它在群体、在社会关系中扮演的角色。认为在所有社会关系中均存在个人自由空间的观点并不是要割裂自治的个人与所有社会关系之间的联系；但这种观点确实表明，他人能够自主地远离或拉近社会关系，他人有权在其所处的所有社会关系中保持抑制的态度，并且依赖于其他人对他表现出的抑制态度。

现在我们可以对上文所述的自由民主框架的概况进行考察。通过对社会空间中自治性隐私权的多个方面的讨论，我们现在能够更清楚地解释为什么某些观点，如 Sandel 所持的观点是不明确且存在问题的，同时，我们也能够更准确地判断这些观点分别属于哪个理论学派。上文所述的自治权的概念并没有那么充实，它不必然包含了关于哪种生活是有意义的生活的特定定义，这种定义将会使人们产生一种预先判断，预先设定哪些自由属于积极的自由。虽然这种自由理论能够通过完美性、自我实现或实验性等概念来阐明个人自由，而不是仅仅强调第一层面上的自治权理论，但如果我们想要适用个人自由理论，我们必须在自治权理论的适用上遵循一定条件。基于此，有人可能会主张，对于人们是否可能获得一种有意义的、自治的生活，这种自治理论以及与此相关的隐私权持有一种中立的态度。参考笔者在另一篇文章中提到的三重区别①：首先，我们可以对实现自治所必需的消极自由之间进行区分，对消极自由的区分允许并且要求我们保持自治；其次，我们可以得到一种自治理论，该种理论在为自由个人假定了一种反射性关系的同时，并没有提出关于自治生活成功或失败的实质性条件的积极理论；最后，这些围绕个人自由而产生的自由理论总是希望它们追求的目标能够获得（积极的）实现。在这种情况下，我们能够清楚地发现，此处所讨论的自治理论以及自决性隐私权力求

① See Beate Rössler, Freedom, Privacy and Autonomy, in Beate Rössler, The Value of Privacy 71 (2005) (translated by R. D. V. Glasgow).

对上述三种情形中的第二种进行阐明。

即使这样，并不是每一种自由主义框架下的自由与隐私权理论都能够与上述自治权与隐私权的结合理论相兼容。事实上，一种不充分的隐私权理论可能会指向一种误导性的自由理论，反之亦然；现在笔者希望通过讨论一种特别的理论以解释上述不充分的隐私权理论与不充分的自由理论的含义。这种特别的理论来自于 Hannah Arendt，她在《人的条件》一书中对二者之间的联系作出了概括描述。① Hannah Arendt 似乎在其著作中彻底排除了使用理论术语界定自治性隐私权的可能性，这种做法再一次说明了隐私权与自由权之间的紧密联系。对此，笔者谨慎地提出以下结论：Hannah Arendt 的隐私权理论主张，应当对个人作为主体生活的私人方面与个人作为公民参与的公共生活之间的关系进行概念化。

Hannah Arendt 是批判“私人领域”与“公共领域”之间的现代差别的著名代表人物。② 在她对公共生活衰退的历史介绍中，她引用了亚里士多德关于必要私人领域与自由公共领域之间的区别的观点，详尽地论述了私人领域与公共领域、私人空间与公共空间、私人生活功能与公共生活功能之间的差别。在亚里士多德看来：“私人生活领域是指家庭生活领域，我们必须重视并且保证生活必需品、个人生存以及种族延续等方面。”③ 因而站在生命有机体的层面来说，在我们赖以存在的私人领域中，我们每个人都是平等的，至少从我们每个人都必须遵循生物本能的基本需求的角度来看是这样的。相反，公共领域则是每个人表达个体差异性的地方。H. Arendt 认为：“公共领域……是为个人而存在的，它是个人展示真实自我的不可替代的唯一舞台。……优异性，即希腊人所称的高尚品德、罗马人所称的美德，总是存在于公共领域，在公共领域中，个人可以展现自身超过其他人的优异性，可以使自己与其他所有人区别开来。个人在公共领域中实施的每一项行为都能使其获得一种优越性，这种优越性是私人领域所不

① H. Arendt, The Human Condition (1989).
② H. Arendt, The Human Condition 22 (1989).
③ H. Arendt, The Human Condition 45 (1989).

能给予的。”[1]

Arendt 的理论被逐渐摒弃的原因在于，随着“社会的崛起”，Arendt 理论中的区别观点渐渐失去了可能性，私人生活功能与公共生活功能的区别也渐渐难以被区分，“公共生活领域、私人生活领域都已经一去不复返，因为公共生活已经成为私人生活的一个功能，私人生活是现存唯一需要关注的方面”。[2] 因而可以说，私人生活与公共生活的真正功能区别已经不再存在，这是我们从希腊人那里认识到的。随这种功能区别一起消失的还有不同活动之间的明确区别，而随着这种活动区别的消失，政治自由本身的可能性似乎也一起消失了。

笔者对 Arendt 的理论发表一些批判观点：首先，笔者应当指出，Arendt 是从一种“自然”的角度对区域的分离作出解释的，并且她采取了一种“自然的”隐私权理论。正如亚里士多德的经典传统理论所认为的，性质是私人的，文化是公共的。她应当很清楚，隐私权的特征与含义都是根据惯例确定的，因而不具有任何自然的含义。其次，关于分配在两种领域中的行为，Arendt 还提出了一种过分严格与本质主义的社会本体论：“对于这些行为，如果不去考虑我们是在哪种特定文化中发现它们的，我们会发现这些人类行为自身都表明了其在世界上所处的位置。”[3] 她对劳动、工作与行为的区分确定了这些类别在社会世界中的本来位置。然而这种观点在实证上与规范上都是存在问题的，在这种情况下，我们再也不能追问，是否所有在家庭领域中具有“自然”地位的事务都在家庭领域中找到其规范的、正确的位置。最后，笔者在上文中已经试图从自由公平社会的角度说明了其理论存在问题的原因。

Arendt 在其著作的另一个部分中区分了完全现代的隐私权理论与古代的隐私权理论，即亚里士多德式的隐私权理论。现代隐私权理论着眼于对亲密性的保护，并且认为隐私权是与社会以及政治领域严格对立的。[4] 然而，我们仍然不清楚 Arendt 在规范上明确区分开的现代

---

① H. Arendt, The Human Condition 41 (1989).

② H. Arendt, The Human Condition 69 (1989).

③ H. Arendt, The Human Condition 73 (1989).

④ H. Arendt, The Human Condition 70 (1989).

隐私权理论与古代隐私权理论之间具有何种关系。她设想的“不具有剥夺性的”隐私权似乎具有现代隐私权的特征，这是因为她详细说明了，完全的公共生活仅仅是表象的，因而人们必须撤退到隐私权的保护范围之内。尽管她的理论乍看起来属于现代隐私权，但实则不然。Arendt 的真正观点是，有些人并不明白某些活动是依赖隐私权而展开的，而其他活动则是依赖公共领域展开的，因此，这些人主观上缺乏分配活动的能力，无法将那些客观上具有确定位置的活动分配到恰当的领域，因而他们无法领悟隐私权理论的真正深度。

Arendt 作出的不恰当分类最明确地解释了隐私权理论与自由理论之间的联系。尽管 Arendt 对私人与公共进行了区分，这种区分类似于对性质与文化之间的自然区分，但她认为这种自然区分是具有功能性的，它能使公共领域摆脱那些可能破坏自由的程序与活动。但是这种区分也蒙蔽了她的双眼，使其无法认识到，事实上许多表面上属于私人领域的事务都在公共领域中发挥了作用，女性就是其中的一个例子；人们在公共领域中无法抽出其“私人”特征；不仅对“私人家庭”事务与公共事务的区分在任何时候都可能成为一个公共问题，而且对这一问题的讨论是人们实现平等参与公共生活所必不可少的。Arendt 似乎对这个问题并不感兴趣。此外，在这种隐私权定义下，它无法描述那些人们为了公共领域中的自由而依靠的隐私权方面，如自治性隐私权。相比之下，只有在通过个人自由理论或自治理论提出安宁隐私权的含义与价值时，人们才能够理解到安宁是其个人固有的价值，换句话说，只有这样才能理解撤退到隐私权的保护范围内是成功地在公共领域进行自我表达的条件。可见，对自由理论的缩减也会带来隐私权理论的缩减。

Arendt 坚持认为隐私权的价值在于保护他人的个人自治，但是这并不能意味着他人的政治自由就会因此而丧失并遭到取代。问题在于，我们是否能够从这一理论出发，论证一种自治个人与其政治公共生活之间的关系理论，换言之，坚持隐私权的价值是否会限制他人的政治自由。如果确实如此，那么，这就意味着这种隐私权理论会对民主理论产生影响。但是，笔者认为这有点言过其实了。自治与隐私权理论并没有预先设定个人的积极自由与有意义的生活的含义，而仅仅是构建了一个框架。我们也不可能仅仅通过这一理论视角就可以解决公共领域理论与民主理论中存在的问题。即便如此，通过隐私权的理论视角，我们或许可以指出一定的边界，在该边界之内，我们可以对公共领域与民主进行理论反思。然后我们可以概述出与 Arendt 的理论模式相对的模式，虽然这种反模式也存在与之类似的缺陷。笔者可以简要地援引 Edward Shils 的观点，其观点就属于这种可能的反模式："民主国家要求其大多数公民能偶尔参与到政治过程中，而在其他时候，公民仅需要保持一种适度的、模糊的知觉，好比用眼角的余光去看待社会。如果人们始终将政治与有序状态挂在心上，那么，国家是无法运行的。如果大多数人在大多数时候都将自己视为其他公民的监护人，那么，在隐私权的冷漠下茁壮成长的自由就会被完全摧毁。"①

Shils 坚持将寻求隐私权的自由视为一种依赖于隐私权保护而享有的自由，这种观点是正确的。然而，他对"用眼角的余光"看待社会与将自己视为"其他公民的监护人"进行的对比似乎不太恰当，民主国家的政治约定当然不能与街坊邻里的控制画上等号。在笔者引用的论述的后半部分中，Shils 采用了一种 Mill 式的视角，将个人自由与公共控制对立了起来。在论述的前半部分中，他不恰当地将政治约定定义为一种社会控制，从而在否定后者的同时也否定了前者。

Shils 似乎也没能充分注意到个人自由与社会政治公共空间之间的相互作用，显然低估了民主公共社会在确定哪些事项属于合法的私人自由、哪些事项不属于时发挥的作用。毕竟，人们的私人自由也存在于公共空间中。因此，为了使每个人都可以以平等的方式享受自由，人们不仅有必要表现出适当形式的冷漠，在组织传统的家庭生活领域时，人们还应当避免因为组织或制度本身存在不公平而导致自由受到"不平等的分配"。因此，由于 Shils 提出的反理论模式没有考虑到公共讨论以及在确定公共与私人之间界限的划分时需要的公共约定，所以其理论是不充分的。尤其是从坚持隐私权价值的角度来看，我们应当重新对自由进行定义，而不是简单地通过其具有的隐私权色

① E. A. Shils, The Torment of Secrecy 21 (1956).

彩对其进行定义。

通过上述分析，我们发现两种理论模式都不能实现与自治性隐私权理论的平衡。想要精确地回答何种自由是受到隐私权保护这一问题，其答案必然涉及公共领域理论，因此，上述理论都仅能够起到提示的作用。

自治性隐私权：个人隐私与选择自由
——Roe v. Wade 一案评析

宋志斌[1]　张雨[2]

目　次

一、导论

早在 1890 年，为了应对摄影技术与公共媒体的发展，Warren 和 Brandeis 首次在美国社会提出了隐私权的法律理念——“独处的权利”作为一种隐私权逐渐取得了法律的认可。此后，Olmstead 一案[3]与 Katz 一案[4]表明，《美国联邦宪法第四修正案》也旨在保护他人的隐私权。的确，“每个人的住宅就是他的城堡”，但毕竟，这都仍然是对空间性隐私权的宪法性保护。隐私权的理念不断扩展到了人们生活的各个层面，美国联邦最高法院也逐渐在《权利法案》中寻找到了隐私权的法律基础。20 世纪 60 ~ 70 年代，Griswold v. Connecticut 一案[5]、Roe v. Wade 一案[6]先后出现，隐私权与自治权被联系到了一

---

① 宋志斌，广东南方福瑞德律师事务所专职律师、副主任、高级合伙人。
② 张雨，中山大学法学院助教。
③ 277 U. S. 438, 478 (1928).
④ 389 U. S. 347, 350 (1967).
⑤ 381 U. S. 479 (1965).
⑥ 410 U. S. 113 (1973).

起，隐私权也与《美国联邦宪法第十四修正案》所规定的正当程序原则联系到了一起。Roe v. Wade 一案也被公认为确立自治性隐私权的里程碑式案件。然而，个人隐私与选择自由究竟有什么关系？自治性隐私权的法律依据又表现在哪里？

本文旨在以 Roe v. Wade 一案为例，来阐述自治性隐私权的发展历程，以及隐私与自由之间的关系。本文第二部分对 Roe v. Wade 一案的案情做简要的介绍。第三部分将会聚焦于美国联邦最高法院对 Roe v. Wade 一案的判决意见与异议意见。第四部分是对该案的详尽分析，指出该案的法律背景，其所涉及的重要法律、判例以及相关的政治思潮，阐述自治性隐私权的价值基础。第五部分对 Roe v. Wade 一案判决的焦点问题进行梳理，其中包括自治性隐私权的宪法依据，美国联邦最高法院是否越权，以及自治性隐私权所涉及的道德争议。

二、Roe v. Wade 一案的案情简介

自美国建国以后，美国联邦、各州或者各地方都没有过多地关注过相关堕胎的司法问题。因为当时的美国法律还传承着英国普通法的影响，无论是法律，抑或道德均不承认胎儿在“胎动”之前就具有所谓的“宪法人格”地位。直到 19 世纪 20 年代，美国康涅狄格州才首先立法，把胎动之后的堕胎视为违法。8 个月之后，纽约州的立法走得更远，认定胎动之前的堕胎行为为重罪，并进一步推定胎动前任何时候的堕胎同样属于轻罪。此后，1830 年至 1849 年短短不到 20 年间，当时美国 30 个联邦州的 16 个都相继禁止堕胎。

1969 年，美国得克萨斯州 21 岁的女服务生 Norma McCorvey 怀孕，她薪水微薄，且居无定所，根本不想也无力养育孩子。但当时得克萨斯州的法律限制堕胎。这部法律制定于 1854 年，根据该法律的规定，“除非是为了保护孕妇的生命”，否则，任何人都不能堕胎或是协助他人堕胎。因此，当时没有医生愿意为 McCorvey 实施堕胎手术。在走投无路情况下，她向律师求助。为博取同情，McCorvey 谎称自己是因被强暴而怀孕。当时，女权主义者一直在寻找一个合适的契机，希望能将争取堕胎权的案例上诉到美国联邦最高法院。毋庸置疑，McCorvey 的经历就提供了这样一个契机。随后，在倡导女权主义的律师的帮助下，McCorvey 化名为 Jane Roe，于 1970 年 3 月 3 日

将她所在的达拉斯县的检察长 Henry Wade 告上了法庭，指控得克萨斯州限制堕胎的法律侵犯了她的“隐私权”。得克萨斯州地方法院虽然作出了支持 Roe 的判决，认为得克萨斯州限制堕胎的法律侵犯了原告所享有的受《美国联邦宪法第九修正案》所保障的权利，却没有提出禁制令，禁止得克萨斯州继续执行该项限制堕胎的法律。随后，Roe 将该案上诉至美国联邦最高法院。

1971 年 12 月 13 日，该案在美国联邦最高法院开始第一次庭审。控辩双方针对两个方面的问题展开了激烈的争论，焦点是妇女的选择权与胎儿的生命权。Wade 一方认为胎儿是有生命的，胎儿应该获得美国联邦宪法的平等保护。而 Roe 一方的辩护女律师 Sarah Weddington 则反驳说，宪法只保护人出生之后的权利，限制堕胎事实上正恰恰侵犯了宪法赋予妇女的权利。此外，她还指出，是否选择堕胎，这是女性自身的个人决定，属于女性的隐私，属于《美国联邦宪法修正案》、《美国联邦宪法第一修正案》、《美国联邦宪法第四修正案》、《美国联邦宪法第五修正案》、《美国联邦宪法第九修正案》、《美国联邦宪法第十四修正案》所保护的隐私权范畴。1972 年 10 月 11 日，美国联邦最高法院对本案进行第二次庭审。Sarah Weddington 着重指出，虽然堕胎不是一件公认的好事，但是为了保护美国联邦宪法赋予女性的基本权利，她们应该有权自由决定这样一件属于个人隐私的事务。

1973 年美国联邦最高法院的大法官们最终以 7 比 2 的投票，判决废止得克萨斯州限制妇女堕胎权的法律，因为该法律违反了《美国联邦宪法第十四修正案》所规定的“正当程序”原则。

三、美国联邦最高法院对 Roe v. Wade 一案的判决

（一）Harry Blackmun 大法官撰写的判决意见

美国联邦最高法院的判决意见主要分为三部分：其一，法律应该保护正在承受肉体和精神折磨却又不愿意生育的妇女，而不是法律地位模糊不清的胎儿。“从一切情形看，联邦宪法所指的‘人’都是特指出生后的人。”其二，堕胎属于女性的私人事务，堕胎权是女性所享有的隐私权的重要组成部分。其三，法院应该对女性妊娠期的不同

阶段区别对待。妊娠的最初三个月，胎儿没有成形，堕胎一般不会对于妇女造成危害，应该允许妇女有充分的自由来选择是否堕胎；之后的三个月，州政府可以对堕胎加强管理，但仅限于规范堕胎的程序安全，以切实保护孕妇身体的安全与健康，堕胎的决定应由孕妇与医生协商作出；妊娠的最后三个月，由于胎儿基本发育成熟，此时堕胎对于孕妇风险很大，州政府对堕胎的限制“才有了逻辑学和生物学上的合理性”。根据美国联邦最高法院判决，得克萨斯州应立即修正其限制堕胎的法律。

（二）判决意见中对隐私权的探讨

Harry Blackmun 大法官在判决意见中指出，原告认为，得克萨斯州限制堕胎的立法严重侵犯了怀孕女性的一项权利——对是否终结妊娠的选择权。这项权利实则深深根植于《美国联邦宪法第十四修正案》的“正当程序”原则之中，因为该原则正是对个人自由的保障，又或者是根植于《权利法案》之中。Griswold v. Connecticut 一案和 Eisenstadt v. Baird 一案[①]早已说明，他人的婚姻状况、家庭情况以及性隐私都受到《权利法案》的保护。与此同时，也有观点认为，以上这些权利均属于《美国联邦宪法第九修正案》的保护范畴。[②] 美国联邦最高法院认为，虽然《美国联邦宪法》的文本中没有明确规定公民所享有的“隐私权”，但美国联邦最高法院早已通过判例[③]确认了隐私权的存在，确认了《美国联邦宪法》所保护的隐私范畴。在一系列的判例中，美国联邦最高法院的判决意见以及其他大法官的异议意见分别在《美国联邦宪法第一修正案》[④]、《美国联邦宪法第四修正案》与《美国联邦宪法第五修正案》[⑤]、《美国联邦宪法第九修正案》以及《美国联邦宪法第十四修正案》的“正当程序”原则所保

---

① 405 U. S. 438 (1972).

② Griswold v. Connecticut, 381 U. S. at 486 (Goldberg, J., concurring).

③ Union Pacific R. Co. v. Botsford, 141 U. S. 250, 251 (1891).

④ Stanley v. Georgia, 394 U. S. 557, 564 (1969).

⑤ Terry v. Ohio, 392 U. S. 1, 8 – 9 (1968), Katz v. United States, 389 U. S. 347, 350 (1967).

护的个人自由[①]中找到了隐私权的根基所在。这些判例清晰地表明，一方面，只有那些能被视为“基本的”个人权利，或是“隐含在自由秩序”中的个人权利才能被囊括入隐私权的保护范围之中。另一方面，隐私权的保护范围也扩展到了婚姻[②]、生育[③]、避孕[④]、家庭关系[⑤]、生育和教育子女[⑥]等事务中。

不论隐私权是根植于《美国联邦宪法第十四修正案》的“正当程序”原则之中，还是如得克萨斯州地方法院所指出的那样——隐私权受到《美国联邦宪法第九修正案》的保护，总而言之，隐私权足以囊括女性选择堕胎的权利。毋庸置疑，任何禁止女性堕胎的法律都会对女性的生活带来莫大的伤害。这些伤害包括在医学上可证明的身体伤害，也包括养育子女给女性的未来所带来的负累和影响，除此以外，生育和抚养一个自己并不想要的孩子，这会对女性的精神健康和心理健康造成莫大的损害。从另一个角度而言，迫使一位不愿生育的女性生下她所厌恶的孩子，这对孩子本身也是不公平的。以上这些因素应该得到孕妇和医生的深思。

原告声称，女性拥有绝对的堕胎权——她们有权选择在任何时间，以任何方式，以任何理由来进行堕胎。美国联邦最高法院对此持否定态度，法院认为，在某些情况下，法律也可限制堕胎，比如为了保护女性的健康，为了维持合格的医疗标准，或是为了保护潜在的生命。对于这一点，美国联邦最高法院早已在其他案件中阐述过。[⑦] 因此，我们可以说，是否堕胎属于女性的隐私权，但这项隐私权并不是绝对的，它需要与州法律所保护的其他重要利益相互平衡。近来，不论是美国联邦的法院抑或是各州的法院，都曾在面对堕胎权案件的挑战时得出与此相同的结论。它们其中的大多数判决意见包括审理本案的得克萨斯州地方法院都曾指出，禁止堕胎的州法律均在一定程度上

① Meyer v. Nebraska, 262 U. S. 390, 399 (1923).

② Loving v. Virginia, 388 U. S. 1, 12 (1967).

③ Skinner v. Oklahoma, 316 U. S. 535, 541 - 542 (1942).

④ Eisenstadt v. Baird, 405 U. S., at 453 - 454.

⑤ Prince v. Massachusetts, 321 U. S. 158, 166 (1944).

⑥ Pierce v. Society of Sisters, 268 U. S. 510, 535 (1925).

⑦ Jacobson v. Massachusetts, 197 U. S. 11 (1905) (vaccination).

违背了《美国联邦宪法》的主旨，因为它们侵犯了美国联邦宪法旨在保护的一部分公民权利。这些案件包括 Abele v. Markle 一案①、Doe v. Bolton 一案②、Poe v. Menghini 一案③、Ywca v. Kugler 一案④等等。与此相反的是，也存在另外一些案件——法院在这些案件中判决各州的法律依然有效。例如 Crossen v. Attorney General 一案⑤、Rosen v. Louisiana State Board of Medical Examiners 一案⑥、Steinberg v. Brown 一案⑦等等。虽然各个法院对类似案件的判决结果都能被归为以上两类，但其中的大部分法院均认为，不论隐私权的法理依据是什么，"隐私权"的概念十分宽广，其足以涵盖女性对于堕胎的选择权。纵然如此，大多数法院也赞同，隐私权并不是绝对的，因为政府应该保护公民的健康，维持一定的医疗水准，并且保护潜在的生命，这些利益都同样重要——美国联邦最高法院也对此非常赞同。

本案涉及公民的基本权利，美国联邦最高法院认为，只有存在压倒性的公共利益时，各州才能制定限制公民基本权利的法律。⑧ 各州在制定这些法律时必须要小心谨慎，对基本权利的限制只能是为了保护那些正在受到威胁的、压倒性的公共利益。在上文所列举的堕胎案件中，大多数法院几乎都意识到了这种法律原则。其中的部分法院之所以推翻了一些禁止堕胎法律的有效性，就是因为法院在对相关案件进行分析后发现，并不存在压倒性的公共利益需要法律对公民的基本人权进行如此严格的限制。因此，孕妇与她的医生有权决定她是否能在怀孕的初期进行堕胎手术。而那些判决州法律继续有效的法院则认为，州政府必须要保护女性的健康，保护潜在的生命，这都属于重要的公共利益。因此，那些限制堕胎的州法律也符合《美国联邦宪法》

---

① 342 F. Supp. 800 (Conn. 1972).

② 319 F. Supp. 1048 (ND Ga. 1970).

③ 339 F. Supp. 986 (Kan. 1972).

④ 342 F. Supp. 1048 (NJ 1972).

⑤ 344 F. Supp. 587 [* *728] (ED Ky. 1972).

⑥ 318 F. Supp. 1217 (ED La. 1970).

⑦ 321 F. Supp. 741 (ND Ohio 1970).

⑧ 例如：Kramer v. Union Free School District 一案，395U. S. 621，627 (1969)；Shapiro v. Thompson 一案，394 U. S. 618，634 (1969)，Sherbert v. Verner 一案，374 U. S. 398，406 (1963)，

的要旨。

怀孕并不会使女性失去自己的隐私。起初是一个胚胎生长于孕妇的体内，然后胚胎会发展成为胎儿，这与夫妻间的亲密关系，与夫妻卧室中的淫秽物品，与婚姻、生育、教育小孩都明显不同。此时，女性的隐私权并不是唯一应该考量的因素，正如上文所说，女性的健康、潜在的生命都应在法律的考量范围之内。因此，美国联邦最高法院认为，得克萨斯州限制堕胎的法律，没有具体地区分女性怀孕的不同阶段，也没有指出其他应该保护的利益，而仅仅含糊其辞地指出“除非是为了保护女性的健康”，否则一律禁止女性堕胎。得克萨斯州的这项法律违反了《美国联邦宪法第十四修正案》的“正当程序”原则。

（三）Byron R. White 与 William H. Rehnquist 大法官的异议意见

White 大法官指出，不论是美国联邦宪法的文本，还是《美国联邦宪法》的历史，它们均没有迹象表明美国联邦最高法院对本案的判决是恰当的。美国联邦最高法院在本案中为怀孕的女性创造了一项新的宪法性权利，却没有任何权威性的根据能对此进行论证。其所导致的结果是，50 个州的胎儿都被剥夺了继续生存和发展的权利。White 大法官认为，美国联邦最高法院太重视怀孕女性生活的便利，而忽视了其所孕育的生命或者说是潜在生命所拥有的生存权利。这是司法审查权不成熟的表现。

此外，Rehnquist 大法官认为，在美国联邦最高法院对本案的判决中，许多历史性的分析都存在缺陷。Rehnquist 大法官指出，美国联邦最高法院为了适用《美国联邦宪法第十四修正案》，而牵强附会地制造出一项权利——《美国联邦宪法》的起草者们根本就无意将这项权利写入《美国联邦宪法》。早在 1821 年，康涅狄格州就通过了一部直接禁止堕胎的法律，直到 1868 年《美国联邦宪法第十四修正案》通过时，至少存在 36 部州法律或是其他地区性法律对堕胎进行限制。时至今日，许多州还存在限制堕胎的立法。

因此，Rehnquist 大法官便从历史的角度指出：“毫无疑问，在《美国联邦宪法第十四修正案》通过之时，所有限制堕胎的州法律的效力均没有受到质疑。”所以，《美国联邦宪法》的起草者们根本无意以《美国联邦宪法第十四修正案》来废除各州限制女性堕胎的权力。

四、对 Roe v. Wade 一案的评析

（一）法律背景

1.《美国联邦宪法第十四修正案》

众所周知，《美国联邦宪法》在制定之初并没有对公民的自由权利作出规定，在1789年9月，美国联邦国会才以十条修正案（《权利法案》）的形式确立了对公民基本权利的保护。虽然《美国联邦宪法》修正案很快被付诸实施，但是问题随之而来——《美国联邦宪法》旨在通过限制政府权力从而保障公民的基本权利，这里所限制的政府是联邦政府还是各州政府？抑或是美国领土内的大小政府都包括在内？而《美国联邦宪法》所要限制的法律，是美国联邦国会所制定的法律，还是也包括各州议会所制定的法律？当时，各州的权力还很强大，美国联邦国会还不敢极力主张联邦权力至上，所以对以上问题都未能作出明确的解释。甚至很多州都认为，《权利法案》并没有限制《美国联邦宪法》保留给各州的权力。因此，各州仍然在制定侵犯人民基本权利的法律。在南北战争之后，以及随之而来的重建时期，美国联邦国会迅速树立权威，先后通过了《美国联邦宪法第十三修正案》、《美国联邦宪法第十四修正案》、《美国联邦宪法第十五修正案》。《美国联邦宪法第十四修正案》第一款规定：“所有在合众国出生或归化合众国并受其管辖的人，都是合众国的和他们居住州的公民。任何一州，都不得制定或实施限制合众国公民的特权或豁免权的法律；不经正当法律程序，不得剥夺任何人的生命、自由或财产；在州管辖范围内，也不得拒绝给予任何人以平等法律保护。”由于该款的规定，美国联邦最高法院随后通过一系列的判例确立了《美国联邦宪法》及其修正案对所有州的法律效力。其中的“正当程序”原则不仅对各州立法的内容形成了严格的限制，也为所有公民的生命、自由及财产提供了坚实的保障。美国联邦最高法院在此后的

判例中表明，公民的隐私权也存在于《美国联邦宪法第十四修正案》的保护范围之内。1965 年以前，美国联邦最高法院认为，公民的隐私权是根植于《美国联邦宪法第一修正案》、《美国联邦宪法第三修正案》、《美国联邦宪法第四修正案》、《美国联邦宪法第五修正案》、《美国联邦宪法第九修正案》的交错地带。然而时至 1973 年，美国联邦最高法院在审理 Roe v. Wade 一案时，明确指出，隐私权也存在于《美国联邦宪法第十四修正案》中“正当程序”原则所保护的“自由”之中。

2. Griswold v. Connecticut 一案

早在 1965 年，美国联邦最高法院就在 Griswold v. Connecticut 一案[①]的判决书中肯定了个人自由的意义与价值，该案引发了学界对于“自治性隐私权”的热烈探讨。该案涉及康涅狄格州一部禁止使用、销售避孕产品的法律，直到 1965 年，这部法律已经颁布了 80 年。在该案的判决书中，美国联邦最高法院认为，康涅狄格州的法律侵犯了公民的“婚姻隐私”。Douglas 大法官为本案撰写了判决意见，他认为，隐私权存在于《美国联邦宪法第一修正案》、《美国联邦宪法第三修正案》、《美国联邦宪法第四修正案》、《美国联邦宪法第五修正案》与《美国联邦宪法第九修正案》之中。夫妻的卧室是神圣的领域，如果政府机关有权执行有关禁止避孕的法律，那么，政府的幽灵就是在对这一神圣的领域进行冒犯与恫吓。Douglas 大法官认为，隐私权与他人对私人事务的选择实际上存在着千丝万缕的联系，夫妇在其卧室内的活动属于其他人无权获知的私人信息，这无疑能够说明，夫妇能够在自己的卧室内选择是否避孕。审理该案的大多数法官也认为，隐私权是公民的一项基本权利，夫妻双方所享有的隐私权就足以让他们能够在自己的卧室中选择避孕，而不受州政府的干涉。在 Griswold 一案中，美国联邦最高法院首次将他人决定私人事务的自由权与他人所享有的隐私权联系起来了。

Griswold 一案的判决备受争议。他人享有决定私人事务的自由，这是科技进步的直接产物。随着科学技术的进步，对于自己的生活方式，人们拥有着越来越多的选择机会；随着这些选择机会的增多，公

① 381 U. S. 479 (1965).

民与国家之间的冲突也日益增多。公民开始思考，谁有权为我们的生活做出选择与决定？究竟是我们自己还是政府？在使用避孕产品、堕胎、同性恋、安乐死等事务中，公民个人与政府之间的摩擦日渐突出。

3. 民权运动

自1965年以来，美国一些官方和民间组织就堕胎的问题做了很多民意调查，结果表明，人们对此各持己见。从保守派的角度而言，堕胎权是自由主义政府牺牲道德价值，推动性解放的不道德行为，并且是自私的个人主义的又一表现。他们倾向于将自由理解为是在家庭内部才有的东西，因而反对同性恋、婚前性行为、宽松的离婚法和自由的避孕措施。然而，20世纪六七十年代，美国社会陷入空前的动荡之中，嬉皮士、反战、民权运动、性解放标志着当时文化的叛逆。一些女权主义者们正在为妇女的堕胎权而苦苦斗争。当时，美国流行"性解放"，年轻人男欢女爱，却不愿过早承担生儿育女的责任。富裕的人们就可以去往海外或是法律政策相对宽松的州做堕胎手术，而经济拮据的女性只好寻找地下诊所的游医做手术。游医的水平和地下诊所的条件都非常低劣，妇女因为堕胎而送命的事时常发生。这在很大程度上把禁止堕胎的法律推向了损害平等人权的另一面，众多女权组织极力活动游说，希望堕胎解禁。解禁运动虽然取得了比较大的成功，在1966年到1972年里相继有18个州修改了其限制堕胎的立法，但争取堕胎合法的利益群体并不满足于在少数州内取得的初步胜利。他们一直在寻找一个恰当的案件，希望能上诉到美国联邦最高法院，使之成为宣布禁止堕胎法律侵犯女性宪法性权利的典型判例。

因此，Roe v. Wade一案的确是一个契机。该案直接引发了有关隐私权的争议。有观点认为，堕胎属于女性与医生之间的私事，属于女性自身的隐私范畴。这种观点认为，堕胎权属于隐私权的衍生权利。虽然《美国联邦宪法》及其修正案的文本都没有直接提到隐私权，但美国联邦最高法院的"延伸区理论"为解释隐私权提供了宪法依据。在美国联邦最高法院对该案的判决之中，Blackmun大法官明确将该案与《美国联邦宪法第十四修正案》中"正当程序"原则所包含的"自由"联系到了一起。他在该案的判决书中明确写道："个人自由以及对州政府的权力限制均是建立在隐私权的基础之上……（这种隐私权）包含妇女作出是否终止妊娠的决定。”该案的判决书也指出，正当程序原则在此类案件中发挥着重要作用，因为它能使得他人有权对自己的私人事务作出选择。美国联邦最高法院对 Roe v. Wade 一案的判决标志着自治性隐私权的确立。美国联邦最高法院的判决坚持认为，自由的核心是每个公民界定自己私人领域的权利，以及在不受外界干扰的情况下对最隐秘的和最私人的事务作出决定的权利。有关堕胎权的争议就从单纯的道德理念上升到了自由、权利等宪政与法律的层面。

然而，从 Griswold 一案到 Roe 一案的跨越与发展并不是那么容易的事。因为自治性隐私权的确立并没有明显的宪法依据，我们至少不能说，美国联邦最高法院能够直接根据宪法得出 Roe 一案的结论。《美国联邦宪法第十四修正案》中的“自由”一词几乎就是隐私权与 Roe 一案的唯一联系。Roe 一案所涉及的个人作出选择与决定的过程，这与传统上的住宅隐私、独居生活等物理意义上的空间隐私截然不同。因此，从 Griswold 一案到 Roe 一案，自治性隐私权的提出也被誉为20 世纪美国隐私权研究的里程碑式跨越，这一变化的重要性并不亚于 Warren 和 Brandeis 于 1890 年提出了隐私权的概念。

（二）自治性隐私权的价值基础

自治性隐私权的立论前提在于自由的价值，他人在对自己的私人事务进行决策时，有权免遭行为人或政府的干涉。不论是从观念上还是从规范上而言，“自由”与“隐私”之间都存在着千丝万缕的联系。任何一个自由社会都必须具备这样的特点：它能为生活在其中的每个公民提供实现他们人生选择的机会与可能，这就是现代社会的精神与要旨。个人自由实际上就意味着他人能够以自己喜欢的方式去选择自己的人生之路。自由，就意味着他人能够独立自主地、自治地生活。

个人自治的观念来源于西方政治思想，个人自治就是个人凭借其单独意志自我决定与自我管理。公民与国家的对立关系，是一切宪政理论与制度建构的基础。宪政学者曾经宣称有必要在公共领域和私人领域之间划出某种界限，这条分界线被宪法性法律明确规定为政治权力不得介入公民的私人领域。这种边界的划分实际上是指法律规则为每个人的选择与期待划定了一个合法与否的边界，在这个边界之内，是个人自我活动的私人区域，他在其中是自由的。这种划界的结果是为每个人保留了私人的空间，也就是个人的隐私领域是不受干涉的，尤其是不受国家强制力干涉的私欲的范围和界限。这种划分不是国家强力或法律刻意所为，而是从尊重个体价值出发，给个人以选择的自由；他人在不影响别人、不影响公共利益的限度内可以充分地行使自己的权利。每个人的私人领域均是不容侵犯的城堡。

然而，个人自治的领地究竟应该有多大呢？隐私权的范围就是恰当的衡量机制。他人享有隐私权，一方面是指他人的私人事务有权免遭行为人的非法获取以及非法披露，另一方面是指行为人的行为应该受到限制，甚至禁止，因为他们的行为或是为了非法获取他人的个人信息，侵犯了他人的空间性隐私；或是对他人的私人选择造成了干涉，损毁了他人的自由。因此，隐私权不仅有助于实现他人的个人自治，也能够保护他人的自由免遭来自政府或其他行为人的干预。“隐私”本身就是对私人领域的划分，隐私领域在本质上就是受到法律保护的自由。只有当他人的隐私得到了普遍的保护，自由才能够实现。隐私权就是他人独立作出生活决定和其他行为的基础。因此，保护隐私是实现自治的前提。

在政府公权力不断扩张的现代社会，个人对于私人事务的自我选择与自我决定就显得尤为重要。在20世纪中期以来的美国司法实践中，美国联邦宪法对于隐私权的保护，就是从抵制政府对婚姻、两性关系、教育子女、堕胎、同性恋、家庭关系等私人领域干预开始的，并在此后不断发展起来。以20世纪中后期所发生的支持避孕合法化案件和支持堕胎合法化的相关案件为代表，美国联邦最高法院在这些判例中都坚持了这样一个观点：家庭是一个由平等个人组成的社会集合体，而不是由某一个人所主宰的单位。现代社会的“隐私”概念所依据的理论，不再是——社会是由一个个处于私人领域的家庭而组成，而是认为——社会是由享有基本权利的公民个体、男女个体所组成。

当然，自治性隐私权与平等思想也有重要联系。因为自治性隐私权往往会涉及想要堕胎的女性、想要生活在大家庭的家人、希望子女能够上特定学校的父母、同性恋者等其他非美国政治主流的人群。自治性隐私权使以上这些人士也有权为自己的生活作出选择。

（三）自治性隐私权的宪法依据

上文已经指出，从《美国联邦宪法第十四修正案》的文本来看，它的确与公民的隐私权毫无关联。[①] 虽然这些观点也承认，隐私权与《权利法案》相关，隐私权也可能存在于《美国联邦宪法》其他的条文中，但是，本案所涉及的所谓的“隐私权”却并不包括在内。公民所享有的隐私权能够保护其个人信息免遭政府的非法获取，但显而易见，Roe 一案所涉及的堕胎问题与这类隐私权毫无关联。此外，Roe 一案与 Griswold v. Connecticut 一案的具体案情也截然不同。另外，也有学者认为，Roe 一案的判决之所以不恰当，就是因为堕胎事务中的“隐私权”并不属于一项基本权利。在美国联邦宪法中，没有任何证据表明，制宪者们意在保护女性的堕胎权，《美国联邦宪法》根本没有提到过“堕胎”。女性在选择堕胎时所享有的“隐私权”不仅没有得到《美国联邦宪法》、《权利法案》及其他宪法修正案的承认，而且也没有得到法律、习俗以及大多数公民的承认。美国联邦最高法院本应该判决胎儿拥有一项基本的生命权——这必将会得到法律、习俗、大多数公民，甚至是《独立宣言》的赞同。为了进行堕胎，一名孕妇必然会去医院或诊所，这就会有更多的人获知这名孕妇的堕胎行为，所以，“堕胎事务根本无隐私可言”。[②]

众所周知，经过历史的沉淀与发展，有一些权利早就被人们默示为基本权利。我们的共识是隐私权虽然没有清楚地写在《美国联邦宪法》的文本之中，但它本来就是每个人的基本权利。[③]《独立宣言》曾清楚地表明：所有人都拥有一些不容剥夺的权利——生命权、自由权以及追求幸福的权利。《美国联邦宪法》早已融入了这样的自然法思想，那些不容剥夺的基本权利决不能受到政府的控制与干预。其他的基本权利受到了《权利法案》以及《美国联邦宪法第十四修正案》的保护。那些基本权利被视为“深深根植于人类社会的传统与所有

① Roe v. Wade, 410 U. S. 113, 154 (1973).
② O'Meara, Abortion: The Court Decides a Non - Case, 1974 SUP. CT. REV. 337, 370.
③ Roe, 410 U. S. at 167.

人的良心之中”。“它们是尊严与公平的象征，也是英语世界对正义的表达”，对这些权利的侵犯必然是对人类自由的蔑视。虽然美国联邦宪法没有明确地写出“隐私权”，但它的确存在于其中。《美国联邦宪法第四修正案》保护公民的“人身、住宅、文件和财产”；《美国联邦宪法第五修正案》保护公民不得自证其罪的自由权与隐私权，此外，美国联邦最高法院承认正当程序原则所保护的是一系列的自由权。隐私权还根植于《美国联邦宪法第九修正案》、《美国联邦宪法第十四修正案》之中，也根植于大法官们在判例中总结的相关理论。隐私权就存在于《美国联邦宪法》诸多修正案的“重叠部分”、“阴影部分”或是“边缘地带”。在讨论公民的个人自由时，许多学者都会谈到宪政的维度。《美国联邦宪法》旨在限制政府行为。虽然近来的一些宪法学理论总是在个人自治的问题上表示沉默，但它们却是一种集合了许多分散性的特殊权利，即使是面对公共利益，这些权利也不容侵犯。现代的宪法学理论旨在平衡个人权利与公共利益。民主政治中的立法者认为，某些个人权利的重要性的确要亚于公共利益，而某些个人权利属于人类所拥有的基本人权，属于“推定的个人自治”，只有当更高层次的公共利益出现时，才足以限制公民的个人权利。而另外一些个人权利可能是最为基本的权利，它们不容侵犯。不同的个人权利具有不同的重要性，这样的权利等级体系早已得到了宪法发展历史的印证，也得到了普遍的社会价值观的证明。

当然，公民的个人权利与社会的公共利益也是相互联系的。一个国家的法律体系之所以会认可诸多的个人权利，是因为可以使每位公民的诉求得到满足，也能使社会整体从中获益。比如，当法律在对公民的言论自由进行保护时，这也会同时推动整个社会体制的进步、政治制度的发展以及多元文化的创新。比起维护现有社会机制的稳定而言，以上这些利益显得更为重要。

综上所述，当他人对禁止堕胎的法律提出质疑时，他必须要证明，隐私权是一项非常基本的权利，以至于那些涉及他人隐私权的法律必须要经过违宪审查机制的检验。如果法律要对一项个人权利进行限制，那么，立法者必须证明存在“压倒性的”公共利益，以及“必须”要限制个人权利的理由。如果法律对个人权利的侵犯原本就微乎其微，或者说这项个人权利根本不属于基本权利，那么，只要这项法律具有正当的目的，它就不会违反《美国联邦宪法》。迄今为止，隐私权的保护范围已经扩展到了人类生活的诸多方面，比如，婚姻关系、同性恋、选择自己的结婚对象、决定家庭计划、教育子女、选择生活方式。当然也包括女性作出终止妊娠的决定。不过，我们也承认，人类生活的方方面面并不能全部纳入到隐私权的保护范围之中。这正是隐私权的性质备受争论的原因。

（四）美国联邦最高法院是否越权

如果说自治性隐私权并不根植于《美国联邦宪法》中的任何一条书面条款中，那么，美国联邦最高法院可以直接通过司法审判对《美国联邦宪法》条文进行解释吗？美国联邦最高法院在 Roe v. Wade 一案中提出自治性隐私权时，其所依据的就是《美国联邦宪法第十四修正案》中“正当程序”原则所包含的“自由”，然而，假设正当程序原则能够将自治性隐私权视为自由的一部分，那么如何能得出堕胎权亦是自由的一个组成部分？他人对自己私人事务所作出的个人决定与个人选择是否属于“自由”，是否属于“自由”一词所蕴含的个人自治呢？隐私权与自由权能否相互混淆？堕胎本身就是一个具有道德敏锐性与政治敏感性的问题，我们有必要让隐私权也混淆其中吗？如果他人对私人事务的决定就属于他人所享有的自由，而每个社会、每个时代对“自由”的理解都会不同，那么，自治性隐私权其实是蕴含在实质性的“正当程序”原则（而不仅仅是程序性的保障）中，但“实质性的正当程序”原则本身就备受争议。

早在 1905 年的 Lochner v. New York 一案中，《纽约劳工法》规定，在饼干、面包或蛋糕店，任何职员不得被要求或允许每星期工作超过 60 小时，或每天超过 10 小时。1899 年，Lochner 经营的面包房雇用了一个工人每周工作超过 60 小时，于是因违反该劳工法而被处以 20 美元罚金。Lochner 在 1899 年再次违反这项规定，县法院判处他交付 50 美元的罚金。随后，Lochner 因不满纽约州的劳工法，而将纽约州告上法庭。联邦最高法院判决认为，通过限制受雇的面包师的劳动时间来干涉一个人的自由或契约自由的权力没有任何合理的根据。联邦最高法院作出了实体上的判断：有充分的理由确认有关面包师工作时间的法规侵犯了“正当程序”原则所维护的契约自由。有观点认为，美国联邦最高法院实际上在对 Roe 一案进行审判时逾越了自己的权限。该案的判决类似于 Lochner v. New York 一案[①]。美国联邦最高法院在审理 Lochner v. New York 一案时，依据“正当程序”原则判决一部限制面包房工人最长工作时限的法律无效。直到 1930 年，这类法律依然被判为无效。当时美国联邦最高法院才意识到自己逾越了司法的权限，正如 Black 大法官所言：正当程序原则授予美国联邦最高法院推翻一些愚蠢法律的效力，但是这项原则早已被丢弃。因为我们必须要铭记那最初的宪政理念，法官根本不应该将自己的政治信仰与经济观念带入到对法律的评价之中，这原本是立法机关应该做的事。[②] 在这样的背景之下，美国联邦最高法院实际上就在 Roe 一案中违背了最初的宪政理念。包括 John Hart Ely，Alexander Bickel 在内的学者都对该案的判决提出了质疑。在他们看来，Lochner 一案的原则早就没落了，与此同时，实质性的正当程序原则也逐渐没落。Harry Wellington 教授指出：“如果美国联邦最高法院直接引用 Lochner 一案的原则，那么，法院的论证将会更有说服力。” John Hart Ely 曾在文章中指出，Roe 一案与 Lochner 一案的判决都存在致命的缺陷，因为美国联邦宪法的文本之中根本不存在这两个案件的判决依据。审理 Roe 一案与 Lochner 一案的法官只顾着为那些重要的权利提供特殊保护，却不去考察美国联邦宪法是否为这些权利提供了特殊救济。值得指出的是，Roe 一案与 Lochner 一案存在截然不同之处，前者涉及的是非经济性的权利，而后者是经济性的权利。这是区分这两个案件的关键所在。因为这意味着对普通权利和不可侵犯的基本权利作出区分。我们可以说，与基本的人格权相比，Lochner 一案所保护的契约自由不足为道。

（五）关于自治性隐私权的道德争论

Laurence Tribe 教授认为，人们的社会道德观是不断变化的，Roe 一案仅仅是法官有关社会道德的一种法律表述，该案将处在不断变化中的社会道德观固定了下来。在 Tribe 看来，《美国联邦宪法》是一

---

① 198 U. S. 45 (1905).

② Ferguson v. Skrupa, 372 U. S. 726, 730 (1963) (citations omitted).

项“有机且处在不断变化中”的文件。美国联邦最高法院在审理 Roe 一案时，为处在演变之中的权利构建了一个基本框架，审理该案的大法官们参照了社会规则和自己对于该权利的理解，最终将这一切转化为了法律语言。因此，有观点认为，如果 Roe 一案的判决仅仅属于社会集体道德的变化，那么，在不断变化发展的社会中，该案能有多大的权威性？

除此之外，在一些女权主义者的传统观念中，“隐私权”、“隐私”等观念就意味着女性会在自己的家庭当中受到控制和管理，因为在她们看来，“隐私权”的主体是家庭，而非每一个个人，每一个女性。女性没有作出选择的权利。所以，学者 MacKinnonz 指出，Roe 一案中所涉及的自治性隐私权其实就是“男权意识”的体现。如果男性在男女双方的性行为中具有控制权，那么，仅仅是法律上的规定将难以保证女性能够拥有选择生育的自由权。① 所谓的生育权与自治性隐私权并不会自然而然为女性带来隐私权与自治权。只有当女性作出个人决定的自由不会被一般的社会环境所阻碍，只有当女性本身期待拥有隐私权时，自治性隐私权才能真正对她们的生活产生效力。此外，隐私权本身似乎就与人和人之间的亲密关系、社群生活中的可靠关系，以及传统的道德责任背道而驰，但这些亲密而可靠的关系却是女性所需要的，传统意义上的道德责任也在女性的心中根深蒂固。这一切都是自治性隐私权所面临的障碍。

五、结语

在 Roe 一案判决后不久，以同性恋合法化为争论焦点的 Hardwick v. Bowers 一案再次使“自治性隐私权”曝露在公众的目光之下。此后，有关自治性隐私权的案件基本可以被分为两类：第一类案件是那些基本不会引起争议的案件，它涉及婚姻、家庭和住宅的案件。在此类案件中，法院会宣判他人有权自由决定与谁结婚，怎样教育自己的子女以及他人有权选择和谁生活在一起。公民在这些私人事务中，当然拥有不容剥夺的自由权，这种观念几乎在美国建国之初就已经奠定

---

① MacKinnon, Roe v. Wade: A Study in Male Ideology, in Abortion: Moral And Legal Perspectives 45 (J. Garfield & P. Hennessey eds. 1984).

了基础。第二类案件是有关堕胎、同性恋，以及选择安乐死的案件。这类案件具有极强的政治敏锐性与道德敏感性，通常都会引起社会公众的强烈争议。对于这类案件，《美国联邦宪法》的文本之中并没有明确的规定，而它们同样也缺乏传统文化和历史渊源的支持，因此才会备受争议。在这类案件中，“自由”的意义显然要更加具体而深远，因为在美国建国之初，在《美国联邦宪法》草创之际，人们可能并不会意识到，科学技术的迅猛发展，会使他们的子孙后代能够以药物来控制生育，以自我选择的方式来掌控自己的生死。然而，科技的进步是人类社会的大势所趋，新事物的出现是文明的必然，“自由”的意义也必须要冲破传统观念的藩篱而吸纳新的源流，自治性隐私权的出现就是对此的最佳回应。哈耶克曾在《自由秩序原理》中写道：“自由预设了他人享有某种确获保障的私域，亦预设了他人生活环境中存有一系列事务是行为人所不能干涉的。”自治性隐私权的发展必将走得更远。

选择自由：个人自治与隐私权

琳达·J. 埃利希[①] 著　王垚[②] 译

目　次

一、何为隐私权

1890 年，Samuel Warren 和 Louis Brandeis 合著了《论隐私权》一文，文中承认了“个人精神、情感、智力”的存在。[③] 在当时，享受生活的权利也被认为是一项“独处权”（the right to be let alone）。Brandeis 法官认为，独处权这一权利暗含在《美国联邦宪法》中。在 Brandeis 法官对 Olmstead v. United States 一案[④]作出的异议意见中，他指出：“为了保护美国民众的信仰、思想和情感免遭政府的侵犯，宪法的起草者授予美国民众以独处权，这是一项含义最为广泛以及最为民众所重视的权利。”

早期的隐私权被归类为信息性隐私权。所谓信息性隐私权，是指他人所享有的其私人生活空间免受行为人物理性侵扰的权利。随着政府的电子监控设备、数据银行、秘密侦查机构的逐渐增加，随着国家根据规范个人行为的制定法对人们提出的检控越来越多，涉及隐私权的法律规定也日益增加。在后一种情形中，隐私权应该被归类为自治性隐私权。所谓自治性隐私权，是指他人所享有的免受政府对其日常生活中的选择进行规制的权利。

---

① 琳达·J. 埃利希（Linda J. Ehrlich），美国爱达荷州立大学法学博士。

② 王垚，中山大学法学院助教。

③ Warren and Brandeis, The Right to Privacy, 4 HARv. L. REv. 193 (1890).

④ 277 U. S. 438 (1928).

笔者写作本文的目的在于，探讨近期司法实践中对他人基于其享有的自治性隐私权所提起的诉讼的处理。文章的第二部分描述了这些案例中存在的各方利益，以及用来平衡这些利益的方法，笔者也总结了美国联邦最高法院作出的与自治性隐私权相关的一些重要判例。文章的第三部分集中在三个具体的个人自治领域的讨论上，并将检讨低层法院的判决，特别是第九巡回法院的判决。在文章的第四部分，笔者将讨论自治性隐私权的未来和发展趋势。除此之外，笔者还提议了一种全新方法以取代法院在隐私权诉讼中经常所采用的传统分析方法。

二、个人自治与隐私权

（一）生活方式的选择

有学者曾指出："他人的个人爱好、个人偏好、个人性格和个人言辞表达可能成为宪法新的保护对象。在当前，这是宪法最为重要的一个发展趋势。"[①] 它的重要性体现在，人们直接根据隐私权提起的诉讼越来越多，而不再是根据那些保护隐私利益的宪法权利而提起诉讼。不同的爱好和偏好体现不同的生活方式，而他人选择何种生活方式又是他人生活中最为隐私的一面。因此，生活方式的选择便不能成为制定法规制的对象。显然，我们每天都对自己的事务作出成千上万个选择，它们中的大部分并非十分重要以至于需要美国联邦最高法院的判例提供宪法保护。一些比较重要的生活方式选择有：他人选择想留多长的头发就留多长，他人选择如自己希望的那样穿着打扮，他人选择是否结婚，他人选择是否生育，他人选择是否终止妊娠，他人选择根据自己的想法阅读和思考，他人选择跟自己喜欢的人交往，他人选择吃或者不吃某种食物，他人选择根据其个人意愿进行性行为，等等。[②]

根据宪法，隐私权不是绝对的，因为在某些情况下，国家利益可

---

① Wilkinson and White, Constitutional Protection for Personal Lifestyles, 62 CORNELL L. REv. 563 (1977).

② See generally Bloustein, Group Privacy: The Right to Huddle, 8 RUT. - CAM. L. J. 219 (1977) for an interesting discussion of another facet of the right to privacy.

能高于他人所享有的隐私利益。然而，在宪法明示或者默示地支持国家制定法规限制他人的个人行为时，国家在这些法律中必须具有令人信服的国家利益。当美国联邦最高法院认定他人的某些行为处于隐私区域内时，它可能会选择限制政府的干扰行为。

（二）宪法性隐私权：Griswold 一案及其后续发展

发生在 1965 年的 Griswold v. Connecticut 一案[①]确立了我们现在所称的“宪法性隐私权”，在该案中，美国联邦最高法院宣布禁止公民使用避孕用具的康涅狄格州制定法违宪。在拒绝援引 Lochner v. New York 一案[②]作为判决依据后，Douglas 法官认为，权利法案中暗含保障隐私权的条款。[③] 因为此案涉及婚姻关系，而婚姻关系处于由基本宪法权利所创造的隐私领域内，因此，法院认为，康涅狄格州不能采用禁止已婚者使用避孕用具的立法方式来侵入这一受宪法保护的隐私领域。在附和意见中，Goldberg 法官说到，夫妻间的隐私权是一项基本权利，它由民众所保留，并暗含在《美国联邦宪法第九修正案》中。因此，该州不能剥夺公民所享有的这项权利。其他法官则以实质性正当程序原则为由来证明该制定法违宪。尽管在 Griswold 一案中法官们没有达成一致意见，美国联邦最高法院却也不难根据多数决原则作出最后的判决。在这一问题上，美国联邦最高法院给予低层法院的唯一指引是，已婚者有权使用避孕用具。

在 1969 年的 Stanley v. Georgia 一案[④]中，美国联邦最高法院宣布禁止公民在住宅内私藏淫秽物品的佐治亚州制定法违宪，因为美国联邦最高法院认为，《美国联邦宪法第一修正案》除了为民众接触不同的思想和语言文字的途径提供了保护之外，它还为民众“所享有的其私人领域免受政府侵扰的基本权利”提供了保障。虽然 Stanley 一案有着《美国联邦宪法第一修正案》的支持，但后来的案件在援引该案时，不仅只援引该案的事实问题，更声称 Stanley 一案还与住

① 381 U. S. 479 (1965).
② 198 U. S. 45 (1905).
③ 381 U. S. at 484.
④ 394 U. S. 557 (1969).

宅隐私权有关。[①]

一个重要判例发生在1972年，也就是Eisenstadt v. Baird一案[②]，在该案中，美国联邦最高法院宣布禁止未婚者使用避孕用具的制定法违宪。Eisenstadt一案的重要作用体现在下面这段话中，这段话被后来的判例广泛地援引："如果隐私权还有任何含义的话，那么，它就是指他人所享有的其重要的个人事务免受政府干预的权利，如他人享有决定是否生育的权利。不管是已婚者还是未婚者，他们都享有隐私权。"

1973年的Roe v. Wade一案[③]是最近发生的一个隐私权案例，在该案中，美国联邦最高法院认为，这名妇女的堕胎选择处于宪法所保护的隐私区域内。美国联邦最高法院在该案中对隐私权的产生作了讨论并指出："虽然美国联邦宪法没有明确规定任何种类的隐私权，然而，在自1891年以来的一系列判决中，美国联邦最高法院已经承认了，联邦宪法的确为某些隐私权或者隐私领域提供了保护。在不同案例背景下，美国联邦最高法院或者其某些法官在《美国联邦宪法第一修正案》、《美国联邦宪法第四修正案》、《美国联邦宪法第五修正案》、《美国联邦宪法第九修正案》中发现了隐私权的踪迹；他们也在权利法案中探寻到隐私权的踪影；在《美国联邦宪法第十四修正案》第一节所保护的自由概念中，他们同样发现了隐私权的身影。这些判例明确表明，仅仅只有公民所享有的'基本权利'或者'暗含在自由概念中的权利'才能受到隐私权的保护。它们同样也说明，隐私权已经扩张到有关公民的婚姻、生育、避孕、家庭关系、小孩抚养和教育等领域。"[④]

美国联邦最高法院认为，隐私权暗含在《美国联邦宪法第十四修正案》所保护的自由的概念中和该修正案对国家行为进行限制的规定中，并认为隐私权的范围十分宽广，以至于能够将妇女是否中止

---

① See, e. g., United States v. Orito, 413 U. S. 139 (1973); United States v. 12 200 - Ft. Reels of Super 8MM. Film, 413 U. S. 123 (1973); Paris Adult Theatre I v. Slaton, 413 U. S. 49 (1973).

② 405 U. S. 438 (1972).

③ 410 U. S. 113 (1973).

④ 410 U. S. 113 (1973), at 152 - 153.

妊娠的选择也包括在内。然而，隐私权不是一项无限制的权利，美国联邦最高法院认为在特定的妊娠阶段可以进行法律规制，限制他人所享有的选择中止妊娠的权利。Roe 一案表明，隐私权并不只是住宅隐私权，它还包括自治性隐私权。

虽然许多学者或者法官在其论文中或者判决书中都使用了“宪法性隐私权”一词，但在笔者看来，《美国联邦宪法》中并无隐私权的规定。《美国联邦宪法》既未明确规定隐私权，也未暗含有隐私权。法院在联邦宪法中所发现的仅是隐私利益，这些隐私利益与宪法中规定的一些防止政府对公众的隐私利益进行侵犯的权利有关。如果他人的行为处于法院所认可的隐私领域内，通过运用国家利益占优的利益平衡判断标准（compelling state interest test），这一行为将会受到宪法保护。[①] 区分隐私权和隐私利益十分重要，因为两者在平衡相冲突的利益时所采用的利益平衡判断标准不同。

（三）在规范个人选择权的法规中所体现的国家利益以及在平衡国家利益与个人利益时所采用的判断标准

在国家制定法规规范他人实施的某些个人行为时，它总是声称在以下行为中享有利害关系：国家制定法规保护公众免受行为人实施的令人反感行为的伤害；国家制定法规保护行为人免受其自身行为的侵害；国家制定法规阻止行为人通过暴力或者非暴力的方式实施给他人造成伤害的行为；国家制定法规保护未成年人或者保护传统的社会价值观。其中的一些利益相对于另一些利益来说要更加重要。因此，法院在利益平衡时会相应地给予这些相对重要的利益更多的重视。针对国家立法规范他人的个人行为的做法，有人反驳道，国家的这一做法侵犯了他人所享有的其生活方式的选择免受政府干预的权利。有学者指出：“国家提倡隐私权，保护隐私权，使公众享有隐私权也是一种公共利益。”在衡量公共利益与个人利益时，法院应该考虑这一说法。

在决定政府制定的法规是否恰当时，法院采取了一种利益平衡的判断方法，那就是通过法院已经采用的利益平衡判断标准来平衡国家

---

① See, e. g., Griswold v. Connecticut, 381 U. S. 479, 485 (1965).

利益与个人利益。根据传统的判断标准，如果他人声称其享有的权利是“基本权利”，那么，国家就必须举证证明，国家在规范他人的行为时存在一种令人信服的国家利益；如果他人所享有的权利不是基本权利，国家就只需证明其在规范他人的行为时具有合理依据。法院所采用的标准对其决定政府制定的法规是否恰当具有决定性的作用。

三、个人自治领域的隐私权

（一）使用药物的领域

虽然很多州都已修改州宪法来为公民所享有的某些隐私权提供宪法保护，但是公民却没被授予绝对的身体隐私权，这在药物使用的领域体现得尤为明显。近年来，越来越多的学者开始抨击禁止公民持有和吸食大麻的制定法，他们的依据是，这些制定法是对公民的一种残忍惩罚，它们违反了法的平等保护原则和正当程序原则；重要的是它们侵犯了公民所享有的隐私权，但绝大部分的抨击都未能动摇这些制定法。一个显著的例外是 1975 年发生在阿拉斯加州的一个案件，即 Ravin v. State 一案[①]。

在 1972 年，阿拉斯加州立法机关投票通过了一个州宪法修正案，其中一条规定：“公民享有隐私权，并不容侵犯。”[②] 相比于其他州的宪法，阿拉斯加州的宪法为隐私权提供了最为具体的保护，这在很大程度上为审理 Ravin 一案的法院提供了判决依据。在 Ravin 一案之前，阿拉斯加州最高法院在审理他人指控州制定法侵犯其宪法权利的案件中，一直采用的是国家利益占优和合理依据的传统利益平衡判断标准。但在 Ravin 一案中，阿拉斯加州最高法院却采用了一种折中的利益平衡判断标准：“通过判断国家在限制他人吸食大麻的制定法中是否存在适当的国家利益，以及在这些制定法中国家所采取的限制方式是否符合立法目的。”[③] 法院可以由此决定是否支持他人的隐私诉求。

阿拉斯加州最高法院确定了 Ravin 所主张的权利是一项宪法性隐

---

① 537 P. 2d 494 (Alas. 1975).

② ALAS. CONST. art. 1, §22.

③ 537 P. 2d at 498. Cf. the test used in Craig v. Boren, 429 U. S. 190 (1976).

私权。在分析有关宪法性隐私权的判例过程中，阿拉斯加州最高法院发现，仅在与其他一些宪法基本权利相关时，宪法性隐私权才能产生；也仅在秘密行为不威胁和危害公众利益的情况下，宪法性隐私权才是绝对受保护的。法院指出，Griswold 一案和 Roe 一案中的隐私权，涉及一项他人所享有的自由选择其生活方式的自治权。在审查了低层法院的一些类似判例后，阿拉斯加州最高法院这样加以总结：要是法院一开始便在 Ravin 一案中运用国家利益占优的利益平衡判断标准，那么法院就不会发现他人在阿拉斯加州宪法中拥有一项持有和吸食大麻的宪法权利了。因为美国联邦最高法院也还没有承认在联邦宪法中存在一项隐私权，所以，根据《美国联邦宪法》，他人也不拥有一项持有和吸食大麻的权利。

在早期的 Gray v. State 一案①中，阿拉斯加州最高法院认为，州宪法隐私权修正案保护了公众饮食的自由，这项隐私权的行使攸关公共卫生和公共福利。因此，阿拉斯加州最高法院不得不界定公众能够行使这项自由权利的相关领域，从而决定公众享有的饮食自由的范围。根据美国联邦最高法院的判例，特别是 Stanley 一案，阿拉斯加州最高法院认为："如果世界上还存在让他人享有最广泛隐私权的活动领域，那么，这一活动领域便是他人的住宅。"② 阿拉斯加州其他判例也同样证明了他人的住宅是值得法律予以特别保护的。基于此，阿拉斯加州最高法院认为：住宅领域的隐私权在《美国联邦宪法》和阿拉斯加州宪法中都属于一项基本权利，并特别提醒，这并不意味着只要是在住宅内活动，一个人便能够为所欲为。

因此，阿拉斯加州公民在其住宅内享有隐私权，包括在其住宅内持有和吸食大麻一类药物的权利，但也有限制，即：这些药物必须纯粹属于私人所有且存放于住宅内，不能用于销售，一旦它严重侵扰了其他人的身体、安全、权利或者公共福利，公民的隐私权就会受到限制。严重侵扰的要求意味着，国家要承担举证责任，证明国家禁止公民在住宅内私藏大麻的规定符合国家利益。

在明确了 Ravin 一案中所涉及权利的性质之后，阿拉斯加州最高

---

① Gray v. State, 525 P. 2d 524 (Alas. 1974).

② Gray v. State, 537 P. 2d at 503.

法院开始转向判决的第二部分的论证：阿拉斯加州政府是否具有充足理由来制定这部具有侵犯性的法律。阿拉斯加州最高法院接着对Ravin的审前听证中所呈现的大量证据进行了详尽的审查，并得出结论：现在没有确凿的证据表明，在当前被广泛使用的大麻对吸食者和其他相关人是危险的，但也没有真凭实据证明大麻是无害的。阿拉斯加州最高法院所发现的一个危险是，在吸食大麻后驾驶车辆。

阿拉斯加州最高法院指出，如果将隐私权的范围比作一个天平，那么，天平的一端是他人在其住宅中享有持有和吸食大麻的权利；在天平的另一端是，他人在驾驶机动车时也享有持有和吸食大麻的权利。因为他人在驾驶机动车时吸食大麻会对普通大众造成明显的危险，所以，阿拉斯加州政府对其制定禁止他人吸食大麻的制定法的做法提供了充足的理由。然而，受到大麻影响的司机所造成的潜在危险并没有建立起公共福利与禁止他人在其住宅中吸食大麻之间具有的必要和实质联系。阿拉斯加州最高法院最后要求延长审理该案，目的是为了找到Ravin被逮捕的事实和他持有大麻时所处的情形。

与阿拉斯加州此案判决形成鲜明对比的是夏威夷州最高法院对有关大麻案件所作的判决。《夏威夷州宪法》在1968年通过修正案的形式将隐私权纳入其保护范围。[1] 在State v. Kantner一案[2]中，夏威夷州最高法院发现州宪法并不能为他人持有和吸食大麻的权利提供保护。法院在其判决中并未提及《夏威夷州宪法》的隐私权修正案，判决结果是法院根据其对Griswold一案非同寻常的解读而作出的。然而，判决书中的异议意见认为，《夏威夷州宪法》保护公民的个人自由和个人自治，既然夏威夷州政府不能证明公民秘密吸食大麻会对吸食者和社会造成损害，那么，该部制定法就应该被宣布违宪。[3] 更多近期的夏威夷州判例都认为，《夏威夷州宪法》的隐私权条款并不打算将隐私权提高到等同于《美国联邦宪法第一修正案》所规定的权利的地位。

---

① Hawah Const. art. 1, §5: "The right of the people to be secure in their persons, houses, papers and effects against unreasonable searches, seizures, and invasions of privacy shall not violated..."

② 53 Hawaii 327, 493 P. 2d 306 (1972), cert. denied, 409 U. S. 948 (1972).

③ 53 Hawaii 327, 493 P. 2d 306 (1972), cert. denied, 409 U. S. 948 (1972), at 313 -315.

如果各州法院都必须依照《美国联邦宪法》作出判决，那么，州法院想要作出推翻禁止吸食大麻的制定法的判决，就更不容易成功了。虽然密歇根州最高法院在 People v. Sinclair 一案[①]中宣布禁止持有和销售大麻的密歇根州制定法违宪，但仅有一名法官以隐私权为由认定其违宪。这名法官发现，密歇根州制定法侵犯了公民所享有的基本自由权和追求幸福的权利，并认为“国家不能以公共健康的名义，指令人们在自己家中能够吃什么、喝什么”。[②] 这名法官的看法与广泛接受的宪法分析方法不一致，根据传统的宪法分析方法，国家在限制某一活动时总是具有高于一切的利益。

其他一些低层法院在审理类似的案件时仍然依赖于隐私判例，以及这些判例在阐述宪法所保护的隐私利益时使用的语言。这些法院同样继续采用传统的国家利益占优、合理依据的利益平衡判断标准。如在 1977 年，佛罗里达州最高法院就只采用了合理依据的利益平衡判断标准来判断禁止在住宅内持有和吸食大麻的制定法是否合宪。[③] 佛罗里达州最高法院援引了 Roe v. Wade 一案[④]并宣称，“该案对宪法性隐私权范围的界定仍然是当今在这一法律领域最为权威的论述”[⑤]，它注意到，美国联邦最高法院的判决也拒绝扩大这一范围。Roe 一案判决的异议意见发现该案存在宪法性隐私权，但该案却被大多数法院引用来得出相反的结论，即该案不属于宪法性隐私权的范围。

许多法院在作出判决的时候都依赖于 Stanley v. Georgia 一案判决中的一个脚注：“我们所说的，绝不会侵犯州政府或者联邦政府将公民持有如麻醉毒品之类的毒品的行为规定为犯罪的权力。”[⑥] 然而，科学研究表明，大麻并不是麻醉毒品，也就是说，“控制大麻使用的原因应该与控制麻醉毒品使用的原因相区别”[⑦]。而且，Stanley 一案中的脚注也表明，该案是法院根据《美国联邦宪法第一修正案》作

① 387 Mich. 91, 194 N. W. 2d 878 (1972) (while the statute prohibited the sale of marijuana, defendant's conviction was only for possession).

② 387 Mich. 91, 194 N. W. 2d 878 (1972), at 896.

③ Laird v. State, 342 So. 2d 962 (Fla. 1977).

④ 410 U. S. 113 (1973), at 152 - 153.

⑤ 342 So. 2d at 964.

⑥ 394 U. S. at 568 n. 11.

⑦ Note, On Privacy: Constitutional Protection for Personal Liberty, 48 N. Y. U. L. REV. 670 (1973), at 754 n. 539.

出的判决，而大部分将持有大麻界定为犯罪的制定法并不涉及《美国联邦宪法第一修正案》所规定的权利。美国联邦最高法院在其后期的判决中并没有将 Stanley 一案解读为一个依据《美国联邦宪法第一修正案》作出的判例，而是一个涉及住宅隐私权的判例。因此，低层法院错误地援引了判例，它们并未理解 Stanley 一案的真正依据所在。

Ravin 一案后，低层法院在其判决中拒绝援引这一判例，因为该判例经常以阿拉斯加州有具体的宪法性隐私权为由将其与在审案件区别开来。在 State v. Kincaid 一案①中，爱达荷州最高法院认为，因为阿拉斯加州最高法院是依据《阿拉斯加州宪法》的隐私权条款作出的判决，而不论是《美国联邦宪法》还是《爱达荷州宪法》都不包含那样的一个条款。因此，Ravin 一案的判决理由在本案中便不能采用。然而，爱达荷州最高法院也许可以注意到阿拉斯加州最高法院的发现，也即住宅隐私权是《美国联邦宪法》中的一项基本权利，因此，如果爱达荷州最高法院认同住宅隐私权的观点，Ravin 一案也可以具有先例价值。

法院在审理涉及运输、贩卖药物的案件时，如果它们援用了 Stanley 一案之后的判例，那么，法院处理这些以隐私权为诉由的案件就相对容易了，因为这些判例仅援引了 Stanley 一案的事实问题部分并说明了在 Stanley 一案中，公民只有在住宅内才享有隐私权。一些涉及贩卖药物的判决的确包括了这样的附带意见：要是这一案件与私藏药物有关，便可以推导出可能的处理方法了，因为只有在住宅内持有和吸食药物才受到隐私权的保护。比如，在 United v. Kiffer 一案中，法院认为："无论被指控持有或吸食大麻的上诉人提起保护隐私权的诉讼要求的实质是什么，上诉人都不应该提出这样的诉讼要求。"② 在该案中，上诉人因持有两吨用于贩卖的药物而被判决有罪。

（二）拒用药物的领域

公民不仅在使用药物的领域享有隐私权，而且在拒绝使用药物和

---

① 98 Idaho 440, 566 P. 2d 763 (1977).

② United States v. Kiffer, 477 F. 2d 349, 352 (2d Cir. 1973).

拒绝接受医疗行为的领域也同样享有隐私权。公民拒绝使用药物或拒绝接受医疗行为的情形一般发生在监狱中。在美国联邦第九巡回法院的两项判决中，法院指出，当国家未经囚犯同意对其身体强行注射“强效药物”[①] 时，或者当国家未经囚犯同意对其进行手术时，国家的行为侵犯了囚犯们所享有的宪法权利。法院通过援引一些隐私权判例说明，如果国家在这样的行为中缺乏令人信服的国家利益，那么，公民便享有保护其身体隐私领域免受国家侵犯的宪法权利。国家通过强迫性的药物管理行为矫正他人不愿用药的思维过程，事实上侵犯了他人所享有的宪法权利，因为他人的思维过程属于隐私和自治领域。[②]

精神病医院的病人总是主张拒绝使用药物和拒绝接受医疗行为（包括维系生命的医疗行为）的权利。在 Scott v. Planter 一案[③]中，法院认为，精神病医院强迫其病人使用治疗药物的行为可能侵犯了病人们所享有的宪法权利，这一宪法权利很可能是在 Roe v. Wade 一案中所阐明的身体隐私权。

有些学者认为，在精神病医院，病人拒绝治疗的权利仅是病人接受治疗的权利的衍生产物。也许有人会问：“保护思维过程的隐私难道不比保护住宅内和夫妻关系的隐私更重要吗？思想、感受、情感……代表着个人自治的基本要素，它们是《美国联邦宪法第一修正案》禁止政府对其进行暴力侵扰的条款所固有的要素，也是隐私权所欲保护的要素。”[④] Schwartz 指出，精神病医院采用如精神外科学疗法和电击疗法一类的治疗方法可能使病人不能选择某种生活方式，从而侵犯了病人的自治权。[⑤] 曾有一名学者认为：“精神病人的知情同意是其自治权得到保护的方法。它允许病人拒绝使用可能损害他独特

---

① A “breath – stopping and paralyzing” drug, succinycholine was used for “aversive treatment of criminal offenders.”

② Cf. Comment, Advances in Mental Health: A Case for the Right to Refuse Treatment. 48 TEMP. L. Q. 354 (1975).

③ 532 F. 2d 939 (3d Cir. 1976).

④ Comment, Advances in Mental Health: A Case for the Right to Refuse Treatment. 48 TEMP. L. Q. 354 (1975), at 366.

⑤ See, e. g., Schwartz, In the Name of Treatment. Autonomy, Civil Commitment, and Right to Refuse Treatment 50 Notre Dame Law. 808 (1975), note 82, at 838.

个性的一些治疗方法。”①

在 Matter of Quinlan 一案②中，法院认为，在某些情形下，病人享有的隐私权包括其拒绝治疗的权利。在该案中，法院走得更远了一些，它允许病人的监护人代表病人行使权利，因为病人的状况使得其不能自己作出决定。

（三）公民根据自己的选择而进行性行为的领域

当今，隐私权受到越来越多的挑战，特别是当隐私权涉及传统异性性行为之外的性行为时，更是如此。总的来说，这些隐私权诉讼或者是他人针对禁止鸡奸行为的制定法而提起的，或者是那些因为自己的秘密性行为而被剥夺了工作机会的人提起的。各州法院甚至是同一州的不同法院，对这一问题也有不同看法。

最近，美国联邦最高法院拒绝对反鸡奸行为法的合宪性问题发表看法，因为美国联邦最高法院维持了 Doe v. Commonwealth's Attorney For The City of Richmond 一案③的判决。该案判决认为，弗吉尼亚州反鸡奸行为法在理论上或者在实践中并不违宪。然而，还需说明的是，这一维持判决“并不表明美国联邦最高法院认可低层法院判决的理由，它仅是确认了诉讼双方所达成的协议结果”。而且，这一案例除了事实部分具有先例价值外，其他部分都没有。因此，同性性行为是否受隐私权保护的问题仍待解决。

在 Doe 一案中，合议庭的多数意见并没有讨论到案中所涉及的隐私权概念。相反，多数意见认为，Griswold 一案的判决是根据夫妻间的隐私权而作出的，既然同性恋显然不是婚姻、家庭生活的组成部分，这一判例便不具参考价值了。由于美国联邦最高法院极其依赖 Harlan 大法官在 Poe v. Ullman 一案④中的异议意见，该意见认为国家可以禁止同性恋，在没有参考其他隐私权判例的情况下，美国联邦最

① Comment, Advances in Mental Health: A Case for the Right to Refuse Treatment. 48 TEMP. L. Q. 354 (1975), at 355.

② 70 N. J. 10, 355 A. 2d 647 (1976).

③ 403 F. Supp. 1199 (E. D. Va. 1975), affd mem., 425 U. S. 901 (1976).

④ 367 U. S. 497 (1961).

高法院认为在司法实践中禁止同性恋是可行的。美国联邦最高法院认为，提高公民的道德修养是一个合法的国家目的，那些提高公民道德修养的制定法的长久存在便证明了这一目的的合法性。

Merhige 法官在其异议意见中，把 Roe 一案、Griswold 一案和 Doe v. Bolton 一案[①]视为建立在这样一个原则之上："每一公民都享有其个人性生活的选择免受政府干预的权利。"[②] 对 Merhige 法官而言，成人选择自己的性伴侣是其最私密的一项选择。在审查了这三个有关隐私权的判例后，Merhige 法官认为，根据正当程序条款，Doe 一案的原告享有隐私权。即使该案判决中的多数意见没有运用传统的宪法分析方法，而且还错误地运用了其所援用的先例（异议意见中如是指出），但这些事实并没有减少 Doe 一案所具有的先例价值。因此，低层法院应该认真对待 Doe 一案。

在 State v. Elliott 一案[③]中，新墨西哥州上诉法院认为，新墨西哥州反鸡奸行为法是违宪的，理由是它侵犯了公民所享有的为宪法保护的夫妻间的隐私权和住宅内的隐私权。新墨西哥州上诉法院认为，因为根据隐私权判例，夫妻间的隐私权和住宅内的隐私权是公民所享有的基本权利，国家或州如欲禁止同性恋在其住宅内进行性行为，则必须举证证明国家或州在这一行为中具有令人信服的国家利益；但新墨西哥州并没有做到这一点。根据上诉人移送案件的申请，新墨西哥州最高法院审理了该案并认为，Doe 一案对本案具有决定性的作用，它排除了这样一个争论，即同性恋之间私下的性行为不能被刑事法律所禁止。[④] 新墨西哥州最高法院最后支持了该制定法，此案还留待联邦上诉法院来解决。[⑤] 联邦上诉法院并不认为牵涉同性恋的 Doe 一案与涉及异性恋的 Elliott 一案是相关的。既然本案中的双方当事人没有结婚，法院就无法探讨夫妻间隐私权、住宅隐私权这些问题了。

亚利桑那州法院同样有此经历。发生在 1975 年的两个案件中，

---

① 410 U. S. 179 (1973) (companion case to Roe v. Wade).

② 403 F. Supp. at 1203.

③ 88 N. M. 187, 539 P. 2d 207 (1975), rev'd, 89 N. M. 305, 551 P. 2d 1352 (1976).

④ 89 N. M. 305, 551 P. 2d 1352 (1976).

⑤ 89 N. M. 305, 551 P. 2d 1352 (1976).

亚利桑那州上诉法院认为，亚利桑那州反鸡奸行为法是违宪的，因为该制定法侵犯了已婚夫妇或者未婚夫妇享有的私下进行性行为的权利。这些案件在上诉到亚利桑那州最高法院后被合并到一起审理，法院审理后发现，这些制定法是合宪的，但亚利桑那州最高法院并没有讨论隐私权问题；相反的是，亚利桑那州上诉法院却特别热衷于讨论隐私权问题。虽然亚利桑那州最高法院承认同性恋人在其秘密的性行为中享有隐私权，但是，法院认为，立法机关仍然可以在关乎公民健康、福利和道德的立法中禁止鸡奸行为。

发生在 1976 年的 Lovisi v. Slayton 一案①提出了隐私权意义的问题。Lovisis 夫妇是一对同性恋夫妇，他们邀请了一些人来参加同性恋宴会，在宴会中他们拍了些照片。Lovisis 夫妇的女儿将其中一张照片带到了学校，从而导致该夫妇遭到刑事指控，因为该夫妇违反了亚利桑那州反鸡奸行为法。地区法院认为，同性恋人之间秘密的性行为是宪法所保护的，但是，由于 Lovisis 夫妇举办的同性恋宴会缺少保密措施，Lovisis 夫妇也就放弃了这种宪法保护。保密措施的缺少不是因为有了第三方的参加，而是因为拍照，这使得活动场面之后被广泛传播。在该案上诉到美国联邦第四巡回法院后，法院维持了原判，其认为，当有第三方参加该宴会时，Lovisis 夫妇独处时所享有的隐私权便不存在了。② 除了这个观点，联邦第四巡回法院还援用了联邦最高法院在 Doe 一案中的维持判决，结论是 Lovisis 夫妇在有第三方参加和有相机拍照的活动中的性行为不能受到隐私权的保护。

一些低层法院的判决认为反鸡奸行为法是不合宪的，因为夫妻间的秘密性行为属于夫妻间的隐私，它是宪法所保护的。一些法院则走得更远，它们宣称，国家不能禁止任何成人进行秘密的合意性行为，无论他们是已婚的还是未婚的、同性的还是异性的。

正如笔者之前所提及的，因为自己秘密的性行为而面临被辞退危

---

① 363 F. Supp. 620 (E. D. Va. 1973), affd, 539 F. 2d 349 (4th Cir. 1976). For a discussion of this case, see Note, Constitutional Law - Right of Marital Privacy - Consensual Sexual Activity Between Married Persons, 44 TENN. L. REV. 179 (1976).

② 539 F. 2d 349 (4th Cir. 1976). It is unclear whether the privacy was relinquished because of the presence of a third party or the fact that the photographs were taken.

险的人也可以提起隐私权诉讼。虽然法院在这一问题上也有众多分歧意见，但是大多数法院都认为，不能将他人隐秘的性生活作为其被解雇的理由。由未婚同居夫妇和同性恋人提起的隐私权诉讼也已经获得了成功。

四、个人自治权的未来

显然，人们仍然会提出这样的诉讼要求：宪法性隐私权应该为他们的自治行为提供宪法保护。因此，法庭负有责任解释说明，它们用来确认被指控的州行为或者国家行为合宪与否的判断标准，以及哪种行为将会符合那样的判断标准。毫无疑问，后面一个任务将更加艰难。

（一）美国联邦最高法院对隐私权的看法

我们可以从美国联邦最高法院的判例中看出，在那些已经明确阐明的隐私领域中，如堕胎、避孕和家庭关系等领域，美国联邦最高法院将要继续为公民这些攸关其生活方式的选择提供宪法保护。在1977年6月美国联邦最高法院作出的一个涉及避孕的判决中[①]。Brennan法官说到："虽然《美国联邦宪法》没有明确规定隐私权，但美国联邦最高法院确信，《美国联邦宪法第十四修正案》的正当程序条款所保护的'自由'的一个方面便是'隐私权或者是有关隐私领域的权益'。"[②]

Brennan法官继续讲到，公民享有的隐私权包括其独立作出重要决定的权利；美国联邦最高法院也还未找到隐私领域的边界。Brennan法官也指出，公民在其重要决定领域的隐私权也不是绝对的，因为公民享有的隐私利益可能不及国家利益重要，他还暗示道，美国联邦最高法院会继续运用国家利益占优——合理依据的利益平衡判断标准来判断法律法规的合宪性。

在审查了美国联邦最高法院早期作出的一些判例后，我们发现，

---

① Carey v. Population Services Int'l., 431 U. S. 678 (1977).

② Doe v. Wade, 410 U. S. 113 (1973).

美国联邦最高法院还没有审理过有关毒品隐私方面的案件。在 Carey v. Population Services International 一案[①]中，美国联邦最高法院认为："该案并没有明确回答这样一个问题，即宪法是否禁止以及在何种程度上禁止反鸡奸行为法。"[②] 因为该案判决是根据 Doe 一案而作出的，所以，Doe 一案显然不能被用来证明该案中的反鸡奸行为法是违宪的。美国联邦最高法院除了通过判例确认了一些具体的自治领域之外，并没有找到一种抽象标准来界定自治领域的范围。就目前而言，我们必须向低层法院寻求帮助。

（二）低层法院对隐私权的看法：隐私的范围及其哲学含义

在审查了一些低层法院的判例后，我们能得出这样的结论：公民享有的隐私权的范围并没有实质性的或者快速的扩张，"为了找到隐私权的边界，我们对每一案件的事实问题进行分析将十分必要"，[③] 公民所享有的隐私权也不是绝对的。低层法院并没有在法律中找到公民享有使用、拒绝使用药物或者根据自己的选择进行性行为的基本权利。然而，在支持隐私权诉讼请求的案件中，法院发现了宪法所保护的隐私领域，并把案中的相关行为运用于那一领域。[④] 这是一种十分有效的方法，因为美国联邦最高法院从未宣称，宪法中明显存在隐私权。

低层法院早期的案件[⑤]所呈现出的趋势是：虽然隐私权诉讼仍不断地被提起，低层法院依然没有承认大量潜在的隐私权。然而，这种司法上的不情愿也不能阻止人们提起隐私权诉讼。因为法院在开拓新的宪法领域的问题上总是表现得非常犹豫，如果法官们经常提及隐私概念可能有助于减少这种犹豫。由此看来，判决中的异议意见也具有价值。

---

① 431 U. S. 678 (1977).

② 431 U. S. 678 (1977), at 694 n. 17.

③ Ravin v. State, 537 P. 2d 494, 516 (Alas. 1975) (Connor, J., concurring).

④ See, e. g., Griswold v. Connecticut, 381 U. S. 479, 485 (1965).

⑤ Wilkinson and White, Constitutional Protection for Personal Lifestyles, 62 CORNELL L. REv. 563 (1977).

到目前为止，还没有哪个法院试图找到隐私权的边界，可能的原因是：任何那样的边界线都可能是人为的，并且会不断变化。这种努力带来的问题很明显，因为这些边界线都将无效。然而，为了对这一问题表以重视，我将举一例加以说明。

在上文所举的药物使用的案件中，我们可以假设将他人持有和吸食大麻的权利局限在其住宅内，并且他人只能是出于私人目的的持有和吸食大麻而不能将大麻用于销售，而且他人吸食大麻还必须有利于其健康、安全、权利或者公共福利。如果将隐私权局限于住宅内是因为住宅内本来就存在隐私权，那么，什么是隐私权？它就等同于在住宅内吗？它是否意味着与外界隔离？如果是这样的话，是否在有其他人在场的情况下，他人的隐私行为就会失去法律保护？如此区分是否是不合逻辑的，当我们将一个人置于在公共场合中的一个十分隔离的地方，他既不会移动，难道他的隐私行为就会因此而失去法律保护吗？要是吸食大麻的是成人，而他们的孩子此刻又在场呢？保护未成年人的国家利益是否高于他人所享有的隐私利益？一个怀孕的妇女吸食大麻伤害了其他人吗？审理 Ravin 一案的法院认为，他人在其住宅内隐藏一定数量的大麻使得其具有了销售的目的，从而该私藏行为便不受法律保护，那么，谁来决定这一定的数量是多少呢？像这样的问题无穷无尽。

大量存在的各类毒性药物使得这一情形变得特别困难，法庭必须承担责任证明每种毒性药物所具有的潜在危害。很难说，人们不会声称吸食海洛因也属于一种隐私权。他人可以对行为人提起隐私诉讼，因为他人对其住宅外的垃圾箱享有合理的隐私期待，在这个垃圾箱中行为人发现了他人未使用完的海洛因。[①] 他人同样可以在其销售毒性药物的行为中提起隐私权诉讼。也许，划定隐私权边界的任务对于司法机关来说太复杂，而且也不恰当，这一任务应该留待立法机关来解决。

在性隐私案件中，这一问题就不是这么严重了。他人可以直接依据一些判例而提起隐私诉讼，因为这些判例广泛地处理了有关性隐私

---

① Smith v. State, 510 P. 2d 793 (Alas. 1973), cert denied, 414 U. S. 1086 (1973).

的问题。除此之外，性隐私领域的界限是十分明晰的，这也许是因为该界限存在极少的变化。比如，国家总是有着巨大的利益来禁止暴力伤害行为，因此，有关强奸行为应该受到法律保护的争论便不堪一击。然而，关于什么是隐私权的解释疑难仍然存在。性隐私领域的主要障碍是，法院总是专注于道德问题，特别是当案件涉及同性恋时。

很大程度上，法院的每一份判决都是它根据其所认可的哲学分析方法而作出的。其中的一种哲学方法将法院分为两类：一类法院认为，公民与生俱来便享有选择做自己喜欢的事的权利，只要做此事的后果不会伤及其他人；另一类法院认为，公民在作出选择时应该遵守法律法规，除非该法规侵犯了其所享有的宪法权利。

审理 Ravin 一案的法院属于前一类，它支持了密尔所提出的“损害原则”：政府仅可在有必要防止公民的行为伤害其他人时，才能行使权力阻止公民根据自己的意愿行事。法院指出：“……国家行使权力控制的他人行为，仅是那些影响了公众健康、安全、福利等公共利益的行为。……当他人的个人事务中不存在合法的公共利益时，国家不能将自己关于道德、适当行为、风尚的观念强加于他人。”[①]

People v. Sinclair 一案的附和意见援用了密尔的“损害原则”，该附和意见认为，禁止吸食大麻的制定法是一种违宪的政府侵扰行为。[②] 对“损害原则”最精彩的描述是在夏威夷法院审理的 State v. Baker 一案[③]中，该案比 Ravin 一案提前两周作出判决。法院认为，“禁止吸食大麻的制定法是违宪的，夏威夷州政府有责任证明，‘州政府所禁止的他人的个人行为要么是对他人自己，要么是对公众造成了伤害’，他人以既不伤害自己也不损及其他人的方式行事的自由是一项基本权利。’按照这一路径，本案一开始使用的分析方法就用错了。”[④]

在有关自治性隐私权的案件中，是国家还是公民个人承担初始举证责任证明公民的个人行为是否对其他人造成了损害，将会决定宪法

---

① 537 P. 2d at 509.

② 194 N. W. 2d at 896.

③ 56 Hawaii 271, 535 P. 2d 1394 (1975).

④ 56 Hawaii 271, 535 P. 2d 1394 (1975) at 1398.

给予公民隐私权的保护程度。支持“损害原则”的法院将初始举证责任归由国家承担，而另一类法院则将初始举证责任归由公民个人承担。如果法院采用“损害原则”的分析方法，那么，它就需要改变其使用的传统的宪法分析方法，而不能再采用合理依据—国家利益占优的利益平衡判断标准了，因为在这些判断方法中，总是由公民个人承担初始责任。法院并不是不可能将“损害原则”作为传统宪法分析方法的一个替代选择。的确，“损害原则”与美国联邦最高法院的哲学理念不一致，联邦最高法院的哲学理念体现于 Brandeis 法官在 Olmstead 一案中的异议意见部分。

Craven 建议从法院广泛接受的“人格权”开始分析 Ravin 一案，“人格权”不是一项基本权利，却是一项能够保护公民免遭国家独断任意行为侵扰的权利，它有时也不及某些国家利益重要。这些所谓的国家利益必须是十分充足的，这样才能胜过培养一个重视人格权的国度所具有的国家利益。人格权至少包括公民做出无损其他人利益的行为的自由权利。Craven 援引了密尔的“损害原则”理论，并认为分析人格权需要回答以下问题：①国家所禁止的行为是否伤害了除行为人自己之外的其他人？②国家限制这种行为的国家利益何在？③这种国家利益是否胜过公民的个人独处利益？初始的证明责任就应该由国家而不是公民个人承担。Craven 认为，他采用的方法不同于美国联邦最高法院采用的合理依据—国家利益占优的判断标准（浮动测量标准）[①]。在某种程度上，他的分析方法是正确的，因为他的分析方法从一开始便试图证实国家利益并比较国家利益和个人利益孰重孰轻，而不是从审查个人权利是否是基本权利的性质着手。

从这里可以看出审理 Ravin 一案的法院的熟练技巧。法院似乎更倾向于接受人格权的概念，但是它在开始时也检查了案中所涉及权利的性质，从而决定是否有必要来审查国家利益。事实上，如果法院采用合理依据—国家利益占优的判断标准，则需要一个严格的审查标准

① See San Antonio Indep. School Dist. v. Rodriguez, 411 U. S. 1 (1973) (Marshall, J., dissenting); Reed v. Reed, 404 U. S. 71 (1971). An intermediate test was also used in Craig v. Boren, 429 U. S. 190 (1976).

来审查该案是否具有合法的国家利益，而且还要求初始的证明责任仍由国家承担。我们可以推测，法院采用这种分析方法其实是对法院判断力的信任，虽然法院也认识到，它未受美国联邦最高法院的传统分析方法的约束。

尽管 Henkin 认为，“隐私权在表面上是个人自治的领域，并被推定是一项不受法规限制的权利”,① 但是，这种推定并不利于公民个人，而是有利于国家。Yarbrough 暗示我们，合理依据—国家利益占优的判断标准（浮动测量标准）可能是法院有效保护不被宪法所承认的权利和利益的唯一方法。如果一种新的判断标准被采用，无论它是不是叫做“浮动测量标准”，这仅仅是术语上的一个改变，根据 Solk 说法：“很有可能，所有这些判断标准到最后都是不切实际的，因为不管这一术语是什么，法院的判决是其根据对这一术语的理解所作出的。”②

正因为如此，密尔的“损害原则”是一个非常吸引人的替代方法，因为它通过改变初始举证责任的承担人和修改推定来使其运用于司法实践中，虽然在决定什么构成损害时仍然存在明显的困难。

实际上，美国联邦最高法院此时并不准备采用“损害原则”这一替代方法。然而，法院可以接受损害原则，并将它作为一种可行的哲学基础理论，在涉及自治性隐私权案件的判决作出过程中可依参照，至少能够在采用折中审查标准时提供一个理论基础。既然美国联邦最高法院已经参与到了司法立法过程中，在一些涉及个人自治权的领域，这一方法比目前所采用的方法更加适当。

---

① Henkin, Privacy and Autonomy, 74 COLUM. L. REV. 1410 (1974) at 1425.

② See Solk, Privacy in Alaska. Milestone or Malaise? 4 TEX. So. L. REV. 50, 57 (1976) at 64.

如万花筒呈现的图形没有固定的形状，Griswold 一案中的隐私权是一个含义混沌而不明确的复合性概念。”[①]

1973 年，Richard Parker 试图界定宪法性隐私权的实质内容，Parker 认为，“隐私权规制行为人‘感知’他人的过程”[②]，Parker 认为，隐私权决定了“他人作为可识别主体的各种有形特征，在什么时候以及通过谁可以被行为人看到、听到……嗅到、品尝到或触碰到”。[③] 虽然 Paker 的定义没有贬损这一权利的价值，但机械地将隐私权的范围局限于有形特征。他的定义很大程度上是一个工具性概念，未能说明隐私权本身的核心意义。

1975 年，Judith Jarvis Thomson 提出一套隐私权理论来回应 Parker 的文章。Thomson 认为，隐私权是多种权利的集合，这些权利缺乏共同之处且彼此之间的范围边界存在争议。[④] Thomson 认为，“被冠以‘隐私权’之名的各个权利完全可以单独获得合理解释，因为即使不存在一个叫做‘隐私权’的概念，我们也能够拥有这些权利”，故隐私权仅仅是一项派生性权利。[⑤] Thomson 的观点为 Louis Henkin 所认同，后者反对法院创造一个额外的、毫无必要的个人自治领域。[⑥]

Jeffrey Reiman 主张隐私权“是一种社会礼节、惯例，它保护个人基于存在即拥有的道德权利”。[⑦] Reiman 的构想以个人自治为基础，关注他人的人格利益和私密关系利益。“隐私权保护人之所以为人且继续作为一个人存在而具有的利益。因此全人类都拥有这一权利，即使是处于监禁之中的人也不例外。”[⑧] 有一个相似的观点也认为，隐私权揭示了“人属于自己而不从属于其他人或社会整体的道

---

① J. Rawls, A Theory of Justice (1972), at 60.

② Parker, A Definition of Privacy, 27 RUTGERS L. REV. 275, 280 (1973).

③ Parker, A Definition of Privacy, 27 RUTGERS L. REV. 275, 280 (1973), at 283 - 284; Gerety, Redefining Privacy, 12 HARV. C. R. - C. L. L. REV. 233, 267 - 268 (1977).

④ Compare Thomson, The Right to Privacy, 4 PHIL. & PUB. AFF. 295, 306 - 313 (1975), at 306; Scanlon, Thomson on Privacy, 4 PHIL. & PUB. AFF. 315 (1975), at 315.

⑤ Scanlon, Thomson on Privacy, 4 PHIL. & PUB. AFF. 315 (1975), at 313.

⑥ Henkin, Privacy and Autonomy, 74 COLUm. L. REV. 1410, 1426 (1974).

⑦ Reiman, Privacy, Intimacy and Personhood, 6 PHIL. & PUB. AFF. 26 (1976), at 39

⑧ Reiman, Privacy, Intimacy and Personhood, 6 PHIL. & PUB. AFF. 26 (1976). at 44.

德事实”。①

无独有偶，另一个关于隐私权的观点同样强调了个人自治、身份及个性的重要性。正如 David A. J. Richards 最近所言，个人自治的规范价值在于使“个人自治主体意识到自己和其他人是相互独立的，并且有能力就个人的合理生活选择独立作出决定”。②

与个人自治基础上的隐私权相对，另一个构想将隐私权建立在婚姻和家庭利益之上。尽管对于自我意识和身份意识与一般社会公共利益相一致的人来说，婚姻家庭利益同个人的价值取向和生活选择总是能够互相协调，但这些利益依然首先是社会性的。不过，这一构想的主要目的并不在于证明个人隐私利益的正当性。

本文的第三部分将集中探讨上述两种相互矛盾的观点。家庭基础上的隐私权以婚姻结构和家庭生活为首要价值，其次才关注生活于其中的个人的利益，下文将解释为什么这样的隐私权理论会严重背离宪法的要求及哲学上合理的隐私概念。尤其是在宪法性隐私权的道德基础及其正当性通过契约道德理论获得合理阐释之后，以家庭为基础的隐私权的不足之处就更加显而易见。③

三、宪法和哲学上的规范性视角

(一) 合理的宪法内容

如果人们无法自由地选择、接受一种能够表达独立自我和个性的生活方式，那么，宪法为人类尊严所提供的保护将被严重削弱。④ 以家庭为基础的隐私权完全忽视了个人的自主选择，它维护社会的习惯和价值，以使现时的习惯和价值一直延续下去。此外，由于个人的权

---

① Freund, Privacy: One Concept or Many, 13 NoMos 182 (1972), at 288.

② Richards, Taking 'Taking Rights Seriously' Seriously: Reflections on Dworkin and the American Revival of Natural Law, 52 N. Y. U. L. REV. 1265, 1329 (1977).

③ For a discussion of contractarian theory and its influence on American constitutionalism, see Richards, Unnatural Acts and the Constitutional Right to Privacy: Amoral Theory, 45 Fordham L. REv. 1281, 1284 -1285, (1977).

④ Wilkinson & White, Constitutional Protection for Personal Lifestyles, 62 CORNELL L. REV. 563, 611 -613 (1977), at 612.

利总是偏离社会风俗，甚至在多数情况下同社会风俗相悖，这一观点还存在其他问题。在某个层面上可以认为，如果宪法保护的核心功能是保障少数人的权利，那么，以惯常的社会体制为前提设定的宪法保护必然无法完成这一基本功能。一项反映多数人意见的公民权利，诸如以家庭为基础的隐私权，在纠正“对‘孤立而隔绝之少数人’的偏见”时就没有用武之地，“这样的偏见容易导致政府违背政治行为的程序，而设定这些程序的目的通常在于保护少数人的权利”。[①]

相反，以个人自治为基础的隐私权是对“孤立而隔绝之少数人”[②] 的强有力保护，这些少数群体在作出个人生活中最为重大、私密的选择时，往往遭受多数人褊狭、不容异己的观念的影响。自治基础上的隐私权能够有力地保护他人免受性取向歧视，免受因性表达的方式被视为“异常”而引起的刑事检控，以及免受日常社会生活中更普遍的、对容易招致多数人攻击的非传统生活方式的限制。[③]

（二）家庭基础上的隐私权的思想基础

以家庭为基础的隐私权总是和多数人的意见相契合，对观念偏离常规的人仅仅提供附带性救济。而那些“孤立而隔绝之少数人”，即只有自治基础上的权利才能保障其生活选择免受多数人偏见威胁的人，恰恰是其生活方式可能超出宪法的狭小保护范围的人。不过，要让法院告诉同性恋者，有一种叫做隐私权的权利可以在传统婚姻家庭观念之下保护他们的权益，[④] 这不免让人想到 Anatole France 的那句著名讽刺话：“法律，按其堂皇的平等原则，既禁止富人也禁止穷人在桥下睡觉、在街上行乞和偷窃面包。”[⑤]

除了家庭观念下的隐私权所造成的有形歧视之外，隐私权的理论

---

① United States v. Carolene Prods. Co., 304 U. S. 144, 153 n. 4 (1938).

② The phrase is taken from Justice Stone's famous Carolene Products footnote which later supported judicial intervention in noneconomic affairs.

③ Wilkinson & White, Constitutional Protection for Personal Lifestyles, 62 CORNELL L. REV. 563, 611-613 (1977).

④ Doe v. Commonwealth's Attorney, 403 F. Supp. 1199 (E. D. Va. 1975), aff'dmem., 425 U. S. 901 (1976).

⑤ A. FRANCE, LE Lys ROUGE 117-118 (1894).

重构同我们每个人都息息相关。要想获得真正意义上的“隐私”，我们所实施的某些特定活动就必须隐藏于公众视线之外。① 个人思考、自我反思以及创作活动，这些表达个性的特定过程需要私人空间，进行这些活动以享有私人空间为基础和前提。因此，失去隐私就意味着丧失自我，因为完全公开的生活会使个人的思考、反思、创作等过程暴露在公共视线之下，引起某些人不怀好意的窥视，妨碍这些活动的进行，从而丧失这些活动本来应该达到的深度。②

以家庭为基础的隐私权在两个方面否定了人们对隐私的根本需求：一方面，一个旨在保护家庭利益、集体利益的隐私权是以牺牲个人自治为代价的；另一方面，它完全忽视人们对隐私的必然需求，当然地混淆了隐私的深层含义。

更进一步地，家庭隐私权的内在根基是一种主流文化观念，即视家庭为“无情尘世间的港湾”。家庭不仅是界定个人隐私范围的屋宇，也是个人隐私的源泉所在。然而，这种经验主义的观念近来已经遭到社会学学者和历史学学者的严重质疑。③ Christopher Lasch 在一项研究中认为，家庭已经由抵御公共生活和工作场所外部压力的情感庇护所，转变为产生压力的场所，Lasch 指出：“针对‘个人化’的讽刺……是不得要领的。历史的发展曾经使得人们设立私人空间（尤其是家庭）作为政治生活、工作生活之外的情感庇护所成为必要，但如今的历史发展状况已经侵蚀了这样的庇护所，家庭不再被视为个人的情感庇护所。个人主义的回归使那些濒临消亡的价值观念难以继续支撑下去。”④

Lasch 认为，技术发展带来的侵扰逐步升级，家庭的隐私被逐渐侵入、泯没，哪怕用其自身的观点对其进行检验时，家庭隐私权也变成一种讽刺。Lasch 指出，家庭在事实上大量解散，建议对理想化的家庭进行感情投资；家庭意识形态会妨碍人们认识到家庭结构已被侵蚀的事实以及家庭正逐渐丧失其温暖、活力、安宁和友爱的事实。正如一个摇摇欲坠的共和国在瓦解崩塌的前夕，会变本加厉地用荣誉、

---

① H. Arendt, The Human Condition 73 (1958).

② H. Arendt, The Human Condition 73 (1958), at 71.

③ See, e. g., C. Lasch, Haven In A Heartless World: The Family Besieged (1977).

④ C. Lasch, Haven In A Heartless World: The Family Besieged (1977). at xviii.

奖章和各种威严的道具粉饰自己以维持光辉的表象，某种思想在其最不稳定的时刻也会被高度赞赏、大肆宣扬。

因此，建立在家庭基础上的隐私权最终既损害他人的隐私也危害他人的家庭，因为它将隐私权建立在一个可能无法继续支撑其存在的家庭观念之上。而继续一味盲信“家庭是远离社会的避风港”，会掩盖住家庭这个避风港的根基正在逐渐崩塌的事实，这种偏执的想法拒绝任何试图为家庭观念注入新鲜含义和生命力的努力。建立在家庭思想观念之上的隐私权理论不仅排除人类个体的根本需求，而且对这一观念的盲从阻碍了家庭功能的复兴，阻碍家庭成为抵御来自公共领域的冷漠甚至残酷压迫的堡垒。

（三）一种私权理论：家庭基础上的隐私权与权宜之策

且不论家庭基础上的隐私权理论是否符合宪法规定，“家庭隐私权”这一概念本身在哲学上就是站不住脚的。家庭隐私权内在地具有矛盾性且脱离当今社会现实，也无法保护那些因生活方式突破传统或不符合常规而遭受多数人排挤的人，前文已经对这些方面进行了批判。在这个部分，本文将着眼于家庭隐私权不同于隐私权本身利益的正式理论构建，检视这一路径的理论构建是否能够经受住哲学上的考验。

拥有一项法律权利，意味着最低限度上必须能够通过法律的强制力保证权利得以实现，不能实现的权利不能称其为权利。权利人可以运用法律制度来保障权利的实现，在某些必要的时候甚至可能牺牲社会公共利益。而纯粹功利主义计算以效益价值为目标，追求公共福利的最大化，在这种前提下所谓的权利将会显得毫无意义，因为在数量计算上个人权利很难胜过公共福利。因此，权利必须优先于“效用”。Ronald Dworkin 认为，权利是个人对抗社会政策的一张王牌。政府实施公共政策时总是追求公共福利的最大化，通过此种衡量得出的结论对追求公共福利来说当然显得合理适当，但这样做实际上可能会损害个人利益。此时，如果个人拥有权利，就可以行使权利这张王牌反对政府的行为。[①] 所以，权利植根于这样一个基本原则，每个独

---

① R. Dworkin, Taking Rights Seriously Xi (1977) [hereinafter cited as Taking Rights Seriously].

立的个人在性质上皆是平等的，无需数量上的要求。[①]

根据 Dworkin 的思想，权利是对抗政府行为、对抗功利主义推论的王牌，但仅仅依靠平等还不足以解释 Dworkin 想要表达的这种理念。正如我们所见，Dworkin 对平等的过分强调异化成一种直观的功利主义。除了平等之外，任何具有合理性的权利理论应当也能够说明个人自治的规范价值……[②]

我们对平等的理解源自 Immanuel Kant 的观点，他认为，在纯粹理性的、无形的“目的王国”中，每个人都是平等、自治的主体。[③] Kant 的绝对道德原则要求人们无条件地将每一个独立的他人当作目的来对待：“你的行为使你对待人类时，不管是对待自身还是他人，都把人作为最终目标，而不只是一种手段。”[④] 遵循这样的要求，政府不得为了推动社会政治目的而将其管理下的公民当做手段使用。权利的出现正是为了保障权力不被滥用。

在现代学者探讨权利之于宪政民主的重要性时，平等这一基础性的价值至关重要。[⑤] 但与此同时我们不难从“康德模式”中发现，作为隐私权获得实现的理论背景，平等和自治这一对相生相伴的概念不可避免地相互制约。

建立在平等与自治基础上的公民权利，只有在与社会中的个人主体联系在一起时才能够被理解。家庭基础上的隐私权为那些自愿结合成家庭共同体的人提供保护，但代价是削减了对未婚者或生活于家庭范围之外的人所提供的保护。此外，家庭基础上的隐私权将个人抽象

---

① R. Dworkin, Taking Rights Seriously Xi (1977) [hereinafter cited as Taking Rights Seriously]. at 273. See also Dworkin, Why Bakke Has No Case, N. Y. REV. BOOKS, Nov. 10, 1977.

② Richards, Taking Taking Rights Seriously: Reflections on Dworkin and the American Revival of Natural Law, 52 N. Y. U. L. REV. 1265, 1329 (1977), at 1329. See also id. at 1322 – 1338.

③ Kant, Fundamental Principles of The Metaphysics of Morals 57 – 58 (T. Abbot trans. 1838).

④ 同上书。

⑤ In J. Rawls, A Theory of Justice (1972), John Rawls proposes a statement of equality as the first principle governing the basic structure of society: First: each person is to have an equal right to the most extensive basic liberty compatible with a similar liberty for others.

为家庭的组成部分，降低其作为人类个体的重要性，有歧视家庭共同体中的个体成员之嫌。家庭基础上的隐私权的前提条件是将个人视为手段，以实现抽象家庭共同体的更高目标。因此，以家庭为基础的隐私权违背了个体平等、自治的基本原则，而这一基本原则应当居于公民权利的核心之处。

四、发展中的隐私权：自治基础上的隐私权和家庭基础上的隐私权之间的冲突

有些隐私权案件会涉及个人的私密选择和自由，且通常与性方面的选择和自由有关，美国联邦最高法院对这类案件作出判决的结果存在相互矛盾之处。一方面，许多案件的裁判结果和判决中的大量用语表明，法院对这类情况下个人自主选择的利益需求作出回应；另一方面，法院似乎又经常强调婚姻家庭结构的重要性，仅仅将个人的隐私利益作为婚姻家庭结构的附带产物。最近一些案件所涉及的行为就超出了传统婚姻家庭结构及其影响范围，在这些案件中，法院未能就个人隐私利益作出合理阐释。

Griswold v. Connecticut 一案[①]是美国联邦最高法院正式确立宪法性隐私权的第一案。在 Griswold 一案中，Douglas 大法官撰写了法院意见，认定康涅狄格州禁止已婚夫妇取得或使用避孕用具的法律违宪。但康涅狄格州禁止已婚夫妇获取和使用避孕用具的立法是否确实保护了婚姻家庭所体现的利益？或者是否采用避孕措施应当属于个人隐私和个人选择的范围？对这些问题，法院的意见并不明确。[②]

在 Eisenstadt v. Baird[③] 和 Roe v. Wade[④] 两个案件当中，美国联邦最高法院在前一个案件中允许未婚人士使用避孕工具，在后一个案件当中则允许已婚妇女及未婚妇女采取堕胎措施。通过这两个案件，美国联邦最高法院对 Griswold 一案中悬而未决的问题作出试探性的回

---

① 381 U. S. 479 (1965).

② Constitutional protection for the sanctity of marriage and the inviolability of the marital institution, apart from the individuals involved, was earlier suggested by Justice Harlan in his famous dissent in Poe v. Ullman, 367 U. S. 497, 545 -553 (1961).

③ 405 U. S. 438 (1972).

④ 410 U. S. 113 (1973).

答，它支持自治基础上的隐私权的构建。在 Eisenstadt 一案中，法院将隐私权界定为他人"在诸如是否生育子女等关乎个人根本选择的事务上所享有的免受政府不当侵扰"[①] 的权利，隐私权无非就是一项"属于他人个人的权利，无论他人是已婚者还是未婚者"。[②]

不过，在 Roe 一案中，法院依然强调了隐私权的婚姻或家庭背景："这项权利（隐私权）和婚姻、生育、避孕、家庭关系……子女抚养和教育等事务具有广泛联系。"[③] 法院并不认为妇女对这些事务的自治权是绝对的："怀孕的妇女并不因此就被隔离在她个人的隐私空间里……在某些情况下，诸如母亲的健康利益、潜在的他人生命利益等其他利益同样事关重大。在这些情况下，妇女的隐私权不再是唯一的目的，她拥有的任何种类的隐私权都必须经过相应的仔细权衡。各州对此进行规定的做法是合理且适当的。"[④]

法院对自治基础上的隐私权的构想表现得十分敏感谨慎，尤其是在 Eisenstadt 一案中。个人选择其生活方式所体现的自治利益最为重要，相对而言，个人决定是否避孕或堕胎这些通常在婚姻家庭背景下决定的事务所体现的自治利益则相对次要。

在最近类似 Roe、Eisenstadt 案件的一些案件中，法院的判决也表现出相似的矛盾。Planned Parenthood of Missouri v. Danforth 一案[⑤]的结果明显扩张了自治基础上的隐私权，美国联邦最高法院推翻州立法中已婚妇女堕胎需要配偶同意、未婚的未成年妇女堕胎必须取得父母同意的规定。法院的判决将保护范围扩大到一般公认的社会规范范围之外，即在未成年人的性活动中也同样保护生育方面的个人自治。这样的举动应当被视为支持了自治基础上的隐私权，而直接反对以家庭为基础的隐私权的构建。进一步而言，对配偶或父母决定权的最终否认从根本上来说是和家庭基础的隐私权理论相悖的。

---

① 405 U. S. at 453.

② 405 U. S. at 473. This language was quoted by Justice Douglas in his concurring opinion in Doe v. Bolton, 410 U. S. 179, 213 (1973) (Douglas, J., concurring) (Georgia abortion statute invalidated).

③ 410 U. S. at 152 – 153 (citations omitted).

④ 410 U. S. at 159.

⑤ 428 U. S. 52 (1976).

然而，正如 Roe 一案那样，有些细微的差别依然存在。Danforth 一案的结果令人担忧，因为法院认为作出堕胎决定的直接、合法利益归丈夫或父母所有：我们不是不了解，一个全心全意、关怀备至的丈夫对妻子的妊娠及其腹中胎儿的生长发育怀有多么深切的关心和利益。法院也不是没有意识到婚姻关系对社会的重要性。①

美国联邦最高法院努力平衡男女双方之间在作出堕胎决定时可能存在的利益冲突，最终的结论是倾向于保护妇女的利益，因为“从生理上来讲，是妇女孕育了胎儿并且更直接地受到妊娠的影响”。② 不过，正如在 Roe 一案所判决的结果，法院未能证明妇女在决定是否对其身体实施治疗或其他行为时拥有绝对的自治利益。

法院依据“不正当授权”的概念来得出最终的判决结果：如果州无法支配妇女在孕期前三个月决定是否堕胎的权利，那么，州同样无权将这一决定权“授予”其丈夫或父母。③ 正如 Roe 一案能够部分体现出来的那样，如果妇女在选择是否怀孕生子这件事上拥有范围明确的自主决定权，按照此种逻辑，既然法律条文已经明确保护妇女的合法权益不受妨害，那么，在父母或配偶表示反对的案件中，其否决显然是欠缺法律支持的。但是，利益平衡的表述和不正当授权的阐释恰恰表明，法院对丈夫或父母就堕胎决定是否享有相应利益进行权衡的做法，同时也隐晦地强调了隐私权所需的家庭背景；否则，怎么会有必要通过利益平衡的理由进行解释呢？在类似 Danforth 这样多种利益互相对立冲突的案件中，隐私权在保护家庭结构与维护个人自治完整性二者之间摇摆不定，理论框架内在的矛盾显而易见。

Carey v. Population Services International 一案④和 Danforth 一案非常相似。但相比 Danforth 一案，相对多数的法官意见同意扩张自治基

① 428 U. S. 52 (1976), at 69.

② 428 U. S. 52 (1976), at 71.

③ One ground on which the Court invalidated the challenged statute was that the state had delegated to the husband or parent authority with regard to the abortion decision which the state in the first instance did not have: Clearly, since the State cannot regulate or proscribe abortion . . . the State cannot delegate authority to any particular person, even the spouse, to prevent abortion . . . 428 U. S. at 69.

④ 431 U. S. 678 (1977).

础上的隐私利益范围。相对多数意见否定了州立法中禁止16岁以下的人使用避孕用具及禁止向16岁以下的人提供避孕用具的规定。①这一判决结果和Danforth一案的判决结果同样地涉及未成年人性行为这个尚未被社会道德观念所接受的领域，保护这一领域的生育自治权，从而支持了个人自治基础上的隐私权理论。

然而，美国联邦最高法院的一个脚注打开了“潘多拉魔盒”，这个脚注断言：宪法上的隐私权从未保护成人之间自愿同意发生的性关系。② 的确，美国联邦最高法院从未明确涉及自愿性关系的隐私权保护问题。从这个角度来说，Carey一案的脚注确实不构成对隐私权法的错误陈述。但是它带来的问题令人困惑，法院为何无缘无故地从社会关系中分隔出一个隐私权尚未保护的部分，这一做法的原因不甚明了。Powell大法官曾明确表示，州立法中任何试图规制性行为的规定都可能引起严格的司法审查标准。③ 这个注释是否仅仅是为了回应Powell大法官的言论？或者更严肃地说，这一注释本身就认为私人性关系，尤其是同性恋者之间的性关系没有必要受隐私权的保护？后一种解释尤其令人不安，因为这意味着未成年人和未婚者的生育自治权之所以受到保护，只是因为它们在某种程度上附属于婚姻隐私的保护。而成年同性之间自愿发生的性行为并不涉及生育或其他婚姻问题，因此就无需受到保护。

当然，美国联邦最高法院并不缺少机会去论及隐私权和性关系保护的问题。在Carey一案之前，美国联邦最高法院毫不保留地肯定了下级法院就Doe v. Commonwealth's Attorney for the City of Richmond一案④作出的判决。下级法院认为，同性恋者因为其选择的性行为方式而不受隐私权的保护，隐私权只保护已婚异性夫妻之间私密的性活

① “As we observe below, the Court has not definitively answered the difficult question whether and to what extent the Constitution prohibits state statutes regulating [private consensual sexual] behavior among adults, and we do not purport to answer that question now.” 431 U. S. 678 (1977). at 688 n. 5.

② 431 U. S. 678 (1977).

③ 431 U. S. at 703 (Powell, J., concurring).

④ 425 U. S. 901 (1976), 403 F. Supp. 1199 (E. D. Va. 1975).

动。① 尽管对下级法院判决的概括维持“显然同美国联邦最高法院针对案件实质问题作出的判决具有不同的先例价值”,② 也并不意味着美国联邦最高法院承认了下级法院的判决理由；但“在美国联邦最高法院直接地或通过‘学说发展’做出另外的裁判意见”之前，美国联邦最高法院的承认对下级法院依然具有约束力。③ 例如，作出Doe一案判决的第四巡回法院解释道，美国联邦最高法院对其判决的维持“必要地将宪法上的隐私权保护范围限于异性之间，甚至可能仅限于婚姻关系的范围之内”。④

尽管第四巡回法院在Doe一案的判决意见中似乎走得更远，但很显然，至少在眼下美国联邦最高法院选择回避这个问题，避免将宪法性隐私权的保护范围扩大到包括成年同性之间自愿的性行为。这一结论有相应事实的支持，即在美国联邦最高法院正式提出隐私权、性表达和性取向歧视这些问题之前，已经接连发生过一些相关的案件，而美国联邦最高法院一贯地通过其司法审查的自由裁量权回避了这些案件。⑤

Doe一案及其类似案件之所以令人困扰，还有另一个原因：这些案件可能表明，类似Carey一案和Danforth一案的案件判决之所以保护那些超出传统社会结构之外的生育自治权，是因为那些行为和婚姻家庭的背景有典型的联系。如果这个原因成立，那么，这必将意味着大大削弱美国联邦最高法院对自治基础上的隐私权的推崇，削弱美国联邦最高法院希望证明少数群体的隐私权应当成为私权核心的意愿。除了涉及个人私密决定的隐私权案件之外，还有若干其他案件稍微增强了这一可能性。在Paris Adult Theatre I v. Slayton一案中，下级法院颁发强制令禁止某成人影院出于商业目的播放淫秽电影，美国联邦

---

① 403 F. Supp. 1199 (E. D. Va. 1975), affd hemn., 425 U. S. 901 (1976).

② Richardson v. Ramirez, 418 U. S. 24, 83 (1974) [citing Edelman v. Jordan, 415 U. S. 651 (1974)].

③ R. Stern & E. Gressman, Supreme Court Practice 331 (1978) [citing Hicks v. Miranda, 422 U. S. 332 (1975)].

④ Lovisi v. Slayton, 539 F. 2d 349, 352 (4th Cir. 1976), cert. denied, 429 U. S. 977 (1976); cf. Berg. v. Clayton, 436 F. Supp. 76, 79 (D. D. C. 1977)

⑤ See Lovisi v. Slayton, 363 F. Supp. 620 (E. D. Va. 1973), aff'd, 539 F. 2d 349 (4th Cir.), cert. denied, 429 U. S. 977 (1976).

最高法院支持了这一判决。这清楚地表明“隐私权包含个人家中的私密生活、家庭关系、婚姻关系、怀孕生育和子女抚养等方面的内容，并对这些内容提供保护”。[①]

在 United States v. O. ito 一案[②]中还出现一种观点认为，隐私权是一种场所性的权利，仅限于家庭住所范围内。美国联邦最高法院在该案判决中认为，国会可以禁止运输者出于个人使用目的在州与州之间运输淫秽物品，因为隐私权的范围并没有扩大到住所之外。在不久前的 Paul v. Davis 一案中，美国联邦最高法院拒绝对涉案隐私侵权行为实行宪法保护。法院判决认为，如果警察向当地商店分发的传单中把另一个人的照片当作大家熟知的商店扒手印在上面，这不构成对任何公民权利的侵犯。因此，如果州政府在一起刑事指控中曾经作出信息披露行为（后来州政府又撤销了这起刑事指控），那么，个人针对该信息披露行为提起的隐私权主张将不受宪法保护。美国联邦最高法院的判决将隐私权的范围局限于“婚姻、生育、避孕、家庭关系及子女抚养教育等方面的事务”。[③] 也许是因为法院希望将隐私权限定在两性及家庭权利范围内，所以总是在判决中对家庭利益进行冗长的列举。即便如此，这种处理方式依然十分令人担忧，因为正如某种解释认为的那样，把隐私权的保护局限于传统的婚姻家庭范围将会从隐私权的核心部分中排除掉个人自治利益。

总而言之，美国联邦最高法院的一系列判决表明，其对待以个人自治为基础的隐私权理论时显得举棋不定。联邦最高法院对 Doe v. Commonwealth's Attorney 一案判决的维持加上在 Carey 一案中作出的注释，动摇了特定形式之私人交流活动可以超出隐私权外部限制的发展趋势。最近的判决中反复出现对家庭权利和隐私权内容的冗长列

---

① See Lovisi v. Slayton, 363 F. Supp. 620 (E. D. Va. 1973), aff'd, 539 F. 2d 349 (4th Cir.), cert. denied, 429 U. S. 977 (1976). at 65 (citations omitted). A similar recital issued in Whalen v. Roe, 429U. S. 589, 600 n. 26 (1977), he Supreme Court's most comprehensive attempt thus far to define the constitutional right of privacy. L. TRIBE, supra note 9, at 886 (1978); accord, Zablocki v. Redhail, 434 U. S. 374, 385 (1978); Quilloin v. Walcott, 434 U. S. 246, 255 (1978).

② 413 U. S. 139 (1973).

③ 424 U. S. at 713.

举，这表明联邦最高法院倾向于限制初生的自治性隐私权，在隐私交流中设定婚姻和家庭的边界，以求回归到陈旧的婚姻家庭观念中。建立在家庭基础上的隐私权和建立在个人自治基础上的隐私权是相互冲突的，在诸如反堕胎立法等利益冲突的情况下，二者的矛盾之处显而易见。

五、结语

无论从宪法上考察还是从哲学上考察，建立在家庭基础上的隐私权都是站不住脚的。只有自治基础上的隐私权才能真正被视为一项公民权利，而只有这样的权利才能证明个人隐私利益的正当性，尤其是在个人隐私利益和多数人的标准与观念相互冲突的时候。美国联邦最高法院处理自治基础上的隐私权案件时十分敏感谨慎，但其判决有时也会出现混乱、矛盾的地方。为了符合自治基础上的隐私权理念，法院需要改变对待成年同性之间的自愿性行为的态度。希望法院能够适时地实现其判决中所提出自治基础上的隐私权，无论是否发生在家庭背景之下，用公民权利作为标准检验时，任何缺乏自治基础的权利都是虚假的，最终甚至可能侵害我们自身的权益。

第二编　自治性隐私权的论争

个人自治：隐私权法的一种新类型

伊冯 F. 林格伦[①] 著　张雨[②] 译

目　　次

一、导论

自2006年以来，堕胎权的倡导者们多次将他们的激进主张付诸实践。每一年，他们都会请那些已经实行过堕胎手术的女性在一份请愿书上签名，并借这份请愿书表明她们都曾经历过堕胎。如此这般，每个签名的女性实际上就是将自己的堕胎经历曝露在公众的视野之中，从而引起公众对相关政治问题的讨论。这种抗议活动将堕胎权的理论基础从隐私权提升到了公民自由与个人自治的层面上。随之而来的问题是，堕胎权究竟属于隐私权还是属于个人的生育自治权？近年来，生育权法得到了持续的发展。1965年，美国联邦最高法院在Griswold v. Connecticut一案的判决书中指出，已婚夫妇的隐私权包括

---

① 伊冯 F. 林格伦（Yvonne F. Lindgren），美国加利福尼亚大学伯克利分校法学院法学博士。

② 张雨，中山大学法学院助教

取得避孕药的权利。严格说来，美国联邦最高法院早已不再将生育权视为隐私权的一部分了，但笔者认为，有关信息性隐私权与空间性隐私权的判例法仍然在影响着法院对生育权案件的审理。更为重要的是，笔者注意到，涉及自治性隐私权的案件一直处在隐私权理论的影响之下，这不仅限制了自治性隐私权这一重要权利的范围与效力，也阻碍了它的进一步发展，更会将其置于饱受诸多法官批评诟病的境遇之中。

许多法学学者曾一度想用分类的方式来理清隐私权法中的复杂问题。本文提出了一种新型的分类法——它不仅能够重新阐明隐私权法的广阔范围，而且还会说明，当美国联邦最高法院在审理自治性隐私权的案件时，空间性隐私权与信息性隐私权的判例法会对法院造成多大的影响。在本文的第三部分当中，笔者将会介绍现存的一种隐私权分类法，它将隐私权分为三部分——空间性隐私权、信息性隐私权以及自治性隐私权。而在本文的第四部分当中，笔者将会论证，空间性隐私权与信息性隐私权的内容相互重叠，因为它们二者要么都会涉及对空间隐私的入侵，要么都与个人信息的隐藏有关。既然它们的联系如此紧密，它们实际上就可以被划为一类。本文将一进步探讨 Griswold 一案，笔者认为法院对该案的判决并不准确，因为该案其实与隐私无关。在该案中，美国联邦最高法院通过创设第三种隐私权——将个人的自治性隐私权视为一类隐私权，并将生育自治的权利与隐私权联系到一起，从而限制了法律对女性生育自治的保护，并且让女性生育自治这一重要的权利陷入危险之中。更为关键的是，笔者也会探讨，隐私权为何会限制法律对自治性隐私权的保护力度，以及当美国联邦最高法院在定义自治性隐私权这一重要权利时，会在哪些方面受到隐私权理论的影响。在本文的第五部分当中，笔者将提出一种新的分类法——自治性隐私权将会与隐私权法相互分离，并自成一体。为了更好地区分它们二者，我们必须为自治性隐私权的相关法律创造一个全新的名称——个人自治权。笔者认为对隐私权法的重新阐释是必要之举，也是当务之急。它必须得到更加清晰的论证，也必须要正视一系列新的挑战，比如新兴的妇女权益保障法所带来的问题。与此同时，本文也会指出，让自治权与隐私权相互分离，无疑也能更好地回应一些女权主义者的批评，她们一直认为隐私权的理论之中充满了对女性的压迫。

那些在请愿书上签名的女性将隐私权视为一项以自由与自治为基础的权利，法院是时候该作出这种变革了。法院尤其应该意识到个人自治权本来就是一种基本的人格权，它与隐私权相互分离，各自独立。当我们重新将生育权视为一种个人自治权时，我们实际上是将生育权从一种空间概念中的权利提升为一种与生俱来的积极权利。在相关的堕胎案件中，受到威胁的并不是隐私权，而是个人自治权。这是一种控制个人身份的权利、一种对私人生活作出决策的权利和一种对自己的人生之路作出选择的权利。

二、理论背景

隐私权的定义本身似乎就存在着一些尴尬之处，① 它的保护范围太过广泛，不仅包括侵权法所保护的利益，也涉及《美国联邦宪法第四修正案》所捍卫的利益，而且还与公民自由紧密相关。实际上，隐私权一度被用到许多并不相关的法律领域中，从而以法律的手段保护一些形形色色的权利，诸如保护公民免遭政府窃听的权利；保护同性恋者发生性关系的权利；保护他人的私人事务免遭公开披露的权利。在这么广阔的范围中，一部分是源自美国联邦宪法的基本权利，一部分是侵权责任法所保护的权利，总之，它们均被称之为“隐私权”。对于隐私权，Laurence Tribe 曾感慨道：“看似囊括了一切的概念，实际上空空如也，一无所有。”②

学者们曾试图对隐私权进行分门别类、重新定义，从而理清这一法律领域的内部秩序与内部关系。③ 学者们普遍使用两种方式：其一，以 Judith DeCew 为代表，这一类学者主张以一个统一的定义来诠释隐私权的所有法律功能与法律意义，但为了使隐私权成为一项切实可行的权利，所以这个定义的范围不能太过宽泛，必须有明确的界限；其二，以 Jerry Kang 为代表，这一类学者认为应该将隐私权分为

---

① Kimlane Scheppele, Legal Secrets 184 – 185 (University of Chicago Press 1988).

② Laurence H. Tribe, American Constitutional Law 1352 (2d ed. 1988), p1304.

③ See Roscoe Pound, Interests in Personality, 28 HARV. L. REv. 343 (1915); Paul A. Freund, Privacy: One Concept or Many, in Privacy 182.

几种不同类型的权利，方能阐明这一法律领域的基本问题。本文将对以上两种学者的论点作出回应。然而，不论是统一的定义法，还是现存的隐私权分类法，都存在一个值得我们注意的问题，即个人的自治性隐私权根本不应被包括在内。笔者认为个人的自治权是一项独立的权利，如果将其纳入到隐私权法的保护范围之中，只会削弱它作为一项权利的本质属性，降低它的保护力度，更会让它陷入到铺天盖地的批评诟病之中。

三、现存的隐私权分类法

（一）空间性隐私权

关于现存的隐私权分类法，本文首先要提到的即是空间性隐私权。笔者将在下文中对此进行更为详细的阐述。这种空间性隐私权被分为两类：其一，普通法中的隐私权，它旨在保护他人的独居状态和家庭生活免遭行为人的侵扰；其二，《美国联邦宪法第三修正案》、《美国联邦宪法第四修正案》保护他人的住宅免遭政府的侵犯。总而言之，空间性隐私权会受到普通法与《美国联邦宪法》的双重保护。笔者对这类隐私权的诠释与阐述，是为了探讨空间性隐私权的案件是否能够帮助我们理解自治性隐私权的理论。

1. 普通法对空间性隐私权的保护：家庭生活的神圣与安宁

早在殖民时代，我们的社会就普遍认可这样一条有效的原则："每个人的住宅都是他的城堡，每个人都是这个城堡中的王子，他的安全受到了强有力的保卫。"[①] William Blackstone 指出："法律承认并尊重公民住宅所具有的豁免权，因为住宅就是每个人的城堡。"

在普通法的规定中，他人在家庭生活中所享有的隐私权表现为独居的权利，以及获得宁静舒适的生活的权利。然而，这种隐私权与《美国联邦宪法第一修正案》所保护的推销员的权利相互冲突。在相关的案件中，法院都作出了明确的认定——他人在自己的家中享有空间性隐私权，这种权利保护他人的家庭生活免遭行为人的侵犯。在

① Paxton's Case, Superior Court 1761, reprinted in Quincy's Mass. Rep. 1761 - 1762 (1865). See Semayne's Case, 77 Eng. Rep. 194, 195 (K. B. 1604).

Breard v. Alexandria 一案[①]中，美国联邦最高法院对涉案的一项法令表示了支持——该项法令旨在禁止推销员在未经过住宅所有人许可的情况下，挨家挨户地进行商品兜售和推销。法院在判决书中指出："他人有权保护自己的隐私，并且获得宁静的生活状态"，这种权利不应受到行为人的侵犯，尤其是那些追逐商业利益的行为人，他们往往会对他人的这类权利造成侵扰。在 Rowan v. United States Post Office Department 一案[②]中，法院进一步深化了自己的理论。在该案中，法院认可并支持了一部联邦法律，这部法律宣称"住宅所有人有权要求邮政管理局局长发布一项命令——禁止某个寄件人再次向他们寄送一些色情露骨的文件资料"。Justice Burger 大法官指出："我们认为传播权非常重要，与此同时，但我们也确实拥有一项基础性的权利，它能够保护我们免遭那些我们所厌恶的图片、声音以及有形物质的侵扰，这两项权利可能会相互冲突。对于我们来说，如果收件人并不愿意接受某种邮件，那么寄件人的传播权似乎就应止步于收件人的邮箱之前了。"在某些案件中，住宅的所有人并没有受到不速之客的打扰，而是被动地收到了一些令他们感到厌恶的邮件，美国联邦最高法院也认为他人的隐私权与其家庭生活的宁静是如此重要，以至于住宅所有人的隐私权当然要优于《美国联邦宪法第一修正案》所保护的商业言论自由。

值得注意的是，在某些案件中，美国联邦最高法院却拒绝保护他人所享有的独居权与其在公共领域中获得宁静的权利。这类案件的判决均强调了普通法中的隐私权原则，即"家庭就是一个人的避难所"。在 Public Utilities Commission v. Pollack 一案[③]中，两名乘客对哥伦比亚地区在公共巴士上设置无线电广播的做法提出了质疑与挑战。美国联邦最高法院驳回了原告的诉求，法院认为，原告宣称自己的宪法性隐私权遭到了侵犯，但是他们的依据完全建立在一个错误的基础之上："……《美国联邦宪法第五修正案》为公共交通工具中的所有乘客都提供了保护——所有乘客的隐私权在本质上等同于他们在家中

---

① 341 U. S. 622 (1951).
② 397 U. S. 728 (1970).
③ 343 U. S. 451 (1952).

所享有的隐私权。”与此类似的是，法院在审理相关案件时也会将他人在家中享有的隐私利益与他人在公共场所享有的隐私利益区分开来，比如 Cohen v. California 一案①。在该案中，原告身穿一件印有粗俗语言的 T 恤出现在公共场所中，美国联邦最高法院认为原告有权这样做，虽然那些不愿看见这类 T 恤的路人认为原告的行为侵犯了他们的隐私权，但法院指出，这些路人的隐私权远远没有原告的言论自由权重要，因为其他人如果不喜欢这样的 T 恤，他们完全可以“转移自己的目光”。在一系列的案件中，美国联邦最高法院都清楚地区分了他人在家庭住宅中的隐私权与在公共场所中享有的隐私权，这类案件均体现出，法院对空间性隐私权理论的认可与依赖。

在 Stanley v. Georgia 一案②中，美国联邦最高法院再次宣称他人在自己家中所享有的独居隐私权与《美国联邦宪法第一修正案》旨在保护的各类自由相互关联。在该案的判决之中，法院指出上诉人在自己的卧室中放置淫秽物品并不构成犯罪。Marshall 大法官认为，他人的卧室隐私不应受到政府的侵犯，这是一种基本权利，《美国联邦宪法第一修正案》意味着，当一个公民身处在自己的住宅中时，任何一个政府都无权告诉他他应该读哪本书，他应该看哪部电影。我们所有的宪政遗产都没有授予政府这项控制公民思想的权力。

在这类空间性隐私权的案件中，法院都将隐私视为一个地点、一个空间。从他人住宅的门槛开始，法院都为他人的隐私提供了最大限度的保护。下文将会讨论到，法院在创建、认可自治性隐私权时也是以这类空间性隐私权案件为依据的。不论是有关避孕药的案件还是堕胎案，或是涉及同性恋性行为的案件，美国联邦最高法院都将其中所涉及的人身利益视为隐私权，并且法院都是通过引用空间性隐私权的判例，从而来论证，以上各类案件中都存在一项宪法性隐私权，它与自治性隐私权相关。笔者认为，法院在此援引空间性隐私权的判例并非明智之举，因为它实际上对涉案的权利本质进行了错误的诠释和定位。笔者将会在下文中进一步论证自治性隐私权与空间性隐私权的关系。

---

① 403 U. S. 15, 21 (1971).

② 394 U. S. 557 (1969).

2. 空间性隐私权与政府的侵权行为

另一类空间性隐私权的案件会涉及他人所享有的宪法性保护，美国联邦宪法保护他人的私人事务免遭政府的侵犯。这就是《美国联邦宪法第四修正案》的主旨，即保护他人的人身、财产与住宅免遭政府无理的搜查和扣押，这无疑与物理空间紧密相关。实际上，宅院的概念、“合理的隐私期待”都与家庭住宅中的隐私权有诸多关联。我们有必要来认真审视这类空间性隐私权的判例，因为美国联邦最高法院都是以这类案件为依据，从而论证自治权也属于一种隐私权。然而，笔者认为，这类涉及物理空间性隐私权的案件与个人的自治权毫无关联，正如笔者将在下文中所阐述的一般，空间性隐私权的案件只会使个人的自治权受到限制。

《美国联邦宪法第三修正案》同样也对空间性隐私权提供了保护。因为该修正案禁止士兵随意侵占公民的住宅。[①] 然而，《美国联邦宪法第四修正案》为公民的隐私权提供了最为全面的保护，该修正案所涵盖的空间隐私理论实际上也向我们说明了，什么是对私人宅院的搜查与扣押。虽然从传统意义上而言，空间性隐私权总是与他人的家庭住宅相关，但是它实际上已经扩展到了其他一些与家庭住宅具有类似特点的领域之中，如办公室、商店、宾馆房间、私家车以及出租车等。

在 Olmstead v. United States 一案[②]中，Brandeis 大法官所发表的非常著名的异议意见重申并强化了这种隐私权的概念——他人有权免遭政府的搜查。在该案的判决书中，多数意见表示《美国联邦宪法第四修正案》并不能适用于本案所涉及的政府窃听行为，因为这里并不存在一种物理意义上的侵犯行为。多数意见仍然以传统的眼光来诠释“隐私”，认为只有那些发生在家庭内部的事务才属于《美国联邦宪法第四修正案》所保护的隐私领域。Brandeis 大法官在他著名的异议意见中拓宽了隐私的范围：“我国伟大的立宪者们承担着保障我

---

① The Third Amendment provides: “No soldier shall, in times of peace, be quartered in any house, without consent of the owner, nor in time of war, but in a manner to be prescribed by law.” U. S. CONST. amend. I.

② 277 U. S. 438, 471 -485 (1928).

们幸福的重任。他们早已意识到，一个人的精神、感情与智慧至关重要，物质生活仅仅只分担了我们一部分的喜怒哀乐，因此他们所努力追求的目标是，保护每一个美国公民的信念、思想、情绪及其感受。为了抵挡来自政府的侵犯，他们认为每个公民都享有独处的权利——这项权利综合了多方面的利益，它具有极高的价值。为了保护该项权利，政府对公民隐私的无理侵犯，无论其手段如何，都应该被视为对《美国联邦宪法第四修正案》的违反与背离。”

Brandeis 大法官以一个更为广阔的视角来定义隐私权，他认为隐私权不再仅仅是指一种空间，也包括人们有权保护自己的信息隐私免遭政府的侵犯。比如，政府会为了制裁刑事罪犯而非法获取一些无形证据，诸如图像、声音和个人信息等。

在 Olmstead 一案发生将近 40 年之后，美国联邦最高法院将 Brandeis 大法官当初所表达的异议意见适用到了 Berger v. New York 一案①中。法院在审理该案后推翻了一部州法律，这部法律允许检方，在认为能够通过窃听的方式收集到犯罪证据的情况下，对该州公民采取窃听手段。法院指出：“我们所关注的焦点在于，这部法律是否是对政府的一般授权——允许政府对公民的住宅或办公室进行非法侵入行为，我们之所以称其为‘非法’，是因为我们认为它完全背离了《美国联邦宪法第四修正案》的主旨要义。”法院用到了“对公民住宅的非法侵入”的字样，这无疑说明，法院之所以得出了该案的判决结论——个人有权免遭政府的窃听，是因为法院采用了空间性隐私权理论作为判决的依据。

无独有偶，在具有里程碑意义的窃听案件——Katz v. United States 一案②中，美国联邦最高法院在判决书中指出，根据《美国联邦宪法第四修正案》的规定，政府部门只有在获得一项授权令时，才能对公用电话亭中的电话通讯进行窃听。虽然法院在对本案进行分析时，仍然认为隐私权与他人所处的空间位置和他人的隐私期待相关，但法院实际上已经扩展了这种物理领域的范围，在此领域中，他人享有合法的隐私期待。正如法院在 Katz 一案的判决书中所写的那

① 388 U. S. 41 (1967).

② 389 U. S. 347 (1967)

样，如果政府对他人在公共电话亭中的通话进行窃听，那么，政府就侵犯了他人的隐私权，这实际上就是《美国联邦宪法第四修正案》所称的“搜查与扣押”行为。

在一系列与警方的监视行为有关的案件中，我们也能发现家庭住宅这一物理空间的重要性。如同法院在 Katz 一案中所指出的一般，正是因为他人在一定的物理空间内享有合理的隐私期待，所以那种认为《美国联邦宪法第四修正案》保护他人免遭监视的理论才具有正当性。从反面而言，《美国联邦宪法第四修正案》并不保护一些发生在家庭空间以外的事务，如那些从公共场所能一目了然的事务。美国联邦最高法院认为，法律保护他人免遭监视的权利，对此，法院曾清楚地表明，我们早就说过，《美国联邦宪法第四修正案》在每位公民的住宅门口画上了一条明确而坚实的界限。[①] 所以，在 Kyllo v. United States 一案[②]的判决书中，法院就曾指出，警方不能用热导影像来检测发生在被告家中的事务，虽然警方的监视行为发生在被告的住宅之外，但警方所使用的热导影像设备仍然一直在收集被告家中的信息和活动。这些影像来自于住宅这一物理空间之中，因此，法院才认为对本案的分析应该涉及《美国联邦宪法第四修正案》，并且这一点至关重要。但与此相反，在 Florida v. Riley 一案[③]中，警方通过一部距地面 400 英尺高的直升机观察到被告在自己的温室中种植了大麻，法院在判决书中写道：“被告在此并不享有合理的隐私期待，因为这是一个被普遍认可的观点，即警方可能会从他们所处的公共优势位置上目测到一些事务，如果他们有权获得这种位置，那么他们就有权看见那些事务。”因此，那些能够从“公共优势位置”观察到的事务就不受到《美国联邦宪法第四修正案》的保护，因为它们不再属于家庭空间中的隐私事务。《美国联邦宪法第四修正案》保护他人家庭之中的隐私免遭监视，但并不必然保护公共视野或是说发生在公共场所中的事务免遭监视。《美国联邦宪法第三修正案》、《美国联邦宪法第四修正案》以及《美国联邦宪法第五修正案》所保护的隐私权是直接

---

① See Kyllo v. United States, 533 U. S. 27, 32 (2001).

② 533 U. S. 27.

③ 488 U. S. 445 (1989).

指向空间隐私的。因此，他人是否享有合理的隐私期待，或者说他人在多大程度上享有合理的隐私期待，这要看政府侵入或监视的物理空间究竟属于公共空间还是私人空间。

空间性隐私权的判例非常重要，因为美国联邦最高法院在审理 Griswold v. Connecticut 一案时，正是通过对一系列空间性隐私权案的引用，从而才建立了自治性隐私权的相关理论。此外，空间性隐私权的理论正进一步影响着法院对生育权的认可与保护。本文的第四部分也将谈到，虽然美国联邦最高法院并不认为自治性隐私权在本质上属于隐私权，但法院依然是根据空间性隐私权的理论来论证法律对自治性隐私权的保护，比如，法院将自治性隐私权视为一个不容政府干预的区域。

（二）信息性隐私权

在现有的隐私权分类法中，第二种隐私权即是对个人信息流通的控制。空间性隐私权涉及的是政府对他人家庭住宅的侵犯，而信息性隐私权所涉及的是，他人有权控制“在何时、何地、以怎样的方式，以及在多大程度上将自己的个人信息披露给其他人”①。跟空间性隐私权一样，体现在个人信息流通中的隐私权也能够被分为两类：其一，普通法所保护的隐私权，也包括网络空间中的隐私权，它保护他人的隐私免遭行为人的侵犯；其二，《美国联邦宪法第一修正案》、《美国联邦宪法第五修正案》保护他人的隐私免遭政府的侵犯。此外，笔者还想说明，空间性隐私权与信息性隐私权相互交错重叠，因为它们二者最终都是在保护家庭住宅这一神圣的领域、他人的独居状态以及保护它们免遭政府行为的侵扰或是行为人的侵犯。理清这两种隐私权之间的关系非常重要，因为这将有助于我们将自治性隐私权和隐私权区分开来。

诸如 Alan Westin 和 Charles Fried 这样的社会学家和法哲学家早已提出过，隐私权就是他人控制自身信息的权利。他们进一步将隐私

① Alanwestin, Privacy And Freedom 7 (Antheneum Press 1967).

权定义为，他人控制自身信息、控制自己的人际关系的权利[①]——“他人有权决定，自己的个人信息在何种情况下能够被其他人获知、披露以及使用”。这是侵权责任法所保护的权利，也是《美国联邦宪法第四修正案》、《美国联邦宪法第五修正案》所旨在保护的隐私权。

1. 保护他人的信息免遭行为人的侵犯：侵权责任法与网络空间中的隐私权

1890 年，Samuel Warren 和 Louis Brandeis 发表了著名的文章《隐私权》，他们在该文中提出，法律应当认可“隐私权”这项权利，他们将其描述为“独处的权利”。[②] 为了对抗那些不断侵扰他人生活的小报记者，Samuel Warren 和 Louis Brandeis 称，人们有权使自己生活的一部分免遭新闻报纸的窥探。在《隐私权》一文发表之时，不论是侵权责任法还是美国联邦宪法尚没有对“隐私权”进行认可，Samuel Warren 和 Louis Brandeis 称，隐私权能够保护他人的私人生活免遭行为人侵扰，这种权利理当得到法律的承认和保护。此外，隐私权的源流在于“不容侵犯的人格权”。在《隐私权》一文发表之后，诸多法院便在案件审理中承认了隐私权，并将之诠释为控制自身信息的权利。早期的隐私权案件都涉及“新闻报业肆无忌惮的摄影师，以及未经授权的广告宣传”。

在《隐私权》一文发表之后的第 70 年，William Prosser 对隐私侵权案件进行了划分，从此以后，隐私权逐渐被普通法所认可。他将隐私侵权案件分为四类：①侵扰他人安宁的隐私侵权；②公开他人私人事务的隐私侵权；③公开丑化他人形象的隐私侵权；④擅自使用他人姓名或肖像的隐私侵权。

随着信息技术与网络技术的发展，人们控制个人信息流通的权利也正受到越来越多的关注。Jerry Kang 在有关网络信息隐私的文章中向我们阐释了这样一个过程，即当他人在浏览网页时，他人的个人信息是如何被整合的，其中包括他人的购物记录、搜索的话题，以及与

---

① See William A. Parent, Privacy, Morality, and the Law, in PHIL. & PUB. AFF. 12, 269 (1983).

② Samuel D. Warren & Louis D. Brandeis, The Right to Privacy, 4 HARV. L. REV. 193, 195 (1890).

其他网友的网聊记录。这些数据其实就是网络的副产品，它本身具有很大的商业利用价值，正好满足了一些公司对个人数据的商业需要。与此同时，对于政府而言，这些网络数据也大有价值，因为它们能有助于政府更好地向公众分配福利、遏制犯罪以及征收税金等。但是，只有他人本人才有权控制自己的个人信息，对网络数据的收集无疑是一种侵犯他人隐私权的新方式。也许他人非常愿意在网上公开披露小部分的个人信息，从而换取一些网购的优惠，但是结果往往不止如此——被网络所收集的数据将远远超过他人愿意提供的信息。此外，允许个人信息在网络空间中传播流通，必定会使他人丧失对其个人信息的控制权。

美国联邦最高法院未能以解释宪法的方式，找到一种旨在保护个人信息的隐私权。Erwin Chemerinsky 认为，这只是因为，美国联邦最高法院总是觉得隐私权与生育选择权有关，所以一直不肯涉足宪法性隐私权这一领域。在 Whalen v. Roe 一案[①]中，上诉人称，纽约州的一项法律要求，如果存在病人滥用处方药的情况，那么其主治医生必须要记录并报告这些病人的姓名，上诉人认为这是对他人信息性隐私权的侵犯；但是，美国联邦最高法院驳回了上诉人的这项诉由。法院承认："现存的科学技术为他人的隐私权带来了固有的威胁——我们已经意识到，不论是网上数据银行，还是大规模的政府档案，它们对个人数据的积累收集无疑都在威胁着人们的隐私安全。不论是收取税金、分配福利、社保统筹，还是对公共卫生体系的监督、国防力量的增强，甚至是刑法的实施，这些公共事务都要求政府对大量个人信息进行有序管理和有效储藏，因为其中的很多信息都会涉及他人的人格品行，一旦被公开披露，可能会让他人感到难堪，甚至是对他人造成伤害。"

虽然美国联邦最高法院在 Whalen 一案中并没有认可上诉人的隐私权诉由，但该案无疑证明了这种可能性，即在未来的案件中，法院定会承认他人的信息性隐私权。

2. 保护他人的信息免遭政府侵犯：《美国联邦宪法第一修正案》与《美国联邦宪法第五修正案》

---

① 429 U. S. 589 (1977).

《美国联邦宪法第一修正案》、《美国联邦宪法第五修正案》旨在保护他人控制自身信息的权利，并且禁止政府对他人的信息造成侵犯。这类案件至关重要，因为美国联邦最高法院正是依靠信息性隐私权的相关判例，来对自治性隐私权进行论证的。但笔者认为，信息性隐私权与自治性隐私权本无关联。实际上，信息性隐私权的本质与生育自治也无关联，认识到这一点非常重要，因为正是隐私权的理论限制了法院对自治权案件的分析角度。

《美国联邦宪法第五修正案》指出："任何人……不得在任何案件中被迫自证其罪。"[①]《美国联邦宪法第五修正案》不单单是禁止政府部门收集他人信息的行为，其主旨更在于禁止他人被迫自证有罪。在 Ullmann v. United States 一案[②]的异议意见中，Douglas 大法官曾强调：《美国联邦宪法第五修正案》不仅仅是为了保护他人在刑事诉讼中的相关权利，更是对"人类良心与尊严的保障"。与此相似的是，举证过程中的保密特权往往涉及人际关系中的隐私权，在一些特殊的人际关系中，他人的秘密必须得到法律的保护，并且他人有权控制自己的个人信息。这种特权的根据在于，他人有权决定是否对外披露自己的信息，或者说他人有权允许或禁止其他人披露他们二人之间的私密谈话。因此，在律师与其顾客、牧师和忏悔者，以及医生与病人之间都有这种保密特权，它所涵盖的是他人对自身信息的控制权。

在上文中，笔者已经讨论了《美国联邦宪法第一修正案》所涉及的空间性隐私权案件。这类案件往往将隐私权视为一种空间概念，通常会涉及那些不请自来的推销员、侵扰性的噪音和图像，以及家庭中的私人事务。然而，《美国联邦宪法第一修正案》同时也保护他人对自身信息的控制权。在 Shelton v. Tucker 一案[③]中，美国联邦最高法院认为，根据《美国联邦宪法第一修正案》，教师有权控制自身信息的传播与流通，该权利就是一种隐私权。该案所涉及的一项法律要求，所有公立学校的教师都必须向学校报告他们自己参与了哪些社会组织。美国联邦最高法院最终推翻了这项法律。

---

① U. S. CONST. amend. v.

② 350 U. S. 422, 445 (1956) (Douglas, J., dissenting).

③ 364 U. S. 479 (1960).

的判决也是建立在空间性隐私权和信息性隐私权这些传统理论之上的，它们均来源于家庭住宅的神圣性。美国联邦最高法院援引了与《美国联邦宪法第四修正案》、《美国联邦宪法第五修正案》相关的案件，如 Boyd v. United States 一案[①]与 Mapp v. Ohio 一案[②]，从而引入了隐私权的法律依据。Boyd 一案的判决认为，如果政府强迫人们提供某些文件，就是侵犯了《美国联邦宪法第四修正案》、《美国联邦宪法第五修正案》所保护的权利。在该案当中，检方就强迫 Boyd 提供其涉嫌非法出口玻璃的相关发票，以便对其进行指控。在 Griswold 一案中，法院通过引用 Boyd 一案，从而得出了以下判决意见："大法官 Camden 在 Entick v. Carrington 一案中的判决意见的确涉及宪法性自由与宪法保障的本质……当政府及其雇员侵犯了公民的家庭住宅或私人事务时，无疑应该适用这些原则。当政府雇员侵犯了他人的家庭住宅时，不仅是指他们破门而入，随意翻找他人的抽屉，这些行为均构成了'冒犯'，而且也侵犯了他人获得安全保障的权利，侵犯了他人的个人自由与财产权……"法院在 Griswold 一案中援引了 Boyd 一案的判决，这清楚地说明，法院之所以会认为夫妻使用避孕药的行为属于他们的隐私范畴，完全是因为空间性隐私权这一传统观念——夫妻的卧房就属于神圣不可侵犯的隐私空间。

与此同时，法院在审理 Griswold 一案时，也在一定程度上引用了涉及《美国联邦宪法第一修正案》的判例，这类判例通常都旨在保护他人的结社自由。比如，NAACP v. State of Alabama 一案[③]。美国联邦最高法院在判决该案时指出，政府无权要求一个社会组织提供其成员清单，因为他人有结社自由，这就意味着人际交往属于他人的隐私权范畴。该案表明《美国联邦宪法第一修正案》所保护的隐私利益就是一种控制个人信息，使其免受政府侵犯的隐私权。美国联邦最高法院在判决 Griswold 一案援引了 NAACP v. State of Alabama 一案，从而得出了以下结论：《美国联邦宪法第一修正案》实际上构成了这样一个保护区，即在该领域中的任何事务都能免遭政府的侵犯。

---

① 116 U. S. 616 (1886).

② 367 U. S. 643 (1961).

③ 357 U. S. 449 (1958).

美国联邦最高法院在本案中也提到了《美国联邦宪法第三修正案》对隐私权的保护，即禁止士兵在民居中驻扎。前文已经提到过，这是保护空间性隐私权免遭政府的侵犯。总之，Griswold 一案的判决依据主要是普通法中的传统隐私权理念，即家庭住宅中的空间性隐私权，以及 Warren 和 Brandeis 提出的“独处的权利”。为了对此进行论证，法院还提到了《美国联邦宪法第一修正案》对家庭住宅安宁的保护，比如，Breard v. City of Alexandria 一案[①]。在该案中，美国联邦最高法院支持了这样一项法令——在没有得到民居主人邀请或要求的情况下，禁止任何士兵驻扎在私人民居中。美国联邦最高法院同时也援引了 Public Utilities Commission v. Pollak 一案[②]，该案的判决认为有轨电车与公共巴士上的电台节目，包括其中的音乐、商业广告以及公告等都没有违反《美国联邦宪法第一修正案》与《美国联邦宪法第五修正案》，因为在公共巴士和有轨电车中并不存在独居的权利。

虽然美国联邦最高法院在审理 Griswold 一案时，总是将自己的关注点聚焦于夫妻关系内的隐私权之上，但在随后的判例中，法院就将隐私权的范围扩大到夫妻关系之外了，比如 Eisenstadt v. Baird 一案[③]。在这类案件中，法院所指的免遭政府侵犯的隐私权是空间性隐私权与信息性隐私权，而非自治性的隐私权。Griswold 一案的焦点在于，当政府雇员进入一对夫妻的卧室搜查他们使用避孕药的证据时，政府就侵犯了这对夫妻的空间性隐私权，而非他们对避孕药的使用权，也非已婚夫妇对是否生育的选择权。该案判决的主旨不是夫妻关系中的隐私权，而是他人的住宅具有免遭政府侵犯的隐私权。

（2）Roe v. Wade 一案[④]。在 Roe v. Wade 一案以及随后大量的堕胎案件中，美国联邦最高法院继续以隐私权为基础来保护人们的生育权。[⑤] 在 Roe 一案中，美国联邦最高法院推翻了德克萨斯州一部堕

---

① 341 U. S. 622 (1951).

② 343 U. S. 451 (1952).

③ 405 U. S. 438 (1972).

④ 410 U. S. 113 (1973).

⑤ Note that earlier, in Eisenstadt v. Baird, 405 U. S. 438 (1972), the Court had extended the reasoning in Griswold to the use of contraceptives by unmarried couples.

胎法，该法律规定除非是为了保护母亲的生命安全，否则任何堕胎行为都属于刑事犯罪。在该案中，法院的判决依据依然是，将生育利益视为空间性隐私权的内容。法院意识到，《美国联邦宪法》并没有明确地提到“隐私权”。于是法院援引了一些以《美国联邦宪法第四修正案》、《美国联邦宪法第五修正案》为判决依据的判例，诸如 Terry v. Ohio 一案①、Katz v. United States 一案②和 Olmstead v. United States 一案③，从而表明了法院对隐私权的认可。

虽然 Roe 一案的判决仍然是以空间性隐私权与信息性隐私权的判例为依据，但美国联邦最高法院已经慢慢开始将 Griswold 一案的判决从禁止政府对夫妻卧室的搜查扩展到了“生育自治”这一更为宏大的概念之上了。为了总结隐私权的保护范畴，法院在 Roe 一案的判决书中列举了隐私权所涵盖的个人利益：婚姻、生育、避孕、家庭关系以及对子女的养育。在随后的判例中，美国联邦最高法院又添加了同性性行为。④ Roe 一案的判决书中写道：“隐私权的依据何在？其依据可能在于《美国联邦宪法第四修正案》所保护的个人自由以及对政府行为的限制，又或者是如同地区法院所指出的一般，在于《美国联邦宪法第九修正案》所规定的由民众保留的权利，但无论如何，隐私权的概念足以囊括女性对堕胎的决定权了。”

Roe 一案的判决已经开始慢慢远离 Douglas 大法官在 Griswold 一案中所提出的空间性隐私权、信息性隐私权的相关理论了，该理论有些模糊不清，且十分有限。然而，法院在审理与生育相关的案件中依然援引了那些传统意义上的隐私权判例。因此，尽管 Roe 一案的判决在试图将 Griswold 一案所奠定的空间性隐私权与信息性隐私权扩展到更大的范围中，但结果是，自治性隐私权似乎仍然受制于《美国联邦宪法第四修正案》与《美国联邦宪法第五修正案》所保护的空间性隐私权、信息性隐私权。此外，下文也将阐释，正是因为 Griswold 一案所奠定的隐私权理论太过局限，所以美国联邦最高法院在审理

---

① 392 U. S. I (1968).

② 389 U. S. 347 (1967).

③ 277 U. S. 438 (1928).

④ Lawrence v. Texas, 539 U. S. 558 (2003).

Roe 一案时不得不将空间性隐私权与信息性隐私权的理论扩展到自治性隐私权这一更为广泛的理论之上。但法院的这种扩展也遭到了多位学者的批评，比如 Rehnquist 大法官、John Hart Ely 以及 Louis Henkin。他们认为，虽然 Griswold 一案所奠定的隐私权理论是经过了详细论证的，但也不能将之扩展适用到 Roe 一案中，因为 Roe 一案并不存在政府雇员为了寻找某对夫妻使用避孕药的证据而对其卧室进行搜查的情况。

四、质疑：隐私权分类法中的自治性隐私权

一些学者曾指出，隐私权不是由一些相互独立的权利所组成，隐私权应当被视为一个权利束，因为存在一种共同的价值，而将一些权利都纳入到隐私权的保护范畴之中。其中所蕴含的共同价值，被一些学者描述为人格尊严、人际交往的界限，以及对人际亲疏的控制。在上文所述的三种隐私权之间，的确存在一种普遍的联系，即它们都会涉及他人不受打扰的私生活领域，那种存在于私生活中的安全感必然会促使亲密关系的产生。[①] 但这三者与隐私权的普遍联系并不利于自治性隐私权的发展，因为传统意义上的空间自治权与信息性自治权理论会对自治性隐私权造成限制，并使之处于一种危险的境地。笔者在下文中会谈到，当美国联邦最高法院将自治性隐私权与空间中、信息流动中的隐私权联系到一起时，它实际上是对自治性隐私权的限制，也让它陷入到一种备受争议的处境。

（一）空间性隐私权与信息性隐私权相互重叠

在现存的隐私权分类法中，空间性隐私权与信息性隐私权都会涉及他人对自身信息的控制权，并且均与我们传统观念中的“隐私”相关，所以，它们二者本身是相互重叠的。换言之，他人在自己家庭住宅中的隐私权，或者是他人在其他领域所享有的合理的隐私期待，其实都与隐私的可接近性与可隐藏性相互关联。与此相似的是，他人有权控制自身信息的流通，不论是在被迫自证其罪的情况下，还是在网上的交易之中，他人的这种控制权都与隐私的可接近性、可隐藏性

① Charles Fried, Privacy, 77 YALE L. J. 475, 484 (1968).

有关。这两类隐私权不由得让我们回忆起 Alan Westin 对隐私权的诠释——隐私权是他人控制自身信息的能力。

《美国联邦宪法第四修正案》与《美国联邦宪法第五修正案》旨在保护他人免遭政府侵犯的权利，这其中所蕴含的价值与利益必然与信息性隐私权所要保护的价值、利益相同。它们均是为了保护他人对自身信息的控制权，一方面是为了防范来自政府的侵犯，另一方面是为了防止来自行为人的侵犯。侵权责任法保护他人对自身信息的控制，从而也是对他人自身个性、身份的维护。《美国联邦宪法第四修正案》、《美国联邦宪法第五修正案》对隐私权的保护却是为了保护他人独居的状态以及他人的秘密免遭政府的侵扰。此外，不论是空间性隐私权，还是信息性隐私权，它们所蕴含的隐私的可接近性与可藏匿性的特点都与保护他人身份信息的目的相关。然而，从最基本的层面上而言，空间性隐私权与信息性隐私权在功能方面也是相互联系的，因为一旦他人与外界的窥探隔离开来，那么他人的信息也就不能被其他人收集，这些信息也就成为了他人的私人事务。

早在 1868 年，Thomas Cooley 大法官就在其宪法学的相关论文中，对刑事诉讼程序中的隐私权有以下论述："普通法在最大程度上为他人提供了相应的保护，保护他人在其家中免遭政府监视、侵扰，这其中包括他人的人身、财产，甚至是一些违法的文件都能免遭政府的监视，除非是一些非常特殊的案件。那种'每个人的住宅即是他的城堡'的观念在一定意义上成就了美国联邦宪法的如下条款——禁止任何非法的搜查与扣押行为……"① 普通法旨在保护的是家庭住宅中的隐私权，《美国联邦宪法》所保护的是刑事诉讼程序中的隐私权，而 Cooley 已经通过以上论述而将这二者联系到了一起。Louis Brandeis 随后加深了这种联系。那篇著名的《隐私权》第一次提出，美国法律体系应当承认隐私权为一种普通法上的权利。而在 Olmstead v. United States 一案中，Brandeis 就曾发表过他振聋发聩的异议意见。他认为，《美国联邦宪法第四修正案》旨在保护他人的隐私权，即使

① Thomas M. Cooley, A Treatise On The Constitutional Limitations Which Rest Upon The Legislative Power of The States of The American Union 425 – 426 (Victor Lane ed., Little, Brown and Company 1908) (1868).

不存在政府对他人财产的违法搜查行为，他人的隐私权仍然应该得到保护[①]。此外，Brandeis 还指出，《美国联邦宪法第四修正案》包含一项“独处的权利”，这是对《隐私权》一文的回应和重申，也是为了在普通法体系中创建“隐私权”这一新型的权利。Brandeis 已经意识到，突飞猛进的科学技术正一步步吞噬着人们的隐私：一方面是黄色新闻、八卦小报，一方面是日益盛行的窃听技术。《隐私权》一文指出：“普通法中的隐私权源自于对人类精神生活、感觉情绪及其智慧思维的尊重。”在 Olmstead 一案中，Brandeis 也表示应当扩大隐私权的内涵，因为我们的宪法早已意识到“人类精神生活、感觉情绪以及智慧思维的重要性了”。不论是通过《隐私权》一文，还是 Olmstead 一案中的异议意见，Brandeis 均在强调这两种隐私利益：普通法所保护的他人对自身信息的控制权，以及《美国联邦宪法第四修正案》所保护的空间性隐私权，这都来自于同一渊源，即“独处的权利”。以上二者都以“家庭住宅的神圣性”、“秘密”[②] 以及“独居”等观念为依据。当然，这二者都具有 Ruth Gavison 所提到的秘密性、匿名性与隐蔽性隐私三要素。

（二）隐私权限制了自治性隐私权的范围和效力

Griswold 一案的焦点其实是自治权，美国联邦最高法院将其与空间性隐私权与信息性隐私权联系到了一起，从而误导、限制了此后一些涉及自治权的案件审判。Griswold 一案判决书所奠定的法理，是以那些关于《美国联邦宪法第一修正案》、《美国联邦宪法第三修正案》、《美国联邦宪法第四修正案》、《美国联邦宪法第五修正案》、《美国联邦宪法第九修正案》的判例为基础的，它对“隐私权”这一概念的使用本身就备受质疑，因为“隐私权”意味着这是一个与家庭住宅和个人信息相关的案件，却没有涉及亲密关系所包含的自治权。虽然 Griswold 一案所提出的隐私权理论足以支撑法院对该案的判决，但是它却没有为随后的类似案例提供一个稳定有效的判决基础。

---

① 277 U. S. 438, 471 – 473 (1928) (Brandeis, J., dissenting).

② Gavison, supra note 2, at 433 – 435 (defining solitude as the ability of the individual to withdraw, be let alone and prevent access to her person).

简言之，它错误地诠释了该类案件中的本质问题。正如美国联邦最高法院对 Griswold 一案的定位，即法院认为该案所涉及的问题是如何保护一对夫妻的卧室免遭政府的搜查，而没有看到该案所应该保护的实际上是他人对是否生育的自治权。

作为 Griswold 一案判决书撰写者的 Douglas 大法官就曾说过，该案所阐释的隐私权理论并不足以保护他人的全部隐私利益。而在他早期的著作中，Douglas 大法官就针对隐私权提出过一个扩张性的基础理论。[①] 在他的思想中，作为隐私权渊源的宪法理论并不重要，因为他相信隐私权是人类所拥有的“天然的权利”，个人自治也源自于一系列天然的权利。Douglas 曾写道：“我们社会的许多制度都建立在这样一条普遍的信念之上，我们的社会当中存在一个比国家政府更高的权威，这是一部任何国家都无权改变的自然法。每个人所拥有的天然权利是由造物主授予的，任何政府都必须尊重它。”[②] 从 Douglas 于 Poe v. Ullman[③] 中所发表的异议意见来看，他似乎已经看到了生育事务中也蕴含着一项个人自治权，他认为，《美国联邦宪法第四修正案》不仅是对权利法案的保障，也是为了对人类所享有的天然的权利提供宪法性保护。

然而，Harlan 大法官在 Poe 一案中所发表的异议意见提出了一个更为宏大的自治权理念，它超越了隐私权的束缚，以自由权为立论基础。Harlan 大法官尤其强调了隐私权对此带来的束缚：虽然以我的观点而言，本案中的侵权事实……似乎并不妨碍原告提起一项隐私侵权诉讼……但我们必须意识到，本案还会涉及另一方面——隐私侵权法所保护的利益，是与《美国联邦宪法第四修正案》、《美国联邦宪法第十四修正案》的主旨存在差别的。本案并不存在对原告家庭住宅的侵犯行为。但于我而言，这种差别似乎有些虚无缥缈、难以把握，因为对家庭住宅的保护，也就意味着对住宅之中的私人生活进行保护。当然，对家庭住宅的保护并不会仅仅遵从对财产权的保护规则。

Harlan 大法官已经承认，隐私权理论存在固有的局限性，他将其

---

① Olmstead, 277 U. S. at 478 (Brandeis, J. , dissenting).

② McGowan v. Maryland, 366 U. S. 420, 562 - 563 (1961) (Douglas, J. , dissenting).

③ Poe v. Ullman, 367 U. S. 497, 515 - 516 (1961) (Douglas, J. , dissenting).

意见的焦点放置于自由权这一观念之上，他认为自由权才是宪法对夫妻卧室提供保护的法理渊源。为了对此进行论证，他援引了一系列判例，这些判例都在一定程度上超越了 Griswold 一案的局限性，同时也超越了 Douglas 大法官在 Poe 一案所发表的异议意见。Harlan 大法官称：“‘自由’的每一种内涵并不是相互隔绝的：诸如言论自由、出版自由、信仰自由；拥有、携带武器的权利；不受搜查与扣押的自由等等。这是一个理性的统一体，从广泛意义上而言，它包括保护人们免受实质性的专横法律的束缚，也免受那些无正当目的的限制性条款的束缚。”以上所提到的“自由”的统一体要比 Griswold 一案所奠定的隐私权理念宏大广泛得多，此外，这个“自由”的统一体也为我们提供了一个机遇——引出个人自治权的机遇。

然而，在 Griswold 一案中，Douglas 大法官实际上是从“个人自治权”的理论中退出来了，因为他并没有以天然权利为基础对个人自治权进行更加深入的论述，反而提到了那些派生性的、涵义模糊的权利。在其后来发表的观点中，Douglas 称：“正当程序也是一种天然的权利，这似乎是一条更好的途径，但不论是我，还是判决 Griswold 一案的其他法官都没有利用过这道桥梁。”① 许多人都认为，Douglas 大法官在 Griswold 一案中的意见是一种妥协，并最终使多数意见占据了上风。虽然他在 Poe 一案中的异议意见，及其早期发表的一些论文都真实地反映出，他认为在自然法中，隐私权是一种更为重要的自治权，但在审理 Griswold 一案时，他却为了形成多数意见，而牺牲了自己的这一理念。美国联邦最高法院的判决是建立在对夫妻卧室私密性的分析之上的，却忽视了生育选择这项重要的权利。它认为个人自治权是隐私权内涵固有的一部分，却没有意识到，自治权本身就是一项内容更为广泛的综合性权利。也有人将隐私权视为一种天然的权利——用“基本人权”这个概念才能精确地诠释隐私权所涵盖的利益。本文第四部分的第三节也会提到，当法院在随后的一些案件中用十分有限的隐私权理论来定义生育自由权时，他们遇到了前所未有的挑战。

---

① Doe v. Bolton, 410 U. S. 179, 212 n. 4 (1973) (Douglas, J., concurring).

（三）备受争议的自治性隐私权

Douglas 大法官在 Griswold 一案中的妥协，为随后的判例法发展带来了一系列的影响。Griswold 一案所奠定的隐私权理论是非常有限的，它也招致了诸多的批评。比如，Louis Henkin 就曾写道："在 Griswold、Baird、Wade 和 Stanley 这些案件中，美国联邦最高法院没有探讨这类自由——令他人的住宅、他人的身体、文件、电话通讯等免遭政府侵犯的自由；也没有谈到他人有权免受政府的监视……或是不被公开披露的权利，或是保护他人的个人信息不被政府收集的权利……美国联邦最高法院引用了一系列与'搜查与扣押'相关的先例，从而为自治权这一新的领域进行论证，这表明法院并没有将隐私权与自治权区分开来，或者法院只是将这二者都视为'独处的权利'的一部分。但我认为，隐私权与自治权是不同的概念，它们的哲学、政治以及社会基础都是不同的。"① 尽管 Henkin 的论点认为，美国联邦最高法院在审理自治性隐私权案件之时，已经超越了宪法对私人权利与公共利益之间的限制，但他已经意识到，自治权本身与美国联邦最高法院所援引的那些空间性隐私权、信息性隐私权的案件是毫无联系的。

美国联邦最高法院认为，《美国联邦宪法第一修正案》保护他人在家中独居的隐私权，而《美国联邦宪法第四修正案》、《美国联邦宪法第五修正案》保护他人的隐私权免遭政府的侵扰，法院以此为依据从而展开了对自治性隐私权的论述。法院认可了 Rehnquist 大法官的观点——《美国联邦宪法第四修正案》保护他人不受无理搜查与扣押的自由，而这种新型的隐私权连自由权的"远方亲戚"都算不上，但本案的多数意见反而却是依靠这种新型隐私权而得出的。② 他认为，对于堕胎案件而言，隐私权尚不是一个充分的理论根据，该案实际上并不涉及隐私权，因为本案中的这种手术并不是人们通常意义上说的隐私。

John Hart Ely 对 Roe v. Wade 一案判决的评论意见非常有名，虽

① Louis Henkin, Privacy and Autonomy, COLUM. L. REV. 1410, 1410 - 1411 (1974).

② Roe, 410 U. S. at 172 (Rehnquist, J., dissenting).

然他也支持女性拥有堕胎权，但他认为该案其实是一部“糟透了的宪法性法律”。因为 Griswold 一案所奠定的隐私权理论太过有限，根本不能扩展至堕胎权的范围。Ely 指出，Griswold 一案的判决依据是《美国联邦宪法第一修正案》、《美国联邦宪法第四修正案》以及《美国联邦宪法第五修正案》，这些修正案均对政府收集公民信息的行为进行了限制。Ely 相信，将他人使用避孕药的权利视为一种隐私权，这的确是美国联邦最高法院在 Griswold 一案中的飞跃。《美国联邦宪法第四修正案》、《美国联邦宪法第五修正案》禁止政府侵犯居民住宅，而政府雇员却在夫妻卧室中搜查其使用避孕药的证据，这二者之间的确存在着一种联系。但这种脆弱的联系已经被 Roe v. Wade 一案摧毁了。Ely 写道：“康涅狄格州的立法禁止人们使用避孕药，为了获得他人使用避孕药的证据，警察还对一对夫妻的卧室进行搜查，这必然会引起一系列侵犯他人权利的信息收集行为，这样的法律也是违宪的。但美国联邦最高法院在审理 Roe 一案时并没有遵循以上推论，因为该案的焦点并不在于政府的搜查行为。”①Ely 总结道，Roe 一案并不属于隐私侵权案件，这也是 Ely 对 Roe 一案判决的批评焦点，他说：“如果美国联邦最高法院在 Roe 一案中能发现一项宪法性的‘堕胎权’，那么，这才会使 Roe 一案成为一个里程碑式的判例。”

（四）隐私权理论对自治性隐私权的限制

自从审理 Roe 一案之后，美国联邦最高法院一直试图表明，隐私权并不是一个由物理空间和地点决定的权利，从而让隐私侵权案件摆脱空间性隐私权与信息性隐私权的束缚。然而，美国联邦最高法院却一如既往地以空间性隐私权与信息性隐私权的理论框架来论证自治性隐私权。所以，我们看到法院正在从传统观念中逐渐地转型，但它却依然将自治性隐私权视为一种空间权利。比如，美国联邦最高法院将自治性隐私权定义为一个有权免遭政府侵扰的“区域”，一个政府不能随意进入的范围。空间性隐私权与信息性隐私权的痕迹仍然影响着法院对自治性隐私权案件的审理，这无疑对法院的判决造成了许多束

① John Hart Ely, The Wages of Crying Wolf A Comment on Roe v. Wade, 82 YALE L. J. 920 (1973).

缚。只有将个人自治权视为一项积极的、天赋的基本人权，这项权利才能得到最完善的保护，也才能发挥其最充分的效力。为了达到这一目的，自治权必须与隐私侵权案件区分开来。

在 Paris Adult Theatre I v. Slaton 一案①中，美国联邦最高法院将一家电影院播放色情录像的权利与 Roe 一案中的隐私权作了区分。该法院称："美国联邦宪法保护家庭、婚姻、母亲、生育、抚育孩子等事务中的隐私，宪法所保护的不是一些特殊的地点，而是人与人之间的亲密关系。这类对隐私权的保护能够扩展到医生的办公室、医院、宾馆或是其他涉及亲密关系的领域。当他人在自己的家中播放淫秽电影，或是一家电影院播放淫秽电影时可能也会涉及隐私利益，但这与亲密关系中的隐私权是不同的。"

随后的一系列判例已经将 Griswold 一案所奠定的住宅隐私权扩展到了生育自治权的范围。在 Carey v. Population Services Internationa 一案②中，美国联邦最高法院判决一部禁止使用、分发非医学避孕药的法律无效。该案判决书称："这部禁止销售非医学避孕药的法律，如果被轻易地实行，那么，将会为避孕的自由带来毁灭性的影响。"存在于夫妻卧室中的隐私权扩展到了深层意义上的生育自治权，这至关重要，因为它无疑证明了，正是因为 Griswold 一案的判决紧紧盯住空间性隐私权这一理论，才对自治性隐私权带来了诸多的限制与束缚。

在 Planned Parenthood of Southeastern Pennsylvania v. Casey 一案③中，美国联邦最高法院采用了一个宽泛的隐私权理论。该案的判决书写道："自由的核心在于，它诠释了人们存在的意义、整个人生的奥秘。但这种理论并不能充分说明人格权的所有特点，尤其是在存有政府压制的情况下。"在本案之中，美国联邦最高法院是以一个最为广阔的视角来解读自治性隐私权的，但法院的论述依然是对空间性隐私权理论的回应和重申。法院认为："在美国联邦宪法的保护范围内，个人自由是一个政府不能随意介入的领域。"虽然美国联邦最高法院正在慢慢远离由《美国联邦宪法第四修正案》、《美国联邦宪法第五

---

① 413 U. S. 49 (1973).
② 431 U. S. 678, 701 (1977).
③ 505 U. S. 833 (1992).

修正案》所塑造的传统隐私权理念，但法院仍然将生育选择权视为一种空间观念——一个不容政府侵犯的区域，一个“家庭内部的私人区域，政府无权进入”。[①] 正如上文所述一般，正是因为 Griswold 一案的判决将已婚夫妇使用避孕药的权利视为一种空间性隐私权，才使得法院被迫在随后的案件中沿用这种空间性隐私权的理论。实际上，随后的一系列隐私权的判例都表明，美国联邦最高法院一直在努力克服 Griswold 一案对自治性隐私权所带来的束缚与限制。

Bowers v. Hardwick 一案就非常明显地表现了这种束缚与限制。在该案之中，Michael Hardwick 对佐治亚州的反鸡奸法是否具有合宪性提出了质疑。美国联邦最高法院最终支持了这部法律，法院认为，隐私权仅存在于抚育小孩、家庭关系与生育事务中。多数意见更是认为隐私权的保护重点在于家庭中的隐私，但又例如 Paris Adult Theaters 一案[②]，我们不能仅仅因为一种行为是发生在家庭住宅内部就认为其应该得到隐私权的保护。判决书中的异议意见指出：“法院在该案中主要沿着两条不同的脉络来论述隐私权的相关理论：其一，法院已经意识到，隐私权也是人们作出生活决定的权利；其二，隐私利益还会牵涉一些特定的地点，因为人们会在这些地点中进行特殊的行为或活动。而我们现在所面对的案件就包含着空间性隐私权与自治性隐私权两部分。”[③] 这种隐私权理论不论是在空间上还是思想上都是断裂的，因此，多数意见才认为本案所涉及的仅是一个空间问题，它不应该得到法律的保护。判决书异议意见进一步论述道：“面对发生在 Hardwick 家中并遭到检方起诉的那种行为……美国联邦最高法院的态度反映出，它拒绝考虑隐私权的一般原则……对家庭住宅这一物理空间的保护并不仅仅是保护发生在其中的行为和活动。”正如异议意见所述一般，多数意见回避了 Bowers 一案所表现出的有关个人自治权的问题，采用了传统意义上的隐私权理论，以免遭政府侵犯的物理空间以及对个人信息传播的控制权。

---

① Id. at 851 [citing Prince v. Massachusetts, 321 U. S. 158, 166 (1944)].

② 413 U. S. 49 (1973).

③ Bowers, 478 U. S. at 203 - 204 (emphasis added).

Lawrence v. Texas 一案[1]推翻了 Bowers 一案的结论。美国联邦最高法院似乎明确摆脱了空间性隐私权的理论，法院在判决书中写道："自由权能够保护人们的住宅以及其他私人场所免遭来自政府的侵扰。在我们的传统观念中，国家的权力绝不能存在于人们的家庭住宅之中，也不能明显地存在于家庭住宅之外的一些生活领域中。自由权能够超越任何物理空间的界限。它为我们带来了个人本身的自治，包括思想、信仰、表达的自由，以及亲密关系的自由。个人的自由权不仅是指一种空间，还有一种更高层次的意义。"

以上这两个案件均表明，隐私权的潜质及其本身的局限性并存。传统意义上的隐私权局限于对物理空间与个人信息的保护。但在另一方面，美国联邦最高法院却试图将这种权利扩展，从而囊括进自治与人格这些更为宏大的理论。正是因为传统的隐私权理论仅仅聚焦在物理空间与个人信息的保护中，所以它才具有极大的局限性，并屡遭诟病。

五、一种新的分类法：自治权

（一）自治性隐私权的判例法基础

虽然美国联邦最高法院在审理 Griswold 一案时，依然是以空间性隐私权与信息性隐私权为判决依据，但我们注意到，法院在当时已经慢慢意识到自治权的存在，法院本该援引相关的判例来论证自治权这一更加广泛的权利。虽然 Griswold 一案是法院首次用"隐私权"来指称自治权的案件，但在早期的判例——Meyer v. Nebraska 一案[2]和 Pierce v. Society of Sisters[3]一案中，法院已将自治权的概念引入到了抚育小孩和家庭事务中。在 Meyer 一案中，美国联邦最高法院宣称，禁止学校教授除英语以外的其他语言，这违反了《美国联邦宪法》的规定。虽然法院当时没有使用"隐私权"这个概念，但法院却扩大了正当程序条款中的"自由权"理念，将它适用到家庭事务的自

---

① 539 U. S. 558 (2003).

② 262 U. S. 390, 399 (1923).

③ 220 268 U. S. 510, 535 (1925)

治之中，在随后的案件中它被定义为一种隐私权。该案的判决书中写道："毋庸置疑，自由权不仅仅意味着一个人身体的自由，更是指人们有权自由选择与谁订立合同，选择自己的职业，人们有要求获得有益知识的自由，结婚的自由，建立家庭、抚育小孩的自由，顺从自己的良心选择信仰的自由，等等。这些都是一个自由人追求幸福所必需的要求。"

法院在 Meyer 一案的判决中提到了以上这些自由利益，这是美国联邦最高法院首次提到"个人自治权"的概念。在 Pierce v. Society of Sisters 一案中，法院推翻了俄勒冈州的一部法律，这部法律要求所有的小孩必须到公立学校就读。法院认为："这种规定侵犯了父母的自由权，从而直接将教育小孩的权利控制在政府手上。"虽然《美国联邦宪法》没有明确提到自治权的概念，但以上两个案件都标志着，美国联邦最高法院开始意识到自治权的存在。

个人自治权的基础在于那些有关家庭、生育、婚姻和抚育小孩的判例。比如，美国联邦最高法院在 Loving v. Virginia 一案中推翻了一部弗吉尼亚州的法律，这部法律禁止异族通婚。法院认为："长期以来，婚姻自由都被我们视作一项重要的个人权利，它是每个自由人追求幸福的必要要求。"在 Cleveland Board of Education v. LaFleu 一案①中，美国联邦最高法院推翻了一项规定——当一位待产教师在其预产期前的五个月内休产假时，她不能取得工资收入，法院认为这种规定违反了正当程序条款所保护的"选择婚姻和家庭生活的自由权"。在 Moore v. City of East Cleveland Ohio 一案②中，美国联邦最高法院推翻了一部地方条例。该条例限制了每个居民单元楼中能够容纳的家庭成员，即一个家庭只能容纳一些特定的亲戚。在 Skinner v. Oklahoma 一案③中，美国联邦最高法院推翻了俄克拉荷马州的一部法律，该法律规定对那些犯两次以上重罪的惯犯进行强制绝育。法院认为，生育权是"一种基本人权"，"婚姻与生育是一个民族生存与延续的基本权利"。以上这些案件的判决中，均没有提到"隐私权"这个概念，但

---

① 414 U. S. 632, 639, 651.

② See generally Moore, 431 U. S. 494 (1977).

③ See generally Skinner, 316 U. S. 535 (1942).

它们都认可了这样一项宪法性权利，它源于《美国联邦宪法第四修正案》，主要涉及婚姻、生育、避孕、家庭关系与抚育小孩等事务。这些基本的隐私权利益都涉及人们对私人事务的选择，都是自由权的“核心”。

至关重要的是，以上每个案件的判决都与自治性隐私权有关，而并没有以隐私权理论为立论基础。它们的判决依据似乎都是一些与隐私权无关的问题，它们可能属于《美国联邦宪法第四修正案》、《美国联邦宪法第五修正案》、《美国联邦宪法第三修正案》、《美国联邦宪法第一修正案》所保护的基本权利，诸如 Roe 一案与 Griswold 一案所涵盖的权利，但它们并不明显属于隐私利益的范畴。以上那些案例都为美国联邦最高法院提供了一系列绝佳的机会——使法院能够将个人自治权与隐私权区分开来。这也能使个人自治权的理论得到更好的发展，同时法院也能更好地完善信息性隐私权的判例法。

（二）个人自治权对女权主义者的回应

长期以来，隐私权理论都受到了女权主义者的大肆批评，但如果我们将隐私权转变为个人自治权，便能改变女权主义者们的态度。女权主义者们一直认为“隐私权”是对女性的压制，因为它使女性在堕胎的问题上处于一种从属而被动的地位，同时也在不断加深这种现状。[①] 此外，他们认为隐私权的理论基础在于对公共事务与私人事务的划分：私人事务是指家庭、住宅内部事务，政府无权插手；公共事务是指商业、贸易，政府能够参与其中。这种二分法由来已久，在历史上，它曾被用来将女性排除在公共事务之外，因为人们普遍认为女性应该主要担负私人领域的责任，如生育子女。

一种自由理念认为，家庭、住宅、亲密关系以及生育小孩等私人事务之所以不受政府侵扰，是因为这样一个前提，即他人有权对自己的私人领域进行自治，但这种观念却忽视了女性所遭受的压制。隐私权理论在本质上就是存在缺陷的，因为它所假设的前提是，每个人，不论性别，都能自由而平等地在自己的私人领域中实行自治，并行使

① See Catharine A. MacKinnon, Privacy v. Equality: Beyond Roe v. Wade, in Feminism Unmodified 93, 101 - 102 (1987).

相关权利，该理论并没有意识到这样一个事实，即女性并不能充分保护“自己的身体完整性、个人的道德智慧，以及亲密关系的自由”。但这些却又是隐私权的基础所在。Catharine MacKinnon 曾经写道：“对于女性而言，亲密关系可能就意味着压制与压迫。这就是为什么女权主义者一直以来都在抨击隐私权理论。对于一些人来说，个人问题就是政治问题，那么对于他们而言，私人事务其实也就是公共事务。在这个层面而言，隐私是不存在的，无论是规范性的，还是实质性的。女权主义者面临这样一个事实，即女性根本没有隐私权，更不用说失去隐私权或是保护隐私权了。女性在现实中并非是不受侵犯的，女性在性行为方面就极易受到侵犯。”

此外，隐私权的理论没能认识到，私人领域中的许多事务与选择都会受到公共政治事务的限制。正如女权主义者的口号：“个人事务即政治问题。”涉及家庭、离婚、强奸、婚姻以及社会福利方面的立法都会对女性的生活及选择造成影响。在 Harris v. McRae 一案①中，美国联邦最高法院依据隐私权理论判决认为，医疗基金并不必然要为堕胎提供医疗支持。MacKinnon 指出，隐私权为人们提供了一种庇护，使政府无法介入其婚姻与生育事务。这使私人领域能免受政府的侵扰，医疗基金拒绝为女性的权利提供支持，这种做法也被证明是正当的。

此外，隐私权理论将堕胎视为一个由政府介入的抽象问题。人们很难认识到，如果一名孕妇本身并不愿意怀孕，那么，这就是对她们的压迫。并且，政府总是会以家庭事务属于隐私为借口而不对家庭暴力加以干涉。甚至到 20 世纪 70 年代，警察也不愿插手家庭暴力和虐待儿童的案件，因为他们认为这些都属于他人的私人事务。

虽然美国联邦最高法院通过空间性隐私权的理论在一系列案件中开辟出了“自治权”的一席之地，但法院却仅仅将自治权局限在以家庭事务为基础的空间隐私中，从而也只是巩固了女性在家庭之中的地位与权利而已。家庭隐私权的创设实际上是贬低了个人自治权的价值，同时也使自治权变得非常脆弱，极易受到一些人际关系的侵蚀，比如，配偶关系和家父制度的观念都会削弱女性的自治权。在

---

① 448 U. S. 297, 316 (1980).

Planned Parenthood of Central Missouri v. Danforth 一案[①]中，就涉及这样一项法律规定——堕胎必须要得到配偶双方同意。法院最终推翻了这条规定，但判决书在支持女性权利的同时也注意到要平衡男女各方的利益。法院在判决书中写道："在妻子孕育胎儿的过程中，她忠诚的丈夫也对此享有一定的利益，我们并不是没有意识到这一点，但法院此前未能意识到婚姻关系对于我们这个社会的重要性。"因此，美国联邦最高法院旨在平衡家庭事务中的隐私权与女性的权利，而非认为女性在生育子女的问题上拥有绝对的自治权。本案的异议意见称，这让我们非常惊讶——多数意见竟然认为《美国联邦宪法》暗含着这样的理念，即女性有权以堕胎来结束一个潜在的生命，这种权利甚至要高于男性决定养育一个生命的权利。美国联邦最高法院最终判决，女性的隐私权不能被"委托"给其他人，但在保护女性隐私权的同时，也应当将之与丈夫的权利进行平衡。法院在此没能提出个人自治权这一基本权利，也没有说明个人自治权远比家庭事务的隐私权强大。

（三）个人自治权与反堕胎法

2006 年，南达科他州通过了一部最为严格的限制堕胎的法律，该法律规定，除非是为了挽救母体的生命，否则禁止任何堕胎行为。虽然后来南达科他州的选民又通过公投而推翻了这部法律，但这部反堕胎法仍然非常重要，因为它代表了一种日益明显的社会趋势，即人们总是以保护女性为理由来支持反堕胎的立法。近年来，支持反堕胎法的运动已经将它们的焦点从堕胎有损胎儿生命的论点转向了堕胎有损母体健康的论点。南达科他州的法律被命名为《女性健康与生命保护法》。这部法律意味着南达科他州之所以禁止堕胎，完全是为了保护孕妇和胎儿的生命健康利益，这是"孕妇与胎儿的基本权利"。Reva Seigel 指出，像南达科他州这样旨在保护女性的反堕胎法的确违反了美国联邦宪法，因为它所践行的仍然是一些对女性存有偏见的陈词滥调，它们早就被《美国联邦宪法》的平等保护条款所否定了。如果将隐私权视为个人自治权，那么就能推翻那些以保护女性为名的

---

① 428 U. S. 52 (1976).

反堕胎法了。

随着隐私权理论的发展，法院会将生育事务视为一个不容政府侵犯的领域，从而保护他人的生育选择权。这个领域被法院描述为“国家不能介入的家庭隐私领域”。① 因此，传统意义上的隐私权旨在保护人们在养育小孩、家庭与婚姻等领域中所享有的不容政府侵犯的权利。在后来一些案件的判决中，法院也承认在某些情况下，政府也能够侵入原本属于他人隐私权的领域。这种观点认为，当存在压倒性的国家利益时，政府也能够在一定程度上介入他人的私人事务。在反堕胎立法的过程中，支持反堕胎法的一方就认为这部法律中存在一项国家利益：即保护妇女的生育权，同时也保护妇女的身体免受堕胎手术的损害。

政府对女性选择权的干预也可能会得到法律的支持。虽然生育自治权被视为一个不容政府介入的领域，但法院也会因为一项压倒性的国家利益从而允许政府的介入。如果我们将自治性隐私权视为一种个人自治权，那么这项权利就转变为了一种积极的、固有的人权，而不再是一种保护隐私领域不受政府侵犯的消极权利。自治性隐私权与空间性隐私权、信息性隐私权的联系，只会使它更易因为国家利益的存在而受到政府的侵犯。然而，个人自治权是一种积极的权利，它不是指一个不容政府干预的领域，而是人类一种固有的权利，它不会轻易地被国家利益所吞噬。

六、结语

目前的隐私权分类法将自治性隐私权囊括到了隐私权的范围之内，这对隐私权和自治权二者的发展都颇为不利。正如 Erwin Chemerinsky 所述，因为美国联邦最高法院往往不愿卷入到隐私权的复杂问题中，所以，信息性隐私权所受到的宪法性保护实际上已经被削弱了。与此同时，自治性隐私权的发展仍然受到了隐私权理论挥之不去的影响。虽然美国联邦最高法院在审理有关自治性隐私权的案件时，已不再完全依据隐私权的理论，但法院仍然将自治性隐私权与空

① Planned Parenthood of Southeastern Pennsylvania v. Casey, 505 U. S. 833, 851 (1992) [quoting Prince v. Massachusetts, 321 U. S. 158, 166 (1944)].

间性隐私权、信息性隐私权的理论联系到一起，从而对自治权的范围进行限制。如果我们将自治权视为一种隐私权，这只会受到多方的批评和诟病。但如果将这两种权利区分开来，却会对我们大有裨益，将自治权从隐私权的束缚中解放出来，才能使之得到更充分的发展，也能让法院在审理案件的过程中更好地利用自治权的理论。如此，自治权才会回归到 Douglas 大法官最初对它的定义——这是一种天然的权利。此外，女权主义者也不会再对其大张挞伐，只有自治权才能够抵挡住那些以保护妇女为旗号的法律所带来的挑战。

如今，许多州法律为生育权带来了巨大的威胁，这正是美国联邦最高法院确立自治权法的绝佳时机。实际上，正是南达科他州的反堕胎法激起了“我们拥有堕胎权”的请愿运动。该运动已经使堕胎问题走出了隐私权领域，并将之投入到了有关女性自治权的辩论当中。这样的转变无疑能使自治权超越空间性隐私权理论的束缚，从而提升自治权的意义，使它不再仅仅是对行为人介入他人私人事务的限制。如此，将一部分的隐私囊括到个人自治权的保护范围内，无疑是在保护一种基本权利，即人们有权选择其人生之路。

隐私与自治

路易斯·亨金[①] 著　李倩[②] 译

目　次

一、导论

政府及研究政府理论的学者经常会面临个人权利与公共利益的平衡问题，这暗示着个人权利与公共利益之间存在冲突，所以需要平衡或者协调。以下观点可能能缓和两者的紧张关系：其一，个人权利的享有、促进与保护也是一种公共利益；其二，公共利益通常是在各种个人权利间协调或选择的结果，就如为了阻止某人维护某种权利，社会公众决定某些人有权惩罚某人；其三，公共利益可以看作个人利益的总和，比如，有些人所主张的生活在一个安全、健康、环境美好或和平世界的权利。这种冲突经常存在，尤其在两个或多个个人权利间或公共利益间，这解释了美好社会所做的协调与平衡的原因并帮助提出让人信服的解决方法。

---

① 路易斯·亨金（Louis Henkin），美国哥伦比亚大学法学院教授。
② 李倩，中山大学法学院助教。

效，因为其剥夺了父母对孩子教育的决定权及私立学校的经营权和财产权。

民众之所以在他们之间建立政府，是为实现某些共同目的。当政府是为实现民众协议的、有限的共同目的而行使权力时，他人所享有的自治性自由应受制于政府的权力。《美国联邦宪法》明确规定了联邦政府的宗旨，却没有提及州政府的宗旨。关于州政府的宗旨，我们可通过当时主流的哲学观点来理解：当州政府因合理的、民众普遍接受的公共目的——保护、促进健康、安全、道德及其他公共福利①行使治安权时，州政府可以限制民众的优先自由。由于州政府制定的大量法律是为这些公共目的服务的，因此即使理论上有实质性正当程序，他人所享有的自治性自由也要让步。在 Buck v. Bell 一案②中，美国联邦最高法院的法官认为，弗吉尼亚州政府为了保护和促进民众健康的公共目的，其强制心智缺陷者绝育的行为所依据的州法规并不违反《美国联邦宪法第十四修正案》的正当程序条款，所以在该案中，心智缺陷者 Carrie E. Buck 的生育自由并没有得到充分保护。若干年后，在 Public Utilities Comm. v. Pollak 一案③中，法官认为，Pollark 先生所主张的不被迫在公交车上听广播的权利也应让步于州政府合理的公共目的。也许将来，甚至民众所享有的言论自由及结社自由，例如与其他人联合提倡工团主义、暴力推翻政府的自由都会因为与州政府合理的公共目的相抵触而不能享有。

四、实质性正当程序衰落后他人的个人自治

众所周知，在 20 世纪之交，实质性正当程序因法院的不当适用而受到重创。然而，并不是它的个人自治的哲学基础受到抵制，而是外在的附加在实质正当程序上的自由放任主义让人不能忍受。自由放任主义颂扬合同自由神圣不可侵犯，政府不能以促进公共福利为由干

① There are innumerable statements of the proper purposes of government. See, e. g., Mugler v. Kansas, 123 U. S. 623, 658 (1887); Slaughter - House Cases, 83 U. S. (16Wall.) 36, 87 (1873) (Field, J., dissenting).

② Buck v. Bell, 274 U. S. 200 (1926) (per Justice Holmes).

③ Public Utilities Comm. v. Pollak, 343 U. S. 451 (1952).

预经济自由，州政府只能为促进传统意义上或狭义范围内的公共利益而立法。州政府可以制定法规禁止民众销售酒[①]却不能制定法规禁止民众在其住宅内生产雪茄[②]；州政府可以立法规定在煤矿工作的工人[③]或女性工作者工作时间为每日八小时制，[④] 却对面包店的男性工作者无此规定[⑤]；无论报酬多低或价格多高，州政府都不能立法剥夺我的要约权或别人的承诺权，又或者是我们订立反工会合同的自由。

现在美国已经是福利国家，美国的企业受到政府严格的监管与许多扶持，法官在适用宪法审判案件时也摒弃了基于有限政府理论上的狭义公共利益概念，尽管废弃了自由放任主义，实质性正当程序理论仍没有得到复兴。随着新政的施行，法院对实质性正当程序的适用变得敏感起来，也不再主张个人自治，而把他人所享有的具体权利和自由，尤其是《人权法案》中具体的权利作为建立他人的个人自治区域的手段。

但是，《美国联邦宪法》保障个人权利的基本理念与 19 世纪末盛行的司法监督政府行为的理论并没有就此消失，只是它们被应用到了其他领域，如公共利益和个人权利的新主张方面，因此，即使美国联邦最高法院限制政府干预经济自由所依据的实质性正当程序理论衰落，仍有类似实质性正当程序的理论出现来限制政府以公共利益的名义干预人民的言论出版自由及其他自由的行为。

这种宪法理论的替代对限制联邦政府权力没有影响。18 世纪的建国者在《美国联邦宪法第五修正案》中规定正当法律程序时，并没想用此来限制联邦政府对社会、经济的规制，即使是禁止破坏合同责任的规定也只针对州政府。后来当实质正当程序理论发展起来，用实质性正当程序来限制联邦政府干预经济的行为的时间也并不长，[⑥] 联邦政府规制经济的措施相对比较简单，对联邦政府规制经济行为的

---

① Mugler v. Kansas, 123 U. S. 623 (1887).

② In re Jacobs, 98 N. Y. 98 (1885).

③ Holden v. Hardy, 169 U. S. 366 (1898).

④ Muller v. Oregon, 208 U. S. 412 (1908).

⑤ Lochner v. New York, 198 U. S. 45 (1905).

⑥ But cf. Adair v. United States, 208 U. S. 161 (1908).

抵制并不是在保护经济自由而是在宣扬联邦主义及维护州权。[①] 此外，对于限制联邦政府侵犯公民的自由，《美国联邦宪法第一修正案》明确规定了公民享有政治自由和社会自由，发展与具体化这个规定并不困难。

至于治安权的主要行使者的各州政府，由于这个观点被普遍接受，所以在《美国联邦宪法第十四修正案》及国家的整个历史上都没有提及，这也表明如果宪法修正案的目的是限制州政府侵犯公民的自由，那么，这个自由并不是 Adam Smith 所认为的经济自由，而是 John Stuart Mill 所认为的公民自由。

关于《美国联邦宪法》限制州政府侵犯民众权利的法学观点有两种：第一种观点仍然从实质性正当程序角度，但把自由分成两类，实质性正当程序仅限制州政府在平衡个人权利与公共利益过程中侵犯实质有序的自由的行为，[②] 另一种则是大法官 Black 的观点。大法官 Black 及大法官 Douglas 基本上否定了实质性正当程序，他们认为，《人权法案》已经全被吸收到了《美国联邦宪法第十四修正案》当中，因此《人权法案》无论是适用于州政府还是联邦政府都具有相同的效力和范围[③]。两种观点都认可大法官 Cardozo 与大法官 Stone 提出的学说，该学说主张《美国联邦宪法第一修正案》规定的自由具有优先性，无论是联邦政府还是州政府侵犯民众所享有的这些自由，都需基于更重大的公共利益及需明确的证据证明公共利益的存在。[④]

在经济层面的实质性正当程序衰落后，法官认可了“选择性吸收”的理论，即选择性地把《人权法案》的基本条款吸收到了《美国联邦宪法第十四修正案》当中，使被吸收的《人权法案》的条款适用于州政府。由于《美国联邦宪法第五修正案》规定了正当程序条款，《美国联邦宪法第十四修正案》明确规定的法律平等保护条款

---

① The states rights argument prevailed for the last time in Carter v. Carter CoalCo. , 298 U. S. 238 (1936). Cf. United States v. Butler, 297 U. S. 1 (1936).

② Palko v. Connecticut, 302 U. S. 319, 325 (1937) (per Cardozo, J.).

③ Adamson v. California, 332 U. S. 46, 68 (1947) (Black, J. , dissenting).

④ United States v. Carolene Products Co. , 304 U. S. 144, 152 n. 4 (1938) ; Palko v. Connecticut, 302 U. S. 319, 326 - 327 (1939).

亦适用于联邦政府。

大多数法官有时对“自由”概念的不清晰为由持回避态度，尽管法官避免使用实质性正当程序这个词，但有些法官甚至对《美国联邦宪法第九修正案》规定的“人民保留的权利”条款都认为不予适用。有些被人们所珍视的个人权利，即便是对《人权法案》作广义的解读也无法找出其根据，如出国旅行的权利[①]。大法官 Black 不赞同以实质性正当程序为依据来判决或以“自由”来代表所有未知的个人权利，尽管他在某处发现了旅行的权利，包括国外与州际的旅行；但他没有提出这种不成文的权利需得到联邦政府的同等保护。

法官对《美国联邦宪法》的解释没能保障他人的个人自治，法官认为，宪法只规定了一系列分散的、具体的个人权利，政府即便是为了公共利益也不能侵犯这些权利，并为个人权利与公共利益之间的平衡确立了一条原则，即个人权利与公共利益的平衡主体首先是行政机构，其余大部分是由法院独立判决。为了更容易衡量不同利益的大小，法官依据宪法文本、判例及社会价值观建立了一套个人权利的等级制度。然而，许多个人权利都容易同民主机构的立法者所规定的公共利益相抵触，一些基本的个人权利构成理论上的个人自治区域，政府对民众这些基本权利的侵犯，只有基于一个更重大的公共利益才能证明其侵犯行为的合理性，《人权法案》很明显是基础条款，其中的《美国联邦宪法第一修正案》更具基础性。

但是，我们所说的只是宪法对政府行为的限制，并没有将这种限制转化为政府明确的义务，18 世纪《美国联邦宪法》中的个人权利是公民对抗政府权力的政治权利，而非 20 世纪政府有义务促进实现的社会经济权利。一些基本福利权利比如吃、住、工作、受教育权和组建家庭的权利，我们试图将这些权利提升为宪法性权利和基本权利，但至今为止大部分的努力都没有获得成功。[②]

---

① See, e. g., Kent v. Dulles, 357 U. S. 116 (1958); Aptheker v. Secretary of State, 378 U. S. 500 (1964).

② See Dandridge v. Williams, 397 U. S. 471 (1970); San Antonio Ind. School Dist. v. Rodriguez, 411 U. S. 1 (1973).

五、隐私权的发展

笔者没有提出一个确定的隐私或隐私权定义。有些人可能认为隐私权是所有个人权利的集合；有些人认为隐私权是独处权，是指他人享有的免受不必要的侵扰、隐身的权利；更多人将注意力集中在有关隐私的分散的个人权利上，他们对隐私权内容和特点的描述有很大区别；有些人认为隐私权是指他人享有的控制其私人信息不被别人知晓、公开、审查的权利；有些人认为隐私权是指他人所享有的从事私密活动的自由；还有些人认为隐私权是指他人享有的免受身体上、精神上侵犯的权利或者维护其人格完整性的权利。

隐私权概念的多样性和不确定性，使得它在法律中的定位也颇具争议。就隐私使用的广泛性而言，它和法律一样历史悠久，所有与他人个人有关的，比如，法律中有关他人的社会地位及社会关系、他人的人身免受攻击的保护、他人的名誉免受诽谤的保护、他人的财产免受侵犯与非法占有的规定都与他人的隐私相关。有些我们都认为涉及隐私的权利（核心隐私），在法律中很早就有规定，比如在有关侵权、窃听、窥探的法律中就大量地涉及了对他人核心隐私的保护，隐私权作为一种独立的一般性的受到侵权法保护的权利。隐私权之所以被人们广泛地接受，因为它的起源早，这要归功于 Samuel Warren 与 Louis Brandeis 于 1890 年发表的著名论文的影响。①

作为一种宪法性权利，隐私权被看作对抗政府以公共利益为名侵犯他人权利的一种合适手段。毫无疑问，宪法一开始就对一些狭义上的隐私进行保护。例如，《美国联邦宪法第四修正案》规定："公民对其人身、房屋、文件及财产享有不受不合理的搜查和扣押的权利。"《美国联邦宪法第三修正案》规定："在和平时期，未经房主同意，士兵不得在民房驻扎。"《美国联邦宪法第五修正案》中规定的他人所享有的不得被强迫自证其罪的权利也涉及对他人隐私的保护。从严格意义上来讲，他人享有的某些权利并不牵涉对其隐私的保护，但这些权利暗含着保护其"核心隐私"的其他权利。例如，他人享

① The Right to Privacy, 4 HARV. L. REv. 193 (1890).

有的言论自由、出版自由包括他人享有不发表言论、不出版的自由及匿名发表言论、匿名出版的自由[①]，他人享有的宗教自由包括他人享有隐藏其信仰的宗教的自由。再如，《美国联邦宪法第一修正案》规定的他人享有的言论自由、集会自由包括了他人享有结社自由，而他人享有的结社自由又包括他人享有不参加结社组织、选择结社组织及隐藏自己所属组织的自由。[②]

宪法对这些狭义上的隐私提供的长期保护并不是绝对的。在法院颁发的搜查令或扣押状的情况下，有时甚至在没有搜查令或扣押状而仅有一个合理原因的情况下，政府可基于公共利益对民众的人身、财产进行搜查或扣押；在战时，即使没有房屋所有人的同意军队也可在民房驻扎。在证人被给予免受起诉特权的情况下，[③] 政府可强迫证人作自证其有罪的证词，政府可以惩罚他人的某些言论、出版行为，政府可以违反公共秩序为由调查某些宗教活动，政府也可以社团是基于犯罪目的而成立为由禁止其成立并对其进行公开揭露。所以，如果这些权利不受到绝对保护，他人享有的一些保护其隐私免受政府侵犯的具体权利，尤其是来源于《美国联邦宪法第一修正案》的基本权利都将因为受制于“令人信服”的公共利益而不能实现。

所有明确受到宪法保护的隐私没能完全涵盖隐私权的范畴（在美国联邦最高法院认可“选择性吸收”理论前）。然而，作为自由的一部分，这些保护他人隐私免受政府侵犯的具体权利并没有优先性和基础性，就像其他自由一样容易对公共利益妥协，比如：州政府为了疫苗接种，婚前血液测试要求他人填写统计表或其他表格，为了促进民众的健康对心智缺陷者进行绝育手术，为了获取犯罪证据抽取他人的血液，或者是为了公众的娱乐消遣在公交车上放音乐而不顾他人享受安宁的权利，等等。

宪法性的隐私权产生于 1965 年，在 Griswold v . Connecticut 一案[④]中，美国联邦最高法院推翻了康涅狄格州禁止已婚夫妇使用避孕

---

① Talley v. California, 362 U. S. 60 (1960):
② See, e. g., Naacp v. Alabama, 357 U. S. 449 (1958).
③ See, e. g., Ullmann v. United States, 350 U. S. 422 (1956).
④ 381 U. S. 479 (1965).

工具的法规，因为法官认为该法规侵犯了已婚夫妇享有的宪法权利，这种宪法权利明显就是一种更一般性的隐私权。

寻找宪法性隐私权存在的根据并不简单，在 Griswold v. Connecticut 一案中，大多数法官表示这种说不清道不明的权利并非来源于受实质性正当程序保护的自由，而是来源于《人权法案》的伴影。法官虽然援引了 Meyer 一案和 Pierce 一案的判决，并同时重申这两个案件所认可的原则，但他们没有明确地表示儿童所享有的进入私立学校受教育的权利或学习德语的权利是隐私权，也没有提到这两个案件的判决依据是实质性正当程序。相反，他们认为这两个案件的判决依据源于《美国联邦宪法第一修正案》的精神。

大法官 Douglas 的观点是这样的："《人权法案》的具体规定及《人权法案》的伴影保护那些涉及他人某些隐私的权利，同时，也为他人的其他隐私提供保护。事实上，宪法认可一般的、全面的隐私权，隐私权来源于具体的基本权利，是非常基础的权利，对其侵犯需受到严格的审查，只有基于更重大的公共利益时，政府才能侵犯之。"

一个逻辑学家对于 Douglas 大法官的观点会有疑惑，一个法律草拟专员也可能从对立面思考："当宪法要保护他人的个人权利时，它会将其具体化；当宪法明确规定对他人的某些隐私提供保护时，这表示宪法不保护其没有提及的他人的其他隐私。"因为种种原因，一些法官对 Griswold v. Connecticut 一案的判决持有异议，其他法官则寻求另一种宪法上的合理性，他们提到较多的是实质性正当程序。而 Harlan 大法官与 White 大法官则认为，该法规与州政府的公共目的无合理联系并在未经正当法律程序情况下剥夺已婚夫妇享有的自由，因而该法规无效。

Griswold 一案后，对于此类案件的判决都变得简单了，法官几乎忘了证明他人采用避孕措施合法性的困难，其他类似案件都以 Griswold 案的判决结果为标准，持并存意见甚至持异议的法官都不再坚持他们自己的意见。这虽缓和了法官之间的冲突，但并没有完全消除他们之间的分歧，反而把与我们利益相关的法学争论消除了。在

1969 年的 Stanley v . Georgia 一案[1]中，法官认为，佐治亚州法院不能仅仅因为 Stanley 家中有用于自己观看的猥亵电影而将其定罪。在以自由获取信息与思想的基本权利来进行论证后，法官说道："除非在某些例外的情况下，否则，他人所享有的免受政府对其隐私非法干预的权利是他人的基本权利。"

在 1972 年的 Eisenstadt v. Baird 一案[2]中，美国联邦最高法院推翻了马萨诸塞州法院对 William Baird 的定罪。在该案中，William Baird 在其关于避孕的讲座结束时，给了一位年轻女性一个避孕工具，法官认为，马萨诸塞州法规将给予避孕工具的对象区别为单身和已婚人士，这违反了法律的平等保护原则。除此之外，法官还认为："如果隐私权有任何意义的话，那么，隐私权一定是指他人所享有的在诸如是否生育孩子这一类影响他人的基本事务方面免受政府非法侵扰的个人权利，无论他人是单身还是已婚人士。"

在 1973 年，美国联邦最高法院在 Roe v. Wade 一案[3]中认为，除非是为了挽救孕妇的生命，否则，得州禁止妇女堕胎的法规侵犯了孕妇的基本隐私权，这种基本隐私权暗含在《美国联邦宪法第十四修正案》所规定的自由概念当中及其对州立法所施加的限制当中。

这就是隐私权发展的现状，笔者不认同学者们在没有前提的情况下，凭着自己的喜好对案件的结论和推理进行分析，无论学者怎么评价 Douglas 法官和其他法官所作的宪法解释，这些法官得出的结论已经很明确：我们再也不需要将他人的隐私作为其他宪法性权利保护的一部分，现在已经有独立的宪法性隐私权了。

现在不明确的是，受宪法保护的隐私区域的边界及划定这个边界需遵循的原则。目前为止，本文所提及的美国联邦最高法院判例中所涉及的他人行为已明确属于这个隐私区域，即他人在其住宅内藏有用于自己观看的电影（即使有猥亵内容）、使用避孕工具、堕胎都是他人享有的基本宪法权利。大法官 Blackmun 试图为这个隐私区域作更

---

① 394 U. S. 557 (1969).

② 405 U. S. 438 (1972).

③ 410 U. S. 113 (1973).

详细的界定：宪法虽然没有明文规定隐私权，然而在美国联邦最高法院所作出的一系列判决中可看出，法官承认宪法暗含着个人隐私权或者说宪法为某些隐私区域提供了保护。在不同的案例中，法院或是法官个人分别在《美国联邦宪法第一修正案》（如 Stanley v. Georgia 一案）、《美国联邦宪法第四修正案》、《美国联邦宪法第五修正案》（如 Terry v . Ohio 一案及 Katz v. United States 一案）、《人权法案》的伴影（如 Griswold v . Connecticut 一案）、《美国联邦宪法第九修正案》、《美国联邦宪法第十四修正案》（如 Meyer v. Nebraska 一案）中发现隐私权的存在根据。这些判决表明，只有他人基本的或暗含在有序自由中（如 Palko v. Connecticut 一案）的人身权利才处于受宪法保障的隐私区域中，并且宪法性隐私权的保护范围已经延伸到他人的婚姻（如 Loving v. Virginia 一案）、生育（如 Skinner v. Oklahoma 一案）、避孕（如 Eisenstadt v. Baird 一案）、家庭关系（如 Prince v. Massachusett 一案）、孩子的抚养和教育（如 Meyer v. Nebraska 一案）的领域。

此外，Douglas 法官给出了一个他所认为的受《美国联邦宪法第十四修正案》保护的自由的意见："第一，自由是指他人对自己获取知识、追求兴趣爱好、选择个人品味、个性发展的自主控制。这些权利受到《美国联邦宪法第一修正案》的保护，我认为这种保护是绝对的，没有例外的。第二，自由是指他人对其生活当中的结婚、离婚、生育、避孕、孩子的抚养和教育等基本事务的选择自由。这些权利不同于《美国联邦宪法第一修正案》保护的权利，它们或多或少受制于治安权……但这些权利也是他人享有的基本权利，所以我们认为当立法机关制定法律限制他人享有的这些权利时，其制定的法律不得过于宽泛，内容要准确，并且立法机关在制定限制他人这些权利的法律时需证明是为了实现令人信服的公共利益。第三，自由是指他人关注其个人健康的自由和免受人身约束的自由，漫步行走或谋取生计的自由。这些虽是基本权利，同样要受到政府基于令人信服的公共利益的规制。"

六、法官对宪法性隐私权的误读

我们较少注意到法官一直在讨论的隐私权完全不是我们大多数人所认为的隐私权[①]，无论是近期的案件，还是稍早时期的案件。尽管法官将这些案件归为隐私权案件，但所有案件的处理都没有涉及现行隐私权著作中所论述的主题。在 Griswold 一案、Baird 一案、Wade 一案及 Stanley 一案中，法官所讨论的隐私权既不是他人所享有的免受政府侵入其住宅、约束其人身自由、探查其个人文件资料及电话的权利，也不是他人所享有的免受政府监控的权利；既不是他人所享有的免受人口普查员、官员或国会委员会调查的权利，也不是他人所享有的免于填写政府的包含各种私人信息的表格与统计表的权利及免受政府公开或收集其私人资料数据的权利。在 Griswold 一案中，大法官 Douglas 质疑道："如果警察发现已婚者有使用避孕工具的迹象，我们是否会允许他们搜查已婚者的卧室。"[②] 这里的关键问题是州政府能否禁止公民使用避孕工具，而不是在他人有使用避孕工具证据的情况下警察能否进入他人的卧室搜查，正如大法官 Douglas 所言，不是他人的卧室警察不能进入，而是他人的"婚姻隐私"不能遭受政府部门的侵犯，"这是比《人权法案》出现得还早的权利，是他人的神圣不可侵犯的私人行为"。Griswold 一案后，州政府不能因已婚夫妇使用避孕工具而对其进行处罚，无论是在卧室还是其他地方使用避孕工具，甚至在没有进入卧室搜查的情况下有证明他人使用避孕工具的证据。事实上，在有犯罪嫌疑的情况下，且警察基于合理原因获得了法院颁发的搜查令，才允许警察搜查人们的住宅。Baird 不会因在讲座结束时给了一位女性避孕工具而受到处罚，笔者相信 Stanely 即便于光天化日之下在中心公园阅读淫秽书籍也不会受到处罚，Ms. Roe 也可以公开地去堕胎。

总之，法官所讨论的隐私权不是他人所享有的免于政府侵扰的权

---

① It has been noted, however, in Gross, Privacy and Autonomy, in Privacy 169 (J. Pennock & J. Chapman eds. 1971). See also Greenawalt, Privacy and Its Legal Protections, in 2 Hastings Center Stuies 45 (1974).

② 381 U. S. 479, 485 - 486 (1965).

内，我们又给不出答案。毫无疑问，自治性隐私区域并不是由 Warren 和 Brandeis 所提出的那个权威的令人信服的“独处权”的概念来界定的，自治性隐私区域是自由放任主义的另一种诠释吗？可以确定的是，自由放任主义绝不是宪法性隐私权的含义，那么，为什么他人使用避孕工具的权利是隐私权呢？为什么他人签订内容为 16 小时日工作制并获得比法律规定的更多的工资的合约就不属于他人的隐私权或基本权利了呢？难道从某种程度上讲这种观念在倒退！在现代社会，那些本身就明显极具价值的个人权利就应该是基本权利，如不写入宪法，它们能包含在受宪法保障的隐私区域内吗？

司法权监督制衡行政权是《美国联邦宪法》体系的一大特点。随着平衡公共利益与个人权利的哲学观念的变化，这种制衡也随之改变、发展。然而，宪法修正案的通过需要各种复杂的政治力量的一致同意，这比较困难并难以产生最理性、进步的修正案，我们已经接受司法带来的宪法现代化，但我们仍然坚持认为修宪应与宪法的精神相一致，我们应认真遵从宪法神圣的文本及其历史，并谨慎运用司法在宪法的传统与现代融合过程中发挥的能动作用。

美国联邦最高法院创立了这样一个自治区域，其中已包含了一些内容，将来会增加更多的内容，笔者认为，这并没有越过司法创新的界限，但法院对这种创新的合理性的证明并不充分，有些人认为自治区域理论的合理性来源于我们哲学意义上的个人自治或宪法不成文的规定，又或暗含在《美国联邦宪法第九修正案》并被吸收到了《美国联邦宪法第十四修正案》当中。在经过将近两个世纪的沉默及法院在偏离实质性正当程序理论 100 年后，美国联邦最高法院提出自治区域的理论似乎是一个过激的举动，因为这暗示法院在重拾实质性正当程序理论，作为法院制法的产物，实质性正当程序的合法性仍受到质疑，但从它的产生原理来说，实质性正当程序是 18 世纪宪法中规定的正当程序的拓展，且它兴盛了半个世纪从未被美国联邦法院完全抛弃。事实上，近些年我们宪法历史的连续性更强了，宪法解释也更符合大法官的要求和公众的意愿，美国联邦最高法院从没有完全否决过实质性正当程序，它仅仅是去除了其自由放任主义的因素，实质性正当程序理论仍主张他人的个人自由是其基本权利。政府需证明其侵犯他人自由的立法是基于一个合理的公共目的，如促进经济社会的发展就是一个基本的、合理的公共目的；去除了自由放任主义因素的实质性正当程序理论能够避免纵容政府的行为，如政府对经济的干预行为及其对公共利益与个人权利的平衡行为。保留实质性正当程序至少可以避免《美国联邦宪法第十四修正案》吸收《人权法案》过程中一些无益的争辩以及美国联邦宪法对州政府、联邦政府立法限制程度的同一化问题①，会使明显属于他人个人自治范围的国外旅行再也不需偷偷地进行，也无需为了抵御州政府以公共利益为名侵犯他人所享有的生育自由而曲解平等保护的含义②，可让一些他人的某些私人事务比如堕胎纳入到他人个人自由的范围，立法机构规定的公共利益的合理性也将受到司法审查。

实质性正当程序的不当适用给新政之后的幸存者留下的是恐惧的记忆，在实质性正当程序受到谩骂及衰落几十年后，对于大多数法官而言，一时之间复兴实质性正当程序是非常困难的，美国联邦最高法院确立宪法性隐私权是复兴实质性正当程序的一个契机或者说至少为复兴实质性正当程序向前迈出了一大步。

无论是实质性正当程序理论的复兴还是宪法性隐私权的确立，他人的基本权利都需要明确界定，尤其是在与公共利益抗衡时，他人基本权利要得到保障。大法官 Stone 与大法官 Cardozo 认为，他人的言论自由、出版自由、宗教自由尤其需要司法保护，即使政府是为了公共利益也不能侵犯，因为这些自由是民主的基石，政治活动的不确定性易使这些自由受到威胁。基于类似的或其他原因，他人的其他权利，包含在宪法性隐私权范围内的权利在民主政治活动中也应受到特别保护。

八、宪法性隐私权的确立对平衡个人权利与公共利益的影响

笔者认为，由于法官将太多注意力放在界定宪法性隐私权的概念上，而没有考虑到宪法性隐私权与公共利益的平衡，所以，法官的某些判例加剧了法律意义上的宪法性隐私权概念的不确定性。我们已经知道，隐私是指他人生活中的私密活动，毫无疑问，两性关系是他人的私密行为。但是，他人实施的其他活动通常也是秘密进行的，如他

① See Henkin, Selective Incorporation, supra note 34.

② Cf. Skinner v. Oklahoma, 316 U. S. 535 (1942).

人实施的盗窃行为、间谍实施的刺探活动以及他人实施的阴谋推翻政府的活动。宪法性隐私权的保护范围也理所当然地延伸到男女间的亲密活动，但是他人实施的强奸、卖淫、通奸、近亲通婚、同性恋及其他形式的鸡奸行为也是私下进行的，而这些活动是由刑法来调整的。他人对自己人身的控制权在堕胎问题上讨论得最多。

显然，我们不能从隐私的定义中了解到：州政府为什么可以禁止他人实施的近亲通婚行为、自杀行为却不能禁止他人实施的种族间的通婚行为、他人的堕胎行为；为什么州政府能对心智缺陷的人采取绝育措施却不能禁止他人避孕；为什么州政府不能禁止他人在房间里阅读淫秽书籍却能将他人送入兵营并对其进行一天 24 小时的监管；为什么州政府能强制他人将其小孩送入小学却不能强制他人选择让其小孩进入公立小学；为什么州政府能禁止学校提供有猥亵内容的教学而不能禁止学校教德语或进化论；为什么州政府不能强迫他人自证其罪，却能强制他人作对于其心爱的人、母亲或儿子不利的证词，且他人并没有拒绝作证的权利。

当然，这都与公共利益有关，但即使在适用《人权法案》作为判决依据时，法官也没有仔细衡量他人所享有的个人权利与公共利益的平衡或审查政府公共利益的合理性。在隐私权的案例中，法官没有关注州政府禁止避孕的目的和动机，在没有告知我们真正原因的情况下，在胎儿出生前（即便母亲身体健康）州政府也不能否决妇女享有的堕胎权利，因为这至少是对妇女享有的隐私权的侵犯，在没有合理证明的情况下，法官宣称母亲的生命和健康比婴儿的生命是更为迫切的利益。

现在美国联邦最高法院提出了一个新的可以扩张的自治区域，这个区域虽然具有基础性但并不受到法律的绝对保护。自治区域这个新理论的提出要求我们重新思考公共利益的范围，法官没有告知政府所宣称的公共目的：哪些是不被允许的，哪些不具有公众性、利益性，哪些是可接受的、令人信服的。我们也不清楚令人信服的公共目的是否就是重大的、界限明确的，就像有优先权利、基本权利一样有优先公共利益、基本公共利益吗？按照传统观念，公共利益包括促进健康、安全、道德及公共福利，在某些情况下，政府立法规定的保卫国家安全、处理外交事务、维护环境美好则属于“特殊”的公共利益。

如今，由法院来审查公共利益的合理性仍让人不免觉得这种审查具有主观性和临时性。

在探究公共利益的范围时，我们不免会关注我们建立民主共和政府的目的。有受到禁止的公共目的吗？被允许的公共目的都是同等价值的吗？宪法的序言规定“我们合众国人民制定宪法是为了建立更完善的联邦，树立正义，保障国内安宁，提供共同防务，促进公共福利，保障自由”。这些宗旨由美国联邦政府运用《美国联邦宪法》授予的权力来实现，但宪法的序言并没暗含政府只能基于中立的公共目的来实现宪法序言规定的政府宗旨，其他的公共目的就被禁止，也没暗含政府规定的公共目的有等级上的划分。《美国联邦宪法》规定国会有权力向民众征税并将税收用于公共福利，但没有规定某些公共福利与政府的合理目的符合或更符合。《美国联邦宪法》规定政府可以为公共用途征用私人财产（作公正补偿情况下），但没有规定只有部分公共用途更能证明占用私人财产的合理性。所以，早期《美国联邦宪法》对政府的公共目的并没有区分合理与不合理。有人曾经认为，《美国联邦宪法第十四修正案》的含义已经超越了早期宪法对州政府公共目的的限制且其限制是优先的。现在这种看法也不复存在。

然而，宪法性隐私权可能成为对政府公共目的的优先限制，时至今日，没有人再敢于质疑政府调控社会经济的合理性。我们现在是以宪法性隐私权为借口而在不同的政治理论中潜行，并质疑那些比福利国家更早产生、更有合理性的政府公共目的吗？举一个典型的例子，道德的促进与保护曾经是政府行为的一个明显合理的公共目的，宪法性隐私权的确立是否意味着它再也不是政府行为的一个合法的公共目的了呢？审理 Stanley 一案的法官似乎赞成这种说法：“猥亵归根究底不是一种犯罪，而是一种罪恶。”[①] 如果他人享有的使用避孕工具的权利、堕胎及阅读淫秽书籍的权利受到公共利益的限制，这不是为道德立法吗？[②] 法官们作出的此类判决是否可以归结为这样一种说法，即“他们不是法律应予调整的事情”，就像一个世纪之前 Woofendon

① Stanley v. Georgia, 394 U. S. 557, 568 n. 8 (1969).

② See Henkin, Morals and the Constitution: The Sin of Obscenity, 63 CoLrtu. L. REv. 391 (1963).

的报告所说的那样。难道宪法所认可的政府仅仅是功利性的政府而不是道德性的政府？如果政府仅是功利性的，那么，社会应促进什么样的道德及通过什么手段来促进？在立法过程中，我们需在多大程度上考虑国家的历史文化、现代人的宗教信仰及当下盛行的道德观这些因素的影响呢？

同样，如果政府仅是功利性的，宪法性隐私权是否包括他人所享有的骑摩托车不戴头盔的权利或者他人拒绝治疗的权利或者其不在正规医院选择一名有执照的医生进行堕胎的权利，完全取决于政府认为他人这样做是否有利于他人，宪法只允许政府成为社会的仆人而不能是实行家长式的管理吗？

所有这些具体的问题及对现行有关个人权利与公共利益的平衡理论的全面认知都在探索中，至少在探索宪法性隐私权的定义中才能得到答案。

九、结语

在美国，公共利益与个人权利之间的平衡反映了政府机构根据政府与社会力量对比状况所做的政治判断。法官对法律文本的理解适用不可避免是限制政府平衡个人权利与公共利益行为的一个重要因素，法院和法律工作者将继续在限制政府基于公共利益侵犯个人权利这一领域发挥作用，且这种作用不会变小或有所不同。因为个人权利与公共利益之间的冲突无处不在，女性、学生、囚犯、外国人、追求新生活方式的人及穷人的各种权利诉求，或处于劣势地位的少数人抗议处于优势地位的人歧视的诉求不可避免地会与政府宣称的公共利益相冲突，或者是民众所主张的新的或旧的权利与政府所宣称的新的或旧的公共目的之间的冲突。

法律现实主义者很早以前就指出司法判决的旧神学主义。一些政治学者从社会学角度否定了司法行为的推理性及其程序性，过了很长时间，我们才认识到法律现实主义者提出的警告，司法对政府行为的监督，如控权学说、遵循先例、司法程序的本质、法院的制度特点、法官无法忽视宪法文本及宪法历史的事实、国家和法院的传统及祖先的思想所带来的潜意识的影响，这些都是影响法官判决案件的因素。法官对政府平衡个人权利和公共利益行为的限制程度还将继续随着政府与社会力量对比的变化而变化。自由、实质性正当程序、基本权利或优先权利，怀有旧时代哲学观的法官们还将继续用这些负载着历史的词语与概念来限制政府基于公共利益侵犯民众的个人权利。是司法节制还是司法能动，这或多或少会影响大法官在审查民主机构的立法中所发挥的独特作用。

隐私、私人选择和社会契约论：一个自由意义上的隐私理论

安尼塔·L. 艾伦[①] 著　张雨[②] 译

目　次

一、导论

自治性隐私权的立论前提在于一种自由的价值——他人在对自己的私人事务进行决策时，能够免遭行为人的强制干涉。在允许堕胎的立法中，自治性隐私权体现得最为充分。然而，来自学术界不同领域的哲学家与法律理论家都已指出，用自治性隐私权来论证自由的生育政策是概念混淆的最佳例证，同时，它也是男权意识和司法越权的体现。首先，当人们用“隐私”来描述他人选择生育小孩的自由时，这便是一种概念混淆。其次，虽然生育也是男性的私人事务，并且男性将最终决定女性的生育，但人们仍然将生育自由视为女性的私人事务，这就是男权意识的体现。最后，司法越权表现为，美国联邦最高法院一直依靠“隐私权”这项未在《美国联邦宪法》中列明的宪法性权利，来对保护胎儿、妇女健康和家庭的立法进行实质性的限制。其实，以上每种批评的声音都相当于一项建议，即不能将自治性隐私权的论点纳入到有关生育权的分析论证之中。

---

① 安尼塔·L. 艾伦（Anita L. Allen），美国宾夕法尼亚大学法学院教授。
② 张雨，中山大学法学院助教。

本文旨在为自治性隐私权作出辩护——有关自治性隐私权的论点根本不是造成以上概念混淆、男权意识以及司法越权的罪魁祸首。为了回应 Griswold v. Connecticut 一案①和 Roe v. Wade 一案②这些关涉生育权的案件，诸多学者已经著书立说，展开对自治性隐私权的讨论。笔者并不想孤注一掷地对自治性隐私权判例中的重要问题作出重新评价，笔者仅仅想完成一些很有限的任务。

在本文的第二部分与第三部分中，笔者旨在澄清这样一种观念，即在选择何种生育政策的问题中，“隐私权”将是一个重要的考量因素。“隐私权”能够设置一些限制性条件，能够使他人有权免受强制性的干涉，从而自主决策自己的私人事务。在本文的第二部分中，笔者将会阐述，那种对宪法性隐私权的概念混淆源于我们未能成功区分，防止行为人非法获取他人私人事务的隐私权与自治性隐私权，这同时也是美国联邦最高法院早期对于生育权的看法的渊源所在，但它并未影响到近来的堕胎案件。为什么对基本生育自由的司法保护程度会减弱？为什么在考量各种有关堕胎的政策时，“隐私”这个因素的重要性没有得到足够的重视？“概念混淆”的说法并不能作为以上两个问题的借口。本文的第三部分将会论述，“男权意识”根本就不是反对自治性隐私权的理由。那种关涉生育自由的隐私保护对女性而言十分重要。它能够创造出很多女性主义者长期以来都十分重视的信念，包括将自治、平等参与以及社会贡献都等同于一种与生俱来的能力。如果否定了女性的自治性隐私权，这无疑是对女性的不公平待遇，也会致使男性为了自己的利益而践踏女性权益。本文的四三部分旨在对 David A. J. Richards 有关允许堕胎立法的自治性隐私权论点进行深入的批判性分析。Richards 的观点很有探讨的必要。John Rawls 于 1971 年出版的《正义论》唤起了人们对社会契约论及其对法律的影响的重新探讨。而 Ronald Dworkin 的论述，也激起了人们对“自由主义法学”的广泛热忱。Richards 的契约论与以自由主义为基础的宪政原则在诸多同类的哲学理论当中显得尤为重要，Richards 认为，实质性的政治理论会对宪法解释与司法审查形成控制，他的这一

---

① 381 U. S. 479 (1965).

② 410 U. S. 113 (1973).

观点值得尊重，因为它能够代替严格建构主义[①]与实证主义[②]的相关原理。从广义上而言，Richards 在论述堕胎权时所运用的自治性隐私权理论属于宪政性的契约理论，它是否能够证明自由生育政策的正当性？这即是笔者所关注的问题。

为什么女性应该拥有自由选择生育的权利？Richards 对此所作出的解释证实了笔者将要提到的另一种观点——允许堕胎的立法中包含“女权主义者的道德立场”。在第四部分中，笔者将论证，Richards 在探讨基本的堕胎权之时，运用了以女性为中心的自治性隐私权的观点，虽然这种做法是正确的，但是他的理论前提是，未出生的胎儿本身并不具有任何道德意义，这种难以立足的观点是不充分的论证。联系 Dworkin 的观点——契约论能够限制政府行为，并向政府强加自由平等的观念，受此启发，笔者认为，要弥补 Richards 论点的缺陷，必须让其有关自治性隐私权的论点经过修改后具有道德上的说服力。然而，Richards 的契约论基础无疑会导致一些女权主义者反对将他的相关论点引用到对女性生育自由的探讨之中。

二、概念混淆

法律中的“隐私权”概念是否太过模糊，不够明确呢？隐私权本身就是一个弹性概念，它具有大量不同的内涵。诸多学者都曾建议，政策制定者们与法院应该停止使用模糊的“隐私权”概念。然而，对于法律而言，隐私权的概念绝对不会太过模糊。如果我们能够对绝对隐私（限制行为人获取他人的私人事务）与私人选择或自治性隐私权（他人能够自由决策自己的私人事务，免遭行为人干涉）作出基本的区别，那么，我们就能够澄清“隐私权”的法律用途。

---

① Strict constructivism is the view that " judges deciding constitutional issues should confine themselves to enforcing norms that are stated or clearly implicit in the written Constitution. " J. Ely, Democracy And Distrust: A Theory of Judicial Review (1980); see, e. g., R. Berger, Government By the Judicary: the Transformation of the Fourteenth Amendment (1977).

② Legal positivism is the idea that statements about what law is are true or false and can be verified by empirical data drawn from the history of legal institutions. R. Dworkin, Lawys Empire, supra note 5, at 33 – 34; see, e. g., H. L. A. HART, The Concept of Law (1961); J. Bentham, An Introduction to the Principles of Morals And LegislAtion (J. Burns & H. Hart rev. ed. 1970) (1791).

如果我们能够正确使用“独处”、“秘密”以及“匿名”等关于不同类型隐私权的表达术语，那么，我们便能更为清楚地理解“隐私权”这个概念了。

有关“隐私权”的两种用法已经在如今的法律之中占据了一席之地。第一种用法是，限制行为人获取他人的隐私。这与一种流行的隐私权定义相一致——他人的不易接近性，即他人的心理状态、感官信息以及对其他人设置的监视设备等信息都不能被行为人获知。在这种限制行为人获取他人隐私的理论中，隐居与独处是隐私权的两种形式。它们旨在保护的是与外界隔开的物理空间。在这种限制行为人获取他人隐私的理论中有许多隐私权形式都涉及信息保密。它们所包含的意义是秘密、保密与信息储存。“匿名”的宽泛解释包括对他人的有限关注，禁止披露他人的身份信息，“匿名”也是限制行为人获取他人隐私理论的一种表现形式。

在隐私侵权责任制度中，如果行为人以高度冒犯性的行为故意侵扰他人的隐私，那么，他人就能够以此提起民事诉讼。因此，隐私侵权责任制度保护他人独处的权利，保护他人的个人信息免遭公开，以及保护他人的匿名性。大量的法院已经宣称，隐私侵权责任制度的目的在于保护他人的情绪、感受，以及不容侵犯的个人信息。《美国联邦宪法》同样也保护他人的隐私免遭行为人非法获取。比如，《美国联邦宪法第四修正案》保护公民的人身、住宅、文件和财产不受无理搜查和扣押的权利，这实际上也是保护公民独处的权利，保护他人的信息不被公开以及他人的匿名性。不论是一些州立法，还是联邦立法，以及某些州宪法中的条款，都旨在保护这种独处的权利，保护他人的信息不被公开，保护他人的匿名性。

“隐私权”在法律中的第二种用法，衍生于公共与私人的区别之中。“隐私权”涉及的是自由的一个方面，即他人能够自由地对自己的私人事务进行决策或行为，不受政府或其他任何人的干涉。“适当的私人事务”这一概念负载了太多的价值内涵。它囊括了几乎所有私密的个人事务。“公共”与“私人”的区别是一项规范性的区别，其存在的前提是，生活中总有一些问题应该留给非政府组织、家庭或是个人解决。通常而言，私密的、个人的事务必须被认为是私人事务，因为它们总是与他人的个人身份、道德人格紧密相连。①

一直以来，如何解释“自治性隐私权”这个概念，这个问题的答案都依赖于一些宪法性案件以及大众对这些案件的评论，比如涉及堕胎、避孕与同性恋等问题的案件，例如，他人是否有权利根据自己的宗教信仰与价值观来选择自己的配偶及养育自己的小孩、他人是否有权在自己的家中存放色情物品等。

一些学者认为，虽然“隐私权”这个概念已经在法律当中占据了一席之地，但是它仍不属于堕胎案件所需要考虑的因素。他们坚持认为，必须将隐私权与自由权的概念严格地区分开来，美国联邦最高法院在一些堕胎案件中引用隐私权进行判决，这种论证本身就存在缺陷，因为它混淆了隐私权与自由权。这些学者的结论是，堕胎权的法理基础中并不包括隐私权的相关理论。将这些术语慎重而细心地与一些道德、政治观念结合起来，这是非常重要的。法律中的概念混淆令人担忧。而宪法性法律往往会涉及政治价值观与个人权利，这更加让人担忧。语言本身绝对不能妨碍司法公正或混淆视听。然而，现如今我们能够区分限制行为人获取他人私人事务的隐私权与自治性隐私权，并且通常而言，在有关堕胎的案件中，“隐私权”典型地表现为“自治性隐私权”。所以，并不存在太多的概念混淆，也没有必要将隐私权排除在有关生育自由的论点之外。甚至是那些反对“自治性隐私权”这一概念的纯粹主义者们也认为，如果有一部法律规定，在堕胎案件中，“隐私权”属于自由的一方面，也就是说，政府对此不进行强制干涉便是对他人私人事务的合理尊重。

那些认为存在“概念混淆”的人们一定会反对有关自治性隐私权的论点。早期有关生育权的案件反映出，人们对“隐私权”概念的混淆已经到达了一种可悲的程度，并且人们也难以理清隐私权与私人选择之间的关系。在 Griswold v. Connecticut 一案中，Douglas 大法官提到，夫妇的卧房是神圣的区域，如果政府机构执行有关避孕的刑

① Cf Gerety, Redefining Privacy, 12 HARV. C. R. – C. L. L. REV. 233, 281 (1977) (privacy is control over or autonomy of intimacies of personal identity). See generally L. Tribe, Constitutional Protection of Individual Rights 886 – 898 (1978) (attempting to classify kinds of interests that count as privacy).

法，那么，政府的幽灵简直就是对这一神圣领域的冒犯与恫吓。[①] 此时，Douglas 似乎将隐私权与私人选择混为一谈。夫妇的卧房属于其他人不能获取的私人信息，这无疑能够证明夫妇拥有自治性隐私权，他们能自由选择是否避孕。但是，Douglas 大法官的言下之意却是，他所指的宪法性隐私权只是那种限制行为人获取他人私人事务的权利，而非自治性隐私权。

在 Roe v. Wade 一案中，Blackmun 大法官依靠的是他那一套形而上学又值得怀疑的理念——"孕妇不能（与其胎儿）相互分离"，这也导致孕妇的决策特权应该受到限制。在此，Blackmun 大法官将限制行为人获取他人私人事务的隐私权与自治性隐私权混为一谈了。他认为：其一，孕妇本身不能与胎儿相分离，所以孕妇本身就缺乏隐私，也就是说孕妇没有那种行为人不能获取的隐私；其二，如果孕妇本身就没有隐私，那么，此时也就没必要再谈所谓的自治性隐私权了。Blackmun 大法官的第一点构想是一种形而上学的道德观点，而非一个简单的事实陈述。孕妇是否享有独处的权利？人们对此问题的判断似乎依靠于他们将赋予胎儿何种道德上的地位。Blackmun 大法官的第一点构想涵盖了怎样的事实？要回答这个问题，也必须知道"隐私"是如何被定义的。可以说，如果他人进行了一种无法被感知或无法被理解的人类行为，那么，这并不会削弱他人"独处"的状态，也不会减少他人其他方面的隐私。[②] Blackmun 大法官的第二个设想本身会陷入这样一种疑问，正如 Judith Thomson 的假设：如果一位女士发现自己被一名音乐爱好者绑架去了医院，医生正在救治一位垂死的小提琴家，医生认为，如果没有这名女士的支持，这位小提琴家会很快走向死亡。那么，这位女士是否应陪伴小提琴家走过他生命恢复期所需的九个月或这名女士有没有权利对此作出个人选择？显然，这位女士没有与小提琴家"孤立"开来，当这名女士在对以上问题作出回答时，这一简单的事实并不能给予她道德方面的压力。

如果从整体上来理解以上两位大法官的观点，那么，Douglas 大法官与 Blackmun 大法官意图在 Griswold 一案与 Roe 一案中适用的那

---

① 381 U. S. 479, 485 - 486 (1965).

② Cf Garrett, The Nature of Privacy, 18 PHIL. TODAY 263, 264 (1974).

种基本的隐私权其实就是自治性隐私权。现在，两位大法官所提到过的“概念混淆”已经被驱散了，但这里仍然存在一个实质的解释性疑问，即自治性隐私权是否能够保护女性自主地选择堕胎？这一问题的答案似乎隐含在有关私人决策与私人行为的宪法保留规定中。假设自治性隐私权是宪法授予他人的，这里仍然有个疑问——自治性隐私权会使法院在司法审查中承担何种具体的任务？笔者将在第三部分中对该问题进行重点探讨。

显而易见，现如今美国联邦最高法院审理的堕胎案件中所暗含的宪法性问题是私人选择而不是隐私。不过这并不意味着隐私本身与堕胎权无关。美国联邦最高法院已经意识到，自治性隐私权需要受到那种限制行为人获知他人私人事务的隐私权的保护。一些重要类型的隐私通常都会成为私人选择的辅助力量。在审理堕胎案件时，法院均会评判他人父母或配偶的通知或同意的合宪性，并对他人的堕胎记录与医疗报告进行审查，这无疑会涉及他人信息的匿名性、秘密性、保密性等问题。关于控制堕胎的州立法只能通过政府或其代理机构直接控制妇女的身体而得到执行，这当然会涉及有关“隐居”与“独处”的问题。然而有趣的是，在 Roe v. Wade 一案中，美国联邦最高法院反对对政府管制堕胎的权力进行限制，而妇女能够选择堕胎的前提恰恰是，妇女能通过宣称自己拥有隐私权，从而制止那些试图控制其身体的行为。

某些隐私，比如私密的档案记录，在司法上通常都被认为是自治性隐私权的辅助力量。但其实在某些值得关注的领域，自治性隐私权本身也是一些典型隐私的辅助力量。这一事实及其与生育权的关系目前还没有得到公众与司法界的关注。笔者将在接下来论证，“堕胎”实际上是女性所拥有的一件有效的工具，女性能够用它来确保自己在私人生活中拥有足够的隐私权。当然，“堕胎”还有其他重要的作用。怀孕本来就会带来一些不合理的健康风险，堕胎能够使女性免遭这些风险。又或者一位女性是因为被强奸而怀孕，或者这位孕妇太过年轻而根本无法担当母亲所应担负的责任，或者这位孕妇太过穷困而难以养育子女，那么，对于她们而言，怀孕生子无疑会摧毁她们的人生；她们面临的潜在风险远远不止丧失隐私这种小事，而只有堕胎才能救她们于水火。虽然笔者仅仅是从隐私权的重要性这一方面来论述堕胎的合理性，但笔者绝无意诋毁从其他方面论证堕胎合理性的观点。

三、男权意识

对于一些女权主义者而言，“隐私权”与“私人事务”的言外之意似乎是女性在家中会受到监禁与管制。① 它意味着女性不会拥有隐私权，也没有私人选择的权利。Catherine MacKinnon 认为，Roe 一案中所涉及的自治性隐私权其实就是“男权意识”的体现。如果男性在男女双方的性行为中具有控制权，那么，仅仅是法律上的规定将难以保证女性能够拥有选择生育的自由权。② MacKinnon 将隐私权与自治性隐私权都描述为男性的权利，甚至是男性欺压女性的权利。

有充分的证据表明，女性与隐私权的关系一直举步维艰。整体而言，女性一直拥有许多错误的隐私观。当她们需要获得一些隐私从而取得道德意义上的独立时，她们总会在家庭生活中表现得谦逊而贞洁。女性在传统文化中一直扮演着照顾别人的角色，这使得女性一直生活在核心家庭的隐私之中。有关女性谦逊而贞洁的传统观念使得女性在家庭生活中必须要付出高昂的代价才能够自主选择性生活，或是拥有自我表达的权利。对亲密关系的期望能够培养出有益的私人关系。但女性所固有的家庭角色限制了她们所拥有的隐私，也限制了她们独立与别人建立个人关系的机会。母亲的角色、社会的限制，使女性一直生活在狭窄的私人空间中，她们与那些活跃于公共领域的女性企业家、学者、政府领导以及女性艺术家有着截然的不同。

将近 100 年以前，女权主义者 Charlotte Perkins Gilman 指出，传统女性的许多角色，诸如家庭主妇、妻子和母亲，都与个人隐私的定义相互冲突。对于许多女性而言，家庭生活绝不是享受个人隐私的天堂。要想拥有个人隐私，就必须要有属于自己的独立空间与时间。一个家庭的照顾者不能独处。一位成功的母亲必须要能随时随地地对孩

---

① See, e. g., Okin, Women and the Making of the Sentimental Family, 11 PHIL. & PUB. AFF. 65, 88 (1985). See generally J. Elshtain, Public Man, Private Woman: Womenin Social And Political Thought (1981).

② MacKinnon, Roe v. Wade: A Study in Male Ideology, in Abortion: Moral And Legal Perspectives 45 (J. Garfield & P. Hennessey eds. 1984).

子们的需求与想法作出回应。毫无疑问，比起1900年代的全职主妇而言，如今的全职主妇会在家庭事务中花费更多的时间与精力。[①] 而职业女性每周花费在家务中的时间是35个小时。这些女性中的大部分都有孩子需要照顾。也许照顾子女仍然是女性而非男性的日常心理负担。这种趋势表明，女性是否能以平等的参与者与贡献者身份而进入到公共领域中，这仍然有待观察。

以上内容显示，如果需要足够的隐私权，那么，女性必须在决定是否生育子女时作出慎重的考虑和思索。在一个民主社会中，隐私权对于个人大有裨益。[②] 更重要的是，隐私权为人类的心理健康与个性发展所需要，是形成道德人格与自我决策的前提。生育权不会自动为女性带来隐私权与自治权。自治性隐私权能够转化为有益于个人的隐私空间，但仅仅限于以下条件：其一，女性能够自由作出个人决定的权利不会被不可超越的社会屏障所阻隔；其二，自由的女性本身希望拥有隐私权。生育权是女性能够利用的工具，而且它早已派上了用场，因为它能够使女性在私人生活中有机会拥有自己的隐私权。这就是为什么我们不能如同那些男权意识一般，对“隐私”与“私人选择”避而不谈。

一些流行的女性心理研究认为，正如男性所言，女性并不需要隐私或自由。[③] 她们想要生活变得更好。女性寻求的是持续的亲密关系、隶属关系，以及可靠的社区生活，她们不需要独居、匿名等其他种类的隐私权。

从定义而言，隐私权所需要的极端而持续的条件都与亲密关系、群体生活、道德责任相互冲突。如果承认这一点，也就应该否认这样的观点，即女性一般都会反对独居、匿名等隐私权的表现形式。某些不当的隐私权会因为道德原因而遭到反对，但这并不会导致隐私权本身被废除。为了评估隐私权的价值，我们需要具体分析隐私权的用途，而且也需要考虑相关的道德影响。渴望隐私权的女性，可能会重

---

① Cowan, Housework: Why I Love/Hate My Clothes Washer, Wash. Post, Feb. 15, 1987, at C3, col. 1.

② See generally A. Westin, Privacy And Freedom 32 – 39 (1967).

③ See generally J. Miller, Toward A New Psychology of Women (1976); C. GilliganI, In A Different I Voice: Psychological Theory And Women's Development (1982).

塑自己的青春或学习更多的才能，她们在品质上都会优于其他人。生活中所拥有的隐私能够帮助她们更好地适应并参与到社会活动中，也能有利于她们为社会贡献出自己的才能。生育权能够帮助女性在一种可靠的社会生活中拥有更多的隐私。

四、司法越权

（一）Roe 一案和相关评论

自从审理了 Roe v. Wade 一案与 Doe v. Bolton 一案，美国联邦最高法院便开始以自治性隐私权的相关理论来论证那些禁止堕胎的州立法的无效性。在接下来的一系列案件中，美国联邦最高法院阐述了宪法性隐私权所具有的意义及其局限性。法院在审理 Griswold 一案[①]时，首次使用了这一权利概念，将其用于抵制有关限制生育自由的法律壁垒。在 Roe 一案之前，许多案件已经表明，美国联邦最高法院已经认识到，隐私权其实就是宪法旨在保护的自由权的一部分。美国联邦最高法院也将自治性隐私权理解为消极自由的一种形式。[②] 在女性怀孕的前六个月，自由权足以推翻那种限制女性自主选择是否生育的立法壁垒，但是自由权却不能要求政府为非正规的堕胎医疗行为提供资金基础，尽管政府应为孕妇提供足够的医疗资金支持。美国联邦最高法院曾经做出过判决——未成年人拥有一项宪法性隐私权，这使他们能够自由选择是否堕胎。但这也被理解为，当怀孕的女孩被法院裁定为“足够成熟”时，如果她要行使这项宪法意义上的隐私权，那么，她就必须通知自己的父母，并且征得他们的同意。

总之，为了论证自由堕胎政策，美国联邦最高法院提出了自治性隐私权的观点，但这一观点存在一个关键的前提，即《美国联邦宪法》旨在保护自由权的每个重要的组成部分。被《美国联邦宪法》所保护的自由权包括，对私人事务作出决定的自由，这些事务通常关系到个人身份、性关系、婚姻、生育、住所与家庭生活。是否生育小

---

① Griswold v. Connecticut, 381 U. S. 479 (1965) (invalidating state statutes criminalizing contraception).

② Cf S. I. BENN & R. S. Peters, The Principles of Political Thought 248 – 249 (1959).

孩就属于其中的一种事务。许多州立法规定堕胎是一项犯罪行为或对堕胎行为进行管制，这无疑是与美国联邦宪法所保护的自由权相互抵触的。只有认为法律是为了保护胎儿的生命以及母亲的健康这两项不可抗拒的国家利益从而要限制堕胎时，这种观念似乎才具有说服力。

简而言之，美国联邦最高法院的论证是很难立足的。因为其结论的依据是胎儿“存活能力”这一虚幻的概念。在 Roe 一案发生之时，人们普遍认为，胎儿发育到 28 个星期时就能够在子宫之外存活。但医学专家认为，很难精确地说明胎儿究竟从何时起能够在子宫之外存活。到如今，有人提出这一时间点应为母亲怀孕的第 24 周。[①] 但如果政府宣称母亲的健康与胎儿的生命都属于不可抗拒的重要利益时，那么，不论是自由派还是保守派，从道德意义上而言，他们似乎都拒绝承认胎儿的“存活能力”这一概念的正当性。

之所以说 Roe 一案的结论是使人信服的，还因为它的立论依据在于一些复杂的、规范性的事实前提，而这些前提表明美国司法领域在有关司法审查标准与宪法解释这两个问题中存在一些基本的争议。司法界对 Roe 一案的批评是，法院在审理该案时所作出的法理推论都是一些充满幻想的无稽之谈。John Hart Ely 承认，“生育一个自己并不想要的小孩会严重摧毁一个女性的人生”，但他认为法院在审理该案时所提到的隐私权的法理仅仅让人感到“可怕”而已。面对一些可怕的对手，David A. J. Richards 一直在维护 Roe 一案的判决结果，并且也赞同判决的依据——一个宪法意义上的自治性隐私权。他解释道，那些对隐私权理论所提出的批评实际上构成了一个双重难题：其一，“宪法性隐私权，它并不根植于美国联邦宪法中的任何一项书面条款，那么我们能够通过司法审判来对宪法条文进行解释，从而形成这项宪法性隐私权吗?”其二，“假设这项权利在书面上是有一定形式基础的，但它如何与民主自治的基本政治理论保持一致呢，对于采用多数表决原则的司法审判而言，民主政治的自治原则往往都会严格地限制审判无效的范围。”有关 Roe 一案的评论都宣称，本案中的自治性隐私权论点是对司法审判局限性的误解，与此同时，它也表现出一种在理论上并不充分的，否定多数表决原则的政治伦理。

---

① Cf Grimes, Second - Trimester Abortions in the United States, 16 FAM. PLAN. PERSP. 260, 264 (1984).

学者们还提出了如下疑问。其一，假定我们通过阅读《美国联邦宪法》发现其中也涵盖了一项自治性隐私权，它足以使一些立法文件沦为无效，那么，法院如何运用它来论证反堕胎法律的无效性呢？其二，假设正当程序法能够将自治性隐私权视作自由权的一部分进行保护，那么，如何能够总结出堕胎权亦是自由权的一个基本组成部分，是一项基本权利？Rehnquist 与 White 两位大法官都坚信 Roe 一案的结论应当被推翻，他们认为，堕胎权并不是基本的权利，因为“显然……一个自由、平等的民主社会不会预设任何有关堕胎的法律规定”。①

下文会从契约论的角度分析为什么这些大法官都会误解自由与平等的基本要求。自由与平等的前提不在于那种精确的“存活能力”，不在于 Roe 一案所建立的怀孕三个月可堕胎的时间限制，而在于有关堕胎的政策仍然是自由而宽容的。

（二）对以上评论的回应

如何回应 Roe 一案所面临的艰巨挑战，如何回答其中隐含的法理问题？当 Blackmun 大法官代表美国联邦最高法院宣布 Roe 一案的判决时，他宣称“美国联邦宪法没有明确提出任何种类的隐私权”。②但他的理论基础在于，的确存在一项宪法并未列明的基本的隐私权，他认为一系列的案件都表明，宪法为人们的基本隐私权益提供了保护。Blackmun 大法官所依据的那些案件中包括对自治性隐私权的保护，也涉及保护他人的私人事务免遭行为人非法获取的隐私利益。他所引用的那些案件均曾诉诸宪法修正案及其“伴影”。③ 但 Blackmun 大法官认为，《美国联邦宪法第四修正案》所保护的自由权是自治性隐私权产生的主要渊源。当 Blackmun 大法官宣布美国联邦最高法院

① Thornburgh v. American College of Obstetricians & Gynecologists, 106 S. Ct. 2169, 2192 (1986).

② Roe, 410 U. S. at 152.

③ 在 1965 年的 Griswold v. Connecticut 案中，道格拉斯大法官提出“伴影理论”（penumbras），认为隐私权存在于《权利法案》第 1 条、第 3 条、第 4 条、第 5 条及第 9 修正案（即保留条款）的伴影交互重叠所创造的区域内，从而把对婚姻家庭隐私的保护纳入宪法权利保护之中。权利法案所列的具体保证有自己的阴影地带，它的形成来自支撑权利法案存在的条款的辐射，几个明示条款的伴影交叠创造出隐私区域。（译者加）

对 Thornburgh v. American College of Obstetricians & Gynecologists 一案的判决时，该案的判决更强化了 Blackmun 大法官的这种观念。

Blackmun 大法官通过解释《美国联邦宪法》，认为宪法保障了公民的平等与自由，从而也涵盖了一项实质性的自治性隐私权。有批评指出，Blackmun 大法官这一观点的基础在于对非宪法性价值观的随意挑选。这些批评的观点从一个狭窄的角度来看待司法审查，他们试图从法理学、历史学、政治学的角度来论证，法院根本没有权力以他们（持批评观点的人）所轻视的自然法、实质的正当程序权力、道德伦理与舆论浪潮来审判案件。[①] 然而，如果司法机构忠实于美国联邦宪法，那么，它们就不会排除那些未被宪法列明的实质性的个人权利。司法审查所拥有的广阔视角能够接受这样的观点，即“法院一直充当着阐述个人自由与公平待遇等基本国家理念的角色，即使这些理念并没有在美国联邦宪法的具体条文中明确地表达出来”。[②]

有观点认为应该限制那种依据《美国联邦宪法》的具体条文和制宪者的历史意图所进行的宪法裁判，但这种观点缺乏说服力。如果美国联邦最高法院仅仅因为宪法的文本意义走在“十字路口”就拥有权力的话，那么，美国联邦最高法院一定曾多次犯错。司法审查并没有对一些问题作出过充分回应，比如种族平等，因为美国联邦最高法院受制于“十字路口”这一概念。目前尚不清楚，如果不寻求上诉审查，那么，美国的司法机构会承认并保护那些作为自由社会基石的个人权利吗？笔者冒昧地认为，现如今的社会、经济生活不断扩展，有关个人自由、平等与社会参与的期待也在随之变化，在这种情况下，美国联邦最高法院拒绝将制宪者们的具体意图当做承认某些实质性权利的决定理由，美国联邦最高法院因此维护了自己的机构声誉。

David A. J. Richards 与 Ronald Dworkin 都属于这样的法律哲学家，他们坚持认为，司法机构不能忽视那些规范性的实质原则，正是这些原则解释了宪法条文的意义及其连贯性。为了回应批评者所指出

---

① See, e. g., R. BERGER, supra note 7; Epstein, Substantive Due Process By Any Other Name: The Abortion Cases, 1973 SuP. CT. REV. 159, 185.

② Grey, Do We Have an Unwritten Constitution? 27 STAN. L. REV. 703, 706 (1975).

的双重困境，David A. J. Richards 精心创造了一项理论，该理论强调了司法审查对宪法进行原则性解释的权力，而不是假定司法审查具有的局限性。

根据他的观点，《美国联邦宪法》发展的思想史证明了那些未被宪法列明的基本权利的存在。因为回应文学、历史、政治、道德伦理以及社会变化之间的需求竞争，Richards 从契约论的观念提出反对严格的建构主义，他认为应该从基本权利的基础上进行相关解释，《美国联邦宪法》限制政府对公民的行为进行约束，这些行为通常是公民全体自由赞同的行为。Richards 选用社会契约论的原因并不在于其所拥有的独立的道德意义，而是因为我们应从成文宪法的角度来理解《美国联邦宪法》的意义，法律的解释者应该认真而慎重地利用社会契约论的道德理念，正是这种理念才促成了《美国联邦宪法》的形成。显然，Richards 在努力证明《权利法案》、《美国联邦宪法第十四修正案》以及其他宪法性条文都是从义务的角度对政府行为作出约束，与此同时，这也体现出 Richards 对美国联邦制宪者们的尊敬，因为他们通过《美国联邦宪法》表明了他们对政府形式的构想。

（三）堕胎与社会契约论

Richards 认为，从美国联邦宪法大部分的文本内容能够推测出一些基本权利的存在，这些权利通常都表达了宽容与忍耐的主旨，包括隐私权。Richards 阐述了美国联邦宪法所包含的契约论，根据契约论，能够自由作出私人选择的权利属于一项公众利益，同时也是一项基本人权。一个在道德上持宽容态度的政府是不会剥夺公民的这项权利的。比如，堕胎权就应是那种可以通过自由契约方式处理的权利。Richards 曾经解释过，就司法审查而言，为什么堕胎权应该被视为一项基本的隐私权。他的自由社会契约理论回应了那些反堕胎的法律中所包含的道德与政治问题，这些问题一般都是女权主义者提出来的，其中一些女权主义者并不是自由社会契约论者。笔者相信 Richards 的这一观点是正确的，即堕胎隐私权必须被认为是一项基本权利，但为什么这必须是一项基本权利呢？他对此的解释似乎并不能让人信服。

女权主义有时候被认为对堕胎行为持有自己宽容的道德标准。但笔者更愿意称女权主义在堕胎问题上的道德标准是自由而平等的，并且具有康德学派的意韵。首先，女权主义认为，女性自己究竟是否愿意选择生育小孩，这是她们是否怀孕以及生育的决定因素。对此，女性应该拥有自由选择的权利，这是不可侵犯的。这种言之凿凿的要求是自由权的体现。其次，女权主义认为，如果否定女性的这种自由选择权，那么就表明政府并没有认真对待女性对平等待遇以及社会参与等要求。这是平等权的一方面。最后，女性主义称，对女性选择权的否定是在道德上对女性的不尊重。因为认为女性无权选择自由生育的观点实际上是在暗示，女性是别人实现目标的工具而非拥有自己权利的公民。女性一般都被期待成为妻子和母亲，不论女性自己是否愿意，她们往往被政府以及整个男权社会所操控和利用。这就是康德学派观点的体现。

为什么美国联邦最高法院将堕胎隐私权视为基本的权利？我们能否不将这个问题抛给每个州及其以多数表决原则主导的州立法机构？针对将堕胎行为纳入刑法的问题，Richards 表示，它将降低女性在道德意义上的独立性。如果让堕胎成为一项罪行，那么，这只会使女性为这种观念所绑架——她们有理由反对胎儿的生命存在价值。限制堕胎为什么会降低女性在道德意义上的独立性？Richards 对这个问题的解释实际上也是对上文所提到的女权主义的三个论点的回应：首先，“女性在道德意义上的独立性实际上就体现在女性本身是自由而理性的人”。这是通过私人选择表现出来的，Richards 回应了女权主义中的“自由”论。其次，私人选择是消除性别等级的需要，Richards 回应了女权主义中的“平等”论。最后，Richards 坚持认为，女性及其身体并不是任何人的财产，她们不能被当做工具一般为别人而服务，这就是对康德学派或是反工具论的回应。但是，凭借 Richards 的以上观点并不能得出女权主义的立场在本质上就是契约论的结论。实际上，Richards 认为禁止堕胎会降低女性在道德意义上的独立性的观点就属于契约论的观点。虽然这与他的社会契约原理相一致，这种原理是暗含在《美国联邦宪法》之中的政治道德基础。Richards 的解释缺乏独特的契约论前提，它实际上是平等、自由与康德学派论点的复合物。Richards 解释过，为什么缺乏堕胎的选择权会降低女性在道德意义上的独立性，虽然他提出的原因不是独特的契约论，但他所持有的批判反堕胎法的观点却是独特的契约论观点。具有讽刺意味的是，在

Richards 关于堕胎的所有论点中最薄弱的一方面却是他忽视了契约论的要求，即 Richards 需要用契约论的观点来解释为什么他在关于堕胎的讨论中对胎儿的问题避而不谈。

为什么胎儿的存活问题会如此的不重要，以至于女性在道德上拥有独立的权利来处置胎儿？为什么堕胎不属于非法的谋杀行为，但它会被州法律所禁止？Richards 认为，胎儿尚不属于“人”，胎儿不具有道德上的人格，所以他不是受到政府保护的主体。与此同时，胎儿也不属于政府所保护的一般商品，理性人通常都赞同一般物品是值得保护的。他宣称，胎儿还不是“人”，因为对于一个人而言，他必须“具有相关的人的特征——最低限度的自我意识和能动性”。胎儿也不是一般商品，因为根据相关理论，“除开人以外的其他事物，如果它们对于所有理性人的生活是必要的，并且每个人都赞同应以刑法来保护这些物品，不论它将耗费多大的道德代价，那么，它们才能被称为一般商品”。道德意义上的独立地位是必要的，因为它是道德人格的前提。与此同时，一个自由民主的社会理念为这种道德意义上的独立地位创造了前提。如果一个社会充满了理性而自由的公民，那么，道德上的独立性必须是这个社会中的一项基本权利，而它并不能被社会福利或者多数人的偏好所超越。

根据 Richards 所提出的社会契约理论，终结胎儿的生命在法律上并不被认为是一种伤害行为，因为从道德意义上而言，一方面胎儿没有独立的人格，并且它也不是一般商品；另一方面，因为道德独立性是一种一般商品，所以当反堕胎的立法剥夺了女性的道德独立性时，女性就会受到伤害。为了证明这些反堕胎法的正当性，决策者们通常都会将其上升到国家利益的层面上，即反堕胎法的制定是为了保护胎儿生命或大多数人的偏好。违宪的反堕胎立法会剥夺女性一项基本权利，即在适当的隐私领域自主决定生育的道德独立性。

虽然 Richards 认为胎儿尚不属于“人”，但他并没有以社会契约理论对此作出明确的解释。令人感到惊讶的是，他依靠的仅仅是赤裸裸的断言。但他却的确用社会契约论论证了这样的结论，即因为胎儿尚不属于人，所以政府不会通过将堕胎刑法化的方式来对胎儿提供保护。此时，他依据的是一般商品的契约论。

作为一个契约论者，Richards 理应向我们解释，为什么有可能成为人的胎儿会被排除在人类之外。若要回答这一问题，契约论者必须要面临一个具体的问题，即为什么胎儿不属于我们所假设的一直同意对政府行为加以限制的主体的一部分呢？当然，胎儿缺乏理性思维、自我意识、道德资格以及其他人格特征。社会契约假设了一系列有关权力运作的谈判，在现实世界中胎儿不是理性的道德代理人，但这不能够解释，为什么在契约论者所假设的世界中（这里缺乏现实世界的诸多特征），胎儿自身的利益没有受到与人类其他成长阶段所需要的福祉那样同等的重视呢？这是一种强大的道德直觉，当我们在寻求正义之时，并不能认为一些任意的偶发事件具有相关性。比如，如今投票权在被分配之时，"性"被认为是无关紧要的。重要的是，著名的契约论者 John Rawls 认为，潜在的人格是拥有道德人格最低限度的条件。Rawls 称，如果说潜在的人的生命（胎儿）不能成长为他们应该成为的人，那这仅仅是一个偶发事件。

为了将自己的契约宪法论适用于关于堕胎的争议中，Richards 必须以契约论来解释为什么在堕胎问题中不考虑胎儿的生命。对于在 Roe 一案中反堕胎的评论而言，Richards 应该证明不考虑胎儿生命的正当性，这一点非常重要，因为这才能使他支持堕胎的法理能够使人信服。对于那些 Roe 一案的批评者而言，Richards 的观点同样极其重要，如对于 Ely 而言，他担心 Roe 一案的判决结果引起了一项毫无原则的极端私人权利的分配，一个群体（女性）所得到的权利多于另一群体（胎儿），而胎儿在这种民主进程中几乎没有自己的代表。实际上，Roe 一案的判决结果武断地排除了胎儿的利益，这一点是引起人们批评该案判决的主要原因，批评者认为该案对堕胎所持的态度太过放任，而这正是女权主义道德观在堕胎问题上的表现。①

究竟胎儿是人吗？为了回答这个问题，人们寻找了多种理由，而笔者也是其中一员。但是，这个问题的答案却不能决定堕胎问题的道德性与合法性。堕胎权也需要胎儿具有或者可能具有道德人格。堕胎

① See, e. g., Swan, The Thirteenth Amendment Dimensions of Roe v. Wade, 4 J. Juv. L. 1 (1980). Cf Dorsen, Crushing Freedom in the Name of Life, 10 HUM. RTS. 19 (1982) (critical analysis of implications of proposal that Constitution be amended to declare the unborn persons within meaning of Constitution); Westfall, Beyond Abortion: The Potential Reach of a Human Life Amendment, 8 AM. J. L. & MED. 98 (1982) (same).

问题使一场有关人类潜能的对决被迫进行，这是一场女性的潜能与未出生生命的潜能的对决：一方面是女性有权利意识到其作为人类的生命潜能，另一方是（笔者的假设）胎儿具有相同的权利。

不论是堕胎还是不堕胎，女性都会失去其宝贵的人类潜能。在美国，每年有150万的堕胎手术在进行，它们终结了大量的人类潜能。但是也促进了更深远的人类潜能的产生，能够自治自决的女性被允许拥有教育深造的机会，使她们的健康得到维护，避免虐待儿童的现象产生，使女性有足够的精力为一个民主社会贡献自己的力量。暂且不提胎儿的权利问题，似乎有足够的理由使我们相信，两害相较取其轻，比起损害女性的人生潜能而言，我们更愿意选择损害胎儿的潜能。从一个目标明确的公共角度来看，如果相关的法律政策选择保护女性的潜能，而舍弃胎儿的潜能，那么，这样的社会似乎更好。当然，比起一个徒有大量人口的社会而言，我们相信这样的社会才更幸福，更富足。男性和女性都有同样的自治权，他们平等地参与到社会活动中，他们都能为社会的建设作出自己的贡献。但是，我们也看到这样可悲的荒谬逻辑——就像西西弗斯的神话一般，女性会为了未出生的女儿被束缚在家庭主妇与母亲的角色中，但她们的女儿在长大之后又会面对同样的命运。

为什么社会更愿意保护女性的潜能而非胎儿的潜能呢？以非结果论的观点对此进行解释便是，强迫女性为了实现胎儿的潜能而牺牲自己潜能的做法在本质上就是错误的，为什么这是错误的？[①] 主张堕胎合法的自由主义者一直决心寻找一种中立的原则，他们认为，堕胎权适当地保护了人们的私人事务，这些事务通常涉及不可侵犯的身体与个人身份。所以，堕胎行为应该是正当的，或者国家不能仅仅因为一些关于胎儿生命状态的宗教观念，就对人们的自由加以限制，或者因为主张堕胎合法的自由主义者赞同这种观点，即国家不能因为一些关于胎儿生命的形而上学的、超自然的观念就对人们的自由加以限制。因为这些超自然的观念可能并不具有证明能力。

Ronald Dworkin 的自由平等观及其中立的约束力具有一定的契约

① See generally Voegel, A Critique of the Pro - Choice Argument, 43 REV. POL. 560 (1981) (critical survey of liberal pro - choice arguments).

论特征。它可以为Richards提供他在论证堕胎权时所需要的契约论观点。不同于Richards，Ronald Dworkin并没有将自己牢牢束缚于社会契约论的观点之上，他也并不认为社会契约论是一种可以用来直接解释宪法的政治伦理。但是他与社会契约自由主义的亲密关系却是显而易见的，尤其是当他在《论原则》一书中提到契约论标准之时。这种标准被用来决定政府究竟是应该以作为的方式还是不作为的方式来传递自由平等的观念。为了维护关于平等尊重与平等关怀的基本原则，政府“不能强迫任何公民作出牺牲或是对任何公民进行约束，因为如果公民没有放弃自己的平等意识，他们是不能接受这种政府行为的”。Dworkin没有将这种平等尊重的抽象观点适用到堕胎问题的讨论中。但他也表明，如果将平等自由的抽象观念适用于堕胎问题的讨论中，这是对所谓道德多数派与新右派的道德说教的反对和挑战。在整个20世纪80年代，被贴上道德多数派与新右派标签的人们，一直反对堕胎合法化，并要求推翻Roe一案的判决结果。正如笔者对这种自由尊重原则的解释一般，如果将它适用于有关堕胎权的案件中，其所产生的结果一定是强烈支持女性拥有自治性隐私权的。反堕胎的法律在道德意义上和宪法意义上都是无效的，因为那些常见的有关胎儿潜能、宗教价值观或者是形而上学的观念都不能被女性所接受，只要女性没有放弃她们的平等理念。如果说为了胎儿的生命潜能，女性就要接受怀孕生子的痛苦，那么，这无疑是要求女性必须承认，她们自己的生命潜能并不比未出生的胎儿重要。如果说女性应该接受那些论证胎儿、家庭重要性的宗教与道德观念，那么，女性就不得不承认她们本身的人生信念与道德意识是无关紧要的，即使怀孕生子影响最大的就是女性本身的生活。

Dworkin的平等理念所需要的契约论为堕胎合法化提出了另一个论点，它回避了Richards所没有提到的问题。Dworkin的契约论并不认为胎儿不具有道德人格。它迫使我们直面这两个问题的道德合理性：强迫女性要对怀孕生子作出牺牲或是强迫胎儿为堕胎的合法化作出牺牲。反堕胎的立法是对孕妇的约束与限制，当女性没有抛弃其平等理念时，她们难以接受这种约束的，但如果说主张自由堕胎的立法也得不到胎儿的支持，这样的说法就不那么真实了。比起具有平等理念的女性的人生潜能而言，主张自由堕胎的立法强加给胎儿的牺牲是不足为道的。如果我们假设胎儿是有理智的，那么，他们也更愿意继续生存而不是被剥夺生命，他们也愿意得到国家的保护，而不愿意女性获得自由选择生育的权利。但是，正如我们的胎儿所理解的一般，让他们的命运为一个个单独的女性所掌握，这是正当的。因为这就意味着，胎儿没必要相信其他人一定比自己更值得尊重，所以，他们会接受这样的法律——不强迫每一位女性怀孕到足月并生产。

笔者所作的这些关于理性胎儿的假设看起来很牵强附会。但是，这种颇为尴尬的契约论推理却证明了一项道德利益的存在。它能够解释为什么相比那些限制胎儿潜能的允许堕胎的法律而言，那些限制女性人生潜能的反堕胎立法受到的道德质疑更少。针对社会契约论之中的权利冲突，已经有大量的学者著书立说来解决这些问题。当然，针对堕胎政策中的权利冲突，也已经出现了大量的学术专著。[①] 而笔者想探寻的却是这样一种契约论的概貌——它能够向我们解释为什么胎儿对福祉、潜能或者权利的诉求最终没能敌过女性对权利的诉求。

Dworkin 的平等观回应了女权主义在看待堕胎时所提出的自由论、平等论与康德学派的观点。但笔者怀疑一些女权主义者会反对用自由契约论来论证生育自由，即使自由契约论回应了一些重要的女权问题，即使 Richards 的观点被证明是正确的，并且这些观点都与美国宪政有特殊的关系。社会契约论身负重荷，因为其中的一个前提性假设是，总有一些正义原则能够得到每一个理性人的赞同和认可。Dworkin 关于自由平等的社会契约论解释能够证明国家约束公民行为的正当性，但这种正当性的存在不是因为所有人的一致同意，而是因为所有拥有平等理念的理性人都会接受这种原则。它提供了一种在双方同意的前提下建立平等政府的社会理念。现如今的一些女性认为，正义的需求必须得到承认，不是抽象的认可，而是具体的承认，不是承认一些中立的原则，而是从认可一些道德责任开始的，这些道德责任是从具体的社会关系与社会环境中产生的。无论是女权主义者还是非女权主义者都从这些本质的原理上否定了社会契约论。

---

① See, e. g., Jones, Abortion and the Consideration of Fundamental, Irreconcilable Interests, 33 SYRACUSE L. REV. 565 (1982) (advocating position that fetus interest in potentiality of life is at odds with woman's interest in controlling her life).

社会契约论的基础在于权利与义务的分配，而这种分配方案是任何一个抽象的理性人都会赞同的。“理性人”与“理性接受”的定义当然会受到流行的社会观念的影响。在我们的社会中，男性主导着社会的政治与经济。在女性运动的早期，女权主义者宣称她们拒绝理性，因为她们将“理性”看作一种被用来实现专制和压迫的思想武器，强势的一方会用它将不理性的一方排除在公共生活之外。如今，这种想法在一定程度上仍然存在，女权主义者中的一部分人是反堕胎的，她们也许会对社会契约论避而不谈，因为任何一种关于正义的契约论都存在一种假定的前提，即“理性人”被认为是男性，并且社会契约论会加剧两性之间的不平等。在当代，学术上的女权主义者不会走向反对理性的极端。然而，一些女权主义的学者认为，自由主义的社会契约论应当被否定，因为它过分强调了理性，假装价值中立，并且不切实际地假设每个人是抽象的和自给自足的。

虽然存在一些根本性的错误，但契约论并不会完全坍塌。有人指出，契约论将人假设为抽象的，并将其与现实中人们所具有的人格、价值观、社会关系以及婚姻状况都剥离开来，但这并不足以否定契约论。此外，有人认为，巩固自由契约论的平等尊重与平等关怀并不是价值中立的，这种说法似乎是合理的。社会契约论的反对者真正需要解释的是，为什么那种假设性的人人同意的抽象概念就不能够阐明相关的道德责任与权利呢？为什么价值中立的原则就不能被用来追求平等呢？如果 Richards 的观点是正确的，那么，社会契约论就会在宪法解释当中起到重要作用，① 我们就应该仍然用它来阐明人们对隐私与私人选择的需求。

---

① Richards writings on this topic include Interpretation and Historiography, 58 S. CAL. L. REV. 489 (1985); The Aims of Constitutional Theory, 8 U. DAYTON L. REV. 723 (1983); Moral Philosophy and the Search for Fundamental Values in Constitutional Law, 42 Ono ST. L. J. 319 (1981); The Individual, The Family, and the Constitution: A Jurisprudential Perspective, 55 N. Y. U. L. REv. 1 (1980); Human Rights as the Unwritten Constitution: The Problem of Change and Stability in Constitutional Interpretation, 4 U. DAYTON L. REv. 295 (1979); see also Richards, Taking Rights Seriously: Reflections on Dworkin and the American Revival of Natural Law, 52 N. Y. U. L. REv. 1265 (1977).

五、结语

David Richards 认为，《美国联邦宪法》的主旨是宽容与忍耐，在这一点上，他是正确的。他的另一个观点是，要实现宪法中的宽容，必须有自治性隐私权的存在，尤其是选择是否生育的自治性隐私权，笔者认为他的这一观点仍然是正确的。反堕胎的论点贬低了自治性隐私权在道德意义上对女性的重要性，但支持堕胎自由的论点通常都以这种自治性隐私权的重要性为前提。但是他们却低估了甚至是忽视了女性生活中的私人选择与隐私的关系，也忽视了自治性隐私权与个人隐私的关系。

《美国联邦宪法》的主旨是宽容与忍耐，其实在这当中还隐藏了另外一个主旨——自治。没有人在生活中是完全自治的，但是，为了实现公民的自治，政府必须要忍受公民的言论自由、信仰自由与行动自由。当我们意识到“自治”也是宪法的一个主旨时，这也就说明了为什么性行为与生育自由比必要之恶更为重要。堕胎权有时候被描述为必要之恶，甚至是支持 Roe 一案判决结果的美国联邦最高法院也这样认为。堕胎权虽然被描述为一种“恶”，但我们却需要通过它去打败另一项更大的“恶”——不正当的国家权力及其对私人领域的侵占。堕胎权被认为是女性必须拥有的权利，但希望堕胎权能被用来做正确的事，而非被滥用。

为了强调隐私的重要性，笔者提出了自己对堕胎权的更为肯定的理解。女性必须拥有合法的自治性隐私权，女性应该有权利选择有益的环境防止自己的隐私为其他人非法获取。如果女性不能使用自己的私人选择去选择隐私，那么，关于两性平等的自由观就不会因为自治性隐私权而得到进一步发展。拥有自由选择的权利不会确保女性一定拥有有意义的道德独立性。这种独立性源自于教育、工作和家庭生活，因为教育、工作和家庭生活中存在许多创造个人隐私的机会。女性能够利用这些机会创造出属于自己的幸福人生。

论 隐 私 权

杰德·鲁本菲尔德[①] 著　孙言[②] 译

目　　次

一、导论

本文旨在对宪法性隐私权展开论述，许多人往往认为宪法性隐私权不仅与隐私权没有多大关系，而且也与宪法毫无关联。根据通说，隐私权关系到政府权力合法范围的划定。作为自然法与实质正当程序条款的替代品，与自然法、实质正当程序条款一样，隐私权理论也认为，基于自由社会中事物的特定秩序，在某些情况下，人们会难以容忍那些违反了宪法文本中没有明确规定的宪法保证的法律。

隐私权理论同样假设，司法机关是决定法律是否逾越了暗含的合法界限的适当机构。就这一命题，保守派与自由派之间产生了严重的分歧；无论站在哪一派的立场我们都能发现，两派之间阵营的划分都是以特定的十年时间以及各自选择研究的特定法律问题为标准的。在下文中，笔者将尽量避开这种争论。司法机关常常超越宪法的法律文本，废除其认为违背宪法的法律，并且毫无疑问，司法机关也将继续这种做法。对于这种“能动主义”，有人认为这是对公务员职权的扩张，有人认为这会使宪法“文本”失去意义，也有人认为这种做法符合立法者的初衷。无论人们如何解读法院的“能动主义”，我们在

---

① 杰德·鲁本菲尔德（Jed Rubenfeld），美国耶鲁大学法学院教授。

② 孙言，中山大学法学院助教。

对这种现象进行评价时都必须抛开社会学家、文学评论家以及检察机关的观点。此外，我们要问的问题并不是何种政治纲领与特定时期判决的联系最为紧密，而是法院在对宪法暗含的规则进行详尽阐释时，是否真正使个人远离过度延伸的政府权力之手？对上述问题的回答，决定了法院在论证时依据的自我理念，也决定了隐私权支持者们的政治观念。因此，对上述问题的回答能够作为评价法院工作的恰当标准。

法院以隐私权保护之名废除的法律往往都与性有关，例如有关避孕、婚姻以及堕胎的法律等。对于这股“废法风潮”的意义，人们往往选择保持沉默。在这静默的背后可能存在一种直觉或默示协议，即性生活是一个政府无权干涉的私人生活领域。有些人认为，可以通过这种直觉解释隐私权理论的合理性，而 Bowers v. Hardwick 一案①恰恰揭示了上述观点的不足所在。

然而，甚至在 Hardwick 一案之前，很少有人认为隐私权理论可以被单纯地解读为一种有关性的理论。反倒是“人格理论”的解释论证大行其道。人格理论认为，人们的人格不受侵犯：隐私权所保护的是他人的人格权；人格权是隐私权理论的核心。这种人格理论尚未受到严厉的批判与抨击。

因此，我们同时面临三个问题：一是以人格理论为原则，我们是否能够对隐私权理论作出有效的解释与阐释；二是隐私权理论、性理论以及限制政府权力理论之间具有什么关系；三是除了人格权理论以外，是否还有其他理论能够成为宪法性隐私权的理论基础。笔者将在本文中对上述三个问题进行解答。本文的第二部分将对隐私权判例的发展进行概述。本文的第三部分将对人格理论进行批判。本文的第四部分将提出一种构建、解释与适用隐私权理论的新的论证方法。

Hardwick 一案揭露了主流隐私权法律理论中深藏的缺陷。隐私权理论的宪法基础被替换，又或者是新、旧宪法基础被杂糅在一起。美国联邦最高法院的成员变动引起了大规模的重新审查隐私权理论的合理性的风潮。但是即便是在性理论占据主流地位的时期，法院也从来没有冒险就隐私权应当保护什么作出决定性的陈述。一直以来，隐

---

① 478 U. S. 186 (1986).

私权的核心部分都处于一种概念真空的状态。

笔者认为，之所以会产生上述现象，其原因在于法院对隐私权判例的操作分析总是未能抓住隐私权的真正核心所在。过去法院对隐私权的分析总是拿涉案法律禁止的具体行为说事，如堕胎、异族通婚或是同性性行为等，然后追问人们是否享有一项实施上述行为的“基本权利”。但是，隐私权的基础并不能从假定的、法律禁止行为所具有的基础性地位而推论，而应当从法律强加给人们的义务中去寻求答案。举例而言，质疑法律是否可以允许国家强迫他人生育子女并且承担养育子女带来的普遍、深远与伴随终生的影响，与质疑堕胎或者养育子女本身是否是某种规范框架中的“基础性”行为是不同的。隐私权判例废除的法律具有一定的共性，它们都能够通过对他人施加积极性的影响，从而指导并且占据他人的生活，对人们的生活产生深远的影响。法律在其禁止性规定的外观之下隐藏的这种积极性的权力，这才是隐私权的焦点所在。

二、隐私权判例

需要注意的是，我们不应将本文所讨论的隐私权与《美国联邦宪法第四修正案》所保护的隐私期待或侵权法所保护的隐私权混为一谈。在后两种语境中，法院以隐私权理论为依据，对行为人以各种方式侵入他人生活的行为进行控制。我们可以从熟悉的信息性隐私权来理解上述三种语境下的隐私权；信息性隐私权限制的是行为人获得、传播或使用他人信息的能力。相比之下，我们所讨论的隐私权涉及的则是权利所有人自身的行为。这种隐私权并不是信息性的而是实体性的，它使人们的特定行为——例如使用避孕用品，异族通婚或堕胎等行为免受政府的禁止或处罚。

这种实体性隐私权的出现，以及法院适用这种隐私权理论为特定行为提供宪法性保护的实践都是最近才发生的。这种隐私权理论的历史还只有短短的20多年。尽管如此，隐私权体系早在美国宪法诞生之时就已经埋下了种子。历史最为悠久的隐私权判例是 Marbury v. Madison 一案[①]，该案的判决使宪法本身具有了合理性。之所以将

① 5 U. S. (1 Cranch) 137 (1803).

Marbury 一案的判决视为隐私权判决的起源，是因为它同样属于美国联邦最高法院超越宪法文本，依据宪法废除联邦或州的法律规定的多种多样的判例。接下来我们将对隐私权判例的发展进行介绍。

（一）先前的隐私权判例法

最早宣告宪法中存在未明示的基本权利并且也最具权威的法律文本当属《美国联邦宪法第九修正案》，该修正案规定："宪法对某些权利的列举，不得被解释为否定或忽视公民保留的其他权利。"在这次宪法修正之后不久，法院作出了第一个认可宪法中存在未明示的基本权利的司法判决。在 Calder v. Bull 一案①中，大法官 Chance 提出，即便立法没有违反明确的宪法原则或条款，法院仍然可以依据自然法宣布法律无效。然而，大法官 Iredell 却不同意这种观点，并且他的反对意见至少从表面上来看是占上风的。从 19 世纪至今，法院往往在口头上承认，除非有明确的宪法条款能够支持无效原则（principle of invalidity）的适用，否则法院不应当使用宪法赋予它的废除法律的权力。

但是，法院却从来没有说到做到。法院一直都在通过各种方式设法对宪法进行解读，试图说明宪法对立法权力的限制，尽管宪法文本中并没有对此作出明确的规定。在南北战争前，法院主要通过对合同条款（the contract clause），这是极少见的可以对州适用的宪法条款的巧妙解释从而实现上述目的。因此，在 Trustee of Dartmouth College v. Woodward 一案②中，法院废除了新罕布什尔州对达特茅斯学院作出的立法控制；法院判决，达特茅斯学院的公司执照是一个宪法意义上的"合同"，争议法规"损害了合同的义务"。

南北战争之后，《美国联邦宪法第十四修正案》的通过使得法院开始面临更多题材的宪法案件。奇怪的是，该修正案中规定的对各州立法权力的最明确、最有效的实质性限制条款——特权与豁免条款（the privileges and immunities clause），却令法院难以招架。在南北战争后早期发生的一系列案件中，法院对这一条款的解读极其狭隘，并

① 3 U. S.（3 Dall.）386（1798）.

② 17 U. S.（4 Wheat.）518（1819）.

且这种解读仍然对今天的审判产生影响。法院采取了另一种方式，通过更加不着边际的正当程序条款（the due process clause）对抗州的立法权力。

尽管“正当程序”这一词语看似仅仅涉及程序权利，但是法院逐渐开始对这一条款赋予实体性保障的意义。从 19 世纪 70 年代到 19 世纪末，法院对正当程序作出了解释，认为这一条款的核心要旨在于潜在的、不受侵犯的基本“合同自由”，立法机关无权干涉这种合同自由。“合同自由”理论为实质正当程序提供了理论支持，使法院得以在 20 世纪对各州经济方面的立法行为进行大规模的限制。继而，在 Lochner v. New York 一案①中，法院认为，由于限制面包师最长工作时长的法规干涉了“店主与雇员订立合同的自由”，因而废除了该法规。此后，根据同样的理由，法院废除了诸如禁止在劳动合同中订立反工会条款的法规、对就业代理机构固定价格的法规以及维护女性公平工资的法规等。

在同一时期，法院还根据正当程序条款废除了两个州制定的规制儿童教育的法律。在 Meyer v. Nebraska 一案②中，法院判决州不能禁止小学向学生教授外语，在 Pierce v. The Society of Sister 一案③中，法院废除了一项要求所有儿童都必须进入公立学校就读的法规。尽管从分析形式上看，Meyer 一案与 Pierce 一案都与 Lochner 一案所处时期的判例十分类似，但从具体内容上看，上述两个判例更接近于现代的隐私权判例法。在下文中，笔者将对这一判断给出更加明确的理由，实际上这两个判例可以被视为隐私权理论的真正来源，如今，人们也常常将它们与其他隐私权判例归为一类。

在 Lochner 一案所处的时期，法律适用的高潮事件是，Franklin Roosevelt 总统主张增加美国联邦最高法院大法官数量的报复性计划。尽管总统未能按照原定方针实现该计划，但是这一计划还是给法院带来了足够大的压力，致使宪法历程发生了改变。在 West Coast Hotel

① 198 U. S. 45 (1905).
② 262 U. S. 390 (1923).
③ 268 U. S. 510 (1925).

Co. v. Parrish 一案[1]中，法院放弃了对合同自由条款或实体正义程序条款的适用。在一年以后的 United States v. Carolene Products Co. 一案[2]中，法院判决，该州制定的商事法规具有推定的合宪性。在接下去的几十年间，法院在判决中反复提到，“只要各州制定的法律不与某些宪法中明确的禁止性规定或有效的联邦法律相冲突，各州可以自由地对州际商业与贸易事务”[3] 进行规制。

然而，即便法院回避适用实质正当程序条款，法院仍然明确主张，法院确立的上述自我约束规则不应被延伸适用于经济领域之外的其他领域。事实上，在一系列涉及个人自由、性质上明显不属于经济领域的重大案件中，法院仍然废除了某些侵犯个人基本权利的州法规，尽管这些基本权利在宪法文本中难觅踪影。这些判例都详细地阐释了隐私权理论。

（二）隐私权判例

这些隐私权判例的一大特点是，它们都主要围绕性话题展开，但也不仅仅限于性话题的讨论。当然，所谓的性话题也并不完全仅就“性行为”本身而言，而是对广义上的性进行探讨，其中包括与允许发生性行为的条件有关的决定与行为、与性关系有关的社会制度以及性行为带来的生育后果等。虽然没有任何一个隐私权判例认为隐私权理论是围绕性展开的，但是现实中的隐私权判例的确如此。

法院在 1965 年前的 Griswold v. Connecticut 一案[4]中第一次阐释了新的隐私权理论。在 Griswold 一案中，法院废除了一项禁止使用与销售避孕用品的法规。法院没有明确地适用 Lochner 一案的实体正当程序理论，而是主张应当从《美国联邦宪法第一修正案》、《美国联邦宪法第三修正案》、《美国联邦宪法第四修正案》、《美国联邦宪法第五修正案》以及《美国联邦宪法第九修正案》的“言外之意”中识别出“隐私权”的存在。隐私权包含了已婚夫妇在他们“私密”

---

① 300 U. S. 379 (1937).

② 304 U. S. 144 (1938).

③ Lincoln Fed. Labor Union v. Northwestern Iron & Metal Co., 335 U. S. 525, 536 (1949).

④ 381 U. S. 479 (1965).

之所以就涉案问题作出了震惊司法良心的陈述，是出于对该案判决的最初论证的直接妥协，即司法良心不应当成为影响判决结果的因素。

持多数意见的法官非常清楚地知道，案件的最终结果就取决于法官的价值判断。基于这一理由，尽管多数意见高举着遵循客观司法标准的大旗，多数意见还是对同性恋者的规范性地位作出了两方面的陈述。一方面，多数意见罗列了18世纪以来美国刑法对同性性行为的有关规定，并主张无论是历史上还是传统上，美国的价值判断都不认可同性性行为的实施。另一方面，大法官Whites暗示到，我们无法从理论上将同性性行为与法院成员认为不受宪法保护的其他形式的性行为，如通奸、乱伦等行为区别开来。我们将在本文的第三部分对此展开讨论。

多数意见主张的最后一个方面，也是本文论证中最重要的部分是法院对以往隐私权判例的论述。大法官White主张，法院先前的判例认可了三种受到隐私权保护的行为：婚姻、生育以及家庭关系。根据大法官White的观点，“同性性行为”与上述三类行为中的任意一类都“不具有联系”，因此可以推定其不属于隐私权的保护范围。从本文的角度来看，这一观点的关键在于其掏空了隐私权理论的核心主旨。

对于大法官White列出的三类行为，他既没有试图寻找，也没有发现它们之间具有任何统一的原则。法院曾经指出：“持多数意见的我们也难以理解为什么这三类行为会受到宪法的保护；我们所做的仅仅是认可这些行为然后指出本案中并不涉及这些行为。”因此，在该案中，法院在对同性性行为进行评价时，并没有适用任何先例中确立的标准。该案中也没有适用任何原则或理论。从这个意义上来看，认为大法官White的观点“缺少原则”的批判意见是完全正确的。

这种区分先例的方法是法院在对一些难以驾驭的理论原则进行限制时采取的一种古老的法律适用模式。法院适用这种方法所带来的效果是，在Hardwick一案之后，我们知道隐私权保护人们在婚姻、生育以及抚养子女的某些方面享有的权利，但是我们并不知道其原因为何。多数意见在不具有任何统一原则标准的情况下，认定了三种不同的、适用隐私权规则的行为，有力地斩断了隐私权原则的根源，仅留下其少数分支，这些分支在缺少根源的情况下必将迅速地干涸、枯萎。

不幸的是，对于多数意见的系统性的抨击，异议意见却没有作出回应。最初，代表四位持异议法官撰写异议意见的大法官 Blackmun 试图无视多数意见中提出的“宪法直觉”。Blackmun 写道：“本案的焦点不是判断人们是否享有‘实施同性性行为的基本权利’，如同 Katz v. United States 一案不涉及一项在电话亭里下一个州际赌注的基本权利一样。”① 大法官 Blackmun 的“宪法直觉”是正确的：不知何故，多数意见对问题的构建预先决定了判决的结果。尽管如此，其观点仍然犯了根本性的错误。

Katz 一案涉及的是《美国联邦宪法第四修正案》规定的隐私权。② 他人是否享有这种隐私权的确与其实体行为无关；问题的关键在于政府调查他人行为所采取的方式。正如上文所提到的，新的隐私权在本质上是不具有信息性的。无论特定行为是否被发现，或是如何被发现，都不影响法律对特定行为的豁免。的确，大法官 Blackmun 在对禁止同性性行为的佐治亚州法规进行分析时，试图将两种类型的隐私权，即实体性隐私权与信息性隐私权交织在一起。虽然如此，他的最初陈述忽视了一个关键的问题：在《美国联邦宪法第四修正案》案件中，法院在判断宪法性问题时，必须抵挡住诱惑，避免受到他人实施的具体实体行为的影响；而在隐私权案件中，法院则必须抑制住将目光移开具体行为的欲望。法院只能别无选择地直面他人的具体行为并且对其进行评价，即便这种行为受到社会整体的虚伪否定或“本能”厌恶。事实证明，Griswold 一案更大程度上涉及的是使用避孕用品的权利而不是对个人在卧室里的行为进行保密的权利，就如同 Roe 一案涉及的是堕胎的权利，Loving 一案涉及的是异族通婚的权利。大法官 Blackmun 在异议意见最开始时的犹豫是一个致命的错误；法院在判断是否应当废除一项禁止同性性行为的法律时，必须首先对同性恋行为本身进行考察。

也许正是由于先前的犹豫不决，虽然大法官 Blackmun 最后笔锋一转，提出根据实体性的隐私权理论，同性性行为也应当被包括在隐

---

① Hardwick, 478 U. S. at 199 (Blackmun, J., dissenting).

② See Katz v. United States, 389 U. S. 347 (1967).

私权的保护范围内，但是其异议观点仍然显得如此软弱无力。根据他的观点，州不能禁止人们进行任何形式的“性亲密”行为。要论证这种观点的合理性就必须将同性性行为与通奸、乱伦等行为区别开来，大法官 Blackmun 勇敢地承担了这一任务，但其论证还是不能令人满意。尽管如此，更重要的是，这种观点必须解释为什么各种形式的性亲密行为能够上升到宪法的高度，是什么赋予了同性性行为或其他类型的性行为以如此“基础性”的性质？

就这一点而言，异议意见的回答是极其草率且含糊的。大法官 Blackmun 的回答主要依赖于性关系在人的“自我定义”方面的作用。尽管异议意见没有对“自我定义”这一概念作出充分的解释，但是在许多人看来，“自我定义”却是最有希望推进隐私权理论发展的理论。这就是本文在第三部分中将要讨论的“人格理论”。

那么，什么是隐私权呢？隐私权保护的客体又是什么呢？许多学者似乎认为，只要他们在隐私权的词汇表中加入了“自治”一词就能够对隐私权的概念与保护范围给出答案。但是个人“自治”这一提法仅仅是换一种方式主张人们在道德上是自由的，而强调隐私权保护人们的自由并不能促进我们对隐私权理论的理解。的确，隐私权理论涉及构成自治权之“核心”的“选择与决定的权利”。[①] 但是问题在于，何种选择与决定是受到隐私权保护的？

对于这一个问题，法院并没有给出指引。我们总是被灌输以下观点：隐私权仅仅包括那些“在有序自由理论中暗含的权利或基本权利”，[②] 隐私权将那些对个人命运具有“重要”影响的决定与外界因素相隔绝，[③] 适用于“对人们产生根本影响的事项”。[④] 也许对上述构想的最好解释是隐私权与色情是一样的：法官可能无法说清隐私权是什么，但是当法官看到它时他就能理解它。除此之外，我们无法解

① Feinberg, Autonomy, Sovereignty, and Privacy: Moral Ideals in the Constitution?, 58 NOTRE DAME L. REV. 445, 454 (1983).

② Roe v. Wade, 410 U. S. 113, 152 (1973) [quoting Palko v. Connecticut, 302 U. S. 319, 325 (1937)].

③ See Whalen v. Roe, 429 U. S. 589, 600 (1977).

④ Eisenstadt v. Baird, 405 U. S. 438, 453 (1972).

释法院为什么会在 Eisenstadt v. Baird 一案[①]的关键判词中对隐私权给出这种令人惊讶的介绍，即“如果隐私权具有特定的含义，那么它意味着……”

某一种理论可能要等到法院“赶上”其发展并确立特定原则之后才得以被适用，这在一般的判例法立法与特殊的宪法立法过程中都不是一件新鲜事。然而，我们不能让这种概念构造完全缺失的状况继续下去。将“基本”权利定义为涉及“对人们产生根本影响的”事项的权利的做法并不尽如人意。除此之外，难道我们就无能为力了吗？

三、人格理论

接下来让我们分步阐述“人格”这一概念。大法官 Craven 在审理隐私权案件时指出，人格理论是由 Freund 教授提出的。[②] Freund 教授于 1975 年提出了以下观点：“人格理论的主旋律就是不断发展。笔者认为人们一直在不断地摸索，使之成为一种成熟的理论。有时候，人们将之称为隐私权理论，这在笔者看来是十分不适当的；我们也许可以将之作为自治理论看待，虽然这种做法可能太过危险而宽泛了。但是，站在人格理论的角度，笔者认为人格应当是指个人具有的、不得被减损的人格属性。”[③]

尽管如此，我们可以回顾一下，Brandeis 与 Warren 认为，侵权法上的隐私权可以追溯到一种与人格理论类似的但是现在看来较为陈旧的理论：个人的“不受侵犯的人格”理论。不论隐私权的起源为何，“人格理论”就这样渗透到了隐私权理论当中，以至于如今人格要么被作为隐私权的基本价值，要么被作为隐私权的同义词。

尽管“人格”一词随处可见，但是它的定义仍然是不明确的。按理来说，这个概念似乎应当包含了人们存在的构成要件，即“自我所不能或缺的属性”，不应允许州干预或者削弱这些属性。然而，这一概念仍然有些晦涩难懂，似乎比与它类似的、同样具有抽象性的

---

① 405 U. S. 438 (1972).

② See Craven, Personhood: The Right to Be Let Alone, 1976 DUKE L. J. 699, 702 n. 15.

③ P. Freund, Address to the American Law Institute (May 23, 1975).

“尊严”或“自由”等概念更加令人难以捉摸。我们常常设想自己深刻地明白失去尊严与自由对一个人而言意味着什么，那么，我们明白剥夺一个人的人格对一个人而言意味着什么吗?

上述观点说得轻巧：一些行为、能力或品质对于人，即人类的个性而言是极其重要的，因而这些行为、能力或品质必然是不可侵犯的或至少不能为州所侵犯。然而，这种观点的基本结构本身就是模糊不清的。“人的个性”要么指的是作为人而具有的特性，要么指的是个人的个性。如果“人的个性”指的是作为人而具有的特性，那么，其焦点在于人之所以作为人、作为人类所需要的条件。如果“人的个性”指的是个人个性，那么，其焦点在于什么成就了你这一个特定的人。尽管从文义上来看，这两种人格标准理论未必总是严格区分的，并且在某些情况下它们是相互交织的，但是被作为支持隐私权理论的依据而提出的人格理论显然应当是上述的第二种情形。

人格理论的支持者在隐私权判例法与人们的个人个性之间臆造出了特定的联系，正如本文试图探寻的。人格理论认为，个人应当自由地“定义自己”。由于生命中的某些决定对一些人的个性具有如此重要的影响，因而法律不应当允许州介入这些决定。用大法官 Blackmun 的话说，隐私权就是“自我定义”的权利。

这种定义自我的基本自由观点来源于上文所述的第二种人格理论，即关注个人个性的人格理论。然而，这种观点的生命力却来自于第一种人格理论，即关注我们作为人类的个性的人格理论。事实上，对于人格理论最强有力的表达恰恰是，在自我定义的意义上看，我们“作为人类的个性”与“个人个性”是相交的。可以认为，这是由于人类的决定性特征恰恰是拥有自我意识个性化的能力，这种能力使我们能够将个人的过去与未来单独看待，从经验与期待的多样性中构造出个人的个性。因此，“自我定义”的自由是一种基本人权，举例而言，《美国联邦宪法第一修正案》保护的思想与信仰自由就是上述基本人权中必要但不充分的组成部分。这也许同时也解释了隐私权为何具有宪法地位，它是如何从其他法律列举的宪法保障中“派生”而来及其在道德与政治层面具有的紧迫性。毫无疑问，州不能剥夺这种对人类而言具有基础性意义的自由。

本文将分三个阶段对人格理论进行批判。为了方便起见，第一阶段被称作“分析”批判；其本质上采取了一种着眼于传统惯例的分析哲学。通过阐明人格理论的规范性地位，这种分析法将会将我们引入第二个分析阶段——政治哲学分析，在政治哲学分析中，人格理论的自由主义前提将受到共和主义理念的反对。由于共和主义批判理论强调性在个人个性中的重要地位并进而迫使人格理论在此方面作出修正，进而将我们引入第三个分析阶段。批判人格理论的第三个分析阶段主要针对 Michel Foucault 的理论展开。

（一）分析批判

为了使人格理论满足分析的标准，我们必须将人格理论置于传统法律逻辑中进行讨论，比如为案件寻求适当的规则及进行反例假设等法律逻辑。就判决推理的结构和功能甚至美感而言，法律逻辑的适用有其自身的实质性前提。笔者承认，起初笔者并不知道如何避免对前提的讨论。但是无论如何，笔者认为想要进行法律论述而不仅仅是一般的讨论，这些前提是必不可少的。

人格理论的观点是：州不能对人们具有紧迫性的个性或自我定义的权利进行干涉。其中最主要的分析难点在于如何对上述权利进行限制。何种情况下自我定义的权利不具有紧迫性？事实上人们实施的所有行为几乎都可以被论证为自我定义的要素。很可能在有些人眼中，那些在宪法意义上不具有重要性的决定却是他们自我定义的核心环节，如同一个人对发型偏好那样，但发型偏好等事项是否就应当受到宪法的保护呢？

显然，人格理论应当对个人个性进行定义，从而明确哪些行为是基础性的，应当受到宪法的保护。然而，人格理论的支持者并没有对个性进行详细的定义；并且就目前而言，他们也没有这个打算。究其原因，在于隐私权判例法对性的过分强调。仿佛不需要论证似的，法院特别乐意直截了当地主张或是假定，与性有关的事项直接关系到个人个性的核心。而对于这种假设，笔者本有许多意见想表达。但是，为了分析，我们姑且接受这一观点，即以某种意义上看，生育、避孕、选择结婚伴侣等事项都对个人的自我定义具有基础性作用。但是，我们仍然需要考虑其他各种各样长久以来受到州法律禁止的行为。如卖淫、通奸、乱伦以及强奸，禁止这些行为的法律是否违反了宪法?

我们应当尽可能充分、恰当地对人格理论进行评价。人格理论没有理由坚持认为所有的性行为都对人们的个人个性具有基础性的作用。相比之下，或许问题的核心应当是作为人与人之间纽带的性关系所带来的亲密性。也许有人会说，卖淫属于一种性产业，并不属于亲密行为；进行性交易与在 McDonald's 餐厅共进午餐一样，参与双方根本谈不上实现了多大程度上的自我定义。

或许有人有充分的理由认为他们在 McDonald's 餐厅共进午餐时实现了自我定义。但是即便我们承认为了金钱而实施的性行为不同于与人们的心理与感情生活具有更深刻联系的性行为，但我们仍然还要对通奸、乱伦以及强奸等行为进行分析。通奸与轮奸可能涉及婚姻等亲密关系。尽管强奸不涉及这种亲密关系，但是，强奸与卖淫仍然有所不同，人格理论必须对此进行分析。根据心理学上的观点，强奸犯可能会通过其行为与表达建立其最深层次的个性。当然，人格理论学者无法预想到强奸犯会主张他之所以会侵犯女性完全是为了“自我定义”。

对于这一简单但又重要的假设，人格理论的支持者给出了两方面回应：一方面，对于强奸犯、通奸者、乱伦者或者妓女而言，他们的个性根本不属于人格理论意义上应当受到保护的个性，而是属于“坏的”或“不健康的”个性。另一方面，人格理论的支持者可能会以是否导致损害为依据进行反驳，认为自我定义的权利并不是绝对的，可以说，即便某一行为对个人个性至关重要，但是只要它对他人造成了损害，它就不应当受到宪法的保护。

第一种回应的难点在于：一旦人格理论学者对“好”个性与“坏”个性作出区分，那么，他们就面临着全盘皆输的危险。毫无疑问，对于审理 Hardwick 一案的法院而言，如果法院在进行隐私权理论论证时可以直截了当地以同性恋而不是隐私权意欲保护的个性为依据，那么，法院就不用为该案发愁了。如果法院这么做，其公开作出的规范性回应就意味着放弃了人格理论学者最坚决守护的权利。

相比之下，第二种有关损害的回应似乎为我们提供了一个更加牢靠、可分析的区分标准：这种区分似乎可以使我们避免跌入由于“好”与“坏”的分类而形成的主观化的深渊。我们不需要对个性本身进行判断，只需要探讨个人行为是否对他人造成损害，只要个人不对他人造成损害，个人就有权按其选择行事。

在这种构想下，人格理论与 John Stuart Mill 关于涉己行为的著名理论相一致，并且人格理论能够借助涉己行为理论论证其合理性。在 Mill 的构想中，人们具有一种绝对特权，在不对他人造成影响或是仅仅造成了为他人所预先同意的影响的情况下，人们可以实施其意欲实施的行为。① Mill 的理论具有“划分管辖”的性质，即社会仅仅有权规制那些对社会造成影响的行为，而就涉己行为的定义而言，这种行为并不会对社会造成影响，因而不应受到社会的干涉。对于这一简单但又具有革命性的理论，美国法律体系长期保持一种若即若离的态度。与此同时，一些学者曾经明确地引用损害原则作为隐私权的基础。

现在让我们来讨论一下 Mill 的逻辑是否可以成功地对人格理论进行限制。显然，对于强奸问题，损害限制理论可以为人格理论提供合乎逻辑的答案。尽管如此，我们仍然无法确定 Mill 的理论是否能够在其他情况下也得到预期的结果。就通奸行为而言，人格理论可以认为，这会对通奸一方的配偶与子女造成潜在的情感损害，这种损害是足够强烈的、受约束的并且是可预见的，因而规制通奸的法律是符合 Mill 的检验标准的。但是，Mill 的理论通常对“情感损害”的主张持有极其怀疑的态度。人格理论可以认为，通过结婚，通奸者向其配偶让渡了一项通常不为法律所承认的权利。尽管 Mill 的理论并不是天衣无缝的，但是它足够有用，这一点我们应当承认。

对于乱伦行为而言，假如我们讨论的乱伦不涉及未成年儿童，而只发生在两个成年人之间，那么，Mill 理论可能会显得较为薄弱。就涉及未成年儿童的乱伦行为而言，由于未成年人的同意是不具有处分效力的，因而即便双方都“同意”发生性行为，根据 Mill 的逻辑，这种行为仍然应当受到法律的禁止。人格理论在此耍了个小花招，它甚至对同一形态的、发生于成年人之间的乱伦行为进行了分类：由于核心家庭中存在特殊的、难以解释的工作压力，因此乱伦性行为中的同意行为是不可信的。这种观点看似站不住脚，但这实际上与 Hard-

① See J. S. MILL, ON LIBERTY 142 (G. Himmelfarb ed. 1985).

wick 一案中原告律师提出的应当对乱伦与同性性行为进行区分的观点如出一辙，并且原告的这一观点也获得了异议意见的认同。对于这种观点，我们暂且不去深究。

可以说，人格理论以 Mill 的理论为依据对其主张进行了论证，并且主张将那些不可避免地会对他人造成影响或损害的行为排除在隐私权保护的范围之外。但人格理论又面临一个更加困难的问题：人格理论试图保护的行为也会以同样的方式对他人产生影响。

“涉己”行为理论的老大难问题在于：几乎不存在完全不受争议的、真正涉己的行为，或者说这种行为极其少见。当一个女人的行为引起了暴风雨般的抗议，而她辩称她的行为只对她自身产生了影响时，我们可以肯定大众对其行为的反对意见是正确的。首先，其行为引起了他人的不快；其次，随着因果关系充分展开，其行为产生了间接的、出乎意料的效果；最后，其行为可能也会产生直接但易被人忽略的后果。许多学者都曾经提出上述观点，质疑 Mill 的理论。上述观点也适用于隐私权理论保护的特定行为，并且读者也可以理解其中存在的问题。尽管如此，这种观点仍然保留了自由主义理念中的“损害”理论；它并没有脱离 Mill 的分析框架，而是试图在其分析框架中进行论述。尽管上述观点的逻辑是无懈可击的，但是它并没有抓住隐私权反对者反对隐私权的真正原因。

学者们还从另一个角度入手，试图论证人们的行为是无法仅仅“涉己”的，虽然这种观点着眼于个人行为的特定后果，并且更加难以论证，但是这种观点还是对 Mill 的理论提出了更深层次的挑战。依据人格理论，隐私权保护人们打破旧习的行为：它允许人们对自我进行定义，向某些广为接受、根深蒂固的价值观念提出挑战；打破旧习主义理论向那些主流价值理念提出质疑，这些促使社会凝聚的价值理念往往依靠其不可挑战的地位而免受争议。对人格理论试图保护的行为表示反对的人坚称，如果传统价值因此而衰落，那么，子孙后代的幸福与社会的稳固都会危在旦夕。人们可能会反问 Mill，有什么会比可能导致社会崩塌更可能构成对社会的潜在损害？

Hardwick 一案的异议意见确实与上述反对观点有相近之处。大法官 Blackmun 指出：“当然，有些私人行为会对社会整体造成影响。”尽管如此，对于哪些行为可能对社会整体造成破坏，异议意见给出了更加具有约束性的判断标准："对于特定性行为是否符合道德，有理性的人之间有着不同的观点，但是'我们有充分的理由相信，人们不会抛弃道德价值，不会仅仅由于法律不对他们厌恶的特定私人性行为进行惩罚，而认为谋杀、虐待、欺骗等行为没有那么可恶'。"①

但是，猖獗、肆无忌惮的行为或其带来的威胁并不是问题所在。以异族通婚为例。这种行为所带来的威胁并不会达到败坏道德的程度，但会对奉行种族隔离的社会形成破坏。它可能会带来一系列威胁，包括重新构建社会群体、破坏种族制度这一确保一部分人的安全与优等地位的制度，甚至危及种族间以绝对隔离为假设前提的整套社会体制与行为模式。难道说异族通婚行为不会对社会造成影响吗？

笔者认为，即便人格理论主张将那些对他人造成影响的行为排除在隐私权的保护之外，人格理论仍然无法解决其在分析上遇到的难题。社会不得对人们的涉己行为进行干涉的原则并不能服务于隐私权理论的论证。但是这一结论并不是毁灭性的，这一结论甚至是意料之中的。

人格理论应当放弃上述论证逻辑，承认其保护的行为会对他人造成影响。人格理论应当放弃 Mill 理论，更确切地说，应当放弃 Mill 理论的表面架构，其架构具体表现为对涉己行为的豁免原则，我们应当采取更加符合 Mill 理论本质的理论架构。

在《论自由》一书中，Mill 的观点发生了一些微妙的转变，从主张社会无权侵犯民众的自由转变为主张社会侵犯民众自由是徒劳无益的。举例而言，在论证言论自由的合理性时，Mill 将论证的重心放在言论自由给社会带来的"进步"，而没有去论证言论具有涉己性质，当然言论也不具有这种性质。② 虽然宪法没有对隐私权作出明文规定，但是 Mill 想要阐释的毕竟是一个宪法性问题。在隐私权问题上，人格理论也可能采取类似的论调认为，隐私权的根本问题在于其是否具有良好的政治基础，而不在于其是否能够符合最无懈可击的三段论分析。

---

① Hardwick, 478 U. S. at 212 (Blackmun, J., dissenting).

② J. S. MILL, ON LIBERTY 115 - 118 (G. Himmelfarb ed. 1985).

如果人格理论采取上述观点，那么，我们之前提出的反对意见就会显得表面而肤浅。人格理论可以主张，其目标是在政府可能影响他人的生活与自由、侵入他人的基础性事务时描绘国家立法权力的界限。仅仅依据他人冒犯了其他人或是通过某种不可言喻的方式威胁到社会架构就允许政府对他人实施侵犯行为，难道我们真的能够接受这种设定吗?

针对上述问题，人格理论可以以常见的平衡标准作为其指导原则。这种平衡标准需要我们在特定行为对个人个性的重要性与法律在限制特定行为时保护的国家利益的重要性之间进行权衡。当被禁行为对于个人自我定义的重要性大于该行为可能带来的特定损害时，隐私权就会发挥作用，为个人提供保护。这一标准可以为法院废除反对堕胎、异族通婚、避孕的法律，以及支持反对通奸、乱伦、卖淫与强奸的法律的理由作出解释。与此同时，这一标准还解释了法院不保护发型长度或者其他对个人个性不具有基础性影响的事务的原因。

没有什么比一个良好有效的平衡标准更能够规避严密的分析论证。但平衡标准也有其适用的前提，而其适用前提将会受到严格的审视。

(二) 共和主义理念

我们已经知道，较之人们所处社会的价值观念，人格理论更倾向于保护人们享有的自我定义的自由。这种自由是以对人类自我定义的个人主义理解为前提的，这种个人主义的理论认为，人们享有的自我定义的自由是应当与社会相分离的。反对上述观点的人认为，我们应当坚持一种政治的或公共的自我定义理论。这种理论正是共和主义理念的核心所在，而共和主义理念作为政治思想的一个分支，往往是传统自由主义理念的主要对手与替代品。如今，学者常常从“共和主义理念”对人格理论进行分析，并且也为人格理论带来了巨大的挑战。

自由主义理念与共和主义理念在许多方面存在不同。二者对自治的理解是相互矛盾的。自由主义理念建立在个人自治理论的基础上，其体系制度的设计旨在保护个人自治，即每个人都享有选择并且追求自身目标的自由，并且只有在确保其他人也都享有这种自由的原则下，个人的行为才会受到限制。相比之下，共和主义理念则推崇政治或公共实体的自治。共和主义的政治体制着眼于实质性的民众参与；共和主义理念将自由视为一种主动的、超个体的状态，将自由视为只有通过参与政治自治才能实现的人类潜能。

如上所述，自由主义理念与共和主义理念对自治有着不同的理解，我们可以认为，人格理论不仅仅是自由主义原则的其中一项原则，我们甚至可以这样认为，人格理论就是自由主义原则本身。隐私权理论以人格理论主张的自我定义的权利为基础，其理论目标带有典型的自由主义色彩，即防止政府把道德要求写入法律，确保个人可以自由地进行关键的价值选择。由此可见，人格理论也就成了共和主义理念的直接攻击对象。在上文中我们曾经讨论过，如果人们的自我定义与社会既定价值相违背，那么，其行为就可能对社会关系形成广泛且深远的影响，并且有可能会影响到"社会制度"。人格理论利用这种含糊的可能性，声称不应当为了对社会结构的抽象担忧而牺牲个人个性。

让我们更深入地讨论这个问题。打破旧习主义理论会对社会的个性产生威胁。它对社会支持的价值理念提出质疑；可能会扰乱乃至重构社会本身选择或定义的社会个性。因此，自我定义也是一把双刃剑。

上述双刃剑效果在 Hardwick 一案中展现得淋漓尽致。实际上，Hardwick 一案的双方当事人都高举着拥护自我定义的大旗，只不过一方主张的是个人的自我定义权利，而另一方主张的是制定法律的社会共同体的自我定义。因此，Hardwick 一案的异议意见对个人的自我定义权利大加赞扬，认为应当允许个人选择与主流生活方式不同的生活。而法院多数意见却始终抑制这种观点，并且认为，由于某些道德认知深深植根于那些将我们定义为西方的、犹太教与基督教的价值，因此，国家应当强制推行这些道德认知；与此同时，道德信仰也是刑法规范的充分依据。

上述对 Hardwick 一案的共和主义理念将人格理论逼到了墙角。在那些人格理论最重视的判例中，人格理论试图保护的个人个性与社会维护的集体个性的冲突也最为明显。人格理论认为，为了保护个人享有的自我定义的权利，可以什么都不顾甚至摧毁整个社会共同体享有的自我定义为代价，那么，其理论依据是什么呢?

对于上述问题，人格理论可能会作出以下回应：共和主义理念的错误在于，它想象社会中存在“共同体”，但是这种共同体却是在脱离自身构成要素的基础上臆造出来的。根本不存在所谓的“集体个性”，好比不存在所谓的“大众意志”。个人具有个性与意志，但是群体并不具有个性与意志，因而只有在个人层面上才有所谓的对个性与意志的尊重。我们决不能将少数服从多数原则与所谓的“集体意志”或“集体个性”混为一谈，前者是指个人同意受制于最大多数人作出的决定，而后者只不过是对完全消灭个人个性的掩饰与伪装。

上述讨论实际上融合了两种不同的主张：一种主张具有本体论的性质，另一种主张则完全是规范性的。前一种主张是，根本不存在所谓的集体的或社会共同体的个性。该主张存在的问题比原先预料的要多得多。其主要问题在于，人格理论认为，所谓的集体个性仅仅是一种超现象的抽象范畴，但其提出的这一观点恰恰也同样能直接适用于个人个性。与此同时，我们常常会设想特定的集体具有某些相当明确的特性与个性，如一所大学、一个城镇以及一个国家等。我们甚至可以在这个意义上讨论特定共同体的消亡。但是，对共同体的实体状态的质疑并不是人格理论反驳共和主义理念的主要依据。人格理论的后一主张是，无论是在道德层面或是政治层面，对“集体个性”的沉迷都是无法令人接受的。即便集体个性确实存在，如果我们将其置于个人个性之上，那么，集体个性将会“完全消灭个人个性”。

诚然，后一种主张完全是规范性的，但共和主义理念也对此给出了规范性的回应。共和主义理念认为，价值中立的社会会变得越来越不具有价值，在这种没有任何共同利益的社会中，犯罪激增、政治冷漠，社会会逐渐瓦解崩塌。在这种情况下，自由主义理念所推崇的个人主义将会导致公民道德的堕落，只有极少数人可以从中获利，并且由于个人主义主张人们应当摈弃与社会其他成员共享的自我，而这一点恰恰是自我认识所需要明确的，因此个人主义甚至会使人们无法产生真正的自我认识（实现真正自治的先决条件）。当自由主义理念与共和主义理念之间的论战朝着这个方向展开时，自由主义理念很快就会开始暗示，共和主义理念有着过于情感化的极权主义倾向，而共和主义理念也会奋起反击，认为自由主义者不过是在为资本主义压迫与社会反常进行辩护。

自由主义理念与共和主义理念之间的论战总是会陷入这种僵局。如果我们无法提出进一步的观点，那么，对人格理论的共和主义批判就会变得一文不值，无非是再次强调自由主义理念与共和主义理念之间存在的有关个人与群体的冲突主张，上述冲突表现为两种极端的观点，对于问题的解决毫无助益。尽管如此，我们还可以以另一种方式看待自由主义理念与共和主义理念之间的争论，在这种方式下，人格理论的共和主义批判建立在完全不同的基础之上。

对自由主义理念与共和主义理念进行比较的另一种方法是，承认两种政治视角在人类个性的性质上存在分歧。自由主义理念倾向于将个人视为完整的个体，具有独立的意志、个性，独立选择目标，从而引领、构成个人在生活或者与别人建立关系时所贯彻的特定具体目标。共和主义理念则认为，至少在某种程度上，个人所处的社会是个人个性的构成要素。因此，我们应当抛开以往对个人的理解，根据个人的亲密关系、所处群体及其最根深蒂固的价值观念对个人进行定义。

诚然，这种比较方法只是简单地将两种政治理念之间的僵局转移到另一个层面上进行讨论。这种方法希望通过我们的自我反思，从而判断在自由主义理念与共和主义理念对个性的定义中，何者更加符合我们的道德观念与经验认识。尽管如此，我们却可以通过这种方式十分轻易地发现，人格理论并非完全契合自由主义理念。人格理论认为，由于有关婚姻、抚养子女以及亲密性行为的决定对于个人的个性具有至关重要的影响，因此，这些决定应当受到宪法的保护。可见，人格理论认为，至少在某些重要的领域，个人是通过其特定的角色、价值或关系构建其人格的。由此可见，人格理论也带有共和主义色彩，因此人格理论的逻辑必然会陷入自相矛盾的境地。

我们再次思考一下禁止同性性行为法律的相关案例。根据人格理论的逻辑，无法忍受同性性行为的异性恋者会主张，形成其个性的关键不仅仅在于其自身的异性恋取向，还在于其决定生活在一个同质的、异性恋的社会。因而，对人格理论的共和主义批判不再表现为个人个性与共同体个性之间的冲突，而表现为个人个性之间的冲突。如果个人与个性之间存在冲突，人格理论就必须解决这一冲突；在那些人格理论最重视的案例中，社会中的个人往往试图偏离其他社会成员的价值观念，其他社会成员认为这些价值对其自我定义具有重大深远影响。根据我们在上一部分最后讨论的人格理论采取的平衡标准，在这些案例中，天平两端的人格利益是同等重要的。实际上我们可以推测，在这种平衡分析中，人格理论会倾向于支持自我定义中的传统价值，原因很简单，因为更多的人会秉承传统的价值。

或许人格理论会试图作出以下回应，一个人的邻居家住着什么人、发生了什么行为对于这个人而言太过遥远，也没有实质影响，因而不会影响到个人的“自我定义”。但是，这种回应并不尽如人意。我们知道在一个国家中，社会共同体的种族构成、经济状况或民族同一性都会被其成员所感知，并且影响到他们为自己创造的生活或世界。只要人格理论依据的是一种纯粹直觉化的个人个性理论，那么人格理论就不能否认。作为特定的、界限清晰的社会共同体中的成员，这种成员身份也构成了许多人自我定义中的主要要素。我们可以从Brown v. Board of Education 一案[①]前后法院表现出的挣扎中确定这一点。因此，人格理论必须面对其逻辑内部存在的冲突，这种冲突表现为，个人认为打破特定旧习对其个人的自我定义具有极其重要的意义，而其他人则认为社会同质性对其自我定义具有同样重要的意义，应当如何对二者的权利进行权衡。

我们可以通过 Klare 教授的理论对上述观点作出说明，Klare 教授主张人格理论与共有社会原则都认可同性恋者的权利，其观点虽然经过严密的论证，但是仍然是徒劳无功的。[②] Klare 以一个发生在 Hardwick 一案之前的判例作为跳板，在该案中，美国联邦地区法院判决，政府不得因他人为同性恋者而将他人从后备军中除名。显然，法院是以人格理论为依据，认为隐私权保护个人的个性而作出上述判决的，法院主张，性取向对于一个人的个性而言是极为重要的，因而应当受到法律的保护。Klare 对法院的判决表示赞赏，但他同时批判道，法院对个人个性的定义太过狭窄：“理论上，法律不仅应当创造一个隐

① 347 U. S. 483 (1954).

② See Klare, The Public/Private Distinction in Labor Law, 130 U. PA. L. REV. 1358, 1386 – 1388 (1982).

私的区域并且对受到隐私侵害的他人提供保护，还应当认可雇员享有在个性观念多元的环境下工作的公共权利……这就要求雇主摈弃性偏见与性胁迫，建立良好的工作氛围，允许所有人寻找并且表达自身的性认知……个人个性是由相互作用的、相互交流的要素构成的。只有当我们将分析逻辑延伸到工作生活的公共方面，该案所具有的解放思想的潜能才能被充分发挥。”

在以上论述中，Klare 正确地认识到，人格理论的“逻辑”应当引入共和主义理念关于个人个性的“公共方面”的观点。如果人格理论不愿意接纳共和主义理念的观点或不承认个人个性是由本质上相互联系的构成要素构成的，那么，人格理论就无法主张同性关系对个人的个性具有极其重要的作用。但是，Klare 未能认识到，正是这种结果的不确定性将人格理论推向了顶峰。

Klare 主张建立的“多元性观念”的工作环境并不是从“个人人格具有相互作用的构成要素或者公共的构成要素”而得出的。其理论依据可能是，对所有人而言，完全的自我定义是与允许个人“寻求并且表达其性认同”的环境相契合的，或是依赖这种环境而得以产生的。尽管如此，即便 Klare 采取了上述依据，无法忍受同性性行为的异性恋者还是会坚持认为，同性恋者的存在、其对性取向的自我表达与探求，会对异性恋者的个性（因而延伸到他们的隐私权）造成侵犯。也就是说，由于其“异性恋的个性”具有相互作用的、公共性的构成要素，因此为了保护他们的个性，需要建立一种性观念同一的工作环境。一旦人格理论的逻辑分析延伸至人们个性的“公共方面”，那么那些对特定行为难以忍受的人的隐私权，或者那些遵循主流价值的人的隐私权就一定会与打破旧习者的隐私权相冲突。

个人个性与群体个性的问题又在人格理论本身的个人主义逻辑中再一次重演。值得强调的是，无论如何，上述观点并没有暗示，我们可以以无数难以忍受同性性行为的佐治亚州公民的“人格权”为依据，证明 Hardwick 一案中涉及的反同性性行为的法规是合法的。上述观点只想说明，如果我们要以 Hardwick 享有的人格权为依据为其进行辩护，那么，我们就应当对佐治亚州人民享有的人格权作出回应与解释。

人格理论可能采取的第一种对策是：提出为了保护所有人的自治

而应当对个人自治进行限制的原则。好比一个人挥舞拳头的权利就应当受到其他人的限制，应当避开别人下巴所在的位置；如果个人享有的自我定义的权利与其他人享有的自我定义的权利相冲突，个人的权利也应当受到限制。因此，当个人的自我定义与其他人的个性相冲突时，个人的自我定义就不应得到承认，即便这意味着消灭个人人格中那些令其他人难以忍受的部分。

上述原则的优点在于：它使人格理论得以在不同个性中保持价值中立的态度。但其弱点在于：上述原则没有抓住问题的要领。正如我们已经讨论过的，鉴于人格理论关于个性构成要素的观点，人格理论极力保护的个人个性本身可能对其他人的自我定义形成影响。当个人作为某个同质性社会的成员时，个人的这种成员身份是其个性的构成要素，因而试图破坏这种同质性的行为与个人的个性与身份都是相互矛盾的。

尽管如此，人格理论一方面可能会认为，在排除那些令人难以忍受的个性的同时，还必须赋予每个人与所有人相同的、最大程度地定义自我的自由。人格理论可能会作出让步，认为应当禁止人们作出一些令人难以忍受的自我定义，虽然这些人的自我定义遭到禁止，他们仍然可以在其他无数的、可容忍的个性中进行选择。另一方面，人格理论还可以认为，如果允许政府实施与 Hardwick 一案的涉案法律类似的法律，那么，个人的选择权可能就所剩无几了。

人格理论还在为排除令人难以容忍的个性寻找一种价值中立的方式，并且这种努力仍然是徒劳的。上述观点又一次忽略了人格理论当前面临的困境，即人与人之间在个性上存在冲突。无论人格理论在两种相互矛盾的自我定义中如何取舍，都只不过是将其中的另一种选择排除在可接受的个性范围之外。无论如何，当人格理论试图对 Hardwick 一案式的法律颁布前后、社会可以接受的自我定义的部分进行比较时，人格理论忽视了立法的过程本身就涉及人们自我定义的自由。在颁布此类法律的过程中，个人也在持续地作出有关自我定义的决定，虽然这种决定是以选举代表为中介作出的。由于这种立法使人们得以在各种形式的自我定义中作出选择，而人格理论则试图预先将特定个性排除在选择范围之外，可以说比起人格理论赋予人们的自治，立法赋予民众的自治程度更高。此外，由于大多数人偏好的自我定义形式基本上都处于社会主流地位，因此，立法不仅可以赋予人们更大程度上的自治权利，还可以实现大多数人作出的人格决定。

人格理论可能采取的第二种对策是：放弃先前有关价值中立的说辞，退而主张我们先前讨论过的公开的、规范性的人格理论。然后，人格理论可能会对人们的偏见与不宽容进行谴责，并且认为这种品质不值得法律保护，即使它们是个人自我定义的组成部分。

但是，这种理论回应仍然是失败的。对于建立在特定群体中的成员身份之上的自我定义而言，并非所有的自我定义都可以被定性为具有偏见的或不宽容的自我定义。试想一下，如果有一项由共和主义群体通过的法律，那么，该项法律要求个人参与城镇会议、在一段时期担任公职或者参与社群政治生活。由于这项法律不允许人们按照自己的意愿将自己的个性定义为私人或是非政治性的人，基于这种原因，想必人格理论不得不否决这样的法律。然而，共和主义者会再次以人格理论本身的个性构成观点为论据，认为人们的自我定义取决于其在政治活动或参与式政治中的成员身份，对群体内其他成员的政治冷漠将会直接影响到个人的人格。可见，谴责偏见与不宽容并不能帮助人格理论逃脱困境。

正如我们在上文中讨论过的，在面对诸如 Hardwick 一案的案件时，一旦人格理论公开且规范地将某种个性排除在保护范围之外，它就将自己置于毫无防备的劣势地位：人格理论的反对者可以自由地主张，应当重视、运用其价值观念，从而取代那些支持人格理论的自由主义者所提出的价值观念。通过前述的价值中立理论，人格理论舍弃了其曾经举出的最具有说服力理论依据，即植根于自由主义政治哲学提出的、为了防止政府把道德要求写入法律应当对个人个性予以保护的主张。

人格理论可能采取的第三种对策是：通过完全放弃其自由主义基础，从而维护个人自我定义的多元原则。人格理论可能会转而在共和主义的价值观念中寻求其理论基础。如果是采取这种回应方式，那么，人格理论就会坚称，其多元化的倾向来源于国家的价值取向。接着，其分析就会从历史方面展开：可以说，我们的宪法、政治经济体制以及我们的社会斗争都反映出国家的个人主义信条，并且都推崇多元的价值观念。诚然，这是从社会视角对公民进行解读；但是这种解读本身就是一种不宽容的表现。尽管如此，人格理论认为，这种不宽容仅仅针对那些不宽容的现象，并且由于它代表了美国的观点，因此法院应当贯彻执行这种理解。

上述回应的弱点在于，它只会导致僵局，因为共和主义者对我们国家的历史有自己的观点，他们会极力展现，对于变革中的美国而言，共和主义理念比自由主义理念更具影响力。总之，在这种情况下，人格理论实际上承认了社会个性是高于并且优先于个人个性的。人格理论在作出了上述让步之后却面临着巨大的难题，当社会群体试图通过法律，以牺牲特定个人个性为代价而进行自我定义时，人格理论有什么理由可以提出反对呢？人格理论既然宣称了对集体个性的维护，又有什么理由再将之拒于千里之外呢？当然，人格理论可以主张，在制宪会议时我们应当维护集体个性，而依据宪法本身，我们又不应当放任集体个性。然而，诉诸“宪法本身”并不能证实人格理论的主张。显然，宪法并没有对自我定义的权利作出明确规定，如果人格理论要开始对历史价值与思想进行探究，那么，正如 Hardwick 一案所表明的，人格理论很难举出一个令人信服的理由以论证其试图保护的行为的重要性。

因此，人格理论始终被困于一种自相矛盾的困境之中，而这一困境源自其关于人类个性性质的理论前提。如果人格理论不放弃其主张，坚持认为必须在不同个性间保持价值中立，那么，它就无法将“令人难以容忍”的个性排除在保护范围之外，但放弃价值中立的主张又会破坏其规范性基础。尽管如此，如果人格理论敢于尝试的话，还有另一种论证方式可以使其逃离困境。从一开始我们就注意到，人格理论最终必须对个人个性进行定义，从而解释哪些决定是对个性具有主要影响的，值得宪法对其进行保护，哪些决定对个性仅具有次要的影响，不值得宪法对其进行保护。人格理论必须利用这种必要性，对从前使其陷入自相矛盾处境的理论前提进行修正与改善。

人格理论可能认为，不论人们对邻居的肤色或性取向的接受程度如何，不宽容都不会成为其个性的构成要素。隐私权归根结底意味着他人的私人生活，而他人也不能介入邻居的私人生活。

但是，人格理论在此提到的“私人生活”究竟指的是什么呢？当然，其涉及与性有关的领域，如婚姻、避孕、养育子女等。人格理论最终会以性行为对于人们的基础性与重要性进行论证，也就是说，比起邻居的行为，他人的性生活对于他人的影响始终更具有决定性的作用，也更加根深蒂固。这就是人格理论的最后一道防线。

（三）Foucault 的批判

从人格理论的角度来看，隐私权的创始人不是 Brandeis，而是 Freud。如上一部分中所示，人格理论可以通过采取 Freud 式的个性理论，化解其面对的自相矛盾的困境。由此可见，在心理学上，性在人们的个性构成中占据了特殊的地位，与此同时，也描绘了一条内部界限，勾画出了完全属于个人的领域，国家不应当越过这一界限。性问题中隐藏了有关人们个性的真相，为了保护我们的个性，不应当允许社会镇压这些真相或是阻止我们对真相的探求。

通过向 Freud 的学说的转变，人格理论获益匪浅。首先，人格理论忽然拥有了一套可供利用的、详尽严谨的人类个性理论，并且有许多“专家意见”可为其提供理论支持。其次，这种个性理论奇迹般地与现存隐私权判例的主要方向相契合；人格理论现在能够解释为什么隐私权理论对性问题给予了如此多的关注。最后，人格理论甚至获得了一种解放性的理论视角，即 Freud 提出的关于个人从社会性压抑中解放自我的 Freud 式的视角，从而对其理论进行补充。

尽管我们不需要对 Freud 的学说进行任何具体的分析，但我们至少有必要对其提出的、为人们所广为接受的观点提出挑战。Freud 的学说认为性与个性之间具有一定的联系，为了进一步分析，我们将会求助于 Michel Foucault 最近提出的理论。接下来的讨论并不要求我们完全接受 Foucault 的观点，我们仅仅需要对其要求摒弃 Freud 的学说的观点进行讨论。我们会试着从中提取出与我们关注的问题紧密相关的论证。然而，当前我们关注的问题要更为复杂。我们现在的目标是解决上文中提出的最重要的问题，即隐私权判决为何总是奇怪地受到与性有关的问题的吸引？在这种吸引力的背后是否有着一股解放人类的力量？

1. Foucault 的《性史》

《性史》是 Foucault 近期出版的一部专著，这部专著在一开始就对他所称的压抑假说进行了阐述与挑战，压抑假说旨在“从压抑的方面对性与权力之间的关系进行定义”。[①] 他认为，一段时间以来，我们的性观念与性行为一直受到社会的系统性的压抑，社会命令我们不许谈及我们真实的性渴望，不得按照真实的性渴望实施性行为，甚至于不应当对性有所了解。这种压抑不仅给人们带来了许多弊病，也给人们带来了巨大的希望：通过性解放，我们将会重新发现有关我们自身的真相，与此同时重塑我们的社会。当 Foucault 以这种独特的、现代化的方式提出性“问题”时，他指出：“至关重要的是，在我们的时代中存在着这样一种理论，它能够对性进行阐释、揭示人的真相、颠覆全球法律，它宣告新时代的到来，并且承诺给予人们某种幸福快乐。”

自人格理论采纳 Freud 的个人个性学说的那一刻起，其理论就带有几分压抑假说的性质。一方面，它认识到与性有关的事项中“深深埋藏了有关人类自身的真相”，因此，性关系在受到法律保护的行为之中必须被置于绝对核心的地位。另一方面，通过主张每个人都应当自由地表达自己的性观念，人格理论将其自身视为将人们从权力国家的约束中解放的进程中的一部分。

Foucault 对上述两方面观点都提出了质疑。Foucault 的主要观点是：我们要认识到，所有有关性解放的理论最终都无非是创造出一个为性所迷惑的社会。根据 Foucault 的观点，Freud 的理论并没有实现从维多利亚时代的性压抑向逐渐出现的现代性启蒙的转变，而压抑假说却能够实现。相比之下，心理分析与压迫假说的首要特征是，它们都主张延续性的历史进程而非结束其历史进程，Foucault 认为：“长达几个世纪以来，它们为了催生性的言论，为了将我们的注意力与关切与性牢牢地联系在一起进行了复杂部署。”[②]

通过对宗教、教育、医疗、司法等其他语境下性学说的整理，Foucault 认为：“18 世纪与 19 世纪见证了性学说的‘离散式激增’。性不再受到系统化的压抑，人们开始在越来越多的语境下对性进行探讨。社会从政治、经济以及科技等方面刺激人们去讨论与性有关的话题。但是在这些讨论中，很少有人去探究一种能够对性问题进行分析、盘点、分类及具体说明的一般性的性理论，很少有人对性进行定

① M. Foucault, The History of Sexualty: An Introduction 10, 17 - 49 (1980).

② M. Foucault, The History of Sexualty: An Introduction10, 158 (1980).

量分析或是因果研究。”

诚然，许多有关性的学说都在提醒人们性本身具有的危险与罪恶。然而，其结果却是，人们将性问题集中定位在养育子女、心理学、偏差行为等问题上。人们发现所有人们从前未能认识到的社会与个人的“病理”都有相应的性方面的“临床表现”。进而，人们发现到处都隐藏着性的问题，社会上似乎不再有性压抑，而表现出多元“性化”的现象。远离了对性与性爱的压抑，18 世纪与 19 世纪的学者创造了“性”与“性爱”的概念，将生活中的多种不同的要素融为一体，其中不必然包括生殖要素或者传感要素，将性爱定义为隐藏的、以性为核心的人的个性。

Foucault 将这种“离散式激增”描述为自中世纪以来西方社会深层运动的高潮，它使人们渐渐发觉我们不得不去谈及有关“性爱”的真相。根据 Foucault 的理论，压抑假说本身就是这一独特的西方自我理解模式的人为产物，压抑假说促使人们去发现有关性的真相，仿佛与性有关的事项中确实包含了人类的真相。实际上，现代社会的特殊之处不在于它们认为性仅仅是阴影般的存在，而在于它们在对性的秘密进行探索的过程中，孜孜不倦地、无止境地对性进行讨论。

因此，Foucault 并不认为社会在运用其权力对性进行压迫。相反地，社会运用其权力催生了以性问题为中心的知识、理论与实践：“19 世纪的社会，当然你也可以称之为资产阶级社会、资本家社会或者工业社会，并没有从根本上拒绝承认性的存在与意义。相反地，社会动用了整个知识机制去生产有关性的正确理论。社会不仅谈论性，并且强迫每个人都去谈论性；它还希望提炼出统一的关于性的真相。社会仿佛怀疑与性有关的事项中藏有与人有关的基本秘密，西方社会与人有关的科学课题都越来越受到性问题的吸引，越来越紧密地围绕着性问题展开。”[①]“我们应当好奇的”并不是为何社会从各个方面禁止与性有关的事项，而是“我们为何被性所诱导，进而倾尽所能地探究其中的秘密，并且为长久以来未能认识到性的价值而感到内疚”。Foucault 暗示到，或许有一天，“我们再也无法理解……为什么我们会对这项无止境的工作如此专注……致力于从阴影中提取出最真

① M. Foucault, The History of Sexualty: An Introduction 10, 69 - 70 (1980).

实的自白。”

Foucault 提出的革命性的“性史”理论表明了人格理论的两方面弱点：其一，Foucault 的理论对性与个性之间的联系提出了质疑，而这种联系恰恰是人格理论的重要依据。Foucault 认为，无论是生物学上或是心理学上，性在我们的人格中都不占据特殊的地位。相反，他认为性在人格中占据特殊地位的观点是社会的人为产物，甚至于是一种故弄玄虚的提法。正如 Charles Taylor 所言：“这个提法其实是一种权力策略。”其二，Foucault 以一种我们尚未进行过深入研究的方式，提出了符合人格诉求性解放的展望。

笔者本应借助以上第一个弱点主张，根据 Foucault 的理论，人格理论试图论证性是个性的基本决定因素的努力是没有意义的。但是，这一观点未免有些以偏概全。笔者同意 Foucault 对于 Freud 学说的批判观点，但是笔者并不认为，Foucault 提出的过分简单化的、大纲式的观点能够说服那些不熟悉其著作的读者。我们应当从人格理论的第二个弱点出发，试着对 Foucault 的理论进行理解归纳，并且使之充分适用于本文范围内的讨论。我们会试着为人格理论设置新的障碍，该障碍不是针对其主张的性与个性之间的联系提出的，而是对人格理论通过上述联系意在追求的解放的含义提出质疑。

2. 人格理论的解放潜能

Foucault 对 Freud 的学说进行了批判。Foucault 认为，Freud 学说对性压抑的理解与 Foucault 稍后出版的杰出作品中的另一个核心主题有着密切的联系，该主题围绕现代社会中权力运行方式的重构展开，我们有必要在本文中对此主题进行说明。[①] Foucault 的性理论并不认为社会与性之间的关系具有外部性且本质上具有强制性的力量。正如我们所讨论的，Foucault 的观点是，性已经以各种方式积极地、系统地潜入了我们的生活。在 Foucault 看来，这种从消极社会力量向积极社会力量的转变不仅体现在对性问题的“部署”中，还体现在一般性的权力运作中。

---

① See History of Sexuality: An Introduction 10, 81 – 102 (1980); Foucault, Afterword — The Subject and Power, in H. Dreyfus & P. Rabinow, Michel Foucault: Beyond Structur — Alism And Hermeneutics 208 (2d ed. 1983).

Foucault 告诉我们，我们长久以来所坚持的权力概念是与君主主权相联系的，是一种纯粹司法上的概念，认为权力的作用在于从本质上禁止特定行为。或许在几个世纪以前，当君主权力主要被用于惩罚、制裁公众、强制扣押公众财产时，上述定义是有效的。然而在今天，科技不断发展，文化互渗的方式更加系统化，国家权力积极地监视、塑造我们的生活，对生活的方方面面作出安排与预先安排，并且将国家精心设计的行为模式植入我们的生活与意识："权力何以有效，何以为人们所接受？上述问题的答案很简单，那就是权力不仅仅作为一种加重我们负担的否定性力量，它在否定我们的同时还给我们带来收获与欢愉、产生知识与理论。我们应当将之视为一种贯穿整个社会体制的富有成效的网络，而不仅仅是一种消极压迫的社会机制……从 17 世纪到 18 世纪起，权力具有生产力的理论发生了名副其实的理论腾飞。不仅古典时期的主权国家发展出了规模巨大的国家机器（军队、警察以及财政管理体制），还建立了我们现在所说的权力的新'经济'时代，主要体现在其建立了使权力的效力得以在整个社会制度内持续地、不间断地、适应地和个性化地流通的程序。"①

因此，正如 Foucault 所指出的，现代权力的首要特征在于其具有生产的能力，这里说的"生产"并不是指对商品或者服务的生产，而是指对个人生活的生产。这种新的生产力通过两种方式获得实现。Foucault 强调的第一种方式是，国家不断增强其对人们每天日常生活中的物质条件的控制。他将这种方式称为"政治技术的增殖……其控制范围覆盖了人们的身体、健康、生活与居住模式、生活环境以及与生存有关的全部事项"。② 第二种方式是，政治与社会机构发挥"正常化"的作用，将人们的个性塑造成指定的、健康的、理智的、守法的或正常的模式。

上述两种方式都可以证明 Foucault 提出的 18 世纪至 19 世纪性理论的发展。如上文所述，Foucault 讨论的就是这一时期发生的对儿童、女性以及各种"偏离"行为的"性化"。在这一过程中，个人的

---

① M. Foucault, Interview — Truth and Power, in Power/Knowledge: Selected Interviews And Other Writings 1972 – 1977, at 119 (C. Gordon ed. 1980).

② M. Foucault, The History of Sexuality: An Introduction 10, 143 – 144 (1980).

日常习惯与活动都直接受到各种“矫正”制度的监视、处理、惩戒与制约。与此同时，在医学上、精神病学上与主流价值观中，以性作为区分他人是否属于“不正常”的人的标准也成为了一种惯例，往往根据他人的性观念与性行为将他人认定为同性恋者、精神失常者以及其他不正常的情形。Foucault 认为，这种分类模式意味着：“一种对个人进行规范的新方法。在古代民法或教会法中，同性性行为都是受到法律禁止的行为；犯下这种罪行的人无非是受到司法的制裁。在现代社会中，同性恋是一种生活类型、一种生命形态。站在现代的角度看，19 世纪对待同性恋的方式已经成为了历史、成为了过去，它只是特定历史阶段中的历史事件，一种早期的不正确的做法。一个人的整体构成都会受到其性观念与性行为的影响，性与人是同一的，它不再是人们惯常认为的一种罪行，而是一种奇特的天性，实施同性性行为是暂时的行为偏离；同性恋者如今已经成为一类种群。”①

无论是概念上与理论上，这种分类都可以通过各种方法，将那些被认定为非正常的人排除在法律的保护范围之外，剥夺他们的相应权利，贬低他们的地位。

这种通过性来分辨个人行为的不公平的性区分实践具有一个显著的特征，它们往往打着帮助相关群体的旗号。然而，正是这种所谓的“帮助”行为使相关群体落得如此田地。因此，Foucault 认为，在 19 世纪，对同性恋者进行医学治疗是一种医学惯例，正是这种惯例使得同性恋成为了一种“疾病”。这种惯例前所未有地将同性恋与异性恋分隔开来，与此同时通过创造新的制度惯例，使得人们越来越迅速地进行自我定义、被定义为同性恋者或是被作为同性恋者对待。

隐私权的人格理论面临一个基本概念上的新难题。人格理论可能会反过来促进其意图对抗的恶行的再次发生。让我们来仔细地分析一下人格理论在同性恋问题上的立场。正如我们已经讨论过的，人格理论的观点是，由于同性性行为对一个人的自我定义与个性具有至关重要的作用，因而其应当受到宪法的保护。在司法判决与学术著作中，人格理论都明确主张了这一观点。

然而，同性性行为对实施该行为的人的个性具有重要作用的提法

---

① M. Foucault, The Hisory of Sexuality: An Introduction 10, 42 -43 (1980).

本身是十分模棱两可的。之所以认为同性性行为具有自我定义的作用，是仅仅因为性行为本身，还是因为这种性行为发生在同性之间呢？实际上，人格理论的支持者想要主张的是上述第二种观点。之所以如此是因为第一种观点相当难以证实。首先，它会给人格理论带来本文之前所讨论的问题，举例而言，人格理论不得不承认卖淫也是人们基于宪法权利实施的一种行为。其次，人格理论无法主张，任何情况下的性行为都对个人个性的定义具有基础性的、决定性的作用。但是，人格理论还可以再次主张，对人格具有重要意义的并不是同性性行为，而是伴随着持续性关系而产生的亲密关系。这一观点同时可以对上述关于卖淫的质疑作出回应，并且它提供了一个对个人的自我定义具有重要作用的具体事项，进而为人格理论提供了一个更加直观、可信的理论依据。但是，这种观点仍然是站不住脚的。因为这类回应是一种理论倒退，自我定义行为的构成要素又回到了那些纯粹直觉性的概念。对于人格理论采取这类概念将要面临的陷阱，我们已经通过上文的讨论充分了解了。有些人可能会提出，与密友之间的柏拉图式的或是其他模式的亲密关系也对个人人格具有重要的影响；然而，其他人也可能会提出，在一个全是白人的或全是异性恋者的社区生活对他们的人格具有重要影响。让我们回想一下，我们在上文中讨论过这样一种关于人格个性的观点，即个人的性观念与性行为具有特殊的重要性，然而个人对邻居的性行为或肤色的看法却不具有这种特殊的重要性，因此无论个人多么看重邻居的性行为或肤色，这些事项都不会对其自我定义产生决定性的影响，人格理论正是在采取了上述观点的情况下才得以避开打破旧习者的自我定义权利与对此难以容忍的人的自我定义权利之间的矛盾冲突问题。

无论如何，如同在 Hardwick 一案中那样，人格理论试图讨伐的法律是禁止同性性行为的法律，而不是禁止同性亲密关系的法律。当然，人格理论不会主张，没有处于性关系中的人无法真正地、深切地感受到亲密感。如果我们的直觉支持人格理论认为亲密关系对个人个性具有重要影响的观点，那么，我们就会抵制上述观点。然而，如果人们在不实施性行为的情况下也能获得对自我定义具有重要意义的亲密关系，那么，Hardwick 一案中的人格理论分析就会遭到极大的削弱。

因此，在 Hardwick 一案这样的案件中，人格理论应当采取上文所提到的第二种观点，同性性行为中的同性因素才是对自我定义具有重要影响的要素。人格理论可以主张，由于同性性行为是同性恋者“对其内心最深处的特性的表达”，因而禁止同性性行为的法律侵犯了同性恋者的隐私权。它触碰到了决定个人个性的核心要素。[①] 这种观点似乎一次性解决了人格理论面临的所有难题。它并没有主张所有的性行为都对个人具有基础性作用。并且它也符合上文对个人个性的定义，认为性取向在个人的个性中具有核心地位。至少从表面上来看，由于学者们也反复强调同性性行为是同性恋者个性形成的核心要素，因此，这种观点是完全合理的。

毫无疑问，人格理论对同性恋者权利的支持是为了表现并且寻求对同性恋者的最高程度的尊重。尽管如此，就同性恋个性这一概念而言，即便它不具有不尊重的色彩，但也可能对其追求的目标形成危害。也就是说，其中还有一些内容没有得到解放。那些实施同性性行为的人未必认为自己具有“同性恋个性”。他们可能只是为了寻求愉悦或是追求亲密感而建立同性关系，但无意或至少无意将同性关系作为影响其个性形成的决定性因素。人格理论的核心分析依赖于一条可以清晰定义同性恋者的界限，通过这条界限，当个人试图进行同性性行为时，他就能立刻明白他具有“同性恋个性”。换言之，人格理论的作用机制在于，由于同性关系对一个人的定性具有基础性的作用，通过对同性恋者的定义，它能够完全将同性恋者与异性恋者区分开来，因而法律应当为同性关系提供保护。由于同性恋倾向是“决定个人个性的核心要素”，因而个人可能完全因为他们选择将自己定义为“同性恋者”而进行同性性行为。这样一来，即便人格理论是为了同性恋者的权利而抗争，人格理论也成为了另一股力量，它会依据实施同性性行为的人与“异性恋者”之间的不同，将同性恋者的个性固定下来。

有人会指出，由于社会对同性恋者的侮辱与谴责，因而同性恋者屈服于这种社会观念，而否认其同性恋个性。反之，由于人格理论承认同性恋与异性恋之间具有的显著区分，并且其理论出发点是存在一

① Hardwick, 478 U. S. at 211 (Blackmun, J., dissenting).

条将同性恋与异性恋对立起来的、决定性的分界线，因而在人格理论提出有关“同性恋个性”的主张的同时，同性恋者受到社会观念侮辱的危险也呼之欲出。问题的关键显然不在于同性恋者的团结一致会适得其反，也不在于形成这种团结一致状况的、旨在于挣脱社会加之于同性恋的枷锁的社会运动是卓有成效的；问题的关键在于，将争取同性恋身份的社会地位作为支持同性恋社会运动的出发点，会使该社会运动本身承担遭受反同性恋社会思潮强烈反对的风险。

从另一个角度说，“同性恋个性”恰恰来源于上文所述的不公平分类。最初，人格理论之所以认为同性恋倾向对个人个性具有重要的、决定性的影响正是由于同性性行为被视为一种“偏差”行为。实际上，这一结论从一开始就是不平衡的：在异性恋者的自我认识中，异性恋是正常的表现，异性恋者只有在其根据性取向的标准进一步作出一些特殊的决定，例如追求伴侣或产生性愉悦时，我们才可以认为他对自身的个性作出了定义。假使异性者确实认为异性恋的性取向对其具有本质上的决定性作用，那么，产生这一认识的前提条件是，同性恋被分类为不正常的、怪异的、与异性恋相反的性取向。相比之下，由于同性恋被假定为不正常的性取向，无论同性恋者寻找何种伴侣或是进行何种性行为，只要其具有同性恋的性取向，就足以对其个性产生决定性的作用。人格理论基于同性恋倾向所具有的决定性的特质而主张保护同性恋者的权利，但是与此同时，人格理论也重申了异性恋者对同性恋的观点，即同性恋如同一种性格上的病毒，能够侵入并且根本改变个人个性的核心。

人格理论可能会反驳到，上述歧视并不是分类造成的，而是由分类之后一个群体对另一群体的贬低所造成的。对同性恋与异性恋进行区分的行为本身是无害的。人格理论只是试图通过确保各个群体都享有同等的法律地位与法律权利，从而消除分类后可能发生的侮辱与谴责。上文所述的观点混淆了区分行为本身与建立在区别之上的等级制度或排斥。

然而，区分与排斥并不是完全独立的。更确切地说，如果我们认为它们是两个独立的过程，那么，恰恰是人们对等级制度的冲动引导并且产生了个性上的差异。显然，人们在性倾向、性别、种族等方面存在差异。但是在我们进行分类之前，人与人之间并不存在个性上的差异。此外，由于人们总是希望自己比其他人更“优秀”或自己是“正常”人，正是这种愿望将个性上的差异转换成自我定义的个性与特定个性之间的对立。当然，保护同性恋者权使“同性恋者”的权利得到法律的保护当然会是一项胜利，但由于同性恋本身就是个人个性的本质要素，对其进行保护不能称为是对人性的解放。因此，我们只能说，对于同性恋者的保护并未升华到人性解放的高度，它仅仅是对社会中固有而僵化的性别身份标准这一相对较低层次的错误所进行的纠正，而造成这种固化而僵硬的性别身份标准的原因就在于，我们的社会极力向民众灌输其认为正确的性别角色、规范化的性行为标准并对同性恋者进行诋毁与中伤。

在人格理论宣扬自我定义的自由的同时，它也再次强调了其极力抵制的对人格的限制。同性恋问题仅仅是上述现象中的一个例子。在异族通婚问题上也可能暴露出同样的缺陷：如果异族通婚的反对者将这一行为视为洪水猛兽，那么，一旦进行异族通婚的双方主张他们实施的行为是对其个性的定义、应当受到法律保护，他们的主张就又一次重申了将异族通婚与同族通婚进行严格区分的倾向；而这种倾向正是以他们希望消除的歧视现象为前提的。我们之所以认为异族通婚应当受到法律的保护，并不是因为异族通婚是十分与众不同的，而是因为它与同族通婚之间是没有差别的，应当受到法律无差别的保护。

在避孕问题上，人格理论也可能陷入同样的困境。实际上，Griswold 一案仅仅具有微弱的歧视色彩。因此，我们在主张通过使用避孕用品能够实现“自我定义”时，并不会再一次强调社会中的不公平的区分。只不过这种说法比较空洞而已。尽管如此，仍然存在怀疑的声音。如果 Griswold 一案是为了保护岌岌可危的人们的个性才对人们的性行为提供保护的，那么，法院就不需要在压迫民众的州政府与饱受压抑的民众之间进行调停，而只需要像上文讨论过的那样，主张“性部署”的观点即可，即应当系统地要求人们从私密的、私人的性行为中寻找个性的真谛与生活的意义。Foucault 所指出：“讽刺的是，这种部署要求我们相信，我们能够从平衡中获得‘解放’。”①

我们应当放弃人格理论，这并不是因为“自我定义”理论不符合逻辑，也不是因为它太过“个人主义”，而是因为人格理论的政治立场与隐私权的政治愿望相违背。人格理论认为，由于特定行为“对个人个性具有重要影响”，因而法律应当对其进行保护，但这种观点却不知不觉地将隐私权理论试图克服的国家权力的不公平使用的产生前提重新引入到隐私权理论当中。

也许堕胎问题能够很好地说明上述结论。人格理论一定认为，由于堕胎对女性的自我定义具有重要影响，因此，法律应当保护女性的堕胎权。女性能够通过决定是否养育子女对其个性作出定义，这恰恰是实现性别角色制度化的前提，性别角色的制度化使得女性的从属地位始终处于较低的状态。只有在社会普遍认为女性想要生育子女是“理所当然”的，不想生育子女是“不正常”的情况下，我们才可以在一个特定时刻主张，不生育子女的决定对女性的个性具有重要的、决定性的作用。如果我们要主张女性享有堕胎权，那么，我们就得通过其他理论进行论证。认为堕胎是女性进行自我定义的基本行为的主张实际上是从以下观点推论出来的：母性是每个女性最基础、最本质、最不容推卸的人性，以此为衬托，女性的堕胎行为就是一种自我定义、自我选择的行为。

我们之所以主张女性应当享有堕胎的权利，是为了避免女性被迫接受某种个性，而不是因为她们能够通过决定本身对自己的个性作出定义。避免被迫接受身份与自我定义是不能被画上等号的。这就是根据人格理论对隐私权理论进行分析的真正缺陷所在，也是笔者接下来提出的可供选择的隐私权分析方法的核心所在。

四、一种可供选择的隐私权分析思路

虽然谚语有云，谋事总是比成事更难。否定问题并不能解决问题，提出批评必须有所着重。接下来我所论述的内容具有重要的意义。

---

① M. Foucault, The History of Sexualty: An Introduction 10, 159 (1980).

（一）方法论

迄今为止，隐私权理论分析中普遍使用的方法论是从提出以下问题展开的："政府试图禁止的是什么?"然后法院会对涉案法律禁止的行为进行描述，接着通过预先设立的概念工具对该行为进行判断，判断标准包括：该行为在"有序自由理论"中的作用,[①] 人们是否对其享有"基本"权利，个人个性的重要性，法院可能采取的其他对行为的基础性质进行判断的标准，等等。假设我们换一种分析方法，不去询问"法律禁止了什么"，而去思考"法律产生了什么?"假设我们不去追究法律的消极面，即总是以禁止性规定的形式进行表达，而去探究法律的积极面，即遵守法律能够对日常生活与社会实践产生的现实效果。

上述分析方法的转变来源于笔者在上一部分所讨论的一些理论观点。在 Foucault 的理论中，法律的意义不在于其具有的禁止性，而在于它将我们嵌入到一个规范与惯例的框架中，从而积极地塑造我们的生活。接下来笔者采取的方法论的关键是，将目光从法律禁止我们做什么的问题上移开，着重分析法律希望我们做什么的问题。

（二）本质

让我们来分析一下法院适用隐私权理论保护的三种主要领域：①养育子女（堕胎与避孕）；②婚姻（异族通婚法律、离婚限制等）；③儿童教育（Meyer 一案与 Pierce 一案）。根据主流的隐私权分析方法，由于他人就特定事项作出的决定是"基本"的，因而法律不能禁止他人作出上述决定。但是，这些决定为何具有基础性的地位呢?是这些决定本身具有基础性地位吗？举例而言，如果决定结婚对象的权利具有内在的基础性，那么，为什么禁止乱伦的法律与禁止重婚的法律没有触犯上述基本权利呢？实际上，他人享有作出基本决定的自由不能成为一项宪法原则，好比与之具有同等分量的、像 Lochner 一

---

① Roe v. Wade, 410 U. S. 113, 152 (1973) [quoting Palko v. Connecticut, 302 U. S. 319, 325 (1937)].

案中法院运用的“合同自由”原则也不能成为一项宪法原则。隐私权判例中具有一些急需保护的基本因素，这种基本因素并不是那些被法律剥夺的事项，不是法律禁止的行为，甚至也不是自由选择的权利。

法院适用隐私权理论废除的法律都具有与众不同的特性，它们都具有生产性或是具有积极的效果。比起其他禁止性的法律规范，这些因侵犯他人隐私权而被废除的法律对个人的生活造成了更加深远、广泛、持久与积极的影响。反对堕胎的法律、反对异族通婚的法律以及义务教育法律都从定义明确且高度限制的制度层面对个人的生活施加强制力。简单来说，这些法律试图接管人们的日常生活，占据并且预先占据了人们的生活。它们积极地从实质上塑造着人们的生活；通过特定的手段指导人们的生活与发展。这些法律不是简单地禁止他人的行为或是剥夺他人的自由；它们还充斥着人们的全部生活。

隐私权原则并不是指人们享有的进行那些从不断发展的用以规范人们行为的条条框框中发展出来的特定的、基础性的行为的自由，它是指人们享有的、使自己的日常生活免受不断发展的社会规范的全面干预的基本自由。

笔者认为，也许有人会指出，反堕胎的法律或禁止使用避孕用品的法律并不会强迫女性生育子女，女性完全可以通过抑制性行为而避免怀孕。类似地，对于禁止异族通婚的法律而言，如果白人与黑人不愿意与其他种族的人一起生活，他们完全可以通过拒绝结婚实现这一目标。

上述观点没有对孕妇试图堕胎的情形作出回应。更重要的是，上述观点只是又一次人为地将注意力放在法律禁止的方面，试图掩盖问题的实质，因此也不是我们寻找的答案。遵守禁止使用避孕用品的法律或禁止异族通婚的法律所带来的实质结果是，女性怀孕或是异族通婚。事实上，这些法律是通过人们的驱动力与欲望运作的，这种驱动力与欲望太过强烈或太过细微，以至于大多数人都无法抗拒，因此这些法律才对人们产生了深远的、积极的影响。

这些法律的危险之处就在于，它代表了一种独特的令人毛骨悚然的极权主义，这种极权主义甚至无需动用武力就能占据他人的个人生活。这种危险正是 Foucault 与隐私权理论想要警告我们的：实质上，人们的生活正受到标准化与正规化的社会的严格控制。这也正是现如今国家权力对我们形成的威胁。

在宪法学上，国家权力带来的这种威胁并不陌生。让我们先回想一下大法官 Jackson 在 West Virginia State Board of Education v. Barnette 一案[①]中作出的论述，该案发生于第二次世界大战的中期，法院废除了一项要求小学生向国旗敬礼并表现其对国家的忠诚的法律。Jackson 指出："为了支持国家在当时具有的某些重要目标而强制民众情感统一的做法，曾经被许多善意的人们所利用，也曾被许多邪恶的人们所利用。当国家为了寻求统一而最初采取的温和手段失败以后，那些下定决心要实现目标的人就会诉诸愈发严厉的手段。这种强迫统一的企图最终都是无用的，这是每一次这类努力给我们带来的教训：从罗马人对扰乱其异教统治的基督教的镇压，一直到我们目前的极权主义敌人每况愈下的努力。"[②]

Barnette 一案的判决中潜藏着一种幽灵一般阴险的、麻木不仁的标准化要求；我们只需要记住西弗吉尼亚州要求的敬礼形式看起来像什么就可以想见其阴险、麻木。"现在要求的是直臂敬礼，敬礼者需要右手掌心朝上，逐步抬起……"[③]

西弗吉尼亚州强制小学生向国旗敬礼的行为被我们抛在了脑后。更确切地说，我们想到的是向国旗敬礼的这类要求，系统地、呈网状地覆盖到儿童日常生活的方方面面。我们联想到了一种被完全知悉、完全控制的生存形态，而不仅仅是强制人们忠诚的单一行为。二者之间的差异是极其关键的，它说明了 Barnette 一案不是一个隐私权案件而是一个涉及《美国联邦宪法第一修正案》的案件的原因。

由于言论在政治自由中发挥的显著作用，由于宪法中对言论自由作出了明确的宪法保证，因此美国政府禁止或强迫民众发表任何意见的行为必然会侵犯民众的权利。相比之下，在隐私权案件中，政府受

---

① 319 U. S. 624 (1943).

② 319 U. S. 624, 640 -641 (1943).

③ 319 U. S. 624, 628 (1943).

到的宪法限制要宽松得多。让我们来回顾一下 Meyer 一案[①]与 Pierce 一案[②]，正如上文中所指出的，这两个判例可以被视为隐私权判例的真正起源。与 Barnette 一案一样，Meyer 一案与 Pierce 一案都涉及有关儿童教育的法律，这些法律使我们联想到战争激发的国家主义思想。然而，上述两个判例中被废除的法律，尤其是 Pierce 一案中被废除的法律，都与 Barnette 一案中涉及的法律有着显著的差别。

Meyer 一案涉及的是一项禁止向小学生教授现代外语的法规。在 Pierce 一案中，州完全禁止私立小学的设立，要求所有 8 岁至 16 岁的儿童都只能在公立学校就读。用大法官 Jackson 的话说，比起西弗吉尼亚州颁布的向国旗敬礼的法规，州在上述这些法规中为了实现“强制统一”做出了更多的努力。这并不意味着其实施了更大程度强制措施；笔者也无意讨论其是否可能对隐私权造成侵犯。相反，笔者关注的是服从这种法律所带来的可能结果。审理 Meyer 一案的法院认为，州颁布这项法规的行为是在试图“培养怀揣美国理想的同质公民”。法院从古代文明中挖掘出了其中存在的联系：“为了理想国民众的福利，Plato 建议制定以下法律规定：‘监护人的妻子应当是公有的，他们的子女也应当是公有的，父母不知道他们的子女是谁，子女也不知道他们的父母是谁……合格的官员将优秀父母生育的子女送到育幼院中，然后把他们交给褓姆抚养，褓姆则住在城中另一区内；而劣等父母的子女或是优秀父母偶然生下的畸形子女将会被抛弃在某个神秘的、未知的地方，由他们自生自灭。’为了泯灭个体、培养理想公民，斯巴达将 7 岁以上的男性收编到军营中，对他们进行后续教育，将他们训练成正式的监护人。虽然这种措施是由具有伟大才能的人经过谨慎考虑而批准的，并且它涉及个人与斯巴达国家之间的关系，但是这种措施与如今国家机构所依赖的立法原则是完全不同；我们可以肯定，一旦立法机关对美国民众施加了这种限制，那么，立法机关必然违背了宪法文本与宪法精神。”

把禁止在小学内教授外语的法律和上述恐怖的极端措施联系在一

① Meyer v. Nebraska, 262 U. S. 390 (1923).

② Pierce v. Society of Sisters, 268 U. S. 510 (1925).

起确实有些夸大其词。但是无论在动机上还是在实际上，禁止向儿童教授外语的法律一定程度上是为了阻止儿童对“外国思想”与“外国理念”的认知。Meyer 一案真实地表现了涉案法律所带来的威胁，州通过公立学校向儿童灌输符合国家要求的思考方式与“外国”的思考方式相对应的“我们”的思考方式。这种威胁不表现为从外部进行强制统一，而表现为从内部产生统一。

Pierce 一案更加淋漓尽致地展现了这种威胁，在该案中，州禁止公立学校以外所有创办小学教育的行为。法院也对该法规的威胁作出了回应，法院认为其威胁是毋庸置疑的，并且其威胁不仅仅表现为对“合同自由”的剥夺 。法院在判决中明确适用了与 Meyer 一案相同的论证理由，废除了涉案法律并判决，“所有联邦内的政府都是建立在自由基本理论之上的，根据自由基本理论，州无权对儿童进行标准化的教育管理。

Pierce 一案中的标准化概念能够很好地说明本文的观点。它既包括了定量分析也包括了定性分析。Pierce 一案废除的法规不同于 Barnette 一案中要求学生向国旗致敬的法规，它更近似于 Meyer 一案中法院引述的 Plato 式或斯巴达式的法律制度，这种法规能够积极地占据人们的日常物质生活。与此同时，这种法规可能对人们进行严密的控制，它如同一种疗法、一种规训或一种课程，将民众的人格或个性强行压制成特定的模式。

可见，标准化体现在两方面，一方面是对他人生活的积极占据，另一方面是其占据具有的导向性。上述两方面因素有助于我们理解，为何在宪法没有对 Pierce 一案中只允许设立公立学校的强制性法规作出明示的禁止性规定时，涉案法规仍然涉及宪法问题，也就是如今我们所说的宪法性隐私权的问题。政府权力的使用有其合法的边界，而当政府的行为超出了合法界限，触及了合法界限以外的领域，那么其行为就会受到隐私权的限制。只有当政府的行为可能接管或者占据民众的生活时，隐私权才能够通过某种方式发挥作用，从而保护民众整体生活不受政府的侵犯。

在一些极少见的情况下，这种“极权主义”是通过单一的禁止性法律规定介入到人们的生活中的。如果我们要从反极权主义的原则出发对隐私权理论进行论证，那么，我们就必须探究，单一的法律规定如何能够积极地接管并指挥我们的整体生活。

（三）适用

让我们简单地分两步回顾一下先前的隐私权判例：第一步，我们要依据上文建议的一般原则对先前的隐私权判例进行判断，将判断结果与法院的实际判决进行对照，从而评估上述一般原则是否合适、恰当；第二步，我们要将一般规则与具体案情结合起来，从而赋予一般规则更加丰富的内涵与定义。如果在上述过程中笔者习惯性地进行了某种“反思平衡”，那么，不过是笔者咎由自取罢了。

1. 堕胎与避孕

Roe v. Wade 一案或许是美国联邦最高法院审理过的最重要的隐私权判例。让我们来验证一下，我们的分析方法是否能够为该案判决提供充分的理论基础。

如果可能的话，禁止堕胎的法律能够以何种方式对人们产生标准化的影响？它们是否通过任何方式对个人个性产生限制、正常化或功能化的影响？即便反堕胎法律能够产生上述影响，那么，其产生的影响会比其他法律的影响更大吗？

笔者必须强调，上述问题的答案是肯定的。如果仅仅考虑这些法律的禁止性作用，反堕胎法律与禁止谋杀的法律一样都不具有“标准化”的影响。甚至有人可以认为，这种法律只是禁止人们剥夺别人的生命或者潜在的生命，不带有丝毫的极权主义色彩。尽管如此，不去考虑这些法律的禁止性，从生产力的角度上来看，情况则完全不同。

反堕胎法律产生了母亲的身份，它们使得从事不同职业、具有不同生活计划的形形色色的女性承担了母亲的角色。当然，母亲身份并不是所有女性都感受到的单一现象。尽管如此，我们很难想象一项州内强制实施的、效果涉及行为人日常生活的法律能够产生如此深远的影响。在数月甚至可能数年里，这种强制的母亲身份会塑造女性的生活，使女性的日常生活与精力都投入到养儿育女的琐碎细节中；它为女性创造了一种可感知的个性，并且将女性束缚在这种个性之中；它将许许多多的女性问题的解决方法总结归纳成一种单一的、对母亲身份的规范。

在这种背景下，州政府运用其权力对他人作出了哪方面的限制是我们要关注的重点，如同我们对 Pierce 一案的分析。教育涉及对儿童思想的塑造。如果说受控于州政府的教育具有一定的危险，那么，在 Pierce 一案中，由于小学教育涉及的是儿童的尚未成形的心智，因此其危险也尤为显著、巨大。受控于州政府的小学教育的危险在于，政府能够运用其权力构造人们的个性，从而预先制止人们对政府的抵制行为。

然而，想要实现这种效果，并不一定需要政府将目标对准未充分发育的心智，对于发育完全的成年人，州政府一样能够通过类似的措施实现这种效果。试图对他人的思想进行控制与对他人的身体进行控制，如军队或宗教戒律的做法都能强有力地塑造个人生活与个性。实际上，虽然在某人被告知必须接受某种想法时其对自身身体的控制可能不会非常有效，但在其他情况下，身体控制可能是一种更为有效的媒介。从这方面看来，由于运用权力控制儿童思想能够实现构造、塑造个性的效果，从而使儿童不会产生抵抗的思想，这种效果与运用权力控制他人身体效果相差无几。

很显然，Roe v. Wade 一案中的争议法规涉及对他人身体的控制；实际上，我们也惯于将 Roe 一案中的法规理解为女性在某种程度上享有的“身体完整”权，或“对身体的控制权”。然而，这种假设的身体控制权是难以理解的或是存在误解的。对个人身体的控制权不可能成为一项即便国家合理地指出其可能导致的危害，他人也可以随心所欲地控制其身体的权利；否则，普通法规制的犯罪行为以及侵权行为都可以受到宪法的豁免。尽管如此，我们也不应当将 Roe 一案中涉及的身体控制权简化为女性决定是否接受某种外科手术的权利。事实上，反堕胎法律对女性身体的干预是非常积极的，其影响是十分深远的：女性被强制在一定时期内怀有胎儿、生下婴儿并且在婴儿 1 岁前对其进行无微不至的照料。毫无疑问，上述所有过程都会对女性的日常生活产生影响，都涉及女性身体从事的最私密而剧烈的活动。女性的身体会受制于持续的食疗、锻炼、健康检查以及可能需要的外科手术。她们最基本的生理与心理冲动都会被这一过程所占用。就这样，反堕胎法律有效地运用其权力对女性的身体进行控制，反堕胎法律能够改变、重塑女性的生活。

我们还应当看到 Pierce 一案与 Roe 一案之间具有的更深层次的相似点。在某种程度上我们可以认为，Pierce 一案中法院提出的标准化的危险在于它将个人视作国家的工具，而不是具有独立思想的国家的建立者。[1] 在堕胎的语境下，同样具有这种工具化与破坏独立自主的效果。女性被迫养育子女，被迫将其身心都奉献给她们的子女。此外，许多女性还会沦落至经济从属地位，并且比以往更难逃脱这种地位。最后，通过生育，所有女性都被国家征用，服务于国家，其中的首要要求就是为国家繁殖人口。

没有哪种法律比禁止堕胎法律更能够将民众的生活塑造成单一的、标准化的、功能化的模式。即便我们不去考虑反堕胎法律对他人身体的控制、对女性的工具化，它还是根本地、积极地改变了女性的生活。事实上，我们很难想象哪种禁止性法律对他人生活与未来的影响会比反堕胎法律的影响更加彻底。毫不夸张地说，强制养育子女的法律规定就是对女性生活的极权主义介入。此外，反堕胎法律积极地占据与指导他人的生活，其控制范围之大是空前未有的。由此可见，Roe v. Wade 一案的判决是正确的。

我们可以根据同样的思路对 Griswold 一案进行分析。至少在该案发生的年代，堕胎仍然是被普遍禁止的，因而禁止使用避孕用品的法律在效果上与其积极面——强制生育子女的法律是一样的。此外，禁止使用避孕用品的法律使得性爱不仅仅是人们寻求欢愉的方式，更确切地说，这类法律利用了人们的性渴望与性愉悦。与此同时，不论禁止使用避孕药品的法律的效果多么积极向上，它都必须在一个以将圣洁的两性关系引向婚姻关系为标准的性关系的规范范畴内实施，并成为最清晰、最明确的社会标准之一。因此，我们提出的分析方法也能够适用于 Griswold 一案。

2. 禁止异族通婚

根据我们提出的反极权主义原则，我们可以对 Loving v. Virginia

---

① See Pierce, 268 U. S. at 535.

一案[1]进行明确的分析与解释。该案的焦点并不是法院提出的个人是否享有与自己选择的任何对象结婚的权利，也不是个人是否享有与不同肤色的人结婚的权利。问题在于，州政府是否有权采取措施以保证种族“纯净”。这就是禁止通婚法律所具有的朴素的生产效果，我们的分析也将对此效果展开。

禁止异族通婚法律具有的标准化效果是再明显不过的了。这些法律的目的在于对种族进行隔绝，进而将种族分割的局面在社会群体、文化制度以及各种各样的日常活动中固定下来。它们促使人们产生不公平的种族个性分化，将其定义的政府容许的“优等”与“劣等”群体之间的地位关系正常化。此外，反异族通婚法律还对我们的身体产生影响，这种影响的程度甚至可能比性愉悦更高，这是由于它们拿人们的“血统”做文章，其最终目的是生育出未经污染的、血统纯洁的后代。通过强制的种族区分，使人们生育出不同基因类型的子女，并且将它们在不同的社区群体内抚养长大，反异族通婚法律从社会内部预先安排与构成了个人的生活。

优生学是一种极权主义计划；很显然，它能够创造出标准化的个人。Loving v. Virginia 一案的核心问题在于，法律不应当允许州政府对人们在子女生育方面作出实质性的控制。然而，即便我们仅仅将反异族通婚法律视为一项强迫他人与自己种族的人结婚的法律，由于这类法律违背他人意愿而对他人生活进行接管、控制与标准化，因而依据上文提出的原则，我们也完全能够得出 Loving 一案的判决结果。

3. 住宅使用法规

正如我们在上文中讨论的，在 Moore v. City of East Cleveland 一案[2]中，法院废除了一项住宅只能由直系近亲属共同居住的限制性法规。该争议法规同样对个人具有深远且积极的影响，它规定了人们的生活方式与儿童的成长环境。事实上，审理 Moore 一案的法院特别指出，这项法律将会对那些不符合法规规定的他人的生活模式产生标准化的影响。[3] 毫无疑问，无论是对个人还是对社会中的不同文化而

① 388 U. S. 1 (1967).
② 431 U. S. 494 (1977) (plurality opinion).
③ 431 U. S. at 506.

言，构成家庭的制度结构与关系结构都是构成个性与品质的最基本要素。举例而言，在黑人与亚洲人的群体中，庞大的家庭对他们而言往往具有重要的意义。上述法律根据单一、狭隘的家庭概念，强制规定人们可以或不可以在一个家庭中共同生活，这显然具有将不同的个人与文化塑造成特定模式的标准化效果。因此，Moore 一案的判决与我们提出的反极权主义的隐私权原则是完全一致的。

（四）区别

禁止堕胎、异族通婚、非核心家庭共同居住以及设立私立学校教育的法律都涉及一种特殊的服从模式，这种服从模式要求人们自我节制、服从特定法律的禁止行为。在这种服从模式下，人们被强制要求服从于法律规定的生活方式，并且从此以后，这种服从模式所带来的生活上与制度上的影响都会从实质上占据、充满人们的生活。个人会发现自己承担了一种全新的、定义精确但又内涵广泛的制度角色。无论这些角色是母亲、配偶、学生或是家庭成员，由于它们会积极地控制个人的生活，因此它们会深远地影响到个人个性与品质的形成。

除了上述讨论的法律，还存在其他一些无可非议地具有宪法有效性的禁止性规定，它们也可能会触犯本文提出的极权主义原则，而我们在上文讨论到的积极控制个人生活、对个人个性产生深远影响的法律属性正是区分这两类法律的标准。让我们来分析一下禁止谋杀的法律。这种法律难道不会对我们产生“标准化”的影响，强制所有人不得谋杀别人吗？它难道没有影响“人们的身体”吗，例如，禁止我们以一定方式使用刀具等？它们是否通过要求人们服从于州政府的利益从而将我们“工具化”，由此避免人们对社会大多数造成伤害？

由于所有法律都要求所有人服从于特定的要求，因而可以说所有法律都具有“标准化”的功能；由于所有法律都会触及人们的某些物理行为，因而可以说所有法律都会对“人们的身体”造成影响；并且一定程度上，所有法律都要求人们服从于某种社会目标。但是，这种“标准化”与上文讨论的法律特征是不同的。当一个人遵守禁止谋杀的法律，或遵守其他任何法律时，他的生活的确受到约束，但是他的生活通常不会受到实质上的控制或接管，不会被要求实施一系列新的行为、承担一系列新的顾虑。他也不会被投入一系列新的体制或关系当中。“非谋杀者”的类别本质上是正常的；它不是一种确定的角色或个性，不会对人们的生活带来实质的、积极的、制度化的影响。尽管人们只有通过抑制某种物理行为才能够制止自己实施谋杀行为，但是在这一过程中，他的身体并不会被国家权力积极地接管或利用。

禁止谋杀法律的作用在于禁止我们走上某一条道路；它不会把我们“束缚”在指定的位置，然后强制要求我们向一条单一的、规定的道路前进。与其说上述结论是从逻辑推理得来的，倒不如说是从实践与物质现实中得出的。我们可能常常会对某一命题进行重新解释，将其消极面解读为积极面。然而，组织人们实施谋杀行为并不会像强制他人养育子女、就读公立学校、只和直系近亲共同居住或是只能与同种族的人结婚那样占据充斥着人们的生活。强制人们实施后面的这些行为会进一步使人们陷入社会定义、列举的特定行为与制度当中。

上述对法律规范的“消极”效果与“积极”效果的区别势必会引来质疑的声音。然而，我们要重申的是，上述区别观点并不是一个逻辑命题，它本质上是具有规范性的。无论我们将不谋杀别人的义务视为一种消极责任或是一种积极责任，二者并没有什么本质差别。关键在于，法律以何种程度、何种方式控制、塑造、指导并且占据人们的日常活动。权力可以被理解为对本质上独立的个人生活施加的一种纯粹禁止性的力量。尽管如此，权力也可以表现为一股从内部“生产”人们的生活的力量。

同样的消极与积极的区别直接表现在反极权主义的隐私权原则与人格理论下的隐私权原则之间的本质差别。从命题的构建方式上看，这两种隐私权原则差不多都是以推理的形式展开的。反极权主义隐私权原则旨在防止国家对他人强加某种确定的个性，而人格理论下的隐私权原则则旨在保障个人享定义自我个性的自由。难道反极权主义隐私权理论不过是从另一个角度再次主张人格理论的观点吗？

答案恰恰相反：首先，人格理论声称的“自我定义的自由”很大程度上是一种幻想出来的权利。由于我们都是在社会体制中长大，社会体制对我们产生了如此深远的影响，因此无论是从心理学的角度还是从认识论的角度来看，自我定义个性这种提法是无法实现的。问题的关键不在于为个人保留一项抽象的、妄想的定义自我的权利，而在于防止国家为了生产极度标准化、功能化的公民而接管或不正当地利用民众的生活。其次，由于人格理论关注特定情况下，如是否生育子女、与何人结婚等情况下，人们的行为与决定对其是否具有基本影响；因此人格理论与反极权主义理论具有不同的分析角度与分析结果。以所谓的“死亡权”为例，死亡权是指个人有权要求切断维持其生命的人工设备，许多法院都将这一权利纳入到隐私权的范围之内。对于人格理论以及其他各种主流隐私权分析理论而言，其理论难点在于如何将试图切断生命维持设备与“普通”的自杀行为区别开来。如果说生存或是死亡的决定对个人具有如此基本的作用，州政府不得代替个人作出这一决定，那么，法律基于何种合理的理由可以将决定生死的权利赋予那些依靠设备维持生命的人，却拒绝将这一权利赋予其他所有人。

然而，本文提出的分析理论却能够就这个令人伤脑筋的谜题给出答案。只有当我们将注意力集中于法律禁止的行为，即作出终止自己生命的决定的时候，由于“普通”自杀与病人的死亡权都涉及这种决定，二者才会被视为具有相同的性质。从法律产生的影响来看，二者是完全不同的。就病人的死亡权而言，当病人被迫继续生存时，他实际上被迫陷入一种特殊的、倾尽所有的、完全依赖的并且实际上受到严格标准化的生活，他的生活被局限于病榻之上，依靠医疗机械而生存，并且需要接受医学专业人员的帮助。他的生活几乎完全被占据了。此外，如果病人想要寻死，那么，禁止其选择死亡的要求本身也违背了病人的意志，具体表现为通过外力维系其最基本的生存活动，如呼吸、消化及血液循环等。

相比之下，实施“普通”自杀的人并不会承受上述痛苦，他的生活不会被完全占据，他的身体也不会受到权力的积极利用。他丧失了逃避的机会，实际上强迫他继续生活可能会使其处于令人绝望的痛苦之中。然而，禁止自杀作为一项法律规则，并不会使人们陷入某种严格限制的特定生活模式。它不会产生在很大程度上影响其余生的特定积极后果，如被局限于病榻之上而依靠医疗机械而生存。尽管禁止自杀的法律通常不被视为一项良法，但是当它被适用于他人具有死亡权的情况时，它会对病人产生显著的特殊后果，根据本文提出的隐私权分析理论，这种后果决定了它不能适用于他人具有死亡权的情况。

人格理论下的隐私权理论与本文提出的反极权主义的隐私权理论还具有其他更加复杂的理论差异，假设下个世纪国家可能颁布的每个家庭只能养育两个或三个孩子的法律，如果根据人格理论，是否生育子女的决定是一项基本决定并且应当受到保护，那么这种情况下的法律适用就非常明确了。与反堕胎法律一样，由于这种假设的法律限制了人们的“基本权利”，所以根据人格理论，它同样侵犯了人们的隐私权。就人格理论以及其他关注被禁止决定是否是基本决定的隐私权分析理论而言，它们一定认为这种假设的法律与禁止堕胎的法律在理论上是一样的：两种法律都剥夺了个人享有的自己决定是否生育子女的“基本权利”。

然而，从两种法律的实际物质效果来看，它们实际上具有巨大的差异，我们不应当受到其表面相似性的误导。让我们回顾一下我们对Roe一案的分析。强制女性生育子女最大程度上占据了女性的生活，以最极端、最具侵扰性的方式利用女性的身体，并且在一定程度上强迫她们承担了一种明确的、从属性的角色与人格。而禁止个人养育三个或四个孩子的法律并不具有上述因素。该法律对人们生活的限制或者会对其产生极其重要影响，但这种影响并不是由法律对个人的积极接管或控制所导致的。

诚然，限制子女数量的法律可能具有令人烦恼的、标准化的因素。如果这种法律不是在强有力的国家需求下制定的，那么，我们很可能会认为这种法律的通过是政府对我们生活的粗暴侵入。事实上，即便是根据反极权主义理论，也会有人认为这种法律应当被废除。尽管如此，规定人们至少应当生养两个子女的法律与禁止人们生养超过两个子女的法律之间，显然有着巨大的分歧。前者对个人生活的控制与接管程度要远远高于后者。由于二者都涉及生育子女的决定，所以在人格理论的视角下，二者在理论上应当受到同等的对待。而根据本文提出的反极权主义理论，前者明显侵犯了他人的隐私权，后者则表现为与前者不同的问题。

人格理论下的隐私权理论与反极权主义隐私权理论之间还存有第三种区别。我们在上文中曾经讨论过人们对国家强加的个性的抵抗，其中并未采用人格理论的理论前提，即每个人定义自己个性的行为都具有宪法价值。事实上，本文提出的隐私权理论全盘抛弃了对个人个性的讨论。

我们往往都认为我们只拥有单一的自我，认为这就是所谓的个人个性，但是个人个性的概念是十分复杂难懂的。一方面，它具有神学或形而上学的意义，仿佛个人的“个性”是一种实体，由于其在世界上拥有各种迥异的关系，所以其具有多样性，并且随着时间的流逝，其性质也容易发生改变。另一方面，这一概念的得出近似于一种实体化的过程，它试图将某些事物具体化为“人格”或“自我”，如果没有这种具体化的过程，这两个概念根本不会存在。在本世纪，这种单一的个人个性概念在各个领域都受到了一次又一次的激进挑战，这些领域包括精神分析学、文学以及最近开始的、出人意料的分析哲学领域。人格理论作为一种具有自由主义实质的哲学理论，必须包含并且限定单一个人个性的概念；但是，隐私权理论并没有上述义务。

我们提出的隐私权理论并不包含共和主义或共产主义的超个人的个体概念，相反，我们提出的隐私权理论对共和主义的批判不亚于其对自由主义的批判。其原因在于，这两种政治理论都是建立在上述单一的个性概念之上的。共和主义者与自由主义者一样，都追求一种定义明确、自我构建的人格；二者之间的区别在于：前者主张的是一种不成熟的政治个性，而后者主张的是一种不成熟的个人个性。

由于上述原因，共和主义理论在政治层面上注定要面对自由主义理念在个人层面上始终无法解决的问题——人格之间存在的冲突。自由主义理念下阐释的权利之间不可调和的冲突，对应的是共和主义理念最终面对的关于什么是“好”的事物的不同观点。同理，共和主义理念与自由主义理念之间总是会陷入僵局，即“社会”与“个人”个性之间的对立。

自由主义理念与共和主义理念并不像它们声称的那样是截然相反的，二者是同一枚硬币的两面。二者都反映出了对自我的追求，对它们而言，这种模糊灰色的愿望与追求永远是令人心动的，模棱两可的、支离破碎的。与此同时，这种自省也是自我矛盾的。两种理念都将自我视为目标，它们不断地追求着一种能够对自己进行定义或管理的自我，并且假设存在这种自我，或者至少存在一种自我的“时刻”；但本质上，它们假设的自我是分裂的、不明确的并且不受控制的，因而这种自我才可以自由地对自己进行定义与管理。为了使其能够在未来继续对个人进行定义，自由主义理念往往必须对其自己作出的定义避而远之，而在自由主义的多样统治下，共和主义者的自我往往与通常的“自我”存在不同。无论从实践上还是理论上，自由主义理念与共和主义理念都存在着不可改变的缺点——异化。两种政治哲学的共同弱点在于，它们都试图对“自我”作出准确的定义，但是它们都无法对“自我”具有的多样性作出妥协。

共和主义理论总是假设的，自由主义的个人自我的唯一替代选择就在政治范畴上采取一种“更大程度”的自我。其假设忽略了存在“更小程度”的自我的可能性。想要摆脱自由主义理念与共和主义理念之间的僵局，就必须提出一个既能够反映出政治体制中的“次政治”制度，又能够反映出个体中的“子个体”的个性概念。

两种政治理念都将对方的自由观点视为对自我的自行镇压，这并不是个巧合。而两种个性概念中的自行镇压都是来源于它们对自我定义的吹捧，它们将惯例或品质设定为“人们个性的核心”，声称其揭示了人类的真相，并且我们应当诚实地面对这些真相。这种冲动不仅产生了对自我的具体化，也导致了对自我的压制，而上述两点恰恰就是两种理论所认为的对方理论的问题所在。上述两种理论都不包含在本文提出的隐私权理论内。

（五）同性恋

最后，让我们用新的分析理论重新探讨一下 Bowers v. Hardwick 一案[①]。或许我们应当更早地讨论这些判例，但是笔者把 Hardwick 一案留在最后讨论完全是因为该案与我们新确立的隐私权原则相冲突。

我们在讨论问题时所采用的形式应当是为广大读者所熟悉的。当我们以隐私权为由反对禁止同性性行为的法律时，我们不能以该种法律剥夺了他人生活中最重要的、对于他人幸福至关重要的、在其个性中具有核心地位的事项为理由来反对禁止同性性行为的法律，我们也不能以同性性行为不会产生任何危害，或者以法律不能通过将大多数人的价值观强加于部分人群的方式限制该部分人群自治权的行使为理由来攻击禁止同性性行为的法律。在上文中，我们都已经见识过，采

---

① 478 U. S. 186 (1986).

用上述理由进行论证的效率是多么的低下。

但是，禁止同性性行为的法律的确具有大多数法律所不具有的影响。在假定该种法律得到遵守的情况下，它会强制性地将他人引向社会组织与社会关系网络，将会实质性地占据他人的生活。

最为重要的一点是，禁止同性性行为的法律会对个人的性欲望产生重新导向的作用。虽然禁止同性性行为的法律不像禁止堕胎的法律那样会产生养育子女这种迫在眉睫的义务性后果，但是它会强制性地重塑同性恋者的性取向，而这在缺乏类似法律的社会中是不可能的。在我们的社会中，这种导引作用在核心家庭以及异性恋者的生活实践等特定的社会组织机构中更为明显。确实，社会一贯倡导人们进行异性恋，与此同时又提倡的男女角色的二分互补，要将上述二者区分开来是十分困难的。同性恋伴侣不可避免地将会面对如何在职业、个人以及情感方面对原本属于两性之间的特定角色功能进行划分的问题。禁止同性恋法律的核心目标在于维持长久以来形成的社会性别身份以及规范的性生殖关系，正是这一核心目标使得禁止同性恋法律产生了一系列受到社会肯定的或者说符合社会规范的效果。同时，也正是由于前述核心目标，禁止同性恋法律产生的社会效果也导致了许多的反对行为，并且在现代社会中，这种反对行为已经成为一股强大的社会力量。

根据性实践来界定并倡导社会个性的做法可以追溯至远古时期。在当今社会，以异性恋或同性恋的标准来界定个人社会角色的做法具有重要而规范的社会作用。同性性行为遭到现代社会反对的直接结果就是迫使人们必须以异性恋为标准进行日常生活，这种做法还对个人社会角色的选择以及个人生活的大部分内容产生了直接而实质性的导向影响。

没有理由认为，具有同性恋倾向的个人就只能保持独身状态。禁止同性性行为法律的现存效力有待论证（其逻辑形式不在本文的讨论范围内），如果该种法律得到遵守，那么，它的实际效力将会是对身体欲望、精神欲望等我们不希望被他人干预的需求产生导向作用。实际上，恰恰是这些禁止性法律所具有的操控、强迫他人使用其最基本的身体机能的力量，才使其具有了这种规范性的强制力。我们倾向于从惩罚人们同性恋行为的适当性角度出发来对禁止同性性行为的做法进行分析。在对同性恋者进行道德评价时，我们会倾向于形成这样一种认识：同性恋者要么因违反法律而受到惩罚，要么在法律的强制之下放弃同性恋行为。但是这样的倾向显然是错误的，我们应当在第一时间就丢掉自己脑中对“同性恋”的偏见，并且应当从法律的创造力角度而非异性恋或者同性恋这种国家规定的、标准化的社会身份参考系角度出发来对法律进行评价。

应当强调的是，正如大法官 Blackmun 所言，① 基于上述原因而提倡通过隐私权对同性恋进行保护的做法并不是要将隐私权转变为一种“亲密关系”的一般保护方法。养育儿童、婚姻以及假定的特定性别身份等都是多年发展积累形成的理论成果，禁止同性恋的法律会对社会产生下列影响：界定社会角色、引导个人行为、控制甚至创设紧密的精神关系、占据个人的身体、传达价值取向以及从整体上对个人的日常生活与基本意识进行全方位的实质性塑造。就前述事项对个人日常生活作出强制性规定的法律可以被称为是一种“极权主义”法律，而隐私权存在的意义就在于保护人们免受类似法律的侵害。

五、结语：隐私权的宪法基础

（一）隐私权与 Lochner 一案

宪法性隐私权存在于其他明文宪法保证的“言外之意”中，即宪法的暗含之义。在合同自由盛行的年代，合同自由权被誉为“实质性正当程序”的直接体现。具讽刺意义的是，法官仿佛认识到了其中的象征意味，并且有意无意地将其写入司法语言本身，认为这两种原则一种过于神秘化，而另一种则自相矛盾。此外，需要再次强调的是，本文之所以认为隐私权是宪法的暗含之意，原因就在于人们认识到社会需要一种方法来准确区分隐私权理论与实质性正当程序之间的不同。不幸的是，由于对隐私权理论的无把握，毫无疑问这也表现为一种人格理论情结，我们所担心的事情发生了；通过诉诸宪法的暗含之义，隐私权引来了许多的批判与质疑，当然这也给隐私权烙上了 Lochner 式法律适用的标签。

---

① See Hardwick, 478 U. S. at 205 (Blackmun, J., dissenting).

然而，心理上的负罪感并不是犯罪的必要证明。如果我们的目标是透过那些神奇的语句再一次证明 Lochner 一案阐述了隐私权的全部内容，那么，虽然对大法官 Douglas 魔术般神奇的判决语句嘲讽几句的做法很容易就能做到，但是简单的几句嘲讽显然是不够的，因为这其中具有太多隐含的宪法性法律。结社自由、立法理性、各州充分保障权利法案的实施以及最根本也是最重要的是禁止政治机构成为自身权力的裁决者等内容皆是隐含的宪法性法律，但是这些法律都不是 Lochner 一案所阐述的内容。

因此，隐私权批判有义务论证这样一个问题，即在整个隐含的宪法性法律范围内隐私权学说与 Lochner 一案存在一些共同的缺陷。而从另一方面来讲，对于隐私权的支持者，他们必须找出隐私权理论与 Lochner 案一类的案件之间的不同点，并且在放弃隐私权是宪法的暗含之意的基础上，明确地指出隐私权的宪法地位。

区分隐私权与 Lochner 一案的其中一种方法是，与 Lochner 一案同时期的、被推翻的判例都涉及了商事法规。Lochner 一案中可能可以被称为错误的做法，该案没有认识到宪法本身并不包含任何特别的商事学说。因此，否定 Lochner 一案的做法只能说明法院在判决中不能以超立法机关的身份对州或联邦的商事规则进行审查。在隐私权案件的审理中，法院不能存在前述行为。但是，上述不同却同时有悖于人们对 Lochner 一案以及隐私权十分浅显的认识。在 Lochner 一案中，法院几乎肯定不会认为自己以保护美国商事交易安全繁荣为目的，以超立法机关的身份对商事规则进行了审查。在法院看来，其在审理 Lochner 一案的过程中根本没有对商事行为进行任何规制，它所做的一切都仅仅是在保护自由权——合同自由权。个人享有自由处分自己所有的、享有“既得权”的财产的权利在合同自由盛行的年代被视为是一种不言自明的公理。从这一角度来说，Lochner 一案不仅含有“商事”因素，更包含了个人享有的、用以对抗国家公权力的最基本和最重要的自由权。

对于上述观点，可能有人会这样回应我，Lochner 一案中法院对自由权的理解或者法院本身的决策是不相干的。这些人会说，事实上，Lochner 一案中法院的判决根本未涉及任何商事因素，即使法院的判决同时涉及了自由权；结论仍然是，商事领域的自由权根本不是隐含的宪法性法律意义上的自由权。

需要指出的是，隐私权的潜在支持者正在向我们揭示一种对于隐私权学说本身的平行误解。这些潜在支持者或许认为隐私权学说仅仅适用于“纯私人事项”，甚至或许有人认为隐私权学说仅与“性”有关。但事实上，隐私权完全能够适用于商事领域。例如，假设一项旨在引导经济合理发展的、实施之后的有效性得到充分实践证据支持的法律得到了通过，该法律规定个人在年幼时就必须接受一系列复杂的考试，以便国家根据个人的考试成绩为每个人制定最为合适的教育计划并将每个人都分配至最能发挥其生产效率的工作岗位。对我而言，站在反极权主义原则与人格原则的角度来讲，隐私权显然不会允许国家作出这种强行规定公民商事职业的行为。我们那些单纯的隐私权支持者在支持前述结论的同时会希望表达这样一种观点：“那根本与商事法规无关啊！它只与自由权的保护有关。”然而，从 Lochner 的角度来看，他也可以采取这种观点。因此，商事事项与非商事事项的差别对我们没有太大意义。

如果上述探讨不能得出结论，那么，我们可以尝试换一种方式进行思考：Lochner 一案所保护的权利实际是一种前政治权利。既得财产权与合同自由权无需宪法进行明示性保护，因为根据 Lochner 一案式的观点，这些权利存在于宪法之外，更准确地说，它们先于宪法而存在。的确，这些权利早在社会本身建构起来之前就已经存在。对私有财产进行保护是人们组建政府的原因，而订立契约（合同）则是人们组建政府的方法。

与上述权利不同的是，隐私权根本不存在前政治权利这一说法。如果说我所描述的、缓慢建构起来的极权主义对于我们是一种威胁，那么，称它为威胁的原因就在于极权主义违背了我们恪守的民主制度以及坚守的一系列政治价值。正如我一直以来的阐述，隐私只有在我们建构起民主政体之后才能成为一项权利，基于此，隐私权与 Lochner 一案所保护的权利存在根本不同，隐私权与宪法存在直接联系。隐私权与宪法存在直接联系的观点并不是说隐私权先于宪法而存在，也不是说隐私权是从类似于“社会契约”这样超越宪法的权力来源产生的。更为直白地来说，隐私权就是一种宪法权利，因为宪法直接创设了我们这个国家的民主制度。

隐私权实际上是一种政治学说。我们可以说隐私权是不存在的，因为每个人本身都享有不受国家干预的“私人”生活范围。但事实上，国家拥有干涉我们“私人”生活方方面面的权力。因此，正如我们所见，在国家干预“私人”生活的同时，隐私权所保护的个人自由的范围也在“公共”以及“私人”领域得到了同等程度的扩展。我们也可以说隐私权是存在的，因为在民主制度下，我们必须对国家控制、干预公民个人日常私人生活的行为进行限制。

（二）极权主义与宪法性解释

在 Kantian 看来，宪法性法律的“先验”主义是指，描述既定社会中政府特定组成形式可能性所必须具备的主义。在我们国家的政府组成形式之下，即宪政民主制度下，我认为存在如下两种这样的主义。

第一种主义来源于以下原则——宪法性保护的含义或许最终并不能由站在宪法性保护的主要保护对象对立面的政府人员所确立。如果宪法性保护的含义是由政府人员确立的，那么，在现实生活中，宪法也就失去了存在的意义，这种情况下以不变形式展现的宪法性保护，实际上只是一种虚幻的假象。前述原则是从 Marbury v. Madison 一案确立的主义中产生的。

第二种主义确保国家权力最终将会受制于国家政府组成形式的两种必备模式。一种模式就是对宪法负责。另一种必备模式则是对人民负责。但是，政府机构竟然能够将宪法变成为其所用、任其摆布的工具。所以，在缺乏隐私权学说的情况下，政府同样能够轻易地对公民的生活进行干预与控制。对人民负责的可能性预先假设了公民的身体与思想不会完全按照政府的预想受到国家的全方位控制。如果公民的身体与思想要受到国家全方位的控制，即使这个所谓的人民政府仍将以冠冕堂皇的形式继续存续，但是事实上，这样的政府本身就是一个彻彻底底虚幻的假象。

当人民的生活被精妙而普遍地塑造成标准化、精确化、规范化的模式时，人民就不会再有意识地进行自我规制。此时，人民只会在既定的社会制度下重复每天的生活。当然，也许有的人会选择摆脱现有制度而去创设一个新的制度，但是如果他们想要这样做，他们必须首

第三编　自治性隐私权的道德基础

性自治与宪法性隐私权

大卫·A. J·理查兹[1] 著　张雨[2] 译

目　　次

一、导论

自从美国联邦最高法院在 Griswold v. Connecticut 一案[3]中认定了“宪法性隐私权”以来，“宪法性隐私权”的相关理论就一直备受争议。诸多学者都指出，“宪法性隐私权”表达的是美国联邦最高法院的主观司法理论，它缺乏一种宪法中立原则。因此，美国联邦最高法院的做法并不恰当。有学者尤其提出了这样的质疑，即《美国联邦宪法》的具体文本并没有明确地提出“宪法性隐私权”，那么，美国联邦最高法院的判决是否恰当？简而言之，《美国联邦宪法》的起草者们意在以宪法文本来限制政府权力，美国联邦最高法院如何能在审

① 大卫·A. J·理查兹（David A. J·Richards）美国纽约大学法学院教授。
② 张雨，中山大学法学院助教。
③ 381 U. S. 479 (1965).

判中诉诸一部“不成文的宪法”呢?

美国联邦最高法院在审理 Doe v. Commonwealth's Attorney for Richmond 一案[①]时，作出了一项即决认可,[②] 将同性成年人之间的性行为排除在宪法性隐私权的保护范围之外。这样的判决也引起了普遍的质疑，即美国联邦最高法院完全是以一种命令的口吻来限制隐私权的保护范围，它没有提出任何清晰而具有说服力的法理原则。并且，美国联邦最高法院也没有明确的论证，为何宪法性隐私权只保护已婚夫妇和未婚男女使用避孕药的行为、堕胎行为[③]或是在自己家中观看淫秽读物的行为[④]，却不保护同性成年人之间的性行为。

笔者认为，Doe 一案的即决认可与“宪法性隐私权”的观念背道而驰。“宪法性隐私权”的提出实则体现了宪法学理论的发展与完善。本文试图对宪法性隐私权的法学基础加以阐释并将进一步解释“平等权利”的原则，Doe 一案的判决实则违背了这一原则。

在本文的第二部分当中，笔者将从哲学角度对基本人权进行阐述。基本人权的概念早已得到了美国任何宪法性法律的认可，基本人权的理论为“不成文宪法”奠定了坚实的基础。在本文的第三、第四部分当中，笔者将会通过阐述三种相互联系的理论，即通过阐述反道德主义、反家长式统治，以及自治的道德价值来解释，为何基本人权的理论能够证明宪法性隐私权的正当性，为何他人使用避孕药的行为、堕胎行为、私下藏匿淫秽物品的行为，甚至是同性成年人之间的性行为都应该得到宪法性隐私权的保护。

二、基本人权与不成文宪法

司法审查的宪法性效力具有两个显著的结构性特点：其一，从本质上说，司法审查是对多数人暴政的反抗。不论是通过立法机关还是行政机关，《美国联邦宪法》都意在以法律的形式对多数人的权力进

① 425 U. S. 901 (1976).

② 即决认可是州法律和美国联邦法律规定的一种审判程序，即诉讼双方无需经过言辞辩论，高等法院直接对低等法院的判决结论表示认可，但并不代表对低等法院的判决意见表示支持。(译者注)

③ Roe v. Wade, 410 U. S. 113 (1973).

④ Stanley v. Georgia, 394 U. S. 557 (1969).

行限制。其二，反抗多数人暴政的基础在于每个人都享有基本人权，任何政府都无权以道德的名义来侵害公民的基本人权。在一国的宪政秩序之中，某些基本人权会被法律赋予强制执行力，因此，一旦有哪部法律侵犯了这些道德性权利，那么这部法律就会因违宪而丧失效力。

近来，Ronald Dworkin 所提出的“权利论”也反映了以上两种结构性特点。[①] 他在对各种不同的权利进行权衡时超越了功利主义与准功利主义，而以权利的强制力作为自己分析论证的王牌。他认为，对各种权利的权衡与比较，并不会造成含糊而投机的结果。《美国联邦宪法》所保护的权利具有这样的强制力，即如果有哪部法律侵犯了公民的宪法性权利，那么，这就不仅意味着，公民可以不遵守这部法律，更意味着公民有权不遵守这部法律，甚至是说每个公民都有义务不遵守这些向美国联邦宪法发起了挑战的法律。以上这项法律原则来源于一些备受争议的联邦诉讼之中，最为典型的案件是，被告往往是因为违反了一部侵犯基本人权的法律而遭到检方的指控，随后被告会提起另一项诉讼，诉称涉案的法律违宪。[②] 因此，若要使宪法性权利得到保障，我们必须要敢于违背、敢于不服从那些侵犯了我们宪法性权利的法律。

Dworkin 对权利论制度化的描述直接挑战了现有的宪法学理论，因为现有的宪法学理论均没有严肃地认可过权利论，以及反抗多数人暴政的司法审查制度，正是这种司法审查制度保障了公民的宪法性权利。现有的宪法学理论或是以功利主义为立论依据，Holmes 在其《普通法》[③] 一书中将功利主义阐述为 19 世纪末美国道德审判的主导因素，或是以 20 世纪的价值怀疑论[④]为依据，认为《美国联邦宪法》所涵盖的道德理念与权利论的观点并不相符。因此，现有的宪法学理论或是对司法审查的正当性提出了质疑，或是直接要求对司法审查的

① R. Dworkin, Taking Rights Seriously 81 – 90 (1978) [hereinafter cited as DWORKIN].

② See United Public Workers v. Mitchell, 330 U. S. 75 (1930).

③ See O. W. Holmes, The Common Law (M. Howe ed. 1963) (originally published 1881).

④ See L. Hand, The Bill of Rights (1958) [hereinafter cited as Hand].

范围进行削减和限制。[①] 但正如 Dworkin 所论述的，《美国联邦宪法》的司法实践并不与以上理论相符，此外，诸如 Holmes 、Hand 等美国联邦最高法院的大法官均没有以自己所支持的法学理论来审理相关的宪法性案件。笔者认为，美国法学理论与司法实践之所以存在这种冲突，并不是因为《美国联邦宪法》在实施的过程中存在缺陷，而是因为用 Dworkin 的著名观点来说，就是美国现有的法学理论并没有“认真对待权利”。我们必须要认真审视那种激进的基本人权理论。该理论认为，《美国联邦宪法》意在表达的主旨不仅包括宪法条文本身，也包括这些条文所囊括的解释性含义，笔者将这种理论称之为“不成文宪法”理论。当洛克、卢梭与康德逐步揭示了基本人权理论的深层意义时，他们实际上也奠定了一种从道德意义上探讨人格权的崭新理论。这种思维方式所带来的政治影响在历史中不可小觑。许多伟大的政治革命都确立了基本人权理论的重要性与正当性。基本人权理论一经确立，便不会受到限制。基本人权理论为美国对司法审查的创新奠定了基础，因为基本人权理论认为，如果要使那些有关基本人权的法条具有强制执行力，那么，就必须建立一个专门的机构来对这些基本人权进行保护，保护它们免遭作为执政者的多数人的侵害。毋庸置疑，《权利法案》所表现的正是一种不断发展的道德理论——这是经过弥尔顿[②]、洛克[③]、卢梭[④]以及康德[⑤]不断完善的个人权利理论。美国的开国元勋们将这些先哲的思想奉为是自己毕生的信仰，并以《权利法案》的形式将它们转化为美国的政治制度。诸多学者都试图为美国联邦宪法所保护的道德性权利归纳一个定义，但他们无疑都会被这样的现实所挫败即哪些权利明确应该受到《美国联邦宪法》的保护，这往往取决于《美国联邦宪法》条文的具体规定，比如，

---

① See Thayer, The Origin and Scope of the American Doctrine of Constitutional Law, 7 HARV. L. REV. 129 (1893).

② See J. MILTON, Areopagitica, in Areopagitica, And of Education (G. Sabine ed. 1951).

③ See J. Locke, The Second Treatise of Government (T. Peardon ed. 1952).

④ See J. ROUSSEAU, The Social Contract, in The Social Contract And Discourses (G. Cole trans. 1930).

⑤ See I. Kant, The Metaphysical Elements of Justice (J. Ladd trans. 1965).

“言论与出版自由”、“正当程序条款”、“法律的平等保护原则” 等等。《美国联邦宪法》未作规定的权利往往会被视为是缺乏令人信服的法律渊源。人们普遍认为，从一定程度上而言，《美国联邦宪法》条文的产生，实际上源于当时模糊而笼统的政治妥协。即使当时的环境使得《美国联邦宪法》急需得到解释，但相关条文的法律渊源却没有被视为是具有决定性作用的因素。为了充分理解美国联邦宪法条文的内涵，我们必须首先了解它们所涵盖的基本人权理论。

一般来说，为了以解释学的方法来阐明某些语句所承载的意义，我们必须要首先了解这个特殊领域所共享的一套语词交流传统。比如，当一位艺术界的学者要对某件深奥的艺术作品发表评论时，他就会运用这个艺术派别所共享的语词交流传统。因为语词交流传统不仅代表了这个特殊领域的发展背景，而且也代表了这个领域所共享的思想理念。以法学而言，法律解释学一直都试图确立一种合适的语词交流传统，它源自于该国所确立的立法语言、宪法价值以及政治分权理论。① 因此，《美国联邦宪法》条文的真正含义必然取决于美国联邦宪法所认可的人权价值理论，因为正是这些理论构成了其独有的语词交流传统。

虽然笔者将基本人权理论视为是不成文的宪法，但这并不是意味着基本人权理论就难以理解，模糊不清。② 正好相反，基本人权理论本身就是我们解释宪法条文的必要原则。实际上，许多法律现实主义者的理论显然都不完善，因为他们均没有意识到，宪法条文通常都是含糊不清的。对宪法条文的解释必然要借助一定的背景知识和语词交流传统，与一般的语言相比，宪法条文并不具有什么神秘的意味。

因为阐述宪法条文的背景理念就是宪法理论的中心任务，所以，本文必须将论证的重心放置在不成文宪法之上，也就是基本人权理论。至此，本文才仅仅从宪法的角度阐释了权利论的观点。接下来，

① See generally, H. Hart & A. Sacks, The Legal Process: Basic Problems in the Making and Application of Law 1144 – 1416 (1958) (mimeographed materials published by Harvard Law School).

② The famous legal positivist appeal to “wash the law in cynical acid” derives from O. W. Holmes, The Path of the Law, in Collected Legal Papers 167 – 202 (1952).

笔者将会提出一个更加深入的哲学问题：权利论中所暗含的价值是什么？这些价值可能与功利主义相契合，可能代表着更高层次的权利，也可能代表着一种终极的反抗权利或一种不服从的权利。

三、基本人权理论中的“自治”与“平等”

为了判断他人是否拥有基本人权，我们必须考虑到以下两个要点：其一，他人是否有能力在自己的生活中进行自治；其二，他人在实现自治的过程中，是否得到了平等的尊重。以上两个要点实际上也涵盖着权利论的观点。在下文当中，笔者会首先对此进行详尽的阐述。

从基本人权理论的角度而言，“自治”实际上就是一种经验主义的假设，一个自治的人有能力依据自己选择的人生目标与生活方式而作出相应的行为。

他人拥有自治的能力，也就意味着他能够对自己的人生作出独立自主的决定，他能够作为一个独立的主体对自己的人生进行思考，他能够分清楚哪些是自己亟待实现的愿景，哪些是应该摒弃的空想，哪些又是值得自己追求的志向和梦想。简而言之，自治赋予了他人发现自我的能力。从我们出生时起，我们人生的中心任务就是成为一个独立自主的个体。①

将“自治”视为一种“个人能力”的理论发展得相对较晚。这种理论最初出现于中世纪晚期，在英国内战中首次被视作一种世俗的政治理念。随后，卢梭与康德进一步将其发展成为一种具有启蒙意义的、强有力的政治学与社会学理论。古希腊的思想家与艺术家都没有意识到这种（自治）能力的存在。与此相似的是，古希腊人也不可能想到，所有人都拥有自治的能力，都应当获得平等的关怀与尊重。由此可以推理出，古希腊的政治理论根本不会运用“基本人权”这样的语言或思想。

在卢梭与康德的笔下，自治的理念以及平等关怀、平等尊重的理念都被视作政治学与社会学理论，它们也被认为是对柏拉图观点的激

① See M. Mahler, The Psychological Birth of The Human Infant: Symbiosis And Individuation (1975); L. Kaplan, Oneness And Separateness: From Infant to Ndividual (1978).

烈批判。其理论依据在于另一种有关人类能力的论点，康德将之总结为：任何人都对自己的王国具有最高统治权。也就是说，任何人都有能力决定自己人生的目标。[①] 康德的思想为基本人权理论奠定了基础，它也推动了这种反控制论的提出，即使是出于良好的动机，任何人也无权控制别人的生活。人类具有一种独特的能力，也可以说是一种权威，即决定自己人生的能力。与此相符的是，有观点指出，对于成熟而理性的成年人而言，合法的家长式统治也应该受到道德的限制，这些都是柏拉图与亚里士多德所难以想象的。弗洛伊德曾提出一种精神治疗法，这加深了人们对自治能力的理解。他认为，病人在自由状态下作出的同意是心理医生有权对病人进行分析的唯一根据，这与道德意义上的自治理念相符。[②] 因为每个人都独有一项改变自己生活的权利，只有我们自身才能最终认知我们自己。弗洛伊德就如同卢梭、康德一般，将个人内心的独立性与完整性视为是他们社会学理论的核心。

康德所表达的平等关怀与平等尊重的理念中所涵盖的“平等”实际上就是一种基本的道德理念。我们建立某些社会制度与人际关系的目标就是要给予每个人以平等的关怀与尊重，给予每个人自治的权利，基本人权的理论能够有助于我们去评判现实中的社会制度是否与其目标相符。当他人能自治地作出选择时，他就能够确定自己的生活目标。如果任何自由而理性的人都能够对自己的生活作出选择，那么，这无疑会为整个人类社会带来福祉。[③] 但是我们不能忽视，人们也可能会以不当的方式滥用自治权。因此，自治的实现也需要适当的人格特征与之相契合。对于我们而言，自治是我们作出理性抉择、追求幸福的必要条件。以权利论为来源的理论创新并非源自于真实的自治理论，而是来自于平等关怀与平等尊重的价值理念。

也许没有什么可以保证我们永远拥有自治权。追求自治的过程通常都是困难重重，维护自治的过程也充满了艰难险阻。权利论的理论

---

① See I. Kant, Foundations of The Metaphysics of Morals (L. Beck trans. 1959).

② See S. FREUD, Constructions in Analysis, in 23 The Complete Psychological Words of SigmundI Freud 257 -69 (Standard ed. 1937).

③ A similar idea underlies John Stuart Mill's On Liberty, especially chapter 3. See J. S. MILL, ON LIBERTY (1st ed. n. p. 1859).

基础在于上文所提到的康德的理论，即每个人在自己的王国里都拥有最高统治权，都是自由而平等的，在这个王国中，每个人都能将自己对外界的依赖程度降低到一个可以容忍的最低值。

从直观角度而言，他人通常都会将行为人损害其基本人权的行为视作对自己人格的侮辱与蔑视。权利论为这种观点提供了理性的基础。[①] 正如上文所述，他人之所以拥有基本人权，是因为他人的自治能力受到了平等的关怀与平等的尊重，所以，行为人否定、损害他人基本人权的行为实际上就是对他人自治能力的蔑视与不尊重。从传统观念而言，如果他人是未成年的小孩，那么，他可能就不被视作拥有基本人权的个体。但实际上，这种针对小孩的家长式统治非常不恰当，因为那些黑奴制度的辩护者，那些贬低妇女地位的人们都会适用这种论点。权利论已然摒弃了这种论点，因为正是这种论点剥夺了那些被压迫者的自治权。

自治、平等关怀与平等尊重中的道德意义也是权利论的内涵所在。如果他人拥有自治的能力，并被赋予了平等的关怀与平等的尊重，那么当他作出重要的人生选择时，功利计算论再也不能践踏权利论。权利论将会胜过功利主义，这能使他人摆脱功利主义的操控，从而真正实现自治。实现自治的前提条件也涵盖着平等关怀与平等尊重的价值意义。

基本人权被视为是最低限度的保障，是最后的边界线。这就是权利论所揭示的最后一个论点。这也是历史上诸多革命、起义以及反抗运动所使用的理论与指导思想。基本人权的定义来自于义务与责任的伦理原则，这些伦理原则所表达的亦是自治、平等关怀与平等尊重的价值意义。一种完善的权利理论必然要承载着这样的责任，即证明专制与压迫的不正当性，为基本人权的实现奠定理论基础，如实行经济抵制、进行非正式的批评，采取政治施压，甚至是军事行动等。[②] 我们至少可以说，道德语言中的“基本人权”就代表一种最低层面上的道德尊严。因此，一旦我们的基本人权遭到了侵害，这就会被视为

---

① Cf. J. Feinberg, Social Philosophy, ch. 6 (1973).

② See D. Richards, A Theory of Reasons For Action 137 – 141 for some specific consideration of this question. See also M. Walzer, Just And Unjust Wars (1977).

是不可容忍的事，维护我们的基本人权——这被视为是最后的抵抗。

宪法性权利旨在为每个人提供平等的保护与平等的尊重，并且保障每个人的自治权。因此，我们便可以理解约翰·罗尔斯近来所发表的那些有关契约论复兴的论著①。约翰·罗尔斯关于宪政价值方面的论述造成了轰动的影响，这是现有的宪政道德论、功利主义以及价值怀疑论都无法比拟的。洛克、卢梭与康德的思想都为美国早期的宪政主义奠定了坚实的理论基础，它们或多或少都是以契约论的观点来论证自治、平等关怀以及平等尊重的理念。

约翰·罗尔斯认为，道德原则是任何理性人都赞同并采用的终极行为准则。在此，“理性人”是一种假设的概念，理性人是指那些处于一种自由的、平等的“初始状态”的人，他有充足的知识、理性与信仰。罗尔斯将其对道德原则作出的定义适用到了他的正义论之中，他认为，在那种“初始状态”之中，人们的需求多种多样，由于社会的公共物品是有限的，所以，这就产生了供求之间的冲突，需要我们以一系列的原则来规范人们的需求。社会的公共物品就是每个人都应该拥有的生存条件与机会。不受约束的自由，通常就被视为是一种公共物品。同样，机会、财富、能力也被视为是这类公共物品。初始状态中的理性人无法预见到自己的人生会在何种情况中结束。如果他人对某些正义原则表示赞同，那么，就意味着他人允许这些正义原则来剥夺自己的一部分自由与财产权利，他也许会因此让自己陷入一种弱势地位，他的人生将会变得贫乏而卑微，并且他人无法对此抗衡。为了避免这样的结局，当他人在选择基本的正义原则时，就应该使用最理性的策略，即使最小利益最大化的策略。他所选择的正义原则即使会使他陷入一种弱势的境地，但与其他原则将会造成的结果相比，这种弱势的境地也算是其中最好的状态。这也就是说，他人能将其中最小利益最大化。因此，即使在现有的社会道德原则下，他人的出生环境算是最差的环境，但与适用其他道德原则的社会相比，他人的出生环境其实已经非常不错了。

人们在初始状态中是否能对正义原则作出理性的选择，这要取决于人们对不同公共物品的权衡与取舍。罗尔斯认为，在所有的公共物

① J. Rawls, A Theory of Justice (1971) [hereinafter cited as RAWLS].

品中，自尊与自重占据着尤为重要的位置。人们希望获得一系列公共物品，其实都是为了实现自己的人生规划，从而实现自尊自重。因此，自尊应被视为是人类生活的基本物品。在初始状态中，人们对获得公共物品的方式进行了普遍的限制，从而才使每个人都能尽量获得最大程度上的自尊。

罗尔斯的自尊论，以及初始状态中的公共物品理论，都与自治的理论有关。他人获得自尊的基础在于他能够施展自身的能力。① 对于人类而言，这些能力包括思考的能力、使用语言的能力、创造力以及审美的能力等。所有这一切其实都应归于自治的能力。如果他人的这些能力被剥夺或他人的个人经历连同他的独立自主都被剥夺，那么，他人的自我价值也会被毁灭，他人将成为一个冷漠无情、愤世嫉俗的人，并且他的精神状态将处于一种被外界环境所奴役的状态。

至此，罗尔斯的契约论已经从道德的意义上，为我们解释了自治与平等的重要性，自治包含了人们在初始状态中所需要的公共物品。与此同时，罗尔斯的理论也揭示了一种决策的程序，使最小利益最大化的策略，保护基本人权，从而在最大程度上维护人类尊严。值得注意的是，罗尔斯的理论前提是对“理性人”假设——他不同于具体的个人。罗尔斯认为，政治权力、自治权以及平等关怀、平等尊重的理论中都存在一个基本的特征，即它们都与人类的幸福相关。

四、宪法性隐私权的道德意义

任何有关隐私权的讨论都必须首先提及 Warren 与 Brandeis 所发表的著名的论文《论隐私权》，他们在该文中率先将隐私权认定为一项独立的法律权利。② Warren 与 Brandeis 认为，当他人的私人事务被行为人非法披露之后，现有的侵权法往往不能为他人提供足够的救济。他们认为，隐私权是一种不容侵犯的人格权，从广泛的意义上而言，每个人都需要避开喧嚣的周遭世界而获得安宁的私人生活，他人的生活不应受到任何未经授权的侵扰，每个人都应该拥有独处的权

---

① See D. Richards, A Theory of Reasons For Action 257, 265 - 268 (1971). See also R. W. White, Ego And Reality In Psychoanalytic Theory (1963).

② Warren & Brandeis, The Right to Privacy, 4 HARV. L. REV. 193 (1890).

利。Warren 与 Brandeis 对隐私权内容的阐释要比侵权法中的隐私权广泛得多。在美国联邦最高法院对 Olmstead v. United States 一案[①]的判决书中，Brandeis 大法官发表了著名的异议意见，他再次强调了他所秉持的隐私权理论，并且指出，独处的权利并不来源于侵权法的规定，而是源自于《美国联邦宪法第四修正案》的主旨——保护他人的隐私权免遭政府的侵犯。

当然，我们如今也认为侵权法上的隐私权与《美国联邦宪法第四修正案》所保护的隐私权其实也存在相似之处，前者是保护他人的私人信息免遭行为人的侵犯，后者是保护他人的私人信息免遭政府的侵犯。但 Brandeis 所论述的主旨要比此深刻得多。Brandeis 首先是通过一种深层次的道德理念来阐述基本人权在美国立宪理论中的重要地位，随后以宪政理论进一步论证公民与政府的关系。在 Olmstead 一案的异议意见中，Brandeis 指出："美国宪法的起草者旨在确保每位公民都有追求幸福的权利，他们早已意识到，对于人类而言，精神、情感与智慧是多么重要，因为人生中的喜怒哀乐并不完全取决于物质生活。他们意在保护每一位美国公民的信仰、思想与情感。"

Brandeis 将这项基本权利总结为"一项最具综合性的权利，文明社会最为珍视的权利"。笔者认为，Brandeis 在阐述基本人权的观念时，其理论依据仍然也是自治、平等关怀以及平等尊重的理念。Brandeis 所指的宪法正义原则不仅关乎他人的尊严，而且也与他人控制自身信息的权利紧密相关。对自身信息的控制权是他人建立"自我"观念的主要途径，对自身信息的选择性披露也是他人建立人际关系网的方式。如果法律不能对他人的这种信息控制权加以保护，那么，他人的自治也必将难以实现。如果他人的自身信息能被行为人随意披露，那么，他人的自我认知力与自我控制力必将退化。若要实现对每个人自治能力的平等关怀与平等尊重，那么，我们的隐私利益不仅需要得到传统意义上的侵权法的保护，而且也需要宪法性权利的保护。

在 Griswold 一案以及后来的一系列案件中，法院都将其所保护的权益称之为"隐私权"，法院的判决依据并不在于他人对自身信息的

---

① 277 U. S. 438, 471 (1928).

控制权，而是在于某些实质性的宪法原则。正是这些宪法原则向我们揭示了，为何他人的私人生活不应受到政府或其他行为人的非法侵害。[①] 在此类案件中，法院通常都会明确地提出“隐私权”的概念，宪法性原则旨在保护他人的私生活领域免遭政府或其他行为人的监视或侵扰。在此基础上，任何针对他人私生活领域的侵扰行为都是非法的。

值得注意的是，基本人权的理论基础在于一定的道德理念，也就是说自治、平等关怀与平等尊重的理念背后都有一定的道德原则作为支撑。Warren 与 Brandeis 在论述他人对自身信息的控制权时也提到了这一点，与此相似的是，宪法性隐私权也涵盖着相关的道德原则。笔者将在下文中对宪法性隐私权中的道德理念进行更深入的分析探讨。与此同时，笔者也将阐明，为什么宪法性隐私权根植于不成文宪法之中，为什么不成文宪法为成文的宪法条文赋予了意义。

五、道德原则与价值重估

有关宪法性隐私权的案件通常都会触及某些根深蒂固的传统观念，在这类案件中，他人的行为通常都违背了这个社会的传统道德，甚至损害了社会的道德底线。诸多学者认为，宪法性隐私权不仅代表着一种明智而宽容的社会氛围，它更是一种应该受到法律保护的权利。他们指出，许多涉及宪法性隐私权的行为并不属于人性的弱点，也不属于能被原谅的缺点，更不是需要其他人以仁慈之心来宽恕的行为，因为实行这些行为本身就属于他人的正当需求。因此，当我们在讨论宪法性隐私权时，必然会涉及价值重估的问题——某些行为的确违背了传统的道德观念，它们一直以来也受到了法律法规的规范或禁止，但是现在，它们也许已经被一部分人视为是对自己有利的行为，这并不会引起严重道德问题的行为。因此，它们不应继续受到公众的批判。

我们如何从哲学意义上来理解和解释这样的转变？为了解释宪法性隐私权的含义，这里的价值重估必然应涉及那些较低层次上的传统

---

① See Richards, Commercial Sex and the Rights of the Person:. A Moral Argument for the Decriminalization of Prostitution, – U. PA. L. REV. – (forthcoming).

规则与传统观念。在现今的社会环境中，一些较低层次的传统观念已经不再具有道德合理性。比如，最典型的例证是，在传统观念中，性行为的唯一目的便是生育。但有观点指出，人类与动物截然不同，生育并不是人类进行性行为的唯一目的。在一定程度上，传统的性观念已经逐渐被人抛弃，因为不以生育为目的的性行为已经为许多人所接受，所以曾经的某些道德观念，即禁止那些不以生育为目的的性行为在当代正在逐渐丧失它的道德合理性。

如何评判这种转变的合理性？有没有一种理性的标准？为了回答这些问题，我们必须回到对宪法道德①的讨论之中。正如我们所知，宪法能够保护基本人权免遭政治博弈的侵害。因为政治博弈的重要依据之一就是公众的道德观念，所以，宪法价值就必然要求公众的道德观念要符合潜在的宪法道德。《美国联邦宪法》的宗教自由条款就表明《美国联邦宪法》的核心价值就是对宗教的宽容与容忍，这也被认为是宪法的中立性：在各种不同的宗教思想之中保持中立，对各种不同的幸福观保持中立，持有自己的幸福观正是他人获得自治能力的基础。公众的道德观念不仅是刑事法律的立法基础，它也是整个执法体系的基础所在，但是，公众的道德观念必然会受到宪法道德的限制。

哪些道德观念得到了《美国联邦宪法》的认可呢？围绕这一问题，近来在道德哲学领域，越来越多的学者们都在探讨道德论证的框架结构。“道德”、“伦理”都不是一种开放式的概念，许多伦理意义上的观念与信仰都会受到宪法道德的决定性限制。我们都知道这样一些限制性的道德原则，比如，相互尊重的道德原则，己所不欲、勿施于人的观念。比如，普遍化的道德原则，人们通常会以一项道德原则是否受到了普遍的接受来判断这项道德原则的合理性。比如，将偶然差异最小化的原则。我们不应该因为偶然的个人差异（诸如种族、

① 戴雪认为，构成宪法的规则包括两套性质完全不同的原则和准则，一套是严格意义的法律，另一套规则包括惯例、默契、习惯和通例。它们也约束主权的成员、阁员和其他官员的行为，但它们事实上根本不是法律，因为它们无法在法院中实施。套用奥斯丁的话，违反它们并不会遭遇惩罚或强制。这部分叫做宪法惯例（conventions of constitution）或宪法道德（constitutional morality）。A. V. Dicey, Introduction to the Study of the Law of the Constitution, London: Macmillan & Co., Ltd., 22 (1961).（译者加）

家族、性别与肤色）而用不同的方式对待别人。一种观念不会仅仅由于它是悲悯之心与真诚之心的产物就转化为道德原则，也不会因为它承载了人们的情感寄托就成为道德原则，[①] 也不会仅仅因为它是我们父辈或是整个家族的信念就成为一种道德原则，也不会因为它有一定的传统渊源就被视为是道德。某些信仰往往会强迫其信徒去做某些行为，在此，我们是否应将这类信仰视为是伦理责任？道德观念能帮助我们回答这个问题。

与此相似的是，大多数人赞同的观念原则就一定应该被视为是“公共道德”吗？从道德的角度而言，我们应该判断这些观念、原则是否是建立在这些潜在的道德渊源之上的——互相尊重的道德观念，普遍化的道德观念，将偶然差异最小化的道德观念。就这一点而言，宪法道德就是公众道德的反映。美国宪政的基础就在于对个人自治的平等尊重与平等关怀，其中所蕴含的价值与康德所称的“道德的基础性价值”相同。[②] 要判断哪些观念原则能够上升为道德信仰，我们必须对其中的道德价值进行分析。如果公众对一项公共道德的态度实际上与宪法道德原则相左，那么，根据公众的态度与观念而制定的法律就可能会与宪法产生冲突。比如，没有哪项道德原则会支持政府对他人的私人生活进行干预，他人的私人生活不是政府管理的对象。从这个角度而言，我们就能理解“宪法性隐私权”对于 Griswold 一案的深刻意义。

若要充分理解 Griswold 一案的判决，我们首先应该否定这样一种观念——性爱的目的就是生育，这一观点源自于 St. Augustine 的经典论述。[③] St. Augustine 认为，性行为本身是一种耻辱，因为它会使人们失去自我控制的能力。因此，只有当人们有清楚地知道性行为的目的就是生育，并且能够控制自己的生育时，人们所发生的性行为才是适当且合理的。不以生育为目的的性行为都是可耻的。在传统的婚姻观念中，性行为的目的就是生育，这符合人们的道德观念。不论是婚

① “What is important is not the quality of the creed but the strength of the belief in it.” P. Devlin, The Enforcement of Morals 114 (1965).

② See A. Gewirth, Reason And Morality (1978); J. Rawls, A Theory of Justice (1971); D. Richards, A Theory of Reasons For Action (1971).

③ See Augustine, The City of God 577 – 594 (H. Bettenson trans. 1972).

内、婚外或是私通行为中的避孕行为，或是同性性行为，因为它们的目的都不是生育，所以，它们都是应该被禁止的行为。

Augustine 的观点显然是一个谬误。Augustine 首先就提到了两种人类学观点：其一，人类通常都会在私人领域进行性行为，从而避免受到其他人的窥探；其二，人类通常都会在公共场所遮盖自己的生殖器官。Augustine 认为，唯一能够对以上两种经验性的观点作出解释的理由就是——人类天生将性行为视为是一种可耻之事，因为它会使人们丧失自我控制的能力，反过来说，只有当人类能够控制生育，并将生育视为是性行为的目的时，性行为的发生才是适当而合理的。即使我们假定 Augustine 所引用的人类学均是事实，但是这也不能说明人类天生就将性行为视为是可耻之事。因为人们通常会因为自己的性行为被公开而感到难堪，但并不是因为性行为本身而感到羞耻。“羞耻”与“难堪”在语义上截然不同。人们之所以会感到羞耻，是因为人们觉得自己失去了自我控制的能力，从而也丧失了自尊，这与人们所处的环境究竟是公共场所还是私人场所无关。人们之所以会感到难堪，通常是因为自己的私人事务被公之于众，曝露在公众的视野之中。所以，Augustine 所列举的事例其实都是会使人难堪的事情，但并非羞耻之事。当然，即使性行为实属难堪之事而非羞耻之事，许多人也不会因为自己的性行为而感到难堪。比如，某些人会觉得自己的性行为被其他人知道是一件得意之事，尤其是近来一些新婚的年轻人就是如此。他们根本不会感到羞耻，但如果他们的性行为遭到了其他人的窥探，这也会使他们感到非常难堪。人们之所以会感到难堪，是因为自己非常私密的性行为被公之于众，而不是因为 Augustine 所说的那样——人们对自己的性欲失去了控制力。性行为是人类的一种天性，并且是一种很有吸引力的个人事务，它意味着个人之间的亲密关系，它也体现着人性的脆弱，人们难以忍受自己的性行为遭到局外人的无理窥探与指指点点。所以，人们将性行为视为是自己的隐私，Augustine 那种将性行为视作羞耻之事的论点难以自圆其说。

Augustine 的谬误还导致了这样的结果——他错误地描述了健康性行为的自然特征。Augustine 认为，人们将性行为视为是自己的隐私，这就说明性行为反映了人性在对待肉欲时的脆弱，他将性行为本身推定为一种羞耻之事。实际上，这是因为 Augustine 错误地将人类的激情与欲望视为是人类自我控制能力的丧失，并且过度夸大了这种错误的观念。他认为不以生育为目的的性行为都是对情感与欲望的放纵，这会使人们失去自尊。Augustine 的论点不仅低估了人类进行自我控制的能力，而且也过分夸大了性欲望的力量——它是一种黑暗而麻痹人的激情，它会摧毁人类的理性。此外，Augustine 的观点也不符合经验事实，甚至与它们相反。人类与动物不同，人类的大脑皮层具有更高级的功能，它能够控制人类的性行为，人类的性倾向与性行为均可能不以生育为目的。人类性行为存在着各种各样的目的：或是为了表达爱意，或是为了获得快感，或是为了生育后代。我们很难说哪种目的占据着主要的地位，很难认定人们性行为的目的究竟是什么，很难认定人们对自己的性爱有多大的控制能力，这些都与具体的环境有关，同时也因人而异。

宪法性隐私权的理论之所以在 Griswold 一案以及随后的案件中得到了发展，正是因为这样一种事实，即那种认为性行为的目的就是生育的观念不再得到经验上和学理上的支持。没有了经验上与学理上的支持，这种观念也难以被视为是一种“公共道德”，更不应该得到法律的认可。宪法道德的基础在于对个人自治的平等尊重与平等关怀，但是那种认为生育就是性行为的唯一正当目的的观念根本不能满足这样的宪法道德。在 Griswold 一案中，康涅狄格州的反避孕法其实就是以这种观念为立法依据——不以生育为目的的性行为都应该得到禁止，美国联邦最高法院通过引入隐私权的概念最终推翻了这部反避孕法。根据同样的推理论证，禁止他人在自己家中观看色情读物的法律也被美国联邦最高法院判定为无效的法律。① 随后，禁止堕胎的法律也被美国联邦最高法院推翻，因为反对堕胎的传统观念其实就认为性行为的唯一正当目的就是生育。

如果隐私权的保护范围扩张至未婚男女之间的性行为，以及他人在自己家中进行的手淫行为，那么，美国联邦最高法院似乎就没有理由对此进行拒绝，拒绝对那些在私人领域中发生的非自然性行为提供保护。美国联邦最高法院曾一度在同性性行为与异性性行为之间划出一条明晰的界限，但是，这样的区分就是正当而合理的吗？这样的区

① Stanley v. Georgia, 394 U. S. 557 (1969).

分之中必然隐含这一种观念，即同性性行为以及其他非自然性行为都是反常的，都违背了人类的天性。根据这种观点，那些非自然性行为都应该被排除在宪法性隐私权的保护范围之外，正如淫秽的语言不应受到《美国联邦宪法第一修正案》的保护一样。然而，一旦我们对这些非自然性行为进行分析，并对宪法性隐私权背后的道德理念进行审视，我们就会发现，这种观点根本不值一提。

将一部分性行为视为是“反常的”行为，从而将其排除在宪法性隐私权的保护之外，这样的做法毫无根据。最初涉及宪法性隐私权的案件就是有关避孕的案件。根据 Augustine 的观点，避孕肯定会被视为是“反常的”行为。然而，美国联邦最高法院的判决似乎表明，《美国联邦宪法》并不认为避孕、堕胎都属于“反常的”行为，所以它们也应该被囊括进隐私权的保护范围。美国联邦最高法院指出了两个重要的因素：其一，没有经验证据或是哲学依据表明，堕胎、避孕等都属于不正常的行为；其二，根据平等关怀与平等尊重的道德理念，我们也无法证明避孕与堕胎都是不道德的行为。在有关堕胎与避孕的相关判例中，美国联邦最高法院其实都否定了 Augustine 的观点的合法性，否定了那种认为生育就是性行为的唯一目的的观点。可能多数人都赞同 Augustine 的观点，这是多数人的偏见，它没有强有力的经验型依据，如果以法律的形式来认可多数人的这种偏见，无疑是对《美国联邦宪法》的违背，违反了正当程序原则。对他人私人偏好的强迫，也是对他人自治生活的干预，这无疑侵犯了他人的基本人权。美国联邦宪法所保护的道德理念旨在为少数人建立一个坚固的堡垒，即“保护社会中的少数人免遭多数人的压迫”。[①] 因此，《美国联邦宪法》应该保护每个人的基本人权，并使它们免于遭到多数人偏见所带来的压迫。

将避孕、堕胎，或是在自己家中观看色情读物的行为视为是“反常”行为的理论其实都违背了《美国联邦宪法》的主旨，那些禁止成年人之间发生非自然性行为的法律也应该是违宪的。没有经验证据表明同性恋属于反常行为。实际上，已经有一些文化观念认为同性

① The Federalist No. 78 (A. Hamilton), at 359 (Hallowell ed. 1857).

恋本身就是一种正常的行为。[①] 许多社会（包括古希腊社会）都曾经或正在将同性性行为视为是一种合法的性行为，有一些地区甚至在制度层面上认可了鸡奸行为。传统观念认为同性性行为属于反常的行为，如今，人们常常用一些传统社会所不了解或者说根本不能理解的事实来反驳那种传统观念。比如，现在的研究表明，同性性行为也发生在动物世界中，这似乎说明同性性行为本来就是包括我们人类在内的哺乳动物类的基因遗传。

某些学者试图将同性恋者分为两种类型：其一，天生而绝对的同性恋者；其二，由于精神病症而产生同性恋倾向的人。第二种同性恋者比较普遍。然而，对于绝对的同性恋者而言，除了性取向有所不同以外，他们与普通人似乎也没有多大区别。[②]

有观点认为，如果男性成为同性恋者，那么，他的心智水平以及心理状态都会退化成为女性的相应状态；因此，男同性恋者必然会丧失掉一部分理想的男性性格特征。这种观点将性取向与性别特征混为一谈，它不存在任何能让人信服的理论前提。实际上，性取向与性别特征之间的这种联系根本不存在。无论是男同性恋者还是女同性恋者，他们依然可能会保持着自己的性别特征，但同时可能也有一些“男性化”或是“女性化”的个性。他们之所以被称之为“同性恋者”，只是因为他们会对同性的朋友产生爱欲。上文所列举的那种观点，将女性的心智特征与心理状态视为是一种退化，这是当代法律与道德的败坏。这种陈词滥调式的性别差异论不仅残酷，而且非常不公正，它们就是那些反同性恋法的基础，在现代生活中，这类的论点应该被连根拔起。此外，同性恋倾向似乎在人类的早期社会中就存在了，所以在很大程度上，这种性倾向是难以改变的。

至此，本文已经介绍了一些反对同性恋的观点，它们所造成的影响是经过长年累月累积而成的。将同性恋视为是“反常行为”的观点，实际上就源自于那种认为性行为的目的就是生育的观点，它们均

---

① See K. Dover, Greek Popular Morality In The Time of Plato And Aristotle 213 – 216 (1974); Ford & Beach, supra note 101, at 130 – 133; J. Henderson, The Maculate Muse: Obscene Language In Attic Comedy 204 – 222 (1975).

② See M. Weinberg & C. Williams, Male Homosexuals 148 – 149 (1974).

认为同性恋会使人类社会遭遇不可逆转的毁损和堕落。笔者认为，成年人在私人领域中进行的同性性行为并不是“反常行为”，这只是人类性欲与情感的另一种自然表达，它不会给社会带来什么损害、堕落或是伤害，它本身并不能被称之为人类的罪恶，每个人内心的真爱都是不同的，每个人所需要的感官体验也是不同的。那种认为生育是性行为的唯一目的的观点本身才是反常的。

我们可以发现，美国联邦最高法院一方面拒绝将避孕视作“反常行为”，一方面又允许各州法律以这种“反常行为”的论点为基础而对非自然性行为进行禁止。这二者显得非常矛盾，在逻辑上也是不一致的。实际上，在涉及非自然性行为的案件中，道德论点仍然强而有力。在 Griswold 一案被判决之后，虽然大多数人可能还是将避孕的措施视为是反常行为，但他们却不能再将自己的这种想法上升为禁止避孕的法律。所以，避孕者虽然仍然需要得到《美国联邦宪法》的保护，但他们的需求也不会非常迫切。然而，在有关同性恋的案件中，同性恋者受到了社会大众不公正的敌视，挫败、消除这种不公正的敌视，这就是《美国联邦宪法》的重任。

美国联邦最高法院之所以在隐私权是否保护同性性行为的问题上畏首畏尾，很重要的一个原因可能就是同性恋性行为所涉及的道德争议。如果同性性行为是不道德的行为，那么，它本身的自然性也将很难受到法律的认可。但是，我们似乎没有理由认为同性性行为在本质上就是不道德的。

正如上文所述，社会中的道德观念会形成诸多的限制性原则——互相尊重的道德原则，普遍化的道德原则，将偶然差异最小化的道德原则：这类原则或观点在本质上都与我们的道德相关。当然，这类限制性的原则也会表现为对某些性行为的禁止和规制。他人有权对自己的生活自治地、理性地作出选择，就这一点而言，他人应该得到其他人的尊重。与此同时，这也意味着成年人所享有的自由似乎不能扩张到那些缺乏理性与心智尚不成熟的人之中，比如小孩子。众所周知，任何强制性的性行为都应该受到法律的禁止。法律对强制性性行为的规制和禁止其实都是为了保护他人的自治权，使他人能够平等地实现自己的自治权，这其中暗含的价值观就是平等关怀与平等尊重。此外，性行为的形式也会受到一些道德原则的限制，这些道德原则与另外一些暗含着平等关怀与平等尊重的原则是相辅相成的，诸如，禁止滥杀无辜的道德原则、禁止伤害他人的道德原则、禁止在一定的范围内施行家长式统治的道德原则、每个人都应该对工作尽职尽责的道德原则。[①] 总而言之，完整的个人自由总会受到一定的道德伦理与宪法原则的限制，这些限制均是合理而合法的。

但是，如同Doe一案一般，那些绝对禁止非自然性行为的法律却不是我们所说合理而合法的限制，它们也与上文所讨论的道德原则不符。这类法律所禁止的不是强制性的性行为，不是在公共场所发生的性行为，也不是与未成年人发生的性行为，而是成年人在两厢情愿的情况下，在私人领域发生的性行为。有观点认为，一旦我们制定了禁止同性性行为的法律，那么，同性恋的现象就会直接减少甚至消除。这就如同是说只要法律禁止异性之间发生性行为，异性恋的现象就会消除，这两种观点都荒谬至极。我们没有理由认为，与异性性行为相比，同性性行为会给未成年人带来更大的冒犯与伤害。[②] 也没有证据表明，一旦我们制定了禁止同性恋的法律，那些原本有同性恋倾向的孩子就会变成异性恋者。一个人的性倾向是他天性的一部分，是任何法律都难以改变的。如果一个州的法律有权决定每个公民的性取向，那么，这部法律必然违反了《美国联邦宪法》，因为它践踏了每个公民的个人权利，也践踏了所有年龄段的同性恋者的个人权利。此类法律无疑是不正当的。

另外一些主张禁止非自然性行为的道德原则同样也不能自圆其说。通常而言，同性恋者之间的关系都不会涉及暴力，所以，禁止伤害他人的道德原则并不能证明反同性恋法律的正当性。[③] 我们根本没有证据证明，同性性行为会对同性恋者造成伤害，以及同性恋本身就是一种心理疾病或心理缺陷。相反，我们完全有理由认为，那些禁止同性恋的法律，会以强制力迫使同性恋者选择进入异性婚姻，这无疑是对他们自然天性的扭曲和折磨，这必将对他们的身心造成深层次的伤害。因此，在同性恋的问题上，国家不能施行家长式的统治。

---

① For a more extended argument for principles of these kinds, see D. Richards, A Theory of Reasons For Action 148 – 195 (1971).

② See P. Gebhard, J. Gagnon, W. Pomeroy, & C. Christenson, Sex Offenders (1965).

③ See R. Mitchell, The Homosexual And The Law 12 (1969).

有学者指出，我们之所以应该以法律的形式对同性恋进行禁止，因为经验事实表明，同性恋就像一剂毒药，会使整个社会变得堕落，因为同性恋会直接导致疾病、同性恋会使社会变得无序而混乱甚至是摧毁我们的价值观。[①] 因为宪法中的正义原则也应该保护整个社会制度与社会秩序的稳定，所以，禁止同性恋的法律也应该具有合宪性。如果以上观点都是正确的话，那么，我们就应该制定禁止同性恋的法律，只有这样做，才能够维护整个国家的宪政秩序以及整个社会的正义与平衡。如今，这些论点都是站不住脚的，因为包括西欧在内的一些国家早已以法律的形式认可了成年同性恋发生性行为的权利，这些国家并没有因此而陷入混乱与无序，也没有大规模的疾病爆发。

在此，笔者还要介绍最后一项支持反同性恋法的理由，这也是审理 Doe 一案的地区法院在判决书中论述的理由，反同性恋法能够“保护和促进我们的道德礼仪”[②]。该地区法院指出，弗吉尼亚州反鸡奸法的终极目的就是为了“保护和促进我们的道德礼仪”这种观点后来表现在三个领域中：其一，探讨法律与道德关系的法理学之中；其二，道德哲学之中；其三，神学伦理之中。

在现代的法理学领域，最经典的论述来自德夫林[③]，他的观点是对哈特[④]的批判。德夫林的观点实际上是在重复斯蒂芬对密尔的批判。德夫林与哈特之间的论战是以对《武芬登报告》（Wolfenden Report）[⑤] 的解释为中心的。《武芬登报告》指出：“同性恋不是一种疾病，任何成年人在两厢情愿的情况下，并在私人领域进行的同性性行

---

① Richards, Unnatural Acts and the Constitutional Right to Privacy . A Moral Theory, 45 FORD. L. REV. 1281 (1977).

② 403 F. Supp. 1199, 1202 (E. D. Va. 1975), aff'd without opinion, 425 U. S. 901 (1976).

③ See generally P. Devlin, The Enforcement of Morals 9 – 13 (1965).

④ See H. L. A. Hart, Law, Liberty And Morality (1963).

⑤ Wolfenden 是指 1950 年代雷丁大学（Reading University）的校长 John Wolfenden。当时同性恋还被认为是一种病，同时任何同性恋活动——在公共场所和私人空间的，都是犯罪。1954 年英国内务部成立了一个专门委员会研究在法律上应该如何处理“同性恋犯罪与卖淫”。从不掩饰他本人对同性恋的厌恶的 Wolfenden 被政府选择担任主席。这个委员会的报告结论是“同性恋不是一种疾病”以及“任何成年人之间，相互同意（consenting adults），在私下进行的同性恋活动不应被认为是犯罪活动”。这份花了 3 年时间提交的“Wolfenden Report”引起广大反响，被认为是英国历史上对同性恋看法的转折点，具有里程碑意义。（译者加）

为都不应被认为是犯罪活动。” 德夫林对《武芬登报告》的结论表示质疑，他所关注的焦点是，那些发生在私人领域中的违反道德的行为究竟应不应该被纳入到法律的管辖范畴？德夫林指出，刑事法律如果与道德无关，它们就会变得毫无意义，因为刑事法律所践行的正是一个社会的道德观念。比如，即使杀人者与被杀者都同意杀人的行为，但这并不能免除杀人者的刑事责任，因为杀人的行为本身就是不道德的。同理，两个成年同性恋者之间的性行为即使是发生在私人领域，这也不能免除二人的罪责。刑事法律本身就是道德观念的体现。德夫林坚持认为，道德观念是一个社会存在的基石。改变一部法律，也就意味着对人们道德观念的侵犯，这无疑会摧毁整个社会的秩序与安定。道德观念所反映的是人们内心之中最基本的对错观与善恶观。我们在民事和刑事审判中实行陪审制度，陪审员都是普通的社会大众，这其实就是以社会的道德观念来进行司法审判。于是，德夫林作出了这样的推论，因为普通公众均会在道德观念上厌恶同性恋，所以同性恋就是不道德的行为，它应该被法律所禁止。

从表面来看，德夫林的观点似乎与《美国联邦宪法》的主旨相符。《美国联邦宪法》的主旨并不反对国会以立法的形式禁止那些绝对的不道德行为，尤其是当这类不道德的行为会对整个社会的秩序造成威胁之时。而从深层次的意义而言，德夫林指出，道德与法律有着紧密的联系，这种观点不无道理。然而，德夫林的推论过程似乎难以使人信服。他认为，刑法的立法基础就是整个社会的道德观念，这种观点是正确的，但他却错将一个社会的道德原则与这个社会中的传统观念相互混淆，他的道德批判是荒诞的，他也没有意识到社会传统观念的变革。根据德夫林的观点，我们可以推论出，当我们对某些道德原则赋予法律的强制执行力时，这其实是一部分人将自己的意识形态强加给另一部分人。将道德与社会传统混为一谈的观点完全是一种天真而幼稚的哲学观点，也是一种经不起检验的社会学观点。

然而，德夫林的理论依然受到了一部分法官的青睐，因为他明确地指出了自己对于同性恋的反对意见，他所提出的道德分析也是对相关法律的有力支撑。对现存风气的经验性反对，似乎与道德的中立性、客观性无关，当法官在审判案件，需要评判涉案的法律是以哪些道德原则为立法基础时，他们就会考虑到相关道德原则的中立性与客观性问题。主观的道德观念与法制化的公共道德没有太大的差异。如果我们要证明某种观点是符合道德的，我们也需要对它的合法性进行论证。当法官在解释一些具有法定的强制执行力的道德原则时，他们当然也会从道德的角度进行分析。道德论证，这也是法官的责任，法官不应像普通人一样推卸自己的责任。清晰的道德论证正是司法推理的优势。

不论是从理论上还是从实践上来说，德夫林的观点都不能令人信服。因为它完全与宪政秩序中的基本人权相背离。《美国联邦宪法》的基础在于，任何公民的道德权利都不容侵犯，即使多数人的意见与此相反。因此，美国联邦最高法院就应该保护公民的宪法性权利免受那些对同性恋持偏见的激进观点的侵犯。作为少数派的同性恋者其实软弱无力，他们不应受到这种偏见的伤害。

至此，我们能够推论出，那些以维护道德原则为由而反对同性恋合法化的论点都是不成立的。但是，审理Doe一案的地区法院还采用了另一种反对同性恋合法化的观点，它并不认为同性恋行为本身与我们的道德观念不符，而是说在当前的社会中，同性恋会使人们逃避自己的道德责任，比如，异性婚姻中的忠诚义务，他人对整个家庭的责任。为了论证自己的观点，该地区法院还援引了一个案例。① 在该案中，被告是一对夫妇以及另一个人。他们之间进行口交，但这对夫妇的女儿（11岁到13岁之间）却将他们的照片拿到自己的学校去散播。女儿的行为表明，这对夫妇与第三人的行为之所以应该受到谴责，不是因为他们行为本身的不道德，而是因为他们的行为“很可能会最终引起道德的泯灭与其他犯罪行为”。审理该案的法院认为，被告的行为已经表明，他们主动放弃了自己的宪法性隐私权，因此，他们在私人领域所进行的同性性行为是违法的。据此，我们可以发现，法院为了论证禁止同性性行为的道德合理性，采用了一种多么不合逻辑的推理模式。

---

① Doe v. Commonwealth's Attorney for Richmond, 403 F. Supp. 1199, 1202 (E. D. Va. 1975). The Court, thus, focused on the analysis of Lovisi v. Slayton, 363 F. Supp. 620 (E. D. Va. 1973), affid, 539 F. 2d 349 (4th Cir.) (en banc), cert. denied, 429 U. S. 977 (1976).

除开以上这种荒谬的观点，社会公众还会有这样一种直观感觉，如果同性恋合法化，那么，异性婚姻家庭所坚守的道德原则必将受到侵犯。虽然这种观点似乎在道德层面上是说得通的，但它依然缺乏实际证据的支撑。比如，我们由以上这种观点可以推论出：对同性恋的禁止就是对异性婚姻的鼓励和支持。但是，正如 Merhige 大法官在 Doe 一案的异议意见中所指出："单纯从经验上来判断，就可以看出这种推论是多么的脆弱，它根本不值得法院对其作出回应。"不论是从历史而言，还是从当代现实而言，同性恋能够与异性婚姻和谐共存。在那些早已将同性恋合法化的国家，异性婚姻的数量也没有明显降低。因此，即使以法律的形式禁止同性恋，这也不会对异性婚姻起到有效的维护作用。

上文所说的那种认为同性恋会减少异性家庭的观点由来已久。[①]根据这种观点，我们可以说成年人在两厢情愿的情况下，并在私人领域中发生的同性性行为其实与社会无关，但是如果这种同性恋成为了人们生活的一部分，那么，这就会对社会造成影响。所以，根据这种观点可以得出，如果我们将同性性行为合法化，那么，我们也必须承认这种生活方式的合法化。因此，同性性行为必须被禁止，即使是成年人在私人领域中发生同性性行为，也应该被法律禁止。

以上这种观点的确值得我们注意，因为美国联邦最高法院曾在一定程度上表示过对它的赞同。[②] 这种观点指出，公众一般都会认为，异性婚姻需要建立一夫一妻制的核心家庭，需要人们作出个人牺牲。如果将同性恋合法化，那么，这必将削弱人们对异性婚姻的责任感。但是，西方的文化传统中并没有相关的证据表明，如果法律认可了异性婚姻之外的其他生活方式，那么，这必将削弱整个社会的稳定。如今，独身主义就是一种合法的行为，它并没有对异性婚姻造成不利的影响。实际上，宗教上的独身主义一直被视作神圣化的生活方式，它

① See Plato's suggestion that the prohibition of homosexuality "wins men to affection of their wedded wives." PLATO, LAWS, bk. VIII, at 337 (T. Saunders trans. 1970).

② See the development of this argument in the obscenity context in Paris Adult Theatre I v. Slaton, 413 U. S. 49 (1973); for critical commentary thereon, see Richards, Free Speech and Obscenity Law. Toward a Moral Theory of the First Amendment, 123 U. PA. L. REV. 45, 83 –90 (1974).

也没有降低异性婚姻的稳定性。

为什么同性恋的生活方式就应承受人们截然不同的看法呢？有观点认为，异性恋倾向显得非常脆弱（因为传统的家庭生活似乎毫无魅力），而同性恋倾向就显得强而有力。因此，如果使同性恋合法化，那么，大部分的人就会拒绝承担异性婚姻所带来的家庭责任。但是，没有经验事实可以支撑这种论点。其实只有少部分人天生会对同性朋友产生爱欲，而大部分人都是异性恋者。

异性婚姻的观念根深蒂固，它似乎是人类社会永恒的特征。人们通常都成长在由异性婚姻所构成的核心家庭之中，家庭生活使人们体会到了合作与分享，所以他们也会认为，由异性婚姻而构成的家庭生活能够改变每个人内心中的孤独感。对于大多数人而言，传统的婚姻将会一直延续下去，因为传统的婚姻能够满足人们对性关系的需求、对亲密关系的需求，也能够满足人们生育子嗣的心愿。所以，人们很难想象同性恋将会成为一种合法的生活方式，因为这完全就是对异性婚姻与异性家庭的蔑视和贬低。在提倡性解放的年代，在离婚率急剧升高的年代，异性婚姻的魅力也没有因此而降低。人们之所以会选择离婚，并不是婚姻本身使人们厌恶，而是他们不想再与当前的这个伴侣在一起生活。在现实中，人们在离婚之后通常都会选择再婚，所以，他们否定了自己的前任配偶，并不代表对婚姻制度的否定。①

还有一种最浅薄的观点认为，如果每个人都是同性恋者，那么，人类社会必将遭到毁灭，这完全就是一场灾难。这种荒谬的观点根本不值得探讨，因为不可能每个人都是同性恋者。事实上，同性恋者只是极少数，而异性恋者仍然占据着压倒性的大多数地位，所以，法律也应当在人们的性倾向中保持适当的容忍度以及适当的中立。

在我们的传统观念中，同性恋是应当受到谴责的现象，而不以生育为目的的性行为完全是不正常的现象，人们对这二者都充满恐惧感与厌恶感。因此，反对同性恋成为一种合法生活方式的论点实际上反映出，我们内心还残留着传统观念中的恐惧感与厌恶感。这种对于同性恋的偏见和憎恶，其实都是有趣的心理问题。人们一贯认为，男性天生就应该有阳刚之气，而女性应该温柔顺从或不应该有太大的野心

① See generally M. Bane, Here to Stay (1976).

和进取心。但是，同性恋者却都丧失了他们的性别特征。恐同症其实就反映了人们对“无阳刚之气”的男性的抵触，以及对“不温柔”的女性的抵触。这些陈词滥调式的性别差异论在当代社会备受攻击，因为大多数的男性和女性，不论他们是同性恋者还是异性恋者，都拒绝承认那种将男女特性极端化的传统观念。那种极端的二分法在当代社会是不公正的，它再也不能引起社会的共鸣。以这些传统偏见为基础的法律也早已丧失了曾经支撑它们的经验论据。毋庸置疑的是，就算我们推翻了恐同症的立论基础，但人们对同性恋的恐惧与厌恶之心仍然会残留在社会之中。但是，恐同症的存在并不能成为反同性恋法的立法基础。如果理智要求我们对恐同症这类消极情绪进行限制，限制它成为一种道德伦理，那么，以这些道德原则为基础的法律也应当得到相应的改变。

无论如何，我们无法理解，为什么政府为了保护异性婚姻，就能以牺牲同性恋者的幸福为代价呢？我们理应对每个人的自治选择予以平等的尊重与平等的关怀。因此，从原则上而言，这种“牺牲论”应当被禁止，任何人都无权为了保护一部分人的幸福和利益而牺牲另一部分人的基本权益——这是人类尊严的需要，也是道德伦理与宪法原则对我们的要求。每个人对于公共物品都享有平等的权利，多数人对少数人施加的权力应当受到严格的限制。

此外，笔者认为，那种以保护家庭、婚姻为借口而反对同性恋合法化的观点纯粹是虚伪的无稽之谈。如果真是为了保护家庭与婚姻，那么，议会就应当严格地制定反通奸法、反淫乱法。但是，众所周知，许多国家都没有制定这类法律。当它们对淫乱、通奸行为放任不管之时，却以更加严酷的法律对同性恋者进行惩治，这非常荒谬。[①]至此，我们可以发现，那些支持反同性恋法的道德论点完全是站不住脚的，反同性恋法的基础只是传统偏见的残留——非自然性行为被传统观念妖魔化了。

德夫林还指出，从神学伦理的角度而言，同性性行为也应当被完全禁止。在传统的犹太教与基督教的教义之中，不以生育为目的的性

① See statutes cited in Note, The Constitutionality of Laws Forbidding Pripate Homosexual Conduct, 72 MICH. L. REV. 1613, 1622 – 1623 nn. 63 – 67 (1974).

行为与同性恋者均是应该受到谴责的罪行，这种谴责完全是建立在道德伦理之上。但也有学者分别从道德观念和宪政观念对以上神学观点提出了质疑。以神学伦理为依据来反对同性恋合法化的观点与元伦理学[①]的哲学原则相互冲突，并且是一种诡辩。即使不引用上文所述的“相互尊重”、“普遍化”、“个人差异最小化”等道德原则，我们仍然能从元伦理学的角度来驳斥那种神学理论的观点。传统的基督教神学认为，比起牧师的启示，大众的道德观念具有固有的权威。因此，任何道德观念必须是清晰明确的，它无需求助于牧师的启示。从元伦理学而言，道德推理从逻辑上应该独立于宗教论证。如果有人试图通过一种纯粹的神学伦理来反驳另外一种独立的道德观点，那么，这种做法将非常荒谬。心理学家经过研究发现，道德推理实际上与宗教归属无关。德夫林所运用的那种传统神学的诡辩，在现如今受到了整个神学领域的批判。圣经原文是否对同性恋者表示了谴责？我们对圣经作出的传统解释是否正确？如今，这些问题引起了各个宗教团体越来越多的争论。低等法院对 Doe 一案的判决也体现了这一点。[②] 其实那种以生育为性行为唯一目的的传统宗教观念也遭到了天主教神学的抨击。这一切都表明，反同性恋法的宗教理论基础早已沦为了空中楼阁。

在德夫林生活的时代，从宪法意义上而言，英格兰的教会与政府还不是完全分离的。与此不同的是，《美国联邦宪法第一修正案》已经声明了对宗教自由的保护，我们可以说，德夫林意图将神学伦理观转化为法律条文的观点在美国完全不能适用。上文对宪法道德的分析也能说明这一点。对不同的宗教保持宽容和容忍，这是《美国联邦宪法》的基本原则之一。《美国联邦宪法》旨在在不同的宗教信仰和哲学理论中保持中立，在不同的幸福观中保持中立，也在不同的人生

① 道德哲学理论之一，是以逻辑和语言学的方法来分析道德概念、判断的性质和意义，研究伦理词、句子的功能和用法的理论。（译者加）

② 403 F. Supp. at 1202 n. 2. Such citation of Old Testament texts in support of the intrinsic evil of homosexuality is common in American judicial opinions. See, e. g., Dawson v. Vance, 329 F. Supp. 1329 (S. D. Tex. 1971), which cites the Sodom and Gomorrah episode at Genesis 19: 1 – 29 in support of the proposition that the "practice is inherently inimical to the general integrity of the human person."

观与价值观间保持中立。因此，宪法原则所要求的是我们应对每个人的自治能力给予平等的尊重与平等的关怀，并且，依据《美国联邦宪法》的主旨要义，经由国会制定的法律也应当充分表达这种平等尊重与平等关怀的理念。

此外，法律必须要根据普遍性的经验准则来制定公民的行为标准，法定标准当然应符合平等关怀与平等尊重的价值要求。

（一）性自治、个人的理性选择以及基本人权

道德原则为我们的人生目标划定了界限——道德原则可以用来评判，哪些人生目标是基于理性而产生的，而哪些目标是非理性的。他人的野心和进取心可能会超越道德伦理的要求。因此，道德原则就会限制他人的人生目标，也会限制他人实现目标的能力。但我们认为，每个人都有权去追求自己的人生目标，每个人都应该在不受控制的状态下，充分发挥自己的个人能力。一个不容争议的事实是，比起低等动物而言，人类心理的适应能力要强大得多。在人类的早期社会，牺牲一部分人的个人利益往往被当作理所当然之事，但在近代以来，这却被视为是不可思议的事，是对一部分人强加的负担。在早期社会，只要社会所适用的道德观念要求一部分人牺牲自己的个人利益，那么，人们就应该满足任何苛刻的道德要求。

宪法性隐私权及其相关价值理念的发展就正好说明了这种转变。在人类的早期社会中，一部分行为可能受到了道德伦理的严格限制，但如今它们都已从道德的束缚中解放出来。正如上文所探讨过的一般，性行为本身曾被视为是不道德的，这种观念已不再普遍。随着道德伦理为一部分行为进行了“松绑”，相应地，人们的自由范畴也有所扩大。此前曾备受限制的人类潜能，也得到了激发和扩展。

隐私权之所以会得到法律的认可，是因为隐私权与自治权紧密相连——当他人按照自己的人生规划而作出基本的生活选择时，他人需要自治权，他人也需要隐私权。在他人的一生当中，有些选择至关重要，例如，他人对工作、对爱情的选择，这些选择往往会对他人的后续决定带来重要的影响。又如：是否接受教育，在哪里接受教育；选择怎样的职业和兴趣爱好；选择恋人、朋友；是否生育，生育几个小孩，这些都是人生中的关键决定。有关人类生命周期的经典研究表

明，人的一生，不论处在哪个阶段，总会不停地面临这些重要的选择。不同的人生阶段，有不同的选择：青少年时代是奠定一个人个性的时代；20岁之后，是爱欲萌发的时期；30岁之后，是确定自己职业能力的关键时期；40岁之后，便会面临许多现实问题，如养育下一代等。从嗷嗷待哺的幼儿到耄耋之年的老者，人们总在自治地作出选择，自治的能力也在不断发展。

显而易见，许多指导我们做出人生选择的传统道德理念都已不再具有正当性。例如，传统的道德理念不应再对某些行为持绝对禁止的态度，因为这部分行为均属于他人自主选择的范围，它们应该受到宪法性隐私权的保护，它们也属于个人自治权的保护范畴。当道德理念已经不再将某些行为视为是公共事务，而是将其视为是高度私人化的事务，在这种意义上，我们就可能将他人在决定这些事务时所享有的自治权，也称之为隐私权。作为自治权的宪法性隐私权以平等关怀与平等尊重的价值理念为基础。隐私权的提出，不仅意味着他人做出的某些行为不再被视为是不道德的行为，并且他人有权做出这些行为——这是一项积极的道德权利，一旦行为人侵犯了他人的权利，行为人就应当承担相应的责任。

为了对上文所提出的论点进行更为具体的阐述，我们有必要再次重申，前文所述的平等关怀与平等尊重的理念，这也是契约论的终极价值理念。契约论认为，在人类的原初状态中，自尊的基础在于每个人都能够充分发展自身的能力，自尊对于人类而言至关重要，它也是人类社会最初所需的公共物品之一。人类需要获得这样的公共物品，诸如自由、机会与财富，获得这些公共物品是获得自尊的前提条件。原初状态中的人类认为，应该对人们取得这些公共物品的方式进行规制，如此，才能尽可能地保证每个人都有机会获得自尊。

契约论所提出的另一个理论是，在如同美国这样经济发达的社会之中，当人们要对道德原则与正义原则达成一项契约时，人们首先考虑的就是要在最大程度上保证个人的自由。当所有人都获得了最低程度上的财富之后，最初的缔约者就根本不会接受这样的交易——牺牲自己的自由，而换取更多的经济利益。只有个人自由的最大化才能保证每个人都能获得自尊，因为“个人自由”正是开启“机遇之门”

的钥匙。

正义原则所保障的个人自由包括思想自由与表达自由（如言论自由、出版自由、信仰自由与结社自由）、公民权利（如公民的人身安全与财产安全受到行政机关与刑法的保护）、政治权利（如投票权以及其他参与公共政治事务的权利）以及行动自由、经济自由、开展社会运动的自由。这些类型的自由权至关重要，因为它们均是人类获得自尊的前提条件，它们保证了每个人都能发展自身的能力，因为通过这些类型的自由权，他人才能够充分地表现自己的思想与精神，他人才能够主宰自己的人生，才能够保障自身的安全，才有可能拥有不受阻碍的迁徙自由。在美国，《权利法案》为以上自由权提供了充分的宪法性保护。①

为了充分理解自尊的重要性与性自治权的重要性，我们必须明白，每个人都有享受爱、表达爱的自由。这种观点也来自于弗洛伊德的核心思想，弗洛伊德通过将动物行为与人类行为相比，得出了这样的结论：人类的性行为受到大脑皮层的高度控制，它往往带有复杂的想象和象征性的目的，并且具有强烈的可塑性和适应性。② 弗洛伊德所引入的心理学观点常常被艺术家们表达为：对于人类而言，体验性爱从来都不是一种纯粹的身体行为，即使是孤独状态下的自慰，它们都带有复杂而真实的精神目的。③ 弗洛伊德的观点表明，人类的性能量有时候是破坏性的，有时候则是适应性的，弗洛伊德将后者称之为“升华作用”④。

对于弗洛伊德而言，对人类潜意识的肯定并不是对非理性主义的妥协，而是从更深的层次上了解人类的本我以及人类的自治力。只有认识到人类的潜意识心理才能深入理解“本我”的控制力以及“超

---

① See generally, D. Richards, The Moral Criticism of Law (1977).

② S. Freud, Civilized Sexual Morality and Modern Nervous Illness, in 9 The Complete Psychological Works of Sigmund Freud 181, 187 (Standard ed. 1908).

③ For an exploration of the importance of fantasy in human sexuality, see A. K. Offit, The Sexual Self 206 - 219 (1977).

④ 弗洛伊德的经典精神分析理论认为，人本能的性能量是人类一切创造成果的源泉。当人的性能量得不到合适的发泄途径时，将会通过其他形式释放，如转化成艺术灵感、创作冲动、工作热情等，这就是升华作用。（译者加）

自我”的推动力，用弗洛伊德的话来说，就是“本我也即自我”。通过自我意识对潜意识中的幻想（梦境、自由联想等）进行的认知，我们能够加深对自身心理活动的控制力，否则，我们的心理状态常常会产生令人费解的愚蠢想法、激进想法或是自暴自弃的情绪。了解了人类生命之中的潜意识，我们才能够对由潜意识所产生的想法进行理性评估，从而决定哪些想法能够得到促进和实现，而哪些潜意识的想法应该被消除。此外，只有我们获得了独立的自我意识，只有当我们获得了一定的人生经历之后，我们才会真正地生发出自己的人生期望，而不是无意识地复制别人的思想与期望。如此，我们的自治能力便得到了加深。在有关“自由人”的理念之中，承认性自治的重要作用，也就意味着要更深入地理解人类的自治权，理解性行为在人类生命中所扮演的独立而关键的作用。这种自治理念必然会拓宽“性权利”的适用范围。在此，“性行为”不是指一种精神意义上的经历，也不是指国家强制保护的婚姻之内的、以生育为目的的性行为，而是指一种基本的人权——性行为本身就承载着人类的生命意义，我们可以从以下几个方面来对此进行阐述。

其一，天主教教义错误地将“性爱”视为是人类生殖的伴随物。但对于人类而言，性行为本身具有独立的地位，因为性行为可以帮助人们获得其在公共生活中难以获得的体验，比如：自我超越的感觉，私人幻想的表达，释放内心的压力，在可接受的范围内重获那种为小孩儿所有的无拘无束的内心体验，不受控制地、自发地去爱别人。虽然一部分人可能会选择放弃这种体验，如果我们对这种体验进行强制性的禁止，那么，这无疑就在剥夺人类的基本权利。

其二，“性爱”有时候也被视作形成长久人际关系的重要因素。《圣经》认为，建立在性爱基础之上的持久的人际关系能为他人提供一种安全感，一种源于对真实自我进行披露的安全感，这不仅因为他人会在性关系中暴露自身的弱点，而且也因为他人在性关系中能够放松自我——这是其他人际关系遥不可及的。[①] 因此，有关性关系的选择是所有人一生当中的重要决定。选择一位爱人，不论是否以婚姻为

---

① See C. Fried, An Anatomy of Values, ch. 9 (1970).

目的，这都关系到他人的自我意识。近来，一项有关人类生命循环的主流研究显示，他人对爱人的选择与他人的人生“梦想”是一致的，一旦“梦想”发生变化，那么，对爱人的选择标准也必定会改变。爱情，会使他人表现出真正的自我，坠入爱河的双方会分享彼此的人生期望与生活方式，会形成共同的愿景和希望。因此，对于爱情与爱人的选择在每个人的一生当中才显得尤为重要。

其三，性爱的力量表现为一种与爱人共同生活的欲望，希望与爱人建立共同的人生规划。这种共同的规划可能会发挥持久的作用。这种以性爱为基础的人际关系才能体现它独特而持久的价值，在某种程度上，它也能满足人们自我认知的渴望。

有学者可能会引用一种令人信服的观点——“爱”就是我们人生意义的一部分。当然，这里所指的“爱”并不一定会表现为性行为，它可能表现为一种存在于群体之中的“仁爱”，或者是一种奉献精神。如果人类的生活中不再具有任何形式的爱，那么，人类的生命将会变得空洞无趣，毫无意义，而人类的精神世界也将被扭曲、被摧残。

在契约论的观点之中，“爱”也扮演着重要的角色。在契约论的假设中，原初状态中的人们在一种无知状态下做出了选择。比如，原初状态中的理性人根本不能预测自己究竟会处于怎样的人生状态与社会地位——所有的缔约者都不知道自己的性别、年龄、才能，更不清楚自己有多大的自控能力，自己在社会之中处于哪个经济阶层，也不知道自己有哪些特殊的个人喜好。每个人都不想处于弱势地位，更不愿使自己的人生前景变得苦涩而悲惨。所以为了避免这些结局，缔约者在选择基本的正义原则时，就必须采用最理性的策略——“最小利益最大化”的策略。

本文已经指出，原初状态下的缔约者将自尊视为是一项首要的公共物品。因此，他们所青睐的正义原则也必将是能够保障每个人都能获得自尊的原则。性自治，是指他人有权选择是否与别人建立性关系，与谁建立和如何建立性关系。正如上文所述，性自治是构成自尊的重要因素。因为性自治往往关系到他人将成为一个怎样的人。爱是一种自由，一种机遇，一种能力，拥有自尊是爱别人的前提条件。因此，理性的缔约者绝不会认同这类原则——限制爱的自由、爱的机遇、爱的能力的原则，因为这些原则与个人自由最大化的理念背道而驰。理性缔约者所使用的“最小利益最大化”原则意在尽量避免弱势阶层的出现，即使是最低层次的社会条件或是最高层次的社会条件也会被所用人平等地拥有。

因为性自治与基本的自尊之间存在着深层次的联系，因此，原初状态下的缔约者所缔结的有关责任与义务的原则，也就是阐述相关基本人权的原则，它们也会将爱的能力、爱的自由视作一项基本的自由权。缔约者所订立的社会机构也应该能够在最大限度上保证每个人获得平等的自由与平等的机遇。

这些原则的来源是更具一般性的正义原则，它们建立在一种初步的假设之上——原初状态中的缔约者都不清楚自己的具体身份和社会地位，他们只能根据一般的经验来进行判断。所有的缔约者都不能诉诸特殊的宗教信仰，要求人类承载生育义务的宗教信仰，来践踏每个人获得爱情的自由权；所有缔约者也不能因为对某些形式的爱怀有厌恶感，就随意践踏每个人获得爱情的自由权；所有的缔约者也不能对某些类型的爱心怀偏见。爱的定义并没有限定爱的物理表达形式，爱仅仅意味着人与人之间的亲密关系，爱仅仅意味着一个人为另一个人的付出与奉献，根本不存在所谓完美的、唯一的，或者说是恰当的性爱方式。因为事实中存在大量的性爱方式，它们可能还不为一部分人所知，但它们所表达的都是人类世界最珍贵的爱。以上论述都能证明宪法性隐私权的正当性。宪法性隐私权所暗含的道德意义是每个人都应拥有性自治权，选择性伴侣的决定权——这是对基本人权的保护，也是对每个人的自治能力的平等关怀与平等尊重。因此，在不存在相反道德观点的情况下，任何对他人性行为进行限制的法律都会因为违宪而丧失效力。禁止使用避孕药的法律，禁止堕胎的法律，禁止他人在家中观看淫秽物品的法律都是违宪的。同理，反同性恋的法律也侵犯了每个公民的宪法性权利。

爱的自由，意味着每个成年人都拥有这样的自治权——他们能够自治地选择自己的爱人，自治地决定自己表达爱的形式。对爱的形式进行限制的法律往往打着传统道德的旗号，然而，这些传统道德其实并没有对他人的情感需求进行谴责。自治权意味着每个人都有权表达自己的情感与喜好，每个人对爱情的选择往往出于其内心中自然而然生发而出的感觉，这是一种原始的推动力。相反，若对他人的自治权进行限制，这必将毁灭他人心中的情感，也会使他人的真实感情沦为僵硬的外在行为，使他人心底的快乐变成痴人说梦的幻想。

反同性恋法无疑违背了自治权的相关原则。首先，反同性恋法禁止同性恋者以自己的本能性行为而获取性满足感。其次，反同性恋法可能会鼓励人们对同性恋者进行敲诈勒索，人们会以曝光同性恋者的性倾向而威胁同性恋者，或是以向检方告密而威胁同性恋者。反同性恋法也会使雇主不再愿意雇用同性恋者，因为雇主也会处在被敲诈勒索的危险之中。[①] 最后，反同性恋法也会使同性恋者在社会之中遭到普遍的歧视，诸如就业之中的歧视、买方租房过程中遭遇的歧视等[②]。

反同性恋法会对同性恋者造成什么影响呢？传统上，同性恋者会作出这三种选择：其一，他们会为了所谓的道德伦理，而完全否认自己的性取向，强迫自己过着一种禁欲的独身生活[③]；其二，他们会选择与异性结婚，并在与配偶发生性行为时幻想自己在与另一个同性进行性行为；其三，他们可能会在与异性结婚的同时，隐蔽地与一名同性发生性行为，或是不与异性结婚，长期隐蔽地与同性发生性行为。以上三种生活方式，无疑都是反同性恋法迫使同性恋者作出的选择，它们都对同性恋者的基本人权造成了侵犯。第一种选择意味着法律强迫同性恋者过着独身生活。反同性恋法根本不存在充足的理论基础，它们迫使同性恋者作出个人牺牲，这种牺牲对于异性恋者而言是极其荒谬，难以想象的。强迫人们抑制自己最基本的情感倾向，这无异于是让人们生活在一种非人道的面具之后——一种经过精心装饰，却在扭曲人性的面具，它会令人们的生活沦为一座座死寂而空虚的坟墓。

---

① See Rivera, Our Straight - Laced Judges. The Legal Position of Homosexual Persons in the United States, 30 HASTINGS L. J. 799, 829 - 837 (1979); Note, Security Clearances for Homosexuals, 25 STAN. L. REV. 403, 410 - 411 (1973).

② See N. Y. Times, Dec. 23, 1973, § 4, at 5, col. 1.

③ See, e. g., J. Mcneill, The Church And The Homosexual 164 - 172 (1976).

第二种选择迫使同性恋者与异性结婚，这是一种没有爱情与爱欲的虚伪的婚姻。这种婚姻往往是不稳定的，最终会以离婚而告终。毋庸置疑，这类婚姻会对孩子造成难以平复的伤害。选择与异性结婚的同性恋者实则作出了不必要的自我牺牲，这类婚姻不仅会令身在其中的同性恋者身心俱疲，而且也会对他们的配偶造成伤害。

反同性恋法所造成的累积效应在于，它剥夺了同性恋者在建立人际关系过程中获得自尊的权利。反同性恋法根本没有充足的理论根据，却迫使同性恋者作出情感牺牲，这是对同性恋者最大的不公平。刑事惩罚、就业歧视、社会偏见，这一切都会使同性恋者对自己最本能、最自然的情感需求与生理欲求产生怀疑，对最真实的自我形象产生怀疑，甚至是无情地否定自我。反同性恋法对同性恋者所造成的最深的伤害是对他们精神世界的伤害，然而，精神世界却是人类性爱的意义所在。反同性恋法给同性恋者造成了一种虚假的映像，他们的情感倾向与自然欲求很难获得社会的尊重。没有自尊的爱毫无意义。因为没有表达真爱的公平机会，同性恋者往往会选择在秘密而隐蔽的世界中表达自己的爱欲，选择露水式的肌肤之亲，而放弃在精神世界中享受真爱。[①] 任何一种情感关系，无论它是肤浅的，还是深入的，无论它是短暂的，还是恒久的，如果它要成为社会关系的一部分，那么，必须要有英雄式的个人努力。通过反同性恋法来禁止同性恋者表达自己的本能爱欲，这无疑剥夺了同性恋者享受真爱的权利。

（二）不恰当的家长式统治

即使没有任何道德论点能够证明某种行为的合理性，我们仍然可以认为，这种行为不应受到家长式的干预。诸多学者都认为，契约论的观点也表达了相互尊重、相互关怀的道德原则，“普遍化”的道德原则，个人差异最小化的道德原则。因此，契约论的观点也能够证明“家长式统治”的正当性，并且能够解释家长式统治的适用范围和适用限制。在原初状态中，缔约者明白，人类将会遭受一些非理性的事

① See Bell & Weinberg, supra note 117, at 81 – 102; Hoffman, supra note 115; L. Humphreys, Tearoom Trade 1 – 15 (1970).

件，这些事件可能会造成非常严重的后果，诸如死亡，以及永久性的健康损伤。所以，缔约者定会缔结一些保障性的社会原则以防自己遭遇这些非理性的事件。

这种保障性的原则会受到两方面的限制。其一，非理性的想法本身并不会违背道德观念的要求。缔约者只有在不知道自己的具体身份之时，才能缔结具有强制执行力的道德观念，此时，缔约者完全是根据一般的经验事实来作出判断和选择。特殊的个人价值观不能被纳入到“非理性”的范围之中，因为一旦确定了哪些事务属于“非理性”，那么，也就意味着确定了“理性”的范畴。缔约者必须根据一种中立的理论来对“非理性”的概念作出诠释。这种中立的理论应当能够包容不同种类的幸福观，只要这些幸福观没有逾越道德观念的束缚。为此，缔约者在为“理性”下定义时，他们就必须考虑到每个人可能的目标、喜好、期望、能力与志向。不论他人的目标是什么，只要某些行为会令他人感到沮丧，会挫败他人的人生目标，那么这些行为就是非理性的行为。只有这些非理性的行为出现时，他人才应该得到家长式的管束。比如，当他人要从窗户上跳下时，虽然他人也许并不希望死去，也不相信这会导致他的死亡，但死神仍然可能就在前方。其二，如果缔约者已经对“非理性”的行为作出了阐释，那么，只有当这些非理性的行为会造成非常严重的后果，会对他人的利益造成永久性的损害，并且这些非理性的行为是出于一种惯常性的原因时（比如，是由于他人还不具有完整的民事行为能力，或是民事行为能力受损），此时，他人才应该受到家长式的管束。如果某些非理性行为并不在上述范围之中，那么，政府就不应该对这些行为进行家长式的管束。因为社会应该允许他人犯错，并且允许他人在自己的错误中总结经验教训，这非常有利于他人自治力的提升。

哪些基本的人生选择应该受到政府的家长式管束呢？若要回答这个问题，我们必须首先评判怎样的人生选择才是理性的。正如上文所述，“理性”的定义应该由他人的喜好、期待、能力与志向来决定。要判断某些人生选择是否理性，我们应该看这些人生选择（比如，他人对职业的选择）在一个较长的时间段内给他人带来了哪些影响。因为他人作出的一个选择往往会带来一系列的后续选择，它们可能会对他人造成一生的影响。[①] 为了评判这些选择是否合理，我们必须首先评判这些选择是否能够满足他人的生活目标，在多大程度上满足了他人的生活目标。比如，这些选择是否能为他人带来快乐；这些选择能够在多大程度上满足他人参与社交的欲望；是否能够满足他人的其他需求；是否能够有利于他人培养自己的兴趣爱好，满足自己的个人利益。我们很难说，哪些人生目标是正确的，而哪些目标又是不正确的，因此，大部分的人生选择都应该被公平地视为是理性的选择。尽管如此，某些选择仍然应被视为是非理性的选择，因为与其他的选择相比，它们定会挫败他人重要的人生目标。如果这些选择属于上文所讨论的"非理性"的范围，那么，它们就应当受到家长式的管理。[②]

一种最为不合理的家长式干预表现为行为人将自己的人生目标强加给他人，从而代替他人原有的人生目标。这种干预形式之所以遭到普遍的反对，是因为它完全忽视了家长式管制的存在前提，只有当他人的非理性行为会挫败他人的目标时，家长式管制才具有合理性、必要性。笔者认为，行为人会轻易地以自己的思想来衡量他人的想法，并将自己的价值观与人生目标强加给他人，对他人的人生选择进行家长式评判，这种评判行为本身就存在问题。我们会发现，之所以会出现有关宪法性隐私权的案件，均是因为政府难以抵抗家长式管制的诱惑，宪法性隐私权无疑能够预防政府对家长式管制模式的滥用。

没有理由证明政府应对他人的基本选择进行家长式的管理，诸如是否结婚的选择、是否养育小孩的选择、是否与异性相恋的选择等。实际上，许多人在一般情况下作出的这些基本选择均是合理的。比如，人们普遍认为，他人通过采取避孕措施而控制家庭规模的行为就是一种理性的选择。因为这不仅可以满足他人养育后代的愿望，也能保证他人具有更好、更多的生活资源。笔者认为，这种观点也是合理的，某些家庭选择丁克，从而提升他们的生活层次。而丁克家庭也能选择其他的方式来实现自己养育小孩的愿望，比如，选择从事照顾、

① For an exploration of the role of mortality in life plans, see C. Fried, An Anatomy of Values 155 – 182 (1970).

② One plan dominates the other in terms of rationality criteria. See D. Richards, A Theory of Reasons For Action 28, 40 – 43 (1971).

教育青少年的职业，将自己的人生愿望融入这些长久的事业之中。此外，丁克也能够使他人从繁琐的家庭事务中解放出来，他人便有更多的自由去追求自己的幸福。至此，我们完全可以推翻那种认为同性恋是非理性行为的观点。不论是在事实中还是幻想中，一个同性恋者肯定在人生的初期就会对同性产生爱欲，对于他们而言，只有在与同性建立的爱情之中，才能满足自己的本能爱欲。爱是人类一生当中最基本的幸福所在，每个人都有权释放自己的本能之爱，这是无可厚的。试图强行改变他人性倾向的行为注定会失败，因为这不仅会给他人带来莫大的痛苦，也会扭曲他人的尊严。对同性恋者的社会责难往往建立在无效且不公正的道德说教之上。我们无权要求他人为了满足那些邪恶的社会偏见而牺牲自己的基本幸福，一旦他人作出了这种牺牲，这无疑就是对自治权的贬低，是对个人尊严的羞辱，是对自由权的毁损。只有懦夫才会对那些奴役我们并使我们处在恐惧之中的传统观念缴械投降，几乎没有人会愿意这样生活。至此，我们完全可以说，对同性恋者实施家长式管制的做法是不合理的。政府之所以会对同性恋者进行家长式的管制，一部分原因在于，政府似乎认为某些同性恋者其实是异性恋者，只有经过外界的刺激和影响，他们才能意识到在自己的内心深处，潜藏着对异性的爱欲。这种观点完全是出于幻想，它没有任何经验论据，仅仅是对现存的道德说教的无关紧要的补充而已。政府将自己的价值观强加给他人，这无疑是不正当的家长式统治。宪法性隐私权的发展就是对这种家长式统治的反抗。允许每个人能够自治地作出生活选择，这是一种道德性的权利，也是一种基本人权。

形而上学的传统家庭主义将家庭生活视为是人生的意义。然而，这种观点必然有一定的局限性，实际上，在他人的人生当中，没有什么能比他人的基本选择更为重要。传统的家庭主义不应被视为是道德伦理的一部分，因为它并不符合相互尊重的道德原则、普遍化的道德原则，以及个人差异最小化的道德原则。毋庸置疑，当他人在作出基本的人生选择时，他人必定会以这类道德原则作为价值评判的基础，如此这般，他人所作出的人生选择才不会违背相关的道德要求。但是，道德伦理并不能决定他人的人生选择。从道德意义而言，我们有权自由地制定任何人生规划。形而上学的家庭主义与道德无关，它不应具有法律效力或是宪法效力。因此，将宪法性隐私权、自治权的道德意义与形而上学的家庭主义混淆在一起，无疑是一种错误的做法。[①]

传统的道德理念通常都会将以上二者相互混淆。比如，传统的宗教教义往往以“道德”的名义来规制人们生活中的细节问题。[②] 在上文，笔者已经谈到了这种混淆在哲学领域的表现，即是柏拉图的观点——柏拉图赞同国家所采取的合法的家长式统治，并且主张不对国家的这种统治行为进行限制。这种观点的反面即是对自治权的主张，以及相互尊重与相互关怀的理念，它们均认为，每个人都有权创造并主宰自己的生活。承认这一点，也就意味着每个人都无权控制他人的生活，即使是为了他人的利益而干预别人的生活，这种干预仍然应该受到严格的限制。只要在道德伦理的范围之内，每个人的人生观与幸福观可以千差万别。实际上，正是因为每个人的人生道路都互不相同，这才使得所有后来者能够吸取前车之鉴，理性地评判每种人生抉择。时过境迁，许多僵化的传统观念已经不再适合当今社会，人们在作出人生选择之时，完全可以突破这些腐朽的观念，根据自己的能力、期望、需求而作出更具有突破性、创造性、探索性的抉择。也许有的人更希望回归传统，他们惧怕自由，这完全可以理解，因为他们有权这样选择。但是这并不意味着他们的行为更加符合道德，应该获得更多的赞许。他们的行为根本无法帮助人们更加勇敢、更加理性地选择自己的人生之路。从这个意义上而言，宪法性隐私权不仅能够保护他人的自治权，而且也能够推动社会的发展和道德观念的进步。因为宪法性隐私权的理论能使我们重新考虑子女在他人一生之中所占据的地位，重新思考有关性别差异的老生常谈，并且以一种人道主义的观点来审视不同的性倾向。

---

① This deplorable confusion arguably underlies the Supreme Court's recent statement that the constitutional right to privacy had never been found to protect the private consensual sexual relations of adults. Carey v. Population Serv., 431 U. S. 678, 688 n. 5 (1977).

② See, e. g., T. L. Bouscaren, A. Ellis & F. Korth, Canon Law (1946).

六、结语：宪法性隐私权的法律意义

上文已经指出，若要论证宪法性隐私权的正当性，我们必须首先回答这三个问题：其一，我们是否能够提出充分的证据证明，某些违背传统道德的行为在如今依然是不道德的行为；其二，这些行为是否与他人的基本人生选择有关；其三，对这些行为进行家长式规制是否恰当。当然，笔者虽然提出了这三个问题，但并不意味着这三个问题的答案就必然能够决定宪法性隐私权的发展趋向。比如，即使第一个问题与第三个问题的回答都是肯定的，那么，还必须是在缺乏正当程序的情况下，我们才能说宪法性隐私权的理论实际上是与《美国联邦宪法》相背离的。但尽管如此，笔者认为对上述问题的回答其实也可以在一定程度上解释宪法性隐私权的发展趋势。

笔者在本文开篇曾提到过，有诸多学者认为，宪法性隐私权既没有完善的理论原则，也没有健全的司法推理方法。笔者已经在一定程度上对宪法性隐私权的理论基础进行了阐述，现在，笔者便用同样的分析来证明，宪法性隐私权也具有健全的司法推理方法。

实质上，笔者已经在上文中指出，宪法性隐私权的发展需要社会大众共享一致的道德理念。宪法性隐私权的相关理论产生于侵权法之中，最初是用来解释特殊的宪法性利益，后来才发展成为一项独立的宪法性权利。宪法性隐私权承载着一项普遍的道德观念——自治权、平等尊重以及平等关怀的价值理念就是基本人权的意义所在。当初，Warren 和 Brandeis 在他们著名的论文《论隐私权》中提出，隐私权就是一项不容侵犯的人格权，他们同样也援引了基本人权的理论，并且还详尽地阐述了侵权法的道德基础，指出了侵权法的发展方向。在 Olmstead 一案[①]的异议意见中，Brandeis 大法官也援引了同样的观点，他曾指出，不论是《美国联邦宪法第四修正案》，还是《美国联邦宪法》本身都蕴含着同样的道德原则。以上所有的论点都表明，基本人权之中暗含着一种终极的道德关怀，即他人的基本权利与生俱来，不论是政府，还是其他行为人都无权侵犯。也正是因为这样一种终极

① Olmstead v. United States, 277 U. S. 438 (1928) (Brandeis, J., dissenting).

的道德关怀，相关的法律原则才表现了一致的道德意义。如同Brandeis大法官在Olmstead一案中所提出的异议意见一般，当Douglas大法官在Griswold一案[①]中认可了宪法性隐私权的理论时，他也认为，不论是《美国联邦宪法》的条文本身，还是美国联邦宪法的设计理念，都包含着一定的道德原则。本文认为，这种道德原则实际上就是一部不成文宪法，它承载着美国联邦宪法的内在价值——《美国联邦宪法》的基本任务就在于保障每位公民的基本人权，保障每个公民的个人能力都能得到制度性的尊重，比如，任何自由而理性的人都有权决定自己的人生之路。如同Warren和Brandeis所作的《论隐私权》一文，如同Brandeis大法官在Olmstead一案中提出的异议意见，如同其他许多法官的经典判决一般，Douglas大法官不仅重申了法律条文背后的道德原则，而且还指出了这些道德原则在当今社会的重要意义。《美国联邦宪法》的意义在于，保障每位公民的自治权得到平等尊重与平等关怀，这必然会导致一部分的州法律因为违宪而失效，这部分的州法律均表现了某些不合时宜的公众关切，比如僵硬的道德说教以及家长式统治理念。因此，我们必须提出“宪法性隐私权”的理论。不论它是《美国联邦宪法第九修正案》所包含的权利，还是正当程序条款所包含的实质性权利，宪法性隐私权无疑表明了《美国联邦宪法》的终极道德意义。

本文也曾提到过，宪法性隐私权与个人对自身信息的控制权，以及《美国联邦宪法第四修正案》所保护的权利之间的确存在明显的差异。虽然这几种权利的定义有所不同，但它们依然具有内在的一致性——因为它们含有相同的道德价值：即保护每个公民的基本人权。因此，我们可以说，美国联邦最高法院对Griswold一案的判决以及后来类似的判决均具有重大的意义。我们可以根据侵权法与《美国联邦宪法第四修正案》类推出宪法性隐私权，这不是因为宪法性隐私权与侵权法、《美国联邦宪法第四修正案》所保护的隐私权相同，而是因为它们均包含着同样的道德原则。

笔者曾在本文开头指出，许多学者均对宪法性隐私权的相关理论

① Griswold v. Connecticut, 381 U. S. 479 (1965).

提出批评，至此，我们完全可以说，这些批评都是无稽之谈，因为它们完全没有考虑到《美国联邦宪法》所蕴含的道德意义。承认宪法性隐私权的存在是保护他人人格权的前提。美国联邦最高法院对 Doe 一案[①]的判决不仅违背了宪法性隐私权的价值，也背离了《美国联邦宪法》的内在价值。从道德意义上而言，Doe 一案的判决完全是个错误。性自治权是一项基本人权，它奠定了每个人的人生意义。然而，在当今社会的现实中，同性恋者却屡遭迫害，这类迫害行为不应受到《美国联邦宪法》的保护，而是应该受到我们强烈的抵制和批评。然而，如同 Doe 一案的判决一般，美国联邦最高法院实际上是为了迎合多数人的好恶，而剥夺了同性恋者的基本人权，为了反抗大多数人的暴政，我们必须要承认宪法性隐私权的正当性。传统社会往往否定并压制同性恋者的权利诉求，但是，同性恋者其实也与其他人一样，他们有权选择自己的职业，也有权选择自己的爱情，因为他们就是自己人生的主宰。

---

① Doe v. Commonwealth's Attorney for Richmond, 425 U. S. 901 (1976).

道德分析与自由主义宽容理论：以堕胎与同性恋问题为例

迈克尔·J. 桑德尔[①] 著　孙言[②] 译

目　次

一、导论

人们通常以两种不同的方式为反堕胎法律与反同性性行为法律进行辩护：一方面，从道德角度上看，人们认为堕胎与同性性行为都应当受到谴责，因此法律应当禁止上述行为；另一方面，人们避免对这些行为进行道德评判，而是采取一种民主论调，主张政治上的多数人有权将他们的道德信念写入法律之中。

反堕胎法律与反同性恋法律的反对者们也以两种不同的方式对上述法律进行抨击：一方面，部分人认为上述法律所禁止的行为在道德上是被容许的，有时这些行为甚至是为人们所迫切渴求的，因此禁止这些行为的法律是恶法；另一方面，其他人并没有论及这些行为是否合乎道德，而是主张个人有权决定其是否实施这些行为。

我们或许可以将以上所述的两种分析模式分别称为简单论与复杂

---

① 迈克尔·J. 桑德尔（Michael J. Sandel），美国哈佛大学行政管理学教授。
② 孙言，中山大学法学院助教。

论。简单论认为，法律的正义与否取决于其所禁止或保护的行为的道德价值。复杂论认为，法律的正义与否并不取决于人们对其涉及行为的实质性的道德判断，而是取决于人们对于一些更加一般性的理论问题，诸如少数服从多数原则与个人权利的关系、民主与自由的关系等问题的观点与主张。

在本文中，笔者试图采取简单论的分析模式进行论述，笔者的观点是：反堕胎法律与反同性性行为法律的正当性或不正当性至少在一定程度上取决于堕胎行为与同性性行为的道德性或不道德性。这种观点正是复杂论所抵制的。无论是多数主义的观点或是自由主义的观点，复杂论在分析法律的正当性时都试图抛开或“纳入”那些具有争议性的道德或宗教概念。复杂论主张，在各种相互矛盾的、关于美好生活的愿景之间，法律的正当性论证应当保持一种中立的立场。

当然，这两种观点在实践中较难区分。在 Roe v. Wade 一案以及 Bowers v. Hardwick 一案等类似案件的讨论中，无论是支持者或是反对者都试图披着复杂论的外衣推行简单论的观点（由此可见复杂论的影响力之大）。举例而言，那些厌恶堕胎与同性性行为的人通常以尊重民主与司法克制为名，希望法律禁止这些行为。类似地，那些赞同堕胎与同性性行为、崇尚自由法律的人则往往高举着自由主义宽容理念的大旗。

这并不意味着所有复杂论的观点都是为了推行实质上的道德确信。复杂论在提出法律应当在各种相互矛盾的美好生活理念之间保持中立立场的观点的同时，也阐述了各方面理由，其中最突出的理由如下：①从相对论的角度来看，由于所有的道德判断都是相对的，因此根本不存在普适的道德真理，立法者也不应当将某种特定的道德理念固定在法律之中；②从功利主义的角度来看，基于种种原因，政府的中立态度能够从长远上促进人们的公共福利；③从唯意志主义理论的角度来看，为了尊重个人作为自由公民或自治主体所具有的选择生活理念的能力，政府应当在各种美好生活理念间保持中立；④从自由主义或实用主义的角度来看，由于人们不可避免地会在道德与伦理问题上产生分歧，因此为了维护政治契约与社会协同，政府应当将这些争议与分歧纳入考量。

为了以简单论的模式分析解决问题，笔者参考了法官与学者对于近期发生的堕胎与同性性行为案件的理论观点。他们无一不是采取了复杂论的分析模式，这也恰恰说明了将道德评价纳入司法考量所面临的重重困难。由于法官、学者们的观点，即法律应当在各种生活理念间保持中立，主要来源于唯意志主义理论与自由主义宽容理论，因此笔者将着重对这两种理论进行分析。尽管笔者对主流的自由主义宽容理论大加批判，但是笔者并不认为上述理论的不足能够让多数主义理论高枕无忧。多数主义理论并不是“治疗”自由主义宽容理论误区的良药，想要对自由主义宽容理论作出修正，我们必须更深刻地理解实质性的道德话语在政治与宪法论证中发挥的作用。

二、隐私权：隐私与自治

宪法性隐私权理论往往掺杂着中立立场理念与唯意志主义的个人理论。举例而言，在审理堕胎案件时，没有任何一个州的法院会“采纳某种生命理论”而践踏女性所享有的“是否终止妊娠”的权利”。① 由于“任何一个人都不应因其‘价值偏好’与社会中的大多数人不一致而被迫放弃其享有的对个人事务的决定权”②，因此即便某种道德观念为社会公众所普遍接受，政府也不一定必须强制所有人都遵循这种道德观念。

在宗教自由与言论自由的语境下，理想的中立状态通常反映了强调人类能动性的唯意志主义理论，隐私权语境下亦是如此。为了尊重人们所具有的、进行价值选择与关系选择的能力，政府必须在各种生活理念之间保持中立。隐私权理论与唯意志主义理论之间的联系是如此的紧密，以至于学者们往往将隐私权与自治权的价值混为一谈。他们声称：“如果人们不能自由地选择并且采取能够表达其独特性与个体性的生活方式，那么，宪法所保障的人格尊严就会受到严重的削弱，因此隐私权是“以个人自治理论为基础的”。③ 法院在“认可宪法性隐私权”的同时，也承认“个人具有自治生活的能力，并且享

---

① Roe v. Wade, 410 U. S. 113, 162 (1973).

② Thornburgh v. American College of Obstetricians & Gynecologists, 476 U. S. 747, 777 (1986) (Stevens, J. , concurring).

③ Eichbaum, Towards an Autonomy - Based Theory of Constitutional Privacy: Beyond the Ideology of Familial Privacy, 14 HARV. C. R. -C. L. L. REV. 361, 362, 365 (1979).

有行使这一能力的权利”。[①] 美国联邦最高法院在判决中废除了那些禁止人们使用避孕工具的法律，此举“不仅保护了人们享有的决定不生育子女的权利，还保护了夫妻这一联合体的自治权利”。此举也保护了男性与女性的决定权，使他们无须“承担一项遗弃子女的罪行”，也无须“被迫担任家长的社会角色”。[②]

在美国联邦最高法院的判决意见与异议意见中，法官常常将隐私权与唯意志主义理论的理论假设联系起来。因此，法院认为那些禁止人们使用避孕工具的法律侵犯了“公民享有的、受到宪法保护的生育自治权利”。[③] 法院在讨论女性堕胎权时还指出：“没有什么决定比女性作出的是否终止妊娠的决定更加具有私人性质、更加具有基础性与影响力。”[④] 大法官 Douglas 就一起堕胎案件撰写了并存意见，他强调隐私权不仅保护“人们享有的自主控制个人才智、兴趣、爱好以及个性的发展与表达”的自由，也保护“人们对生活中有关结婚、离婚、生育、避孕以及抚育子女等基础事项作出决定的选择自由”。[⑤] 而在另一个案件中，大法官 Marshall 在其撰写的异议意见中指出：“该案中限制警察头发长度的规章与他所理解的、宪法旨在保护的隐私权、自我认同、自治权以及个人的完整性等价值相抵触。”[⑥] 此外，在其他案件中，四名大法官也曾认为，“人与人之间的相互关系之所以可以如此丰富多彩，正是源于个人享有的、自由选择与其他人建立密切私人关系的形式与性质的权利”[⑦]，因此，法院应当对隐私权的保护范围进行扩张，为双方合意下进行的同性性行为提供隐私权保护。

尽管隐私权与自治权之间具有如此紧密的联系，并且这种联系看似理所当然、不可避免，但是隐私权仍然不应以唯意志主义的个人理

---

① Richards, The Individual, the Family, and the Constitution: A Jurisprudential Perspective, 55 N. Y. U. L. REV. 1, 31 (1980).

② Karst, The Freedom of Intimate Association, 89 YALE L. J. 624, 641 (1980).

③ Carey v. Population Services Int'l, 431 U. S. 678, 687 (1977).

④ Thornburgh v. American College of Obstetricians & Gynecologists, 476 U. S. 747, 772 (1986).

⑤ Doe v. Bolton, 410 U. S. 179, 211 (1973) (Douglas, J., concurring).

⑥ Kelley v. Johnson, 425 U. S. 238, 251 (1976) (Marshall, J., dissenting).

⑦ Bowers v. Hardwick, 478 U. S. 186, 205 (1986) (Blackmun, J., dissenting).

论作为假设前提。事实上，纵观美国法律史，在绝大部分法律进程中，隐私权理论中既不包含保持中立立场的理念，也不包含自由选择目标与联系的理念。

当代隐私权理论认为，隐私权是人们所享有的不受政府约束、实施特定行为的权利，而传统隐私权理论则认为，隐私权是一项保护特定私人事实不受公众窥视的权利。新的隐私权理论保护个人具有的“对特定类型事项作出重要决定的自主性”，而旧的隐私权理论则保护个人的隐私利益，“避免人们的私人事项遭到披露”。①

这股将隐私权视为自治权的趋势不仅掩盖了隐私权理念的转变，还限制了隐私权保护理论的论证维度。尽管学者们在对新的隐私权理论进行论证时主要依靠的是唯意志主义理论，但我们同样可以从其他角度对新的隐私权理论进行分析。以人们享有的婚姻免受政府干预的权利为例，我们不仅可以从个人选择权的角度进行论证，还可以从这一权利所保护的行为，即婚姻本身的内在价值与社会影响进行论证。正如法院所指出的：“特定类型的私人关系在一个国家的文化与传统中往往起到至关重要的作用，它们培养着、传递着国民的共同理念与共同信仰；它们促进了思想的多样化，并且在个人与国家权力之间起到了缓冲带的作用。”② 尽管如此，法院如今更倾向于在唯意志主义理论的语境下对隐私权进行解读，将隐私权视为一项保护“人们享有的自主确立自我个性”的权利。

三、从旧的隐私权理论到新的隐私权理论

隐私权在其最初获得美国法律认可时是一项侵权法原则，而不是一项宪法原则。在 1890 年，波士顿律师 Louis Brandeis 与他曾经的法律合作伙伴 Samuel Warren 共同发表了一篇影响深远的论文，他们在论文中提出，民法应当保护个人的“隐私权”。③ 与近来引发争议的性自由问题相比，Brandeis 与 Warren 的隐私权理论显得十分巧妙，他们关注的是媒体为了追求轰动效应而公开上流社会八卦传闻的行

① Whalen v. Roe, 429 U. S. 589, 599 - 600 (1977).

② Roberts v. United States Jaycees, 468 U. S. 609, 618 - 619 (1984).

③ Warren & Brandeis, The Right to Privacy, 4 HARV. L. REV. 193 (1890).

为，或是广告商未经他人同意在广告中使用他人肖像的行为。起初这一理论的发展较为缓慢，而到了20世纪30年代，这一理论获得了广泛的认可，并且得到了大多数州的民事法律的认可。[①] 尽管如此，在20世纪60年代之前，宪法并未给予隐私权过多的关注。

在1961年的Poe v. Ullman一案[②]中，一名康涅狄格州的药剂师对该州一项禁止使用避孕工具的法规提起诉讼，在此案的审理中，美国联邦最高法院的两名大法官首次在宪法语境下根据隐私权理论进行论述。尽管法院多数意见从技术层面驳回了原告的诉讼请求，但是大法官Douglas与大法官Harlan在异议意见中指出，涉案法规确实侵犯了他人的隐私权。值得一提的是，他们所指的隐私权是传统意义上的隐私权。他们认为，该案所涉及的并不是使用避孕工具的权利，而是免受政府在执行该项法规时必然采取的监控手段的侵扰的权利。Douglas写道："试想一下，如果政府要全面地落实这项法规，那么，其必然会制定出一套实施制度。如此一来，早晚有一天，执法人员可以出现在人们的卧室里，他们手持搜查令，要求检查人们在卧室里是否有使用避孕工具的'违法行为'……如果国家可以制定出这样的法律，那么国家就可以强制执行这种法律。执法人员在证明他人犯有'违法行为'时，就必然会涉及对夫妻之间私人关系的调查。"Douglas还提到，禁止避孕用品的销售与禁止避孕用品的使用是不同的。禁止避孕用品的销售只会限制人们对避孕用品的取得，而不会将夫妻的私密关系置于公众的审查之下；只会将警察引向药房，而不会将警察引向人们的卧室。因而仅仅禁止销售避孕用品的法规并不会侵犯传统意义上他人的隐私权。

大法官Harlan也对该项法规提出了反对，他的论证恰恰体现了旧的隐私权理论与新的隐私权理论之间的区别。Harlan并没有指责立法者在制定这项禁止使用避孕工具的法规时未能在相互矛盾的道德观念间保持中立。尽管Harlan自己也承认，这项法规的出台有其存在的基础，因为一方面人们普遍认为避孕是不道德的，另一方面由于避孕用品能够将性行为发生"灾难性后果"的几率降到最低，因而人

① Prosser, Privacy, 48 CALIF. L. REV. 383 (1960).

② 367 U. S. 497 (1961).

们认为避孕用品鼓励、纵容了诸如通奸、乱伦等“淫乱行为”的发生，但是，Harlan 并没有以该项法规的非中立立场为由认定其违反了宪法。Harlan 还发表了一番反对中立要求的言论，他认为政府对道德观念的关注是正当且合理的，他指出：“国家或州在面对决策的各方面因素时应当着重从道德范畴进行分析，这表明，政府在对社会对象进行规制时，不应只考虑社会共同体的物质福利，还应当从传统习惯的角度考虑人们道德观念的健康稳固。事实上，这也是为了在公共行为与人们纯粹通过合意或独自作出的行为之间划分界限，进而从社会关注中划分出一定范围的私人领域，这也是每个文明社会都必须面临的问题。”[①]

尽管 Harlan 对中立立场理念持反对态度，但是他并没有因此而认为康涅狄格州可以禁止已婚夫妇使用避孕工具。与 Douglas 的观点一样，Harlan 也认为，执行该项法律会对他人的隐私权造成侵犯，而隐私权恰恰是婚姻制度中必不可少的价值。他认为该项法律无异于要求夫妻在刑事审判庭前一五一十地交代他们性行为的过程，是对传统意义上的隐私权的侵犯，是整个刑法机制对婚姻隐私的核心价值的侵入。根据 Harlan 的观点，康涅狄格州有权在法律中规定避孕是不道德的，但无权强制采取“其为了实现上述法规而选择的令人厌恶的、侵入他人隐私的手段”。

在 Griswold v. Connecticut 一案[②]中，Roe 一案中持异议意见的两位法官的观点得到了法院的认可。美国联邦最高法院废除了康涅狄格州禁止使用避孕工具的法律，并且首次明确认可了宪法性隐私权。尽管这一类隐私权是宪法上的权利而不是侵权法上的权利，但由于其保护的是个人的隐私利益，旨在使个人的私人事务远离公众视野，因此，其仍然与传统意义上的隐私权理论相关联。之所以该项法规会对隐私权造成侵犯并不是因为它限制了人们使用避孕工具的自由，而是因为该项法规的执行必然导致执法人员对他人隐私的侵入。大法官 Douglas 在判决中写道：“我们能否允许警察基于一对夫妇可能使用避孕工具的蛛丝马迹而搜查他们的卧室这种神圣不可侵犯的私人领

① 367 U. S. 497, 545 – 546 (1961).

② 381 U. S. 479 (1965).

域?”“这种做法显然与人们对于婚姻关系的隐私权观念相冲突。”

法院对宪法性隐私权的论证并不是从唯意志主义理论的角度展开的，而是毫不掩饰地采取了一种目的论的解释。法院之所以维护宪法性隐私权并不是为了使人们按照自己的选择无拘无束地享受性生活，而是为了确认与保护婚姻这一至关重要的社会制度。法院认为：“婚姻是两个人进行的一种祸福与共、同甘共苦、地久天长的结合，并且婚姻是私密的、神圣不可侵犯的。婚姻双方作为一个联合体，能够提升人们的生活方式……促进生活和谐、双方彼此忠诚，这种联合体与法院在此前判决中认可的其他事项一样具有高尚的目的。”①

尽管学者与法官往往将 Griswold 一案视为激动人心的宪法领域的新发展，但是该案所宣告的隐私权却并不是一项全新的权利，它可以追溯到世纪之交诞生的传统的隐私权理论。至于笔者在上文中提到的隐私权概念的转换，更具决定性意义的转折点发生于距 Grisword 一案七年之后的 Eisenstadt v. Baird 一案②，该案表面上与 Griswold 一案十分相似。与 Griswold 一案一样，该案涉及一项限制避孕措施的州法规，但是该法规限制的是销售避孕用品的行为，而非使用避孕用品的行为。因而，该项法规限制了人们获取避孕用品的途径，但是其实施并不要求政府对私人生活实施监控。该项法规并没有侵犯人们享有的传统意义上的隐私权。此外，该项法规仅仅限制向未婚人群销售避孕用品的行为，因而它也不会像康涅狄格州的那项法规那样对婚姻制度形成负担。

尽管两项法规之间存在上述区别，美国联邦最高法院还是废除了该项法规，并且只有一位法官持有异议。法院在该案的判决中作出了两方面的创新，其中一方面的创新是显而易见的，而另一方面的创新则未能引起人们的普遍关注。法院的明确创新之处在于，法院重新阐释了隐私权的主体，在以往判例中，人们是基于社会婚姻制度参与者的身份而享有隐私权，而在该案中，法院认为人们是基于其个人的个体身份而享有隐私权，无论他们扮演何种社会角色或是具有何种相互关系。法院指出：“确实，Griswold 一案涉及的隐私权是基于婚姻关

① 381 U. S. 479, 486 (1965).

② 405 U. S. 438 (1972).

系而存在的。但是我们应当明白，夫妻共同体并不是一个具有自身想法与情感的独立实体，而是一个由两个具有独立智识与情感结构的个人所组成的联合体。”

Eisenstadt 一案中出现的这种理论变化是微妙却又具有决定性作用的，它见证了旧的隐私权理论向新的隐私权理论的转变。法院不再将隐私权定义为私人事务免受监控或披露的自由，而是将隐私权认定为保护人们自由实施特定行为、不受政府限制的权利。尽管在 Griswold 一案中，隐私权被视为一项保护“夫妻卧室这种神圣不可侵犯的私人领域”① 免受侵入的权利，但是在 Eisenstadt 一案中，隐私权被视为一项保护人们作出的特定决定免受政府侵犯的权利。此外，随着隐私权含义的转变，论证隐私权的正当性的理据也发生了改变。在 Eisenstadt 一案中，法院之所以对隐私权进行保护并不是因为隐私权维护了特定社会实践，而是因为它保障了个人的选择权。“隐私权意味着一种个人权利，不论是已婚人士还是单身人士，他们都享有在不受到毫无根据的政府侵入的情况下作出是否生育子女这类对个人具有影响力的基本决定的权利”②。

在距 Eisenstadt 一案一年之后的 Roe v. Wade 一案③中，美国联邦最高法院根据隐私权理论废除了一项得克萨斯州禁止堕胎的法规，法院对隐私权的范围进行了扩张，将“女性决定是否终止妊娠的权利”也包含在隐私权的范畴内，该案堪称最具争议的适用隐私权理论的案件。前有避孕问题，后有堕胎问题，隐私权已经被打造成一种免受政府干涉的选择权。与此同时，个人选择还不应受到丈夫或家长的干涉。在 Planned Parenthood of Missouri v. Danforth 一案④中，法院废除了一项要求女性必须在丈夫的同意下、未婚未成年人必须在父母的同意下才可以进行堕胎的法规。由于各州法律不得禁止女性、哪怕是未成年女性在早期妊娠阶段实施堕胎行为，因而法律也不得授权“第三方”，如丈夫或家长禁止女性堕胎。

---

① Griswold, 381 U. S. at 485.

② Eisenstadt, 405 U. S. at 453.

③ 410 U. S. 113 (1973).

④ 428 U. S. 52 (1976).

在 1977 年的 Carey v. Population Services International 一案[1]中，法院依据以唯意志主义理论为基础的新的隐私权理论，废除了一项禁止向 16 岁以下未成年人销售避孕用品的纽约州法规。在该案中，法院首次使用自治权的表述定义隐私权所保护的个人利益，公开宣告了旧的隐私权理论向新的隐私权理论的转变。大法官 Brennan 在其撰写的法院意见中也承认，法院在审理 Griswold 一案时关注的焦点是，该项禁止使用避孕工具的法律可能会将警察引入夫妻的卧室。“但是法院在此后作出的判决中明确说明，法院并不是基于上述理由而对个人在生育子女方面的自治权给予保护的”。通过对先前案例的调查研究，Brennan 指出：“Eisenstadt 一案保护的是他人享有的决定是否生育子女的权利，Roe 一案保护的是‘女性决定是否终止妊娠的权利’。”他总结道：“Griswold 一案给我们的启示是，宪法保护他人享有的决定是否生育子女的权利，使他人免受国家的不合理侵犯。”

根据这种唯意志主义的隐私权理论，限制销售避孕用品的法律与限制使用避孕用品的法律一样，都是对隐私权的粗暴侵犯；毫无疑问，二者也都限制了人们的选择权。Brennan 还指出：“诚然，在实践中，如果法律为了降低执法的侵扰性，在执行上更加易如反掌而完全禁止所有销售避孕用品的行为，那么就可能会对人们选择避孕的自由权利产生更加灾难性的影响。”[2] 具有讽刺意味的是，在旧的隐私权理论下，禁止销售避孕用品的法律不会对隐私权形成威胁，而在新的隐私权理论下，这类法律却侵犯了人们的隐私权。

在此后的相关案件中，法院也将堕胎行为涉及的隐私利益表述为自治权、保护女性的堕胎权。法院在近期的一项判决中指出：“没有什么决定比女性作出的是否终止妊娠的决定更加具有私人性质、更加具有基础性与影响力。女性享有的自由选择是否终止妊娠的权利是一项基本权利。”[3]

尽管法院越来越倾向于将隐私权视为自治权，法院仍然以 5 比 4

---

① 431 U. S. 678 (1977).

② 431 U. S. 678, 688 (1977).

③ Thornburgh v. American College of Obstetricians & Gynecologists, 776 U. S. 747, 772 (1986).

的票数作出了不对同性性行为提供隐私权保护的判决。大法官 White 在其撰写的多数意见中强调，在先前的隐私权案件中，法院仅仅保护他人在子女抚养教育、家庭关系、生育、婚姻、避孕以及堕胎等事项上的选择权。他写道："我们认为，上述这些受到保护的权利之中，显然没有任何一项权利与原告主张的同性恋者进行同性性行为的宪法权利具有任何相似之处……"① 与此同时，他驳回了原告提出的、认为佐治亚州的公民不能在法律中规定"同性性行为是不道德且不可接受"的主张。White 采取了一种中立的态度，认为"法律……始终建立在道德理论的基础之上，如果要依据正当程序条款（Due Process Clause）废除所有涉及基础道德选择的法律，那么法院将会非常繁忙、应接不暇"。

大法官 Blackmun 代表持异议的四名法官撰写了异议意见，他指出："法院此前的隐私权案件判决并不是根据涉案行为的性质作出的，而是根据个人在私人事项上享有选择自由的理论作出的。我们之所以保护这些权利并不是因为它们有利于社会公众福利，而是因为它们构成了个人生活的核心部分。'隐私权这一概念包含了个人只属于其自身，而不属于其他人或者社会全体的道德事实。'"②

Blackmun 从个人主义的角度对传统家庭纽带的作用进行解读，主张法院应遵循此前隐私权案件的判决，对同性性行为提供保护："由于亲子关系会给个人的自我定义带来戏剧性的改变，因此我们保护他人享有的决定是否生育子女的权利……我们之所以保护家庭关系是因为家庭对于个人的幸福快乐起着至关重要的作用，而不是因为我们更偏爱某种模式的家庭生活。"由于性关系方面的隐私权保护的是"个人享有的、自由选择与其他人建立密切私人关系的形式与性质的权利"，因此，法院应当像保护其他私人选择一样为同性性行为提供保护。

Blackmun 还为中立立场理念进行辩护，他认为传统宗教教义对同性性行为的责难"并不能使国家有权要求全体公民接受这种宗教评判"。相反，国家在反对同性性行为的问题上诉诸宗教教义的做法

---

① Bowers v. Hardwick, 478 U. S. 186, 190 - 191 (1986).

② Bowers v. Hardwick, 478 U. S. 186, 204 (1986) (Blackmun, J., dissenting).

无异于搬起石头砸自己的脚，违背了法律“表现为对世俗社会强制力的合理使用”的主张。

尽管法院在同性性行为隐私权的问题上表现得极其不情愿，但是过去25年以来的隐私权判例可以为自由主义个人理论的理论假设提供充分的证明。这些具有自由主义色彩的判例也给我们带来了两个问题：其一，我们是否有必要将具有争议的道德问题纳入考虑；其二，以唯意志主义理论为基础的隐私权理论是否限制了隐私权保护理论的论证维度。

四、自由主义宽容理论：以堕胎问题为例

与唯意志主义理论提倡中立状态不同，自由主义宽容理论寻求一种政治上、而非哲学上的正义观念，这种观念不会预先假设个人、自治或是其他特定概念的含义。该理论认为，应当将具有正义的道德与宗教问题纳入司法考量，意在确保持有不同理想目标的社会成员能够相互协作，而不是为了贯彻自主性或个性化等“放之四海而皆准”的自由主义理念。对自由主义宽容理论的一种反对观点是，如果将特定的道德或宗教争议纳入案件的考虑之中，那么，法院的判决结果可能会在一定程度上取决于法院对上述争议问题的暗示性回答。举例而言，在堕胎案件中，我们越确信相关道德观念下胎儿与婴儿的不同，我们就越能不加迟疑地从政治角度考虑胎儿的道德地位。

从法院对 Roe v. Wade 一案[①]的论证我们可以看出，将道德与宗教争议问题纳入宪法案件所面临的困难。尽管法院尽量在生命从何时开始的问题上保持中立，但法院判决中还是对这一问题预设了特定的答案。法院在一开始指出，得克萨斯州的禁止堕胎法规是建立在有关生命从何时开始的理论的基础上的。“得克萨斯州强调生命从女性怀孕之时开始，并且存在于整个妊娠阶段，因此州具有从怀孕开始保护生命的迫切利益。”

而后，法院声明了其对这一问题的中立立场：“我们并不需要解决生命从何时开始的难题。那些在医学、哲学以及神学等方面接受专

---

① 410 U. S. 113 (1973).

业训练的人尚且不能就这一问题达成共识，司法机关更无法对这一问题给出答案。”法院还提到，从整个西方传统文化与美国各州法律来看，人们对于生命从何时开始这一个“最敏感也最困难的问题”有着巨大的分歧。

经过此番审视，法院最后总结道：“总体上来看，法律从来没有将未出生的胎儿视为个体。”于是，法院认为，得克萨斯州不应将特定生命理论写入法律。由于缺少某种具有决定性与说服力的理论根据，法院最后判决，得克萨斯州的错误之处在于“采取了一种践踏孕妇堕胎权利的生命理论”。

尽管如此，法院并没有保持其宣称的中立立场，法院的判决实际上为其纳入的争议问题预设一个特定答案：“州主张其对潜在生命具有重要且合法利益，该主张的‘令人信服’之处在于其可行性。之所以具有可行性，是因为胎儿在离开母亲的子宫之后可能具有创造有意义的人生的能力。依据这种可行性，这项保护胎儿生命的州法规在逻辑学上与生物学上都具有合理性。”

法院对 Roe 一案作出的判决为其意欲纳入考虑范围的争议问题预设了特定答案，笔者之所以讨论这种做法并不是为了反驳该案的判决意见，仅仅是为了反对法院将生命从何时开始的争议问题纳入考量的主张。法院此举不仅没有以一种中立的立场代替得克萨斯州的理论，反而采取了法院自己提出的另一种理论。

保持中立立场的自由主义宽容理论主张还面临着更深层次的困难：即便我们为了促进社会协作而赞成将道德与宗教的争议问题纳入司法考量，但是我们还面临一个极具争议的问题，即应当如何对争议问题进行分析，并且法院在审理过程中也会被要求就争议问题给出解答；要么对涉案利益进行实质评价，要么对自由主义宽容理论不愿讨论的有关能动性的自治概念进行分析。对此，1986 年的堕胎案件 Thornburgh v. American College of Obstetricians & Gynecologists 一案[1]就能很好地说明法院遇到的上述困难，在该案中，法院维持了 Roe 一案的判决。

---

① 476 U. S. 747 (1986).

在 Thornburgh 一案中，大法官 White 在其撰写的异议意见中极力劝说法院推翻 Roe v. Wade 一案的判决，将该案中涉及的“问题留给民众去判断”。他也同意堕胎问题是一个非常具有争议性的道德问题，但是他认为，法院将这一争议问题纳入考量的最好方法就是让各州自行决定这一问题的答案。事实上，White 建议法院在分析棘手且具争议的堕胎问题时，不要给出一个面向全国民众的单一答案，当年法院在处理同样棘手且具争议的奴隶制度时，Stephen Douglas 也给出过相同的建议。Whiter 写道：“堕胎是一个引发激烈争议的道德与政治问题。在我们的社会中，这种问题只能依靠民众的意愿解决，要么通过立法作出明示的规定，要么通过各州宪法中已经包含的一般原则进行解释。否则，法院能做的就是撇开中立立场，将法院自己作出的具有争议的价值选择强加在人们身上。”

大法官 Stevens 对 White 的异议意见作出了回应，他主张法院在将争议问题纳入考量时应当采取一种不同的方式。对于该案中具有争议的道德问题，即堕胎问题，Steven 坚持认为，这个问题应当由女性个人自己决定，而不应由立法机关决定。法院之所以坚持主张女性享有自由选择的权利并不是为了将法院的价值判断强加于民众，而仅仅是为了避免当地大多数人将他们的价值判断强加在个人身上。“任何一个人都不应因其‘价值偏好’与社会中的大多数人不一致而被迫放弃其享有的对个人事务的决定权。”Steven 认为：“法院面临的基本问题并不是何种生命理论是正确的，而是‘堕胎决定’应当由个人作出还是应当由大多数人‘不受限制地将自己观念中宪法之外的价值偏好强加于他人身上’。”

显而易见，以上两种分析方式都符合自由主义宽容理论的特点：在人们对道德问题存在分歧的情况下，促进社会协作的实际利益并不能作为法院进行价值选择的理由。即便我们为了促进社会协作而赞成将道德或宗教上的争议问题纳入司法考量，我们仍然不能确定应当如何对争议问题进行分析。如果我们采取 White 或 Stevens 提出的分析方式以解决争议问题，那么，法院要么必须对涉案的道德或宗教利益进行实质评价，要么必须就唯意志主义理论支持的个人自治理论进行分析。尽管如此，上述两种解决方式都否定了自由主义宽容理论的基调；两种解决方式都会对正义的政治含义作出推定，这恰恰是其希望避免的、道德分析与哲学分析常常犯的错误。

五、自由主义宽容理论：以同性恋问题为例

Bowers v. Hardwick 一案①异议意见中的自由主义宽容理论体现了在自由主义的语境下，仅仅以自治权理论作为自由主义宽容理论的依据所面临的困难。在 Bowers 一案中，法院拒绝对同性性行为提供隐私权保护，法院多数意见称，从前隐私权判例保护的权利之中，显然没有任何一项权利与同性恋者所主张的权利具有任何相似之处；"家庭、婚姻或生育等事项与原告主张的同性性行为之间没有任何联系……"法院认为，如果原告想要主张同性性行为方面的隐私权，原告必须向法庭说明同性性行为与目前受到隐私权保护的行为之间具有某种关联，从而论证同性性行为也同样应当获得法律的保护。原告还需要说明异性的亲密行为与同性的亲密行为之间存在何种相似性，可以使得它们同样享有宪法性隐私权。

对于上述问题，我们至少可以从两个方面进行回答：一方面，从唯意志主义理论的角度，我们可以主张同性性行为反映了人们享有的自治权；另一方面，从实质性的角度，我们可以分析同性关系能够实现人类幸福。唯意志主义理论认为，只要不会对其他人造成损害，人们应当自由地选择与何人建立私人关系，无论其选择进行的行为的性质为何或是否受到人们的欢迎。从这一角度来看，同性关系与法院保护的异性关系是相似的，它们都反映了个人的自治选择。

而实质性分析则认为，传统婚姻体现的许多重要价值在同性结合中也同样有所体现。从这一角度来看，异性关系与同性关系之间的关联并不在于二者均是个人选择的结果，而在于二者皆能实现人类幸福。与第一种仅仅依靠自治权的理论相比，第二种分析方式清楚地说明了，同性亲密关系在具有其与众不同的特性的同时，与异性亲密关系具有相同的本质。这种分析方式与审理 Griswold 一案的法院对婚姻隐私权的论证是一样的，并且其认为同性结合与婚姻一样，都是

① 478 U. S. 186 (1986).

"私密的、神圣不可侵犯的……促进生活和谐……双方彼此忠诚"，是双方为了"高尚的目的"而组成的联合体。

在上述两种可能的分析方式中，Bowers 一案的持异议法官采取了第一种方式。大法官 Blackmun 并没有主张同性亲密关系能够像法院保护的异性亲密关系那样造福于民，而是从个人主义的角度对法院以往的判决进行解读，并且认为由于"人与人之间的相互关系之所以可以如此丰富多彩，正是源于个人享有的、自由选择与其他人建立密切私人关系的形式与性质的权利"，因而法院应当遵循先例，为同性性行为提供隐私权保护。也就是说问题并不在于同性关系本身的性质，而在于尊重不同人在决定其生活方式、行为模式时作出的不同选择。[①]

大法官 Stevens 在其单独撰写的异议意见中也同样避免提及同性恋的价值与异性恋的价值之间的可能联系。相反地，他概括性地讨论了"个人就一些非常重要的事项作出决定权利"以及"尊重个人尊严与个人选择"等问题，并且认为上述自由权利不仅仅属于异性恋。"从个人的角度来看，同性恋者与异性恋者具有同样的、决定如何生活的权利，更确切地说，都具有同样的、决定自我行为以及与伴侣自愿结合的权利。"

Bowers 一案的异议意见如此彻底地采取了唯意志主义理论的视角，我们似乎很难想象法院会采取上述实质性分析。但是，我们可以从该案上诉法院作出的判决中找到一些实质性分析的蛛丝马迹。[②] 美国联邦上诉法院支持了 Hardwick 的主张，并且废除了此前致使 Hardwick 被定罪的佐治亚州法规。与 Blackmun 与 Stevens 一样，上诉法院在婚姻隐私权与同性关系隐私权之间进行了类比。但是与美国联邦最高法院的异议意见不同的是，上诉法院并不仅仅从唯意志主义理论的角度进行类比。反之，上诉法院主张，同性关系与异性关系一样，都能够实现重要的人类幸福。

上诉法院指出，婚姻关系之所以如此重要，并不仅仅因为其具有

---

① 478 U. S. at 205 (Blackmun, J., dissenting).

② Bowers v. Hardwick, 760 F. 2d 1202 (11th Cir. 1985), rev'd, 476 U. S. 747 (1986).

生产的目的，还因为它给婚姻双方提供了无可比拟的相互扶持与自我表达的机会。上诉法院回顾了美国联邦最高法院在 Griswold 一案中的观点：“婚姻是两个人进行的一种祸福与共、同甘共苦、地久天长的结合，并且婚姻是私密的、神圣不可侵犯的。”上诉法院接着谈到，联邦最高法院在 Griswold 一案中所看重的婚姻的特性，在同性结合中也同样存在：“对一些人来说，该案涉及的性行为与婚姻中的亲密行为具有相同的作用。”

讽刺的是，上诉法院提出的对同性性行为提供隐私权保护的主张，是建立在将 Griswold 一案解读为保护婚姻实现的人类幸福的“老式”观点之上的，这种观点早已被美国联邦最高法院所抛弃，美国联邦最高法院已经转而采取个人主义的理论进行解读。同性性行为隐私权的实质性主张吸收了 Griswold 一案中的目的论观点，违反了自由主义宽容理论坚持中立立场的理念。实质性分析将行为的优点特质作为判断是否对该行为提供隐私权保护的依据，在价值判断上未能保持中立的立场。

在同性恋权利问题上，法院最经常引用的判例其实并不是 Griswold 一案，而是 Stanley v. Georgia 一案①，在该案中，法院认可他人享有在家中私下持有淫秽物品的权利。Stanley 一案的判决并没有主张从被告卧室中发现的淫秽电影具有“高尚的目的”，法院仅仅认为，被告有权私下观看这些影片。Stanley 一案所秉持的宽容理念与被宽容之物是否具有价值或重要性完全无关。

在 1980 年的 People v. Onofre 一案②中，纽约州上诉法院在上述各个判例的基础之上，认可同性性行为受到隐私权的保护。法院分析，依据 Stanley 一案的判决，如果“通过淫秽物品满足性渴望”是他人享有的合法权利，那么他人也应该享有“实施曾经被人们普遍视为‘离经叛道’的行为以寻求性满足”的权利，只要人们是在私下、通过合意进行的这种行为。法院还强调了其对保护涉案行为所采

① 394 U. S. 557 (1969).

② 51 N. Y. 2d 476, 415 N. E. 2d 936, 434 N. Y. S. 2d 947 (1980), cert. denied, 451 U. S. 987 (1981).

取的中立态度："我们无意对宗教、道德或哲学对合意下的同性性行为的评价发表任何观点。见多识广的主管当局以及不同个人对于这一问题的各方面价值评价可能并且确实有着天差地别。"法院的任务只是确保国家在分析特定问题时将这些相互矛盾的道德观点考虑在内，而不是将其中哪一种观点写入法律。

主张对同性恋的道德问题进行考量的自由主义宽容理论有着强大的吸引力。面对深层次的价值分歧，法院的做法似乎是在探询争讼双方的底线。在宽容理论下，法院可以在不对道德观念进行强制转换的情况下，维持社会秩序，并且表现对权利的尊重。法院无须劝说那些将同性性行为视为犯罪的人改变他们的想法，只需要他们宽容他人在私下进行这种行为。宽容理论坚持主张，每个人都应尊重其他人按照他们选择的生活模式生活的自由，宽容理论为政治契约提供了基础，使之在道德观念不统一的情况下也可以实现。

尽管自由主义宽容理论能够提供这样一种保证，但是中立的宽容理论面临两大困难：

第一个困难是，在实践方面，当我们无法确定人们对特定行为具有一致的道德容许度时，仅仅凭借对自治权的尊重并不能绝对保障社会的协作。如此看来，第一种受到隐私权保护的行为是通过宪法、以婚姻与生育的神圣性为依据而获得保护并不是偶然的。直到后来，法院从这些行为中抽象出隐私权的概念，进而在不需要论及曾经使隐私权成为可能的人类幸福理论的情况下为特定权利提供隐私权保护。这说明了，隐私权的唯意志主义论证在政治上与哲学上都必须建立在确定人们对特定行为具有一致的道德容许度的基础上。

第二个困难是，这种理论无法确保权利受到尊重的质量。正如New York一案所示，Stanley一案判决中的类比分析对同性性行为给予了宽容，但这种宽容是以贬低同性性行为为代价的；该案判决将同性的亲密关系与淫秽物品放在同一个层面进行讨论，同性亲密关系被解读为一种低劣、但只要是私下发生的就可以被宽容的行为。如果法院不是以Griswold一案的类比方式，而是以Stanley一案的类比方式进行论证，那么，如同纽约州法院的做法，案件涉及的同性性行为上的利益就必然会被削弱成"性满足"。Stanley一案中涉及的亲密关系仅仅发生在男性与他的色情物品之间。

Bowers 一案的多数意见也利用了这种理论假设，对“他人享有进行同性性行为的基本权利”[①] 的主张进行讥讽。很显然，法院认为 Bowers 一案是一个涉及他人进行同性性行为的权利的判例，就像 Griswold 一案被作为一个涉及他人进行异性性行为的权利的判例。但是，唯意志主义理论拒绝承认同性亲密关系与异性亲密关系一样可能实现人类幸福，无法进行 Griswold 一案中的类比分析，因而很难对上述讥讽观点进行反驳。

中立的自由主义宽容理论在具有吸引力的同时，也存在许多问题；它使得我们无法对不利于同性性行为的观点提出反驳。除非我们能够理直气壮地表达支持同性性行为的观点，否则即便法院支持同性恋者的主张，同性恋者赢得的也只不过是一种浅薄与脆弱的宽容。如果不能得到人们的崇拜，至少人们对同性恋者的生活必须表现出些许理解，才能称得上是对同性恋行为的更充分的尊重。尽管如此，仅仅凭借自治权理论、通过法律或政治说教是不可能培养出人们对特定行为的理解与尊重的。

自由主义宽容理论可能会反驳，自治权理论并没有阻止法院采取其他更加具有实质性、积极性的理论分析；在讨论宪法问题时对道德观点进行分析并不意味着要将所有的道德观点都考虑在内。一旦法院肯定了他们在性行为方面的选择自由，同性恋者就可以进一步通过论证与例证寻求其他公民对同性恋行为的更深层次的尊重，这种尊重大大超过了自治权所能提供的尊重。

尽管如此，自由主义宽容理论的上述反驳意见还是低估了宪法规定设定的政治话语在美国公共生活中的作用范围。虽然大多数人对宪法较为熟悉，但现代自由主义理论的主要中心思想，即权利作为王牌、中立立场、无负担的自我，这些思想理念在我们的道德与政治文化中都呈现出越来越突出的影响。在通常的政治争论中，从宪法规定中提取的理论假设发挥着越来越大的作用。

---

① Bowers v. Hardwick, 478 U. S. 186, 191 (1986).

六、结语

不可否认，将实质性道德问题纳入司法考量中的做法使法院难以以人类幸福作为论据支持自由主义宽容理论的观点。通过为隐私权保护的特定行为进行辩护从而界定隐私权概念的做法可能是十分鲁莽的或者也可能是十分巧妙的；鲁莽之处在于它对道德分析的过分依赖，巧妙之处在于它唤起了人们的传统观念，通过这些传统观念将隐私权与其保护的行为的价值联系起来。但是，正如堕胎案件以及同性恋性行为案件所体现的，试图将道德问题纳入司法考量的做法本身存在许多问题。这种做法可能会使法院以“简单”的分析方法对问题的实质给出暗示性的回答，毕竟反堕胎法律与反同性性行为法律的正当与否和堕胎行为与同性性行为本身的道德与否是相互关联的。

作为自由的隐私权：强制性隐私

安尼塔·L. 艾伦[①] 著　孙言[②] 译

目　次

一、导论

本文将从“隐私权的自由理论”与“私人选择的自由理论”这一对复杂的理念出发，提出两个提议。在过去30年间，美国学者对个人隐私权展开了大量的讨论，其中就包括对上述两个理论的研究与探讨。

隐私权的自由理论认为，政府应当尊重并且保护物理性隐私权、信息性隐私权与财产性隐私权三种利益。物理性隐私权是指，他人在空间上享有独居与隐居的权利。信息性隐私权是指，他人的保密事项、秘密信息受到保护以及对其个人信息加以控制的权利。财产性隐私权是指，他人控制其姓名、肖像以及个人身份信息的权利。隐私权的自由理论影响了人们对隐私权法律的普遍看法，其中包括普通法中的四种隐私侵权制度、《美国联邦宪法第四修正案》、《美国联邦宪法第五修正案》、各州信任责任法律、联邦窃听法律以及学者提议的基因隐私法律等。隐私权的自由理论与私人财产的自由理论有相当多重合之处。我们将人们享有的隐私权与人们所拥有的特定场所与物品联

---

① 安尼塔·L. 艾伦（Anita L. Allen），美国宾夕法尼亚大学法学院教授。
② 孙言，中山大学法学院助教。

系起来，如住宅、日记、信件、名誉以及身体部位等。隐私权的自由理论的核心就是他人隐私的不可得性。在某种程度上来说，隐私权存在的前提是，他人及其个人信息不为其他人所取得。

私人选择的自由理论认为，政府应当推动自决性隐私权的发展，允许个人、家庭及其他非政府实体作出有关友谊、性、婚姻、生育、宗教及政治性结社等方面的许多但非全部重要决定。私人选择的自由理论阐释了对《美国联邦宪法第一修正案》与《美国联邦宪法第十四修正案》中的实体性正当程序要求的规范性理解。

私人选择的自由理论假定，社会生活可以划分为公共领域与私人领域，其中，私人领域指的是人们的私人决策领域，包括性、生育、婚姻与家庭等方面。该理论假设，“自决性”隐私权起源于古典时期。希腊人将社会领域区分为“公共”的城邦领域与“私人”的家庭领域。类似地，罗马人也对与社会共同体有关的共有物以及与个人、家庭有关的私有物进行区分。在公共领域中，有财产的自由男性依据其经济地位而享有公民身份，参与集体管理。相比之下，私人领域中的人们只是在经济上与生理上幸存下来的平凡人。私人领域中的妻子、子女、奴隶与仆人仅仅是男性管理者的附属品。认为社会生活应当分为公共领域与私人领域的经典前提，以及认为私人领域主要包括住宅、家庭、非政治的私人联合的假设都被保留成为后启蒙时期的西方自由传统的一部分。

隐私权与私人选择权都要求对政府进行限制，并且要求政府承担特定的义务。政府的行为必须受到限制，必须给他人留下一定的私人空间。并且政府有义务保护我们免受干涉与侵扰。十分特殊的是，自由主义理论认为，政府应当按照道德正义所要求的方式，以一种得体而宽容的态度，限制自身权力，履行自身义务，促进隐私权利益与私人选择利益的实现。

自由主义的道德正义要求认为，隐私权与私人选择都是不可或缺的社会基础。然而，无论是隐私权还是私人选择，二者都不是绝对的、无限制的。隐私权可能会泛滥，也可能会分布不均。一些自由主义的男女平等主义者提出质疑认为，隐私权与私人选择权的传统用途在于使妇女成为男性的附属。同样，一些经济学自由主义倡导者也提出质疑认为，隐私权的传统用途在于不合理地隐藏他人的不利信息。尽管如此，自由主义理论的各个流派都认为，一定程度的隐私权与私人选择权有利于个人与社会的发展，有利于实现自由、民主、合理、有效的生活方式。

自由主义理论内部对于正义要求下的隐私权与私人选择权有着不同的观点。对于政府是否有义务允许他人堕胎、缔结同性恋婚姻、吸食毒品以及实施其他行为，保守派与自由派各持己见。保守派强调得体与礼节的传统观念，强调以住宅与家庭为中心的私人生活。自由派则强调容忍不一致行为的重要性，认为他人可以在负责任的情况下，作出偏离传统私人生活模式的举动。但是，所有的自由主义者都同意，为了确保私人生活领域的宽松，必须制定出一定的一般原则对政府进行实质性的限制。这一区分公共领域与私人领域的粗略原则，正是联结自由主义理论内部相反流派的纽带。

认为私人领域应当免受政府与其他外界干扰的观点可以说是无稽之谈，这种观点忽略了这样的一种事实，即无论在美国还是其他民主国家，私人生活都是有名无实的，私人生活的方方面面都是政府直接或间接规制的重点。婚姻被视为是一种私人关系，然而政府却对婚姻关系的成立设置了认证程序、医学检查以及年龄限制，禁止一夫多妻、乱伦婚姻与同性婚姻。生育与抚养子女也被视为私人事务，然而政府仍然为此制定了禁止虐待和忽视儿童的法律，要求父母对其子女承担起相应的责任。自由主义理论所强调的私人领域的实际状态是，生活在民主自治国家中的普通人有权对其私人生活进行选择，可以相对自由地免受大部分直接形式的政府干涉与限制。

经过上述背景介绍，本文提出的第一个提议是：尽管私人选择的自由理论得到了蓬勃发展，其发展由社会对同性婚姻与堕胎权日益增长的接受度可见一斑，但是，隐私权的自由理论却没有得到同样的发展。有学者发现，人们的隐私偏好与隐私期待正在消退。无论是个人、机构或是政府都不再要求或推崇物理性、信息性及财产性隐私权。自由主义理论也许需要重新修正其对隐私权价值的一贯主张。人们被迫处于一种自由的状态。自由主义政府不能容忍人们出卖自己而沦为奴隶。我们是否正在被迫处于一种私密的状态？我们又是否应当处于私密状态？自由主义理论是否应当要求政府强迫人们保持谦虚低调、将性生活与家庭生活秘而不宣、摆脱邮件往来、按照来电显示拦截装置并且对回忆录进行过滤清除？

本文提出的第二个提议与第一个提议相关：传统的隐私权自由理论与私人选择的自由理论没有被激烈的男女平等主义批判所击败，并且以利益重构的形式重新进入人们的视野。根据男女平等主义的批判观点，我们认识到私人领域曾经由约束条件、强制谦逊、顺从与不可得等条件构成，而这种形式的隐私权模式并不能真正保护人们的隐私权。讽刺的是，当女性也可以以有意义且非压迫的形式享有隐私权与私人选择权时，隐私也正在失去其藏身之所。

如果没有人赞成物理性、信息性与财产性隐私权的存在，那么，以此为基础的隐私权理论又能带来什么好处呢？无论是基于自由主义道德学者的主张，还是基于自由主义者试图忽略的有关责任与参与的其他理由，每个人都需要得到隐私权的保护。如果有些人不需要隐私权呢？为了回答上述问题，我们需要对“强制性隐私权”进行研究，强制性隐私权指的是，法律将隐私权规范强加于每个人身上，以确保每个人都能够享有特定的隐私生活。这种令人无法忍受的道德主义与军队对服役人员同性恋问题实行的“不问，不说”政策，以及社会对女性持家有道的道德要求如出一辙。尽管如此，笔者认为，设置隐私权规范以巩固道德自由与独立的自由主义状态，不仅符合自由主义的要求，而且也能满足男女平等主义者的平等愿望。

二、技术与小报

20 世纪的最后十年见证了美国公民个人隐私偏好与隐私期待的迅速消退。近期的民意调查以及高调的诉讼与政策辩论都表明，社会公众对物理性隐私权与信息性隐私权产生了高度担忧。但是，一些法律与政策趋势、市场模式、消费者模式、政治行为模式以及主流文化却并未对此感到担忧。笔者认为，这说明了人们对物理性、信息性与财产性隐私权的偏好与期待正在与日俱减，并且希望与其他商品有关的隐私权也越少越好。

隐私偏好与隐私期待之所以消退有许多原因。其中一个原因是，科学技术的蓬勃发展使得人们更易将自己的信息透露给其他人（如便携式电话、传真机、电子邮件等技术）；使得政府更易记录人们的信息（如对城市街道的视频监控、数据库、检验等技术）；使得企业公司更易收集、交易人们的个人信息（如电话调查、数据库、邮件列表等技术）。技术人员希望，有朝一日我们可以在世界上每一个角落都安装上能够传送数据的电脑设备，使之像眼镜、手表一样寻常。

隐私偏好与隐私期待消退的另一个原因是以下两方面机会的激增：一方面是人们自愿放弃隐私赚取金钱与名声的机会，另一方面是低价消费别人隐私信息与私人生活的机会。如今，1.5 美元就可以购买一份杂志或小报，19.95 美元就可以连接上网。赚取金钱与名声的机会包括：写书、将个人信息卖给出版社、在揭露劲爆隐私细节的轰动电视节目中出镜等。而曾经轰动一时的隐私细节，现在看来也只是隔靴搔痒而已。消费别人隐私的机会包括：购买包含别人性格档案的杂志与报纸，或上网查阅有关别人财务信息的记录。人们甚至可以在线实时观察陌生人梳妆打扮及其与密友的沟通交流。

对于上述的最后一个例子，笔者指的是去年引起国际关注的名为 Jenni 的年轻女孩，她创建了 JenniCam 网站，凡是支付一定费用的用户可以通过该网站观看她的生活实况。Jenni 在卧室中安装了一个摄像头。只须支付区区几美元，人们就可以观看她在其私密住宅内的一举一动。类似地，1998 年 Bravo 电视台开播而后又停播的 SaraCam 节目 24 小时放送另一个年轻女孩 Sara 在其卧室中的生活画面。一般来说，愿意出卖自己隐私的人绝对是少数；但想要购买别人隐私信息的人则绝非少数，这就足以确保唯利是图的企业家可以将私人事实以各种吸引人的形式投放到市场当中。对此，笔者产生了一个疑问，我们是否应当做点什么从而阻止隐私期待及隐私偏好的消退呢？

隐私期待与隐私偏好正在消退的推测与笔者在其他论文中提到的观点相符，笔者认为，隐私权规范在道德、政治与法律上都产生了十分广泛的影响，[①] 隐私权并非名存实亡的。在道德上，尽管各个地域存在一定的文化差异，但是对特定场所、通话与行为的隐私权的期待与对隐私权的尊重包容却是放之天下而皆准的，并且也约束着人们的日常交往。在政治上，尤其是西方式的民主政治，隐私权与自由平等一样都是自由主义的核心价值。然而，隐私权作为一种政治价值并不受自由主义理论或自由主义制度的限制。世界各地的人们都一致认为，作为政府的核心职能之一，一个好的政府至少应当为部分隐私权利益提供保护。在法律上，几乎所有国家都将隐私权原则写入宪法或其他同等重要的基本法律，以限制政府对人民的人身与财产的干涉。一些西欧国家的民法以及欧盟官方指令还规定了十分宽泛的隐私权，对披露个人与商业信息的行为进行规制。

在美国，隐私权作为一种法律规范更是深入人心。《美国联邦宪法第一修正案》、《美国联邦宪法第三修正案》、《美国联邦宪法第四修正案》、《美国联邦宪法第五修正案》以及《美国联邦宪法第十四修正案》都间接地对公民的隐私权予以保护。美国制定法与普通法中还创造了额外的隐私权保护，对违背他人意愿侵入、公开他人隐私以及违反信任责任的行为进行规制。如今，依据普通法、宪法以及各种制定法，美国人拥有多项隐私权利，保护其物理上的隐居，限制别人对其私人信息的公开，并且人们还享有防止政府干涉其私人决定的相对自治的宪法权利。认为隐私偏好与隐私期待正在消退的观点也许是错误的。对此，网络上匿名通话与保密通话的盛行或许可以证明，技术的发展并没有将人们的隐私偏好消磨殆尽。尽管如此，我们不妨假设，如果关于隐私偏好消退的推测是正确的，那么，我们是否要为此采取一些措施呢？如果需要采取措施，那么，这些措施应当由政府、商业机构抑或是消费者作出呢？如果我们想要制止隐私偏好的消退，那么，为我们应当如何行事呢？其中一个可能的方法就是消除导致消退的原因，即技术的发展与商业机会的激增。我们可以叫停技术

---

① See Anita L. Allen, Constitutional Law and Privacy, in A Companion to Philosophy of Law And Legal Theory 139 – 55 (Dennis Patterson ed., 1996); Anita L. Allen, The Jurispolitics of Privacy, in Reconstructing Political Theory: Feminist Perspectives 68 – 84 (Mary Lyndon Shanley & Uma Marayan eds., 1997).

的发展，但是我们不会。在美国，除了政府出资的人类克隆与胎儿组织研究等少数例外情况，科学技术的步伐只会不断前进。

我们也可以通过介入隐私市场抑制商业机会的激增；也就是说，我们可以（以某种方式）提高消费其他人隐私的成本或是降低自愿放弃自己隐私的利润。上述对策的问题在于，即便不去讨论其实施细则，这种对策也可能招致审查、镇压、家长式统治与官僚主义的风险。我们认定人们应当需要隐私权；如果到头来人们并不需要隐私权，那么，或许第三方就不应当强制人们享有隐私权，这不仅会降低隐私权的实用性，还会损害享受自我披露之人的利益。

当然，我们总是强制要求他人享有隐私权。我们选举出来的官员将在公开场所裸露身体，甚至于公开哺乳的行为入罪。监狱管理者将重罪犯单独囚禁。家长为了惩罚子女让他们在家中角落进行“计时隔离”。对此，可能有人会反驳，通过将裸体日光浴与赤裸上身跳舞入罪与将隐私权强加于他人身上是一回事。这是因为他人实施这类行为将会对第三方造成有害影响，并且可能引致危害。在他人未对其他人造成损害的情况下，仅仅因为当局者认为人们不应对自己的想法、感受与经历多加言语，不应将自己在家中的生活细节揭示于人，或者不应当总是生活在别人的目光中，就将隐私权强加于他人身上则是另一回事，并且这种强加行为是错误的。家长式作风的法律对事实上与物理上自我揭露的狂热分子进行规制，这似乎与自由主义理论关于表现自我的主张完全矛盾，然而，这类法律恰恰是自由主义理论为了彰显隐私权的价值而提倡的。自由主义理论主张，只有拥有隐私权，人们才能够成为一个真正意义上的人，一个独立的思考者、自由的政治行动者与宽容民主制度下的公民。

通过规定与禁令对技术发展与商业机会进行限制可能违背自由主义理论与市场价值理论。不采取上述官僚主义与强制镇压的方式也许能够更好地阻止隐私偏好的消退。我们应当加强个人的隐私观念，使其经得起技术与商业机会的诱惑；我们应当教育公民坚决保护自身的隐私权，减少对别人隐私权的消费。这种替代方法希望从加强社会道德基础入手，但是其实施仍然面临许多困难。私人信息市场的存在不仅仅是为了满足人们消费别人隐私的兴趣，它同时也构建了人们对别人隐私的兴趣。政府向人们灌输隐私观念的同时，市场与市场力量也在不断对人们进行说教，要求人们倾诉所有、销售所有并且知晓所有。市场中的某些部分也许在通过一些能够促进个人道德品行的方式发挥着作用。市场推出了一些诸如来电拦截器以及密码程序等产品，以便人们更好地隐藏自己的身份与想法，免受其他人的侵扰。尽管如此，笔者认为，科技支持下的信息可得性比起旧模式下的信息不可得性更加具有诱惑性。

笔者所描绘的隐私期待与隐私偏好的死亡之景也许十分惨淡，但是只有在隐私权确实至关重要的前提之下，隐私期待与隐私偏好的死亡才会显得如此悲惨。如果隐私权无关痛痒，那么，比起从前人们对他人隐私的态度，如今的人们更津津乐道于他人的流言飞语与私密事实的趋势也不会产生什么影响。同理，科技是否可以使人们为了盈利更多而心甘情愿地放弃自己的隐私权，是否可以使人们对他人私人生活的欲望更易得到满足，同样不会产生任何影响。

三、隐私权：必不可少的基本权利

许多人对诸如工作场所等特定环境中的隐私侵权行为怨声载道。人们震惊地发现他们在网络上的所到之处都会留下“信息记录程序”。生物伦理学家关注遗传基因与艾滋病病毒检验所涉及的隐私权问题。隐私权委员会与特别小组定期召开会议。的确有一些人十分关心隐私权方面的问题，但笔者的观点是，实际上，许多人并不在意隐私权问题。

对隐私权不甚关心的群体包括那些向公众透露了一部分私人事项的人。人们对隐私权或特定形式的隐私权的关心程度部分取决于个人出生的年代、教育背景以及健康状况。中上层阶级能够负担得起自己的生活因而可以关心其身体的隐私权。中上层阶级的女性无须像那些未受教育的贫穷女性那样可能接受一份脱衣舞娘的工作。在美国，不同年代的人们之间的隐私权观念也有着显著的差异，年轻的美国人似乎正在学习如何在没有隐私权的情况下舒适、快乐地生活。青壮年似乎认为，暴露在公众的目光下是理所当然的事，并且往往认为他们实际上正生活在玻璃房子之中。任何互联网或信用与保险行业的行家都知道，想要调查朋友、邻居以及陌生人的相关事实都是十分轻易且廉价的。笔者或许无法走入你的卧室，但是笔者可以调查到你的收入、工作单位、社会保险号码以及你购买住房所支付的价款。如今的青壮年明白，并非只有他们的医生才能看到他们的医疗记录，并且公共场所、自动取款机以及公共街道安装的摄像头都在监视他们的行为举止。他们知道其他人可以通过夜间探测仪以及抛物面传声器看到、听到他们在家中的一举一动。

上述年代差异也体现在一度与笔者成为密歇根州大学同学的娱乐业巨头 Madonna 身上。在其事业早期阶段，她以轻蔑的态度对过时的隐私权惯例作出了巧妙的回应。她内衣外穿、在歌曲与咖啡桌上的休闲读物中大谈性幻想，这些行为颠覆了要求女性端庄谦逊的社会观点。她利用隐私偏好与隐私期待的消退将她自己与她身边的所有人都塑造成大众传媒的明星。她制作的大获成功的未删节商业电影《真心话大冒险》带领观众领略了一段 Madonna 私人生活与职业生活的私密之旅。电影向观众传达了一个信息，即幸福与成功的取得并不要求隐私权的存在，甚至幸福与成功恰恰处于隐私权的对立面。

对于 45 岁以下的人而言，他们明白，他们不期待也无法期待拥有更多秘密，因此，信息性隐私权的有无也就没有那么重要了：我们似乎在学习如何在明知我们像打开的书、我们的房子如同玻璃房的情况下，使自己在物质上甚至于精神上实现快乐与高效的状态。父母可能会出现在 Oprah Winfrey 或 Jerry Springer 的电视节目中，大谈近亲通婚、同性恋、异族通婚、通奸、异装癖以及家庭暴力等现象。继子女可能会在电视上与他们的生身父母重聚。法学学生可能会为了参加真人秀电视节目《真实世界》，为了争取连续数月生活在电视摄像机的镜头下、生活在广大观众的目光下的机会而相互竞争。10 岁的孩童可能会渴望电影摄制组与广播节目将他们紧张、激烈、愉快的夏令营经历录制下来并在迪士尼频道中播出以娱乐大众。

对于上述现象，我们是否应当担忧呢？在上述现象中，何种利益受到威胁呢？学者们将隐私权与许多重要的价值集合联系在一起。隐私权中具有与精神人格、政治自由、健康福利、人格尊严以及自治权等规范性概念有关的价值。在 1980 年，E. L. Godkin 在杂志上发表了一篇论文为隐私权进行辩护，主张隐私权具有假定的“精神上”的价值。[①] 而后，其非凡杰出的论调与主题在 Samuel Warren 与 Louis Brandeis 同年发表的著名法律评论文章中得到了响应。[②] 上述三位学者都认为，其所处时代摄影技术与印刷技术的发展大大威胁到人们对其住宅与家庭享有的隐私权。他们相信，私人住宅与家庭是文明人类获得精神幸福所必不可少的要素。在 1905 年的 Pavesich v. New England Life Insurance Co. 一案[③]中，佐治亚州最高法院成为了第一个明确肯定隐私权这一法律权利存在的法院。在 Pavesich 一案中，法院将隐私权作为一种政治术语进行阐释，其强调的不是人们的精神权利，而是人们的政治权利。法院论述到，社会契约中必然包含有一条保障隐私权保护的条款。如果没有这种条款，公民又怎么会接受这样的社会契约？佐治亚州最高法院的分析预先假设，个人可以合理并自然地期待其享有对其肖像与身份的控制权。

心理学家长期以来一直强调，剥夺个人享有社会认可的隐私权利的机会会产生不良的后果。在 20 世纪 70 年代到 80 年代，社会心理学家声称，物理性隐私权与信息性隐私权对于人们的精神幸福与社会交换具有重要意义。物理性隐私权与信息性隐私权的惯例旨在限制那些有损人们幸福的观察与披露。在 20 世纪 70 年代，哲学家与法学理论学家开始强烈呼吁，应大力发展侵权法上的隐私权、宪法性隐私权以及州与联邦有关隐私权的制定法，从而保护人们的人格尊严利益与自治利益。

自由主义理论在对隐私权及私人选择的价值进行解读时，不仅谈到了隐私权与私人选择对个人与社会的影响，还涉及高尚的道德目的。自由主义道德哲学家坚称，我们对各种形式的隐私权的尊重应当高于我们对尊严、人格、道德自治、切实可行的社会生活、宽容的民主政治以及法制的尊重。在一篇引人深思的论文中，哲学家 Jeffrey

---

① See E. L. Godkin, The Rights of the Citizen, 1V. —to His Own Reputation, Scribner's, July 1890, at 58, 65 - 66.

② See Samuel D. Warren & Louis D. Brandeis, The Right to Privacy, 4 HARV L. REV. 193 (1890).

③ See Pavesich v. New England Life Ins. Co., 50 S. E. 68, 69 - 70 (Ga. 1905).

Reiman 曾经主张把隐私权与个人人格紧紧地联系在一起："隐私权是一种社会惯例，通过隐私权，个人得以获得其作为人的存在而享有的道德权利。" Reiman 对隐私权的解读引发了一些理论家对隐私权的错误声讨。在这种解读下，隐私权可以被视为服务于利己主义或夸大的个人主义的工具。然而，切实可行的家庭与社会生活取决于自我概念与亲密关系，其形成要求人们具有享有隐私权与私人选择的机会。隐私权就好比修整时间，它使人们可以休息、重整，进而为承担家庭、地方甚至全球赋予的社会责任做出更加完备的准备。隐私权作为人们更好地应对家庭、职场与政治上的任务的背景条件，具有相当的价值。在隐私权的保护下，我可以尽我最大的能力去完成任务、实现抱负、尝试创新、掌握技能。

"强制性" 隐私权这一提法旨在提醒人们，隐私权是自由平等主义社会的基础与前提。隐私权并不是一项可以随意选择的商品，如第二套住宅或一个投资账户。本文对隐私权的论述与哲学家 Samuel Freeman 针对药物政策的论述在结构上是相同的。[①] 如果清醒的认知力不是负责地参与自由民主政府的必要要求，那么，未能充分证明吸毒成瘾行为具有实质上的负外部性的情况下将该行为入罪就是与自由主义理念相悖的。同样，如果道德自治理念等类似理念本身不是参与自由民主社会的必要要求，那么，强制人们享有隐私权也是与自由主义理论相悖的。

我们似乎面临这样一个难题——如何确定某种形式的隐私权是至关重要且需要强制人们享有的。由于我们不能不假思索地仅凭谦逊与礼貌的传统观念进行判断，因此这个问题也显得尤其棘手。想要应对隐私偏好与隐私期待的消退，仅仅依靠宣布网络上的裸露行为违法，或是对广播公司与出版社设定标准、限制披露隐私的电视节目与出版物的数量是远远不够的。没有人会因为他人裸露示人或是曾经现身 Jerry Springer 或 Oprah 的节目而被其他人认为其无法在自由民主社会中生活下去。然而当许许多多经过合意或未经合意产生的、极其琐碎

① See Samuel Freeman, Liberalism, Inalienability, and Rights of Drug Use, in Drugs And The Limits of Liberalism 118 (Pablo De Greiff ed., 1999).

以至于法律无法为其提供个别保护的小规模隐私损害聚集在一起时，就可能形成对自由的生活方式产生危害的大规模隐私损害。他人信息的可得性与行为人应对他人承担的责任层层累积形成的上述聚集问题，正是决策制定者应当开始试图解决的重要问题。

决策者在制定政策时应当考虑到，人们在无处可躲、强制取得的世界中缺少"修整时间"所带来的累积效应：我们与伙伴、子女以及可以全面掌握我们言行的家长共同处于热闹的家庭生活中；我们在来来往往的其他人的眼皮底下走过繁忙的街道，甚至摄影机也在追踪着我们的行动以制止犯罪行为的发生；执法人员观察并且监视我们驾驶机动车的情况；雇主要求我们提供血样与尿样并接受心理测试；我们的管理者与同事阅读我们的信件与电子邮件，窃听我们的电话；我们从零售商处购买商品，零售商们则存储我们的信息并将之销售给其他人或是应法院传唤提交给法院；我们带着移动电话、传呼机与笔记本出行，第三方可以拦截我们的移动电话通讯。因此，我们在理解与分析强制性隐私权时，应当将上述这些现实经验考虑在内，避免出现男女平等主义理论抨击的、仅仅简单地假设社会精英们可以明确了解人们所适宜的隐私权与私人生活类型的观点。

四、男女平等主义理论的重建

30 年前，有关隐私权与私人选择的主流自由主义理论迫切地呼唤理论反思。如今，我们也已经开始重新审视经过上述反思得出的主流理论：学者与积极分子已经开始"解构"、"修改"与"重建"旧的隐私权与私人选择理论，并且获得了不小的成功。现在，学者们对人们的私人生活产生了不同的看法。历史学家、社会科学家以及法学家集中火力对住宅就是天堂的比喻展开质疑。因此，借助他们提供的智力工具，我们对人们在家庭中的生活质量进行现实的、批判的审视。我们发现，对于某些个人与集体而言，名义上的私人领域实际上并不能为其提供有意义的隐私权与私人选择权。

自由主义哲学家（自由主义的男女平等主义者除外）往往忽略了隐私权所带来的损害风险。然而，这些风险恰恰是任何针对隐私权的完整伦理分析中所必须考虑的因素。男女平等主义者论证了，住宅

国，隐私权理念的价值一直遭到质疑，家庭暴力问题的存在说明我们应当更多地而不是更少地介入住宅与家庭生活等传统“私人”领域。社会再也无法姑息忍受以愤怒或惩罚的名义发生的男性或女性互相殴打的行为，或家长殴打子女的行为。

家庭暴力是一个严重的问题，但是这一问题似乎并没有削减女性的额外经济机会与公民权利。实际上，实体法与法律执法实践都需要反映出，家庭成为危险之地的概率与街道角落相差无几。家庭是一个可能发生危险的地方，但这并不意味着我们应当让政府的车站管理人员长期驻扎在我们的卧室中，以此拯救我们远离家庭暴力的名义，对我们就个人生活作出的所有决策进行检视与事后审查。对于家庭暴力问题，我们相信，更好的解决方法是，保护那些能够为人们提供安全且有意义的隐居、亲密与决策的机会的外部条件。例如，建立收容遭到施暴的女性的场所，为她们提供卫生服务、安全陪护以及隐私保护。如果女性为了逃离家庭暴力必须以完全交出隐私权为代价，那么，女性的处境实在是太不幸了。

美国哥伦比亚特区检察官办公室在哥伦比亚特区地方法律系统中成立了家庭暴力部门，为家庭暴力诉讼提供专业的应答与裁决，帮助女性应对暴力行为带来的社会与经济影响。这一计划以及其他类似的机会，强迫女性为了起诉施暴者而放弃隐居状态与私人信息，但是该计划并不认为全天暴露于公众的生活环境是救济家庭暴力的理想方式。就家庭暴力问题以及 DeShaney 一案体现的公众忽略私人暴力的问题而言，我们应当采取的解决办法并不是终止家庭结构或隐居状态，而是更好地利用那些能够证明存在长期暴力行为与迫切危险的证据，将施暴者治罪。① 更好地利用或者换种方式利用那些能够说明家庭成员及同居者之间到底发生了什么的证据的做法，就是在重新划定公共领域与私人领域之间的界限，这也是对隐私权的重构。实际上，刑事法律中有关强奸罪的规定已经在实质上重新划定了公共领域与私人领域之间的界限，在许多州，被控诉与妻子发生非合意性行为的已婚男性不可以凭借“婚姻隐私”而被免除法律责任。

① See generally DeShaney v. Winnebago County Dept. of Soc. Servs., 489 U. S. 189 (1989).

（三）纠正保守倾向

部分男女平等主义者认为，隐私权是西方自由主义社会中最广为接受的价值之一，与此同时，隐私权概念本身也具有固有地向西方自由主义社会倾斜的保守倾向。隐私权拒绝接受有益的公共介入，这些公共介入旨在彻底改造那些致使女性参与不足、男性侵犯骚扰的习惯性行为标准。男女平等主义法律理论通常认为，自由主义的“隐私权”观念本质上是保守的，阻碍了有益于保护弱势女性阶级的平等主义法律的发展。另一种观点认为，保守的隐私权观念助长了认为同性恋者应当保持沉默并且将自己压抑于“衣柜”之中的观点。

保守主义者通常反对政府福利计划，尤其是那些性质无关紧要的福利计划。因此，他们反对政府出资援助贫困女性进行“选择性”堕胎的态度就不足为奇了。许多保守主义者与自由主义者在讨论避孕、堕胎等问题时，将隐私权解读为一种他人享有的自己决定生育事项的对抗政府的消极权利，而不是一种要求政府向那些无法负担避孕与堕胎费用的人提供相关政府服务计划的积极权利。对于部分男女平等主义者而言，从逻辑学上来看，隐私权不能依靠公共部门埋单是不证自明的。

在20世纪60年代至70年代的美国，女性凭借“隐私权”的大旗获得了接受合法避孕与堕胎的权利。许多男女平等主义者对于在堕胎法律中强调隐私权的做法非常不满，他们认为这使得确保政府出资为贫困女性提供堕胎服务的法律努力前功尽弃。也许这也解释了，自Bowers v. Hardwick一案①就隐私权展开争论后，以平等保护理念而不是隐私权理论作为法律基础更有可能使同性恋者的权利获得支持。

也有许多男女平等主义者试图重新构建公共与私人的概念，他们认为，某些穷苦人民的隐私权保证需要公共的支持。笔者认为，他们的这种主张是完全正确的。在与最保守的自由主义者的论战中，我们没有必要作出让步。自由主义理论之所以认为涉及出资堕胎的隐私权案件注定会失败的原因是，他们的观点具有其固有地向隐私权倾斜的保

---

① 478 U. S. 186 (1986).

守倾向,因而他们不愿意在旧的消极自由理论上对隐私权进行重新构建。人们的隐私权仅仅是一种消极自由,即一种免除义务的自由而非要求权利的自由的观点本身会受到人们的质疑,并且已经受到了挑战。

(四) 调整公共领域与私人领域

自由主义批判往往认为对公共领域与私人领域的区分完全是享有财产权的白人支配其他群体、维护社会从属关系的意识形态工具。男女平等主义者控诉道，隐私权成为了排他性垄断社会资源以及社会对女性与儿童在“私人”生活中遭遇的暴力与贫困的冷漠态度的依据与理由。政府充斥于私人领域中，公共领域无所不在。因此，法律成为了“公共”政府定义、调节实体间复杂关系的工具，而实体间的复杂关系正是“私人”生活的组成部分。举例而言，个人得以驾驶车辆、领养孩童、皈依宗教、与其他人种结婚、期待其医生保密、加入专属私人俱乐部以及使用避孕药，完全是由于政府创造并且执行了有关的法律及宪法条文。此外，政府承担了监控与裁决等重要职能，否则，大部分人的隐私权都无法成为可能。如果他人遭受了某种形式的隐私侵犯，他人可以报警。如果行为人损害了他人的隐私利益，受到损害的他人可以将行为人告上法庭并要求其赔偿损失。

鉴于政府具有家长式作风与支持异性恋的观点，因而男性与女性的隐私权也很可能反映出私人领域中的家长式作风与支持异性恋的观点。作为一名女性，“我”的合法隐私权会受到“他”与“他们”关于美好生活的观点的限制。因此，如果一名女同性恋者渴望与她的女性伴侣平静地生活，并且领养她的伴侣的孩子，那么她的梦想就可能会受到其他人对于道德美好家庭的观念的挫败。

部分自由主义者还认为“公共”与“私人”是用于约束良好政府的确定不变的概念。有人会认为，公共与私人这两个概念是可变化的、因情况而异的，通过这两个概念我们可以确定如何实现个人、社会团体与政府之间权力的最佳分配，虽然这种观点仍然是在自由主义框架中提出的。我们没有必要假定存在固定、确定且无可质疑的柏拉图式的领域，从而为隐私权与私人选择辩护。对公共与私人进行严格区分几乎是不可能的，认识到这种区分仅仅是个神话并不会造成毁灭性的男女平等主义的挑战。

自由主义的隐私权与私人选择理论在男女平等主义者对隐私权的批判声中幸存了下来。在女性的身体与生活摆脱了家长制统治之后，女性对私人时间与个人决策的渴望持续已久。男女平等主义者并不需要否定公共与私人的提法或是不可得、控制权以及决定性自主等这些宽泛的原则。他们需要强调的是，应当在必要时重新协商、划分公共领域与私人领域之间的界限，推动对人格尊严、安全以及平等的保护。男女平等主义者可以理直气壮地批判，过去私人领域的隐私权对妇女而言有何意义，隐私权理论与法律体系对未来又意味着什么。与此同时，毫无疑问，那些寻求对其生活享有更大程度的控制权的女性，已经开始得益于社会尊重的提高，获得了适当形式的物理性、信息性、财产性与自决性隐私权。

（五）男女平等主义、自由主义与新生代

自由主义理论经受住了男女平等主义者的理论评判，但是笔者不太确定，在隐私权死亡后，自由主义社会或男女平等主义是否会成为人们首要渴望的对象。自由主义者一直奉行着没有隐私权人们就会堕落、不自由、不幸福、不被认可的理念，然而对于 Jenni 而言，没有隐私权似乎也不错，她可以在网络上销售通过 JenniCam 网站持续不断地观看她的房间内情况的机会。Jenni 真的感觉良好么？这个问题的答案部分取决于我们是否愿意以她的视角对其进行评价。没有人强迫她出现在网络上。她利用那些观众的猎奇娱乐心理赚钱。她并没有被别人利用，其他人也没有时时刻刻、无处不在地观察她。因此，尽管严格意义上来说，她的房间不再是私人的领域，但是人们可以设想到她在其他时间、其他地方拥有一定意义的隐私权。正如我们所知，Madonna 还是享有非常大程度的隐私权的。

一些具有较低隐私倾向的女性是男女平等主义者特别感兴趣的对象。在 30 年前妇女运动的早期阶段，女性宣布个人即政治。到了 1990 年，女性开始明确主张个人即商业。换句话说，女性最初通过排斥家庭生活、谦逊、含蓄以及从属于男性等过时观念来实现隐私权的重构；如今，她们利用隐私权获取收入、名声或二者兼有，以此实

现隐私权的重构。男女平等主义者必然会对 Jenni 与 Madonna 引发的自我披露或客观化问题而发生分歧，如同他们对卖淫、色情业以及代孕母亲引发的自我披露问题或客观化问题所产生的分歧一样。

如果隐私权对人格与政治自由的形成如一些自由主义伦理学家所称的那样重要，那么，个人隐私权具有的可选择且受到挑战的特点就应当引起我们的担忧，男女平等主义者与非男女平等主义者皆是如此。笔者认为，一些重要形式的隐私权可以并且应当是可选择的。有时放弃部分可选择的信息性隐私权是一件好事，好比一名有罪的罪犯可以自由决定接受辩诉交易而不是接受《美国联邦宪法第五修正案》的保护。尽管如此，采取或者认同以披露为前提的生活方式的做法并不应当被视为一项选择。基于这一理由，也许我们应当做好强迫人们享有私人生活并且私密地进行私人生活的准备。这样做并不是为了像过去那样将人们留在他们的住所里，而是为了让他们完整地享有隐私权的重要性及政治影响。这种观点是道德主义的？势利主义的或古典主义的或是公民共和主义的？笔者并不这么认为。

自由主义者应当尽可能地鼓励人们自由地将他们的判断付诸实践，按照自己心目中美好的生活愿景去生活。我们需要政府按照 Dworkin 许多年前所建议的似乎有理的方式去行事，在相互矛盾的价值观之间保持一种中立的态度。[①] 但是，允许人们放弃隐私权的价值观，与允许人们放弃自由的价值观一样是不正确的。从自由主义理论出发，我们不应当要求人们出售其所有的自由，同样，我们也不应当要求人们销售其所有的隐私权与私人选择的能力。在某种程度上，上述观点的原因在于，私人选择的自由理论将私人选择视为一种对抗干涉个人决策的政府以及其他外界因素的自由，因而将隐私权与自由紧紧地联系在一起。隐私权的自由理论将隐私权视为一种免受不必要的披露、公开以及不被剥夺对自己人格的控制权的自由，这也将隐私权与自由紧紧地联系在一起。笔者并不是在建议 Jenni 应当关闭她的摄像机并且为她的男朋友擦地板，而是建议她应当关闭她的摄像机，从其他人的注视中解脱出来，这样她才能更加真实地表达并独立地生

① See Ronald Dworkin, A Mattr Of Principle 191 (1985).

活。笔者还认为，为了“强迫”人们热爱隐私权、过上私密的生活而采取的以抑制披露文化为目标的监管措施是与自由主义价值一致的。

五、自由主义理论与良政

在《民主的不满》一书中，Micheal Sandel 对“旧”隐私权与“新”隐私权进行了区分。① 他所认为的旧的隐私权以反映个人身份的住宅与家庭为中心。旧的隐私权要求政府与其他公民让我们独自完成围绕我们的身份所承担的、未必出于我们自己的选择的角色与职责。Sandel 所反对的新的隐私权以自治选择权利为中心。按照他的观点，新的隐私权要求，政府与其他公民让我们独自进行重要的决策并且依据我们作出的决定而生活。Sandel 认为，旧的隐私权在历史上与逻辑上都与美国人思想中的公民共和主义理念相联系，而新的隐私权则在历史上与逻辑上都与自由主义理论相联系。Sandel 对政府的核心要求是，政府应当认识到，人类自我是由宗教、文化与家庭等方面的联系所紧密构成的。个人的身份与联系迫使个人对其采取的为社会其他成员所排斥的生活方式承担责任。

笔者所认可的自由主义理论认为，在一定意义上，个人实质上是由社会力量而不是他们自己的选择塑造出来的，但是他们自己的选择也发挥了重要作用，包括他们自己的决定、承诺与妥协。教育对于个人的塑造极其重要，它帮助人们理解人类选择能力的存在与限制。个人受到家庭、学校以及宗教机构的教育，越来越多地接触到电视、广播、平面媒体、电影以及互联网。个人从上述来源获得的直接与间接的教育在内容与强度上是存在差异的。并非人们学到的所有内容都具有建设性，都有助于其自由主义理念的养成。

笔者对隐私权的定义显然是基于自由主义理论而提出的，它假设个人是并且应当是信息充分、道德自治的选择者。并且笔者提出的自私权定义具有平等主义与男女平等主义的色彩，它假设教育平等、经

---

① Michael Sandel, Democracys discontent: America In Search of A Public Philosophy, 94 – 100 (1996).

济平等与男女平等是人们作出有意义选择的必要背景。在一个公平且自由的民主社会，个人选择其生活方式的能力会受到税收以及法律法规的限制，如此一来就能够保证其他人也能够与个人一样作出各种选择。“旧”的公民共和主义的隐私权概念将隐私权界定为公众对个人因身份负担而产生的义务的认可，这一概念很有可能就是 Warren 与 Brandeis 所设想的隐私权概念。但是，他们提出的隐私权定义却更不尽如人意。当然，比起其他人应当允许个人独处且成为最成功的非裔美国人、卫理公会教徒及郊区贤妻良母的描述，笔者提出的隐私权概念的含义要更加丰富。隐私权还是一种逃避、拒绝并且修改身份的自由。人们可以自由地塑造并且重塑自我。

隐私权既包括逃避身份负担，也包括接受身份负担。如果没有充分的隐私权，那么就不存在有意义的身份，人们也就无法逃避或接受身份，也没有机会为了接受、逃避或修改特定身份而作出有意义的反应、对话以及辩论。为了巩固自由民主的生活方式，公共政策必须牢记隐私权可能遭受的累积威胁。

政府必须为了隐私权以及与之相关的利益介入人们的私人生活。尽管如此，隐私权的保护并不要求政府禁止特定类型的行为。当一个人选择在一个温暖的星期天来到柏林的蒂尔加滕裸体晒日光浴时，他与没有作出上述行为的他的朋友与邻居在道德上都是自治的。对自由主义产生威胁的并不是偶尔在公共场所裸露身体的个人，不是在公共场所向同性伴侣示爱的个人，也不是在国家电视台播放个人信息的个人。真正对自由主义造成威胁的是，越来越多、形形色色的日常生活模式的隐私权正在被掏空，尤其是物理性隐私权与信息性隐私权。

为了保护第三方及孩童的利益，使其免受严重的损害，政府已经在对个人的隐私权进行干预，并且人们对此几乎毫无怨言。在不久的将来，为了避免隐私偏好与隐私期待的消逝而带来的累积损害，自由主义政府也许会禁止、规制披露与出版行为。政府具有如此强大的权力，也容易产生错误与歧视的风险。允许男性在外裸露胸膛却禁止女性在外哺乳就是一个耳熟能详的有关错误与歧视的例子。政府可以使用其权力针对特定群体进行压制，人们可以合理地担心，公共政策会对特定行为作出不公平的惩罚。例如，禁止在公共场所向同性恋伴侣示爱的规定以及“不问，不说”的政策。强制性隐私权强硬地命令人们必须对特定事项始终保密，只能向其他人披露部分个人事项，这对于自由主义与平等主义的宽容理念而言是一种巨大的威胁。我们应当允许多元化的隐私权理论与隐私权机会百花齐放。

对于政府而言，强制性隐私权在约束人们行为的同时也是对政府自身的约束。政府要求、获得并且控制人们信息的能力越来越大也是隐私期待被逐渐削弱的原因。强制性隐私权也意味着对企业部门施加更加严厉的管制，要求企业部门遵循公平信息实践的原则，给予雇员与消费者更大的控制权，向其披露其被收集信息的类型与用途。

有时候，人们希望政府不作为，其原因之一是人们担心政府作出错误的决策。建立典型类型的、对于人类幸福至关重要的隐私权（如隐居、独居、保密、秘密与匿名等），对此，实证性证据与规范性哲学观点均可证明。这么做的重点并不仅仅在于人们需要享有隐私权，而在于人们获得幸福与自由的生活方式的前提是他们必须在实际上享有隐私权。

决策者在应对由许许多多小规模隐私损害累积形成大规模损害而导致的聚集性问题时，应当具备特殊的创造力。决策者也许时时刻刻采取环境政策分析师的思维方式，也就是说，决策者应当广泛、长期地从多种因素出发，对成本、收益与非量化价值进行分析与评估。最终，我们也许需要一名国家隐私权“监督官”，发扬隐私权的政策理念，鼓励与保护重要隐私权形式，避免出现褊狭苛刻的态度与不正当的家长式作风。

举例而言，如果我们假设由于决策者在制定决策时必须对一个庞大且多元的制度参与者群体进行调和使其达成共识，决策者可能无法有效地就聚集性问题作出决策。对此，笔者认为，即便实践中采取“强制性隐私权”规制的交易成本过于高昂，隐私权对于自由主义社会也是极其重要的原则。此外，如果我们能做的只有保持原状，那么，自由主义的生活方式就会处于严重危险的状态中。所幸的是，我们能做的不止于此。笔者建议，公共决策者应当开始重视隐私偏好与隐私期待消退的累积效应，衡量作为或不作为各自的风险。笔者并不想假装这篇文章回答了文章中提出的所有问题。在思考隐私权、文化以及调整性规范的道路上，我们面临的绝非终点，而是一条全新的起跑线。

自治、主权与隐私：宪法当中的道德观念[①]

乔尔·费因伯格[②] 著　王垚[③] 译

目　次

一、导论

在 Lochner v. New York 一案[④]经过 75 年后，大部分人都开始赞赏霍姆斯那句著名的话，即宪法并没有规定 Herbert Spencers 所提出的社会静力学哲学理论。但是，宪法关于所有相冲突的社会哲学理论都是保持中立的地位吗？直到最近，美国联邦最高法院作出的一些指引性的判决鼓励了许多自由派人士来思考：也许《美国联邦宪法第一修正案》规定了约翰·斯图尔特·密尔《论自由》中的内容。除此之外，哲学家还暗示我们，《美国联邦宪法第八修正案》的内容与伊曼努尔·康德的惩罚哲学相符，而《美国联邦宪法第十四修正案》则是以亚里士多德的正义理论为前提的。当然，霍姆斯使用“规定”，作为一个名词来描述宪法与某种社会哲学学说之间的关系是具有误导性的。虽然研究政治哲学的教授有权利进行天马行空式的想象，但是他们也不会自欺欺人地认为，自己就是这片土地的真正立法者。如果哲学家们仅仅声称美国联邦宪法只是与一些特别的道德理论

---

① Vol. 58 Notre Dame Law Review, Pages 445 – 492 (1983). Reprinted with permission. Notre Dame Law Review, University of Notre Dame.

② 乔尔·费因伯格（Joel Feinberg），美国亚利桑那州立大学哲学教授。

③ 王垚，中山大学法学院助教。

④ 198 U. S. 45 (1905).

相符合，那么，这将会降低“规定”一词的误导性，因为到目前为止，联邦宪法在使用一些基本的伦理学术语时并没有明确地表明应该如何解释它们。哲学上关于自由、正义、平等、公平的描述可能更接近客观真实，宪法上也有一些关于道德观念的正确描述，而不论它们实际上应该是什么。你也许不会惊讶，作为一个哲学教授，笔者更倾向于采用哲学路径来分析问题，尽管这样做存在一些明显的困难，因为它使得道德观念成为宪法的基础，因此，一个人如果没有学习前者便不能完全明白后者。

在本文中，笔者试着探讨一个道德概念，也即美国联邦最高法院发现隐含在权利法案中的一个概念，笔者认为权利法案中明确规定的一些权利其实是以这一道德概念为前提条件的。美国联邦最高法院已经运用“隐私”这一不幸的词语作为这一道德概念的名称，但通过阅读判例，哲学家们能够毫无困难地辨别出隐私这一概念也就是我们经常所说的私人自治或者自主决定——一个困扰了哲学家几个世纪并把他们分割为相互竞争学派的名词。笔者建议采用一种不同的方法（笔者不愿说是一种“新方法”，在这个已经被广泛研究的领域，这儿似乎不存在什么新颖的东西）来看待以及运用这一道德概念。我的研究方法或者更准确地说是纯哲学的方法，对于进行宪法解释是否有效，笔者认为应该留待别人来评说。

二、作为主权的自治

（一）建构于主权国家模型之上的个人自治

“自治”一词起源于希腊词语“自我”、“法律”，其字面上的意思即是“制定某人自己的法律”。因此，它的含义至少接近于这样的词语，如“自我规制”、“自我决定”、“自我管理”以及“独立”。从它们运用于州和其他政治情形的频繁度和准确度来看，我们对这些词组是非常熟悉的。的确，这些概念最初运用于主权国家中，将它们运用到个人中，只是其衍生的功能，在这种情形下，“个人自治”只是一个政治比喻。

当被用于个人时，“自治”一词有以下一种或几种含义：①个人管理好自己的能力，当然这里存在一个程度问题；②自我管理；③起源于这一概念的理想人格；④类似于一种政治形态时个人管理好自己的主权权力，当然必须是在自治“界限”之内。第四种含义上的“自治”，也是我们应该投以关注的地方，它由国际法中的术语而来，在国际法中，自治国家被认为拥有自我决定的主权权力。近几十年来，学者在政治课程中将“自治”和“主权”区别开来，是一种非常普遍的现象。英格兰是一个主权国家，在某些情况下非常愿意给予作为其组成部分的威尔士和苏格兰更多的“地区自治权”，而不是完全的主权权力。有些时候，“授权”一词被用来保障有限的“自治”，它意味着被授权者在部分代表授权者的同时也对授权者承担部分责任。无论如何，无论用什么词来描述，“自治”总是与国家主权存在着尖锐的冲突。假如苏格兰赢得了主权，那么，它就成为了一个完全分离的、独立的王国了。

主权和自治存在两个方面的区别。一方面，自治是部分的、有限的，而主权则是完整的、不可分割的。自治地区在某些领域管理着自己的事务，但并非在另外一些领域也有此权，然而当主权国家行使自治权时，它不会放弃其完整的治理整个国家的权力。当一个国家给予某一地区以自治权时，其主权权力并没有因此而减少，因为在授权中，主权并不是一个因为被分割就可以减少的事物。

主权国家的权力是一种权利，而自治地区的权力则是一种可撤回的特权。主权国家既可以随心所欲地给予其自治地区自治权，也可以按照其意志随时撤销这一授权。地区自治权是被授予的，而主权则是最初始的权力。在某种程度上来说，主权是权力的最终来源。

因为在政治课程中“自治”一词被赋予特殊的含义，笔者更愿意借助一个更强有力的词语“主权”来替代我们经常所说的“道德上的自治”。不过，在笔者下面的行文中如有用到“自治”一词的地方，笔者仅仅是指“个人主权”，而不是一些类似于“区域自治”这类词的意思。现在，我们可以仔细讨论“主权国家”与“自治个人”之间的相似度了。

虽然学者提出了各种各样的关于主权的理论，但他们所提出的理论大多是关于国家内部的主权理论，而不是像笔者在此处讨论的关于国家外部的主权理论。根据 Bodin、Hobbes、Blackstone、Hustin 以及 Dicey 所倡导的理论，每一个国家的最终权力均具有确定性的来源，这就是君主、议会、国会或者选举委员会等，这些具有权力的个人或者组织是社会的指挥者。当运用于现代国家时，这些理论变得越来越困难，因为现代国家具有宪法性的制衡原则、广泛的选民以及均衡的社会阶层。当内在国家主权的理论逐渐失势的时候，外在国家主权的理论则活跃在国际社会。在这种意义上，主权国家就是一个国家“承认”另外一个国家是一个独立的主权国，而不认为它是一片无主地，或者是由一个不具有固定政治机构的不固定的部落所拥有的领地，或者是一个地区性部分，或者是另外一个国家的殖民地。

无主地不是一个国家，但是，一个政治国家具有领土以及比领土更多的要素。这另外的要素也许用“管辖权”一词能最好地表达。一个主权国家是由一片处于绝对的、无条件的司法管辖权控制下的领土所组成。声称“一个国家是一个主权国”，根据 Bernard Crick 的说法，其实是“一种同语反复，正如‘主权国家’这样的表达也是一个重复词一样。因为‘国家’的概念差不多和‘主权国’的概念同时出现，它们服务于相同的目的，因此在本质上有着相同的意思”。[①] 国家是一个通过领土维护主权权威的司法实体，不论它内部权力结构如何组织，主权国始终是国家通过其领土来行使法律控制的一种形式。因此，当我们提到“主权国”时，它的意思就是国家；当我们提到“国家”时，它的意思就是主权国。

也许，“民族国家”的概念能进一步促使我们理解“主权国家”这一复杂的概念。当我们运用这种方法时，我们必须十分谨慎，因为“民族国家”一词也是模糊不清的。有时，它同样可以和“国家”替换着来用；法国就同时是一个民族国家和国家的名称。那可能是“民族国家”一词最原始的用法，[②] 但是它现在也可以用来指拥有独立州的政治实体。“民族国家”的第二层含义，同样也是十分模糊的，是一种“非政治”的含义。在这种意义上，一个“民族国家”可能

---

① Bernard Crick, Sovereignty, 15 International Encyclopedia Of The Social Sciences 77 (1968).

② See S. I. Benn & R. S. Peters, social Principles And The Democraticstait (1959). at 247.

存在于它拥有独立州之前，或者失去独立州之后，或者存在于数个州之中，正如“阿拉伯国家”一词所证实的那样。另一方面，在民族上、语言上、宗教信仰上存在巨大差别的人们同样可以作为同国国民而共同生存，因为他们仍然可以用其他标准来辨别同胞。那样的标准包括对在忠诚度和民族情感上所普通存在的国家形象的关注，以及人们之间的长期支持和合作。因此，“讲法语、德语、意大利语的瑞士人仅仅是三种不同类的瑞士人：他们的国家形象已经超越了或者接受了语言上的差异，因此，在瑞士，区分国籍是一件十分古怪的事情，当他们自己并没有作如此的区分时，尤其如此”。

一个主权国家的权力来自于哪里？是分配还是征服？对于这种十分概括性的问题，显然没有唯一正确的答案。笔者只想说，这一问题已经远离了哲学怀疑理论，在实践中，没有人会质疑秘鲁是一个主权国家。同理，对于已经拥有了数个州的其他民族国家也是一个主权国家同样是不容置疑的。这就是国家的真实含义：它由一群人所组成，他们通过共同的文化情感组成高度团结的集合体，并在他们所共同占领的领土上建立了一套法律运作体系和权力行使规则。民族国家必须变成国家，如果它们希望作为一个国家而生存和繁荣的话。因此，“主权国家”这个词语是多余的。

与此相似的个人主权一词又来自于哪里呢？看待个人的一种方式，就是把他们当作自然人；因此，“主权个人”一词也可能是多余的。事实上，“个人”一词与“民族国家”一词一样有着同样模糊的含义。“民族国家”可以解释为要么是一个司法实体或国家，要么是由不同文化联系起来的人所组成的集合体。同样，“个人”也可以解释为一种拥有“权利”和“责任”的实体，或者也可以解释为由一系列多样性的精神因素所组成的统一体——记忆、忠诚、偏好、观点，这些要素都是作为一个人的标志。① “一个自我”是“一个人”的类名词，它使得“个人”的含义与非政治意义的“国家”含义相同。的确，大部分普通人取得的个体整合度强于将国民联合起来的社会整合度。如果可能，人们希望“自然的”个人主权强于它的政治

---

① Cf R. B. Perry, Realms of Value 62 -63 (1954).

类似物“国家主权”。个人的另外一层含义基本上是从法律的角度来理解的。它可以理解为一个道德的代表者和权利的持有者，就像国家超越于它的领土一样，“个人”超越了它自身；正如某些人所争论的那样，非政治意义的民族国家需要成为一个（主权）国家，我们也可以讲到，整合起来的个体也需要成为一个（法律意义上的）人。

对于这一点，我们应当加以仔细分析。民族国家体系并不能总是很好地服务于我们生活的世界，正如那些惨痛的战争经历所证实的那样。当不断深入的文化同质化和由核武器浩劫所引起的恐惧感导致世界逐渐融合时，主权国家的边界可能十分脆弱以及容易瓦解。然而，正如我们所看到的那样，主权个人的边界不像主权国家的边界那样脆弱不堪。在某些情形下，主权国家可能选择灭绝它部分的人口，正如主权个人可能选择移除他的四肢或者器官一样。但是，这两种情形在道德上存在关键性的区分。个人的“组成部分”并非人，而是身体的一部分：欲望、价值、目的、器官、四肢。然而，国家的“组成部分”在它们自己的主权范围内就是活生生的人。一个国家可能通过干涉邻国内政的方式来保护其国民免于遭到灭绝的危险，但是人们却不能以相同的方式，通过干涉其他主权个人的“内部事务”的方式来保护其拥有欲望、器官或其他相似东西的“权利”，因为后者并非人，所以它们本身便不享有任何权利。这是关于国家和个人之间存在区别的又一个例子，这一例子强化了主权个人的概念，即使这也弱化了作为它的模型的国家主权的概念。笔者在此处所提出的建议十分简单明白：我们应当像过去看待国家那样看待个人，即使我们在将来不会再像过去那样看待国家。

（二）个人主权领域的边界

笔者在上述内容当中提出的个人主权理论是否能够运用于现实世界当中的个人，人们可能会有不同意见。笔者认为，此种个人主权理论还是有意义的，它可以作为笔者分析问题的一种道德评价工具。在仍然需要保持个人主权概念与当前我们正在进行的道德讨论之间的一致性时，笔者现在试图明确地提出个人主权这一词语。通过这样做，笔者应该就自身所能描绘出一个运用于个人的自治规则。显然，这一具有争议性的规则并不能同时运用于法律和道德中，除非这一规则本身极具说服力。

请读者再次思考我们之前进行的政治类比。自治的个人与自治的国家有什么相同之处呢？主权国家据说在其领土范围内享有主权。同样，自治个人也拥有一块自己的领土，在这块领土内，他自己就是主权者。尽管国际公约和国际条约长期以来都准确地解释了“国家领土”一词的含义，个人领土的“边界”却十分模糊以及极具争议性。可以确定的是国家的领土边界也具有争议以及某些不确定性，举个例来说，国家领土能够达到大气层多高呢？它们又距离海边多远呢？但“主权”和“领土”的概念已经足够清晰使得国际律师和外交官能够通过非仲裁的方式来解决领土纠纷问题。在自治个人中，只有当争议双方关于“个人领域”包括了什么这一概念性的问题达成了合意之后，我们才能够对“领域纠纷”作出裁决。

为了找到这一问题的答案，我们必须认真对待领土这一比喻。主权国家的领土是经由米和千米所丈量的地理实体组成。也许他人的个人领域也同样能够通过它的空间维度来进行解释。它也许仅仅是他人的身体。我们的确经常说到，他人的个人领域是不可侵犯的。当行为人在未经他人同意的情况下对他人的身体实施有害的强制性的接触时，他人的身体自治就被侵犯了。因此，就像行为人对他人所为的一个不受其欢迎的拥抱、行为人对他人所为的一次掌掴、行为人对他人的鼻子的拳击行为、外科医生在未经他人同意时对他人实施的一次外科手术、行为人对他人所实施的可能会让他人产生身体接触想象的一次威胁行为等，均侵犯了他人的身体自治；不过，这些仅为他人身体自治的部分内容。除此之外，他人的身体自治还有更多的内容。例如，当行为人对他人实施攻击行为、殴打行为或强奸行为时，他人的身体自治也受到侵犯。不过，他人的完全自治除了包括他人身体自治之外，还包括其他方面的自治内容。总之，只有他人本人能够支配其身体，他人对其身体享有的自治权就是对其身体作出选择或者决定的权利。

当他人自愿选择接受一个可能会导致其丧失生育能力的外科手术时，如果国家有关部门以该人的行为是邪恶的、不明智的行为为理由而禁止其选择此种手术，则他人的“身体自治权”就遭受了国家有关部门的侵犯。因为，如果没有其他的利益牵涉进来，作出此种决定的权利是他人个人的事情，不是其他人的事情。当我们说他人的身体属于他人的主权范围内的事情时，我们是在说，除了他人本人之外，任何其他人均不得在未经他人同意的情况下以某种方式对待其身体。如果我们要通过某种方式对待他人的身体，我们必须获得他人的同意。他人对其身体享有的自治权同时意味着他人对其身体享有的消极权利（比如，不能违反他人的意愿对其实施外科手术）和他人对其身体享有的积极权利（比如，他人自愿接受外科手术并且医生同意对其进行外科手术）。

我们仍然需要认真分析领土模型，这可以扩大他人的个人领域范围，它不仅包括他人的身体（即，他人有权根据自己的选择来支配其身体），还包括他人身体周围的“空间”，就好像国家的领土主权还包括公民享有在海岸线周围捕鱼的权利一样。即使行为人在事实上没有接触他人的身体，他们也可能会侵犯他人的身体自治权，比如，行为人在未受邀请的情况下进入和停留在他人房屋的私人空间，或者将他人不想要的表演、声音、气味传递到那一领域。可以理解，隐私权只是个人自治权的几种内涵中的一种。但是，当他人进入公共空间时，他人的私人空间也就荡然无存了。他人不能抱怨其权利因为如此嘈杂、混乱的公共道路而受到侵犯；他人可以选择回到私人空间，如果他人认为如此吵闹的环境让其无法承受的话。个人领土和国家领土的一个重要区别在于，是前者而不是后者可以根据不同的情形予以扩张和收缩。毕竟，国家领土并不能在地球表面持续不断移动。然而，他人在哪里有住所，他人就在哪里拥有土地，这片土地完全归属于他人自己，未受邀请的闯入者不能进入。在他人自己的土地上，除非在某些紧急情况下涉及公共利益，以及在他人的邻居拥有相当权利的情形下，仅仅只有他人自己可以决定什么事情能够在那儿进行。

即使他人拥有控制其身体、隐私、土地财产的自由支配权，所有这些加在一起也不能给他人的个人自治定下一个合理可行的定义。他人个人自治权的核心就是他人作出选择和决定的权利——什么东西能够放在他人的身上、什么样的身体接触能被他人所允许、他人在公共场合如何移动其身体、他人如何运用其资产、他人能够透露给其他人什么样的个人信息、他人可以放弃什么样的信息等。这些选择中，有些被认为是基本的以及不可缺少的。简明扼要地说，他人享有的最基本的个人自治权就是他人享有的能够决定过着什么样生活的权利，特别是作出一些关键性的生活抉择的权利——他人选择培养什么样的技能和价值观、他人选择从事何种职业、他人选择和谁结婚、他人选择信仰哪一个宗教、他人选择是否生育等。

个人主权领域这一概念面临的第一个困难是，他人在那些不是很重要的抉择中是否也享有“主权”，比如，他人是否系安全带的选择、他人在打猎时穿红色还是绿色T恤的选择等。如果我们认真对待主权国家这一模型，我们就不能赞同法律家长主义的观点。比如，我们不能说干扰他人相对细微的“涉己”选择只对他人的个人主权带来较少的损失，而干扰他人基本的生活选择却导致他人的个人主权的实质抛弃，因为主权是一个要么全有要么全无的概念；他人对于自己领域内的事务享有绝对的控制权，而不论这一事务就其重要性和破坏性而言是多么的轻微。在政治模型中，一个国家的主权被一艘驶入其领水内的钓鱼船所侵犯，正如被一群驶入其首都上空的战斗机所侵犯一样。如果侵犯他国主权的国家尊重他国的主权，那么，它就不能以其侵犯的主权是较轻微的为由来为自己的行为辩护。仅仅只有一个国家的主权才能放在天平上来与另一个国家的主权相权衡，而不能将主权与其他任何种类的干涉侵扰原因放在天平上相权衡，因为前者的利益远远高于后者。

如果自由派人士不希望与法律家长主义者争论关于制定法是否需要规定系安全带、穿红色T恤或者其他一些细小的问题，而是在更重要的问题上与法律家长主义者相抗衡，那么，他们不应该说轻微的制定法规定仅仅是对他人自治权较小的侵犯，以及侵犯他人自治权的问题只是一个程度问题。也许一开始就把个人主权领域边界划定出来更能够将问题讲清楚，这样的话，他人的个人主权领域就只会对他人个人生活中重要的选择授予绝对的保护。

他人的主权领域由其身体、隐私、土地财产、资产以及其他一些重要的生活决定所组成。但是，他人的主权领域界限究竟在哪里呢？

也许密尔的“侵扰他人”理论是我们划定个人领域界限的一个很好的出发点。[①] 根据这一原则，正如密尔所说的那样，我们应当将他人的个人主权领域限定在他人所作出的所有那些“涉己”的决定范围内，这就是，当他人作出的某种决定是“涉己”决定或某种决定仅仅关乎作出此种决定的人的权益时，此种决定就是他人的个人主权领域；反之，当他人作出的某种决定仅仅是“涉他”的决定或某种决定直接对别人的利益产生影响时，则此种决定就不是他人的个人主权领域。虽然我们很难举出他人所作出的决定是完全“涉己”的决定的例子，因为在现实生活当中，没有任何人是一个独立的王国，每个人作出的决定均或多或少地影响别人，不过，正如密尔所言，我们还是能够找到他人所作出的那些“涉他”的决定和他人所作出的直接“涉己”或者主要“涉己”决定之间的区别。当然，我们有时候的确难以将两者区分开来，因为即便是在那些区别明显的事物中也存在模糊难分的情形。

在笔者早期所写的文章中，笔者对密尔的论点作出了肯定性的评价，即警察在其岗位上喝醉酒应该受到惩罚。与密尔的警察例子不同，笔者认为，当一个学习刻苦的研究生习惯在夜晚喝酒直至昏迷，然后在第二天早上清醒并投入新一天的工作时，他喝酒这件事并没有像警察醉酒行为那样直接影响了其他人。他没有家人，他独自喝酒，并没有给别人树立榜样；他没有被指控未履行其公共职责；他也未给其他人的利益带来实质的影响。即使他的行为给其他人的利益造成了影响，这种影响在密尔看来是“间接的”及“遥远的”。首先，当他通过这种方式打发夜晚的时间时，这名酒徒并没有做出任何不利于别人的事情。他这样做不仅没有挣来任何钱，相反他还花费了更多的钱，这就使得其不能刺激经济的发展（除了酒行业）。其次，他没有把夜晚的时间用来提升他的智力并使其变成一个更聪明的人。再次，他可能使得喜欢他的同学或同事对他的行为感到悲哀。最后，对于那

① J. S. Mill, On Liberty (Bobbs - Merrill Co. 1956). This work was originally published in 1859.

些知道他有这一爱好的人而言，他是一个“坏榜样”。[①] 因此，所有这些间接影响加起来也不足以将这名研究生的饮酒行为认定为其主权领域以外的行为。

有什么可行的方法可以将涉己的决定与涉他的决定的区别作为找到个人主权领域边界的向导呢？在笔者看来，这样的一个方法是“法律家长主义”理论，这一理论可以使得国家侵犯他人的个人自治权具有道德上的合理性，当且仅当国家是为了防止他人对自己造成损害时，即使他人没有给第三方的利益造成威胁。如果我们将法律家长主义解释为一个不包含个人主权的概念，那么，由于我们对个人主权领域持有十分坚定的信念，我们必须对法律家长主义抱有合理怀疑。另一方面，如果法律家长主义包含个人主权的核心内涵，那么，个人主权领域边界则由是否有利于自己的利益和好处来划定。

（三）法律家长主义面临的挑战：权利与好处

也许反驳法律家长主义最合理的方式就是持有这样一个观点：即使与其他原则相结合，法律家长主义最多也只有有限的自治内涵；即使法律家长主义与自治权存在一致性，它也只是要求自治权为他人的个人好处服务。

个人好处的概念与个人利益的概念相关，但人们的利益千差万别，如此便不存在一个能够适用于每个人的个人好处的概念。然而，大部分哲学家都同意人们拥有与生俱来的“自然利益”的观点，“自然利益”具有能够以十分抽象的方式来包含众多个人差异的特点。判断他人对其行为是否享有个人好处的一种传统方法是，他人在其行为中是否具有自我满足感。这是一个明显不同于自治权或者自我决定权的概念。他人的自我满足感既不同于成就，也与他人的快乐、满意不同，虽然他人能取得成就是十分令人满意的。他人的个人好处的含义包括了成就、满足感、快乐等内容。在所有这些描述中，个人好处的概念都不同于自治权的概念。

没有人会否认，他人是否享有个人好处与其自治权的行使密切相

① J. Feinberg, Social Philosophy 32 (1973) (emphasis in original).

关。如果一个人认为他人享有个人好处即是他人拥有自我满足感，以及像密尔一样认为他人的选择能力和合理决断能力的发展是其自我满足感的组成部分，那么，这个人必然得出这样的结论：他人毫无阻碍地行使选择的权利是他人实现其个人好处的不可缺少的方法。然而，如果一个人认为，同样像密尔一样，在大部分情形下，他人比别人更好地了解什么是对自己有好处的，那么他就可以得出这样的结论：允许他人在任何可能的时候为自己作出选择的决策，即便他人作出的是危险的选择，也是能够促进他人自我满足的最好的政策，即使在某些情形下，他人会不明智地行使选择的权利。

这里有四种不同的观点来看待个人自治权与个人好处之间的关系。

第一种观点对法律家长主义者来说具有特别的吸引力，这种观点认为，他人享有自我决定的权利完全是出于个人好处的驱使。既然如此，他人所享有的自我决定的权利既不是其主权权利，也不是最终的、基本的或者与生俱来的权利，而完全是派生性的、辅助性的权利。按照这一观点，他人行使自我决定的权利是因为这样做能够给他人带来好处。然而，因为自我决定权的理论十分具有说服力，当我们将它适用到某种特定的情形时，我们会发现，它与作为基本主权权力的自我决定权是相同的。密尔的《论自由》一书便是这一论点的最佳证明。密尔认为，一个正常的成年人比其他人更清楚地了解自己的利益、天赋以及自然秉性，同时，他也能够比政府官员和立法者更好地管理自己的事务以便实现利益最大化。个人在这一方面的优点是如此突出，因此我们认为，承认和行使自我决定的权利是他人取得个人好处所必要的条件。基于此，密尔在《论自由》中争论道："即使是一个真诚的、乐善好施的团体试图将它所理解的个人好处强加给一个成年人，这样的做法也很有可能是弄巧成拙的，因为成年人只有通过采取他自己的方式才能获得最大的个人好处。"①

第二种观点认为，个人自我决定的权利与个人好处之间不仅存在

① J. S. MILL, ON LIBERTY (Bobbs - Merrill Co. 1956). This work was originally published in 1859, at 125.

着密切的联系，而且它们始终互相回应着对方，当然，密尔对此是持有异议的。根据这一观点，他人愚蠢地行使自由选择的权利给“他自己的好处”无论造成多大的损害，这样的损害在任何情形下都小于外界干涉他的自我选择权所造成的损害。这便促使密尔修正他的功利主义观点，以及他反对法律家长主义的强烈态度。密尔很生动地讨论过，当外界干扰强制性地取代他人自己的选择时，他人必定付出了一定的代价，在大量的先例中，外界干扰经常是弄巧成拙的，但是密尔未能也不能证明，在每个先例中，他人付出的代价都要高于外界干扰所阻止的损害，以及外界干扰也未能达到其阻止他人自我伤害的目的。因此，在文章的大部分篇幅中，密尔似乎承认，自我决定的权利与自我满足的好处之间相互应照是可能的，当然也存在某些少见的例外（第一种观点）。在一些罕见的情形中，我们知道他人自由行使自治权可能会与其自身利益相悖，比如，他人将自己的工资作为谈判筹码来交换其他好处，在这种情形下，密尔承认，我们有合理的理由来干扰他人选择的自由，其目的是为了保护他人免受严重的损害。在这一点上，密尔最终还是准备将家长主义的论理方法纳入到其功利主义解释方法的框架中。

第三种观点认为，自我决定的权利完全是一项独立的权利，与自我满足的好处一样重要。根据这一观点，他人自由行使自我决定的权利并不必然会促进他自己的好处，即使当他人行使其自我决定的权利有可能导致其遭受损害，行为人也无权为了他人好处而强制性地干扰他人行使其享有的自我决定的权利。总的来说，他人通过自己作决定能够更好地获得个人好处，甚至当相反的选择是正确的时候，行为人也不能干涉，因为他人的自治权比他人的个人好处更加重要。因轻率决定导致威胁其个人生活毕竟是他人自己的生活，它只属于他人自己而不是其他任何人。仅此原因，他人必须自己来决定，在其他人的利益未直接牵涉进来的私人领域，他人能够做些什么。

第四种观点认为，人们就此问题应达成一种妥协。它既不将自治看作持有者的个人好处的派生物，也不认为它比持有者的个人好处更基础更重要，而是把它看作个人好处的同等物。根据这一观点，如果允许人们决定涉己的事情，在大部分情形下，人们的个人好处将会被大大促进，但当不会带来个人好处时，人们就不得不尽力权衡自治权和个人好处，凭直觉在它们之间作出选择，因为两者都不优于任何一方。当然，这样的一种妥协不会令个人主权的追随者满意，因为即便在完全涉己的领域中，这种方法在某种程度上也限制了他人个人权利的行使；但是，它与法律家长主义却存在一致性。家长主义理论为个人自治权留下了空间，但它并没有将个人自治建构于主权国家这一模型之上，因为这一模型允许个人自治权与其他因素相权衡，因此便剥夺了个人自治权的优越地位。

在上述四种观点中，笔者更青睐第三种观点，至少从一开始笔者就赞同第三种观点。作为唯一一个与个人主权观念存在一致性的观点，它与深深嵌入到大部分人道德概念中和许多道德习语中的自我概念存在一致性，特别是当这样的道德习语用来正当防卫时，如我乐意过什么样的生活就过什么样的生活、不关你事等。在一些少见的情形中，个人主权权利的行使与真正有利于个人的好处相冲突；然而，第三种观点支持了个人自治权。如果这看上去是一个荒谬的结论，那么，读者应该将自己置于被侵扰方的位置来思考。假设，某人先前选择了一个替代选择，事实上这一替代选择不利于他，而最终他并没有选择它，因为他相信这一选择不利于他。这是如此的不合理，以至于我们可以质疑他选择的自愿性。如果某人选择了这一替代选择，因为他相信这有利于他（至少没有坏处），他之所以这么认为，要么是因为这一选择的确关涉他自身的利益，要么是因为他有敢于冒险的精神。在此假设情形中，关于个人自治与个人好处之间哪个占优的争论将会更加棘手，笔者相信读者也有自己的见解，你们也不希望自己的意见被别人推翻。

在上述假设的情形中，他人作出了一个本不利于其个人好处的选择，这里还有另外一种原因。他选择这样做是因为他的确相信选择结果会对他不利，但他仍然选择这么做，尽管他有这一预期。也许他牺牲其全部或部分的“个人好处”，是为了其他人的利益，或者相对于未来的好处，他更看重短期的好处。从这些情形中，我们认识了“抑制个人好处”这一类型的人。那么，读者是否真诚地喜欢“抑制个人好处”的人呢？如果不是，他怎么会与别人有不同的爱好倾向呢？即使他最终后悔其所作出的选择，他也不可能懊恼别人未强迫他放弃这一选择。如果存在任何有意义的自治规则，那么，他人个人必须享有犯错的权利、做愚蠢决定的权利以及冒危险的权利；他人不享有这些权利，法律上的自治概念恐怕将从此瓦解。

（四）事实上的自由与法律上的自治

他人的个人主权权利和其个人好处之间的冲突最为复杂的情形是，他人行使其主权权利转让其在未来的自由，他人的未来自由是处于其个人主权界限之外的吗？行为人可以以保护他人未来自由的目的来干涉他人当前的选择吗？至今，对于这一问题的讨论，学者们还是没能清晰地区分法律上的自治与事实上的自由。为此，在将自治运用到个人主权领域之前，我们应该仔细地思考这一概念性的区分。

事实上的行为自由范围不是由我们的性格或权利所决定，因为我们在行为时有着众多开放性的选择，正是因为此种原因，我们才有行动自由。对开放性选择的含义而言，我们可以举一个例子来加以说明：关于行为X，某人有一个“开放性的选择”，要是他选择了，在客观情形中便没有人可以阻止他作出行为X；要是他没有选择，在客观情形中，也没有人可以要求他作出行为X。他想要的是什么？他事实上选择的是什么？他认为他自己的选择是什么？他对周围环境的了解如何？所有这些都与他有什么样的选择无关，正如它们与周围环境的温度无关一样。他有什么样的选择完全是由外部障碍物是否存在以及存在于哪里所决定的。如果我们讲到的是政治自由，那么，这就完全是由政治或法律障碍所决定的事情了。如此，行为自由就正如叔本华在著作当中说到的“无邪的人”所理解那样：“我只能做我想做的事：如果我想往左走，那我就往左；如果我想向右，则我就向右。这完全取决我的自愿；因此，我是自由的。”[①] 然而，叔本华在著作中很快又提出另外一个问题：“我能做我想要做的事，但是什么时候我能够自由地想去做另外一些事呢？如自己所愿的作出选择意味着什么？举个例子，一个酒徒可能有非常强烈的愿望选择不再喝酒，但是

① A. Schopenhauer, Essay On The Ferrdom of The Will 19 (K. Kolenda trans. 1960).

当主人带着一瓶酒回来的时候，他发现自己作出了与他的想法不同的选择。他也许有行动的自由，但是却没有选择的自由。他可以如他选择的那样去自由地行动，却不能如他所希望的那样去自由地选择。他遭受着自制所带来的痛苦，但不管怎么样，因为其较弱的心理承受能力，他还是选择了屈服。他没有了选择的自由，虽然他有行动的自由。就好像在每个人的灵魂深处都有一些纵横交错的铁路轨道，它的开关为某些选择所打开，而对另一些选择却紧闭不开。总的来说，我们享有的选择自由的多少取决于开放性选择的数量大小。”

自由是人们生活中不可缺少的物品。大部分人可以从其享有的最低限度的自由中获得安宁，以及可以从其拥有更多开放性的选择中获得安全。有些人甚至可以通过享有更多的自由或远远超过必要和安全限度的自由，来享有一种“累积性利益”。对于大多数人来说，最低限度的自由是生活的必需品，就好像经济自足和健康一样。而更多的自由，对于我们来说，就应该像艺术品、自然美、冒险、成就、权利或者爱来珍惜的物品。但是，认识到自由具有以下属性变得尤为重要：自由是众多物品中的一个，人们仅仅有一点自由就可以过得很好，理性的人都非常愿意用自由来交换其他物品，包括简单的满足感。哲学家声称由于自由太多而感到恐惧。法律上的自治人当然会保留他享有的“卖掉”事实上的自由以交换其他物品的权利，所交换的物品是根据他自己的价值观和他自己的价值判断所决定的。

一个自治人可以行使自我管理的主权权利以减少他自己事实上的行为自由，这是无可厚非的。只要他是知情的和自由的同意，他也可能自愿地采取一些用于减少开放性选择权的措施。我们去检验探讨那些被称为“人为操控”的措施怎么有时是而有时又不是与他人的自治权存在一致性，这对我们来说是十分有益的。行为人可以利用这些“人为操控”的措施来锁闭或打开他人的选择权，而不论他人是否同意。

当行为人在他人同意的情况下采用人为操控的技巧打开他人的选择权，这虽然扩大了他人的自由，但并未侵犯他人的自治权；因此，这是最不麻烦的情形。一个更复杂的情形是，当他人为了其看得比自由还重要的利益时，他人同意行为人实施的锁闭其某些选择权的人为操控措施。只要他人的同意是自愿的和知情的，对他人自治的尊重要求我们不能干扰他人那样的选择。行为人为了锁闭他人的选择权，在未经他人同意的情况下操控他人，行为人的这种行为既限制了他人的自由，也侵犯了他人的自治。这种情形是最不为法律所允许的情形。与前面三种情形不同，最麻烦以及最具争议的一种情形是，行为人为了扩大他人未来的自由这一善良的目的，在未经他人同意的情况下操控他人。

（五）自愿放弃自由与自治

即使事实上的自由与法律上的自治之间存在不同，自愿放弃自由与自愿放弃自治之间并不存在概念上的不一致。他人不仅可以放弃自由与自治，而且别人也无合理权利阻止他人这样做，因为他人的放弃行为是自愿的；个人主权领域的边界是根据涉己-涉他标准所划定的。由于他人的自愿放弃行为属于他人的个人主权领域内的事务，他人的放弃行为便不容其他人侵犯。如果我们假设在密尔的理论和自由主义传统理论中，他人的个人主权领域是由与其重要利益不相冲突的活动所组成的，那么我们就可以说，尊重他人的自治权就是尊重其自愿选择的权利，他人自愿选择的权利是他人行为的唯一正当依据，除非他人的行为损害了第三人的利益，我们才不需尊重他人的自治权。无论何时，行为人强迫他人作为或者不作为，仅仅以防止他人作出有损于他人自己利益的选择为由，他人的自治权便被侵犯了，即使此情形下他人的行为并没有危及第三人的利益。从道德视角来看，行为人强迫他人作为或者不作为，就好比是一个主权国家侵入另一国家的领空和领海，或者派遣军队去占领其他国家的领土，或者通过其他方式侵犯他国主权。无论行为人侵扰他人自由的行为是为了他人的好处或者福利、健康、财富，这仍然是对他人主权的侵犯。就好像一个主权国家都不能声称其有权将它认为善意的干涉强加于另一主权国家，那么，一个自治个人怎么可以强迫另一自治个人去做他所认为的有利于另一自治个人的长远好处的行为呢？

这一观点既可以用来反驳行为人强迫他人增加其事实上的自由的行为，也可以用来反驳行为人旨在促进他人其他方面好处的强迫行为。当然，父母有权利也有责任强制性地阻止他们的小孩作出损害其未来利益的行为，即使没有这个小孩的同意。父母也有责任使其小孩的涉及生活的选择处于一种开放的状态，直到这个小孩变成了一个具有自治性的成年人，并能够自己决定如何行使这些选择权。① 但是，如果行为人强制性地阻止一个具有自治性的成年人用其所享有的“开放性选择权”去交换他更倾向于拥有的其他方面的好处，这就是法律家长主义的做法了。一个理性的成年人有合理理由捐赠他所有的财产，甚至终结其生命或者在最极端的假设情形中，可以将自己卖身为奴，从而永远放弃其多样性的选择权。即使我们并不赞同他的理由，我们也必须承认这是他自愿的选择，虽然在我们看来，这并不是一个合理的选择。对我们来说，那样的选择并不合理，也许我们永远也不会作出那样的选择，但是它并不是一个愚蠢的或者不负责的选择。在一些情形中，我们也许会把这一选择看成是圣洁的、勇敢的、冒险的、浪漫的或者奇怪的。无论如何，如果抉择者是一个具有自治性的成年人并自愿地作出了选择，那么，这一决定必须由他自己而不是其他任何人所作出的；因此，责任也是由他自己承担。这是我们从自治个人的概念中所自然而然得出的结论，自治个人也即一个在其个人领域内拥有控制权的人。用密尔的话说，一个完美的自治人“有权自愿地处理他自己生活中的事务”②，即使那可能使他丧失未来事实上的自由。

自治的观点同样可以运用于他人自愿地拒绝增加其个人自由的情形中。我们始终坚持认为，个人事实上的自由（常被理解为对个人所开放的多样性选择权）与个人法律上的自治（常被理解为在个人领域内的主权决定权利）之间存在区别，我们也许可以从卢梭那句鲜为人知的“被迫自由”一词③当中找到一点依据。虽然这一词语本

① See my essay The Child's Right to an Open Future, in Whose Child? Children's Rights, Parental Authority, And State Power 124 – 53 (W. Aiken & H. LaFollette eds. 1980).

② J. S. MILL, spra note 12, at 125 (emphasis added).

③ Jean Jacques RoussEAu, The Social Contract 16 – 18 (8th ed. 1960). See also the criticism in Isaiah Berlin's Two Concepts of Libero, in Four Essays On Liberty 131 – 134, 147 – 148 (1969).

身是内在一致的，但是，尽管它试图通过赞扬由此而增加个人所享有的事实上的自由来证明侵犯个人自治权的合理性，这也不会令个人主权的支持者感到满意。他人行动自由的范围通过行为人暴力和强迫行为来扩大是可能的，他人所享有的一些选择可能因为行为人的暴力和强迫行为而减少，而他人又因此行为增加了另外一些更多的选择。并非每个人都喜欢开放性选择权以及经常由自己作出选择所带来的沉重负担。但是，无论他人坚持扩张其选择权的动机如何，这一行为都增加了他的行动自由。需要指出的是，尽管行为人的动机看上去可能是仁慈的，由于行为人强迫他人违背其意愿进入到其未曾选择的情形中，行为人就侵犯了他人的自治权。当行为人告诉他人这是为了他长远的利益时，行为人可能是正确的，但是行为人仍然侵犯了他人的自治权，如果行为人将自己的观念强加给他人的话。

当一个人自愿放弃其法律上的自治时，他是否是在其个人主权领域内行动的呢？正如我们所看到的那样，一个主权国家可以放弃其部分主权权力，宗主国可以放弃控制其殖民地的权力，联邦国家可以给予其部分自治地区完全独立的地位，这并不存在观念上的或者道德上的困难。然而，我们很难想象，个人能够以相同的方式放弃其部分主权，除非是一个奴隶主通过解放运动放弃控制其奴隶的权利，或者一个器官捐献者放弃对肾或者其他“自治部分”的主权权利。但我们不难想象，个人可以完全放弃其主权权利，并不再是独立的个体，就好像一个国家通过合法的议会程序解散自己一样。

如果我们将主权这一概念从国家完整地移植到个人，那么我们也应该预期到个人放弃自治权也是可能的。当然，人们也可以首先拒绝将主权概念运用于个人，可是如果一个人接受个人主权这一概念，那么他必须承认，个人也可以放弃其自治权。

三、作为自治的隐私

（一）自治可否转让：“自愿为奴”的谜团

他人完全失去了自由或自治将是怎样的一种情形呢？哲学家经常想到的一个例子就是极端的奴隶制度，在这一制度中，奴隶主“拥

国家在未侵犯他的自治权的情况下拒绝承认和强制施行这一协议。想要与别人形成那种关系可能的动机可以被分为两类：第一类是自愿为奴者发现成为奴隶的前景是十分吸引人的，第二类是他愿意忍受这一状态，目的是为了获得主人所给予的合同“对价”。如果是前者，他可能有着为自己的某些罪行赎罪的心理需求，他或者是为了通过自谦来约束自我，或者是他感到有必要通过专心的或者无条件的服务于其他人，从而减少以自我为中心的意识，或者是他拥有一种宗教信仰，使得他需要通过他所能取得的最卑贱的地位来表现谦虚。其中的一些动机在真诚度上是值得怀疑的，毫无疑问，在认定此类合同有效之前，我们应该对这些动机进行仔细的自愿性检测，如果我们认为所有这些动机都不会通过自愿性检测，其实是十分武断的看法。因为这些自愿为奴者与孤僻生活的神圣禁欲主义者一样狂热，比如，他们会选择成为一名居住在沙漠中的隐士，衣着破烂，苦苦修行。

如果自愿为奴者的动机属于第一类，那么，很难找到任何理由来说明为什么他需要从主人那里获得一份法律上有效的合同。如果他想成为事实上的奴隶，绝没有法律上的障碍阻止其达到这一目的。如果他想永远地处于这一状态，那么，他可以自由地去这样做，正如未结婚的恋人立誓永远会对对方保持忠诚一样。因此，除了保护奴隶免受合法的奴隶合同所规定的可以视为犯罪的虐待行为的伤害，根据自愿为奴者的动机，自愿为奴者似乎并无必要来签订那样一份合同。自愿为奴者不希望签订合同的原因，他可能不愿与国家分享。他可能以后改变了想法并想要解除这份合同，那么在缺乏一份不可撤销的合同时，他就可以这样做，这样来说没有合同反而有利于他。在未来，如果他从未改变自己的想法（主人也仍是十分愿意的），他可以继续处于这种状态而不能从白纸黑字的合同中获得任何好处。最多，他想获得一份合同是为了防止他的主人改变想法，但如果他的动机是迫切的，在所有事务中他都完全遵从于主人的意愿，那么，他违抗主人的意愿而行事就是不可能的事了。

如果我们仍然假设奴隶的动机属于第一类，奴隶主也未增加其他的合同对价，那么，一份法律上的合同能够给奴隶主提供什么保护呢？首先，那将是一份十分奇怪的合同，如果它仅仅强迫奴隶对主人作出承诺，而未要求奴隶主承担任何相应的义务的话。其次，即使假设这份合同规定的权利义务具有一致性，国家为奴隶主提供法律保护也是完全不必要的，因为在这一假设情形中，奴隶主并没有对法律所提供的保护付出任何对价。他没有贡献等价物，也没有作出相应的承诺。强制要求他履行一个他本没有作出的承诺，将不是为了“保护”他，也不是为了给予他无偿的好处。并不是只有法律家长主义者才能找到理由来反对那样一项荒谬的法律政策，因为自愿为奴的法律政策明显违反了个人的自由权利。

自愿为奴者合理可行的动机当属第二类。他甘愿冒险成为奴隶主的终生奴隶，不是因为其具有内在的吸引力，或者他有哲学上或宗教上的需要，而是因为奴隶主所提供给他的好处是非常诱人的。我们仍然以最极端的奴隶制度为例，在这一制度中，奴隶丧失了他所有的权利，而且相应的对价在奴隶仍为自由身时就已经给予他了。另外，假如这一对价是对未来工资和最低限度的工作条件的承诺，那么，一旦奴隶失去了权利，这一承诺可能不会被遵守，违约者也不会因此而受罚。对价可能会提前给予第三方，当自愿为奴者真正成为奴隶，丧失他所有的权利时，第三方仍然有权利来享有这些对价。我们可以想象为了进入一个不可撤销的奴隶状态，属于第二类的合理动机之多。一个人同意成为一名奴隶，可能是为了他的爱人提前得到百万美元，或者是可能为了其他更值得的原因。我们现在设想，一个自愿为奴者不是一个病态的虐待狂、神经病患者、有罪之人，甚至也不是一个价值观古怪的人，而可以说是一个善良的人，他想要为患病寡妇的孩子提供食宿，或者尽他所能的为医疗研究提供帮助。他并不渴望自我牺牲，但是他愿意为了他现在所能够作出的贡献，而承担牺牲自己未来利益的危险。

当对价已经提前支付，在理论上，奴隶主就可以受到合法合同的保护了。然而，如果他的奴隶逃跑了，他也就同时失去了百万美元和奴隶。因此，在这种情形中，强制履行奴隶合同就是以牺牲奴隶的利益来保护奴隶主的利益，因为奴隶改变了心意并选择逃跑，这违反了奴隶合同的约定。我们寻找反对强制履行奴隶合同的理由毫不费力。强制履行包括以下内容：将追捕回来的逃亡奴隶再度监禁；对所有曾经帮助过这个奴隶的人提起民事诉讼；或者是通过合法的私人组织的力量，或者是通过警察，有组织地追捕奴隶；对诱导奴隶逃跑的第三方提起指控，包括那些帮助或教唆逃跑的人、隐藏逃跑信息的人；等等。这样的一些活动是令人震惊的，无异于容忍大街上可怜的人挨饿一样。奴隶主只关心自己的利益，而无视其他人的利益。这些可能就是拒绝承认和强制履行奴隶合同的非家长主义原因了。

密尔拒绝承认奴隶合同具有有效性的理由又是什么呢？事实上，他所有的观点都通过下面这段简洁的话清楚表达了："限制他人（比如说奴隶）根据自己的意愿处理其生活事务的理由是十分明显的，极端的奴隶制度例子便是证明。除非行为人是为了第三人的利益而干涉他人事务，不干涉他人的自愿行为是因为行为人考虑到他人享有自由权利。他人的自愿选择是一项证据，证明他人所选择的是他人想要的，至少是他人所能够忍受的，允许他人采用自己的方式行事，他人自己的利益就能够最大限度地被发掘出来。但通过将自己卖身为奴，他人也就放弃了自由；当他人选择放弃自由，他人也就摒弃了自由所能够带给他的未来利益。他人不再自由，从那时起，他人就处于这样一种状态，这就是，他人不能自由地决定自己事务的状态。然而，自由原则不能要求他人选择处于不自由的状态。"①

对他人之所以签订奴隶合同最合理的解释，并不是因为他人享有处理自己生活事务的主权权利，而是因为他人为了个人长远的好处，更准确地说是他人享有的完全的自由，才签订奴隶合同。根据这一解释，密尔对于《论自由》第一章中所作出的放弃求助于个人主权权利的承诺，以及将奴隶合同问题限于在功利主义视角来讨论，是非常自信的。② 这个例子的吸引力在于自愿为奴者是为了追求个人好处，而不是公共好处（社会效益），这至少与功利主义的说理方法具有一致性，而并不与个人主权权利的说理方法具有一致性。根据这一解释，事实上的自由是众多好处中最重要的一个好处，自由的丧失将会

① J. S. Mill, On Liberty (Bobbs - Merrill Co. 1956), at 125.

② J. S. Mill, On Liberty (Bobbs - Merrill Co. 1956), at 14: "I forego any advantage which could be derived to my argument from the idea of abstract right as a thing independent of utility."

是众多损失中最严重的一个损失。如果法律的目的在于扩大好处并阻止所有可能的损失，那么，制定法应该对行为人剥夺和干扰他人自由的行为持消极的态度。但总的来说，在除了奴隶制度这一极端例子外的所有其他情形中，密尔说到，法律家长主义是一项不被接受的理论，因为它将自认是好处的观念强加于他人，这极有可能弄巧成拙。密尔在下面的议论是弄清这一解释的钥匙："他人的自愿选择是一项证据，证明他人所选择的是他人想要的，至少是他人所能够忍受的，允许他人采用自己的方式来行事，他人自己的利益就能够最大限度地被发掘出来。"与这一路径形成强烈对比的是，密尔在其他情形中却用了十分绝对的语气，如他认为保护他人的利益是强制性法律规定的"唯一"合理依据，也是"唯一正当的目的"，以及在涉己的事务中，"自主独立是正当的、绝对的"，"他自己就是一个主权国"。如果密尔能够与他一贯的绝对语气保持一致的话，那么，他对法律家长主义的反对也许就没有例外了。如果他一直致力于坚持尊重他人自愿选择的权利，甚至是他人放弃自由的选择、自我伤害的选择，他也可以以一贯的强硬态度抵制法律家长主义；因为他可以持有这样一个观点，即尊重他人自由选择的权利比避免他人遭受伤害更重要。法律家长主义是否被接受，取决于其是否承认这样一项原则，也即每个人都有权利"自愿地处理自己的生活事务"。

笔者对上文中所引用的密尔说的那段话中（即"他人的自愿选择是一项证据，证明他人所选择的是他人想要的，至少是他人所能够忍受的，允许他人采用自己的方式来行事，他人自己的利益就能够最大限度地被发掘出来"），他采用如此谨慎的语气的一个解释是，把这段话当作密尔《论自由》一书的一个例外。《论自由》一书事实上是十分尊重个人自治权的，正如密尔经常使用的政治词语所指示的那样，如"主权"、"领地"、"最高统治权"，等。在同一章中，密尔在其他地方也表现出他对法律上的自治和事实上的自由之间的区别的熟悉和深刻领会。但是，Richard Ameson 提醒我们注意密尔对摩门教徒一夫多妻制度的讨论，在讨论中，密尔却表现出一种对自治和自由相区别的犹豫态度。Ameson 指出："密尔认为一夫多妻婚姻的特点是'在大半个社区中建立了一种固定的联系'。就好像一个愚昧的人完全放弃自由并自愿地将自己变为奴隶，摩门教徒的妻子们只不过是在较小范围内放弃了自由的权利。密尔明确讲到他对摩门教一夫多妻制的‘不赞同’，他认为这样的一项制度构成了对自由原则的直接侵害。虽然一个摩门教徒妻子不能自由地生活，她却是自治地生活着，如果她是过着自己选择的生活的话。关于摩门教婚姻，密尔讲到，‘必须记住的是，这样的关系中所涉及的女方（虽然其可能被认为是受害的一方）是自愿的，就像在其他形式的婚姻关系中一样自愿’。密尔在这段引语中的犹豫态度一定是来源于这样一个质疑，即当社会所容纳的替代选择要么就是一夫多妻制婚姻，要么就是不结婚，一个人选择结婚能够达到多大程度的自愿性呢?”①

笔者对 Ameson 这段话的评论可以用“自治地生活”一词概括。在一些假设的例子中（如一夫多妻制），人们可以自治地选择过一种生活，在这种生活中，未来所有的自治权都被剥夺了。也许描述选择“自治地生活”的后果具有误导性，但是无论如何，这种生活都是他人自治选择的生活，如果侵扰这一选择就意味着侵犯抉择者在作出选择时的自治权，也就是并未把他当作一个自治人来对待。

如果一个人的自治权能够被转让，那么，还存在一个自治人所不能转让的东西吗？笔者认为，这一问题的答案是，即使是一个自治人，他也不能有效地放弃他的某些职责和责任。假设，一个奴隶主 A 命令他的奴隶 B 去谋杀一个无辜的第三人 C，为了遵守这一命令，B 不得不违反他自己对 C 所负有的责任（不能杀他），逻辑上来讲这与 C 对抗他的权利相联系（不能被杀的权利）。如果 B 放弃了那样的责任也就意味着他排除了 C 的一项权利，这是很荒谬的。即使是一个自治人也不能放弃原本不属于他的东西。如果在谋杀之后，B 为自己辩护，他仅仅是 A 手中的一个工具，而没有自己的意愿在里面，而“工具并不杀人，只有人才杀人”，这样的解释不能被接受，因为遵守一个更高权威的命令并不构成暴行的借口。没有人能够将自己变成其他人意志的一个工具。即使是一个自治人也不能放弃他最终的责任。

① Ameson, Mill versus Paternalism, 90 Ethics 470, 476 (1980) (emphasis added).

（二）不可撤销的承诺：他人为未来的自我决定

虽然从理论上讲，奴隶合同是一个用来判断理论合理与否的有趣构想，但用它作为判断理论合理与否并没有多少实际价值。然而，有一些关于不可撤销的承诺的例子，在这些承诺当中，承诺者声称在约束未来的自己的同时也约束其他人。那些承诺是不可撤销的，但并非像奴隶制那样，它既不完全也不必要是永久的，因为只是在未来的某个时刻该承诺才被履行。它们产生于合同协议，例如，当卖方同意不在同一城市与买方开展竞争性的商业活动时，或者产生于许诺；例如，当 A 让 B 许诺强制施行 A 当前的解决方案时，如果必要，B 也可以违背未来的 A 的意愿。

这些例子为自治权理论提供了重要的判断方法，因为它们展示了一个完美的个人主权概念不仅仅能反映个人主权领域"空间的"边界，而且也能反映个人主权领域多变的"临时边界"。他人经常在某一个特殊时刻以一种减少他未来自由的方式行使他的自治权，而当未来来临，他人又希望将失去的自由要回来。在一些情形中，早先的抛弃物被认为是临时的或是可撤销的；但是在另外一些情形中，他人的早期自我要么通过合同约束自己不能撤销那一行为，要么给第三方非常明确的指示，让他们无视他人所发布的与其未来自我相冲突的命令。他人当前的个人主权能否主导他人的未来自我呢？他人的早期自我是否可以放弃他人未来自我改变心意的权利呢？或者他人未来自我改变心意的自由权就是他人早期自我所不能自由抛弃的权利吗？正如密尔所声称的那样。

当他人以其早期自我的意愿来约束其未来自我时，或者他人以未来自我的意愿来约束早期自我时，究竟是他人的哪一个自我更接近其自愿，或者哪一个要求反映了抉择者作为一个持久的个人的状态？我们可以将此分为简单的和疑难的两种情形，从而开始我们的讨论。只要他人未来自我的选择或他人早期自我的选择，其中有一个是相对不自愿的，这一情形就是相对简单的。这里有各种各样的例子反映了他人未来自我的选择是存在瑕疵的。比如，假设笔者让一个朋友在早上五点钟的时候把笔者叫醒，而且让他不要听从笔者的未来自我反对在那一时点将笔者叫醒的要求。当早上五点钟到来，笔者从熟睡中被人叫醒，笔者立马就改变了想法，而此时，笔者的朋友有权更重视笔者头脑清醒时的决定，而不去考虑笔者的未来自我不连贯的咕哝之语。相同地，如果笔者有酒瘾的毛病，笔者要求主人在下周的聚餐上最多给笔者两杯酒就好了，而不管笔者的未来自我在那时又说了些什么，主人也同意了笔者的要求，那么当笔者兴奋的未来自我抛却了先前的要求时，主人应该将先前的要求作为笔者的本意。

同样，当他人早期自我的意愿与他人未来自我的意愿相冲突，其他人也许会支持他人的早期自我，理由是他人的未来自我作出的相矛盾的“选择”是强迫和欺诈的结果而非完全是他人自愿的选择。这些原因当然是 Odysseu 的水手不去帮他松绑的理由，尽管他如此强烈地要求水手们这样做，当他受到了妖妇 Sirens 的影响时。① 当 Odysseu 的船队在离开 Circe 的岛屿之前，Circe 警告 Odysseu，他正航行在一条充满危险的航线上，这条航线将其导向 Sirens，她美妙的歌声将会迷惑所有听到过的人，从而致他们于死地。Odysseu 听从了 Circe 的建议，他于是让他的水手们塞住耳朵以免他们受到诱惑，但是他自己却想在不受陷害的情况下听一听这美妙的歌声，因此，Circe 让他的水手们将其绑在桅杆上，并命令他们不要释放他直到航行出危险地带，即使他之后又命令他们给其松绑。在 Sirens 的诱惑下，Odysseu 的确“改变了心意”，但他的水手们信守对他早期自我做出的承诺，也就是说早期自我才是真正的 Odysseu。

另一方面，也存在一些情形，他人早期自我的命令不比他人未来自我相反的命令更能体现其自愿性。也许早期自我在作出判断时受到愤怒或者其他情绪的影响，然而，他人的未来自我却是在他人镇定和头脑清晰时作出的判断。或者他人的早期自我，由于一件令人震惊的突发事件而给他造成深刻的但短暂的影响，或者可能因为他人在吸毒后告诉朋友，他在未来要做某件事，朋友应该把他现在的承诺当作不

① Homer, The Odyssey of Homer, Book XII, 36 - 58, 144 - 200. In the verse translation of Richmond Lattimore (New York: Harper and Row, 1965), the passages are on pages 186 - 190.

可撤销的；然而，他人的未来自我，当其恢复了平静，并仔细考虑了这件事后，要求撤销早期的承诺。此时，尊重他人的未来自我甚于他人的早期自我并不意味着违反了他人的完全自治权。

最疑难的情形是当他人早期自我和他人未来自我相冲突的决定都同样是自愿的时候，哪一个优先呢？对于这一问题的答案，就我们目前所讨论的看来，可能会支持他人早期自我，但我们也应该通过对比复杂的例子来重新选择答案。笔者认为，应该重新申明个人主权的理论有利于我们正在进行的讨论。当他人早期自我完全自愿地放弃他在在未来某个时刻的撤销权时，或者明确地指示另外一个人；正如 Odysseu 一例一样，不要接受他未来自我的相反命令，那么，他人早期的选择，作为一个主权个人自由处理其未来生活事务所作出的一个明智选择，必须持续处于控制地位。毕竟，他人早期自我和他人未来自我都是同一个自我，而不是道德上不同的人，只不过是在不同时期的同一个人罢了。“早期自我”和“未来自我”仅仅是一种表达方式，如果按照字面上的意思来理解成两个相区别的个人，那么，这会产生混乱，因为我们没有办法解释为什么一个完全自治的人能够约束另外一个完全自治的人而未经过后一个人的同意。所有我们关于责任的朴素观念，以及像作出承诺这样的基本行为，都是以同一个人在早期阶段和后期阶段的身份关系为前提的。没有这个前提，个人自治的概念便不存在。如果他人不能自由地为了现在的利益而抛弃其未来的自由，那么，他人终身所享有的自由将会最大化（与他人现在的意愿相抵触），既然他人现在不被允许去决定自由和其他的一些利益将如何在其未来的生活里的分配，那么，他人自治的领域在当前就被严重地缩小了，给他人未来自我所剩下的事实上的自由仅仅是对他人的一小部分补偿。

为了谨慎起见，我们应该去讨论这一情形的另外一方面的问题。他人两个自我相互冲突的决定将会是怎样一种情景呢？① 这里可运用

① For the best statement of such an argument, see Donald Regan, Fatemalism, Freedom, Identiy, and Commitment, in Patenalism (University of Minnesota Press, R. Sartorius ed. 1983 forthcoming).

了一个完全不同的个人身份的概念。根据这一术语，当他人的早期自我自愿地同意，他未来自我将会作出某些决定，而且这一同意是不可撤销的，他未来自我同样是自愿的，他未来自我希望撤销其早期自我的同意，那么这一情形并不总是被看成是一个主权个人在未来改变了心意，而在某些时候被当成是两个平等主权个人之间存在的一个冲突。当然，并不仅仅是因为他人未来自我在他人早期自我之后，而与他人早期自我的身份不同，而是因为他人未来自我完全改变了他人早期自我所持有的一些基本价值观念才导致如此。比如，一年之后，卖方意识到，他早先与买方达成的不进行竞争性的商业活动的协议是不明智的，这并不仅仅是因为他与作出初始决定的人是“不同的人”所导致的，而是因为前后两人的一些基本价值观念不同而致。再如，一个有罪的谋杀犯，在死囚室内待了七年之后，他已经接受了教育，也进行了真诚的忏悔，并重新塑造了性格，他不会被认为与七年前实施谋杀的那个十恶不赦之人是“同一个人”。

当他人早期自我和他人未来自我被证明是“两个不同的自我”，那么，反对早期自我的决定是不可撤销的观点就是有理可据的。Donald Regan 提供了许多不同个人身份的例子，但并不能够说服笔者，因为“改变心意”的理由并不十分充足。他暗示到，当抑制了一个想要成为烟鬼的人，其实也就保护了另外一个人，即他未来的自己——一个罹患了肺癌，并可能摒弃了早期的恶习的一个“不同的人”。另外，骑车人未戴钢盔将是怎样的情景呢？在他车祸后什么情况使他成为一个不同的人呢？笔者认为，答案是，根据相关因素，这个骑车人是一个不同的人，因为他不再是一个忽略自己未来好处的人。当然，不确定的是，这一车祸是否会给他带来这一改变。但是看上去是十分可能的。在许多情形中，骑车人不仅仅希望在过去他做出了不同的行为。他也许对谨慎有了一个新的认识，并改变了他以后冒险时的态度。如果骑车人这样改变了，那么，他就是一个不同的人了，并免于受到其早期自我愚蠢行为的危害。

当然，出车祸后，骑车人并不立马就成为另一个不同的人。甚至 Regan 也得承认他没有新的姓名、新的身份证、新的犯罪记录，他的婚姻也未因此解除，他的债务也未消灭。Regan 说道，他是一个不同的人，只是在某些方面而并非在其他方面与以前不同了。但是这仅仅是一个文字游戏，如果那仅仅意味着“他过去是一个鲁莽的人，但是既然他因车祸受到伤害，他明白了谨慎小心的重要性，从此而变得十分小心了”。在其他方面，甚至在一些重要的事务中，他仍然是原来的自己。告诉他人早期自我，为了保护他人未来自我，他必须被迫地从事一些他并不想做的行为。这意味着，要是他是十分小心谨慎的话，他就不会后悔这一干扰了，却又是另外一回事。这种蓄意的家长主义的语气看上去是自然的，而且很真诚。

即使在改革自新的谋杀者一例中，谋杀犯的性格已经改变，但由于另外一些原因，这个例子也并不足以说明谋杀犯是一个不同的人。对处于死囚室中的谋杀犯的一些重要描述表明，该谋杀犯与之前实施谋杀行为的人仍然是同一个人。举个例子，如果他已经改革自新，并在某些核心方面做了改变，使之与过去的自己不同，那完全是与死亡和再生不同的一回事。真诚悔过，如同痛悔、懊悔、负罪感以及赎罪的愿望一样，都需要与过去保持一致并重新认识早期那个作恶者。那些状态的本质实际上是为他早期自我所做的事情承担责任。他否认早期那个作恶的自己，就是否认为自己的罪行承担责任，这与忏悔不同。当谋杀犯 Paul Crump 的死刑判决被减为无假释的有期徒刑，伊利诺伊州州长 Kerner 写道：“这个被怨恨并受到曲解的曾实行过残酷谋杀的人，不存在了……在那样的情形下，已经没有必要剥夺此人的生命……。”我将这一说法看成是下面说法的夸张方式：既然 Paul Crump 不再被怨恨和曲解，已经没有理由使之失去性命了。[①]

与革新者一例联系最紧密的例子同样是最独特的一例，它是由 Derek Parfit 在其颇受争议的《未来自我与道德原则》一文中提出的。[②] Parfit 的例子也与我们当前所讨论的议题有直接的关系，因为它涉及约束他人未来自我非自愿地作出的一个不可撤销的承诺：“让

---

① See R. Bailey, Facing Death, A New Life Perhaps to Late, LIFE, July 27, 1962, at 28 - 29, reprintedin Philosophy And The Human Condition 324 (T. Beauchamp, W. Blackstone &J. Feinberg eds. 1980).

② D. Parfit, Later Selves and Moral Principles, in Philosophy And Personal Relations, 137 - 169 (A. Montefiore ed. 1973).

我们以一个19世纪的即将继承遗产的俄罗斯人为例。因为他梦想成为一名社会学家，他现在希望将他的土地分给农民。但他知道要不了多久他的梦想将不再强烈。为了预防这种可能性，他做了两件事情。首先，他签订了一份协议，其中写有他自愿捐赠他的土地，而只有他妻子的同意才可以撤销这一协议。然后，他告诉妻子，'如果万一有一天我改变了心意，告诉你撤销这一协议，向我保证，你将不会同意'。"①

我们可以想象，随着年龄的增长，"Boris"（Donald Regan 提供的一个名字）的确改变了心意，出于一些个人原因，他最终抛弃了成为社会学家的梦想。当他最终继承了遗产，他恳求困惑的妻子同意撤销早期的协议。如果妻子的立场足够坚定，那么，她遵守了对早期Boris作出的庄严承诺；如果她屈服了，那么，她就限制了早期Boris决定自己生活事务的自由。当早期的Boris与妻子签订协议时，他是十分认真的，他自由地根据自己的原则行事，而且十分清楚自己行为的后果。Ameson说道："自治权的基本观点就是，在作出一个自愿的选择时，人们就应该为自己作出这一选择所存在的所有可预见性的后果承担责任。"② 如果Boris太太违约，那么，她就将Boris从自己完全自愿自治的行为所应承担的责任中解救出来并不再承担责任。另一方面，未来的Boris也是自愿地进行选择的。他的要求同样是自治原则的反映。如果他问道，为什么他受到一个不再存在的早期自我的控制呢？接下来，Boris太太应该怎么做呢？

当Boris太太作出承诺，她便将自己置于一个神圣的义务之下，并十分清楚它的危险。在那时，Boris放弃将其从此义务中解放出来的权利，所以他之后心意的改变也不能抵消她的责任。甚至根据Regan的个人身份理论，这一责任一直都存在，因为即使早期Boris现在去世了，曾经对他作出的承诺仍然具有法律强制力。显然，当被承诺人去世后，承诺仍然有效，否则，我们怎么来解释遗嘱效力和保险政策呢？但是Boris并没有死，他仅仅是与早期的Boris不相同了。

① Ameson, Mill versus Paternalism, 90 Ethics 470, 476 (1980), at 145.

② Ameson, supra note 37, at 475.

Boris 放弃解放承诺人的权利，为该承诺的不可撤销性提供了全部理由。这一承诺仍然具有约束力，Boris 太太的责任十分明确、清晰。

然而，Boris 太太可能是仁慈的，出于同情，或者其他简单的人类情感，她拒绝履行她的职责。义务人拒绝履行义务在道德上是非常严重的一件事，无论履行是否困难，义务人都不应该经常这样做。然而，在极端的情形中，当给予协议充分的考虑和尊重时，义务人虽然恐惧不安和十分的不情愿，他也应该拒绝履行一项真诚的义务。在这样的情形中，这并不意味着被合理拒绝履行的义务不可能首先来自于一项真正的义务。[①] Donald Regan 所提出的个人身份理论认为，他人未来自我是与他人早期自我不相同的一个人，也就意味着他人可以逃避为自己曾经所做过的事情承担责任。康德要求人们必须承认他们已经失去了承诺人的信任。相对于法律意义，权利和责任具有更多道德上的意义，尽管法律意义也十分重要。如果 Boris 太太拒绝撤销这一协议，这将使 Boris 陷入永久的痛苦当中，那么，这一事实可以作为 Boris 太太同情 Boris 的一个决定性原因。她面临着一个艰难的决定，但是这一两难困境更好的是被描述为她的义务与其他种类的道德原因的冲突，而不是两种义务之间的冲突。

Boris 太太进退两难的局面与我们对待社会上的“天生失败者”的情形十分相似，他们用自己的未来下赌注，输了后，要么被人们救赎，要么被人们弃之不管，让他们用余生为之前的行为付出沉重代价。在 Boris 一个例子以及在那些假设的“自愿为奴者”的例子中，他们都后悔其早期做的不可撤销的合同，但承诺人违背早期承诺的行为却是对他们自治权的不尊重。但这里还有另外一种替代选择，即人们可以选择袖手旁观，不去阻止可能发生的事。

（三）宪法性隐私权

近年来，美国联邦最高法院发现了一项基本宪法权利，可以用来保护他人的“个人主权权利”，并给予其一个极具误导性的名称即“隐私权”。对隐私权的描述因案而异，但是它与他人的“个人主权”

---

① See my Supererogation and Rules, in Doing And Deserving 4 - 9 (1970).

具有一个相同的特征：在一些领域中，他人的个人选择决定一切事务。这些领域的边界类似于一堵抵抗国家侵扰的“墙”，对于这些受到法律保护的他人的个人选择，国家不应该制定法律对其进行干扰。第一部被美国联邦最高法院宣布无效的刑事法律是康涅狄格州刑事法律，依据是这部法律侵入了他人的个人领域。康涅狄格州的刑事法律禁止人们使用避孕用具，且规定任何建议他人使用避孕用具的医生都要受到追诉和惩罚，就好像这些医生真的实施了犯罪一样。在著名的 Griswold v. Connecticut 一案①中，Griswold 医生和另一个在康涅狄格州计划生育联盟工作的医生对他人提出节育的咨询建议之后受到检控，并被法院判决有罪，Griswold 不服此判决并向美国联邦最高法院提起上诉，美国联邦最高法院的所有法官都同意 Stewart 法官的观点，均认为这部康涅狄格州制定法是一部“极其鲜见的愚蠢的法律”，但是对于是否要宣布这部法律无效，这些法官却犹豫不决，因为他们不能在《美国联邦宪法》中找到一项明确规定的并且被该部法律所侵犯的权利。Stewart 法官和 Black 法官认为仅凭这部法律是“极其愚蠢”的并不能作为它违宪的充分理由，这两位法官也不同意大多数人的观点，大多数人认为隐私权虽然未明确地命名，却能从那些宪法上已经明确规定了的权利中引申出来。

Douglas 法官对明确命名的权利是如何引申出未被明确命名的权利提供了一种解释。按照笔者的理解，这一解释由两部分内容组成：一方面，默示权利是实现明示权利的必要条件；另一方面，默示权利能够为明示权利存在的合理性提供一致连贯的理论依据。因此，我们也许没有言论自由的积极权利，除非我们有说话、出版、分配、取得、阅读的权利以及探讨、思考、传授的自由。这些默示的权利要成为明示的权利还有很长的一段路，但是没有它们，宪法性权利不会有现今这样强大的权威，如果将这些核心权利（如“言论自由权”）的内涵范围缩小，那么，这些权利将不再安全。而且，没有这些次要权利，核心权利将不具有一致连贯性。Douglas 法官随后还举出了很多这样的权利，它们虽然没在权利法案中明确规定，但是没有它们，明

① 381 U. S. 479 (1965).

示权利将没有意义。他提出了一个非常著名的比喻，即在每一个明示权利周围的“影子区域”内都存在着一些默示权利。

根据 Douglas 法官的说法，宪法包括各种各样的隐私区域，每一区域都由一项基本权利的“影子区域”所组成。Douglas 所举出的一些例子表明，他所谓的“隐私区域”，实际上就是“个人自由裁量的区域”。个人结社自由的权利创造了一个隐私区域，在这一区域内，只有他人自己能决定和谁结交。《美国联邦宪法第四修正案》所规定的禁止非法搜查和非法拘禁给予他人一项排他性的权利来决定，在自己家中，如他人所想的来生活，而不受外界的干扰。在其他地方，Douglas 法官说到，如果这里存在一个隐私区域，也许，这一区域就是由错综复杂的各种明示权利相互交错而形成的。无论如何，已婚夫妇性生活的权利和生育决定的权利“处于由数个基本宪法性权利所创造的隐私区域内”。可想而知，如果没有隐私区域，言论自由、结社自由、住宅安全等权利将变得没有意义。

Douglas 法官然后转向了第二个问题的讨论，这一讨论不仅仅削弱了前一个论点，而且也论证了为什么由第一个论点所建立的默示权利不能被命名为“隐私权”。他指出，康涅狄格州制定法的规定过于宽泛。他似乎也承认，“保护夫妻间的忠诚”是一个合适的政府目的，康涅狄格州制定法恰好符合这一政府目的。即使是那样，Douglas 法官还是写道：“政府试图禁止本属于州立法来禁止的行为并不能达到理想效果，如果它是通过将制定法的禁止范围不必要的扩大，那么，就侵犯了他人所享有的自由权利。”Douglas 法官进而质问：“我们是否允许警察根据夫妇使用避孕用具的蛛丝马迹的线索就来搜查夫妇的卧室呢?”当然，根据隐私一词的日常含义，那样的搜查行为是对他人隐私的侵犯。但是，Douglas 法官暗示到，宪法上并没有规定隐私权，这一不足可以通过制定法的规定来避免，制定法可以不规定禁止避孕用具的使用，而是规定禁止或限制避孕用具的生产和销售。在不必侵入他人隐私领域时，这一替代立法就能得到有效的实施。Douglas 可能意识到，作为一种具有最小侵犯性的立法方式来实现这一“合法”的政府目的，那样的一个制定法并没有侵犯夫妻间的隐私权。

如果制定法是为了阻止已婚夫妇使用避孕用具，那么，即使具有较小侵犯性的制定法也会侵犯夫妻的自治权，并减少他们在个人主权领域内为自己作出选择的权利，比如，夫妻作出亲密行为的决定和生育决定的权利。个人主权领域与通常意义上的隐私领域无关，但是个人主权领域对自治性隐私权来说却十分重要，这也是 Douglas 法官在先前的讨论中所得出的结论。如果他继续采用他先前的讨论方法，他可能宣布具有较小侵犯性的制定法也构成对夫妻自治权的侵犯，他也会对“合适的政府目的”持有怀疑的态度。Goldberg 法官在他的附和意见中强调康涅狄格州制定法没有构成不必要的侵扰，他甚至还承认，康涅狄格州的确有禁止通奸和乱伦的法律，但它们的合宪性是毋庸置疑的。他进而说道：“这些制定法说明，在不必‘侵入他人自由领域’的前提下，康涅狄格州也可以找到实现保护夫妻忠诚这一政府目的的方法。”根据这份判决的逻辑，对于 Goldberg 法官来说，夫妻隐私权这一宪法权利仅仅包括夫妻的私人生活不被打扰、不被窥探、在独处时不被披露的权利，也就是通常意义上的隐私一词的含义。更深层次地控制自由决定的权利，使我们联想到了法律上的自治权，这一概念在 Douglas 法官先前的判决意见中作出，之后便不觅踪影。我们怀疑，要是我们首先用的是“自治”一词，而不是“隐私”一词，这种模棱两可和极其困扰的情形就有可能不会存在了。

如果美国联邦最高法院在近期有关隐私的判决中真正存在一个个人自治的规则，那么，这一自治领域的界限在哪里呢？一段时期内，根据 Griswold 一案所作出的一系列判决以及因此而扩张了的隐私领域使得许多自由派学者猜测，美国联邦最高法院所保护的“隐私”实际上就是他人的个人自治领域，这一领域的范围由涉己 - 涉他规则所决定，正如密尔所希望的那样。在 Griswold 一案中所确定的夫妻隐私权在 Eisenstadt v. Baird 一案①中得到发展，该案将 Griswold 一案所确立的规则从已婚夫妇间延伸到未婚夫妇间。在 Loving v. Virginia 一案②中，夫妻隐私权被用来推翻种族通婚法，这一制定法自美国独立

① 405 U. S. 438 (1972).

② 388 U. S. 1 (1967).

战争以来被南方各州所采用，旨在禁止异族通婚。在 Stanley v. Georgia 一案[①]中，由 Griswold 一案所确定的隐私权被用来支持住宅的神圣不可侵犯性，包括他人在其卧室内观看色情影片的权利。在 Moore v. East Cleveland 一案[②]中，美国联邦最高法院推翻了限制房间分区的做法，理由是大家族成员居住在单一房间内也享有隐私权。在 Roe v. Wade 一案[③]中，美国联邦最高法院给予所有怀孕妇女一项根源于隐私权的自由裁量权利，她们可以自行决定是否继续和终止妊娠，而不会因为她们选择终止妊娠的行为而受到刑事法律的追究，至少在妊娠前三个月是这样。

这些判决都经历了非常曲折的过程，但是它们都展示了一种模式。隐私领域从夫妻间的基本亲密行为延伸到异性间的普通亲密行为，到与谁结婚的决定，到关于“家庭计划”的决定，如孩子的抚养、家庭生活方式、终止妊娠的决定。这些权利具有的一个共同点是，它们都与个人和家庭行为有关，在密尔的理论里，就是涉己的行为。一位哲学学者写道：“从一开始，隐私权在美国联邦最高法院的发展便向哲学学者暗示到，密尔的自由原则在宪法中的地位可能被提高。”[④] 结果表明，这位学者高兴得太早，因为美国联邦最高法院之后又转变了态度，在一系列非主张自由主义的判决中，判定在以下这些人或事件中并不存在隐私：公开通奸的夫妇，个人怪异的生活方式，在个人神圣不可侵犯的住宅中使用和种植大麻，在公共场所双方经过同意观看色情影片，警察留长发并且发型怪异，在私下场合经双方同意的同性交往。现在，被剥夺了最初希望的自由派学者指责道，在划定隐私范围的问题上，美国联邦最高法院是任意的，一旦它开始保护 Griswold 一案中合意双方的权利时，它便不禁代入密尔的自由原则来理解宪法。

然而，即使阅读了早期支持自由主义的判例，人们也不会产生这

---

① 394 U. S. 557 (1969).

② 431 U. S. 494 (1977).

③ 410 U. S. 113 (1973).

④ Thomas C. Grey, The Legal Enforcement of Morality (New York: Random House, 1983 forthcoming) (pagination unavailable).

样一种幻想：宪法中隐含着密尔的个人主权理论。的确，在基本宪法权利的影子区域所发现的隐私权是一种个人自治权，而不是普通意义上的“隐私权”。但是，发现隐私权这一权利的法官对其作出的解释可能在两方面会使得密尔失望：他们关于“合适的政府目的”的理念，以及他们对隐私领域范围的解释。美国联邦最高法院在审理Griswold一案时就采取了一个方案来调和立法和个人权利之间的冲突。立法中所涉及的个人自由要么是相对不重要的，要么就是十分重要的。毫无疑问，如言论自由和宗教信仰自由这样的宪法权利，显然是基本的、重要的权利。如果这部制定法对个人自由构成的侵扰是相对不严重的，或者被侵扰的自由本身就不是基本的和重要的，那么，这部制定法就可以通过违宪性审查，只要①这部制定法符合合法的政府目的；②这部法律有助于实现那样的一个目的。然而，如果这部法律所限制的自由是基本的、重要的，则违宪性审查将会更加严格。如果是这样，制定法所涉及的国家利益远不是“适当的”就可以了，而必须是令人信服的；制定法不仅仅是有助于实现那一目的，而是实现这一目的的必要条件。对于实现打击通奸的目的，康涅狄格州反避孕法显然不必要，但是Douglas法官和Goldberg法官都认为，这一目的是一个合法的政府目的。[1] Douglas法官并不是说在保护夫妻忠诚中的国家利益是令人信服的，但是他发现，禁止通奸和乱伦的刑事法律毫无疑问是合宪的。

在康涅狄格州早期关于控制生育的Poe v. Ullman一案[2]中，Harlan法官同样承认在保护“公民道德观念”中的国家利益的合法性，并同意康涅狄格州的观点。Harlan法官认为：“公民的道德观将会受到直接保护，因为公民认为避孕行为本身就是不道德的，避孕用具的可得到性有助于减小‘放荡行为的惨重后果’（如性病和意外怀孕）。为了保护合法的国家利益，隐私权也是可以受到限制的。因此，我建议通奸、同性性行为、乱伦要受到刑事法律的追究，而不论这些行为是在多么隐秘的场合进行……”这些法律规定与那些被隐私权所禁

① Griswold, 381 U. S. at 498.

② 367 U. S. 497 (1961).

止的法律规定有什么区别呢？Harlan 法官如是回答："国家行使权力限制婚外性行为或者决定结婚的条件是一回事，但是，当面对已婚者，它制定刑事法律来规定夫妻间亲密行为的具体细节却又是另外一回事。"

Harlan 法官以及他大部分同事和后继者，都意识到了反密尔主义者在实行合宪的正派行为中的兴趣，只要这一行为未在隐私领域之外被公布出来。其他法官划定的隐私范围要比 Harlan 法官宽很多。但是，笔者还未发现谁大胆采用了密尔的理论方法。并不是仅仅因为涉己决定的规则才使得涉及夫妻间亲密行为和家庭计划的决定划入到宪法上的隐私领域。如果是这样的话，那么，是否戴头盔、系安全带以及穿救生衣的决定同样要受到宪法的保护呢？然而，美国联邦最高法院通过各种方法，只将那些涉及最基本的涉己的决定划入"隐私范围"。在 1973 年，首席法官 Burger 总结了早期的判例，当时他还认为："隐私权仅仅包括基本的个人权利，隐私权保护了家人间的或者夫妻间的有关生育决定时的、抚养小孩时的……个人亲密行为。"[①] 隐私权包括他人在其住宅内阅览色情书籍的权利，但不包括他人在其住宅内吸毒的权利（区分两者是十分困难的），也不包括他人在"公众场合虽经双方同意而观看色情影片"的权利。总之，隐私领域的边界线总是根据那些被认为是涉及生活重大的决定来划定的，而不论这一方法是多么的不规律。

正如我们所看到的那样，人们可以将自己的个人主权领域划定得十分狭窄。对于通过了涉己-涉他原则的判断标准的自由主义理论，更能得到人们的认可。自由主义者可能放弃他们与家长主义者关于相对细微的安全保障措施的争论，如在危险的情形中是否要系安全带或者穿救生衣。自由主义者可以不采用 Gerald Dworkin 的方法来论证自己的观点，Gerald Dworkin 认为，"从最后结果看来……让水手们穿上救生衣的做法被证明是正确的，因为这一做法减小了损害的危险，仅以轻微干扰水手们的自由为代价"[②]。相反，自由主义者可以这样论证，这样的干扰并不是任何意义上的对个人主权的侵扰，因为隐私

① Paris Adult Theatre I v. Slaton, 413 U. S. 49, 65 (1973).

② Gerald Dworkin, Paternalism: Some Second Thoughts, in Paternalism (University of Minnesota Press, R. Sartorius ed. 1983 forthcoming).

领域并非被划定在所有涉己选择的范围内，它仅仅包括在那些涉及生活重大事项的涉己选择中。自由主义者可以在以下一系列问题中找到立足点，对它们的干扰就是侵犯他人的隐私权：例如，婚姻和职业选择、生活方式选择、食物和药物使用、性自由、作为某些人生活方式中重要部分的危险体育活动、自杀、安乐死等。自由主义者同样可以为那些未受到细微安全规定影响的个人主权领域进行辩护，因为他们已经把个人主权领域划分得十分狭小以便保护重要的生活选择。这一变动就类似于主权国家将领海线划定在离岸 3 英里而非 12 或者 15 英里处。经过所有缔约国都同意了的 3 英里限制的国际渔业条例，这并不是对国家主权的侵犯，甚至连“最轻微的”侵犯都不是。主权仍是未受到侵犯的，除非一个小国被一个强大的渔业国家所胁迫，单方面地将分界线划定在海岸线向内 12 英里处。这也类似于制定法上关于婚姻选择或者秘密性行为的规定，再多的对隐私领域的解释都不能证实这些规定是合理的，因为这些问题怎么划分都属于个人隐私领域，制定法都不能进行规定。

也许，对于那些既不想在一些如系安全带等细微的问题上进行争论，也不想放弃他们的基本原则的自由主义者来说，这里还有另外一种方法。但这一方法面临诸多困难。许多学者抱怨到，密尔的涉己-涉他原则的判断标准并非精确可行，但是它所面临的困难是较少的，相对于涉及运用“重要的”、“关键的”、“重要利益”等标准的判断方法，或者“不可偏离有序自由”的判断方法，或者展示一个人重要方面的判断方法。美国联邦最高法院的经验告诉我们，采用一个看上去不任意武断的个人主权的概念是十分困难的。比如，“隐私权”赋予我们在自己家中阅览色情杂志的权利，却不赋予我们在家中吸食毒品的权利，隐私包括达成合意了的异性间却不包括同性间的私下交往关系，等等。这种标准的相对模糊性使得它在运用中具有任意性。

个人间的差异给本已狭窄的隐私领域界限带来更大的困难。或许很多的骑车人不喜欢戴头盔。正如德沃金所说，一个强加的微小的不便利是对他人自由的一种微小干扰。然而，却有另外一些人，他们将摩托车探险作为一个重要的生活方式，视戴头盔为谨慎行为的可憎代表，他们断然拒绝戴它们。我们能否证明法律允许其他如赛车和登山的冒险行为，而否认摩托车手的合理性呢？在尝试解决掉所有由强制性的安全法规引起的扰人问题之前，笔者在这里强调的是，如果一个哲学家试图定义法律上的自治这一概念，而不仅仅是事实上的自由，他不能像达沃金一样妥协，在“微小的干扰”和提高的安全性之间权衡。这里没有所谓的对于个人自主权的“微小的干扰”，它也不是利弊权衡中的一个考量标准。在这一方面，对于主权的微小干扰就好像对领土的较小侵犯一样：两者的逻辑在于，主权要么整体地受到尊重，要么一点都得不到尊重。

四、结语

如果我们能在宪法中发现一项绝对的价值，那么，笔者将感到十分高兴。一方面，笔者承认这一绝对价值是如此绝对的，以至于一个谨慎的法官都会犹豫是否要采用这一价值。另一方面，如果宪法所提出的隐私概念与个人主权的概念不同，那么，它又是什么？

第四编　自治性隐私权的功能

自由、隐私与自治

贝亚特·罗斯勒[①] 著　张雨[②] 译

目　次

一、导论

“自由”与“隐私”之间有什么关系？它们二者在观念上和规范上似乎都具有千丝万缕的联系，迄今为止，它们之间的紧密联系甚至被视作理所当然之事，但其中的诸多细节问题却尚未被人谈及，为了探寻自由与隐私之间的联系，本文首先会解读何为“自由”。随后，在对自由主义进行的简要讨论中，我们可以发现，任何一个自由社会都必须具有能为生活在其中的每一个公民提供实现他们人生美好愿景的机会与可能。有观点认为，这就是个人自由，它是现代社会的精神与要义。个人自由实际上就意味着他人能够以自己喜欢的方式或者说对他有利的方式去选择自己的人生之路，这就是现代自由理念的核心

① 贝亚特·罗斯勒（Beate Rossler），荷兰阿姆斯特丹大学法学院教授。
② 张雨，中山大学法学院助教。

价值。接下来，笔者将会探讨规范意义上的自由理念。个人自由不仅涵盖着自治所需要的前提条件，它同时也表明每个人的行为都与其人格特性存在着某种实际联系。自由一方面是指人们能够自由地生活，另一方面是指人们能够独立自主地、自治地生活。我们每个人都可以自问，我们所期待的生活是什么，怎样才能获得我们理想的生活。这就是本文的中心所在。

他人享有隐私权，一方面是指他人的私人事务有权免遭行为人的非法获取或非法披露，另一方面是指行为人的行为应该受到限制与控制，因为这些行为或是为了非法获取他人的私人信息，侵犯了他人的空间性隐私或干预他人的私人行为，从抽象意义上毁损了他人的人格。我们可以将隐私权分为三类：空间性隐私权、信息性隐私权及自治性隐私权。本文试图阐明，在任何一个自由社会中，隐私权都应当受到珍视，因为隐私权不仅有助于他人实现个人自由与个人自治，它同时也能够保护他人的自由免遭来自政府或其他行为人的干预。每个人都有实现自己人生蓝图的自由，每个人都有满足自我需求的自由，每个人都有追求人生价值的自由。在一个自由民主的社会中，每个人的隐私都应受到珍视。众所周知，个人自由与个人自治的理念是所有自由民主社会的基石，如果我们的隐私得不到保护，那么，这两种理念就根本无从谈起，也就更难以被实现。

在下文的论述当中，笔者将会对自由、自治的理念，以及它们与隐私之间的关系进行详细的探讨。首先，笔者会从多个角度解读自由的理念，并将一般意义上的自由与自治意义上的自由区分开来。本文将会为“自由人”下一个普遍的、正式的定义。所谓“自由人”，是指那些能够不受外部阻碍而对个人生活进行自由选择的人，这个定义主要由三部分内容构成。但即使我们明确阐释了自由理念的所有内容，也不足以让我们理解什么才是一个人的自由行为。虽然从广泛意义上而言，有人可能会说，自由就是指人们有能力，也有机会去选择他们想要的生活，或者去做他们喜欢的事，从实质意义上来说，“自由”并不单单意味着人们能够对自己的生活作出选择，它更是指人们能够独立自主地进行选择，自治地作出选择。其次，笔者也会阐释“自治”的定义，以及自治与自由之间的联系。只有理清了它们二者的关系，我们才能进一步讨论，为什么隐私及隐私权应该得到珍视。最后，笔者将会进行总结性的论述，即为了实现我们每个人的自由，隐私权必须得到充分的重视，这其实就是自由、自治与隐私三者的联系所在。

二、一般意义上的自由

"自由"的经典定义来自于 Gerald MacCallum 的理论，他旨在为我们提供一个有关"自由"的规范性概念，他的观点相对比较正式、受到的争议较少。Gerald MacCallum 认为："不论在何种情况下，自由的意义总是体现为——当他人准备做某些事，或不做某些事之时，当他人意在成为某种人或不成为某种人之时，他人均有权免受行为人的控制、限制、干预或阻碍。这是一个三方的关系，用一个公式来表示为：'x 有权不受 y 的干扰而去做事务 z。' x 代表拥有自由的主体，y 就代表'那些阻碍性的条件，比如限制、干预或是障碍'。而 z 就代表他人的行为或是一定的外部条件。"① 这种三位一体的定义能够从两方面帮助我们理解"自由"的理念。其一，人们并不拥有绝对的自由，自由意味着我们可以随意选择自己的行为，也意味着我们将要面临许多阻碍。② 笔者在此引用 Gerald MacCallum 的观点，并不是说我们能够将对自由理念的探讨简化为对"他人"、"障碍"或是"选择"这些概念的解释。但对于这些概念以及它们之间关系的理解和分析能够有助于我们为"自由"总结出一个独特的规范性定义。虽然 Gerald MacCallum 的分析并没有减少人们对"自由"的争议，但的确具有值得肯定的地方，比如，它对自由理念中的必要因素都作了系

---

① MacCallum . G. C. (1991) 102. Negtive and Positive Freedom, in Miller (1991b) MacCallum is actually only describing a programme, without himself taking this any further here. To take but one theorist who has followed this general definition as a first step of analysis, see Rawls (1972) 202: "Therefore I shall simply assume that liberty can always be explained by a reference to three items: the agents who are free, the restrictions or limitations which they are free from, and what it is that they are free to do or not to do ."

② See Skinner (1984) 194f. "The Idea of Negative Liberty; Philosophical and Historical Perspectives" in R. Rorty, B. Sa,, unina and Q. Skinner (eds), Philosophy in History, Cambridge, Mass.

统性的分析。其二，Gerald MacCallum 对自由作出的规范性定义具有价值中立性，它完整地囊括了构成“自由”的所有必要因素。即使我们明确获知了这些必要因素的概念，也仅仅只意味着我们掌握了自由理念中的一些必要“组件”。在下文当中，笔者将会简要地讨论自由理念中的三个决定性要素。这也是我们总结“自由”定义的第一步。

当我们称他人是自由人时，或者说他人能够自由行为时，这究竟意味着什么？有观点认为，如果他人拥有自由，那么，他能够做出任何独特的行为，或者说他原本可以做出任何独特的行为。在此，“能够”的反面不是“必然”，而是“不能”。如果我们认为他人能够做出任何独特的行为，那么，就意味着他人肯定拥有一些能力，这些能力是他人获得自由的前提条件，而不是他人必然做出某些行为的原因。这样的观点也许会遭到反对，它却表明了这样一个值得注意的问题，即行为自由的范畴要远远小于意愿自由的范畴。当我们称他人是自由人或是能够做出自由行为，这首先就意味着他人能够有不同的设想和意愿。此处的“意愿”是指什么？“意愿”是一种能力。只有拥有这项能力的人才能对生活产生构想和规划，他们才可能被视为“自由人”。我们所说的“意愿”并不是动物拥有的那种最低层面上的“意愿”，人类能够从本质上意识到自己拥有“意愿”，这其实就是一种心智能力。人们依靠这种心智能力作出选择、决定、行为并且承担结果。当一个拥有心智能力的人在产生意图、制定计划、权衡不同行为的利弊之时，他就能够认清自己行为的目的和实现目的的最佳方式。因此，从一般意义上而言，他的每一个选择或是行为都不是凭空产生，而是有充分理由的。认识到这种心智能力是人们实现行为自由的前提条件，这是我们理解自由理念的重要一步。如果他人并不拥有行为自由，也就是说他人的行为受到外部阻碍时，他人也可能被视为是“自由人”。这显然是一个悖论。这个悖论为什么会产生？原因在于，我们也许不会将“自由人”、“自由受到的阻碍”以及“作出选择的自由”这三者区分开来。换言之，如果我们不能将自由的概念分为以上三个独立的要素，那么，就可能会产生这一悖论。

完整的心智能力是他人形成意愿、制定计划的前提条件，也是他人拥有实践理性的必然要求。如果一个“选择者”[1] 拥有自由，也拥有实践理性，那么，这至少意味着他有能力去分清哪些选项是重要的而哪些选项是次要的。换言之，就是说他能够在脑海中区分所有选项的差别，当他想要去实现自己所选择的目标时，他能够分清结果与手段。所以，如果他人并不具备思考和设想的基本能力，我们就不能称其为自由人。但是，如果他人根本没有可供选择的范畴，没有任何选择的余地，那么所谓“自由”对于他来说其实毫无意义。[2]

至此，本文已经将行为自由的问题转化成了心智能力的问题，还有两方面的内容需要得到阐明。其一，我们必须要排除这种情况，诸如药物、催眠或是强迫症等情况，都会从他人的人身内部阻碍他人实现自由。因为如果他人服用相关药物、接受催眠或是患有强迫症，那么，他实际上就不能在不同的行为之中作出选择，那么，我们也就不能认为他人仍然拥有行为自由所需的心智能力，如一个处于催眠状态下的人其实就是不自由的。其二，心智能力是自由的首要条件，心智能力是一条明晰的界限而不是一个由低到高、循序渐进的范畴。如果我们将心智能力视作一个由低到高的范畴，那么，就必然要区分不同程度的心智能力。换言之，就是说人们的心智能力高低不等，或高或低的心智能力也会成为评判人们行为能力的标准。在这种情况下，人们只要拥有最基本的心智能力，就会被视为能够拥有自由。但是，如果将心智能力视为是一条明晰的界限，那么，一旦人们越过了这道界限，他们就会被视为是自由人，至于说他们聪明与否、谨慎与否、能干与否、理智与否都与此无关。定义“自由”的第一步就是要找到自由的前提条件：心智能力是理智的前提条件，只有拥有心智能力，人们才可能实现行为自由。

接下来，笔者将对自由所面临的“障碍”进行简要的论述。众所周知，若要实现个人自由，就要排除相关障碍，正如霍布斯所言，

---

① See Benn. S. (1976) “Freedom, Autonomy and the Concept of a Person”, Proceedings of the Aristotelian Society 76, 112ff. See also Benn (1984) 229f.

② This does not mean that persons without such abilities are not also entitled to civil rights and abilities. The legal issue is clearly to be distinguished from the question of mental abilities.

充分的自由就是要消除所有障碍。[①] 我们还是应该将不同种类的障碍区分开来，如此这般，才能更准确地判断，哪些障碍的确剥夺了我们的自由，哪些障碍没有对我们的自由造成影响。为了解决以上问题，我们首先要分清什么是“缺少自由”而什么是“缺少做某事的能力”。[②] 这二者的区别不容小觑。比如，我们不能说，因为人类不拥有飞翔的能力，所以这就是我们实现自由的障碍或者是实现自由的限制。这种说法毫无意义。与此同时，我们也不能将自身的不自由诉诸那些人类不能控制的偶然事件。只有当某些具体情况处于人类的掌控范围之内，或者说人类能够根据自己的意愿对这些实际情况进行改变，我们才可以将它们视为是自由的障碍或限制。

笔者认为，我们必须要分清“缺少自由”与“缺少机会”这二者的区别。比如，最显而易见的例证是：当我的汽车存在故障，或是因为我的骨折而造成我不能去旅游时，这就属于“缺少机会”，而不是“缺少旅行的自由”。这二者的不同之处非常清晰。然而，在一些具体情况中，当我们感觉自己的选择受到限制或是自由受到限制，我们往往难以分清哪些情况是“缺少自由”的表现，而哪些情况是“缺少机会”。比如，一个国家的统计数据显示，正是因为该国的医疗体系令穷人们不堪重负，所以穷人生病或残疾的概率远远高于富人。显而易见，该国的富人所享有的自由范围就要远远大于穷人所拥有的自由范围。这里的问题是，人们在做某些事情之时，不同的人当然会有不同的个人条件，也就存在不同的可能性，这能否被视为是对人们行为自由的限制呢？或者被认为是人们“缺少机会”或“缺少选择范畴”的表现？不公平的资源分配必然会导致不均等的自由度。从最基本的层面上而言，对物质资源的不公平分配，会对人们的自由度造成限制，重则影响人们的生存能力，轻则限制他们的人生计划。只有排除了现存的贫富差距，我们探讨个人自由的方式才有意义。[③]

① See Hobbes（1968）Leviathan, ed. C. B. Macpherson, Harmondsworth. 261ff; See Skinner（1984）194ff.

② For an analysis of restrictions on freedom see also the categorization in Koller（1998）481ff.

③ In other words, certain conditions must hold for the concept of individual freedom not to remain an empty one.

不论是物质资源的不公平划分还是普遍存在的贫富差距，它们都表明，自由障碍与行为机会之间的区别其实就是“自由来源”与“自由行为”之间的区别，但这种区别并不清晰。我们很难清楚地区分Berlin 所说的“免遭束缚的自由”与“敞开的大门”之间的差别。[①]障碍与机会的区别问题也引起了我们对 Gerald MacCallum 观点中的“选择”要素的探讨。

没有障碍，并不代表自由的存在。为了判断他人是否拥有自由，我们还必须要看他是否有充分的选择机会和选择范围。正如 Berlin 曾经指出：“自由最终并不依赖于我是否愿意走出去，或是愿意走多远，而是要看有多少扇大门向我敞开、它们的开放程度如何以及它们的重要性有何不同。”充分的选择范围和选择余地至关重要，因为如果他人并不拥有足够的选择范围，那么他人就难以实现行为自由。[②]在上文的引述之中，Berlin 实际上就强调了自由的三个要点：开放的大门的数量、每一扇门的开放程度以及每一扇门对于我们的重要性。

如果我们所面临的是只有一个选项的单选题，那么，结果就不言自明。此外，我们还应该首先排除那些非常荒谬而无足轻重的选项，因为它们并不能从实质上拓宽我们的选择范围。Benn 与 Weinstein 均曾指出：“可选择的范围越大越好，因为多一种选择就意味着多一分的自由度。”[③] 但尚不能让人信服，因为每一种选择还必须是互不相同的，并且都会对我们的生活产生重要影响。

Berlin 所指出的第二个要点旨在警示我们这样一个事实：选择范围的扩大与诸多选项的存在并不能保证他人的自由，也不一定能拓宽他人的自由度。因为每一扇门的开放程度，也就是每个选项对我们的开放程度，都能够决定一个人所享有的自由度。在此，让我们的思绪再次回到“缺少自由”与“缺少机会”这两者的区别之中，现实里有许多情况都体现了它们的不同之处。比如，人们所掌握的财富数量

---

① See also Tugendhat (1992a) “Der Begiff der Willensfreiheit” 356ff.

② See Raz (1988) The Morality of Freedom, Oxford. 373, who here speaks of the need for an “adequate range of choices”, also 378ff.

③ Benn and Weinstein (W. L. “Being Free to Act and Being a Free Man” 1971) thus maintain that the extent of freedom depends upon the number of alternatives.

是不等的，这使得每个人享有的机会不同，他们享有自由的程度也不同。此外，诸如性别差异等因素也会造成这样不同的结果。

我们还要关注的问题是每种选择的重要性。在一个自由社会中，我们所有生活选择的终极目标都是为了让自己获得一个丰富而充实的人生。所谓丰富而充实的人生，是指我们能够竭尽所能地追求自己的人生目标；换言之，就是能够独立追求我们自己设定的人生目标。“自由行为”的理念表明，如果我们所面对的各种选择和各种可能性本身会妨碍我们去追求丰富的人生，那么我们的自由就会受到限制。

至此，笔者已经渐渐地揭开了“自由”的面纱，我们所得出的结论并非完全正确，也许它太过宽泛，不甚精确；不过，它仍然超越了 Hobbes 的理论，Hobbes 仅仅将自由的要义聚焦在“排除障碍”之上。本文除了讨论“排除障碍”以外，还结合了“自由人”、“选择范围”等要点来对“自由”的概念进行分析。然而，通过上述分析，笔者仍然难以得出现代社会所独有的自由理念，因为我们根本没有回答这些问题：个人自由对我们而言究竟有何意义；为什么在自由民主的社会中，“自由”会备受珍视；等等。要回答以上问题，我们必须要进一步探讨自由与自治之间的关系。

三、自由与自治

（一）概况

为什么说讨论“自治”的问题要比讨论“自由”更具有实质性的意义？在此，我们需要明确的是，当他人随性地、武断地、毫无理由地，以一种纯粹意义上的“自由”来进行人生选择时，① 他可能并不是出于自己的人生观和价值观而做出的选择，因此他就没有实现真正的自由。② 他人必须拥有自由，才能够自治。但并不是所有的自由行为都是自治的表现。人们所期待的是自由地，并且自治地作出每一

---

① See Benn. S. (1976) “Freedom, Autonomy and the Concept of a Person” Proceedings of the Aristotelian Society 76, 112ff.; See also Hill (1989) “The Kantian Conception of Autonomy”, in Kittay and Meyers 96ff on Kant; See Taylor (1976).

② Dworkin G. (1988b) The Theory and Practice of Autonomy, Cambrigde, Mass. 6f.

项选择、决定与行为。我们之所以会期待拥有行为自治，或者从更基本的层面而言，期待对自己的人生规划进行自治，这完全是因为自治的价值要远远高于纯粹的自由人生。“自治”意味着，在我们所作出的每个生活选择的背后，都存在着我们自己的理由。如果他人在作出重要决定时并没有扪心自问——这真的是我内心所愿吗，那么，他就没有实现自治，尽管那是他自由作出的决定。在此，自由与自治的意义显然不同，它们之间的区别就是笔者所关注的焦点。自治的概念中似乎涵盖着一定的人生观，这种人生观会影响着人们的每一次选择。与此同时，自治的概念也表明，自由作出的选择并不一定是在自治的状态下作出的。只有那些对他人有利的选择，或是以一种正确的方式作出的选择，才会是他人在自治的状态下作出来的。接下来，我们将对以上问题进行更为详尽的解释和探讨。笔者认为，“自治”的概念能够帮助我们理解“自由”的现代意义。尤其是当我们面对一些“实际问题”或是诸如“你想成为怎样的人”或“你想要寻求怎样的生活”这类问题时，“自由”究竟意味着什么？平心而论，自由的核心意义并不仅仅是指他人的选择自由，它更包含了“自治”的含义。笔者将在本部分对“自治”的内涵进行详尽的阐述，并且也会说明，保护他人的隐私是实现自治意义上的“自由”的前提。

自治意义上的自由理念是现代社会的产物，因为只有在现代社会中，才会产生个人意义上的自由观，他人能够按照自己的需要和喜好自由地生活。对此，Kant 和 Mill 曾作出过经典的论述：“真正的自由是指，我们能够以自己的方式追求自己想要的幸福。”这就意味着，如果没有自由，那么，任何的幸福也都是无稽之谈。如果自由的终极目的就是获得幸福，那么，自治就是获得幸福的重要途径。没有自治，个人的幸福就是天方夜谭，没有自治权的人生毫无意义。如果我们不能独立自主地决定自己的生活，那么，所谓对幸福的追求也就只是痴人说梦罢了。

也许 Ernst Tugendhat 有关自决与“实际问题”的论述能够帮助我们理解自治意义上的自由理念。Tugendhat 曾写道：“对于那些实际问题，每个人都有自己的答案，如果我们的行为均以这些答案为基础，那么我们就拥有自决权，我们就是自由的……”因此，自由的现代核心意义就在于，我们能够问自己这些“实际问题”，比如，我们想要怎样的人生，我们希望成为怎样的人，我们应该以怎样的方式追求幸福，等等。我们之所以会以这些问题扪心自问，是因为我们一直在坚持自己独有的人生观与价值观。如果人们根本没有设想的机会及没有行动的机会，那么，人们就不可能会问自己：我想要怎样的人生，也更不会问自己：是否想要追求一种自主独立、充满意义的生活。

上文引用了 Tugendhat 的理论——“自我关系中的基本问题”。Tugendhat 意在表明，我们首先应该将自身与我们的期待、愿望分离开来，也应该将自身与我们所扮演的社会角色、我们所受到的规范约束分离开来，然后再扪心自问：我是谁？我想要怎样的人生？Tugendhat 认为：“一个人的行为与愿望其实都暗含着他的人生观与价值观。当人们在问自己我在做着什么、我究竟想要什么时，答案可能会随着世事的变化而变化，人们的人生观也会不断地更新。”一个人的人生观，会影响他的行为，影响他的生活。其实，自治或是自决都能够被描述为是这样一种关系，即选择范围和选择方式之间的关系，也就是选择对象与选择模式之间的关系。Tugendhat 因此总结出，自治意义上的自由并不仅仅是指他人能够自由地行为和选择，更是指他人能够依据自己的人生观与价值观进行选择，即他明白自己想要什么，眼前的选择是否属于他真正期待的生活。笔者所谈论的自治，并不涉及 Kant 笔下的道德自治。个人自治意味着他人在人生选择上拥有自决权。① 当然，他人要真正实现自由，还需要得到其他人的道德意义上的尊重。正是因为这个原因，一定的社会规范能够为个人自治奠定基础并划定界限，这些规范通常都会涉及人们所熟知的尊重、公平以及容忍等道德理念。但这并不意味着个人自治就是一种道德自治。

值得肯定的是，Tugendhat 将重要、基本而急迫的问题与其他次要的问题做了区分，他认为：“哪种问题属于基本问题？当我们没有撇开其他问题，当我们将自己的人生看作一个整体时……如果眼前的问题都在我的掌控之中——我们能够任意改变它们，那么这些问题就

① See Taylor (1976) “Responsibility For Self”, in Rorty , 281.

不属于基本问题。”虽然 Tugendhat 指出了“实际问题”的基本意义，但他的目的并不仅仅是要说明，哪些行为和选择对于个人生活而言是至关重要的，而哪些行为与选择是次要的，都能够被我们所改变。①那些不可改变的实际情况的确会对他人的自治形成限制，因为它们会缩小他人的选择范围。然而，就算是一个怀疑论者，当他在谈论这些不可改变的实际情况时，他也会怀疑，一个人的人生之中真的会有那么多的不可改变的情况吗，他也会怀疑一个人的文化观念、社会观念会对其生活造成实质影响。他也不能否认，自治的条件仍然存在，怀疑论者或是现实主义者都认为，在这种情况下人们仍然可以实现自治。

在本文所提到的实际问题中，必然会存在一些能够改变的情况，也存在一些不可改变的情况，所以这些问题并不存在什么标准答案。此外，如果他人根本不能分清哪些情况是能由他自由控制，而哪些情况又是他不能控制的，那么，他就不能严肃地回答这些实际问题。明智的 Tugendhat 在此没有引入激进的存在主义。Tugendhat 并不是要求人们要一遍又一遍地重塑自我，也不是要激进地质问自己的人生意义，而是为了让我们的思维得到持续的更新和变革。我们可扪心自问：我们现在的生活、行为以及我们对自己的认知是否真正反映了自己内心的真实意愿和真实期待。这也意味着我们应严肃地认知自我，在不断变化的境遇和环境中理解自己的人生意义。

一定的人生观是实现个人自由的前提条件。人生观意味着一种自决权，意味着对一系列实际问题的回答：我们想要成为怎样的人，我们需要怎样的生活，我们认为怎样的人生才是幸福的。当然，并不是每个决定都是对整个人生的抉择。自由的核心意义就在于每个人都能够问自己你想要怎样的生活，每个人都能够根据自己的人生期望而作出决定，并最终能实现这些期望。在此，“自由”其实就是指人们能够选择自己理想的生活。

能够回答那些实际问题，并且能依据自己的答案而作出生活决

---

① If I were to take for granted conditions that could be altered, this would be tantamount to a flight from the possibility of a self - determined life and ultimately therefore to “flight from myself”.

定，这就是自治。笔者将会在下一部分当中阐明“自治”理念中的核心特征与必要条件。笔者认为，“自治”是人类所拥有的特性，“自治”能够派生出自主的期待与行为。他人要实现真正的“自治”，必须首先要存在一些客观与主观条件——相关的权利、行为模式以及一定的社会结构，换言之，也包括人们自身能力以外的社会条件。笔者在下文中将会对此进行详细的阐述，并且会指出实现“自治”需要的三种条件。

（二）真诚与确认

如果一个人是自治的人，那么他的愿望和行为必定都是他内心意愿的真实反映。如果他人认为自己是独立自主的，那么，他必须要能够对诸多的选择进行相应的思考，诸如一些最基本的思考如认同、反对或是改变它们，这就是一种主观的判断能力。这种观点源自于 Harry Frankfurt，他认为，二级意志是人类的本质能力。所谓二级意志，是指一种能够实现一级期待，即将一级期待付诸实际行为的能力。[①] 为了回应 Harry Frankfurt 的观点，Gerald Dworkin 对“自治”进行了诠释，他曾指出：“自主的愿望和行为是人类的特性，如果他人能够确认自己的愿望、目标和价值观，并且这个确认的过程不会受到其他外在因素的影响，那么，他就是自治的。”[②] 我们暂时不看这段论述的第二部分，它所涉及的是这个确认的过程。Dworkin 将“自治”解释为：“如果他人的愿望，以及根据这些愿望产生的行为都反映了他内心的真实意图，那么他就是自治的。”

这个定义仍需要得到更为详细的阐述：

其一，这里所指的“确认”必须被理解为是一种评估式的行为，而不单单是一个确定的行为。确认行为的目的是为了在多种不同的愿望、行为模式以及人生方式之中作出选择，其结果就是他人独立自主地作出了决定。如果他人仅仅只是遵从一种信仰或是遵从别人的行

① Frankfurt. “Freedom of the Will and the Concept of a Person”（1791）.

② Dworkin G.（1989）“The Concept of Autonomy”, in Chrisman. 61. Dworkin himself has since revised his theory.

为，并没有在自己的心中对各种选择进行评估权衡，那么，他就不是自治的。如果他人能够接受或认可任何一种愿望，那么，他就会对这些愿望产生依赖，这是与自治的理念相互冲突的。虽然他人可能确认了自己的愿望，但是他可能并没有真正意识到，只有经历了一个评估式的过程，他人最终得出的愿望或产生的行为才能被视为是他人内心中的真诚意图，这也是自治的重要条件。

其二，“确认”的第二个问题是，当他人意欲自治地作出某些行为，或是认为自己拥有自治的能力时，他人为什么会认定某些愿望为自己内心的意愿，而否定另一些愿望呢。一个最浅显的解释是，他人之所以会认定某些愿望为自己的意愿是因为它们属于一个理性人应有的决策。[①]“理性”意味着什么？将自治与理性结合在一起显然不合时宜。如果他人有足够的理由来支撑自己的愿望，并且做出了相应的行为，那些理由就不一定必须是明智的，也不一定要适合于每个人。经过一个推断的过程（至少是一种假设性的推断），他人究竟会选择哪些愿望或是行为，这完全都是他自己的事，并不意味着其他人也必须理解他的愿望，或是和他有同样的愿望。这种推理和认定的过程通常都会与一个人的情感、义务、情绪以及他所受到的一系列环境影响相一致；所以，这往往是仁者见仁智者见智。一个人的愿望不可能得到所有人的赞同。那么，是什么原因使得他人会认定某些愿望而又否定另一些愿望呢？其中最重要的因素就是他人的自我目标，即他究竟希望成为怎样的人。一个人有什么样的自我目标，将会叙写出怎样的人生故事，创造怎样的生活环境，这些都会奠定他对自我的理解和认知。

Richard Lindley 认为，应将创作性与接受性区分开来，这一观点对我们大有裨益。如果人们能够将自己理解为是行为的创作者，那么，他们作出每一个行为必然都有充分理由，从这个意义上而言，他们是自治的。但是这并不意味着其他人也能接受这些理由，其他人的接受和认可并不能检验一种行为是否合理。至此，我们似乎已经将理性与自治分离开来了。当人们在对各种愿望进行评估认可之时，他们

① On rationality see Lindley. R（1986）Autonomy，London. 13ff.

都必须抱着遵从事实的心态，以防自己心中时常冒出的痴心妄想与自我蒙蔽。从这个角度而言，“创作性”的理念太过薄弱，似乎难以支撑我们的论述。上文所提到的“遵从事实”是指，我们必须遵从自己真实的人生观，遵从我们对人际关系尤其是我们的思想与别人的思想之间的冲突关系的真实期望，并最终形成对自己的真实看法，真正认识自己的能力和经历。这是一个自我启蒙和自我开导的过程，也是我们实现自治的必要条件。实际上，这种自我启蒙的过程虽然意在避免自我欺骗，但是它也很难帮助我们实现自治。人们并不能完完全全地了解自己，或者彻底地向自己坦白，即使自我坦白的能力会在一定程度上限制一个人的自治，这也不会危及他的自治。

“自我确认”的理念中包含着一个备受争议的问题，那就是在什么时候、在何种情况下，自我确认的行为或是过程才算是完成？他人内心中的价值排序可能会反复无常，不断变化，与此同时，我们也不能排除这种可能性，即使经过了对各种愿望的评估和确认，也许还有一个更符合我们心意的愿望没有被我们发现。如果他人被视为是“自治”的人，如果他已经尽可能地从多个角度认知了自己并最终确认一个愿望为自己的愿望或是选择了一种行为，那么，这种选择是他人勉强作出来的或这种选择并没有得到他人全心全意的接受，此时，我们就可以说，他人的自我确认和认知过程已经完成。“自治”意味着，即使他人的内心在自我确认的过程中出现了诸多矛盾与悖论，但他最终仍然能对自己的行为作出选择，从这个层面上讲，“确认”不仅要求他人应进行一个重复思索的过程，“确认”也表明了自治的一个特征，不论他人是否完全认知了自己，“自治”的理念都能从实用主义的角度来为他人的自我确认过程画上句点。

通过对“真诚的确认”的概念分析，我们可以发现，“自治”并不意味着，我们必须要扪心自问自己的愿望、行为、举动是否出于我们的真实意愿。因为在真诚的确认过程中，也可能会包括一些假设的情况。[①] 如果他人正在反复思考一些问题如他是否真的想要做某些事情、他是否真的想要成为某种人，那么，即使答案可能是肯定的，他

① Feinberg. J (1989) “Autonomy”, in Chrisman (1989a) 32.

随后的实际行为也可能会有所变化，甚至与他内心的初衷有所背离。当他人在独立自主地对自己的行为和生活进行反思时，他必然不能精确地回答这个问题：他究竟要进行多么频繁的反思才能被认为是一个自治的人。

上文虽然对自治理念中的首要因素进行了探讨，但仍然不够全面。在对真诚、反思与确认这三种理念进行分析时，本文可能已经给读者留下了这样一个印象：自治理念中的首要因素完全是一个唯我论的推理过程，似乎他人想要做什么，他人想要怎样的生活，这些都与别人无关。但事实并非如此。主体间性①是自治理念中固有的特征，主体间性不仅与自治的渊源有关，还与他人自身的人生目标和人生规划有关。我们需要对这两方面都进行进一步的分析。当他人的思想、行为或是决定之间存在冲突时，那么，他的思考过程就必然会涉及主体间性的问题。我们任何人都生活在千丝万缕的人际关系之中或生活在与别人的关联之中。因此，我们必须正视别人内心的愿望和观念，从而才能确定自己真正想要的生活和自己的人生目标。当我们在与朋友谈论自己遇到的矛盾、困境或是自己对基本人生问题的思考时，我们总会受到朋友们的影响，因为通过朋友们对其自身的剖析，我们也能重新审视自我而作出自我诠释。这就是主体间性在我们的决定、选择之中的体现。不论是这种真诚的自我诠释，还是一种自治的生活，它们都共同依赖于我们对别人的理解和认知，真诚与自治的前提条件都是外在的。真诚与自治之间的关系需要我们进行进一步的论证。“自治”理念中的首要因素可以被称之为“真诚”。本文并不认为真诚与自治是相互冲突的，因为愿望与行为的真诚性其实就是自治的前提条件。

① 主体间性是拉康提出来的，在阐述中他给现代性的主体性以致命的打击。他认为，主体是由其自身存在结构中的“他性”界定的，这种主体中的他性就是主体间性。进行这种分析的时候，他对黑格尔的《精神现象学》中的“奴隶和主人”进行了语言学上的重新描述。他认为，当看守为了囚犯而固定在监狱的位置上的时候，那他就成了囚犯的“奴隶”，而囚犯就成了主人。根据这种主体间性，针对笛卡儿的“我思故我在”，他提出了相反的思想：我于我不在之处思，因此，我在我不思之处。(译者加)

（三）何为“真诚”

自治与真诚究竟有何关联？这个问题近来引起了诸多的争论。有观点认为，真诚与自治相互冲突。这种观点有两个不同的版本：一是真诚与自治属于“积极自由”的两个不同方面。二是真诚与自治表明了两个不同倾向。笔者之所以要在此列举出这两种观点，是因为它们正好代表了人们对真诚与自治的对立关系的理解。

Charles Taylor 曾经根据“积极自由”的规范性定义，来论述“真诚”的内涵。他认为，不真诚的人生就是指，人们没有意识到自我的核心价值，如果人们不能寻找到自己的真实目标或是漠视它的存在，那么，他们的人生就是失败且不真诚的，他们实际上在虚度光阴。[①] 在一定程度上，这种“真诚”与自治的理念相互冲突，因为自治被视为是一种道德自治。从“真诚”的意义上而言，一个人的幸福生活可以与自治、理性等普遍性的观念相违背；所以，“真诚”涉及的是单个人对自己内心意愿的确认，自治却意味着一种对所有人普遍有效的价值观念。

上文所述的第二种观点涉及单个主体的内部主观性。换言之，就是说它可能会涉及一个人内心中的道德伦理冲突。比如，Alessandor Ferrara 曾明确指出，“真诚”与“自治”是相互背离的。真诚是一种伦理观念，而自治属于一种道德观念。[②] 真诚是指他人面对自我时的真实态度，而“自治”是人们所选择的道德、理性原则。因为二者之间存在冲突，所以他人的行为可能会反映自己的真实意愿，却不一定与他所认可的道德原则相符。正如 Alessandor Ferrara 所述：“‘真诚’与他人的个性相关。而他人的个性特征可能与整个社会的文化观念相左。如果他人的行为违背了自己心底的需求或者他人认为自己目前的人生规划并不适合自己，那么，他的行为实际上就是不真诚的。”

在此，“真诚”是指他人自身的品质。它或多或少会受到以下因

---

① Taylor（1992c）“The Politics of Recognition”.

② Feeara. A（1993）Modernity and Authenticity; A Study of the Social and Ethical Thought of Jean Jacques Rousseau, New York. 85ff.

素的影响：他人是否能够真实地了解自己，了解自己内心深处的需要，并且明白自己的意愿。如果他人内心深处的意愿与他所认可的那些道德原则相冲突，那么，这些意愿也可能会与自治的理念背道而驰。从上文的第一种观点来看，每个人的内心之中都存在一个真实的自我它正等待着我们自己去发现和完善。但我们究竟能不能发现这个真实的自我，结果因人而异。之所以说自治与真诚之间存在冲突，是因为“自治”之中涵盖着这样一种观念，每个人都能够理性地认可一些道德原则，并以这些道德原则来指导自己的行为。但只有当他人的行为反映了其内心的真实意愿时，这才是他人真实自我的表现，此时，他人行为与那些理性的道德原则无关。

以上两种观点均从各自的角度解读了“真诚”的内涵，但它们似乎都存有不足之处。因为它们二者都太过狭隘，均没有对“真诚”的理念进行全面而均衡的梳理，并且它们都运用了假设性的推理方法，这似乎有失妥当。比如，上文列举的第一种观点将“自治”的意义仅仅局限于道德自治，而将“真诚”诠释为一个假设性的“真实自我”，即一种理性的、道德的、自治的人生，但这在现实中是不存在的。这一悖论使得第一种观点难以让人信服，但正是如此，第一种观点才将“自治”与“真诚”二者分离开来。有关“真诚”的第二种观点同样也是如此。Ferrara 的理论将自治的理念仅仅限定在一些道德原则上。如此这般，Ferrara 才能将“真诚”与“自治”相互对比。从他的推论中我们可以发现，“真诚”只会涉及生活中的伦理问题。我们不清楚，为什么 Ferrara 会得出这样的结论？为什么在某些情况中他人的道德观念不“真诚”？当他人在对各种观念与选择进行权衡时，什么因素才能使他人实现自治？如果说我们不能从“他律”的角度来论述“真诚”，那么，这种观点算是对“自治”价值的否定吗？最后，我们需要深思的是，当我们在讨论真诚与自治的冲突时，我们并没有提到他人的“自决”，它是解决这种冲突的最高权威，它应该得到我们的优先考虑。因此，在严格的等级排序中，他人的“自决”应该处于最高地位，或是处于决定性的地位。“自决”的意义并不说明，自治理念就等于一种理性化的道德原则。

有观点认为，他人愿望、行为的真诚性就是他人实现自治的前提条件，如果他人的行为反映了其内心的真实意愿或者说他已经真诚地确认了自己的愿望和行为，那么，他人才能真正地实现自治。这与以上两种“真诚”的观点存在差异，笔者将在下文中继续加以阐明。

上文所述的两种有关“真诚”的解释性观点均认为“真诚”与“自治”相互冲突，并且反对那种“真诚性的自治”理念。从上文列举的第一种观点而言，如果他人过着一种不真诚的生活，但他仍然可能会实现自治，这是“真诚性的自治”理念所不能解释的。因为从上文列举的第一种观点而言，一个自治的人能够对生活进行自决，但是他的生活可能与他心中的真实愿望背道而驰，他本来可以完全地实现自己的愿望，或者说他至少有机会能够满足自己心中的真实需求，却最终事与愿违。他可能曾多次放弃过自己心底的愿望，比如放弃一份真爱或放弃成为艺术家的梦想，这是对真诚人生的放弃，但它们至少都是他人在自治状态下作出的决定与选择。

先撇开诸多细节问题不谈，我们可以肯定的是，不同愿望间的冲突、不同责任间的冲突，以及不同人生规划之间的冲突，均不在“真诚性的自治”理念的考虑范围之内。一个人究竟想要过怎样的生活，他有哪些期待，他的行为目标是什么，他有怎样的人生规划，这些问题都可能很难回答。我们必须对那些完全不同或相互冲突的愿望进行权衡。不同的自我形象、性格特征，包括内心的情感认同和责任感，它们都需要以不同的方式进行阐释和评估。一旦他人作出了某个决定，选择了一种生活方式，如果决定或选择的过程是他独立自主完成的话，这至少就是他真实的决定与选择，是他经过确认、评估，并最终作出的真诚的决定。[①] 但与此同时，可能他的脑海中仍然存在着支持另一种选择或另一种生活方式的理由，这并不意味着另一种生活才是他真诚的选择。如果他人相信，“自治”的理念本身就是合乎道德的，那么，他就会优先认可那些符合道德原则的选择。至此，伦理（真诚）与道德（自治）已经被分离开来。但这二者的分离状态也会根据具体情况的不同而不同。

什么是“未能成功地认知自我”？如果没有一个真诚的自我作为前提条件，不论他人是否已经实现了自治，他人就不能成功地认知自我吗？有观点认为，自治与“自我确认”的理论都是以一个“我”

① Frankfurt. “Freedom of the Will and the Concept of a Person” (1791).

的存在为前提条件。“我”能够对各种愿望进行确认评估，并且偶尔也会选择一个错误的愿望，或是一个不真诚、不正确的愿望，从而导致“我”难以发现那个“真实的自我”。从“真诚性的自治”理念而言，如果他人未能在自己的生活中实现自治，那么他就未能成功地认识自我，他的行为或生活就是一种自我蒙蔽，或是对道德原则的背离。现实生活中很可能会存在这种情况：他人的生活决定并不能令他幸福，或者说他人的生活总是事与愿违，其实他就属于“未能成功地认知自我”。我们并不能预见到每个生活决定会对我们的未来产生何种影响，人生中有太多的偶然和意外，它们均会改变人们的生活。与这些偶然事件相比，人们内心的期望是多么苍白无力。对于“自我”理论而言，自治的理念是中立的。“自我”理论包含着两个限制性的条件：其一，如果他人自治地作出某个决定，那么，他的自我意识一定已经达成了内在的统一性；其二，他人能够发现一个真实的自我。通过这些限制性条件，我们才能说，不论是自我创造的过程，还是自我发现或是自我权衡的过程，甚至是对自我期待的探索与发现过程，它们永远都不会结束。①

（四）“期望”与“自治”是如何成为习惯的

现在，我们必须回到人们的期望与行为是如何产生又如何发展的问题上。我们还要面对一个普遍性的问题：自治如何会成为我们的一种习惯，成为我们人格的一部分，我们为何会认为自己应该实现自治？为了回答这些问题，我们就必须探讨“自治”理念的历史渊源。这是一个纵向的问题而非横向的问题。在展开具体的论述之前，笔者将再次提到 Gerald Dworkin 为“自治”所作的诠释。Gerald Dworkin 认为，“确认过程”体现了“程序上的独立性”；换言之，就是说“确认过程”没有受到其他因素的操纵，也没有受到其他人的影响。

Gerald Dworkin 指出：“如果他人能够确认自己的愿望、目标和价值观，那么他就是自治的。这种确认的过程不会受到其他无关因素的影响，这些无关的因素通常都与他本人的个性相互冲突。要获得程

① See for example Nehamas. A. Nietzsche: Life as Literature, Cambridge, Mass (1985) 170ff.

序上的独立性，我们就必须要能够对那些影响我们思考、评判能力的因素进行认知和区分，从而消除这些因素对我们的影响。”①

Gerald Dworkin 所说的这段话是什么意思？可以肯定的是，即使他人确认自己愿望的方式能够满足“真诚”理念的要求，但它并不一定就能回答，这种愿望究竟是不是被操纵的结果；人们是否真正地实现了自治。因此，真诚的愿望或行为必然包含着一个思考与认知自我的过程，并且，他人在认知自我的过程中也能够排除外界的干扰和操控。当我们在思索自己究竟有何种愿望，想要做出哪些行为时，其实也是在探寻这些愿望的来源，即我们的兴趣、偏好，换言之也就是一些内在的主观条件。在一定程度上，之所以要寻找我们内心愿望的来源，是为了尽可能地避免自我蒙蔽与受人操控。上文曾提到的“自我启蒙”也是为了避免自我蒙蔽与受人操控。接下来，笔者将根据“愿望的来源”来进一步论证“自治”的理念。

正如一些女权主义者所指出的一般，对愿望来源的思考也必须考虑到相关的外部条件。他人若要实现自治，他就必须能够排除外界环境的操纵，但他对自我的认知仍然是建立在主体间性的关系之中，因为主体间性是一个人认知自我的必要因素。当然，人们必须尽量远离外界条件的操控，远离社会环境的操控。他人之所以不能实现自治，是因为他所处的外部环境往往会促使他形成错误的观念，至少在这些方面形成错误的观念，诸如人生的可能性、行为、目标、愿望以及期待，这些错误的观念会对他人造成欺骗、压制和操控。另外，不平等的外在条件也会导致自治的缺失。比如，Phil Benson 认为，当他人在对自己的能力与动机进行评估之时，社会环境，尤其是社会中的不公平现象会对他人的内心形成压制与蒙蔽。此外，亲密关系也可能会对他人的心智造成操纵和欺骗。

真诚愿望产生的前提条件之一就是要避免受到外界环境的操控。实际上，我们根本不可能实现自治，尤其是对于女性而言，因为女性总是生活于这样一种环境中，这种环境拒绝给予女性认知自我的平等权利，并且迫使她们屈从传统的身份角色，这些均与自治的理念南辕北辙。每个人无疑都生活在群体之中，这使得我们很难衡量每个人的

---

① Dworkin G.（1989）“The Concept of Autonomy”，in Chrisman. 61.

自治程度，也很难去区分哪些行为属于家长式作风，而哪些行为又纯属天真的空想。他人若要确认一个愿望属于自己内心中的真实需求，那么，他必须先要历经一个确认与评估的过程。换言之，就是说当他人在确认自己的愿望、信仰与自我形象时，他没有受到来自外界的故意的操控与压制。① 人们或多或少都是自治的，却永远达不到完全而理想的自治。因为在某些情况下，即使我们知道某些愿望或是行为都是受到外界操控的结果，但我们也会认可这个愿望或行为为自己内心的真诚意愿。“自治”意味着一个由低到高循序渐进的范围。我们有必要从经验主义的角度来理解“自治”的规范性概念。

当我们在探讨“自治”所需的外部条件时，必然会涉及主体间性的问题，即它是个人自治发展中的基本要素。主体间性的交流能使人们懂得自尊，并且认真地看待自己的人格特征和内心需求。实际上，自治的价值也就体现在，它能使人们懂得自尊，并认真对待自己的人格特征与内心需求。如何能够实现自治？一个更具普遍意义的问题是：自治作为一种备受珍视的理念，如何能成为我们习惯的一部分？② 只有当他人能够在日常习惯中珍视自治并且在其私人生活中保持行为自治，他才拥有了大体上的自治。这就是为什么我们会谈到主体间性的问题，以及自治所需要的社会条件。

（五）目标与规划

到目前为止，本文已经引出了第三个要点：只有当他人能够认知自我，也就是说，他有能力对自己的人生进行深思熟虑，并且最终能够为自己设定人生目标、制定生活规划，再通过行动去实现这些目标与规划，如此，他人的生活才是自治的。如果现代自由理念的核心是指人们能在受到一定限制的情况下决定自己的人生，如果这样的“自由”能被理解为自治，那么制定，并且实现人生目标规划的能力就是自治的前提条件。只有当人们已经拥有人生规划，只有人们能够说服自己优先追求某些目标，同时放弃另一些目标，那么，自决才有意义。Isaiah Berlin 对于“自治”理念的著名论断对我们而言大有裨

① See chrisman “Autonomy and Self - Reflection”, MS. (1998).

② See Gray (1990) Freedom, London. 101ff. who discusses the putative paradox at length.

益，他曾指出："我希望我的生活和选择都由我自己决定，不会受到任何强制性的外部条件的影响。我希望我只用实现真实的自我意愿，而不用遵从别人的意志。我希望我自己就是一个主体，而不是一个客体。我希望能够决定自己的生活，而不是'被决定'。我希望自己不会失去人的本性，一旦失去人的本性，我将没有能力去制定并实现任何的目标和规划。" Isaiah Berlin 的这段话时常被别人援引，因为它几乎囊括了"自治"理念中的一切要素。在此，笔者关注的是 Isaiah Berlin 所言的"决定"与"制定并实现目标和规划"①，Isaiah Berlin 用这两个要素来论证"希望自己不会失去人的本性"。通过这种方式，他便将制定并实现人生目标、规划的能力等同于确认自我的能力。

自我认知能力表现在某些重要的生活领域中，其实就是"自治"的体现。②"自我认知"意味着对自己生活方式、行为模式的了解，我们的生活、行为符合自己的内心要求，或者说它们至少能得到自己内心的接受与认可。自我认知不是排除自己的意愿，单纯考虑到其他人（诸如家庭、社会群体或整个社会中的其他人）的意见、期望与需要，或是单纯考虑到我们所生活的社会背景。自我认知也不仅仅是在我们的思维中构建目标和规划，还应当包括以行为来实现这些目标。即使他人的人生目标或人生规划得到了别人的肯定与赞赏，这也并不表明这种目标或规划必然符合一定的道德理念。虽然我们的人生目标与规划不需要达到完美的境界或是符合道德的要求，这两项要求并不是"自治"理念中的固有要素，但若是能满足这两项条件，就再好不过了。

本文还需要对以下两个问题进行进一步的探讨：其一，不同人生规划与不同目标之间的优先顺序与等级排列问题。通常而言，他人在实现自治的过程中必然会遭遇到来源于自身的内部障碍，比如，他不能理清各种目标与规划的优先顺序。他人很难对各个目标进行比较，或者说它们根本就无法比较。他人可能会因此而感觉自己失去了对人

① Berlin. I, Two Concepts of Liberty, in I. Berlin, Four Essays on Liberty, Oxford. (1969) 131.

② See for example Nussbaum "The Feminist Critique of Liberalism".

生的自决能力。实际上，要对各种目标、规划进行选择、排序，这本身就是一项极为艰巨的任务，若要完成这项任务，我们必须拥有成熟的心智。我们要面对的首要问题是，哪些目标和规划具有可行性，这似乎很难判断。由此，我们能够得出的唯一结论就是要实现自治，何其难也。但是不论是从表象而言还是从规范性的意义而言，我们都不能将以上问题视为对“自治”的限制。其二，可供我们选择的目标、规划，以及我们能够追求的生活方式都是由一定的文化观念和社会环境所决定的。也就是说，文化观念、社会环境能够对我们的人生理想产生决定性的影响。因此，我们的生活方式与我们所处的文化、社会背景相互交织；但这并不是说，我们不能冲破文化观念与社会条件对我们的限制，尽管这难以实现，甚至需要付出巨大的代价。如果他人认为自己是自治的人，那么，他就能够权衡自身所处的社会背景、文化观念以及亲密关系，从而通过这些道德观念、义务责任，以及其他相关要素来构建他对自己的认知，并且使自己的人生变得更有价值。从某种程度上而言，正是道德观念、义务责任与其他相关要素造就了我们每个人的人生目标与人生规划。不过，这并不代表那些相关要素应该优先于我们的自治，笔者只是说，一个自治的人总会受到各种束缚，这些束缚在压制我们的同时，也会体现它们本身的价值。如果他人认为，只有对人生目标、人生规划的追求以及对梦想的探索才会使他拥有一种有意义的生活，那么，一旦他意识到自己的目标错误，未能真诚地生活或是有其他原因使他想要重新描绘自己的人生蓝图时，他就会改变自己的目标和规划。从一种激进的观点而言，如果他人改变了自己的初衷或是“背叛”了自己曾经的目标和意愿，那么，他就会被视为是肤浅之人、毫无原则之人。但是，如果他人认为自己目前的规划难以实现，那么，他就有权利对此深思熟虑，并最终改变他的人生蓝图。

笔者一直在试图说明，普遍意义上的自由理念并不足以令我们理解现代自由理念的核心问题。现代的自由理念是指，我们能够为自己的人生建立目标，并且以这个目标作为生活的指引，这其实就是“自治”的意义所在。笔者认为，我们必须首先对“自治”理念中的三个要素进行分析，才能更精确地探讨自治的意义。如上文所述，当他人向自己提出那些“实际问题”时，比如，我该做出哪些行为的问题，其实就是在思考自己内心的真实愿望、反思自己的过去，以及那些对他而言至关重要的信仰与原则。这就意味着，他人会评估自己心中的不同愿望与倾向，并且在各种相互冲突的愿望和信仰中作出选择。一项基本的人生规划能在这个评估权衡的过程中发挥重要作用。“自治”理念中的三个要素表明，一个自治的人就是能够向自己提出“实际问题”并且能够依据自己的答案去实施具体行为的人。

在展开下一部分的论述之前，笔者将对两个问题作出简要的阐释。

其一，在一个自由民主社会中，自治与自由有何关系。如果我们能分清消极的自由与积极的自由，那么，前者是实现自治的必要条件，后者意味着我们应该拥有建立个人目标的自由，那么，我们就能得出这样一个结论：“自治”的定义不像“自由”的定义一般多种多样，“自治”意味着一个能够认知自我的“自由人”。但是，我们仍然不能解释一些实质性的问题，比如，为什么我们作出的一些正确选择不一定有利于我们实现自治？为什么我们必须去追求那些正确的人生规划？积极自由的理念为我们提出了太多的疑问。本文认为，“自治”理念不是指“伦理上的自治”，因为一旦使用“伦理自治”这个概念，也就意味着“伦理自治”与“道德自治”之间必然存在一定的鸿沟与冲突。他人究竟想要成为怎样的人，他希望如何生活，这些问题总是与一定的道德观念相互联系，它不能被简化为一个单纯的伦理问题。

其二，笔者想要说明，自治的人生与幸福的人生或者说是有意义的人生之间有何联系。即使自治与隐私之间的联系并不依赖于自治与幸福之间的联系，人们可能已经意识到，为了实现自治，个人隐私必须得到珍视，但人们没有考虑到，只有自治的人生才是有意义的人生。笔者试图对自治与幸福之间的关系进行简要的阐述。

“自治”为什么拥有这样独特的地位？Raz 认为：“对于我们而言，个人自治非常重要。因为在我们所生活的这个社会中，大量的社会制度都是通过公众的选择与决定而建立的。我们的选择会受到社会条件的限制，只有我们本身是自治的，我们才能作出自己真诚的选择与决定。”[①] Raz 指出，在自由的现代社会中，什么是“自治”，什么是“有意义的生活”，“自治”与这种“有意义的生活”之间有何联系？这些问题都必然与特定的文化背景有关。

笔者认为，“自治”至多只是实现“有意义的生活”的必要条件，而不是一个充分条件，在此，我们所说的“有意义的生活”，并不代表幸福的生活。之所以说“自治”不是一个充分条件，是因为总会存在一些非我们所能掌控的因素而导致我们不能实现自治或者说是导致我们不能实现自己的人生目标或人生规划。比如，我们的计划会出现错误，出现不可抗拒的结果。许多难以预计的偶然与意外都可能会挫败我们的人生规划，让我们的期待变成毫无事实根据的空想。为什么说幸福不是自治的前提呢？虽然我们能够独立地作出自己的规划，但许多意外事件都会对我们的生活产生影响，在此，我们可以说自己对于自己的人生规划是自治的，但我们不一定就是幸福的。比如，孩子生病、爱人去世、人际关系出现危机或是遭遇意外事故，这些事件都会降低我们的幸福。“自治”并不能保护我们免遭不幸与悲哀。

尽管我们的自治会遭受到一系列意外事件的限制，尽管我们自己制定的人生目标和规划可能并不明智，但我们仍然会珍视我们对人生的自治，因为若要获得一种有意义的生活，个人自治就是一个必不可少的前提条件。

四、我们为何会珍视隐私

我们为何会珍视隐私？为什么我们会觉得生活在一个没有隐私的社会中是一件很艰难的事？笔者将在下文中对这些问题进行回答。与此同时，笔者也将说明，我们对隐私的珍视是我们珍视自由与自治的结果。这将再次引起本文对自由与隐私关系的探讨。为什么我们会珍视隐私？一种回答属于“还原论”，它认为隐私的价值能够被还原为其他类型的价值；另一种回答则不会对隐私的价值进行还原，它认为，我们对隐私的珍视是不可改变的事实。而这第二种回答又可以被

---

① See Raz (1988) The Morality of Freedom, Oxford. 373, who here speaks of the need for an “adequate range of choices”, also 378ff.

分为“固有说”与“功能说”两类。“固有说”认为，隐私的价值就在于隐私本身。“功能说”认为，虽然我们在描述隐私的过程中没有贬低它的重要性，但是隐私的价值何在？我们为什么珍视隐私？这些问题的答案其实都来源于另一种规范或价值，而不是来源于“隐私”本身。[①]

“还原论”试图说明，“隐私”所包含的任何一种利益、权利或是价值实际上都能被还原为另一些利益、权利或价值。Ferdinand Schoeman 指出，这其实是一种“怀疑论”而不是“还原论”，[②] 因为它表现出对以下问题的怀疑，我们可以建立一种独立的道德或法律中的隐私权，我们可以以一个统一而独特的方式来描绘“隐私”的含义。“还原论”的代表学者 Judith Jarvis Thomson 认为，我们完全不清楚这种道德或法律中的隐私权的内涵是什么，即使是我们所熟悉的隐私现象也是多种多样的，隐私的定义并不能完全包罗这种多样性。[③] 在 Judith Jarvis Thomson 的文章中，她将隐私权的概念运用到了多个不同的具体案件里，从而证明出所谓的“隐私权”实际上就是其他一些现存的权利。换言之，在不同的案件中，隐私权其实都可以被还原为其他类型的人身权或财产权。她所使用的论证方法就是分析一系列有关隐私权的案件，证明每个案件中的隐私权其实都可以被另外一种权利所代替。

有学者对 Thomson 的“还原论”提出了反对并指出，因为 Thomson 认为必须要将每个案件中的隐私权描述为另外一些权利，所以她常常迫使自己提出一些奇怪而陌生的权利，比如不被监视的权利。Thomson 曾写道：“当我不愿被其他人监视时，我拥有一项不被监视的利益。我对于某些物品同样也具有类似的利益。但我们无法用一项权利来完全概括这类利益，因为这类利益的范围实在是太过广泛。”如果 Thomson 所指的“权利”包括法律权利和道德权利，Scanlon 对她的批评仍然非常在理。[④] Scanlon 认为，首先，一个普通的愿望或是

---

① Julie Inness Privacy, Intimacy and Isolation, Oxford, (1992) 95.

② Schoeman Privacy:“Philosophical Dimensions of the Literature”.（1984c）26ff.

③ Thomson（1974）“The Right to Privacy”, Philosophy and Public Affairs 4（1975）.

④ Scanlon T.“Thomson on Privacy”, Philosophy and Public Affairs 4（1975）320.

单个人的利益诉求均不能促成一种权利的形成。其次，尽管 Thomson 的理论得到了一部分人的支持，尽管“隐私”的内涵本来就是多种多样的，但是我们的直觉仍然认为“隐私”这个术语本身就具有独立的意义，它不能被“还原”成其他意义。“还原论”使我们不再能够解释一些日常言语的含义，也不能解释“对隐私的侵犯”究竟是什么意思。比如，当我们说某些事务与其他人（或是政府）无关，某些事务属于我们的私人事务时，这种说法就明确表示，“隐私”这个术语本身就暗含着一种价值，她不需要被描述为另一种固有的价值（这与 Thomson 的观点相反），但它至少具有一种功能意义上的价值。再次，Thomson 认为我们很难给“隐私”作出一个统一的定义，她的这种论断太过轻率。实际上，虽然“隐私”这个术语的内涵多种多样，但它仍然可能具有一个统一的含义，虽然隐私权的概念常常被适用到不同类型的案例中，但隐私权本身仍然具有一个统一的定义或者说是具有一种统一的内在价值。Thomson 对此所持的否定态度太过绝对。我们完全能对各种不同的隐私案件进行分析，从而为“隐私权”制定一个统一的定义。Thomson 没有对不同的案件进行一一分析，只是使用提喻法①列举了小部分的案例，就轻率地得出了以偏概全的结论。

支持“还原论”的学者一直试图说明，“隐私”这一概念常常被用于多种不同的情形。笔者认为，“还原论”难以让人信服。与此相反的是，“固有论”指出，我们的私人领域或私人事务中存在一种固有的、不容代替的价值，换言之就是说，我们之所以会珍视隐私，仅仅只是因为隐私本身的价值而已。“固有论”通常很难与“功能论”区分开来，实际上，“固有论”也没有清楚地证明，人们珍视隐私究竟是因为隐私本身的价值还是其他的价值。Scanlon 曾指出，人们天生就拥有隐私权，因为隐私的范围是被“习俗”所划分的，所以我们难以用界定其他权利的方法来界定隐私的范围。Scanlon 认为：“我们对隐私的珍视与某些具体情形尤其是一些特殊的社会环境或是特殊的观念中的隐私内容无关。我们可以以不同的方法来界定隐私的范围，最重要的是，我们对‘监视’行为的限制必须要能被普通大众

① 提喻法（synecdoche）是一种修辞方法，以局部代表全部和以全部指部分。（译者加）

所理解。”Scanlon 坚持认为，对行为人的限制不仅应遵守传统习俗，还应在一定程度上对传统习俗加以改变。被我们称之为“隐私”的事务往往会受到行为人的侵犯，比如我们的私人生活会遭到行为人的监视，或是陌生人会偷看我们的信件。Scanlon 认为，我们之所以会对行为人的行为进行限制，就是因为隐私有其固有的价值。①

Scanlon 曾写道，如果行为人违背他人的意愿或是在没有告知他人的情况下，对他人的私人生活进行监视或是窃听，这都是对他人隐私的侵犯。Scanlon 的观点非常正确。传统习俗已经将社会领域分为私人空间与公共空间，我们珍视自己的私人空间。值得肯定的是，Scanlon 的论证方法连同其他“固有论”的观点都严肃地说明了，隐私本身就具有一种不容替代的价值。比如，行为人在没有告知他人并且在违反他人意愿的情况下，对他人的生活进行监视，他人可能并不知道行为人的举动，但我们可以肯定地说，即使他人没有意识到或者永远也不会知道行为人侵权行为的存在，他人的隐私也的确受到了侵犯，“隐私”有其固有的价值，我们也会因为隐私的功能而珍视隐私。“固有论”与“功能论”并不会相互排斥。② 在此，我们仍然有必要提出这些问题：我们为什么珍视隐私，失去隐私对于我们而言意味着什么？“固有论”本身无可厚非，但它却不能对以上问题作出深入的阐释。

反之，“功能论”就可以帮助我们从深层意义上理解这些问题。实际上，大部分对隐私进行解释的理论都是从“功能”的角度而言的，或者说，它们至少都属于“功能论”。但是，这一类观点也互不相同，因为它们对隐私“功能”的界定互有差异。比如，隐私权旨在保护哪些利益？不同的“功能论”会有不同的解答，例如，保护亲密关系，保护我们的私人事务不受干扰，保护我们独处的生活空间，保护我们的自我披露（我们主动将自己的基本身份信息披露给我们选择的对象）。此外，有一些观点将隐私的功能与宪法联系到一起，有一些观点认为隐私权保护的是我们的人格发展，还有一些观点

① Scanlon T. “Thomson on Privacy”, Philosophy and Public Affairs 4 (1975) 317f.

② Korsgaard. “Two Distinctions in Goodness”, in Creationg the Kingdom of Ends, Cambridge. (1996c).

认为，隐私权实际上意味着一个人理应得到的尊重。

笔者认为，这些不同的“功能论”能够被划分为两大类：第一类观点认为，隐私的功能价值体现在对亲密关系的保护之中；第二类观点认为，隐私的功能价值体现于对他人人格不同方面的保护。笔者希望通过一些实例来对以上两类观点进行简要的探讨，即使这两类观点的论述尚不完善，但它们的确值得我们进行深入的分析。

Julie Inness 的著述就是典型的“功能论”。虽然他的著述深受“自治”理念的影响，但他的中心论点仍然是对亲密关系的保护。Inness 试图证明，我们之所以会珍视隐私，是因为隐私能够在一定程度上保护我们的自治——这种自治尤其表现在友情与爱情之中。[①] Inness 指出：“隐私保护我们的自治，这种自治体现在我们对爱、关心与喜欢的表达之中。”这一观点遭到了诸多学者的反对。比如，有学者认为，隐私在保护人际关系的自治时，并不一定会涉及“爱、关心与喜欢”。亲密关系并不必然会涉及人与人之间的真爱。比如，嫖客和妓女之间的关系也可以被视为是亲密关系，他们之间的隐私也应该受到法律的保护。此外，还有观点认为，Inness 的论断并不能解释为什么我们生活中一些必不可少的隐私，一些本质意义上的隐私均应该得到珍视和保护。比如，他人身患重病的信息不应该被行为人非法获知，因为它本身就是一种私人事务。又如，他人的日记，完全属于自己的隐私。但以上这两类信息显然都与亲密关系无关。在 Inness 看来，虽然“隐私”内容千差万别，但它们其实都与亲密关系有关，“亲密关系将不同的隐私事务联系并统一到了一起”。这是“功能论”也不能忽视的核心理论。

另一种观点认为，隐私权保护的是他人本身的利益，而不是他人的人际关系，这才是我们需要并且应该珍视隐私的原因。如同 Schoeman 和 Benn 一样[②]，Jean Cohen 也认为，隐私权的核心在于保护个人利益不受侵犯。她认为隐私是我们生活中的必需品，它反映了一种基

① Julie Inness Privacy, Intimacy and Isolation, Oxford, (1992).

② Schoeman “Privacy: Philosophical Dimensions of the Literature”. (1984c); Benn See Benn. S. (1976) “Freedom, Autonomy and the Concept of a Person” Proceedings of the Aristotelian Society.

本价值，即个人人格的不可侵犯性。[①] 她将隐私分为两类：其一，人际关系、身体完整性和决策自治中所体现的隐私；其二，私人生活中的隐私。这两类隐私都受到“一般隐私权”的保护。我们之所以会对隐私加以保护，是因为人类具有这样一种基本的需求，即人类的人格利益不应受到侵犯。Cohen 和 Benn 的理论都表明，隐私是保障我们获得尊重的前提条件。Fried 认为，隐私是人类获得自由的前提条件。以上观点都试图以一种基本的价值理念来定义隐私。笔者在此引用 Cohen 和 Benn 的观点是为了说明，隐私的功能、价值都与自治理念紧密相关。

虽然以上两种理论都认为隐私所保护的是个人人格的不可侵犯性、个人尊严的不可侵犯性。但笔者认为，这些理论仍然存在缺陷，这不是因为它们未能解释为什么隐私值得珍视，而是因为它们都不能公正地看待隐私内涵中各个部分的重要性。笔者认为，Cohen 和 Benn 的理论其实都是对“隐私权”含义的简化。比如，Cohen 的理论难以解释以下问题：既然一些特殊类型的隐私权能够被形容为其他权利或是被描述为保护个人自由、个人人格的道德或传统的要求，既然隐私权往往会被转化为自由权或公民自由，那么，为什么我们还需要这些特殊的隐私权呢？在具体的案件中，隐私权与自由权就常常会被混淆，比如，有观点认为“人们需要对自己的亲密关系、家庭生活和通信记录享有隐私权，这也可能是对自治权与人格利益的保护”。Cohen 和 Benn 理论中的一些基本观点的确能令人信服，但是，它们仍然为我们留下了这样的问题：隐私、自治，以及人格利益的不可侵犯性，这三者之间有怎样的关系。如果这三者意义相同，那么，我们就没必要再对“隐私”的含义作出分类，并且，在这种情况下，隐私权本身也就不再具有明显的独立地位。

五、隐私与自治

根据“自由主义的隐私理念”，隐私被定义为这样一些私人事务——他人能够控制自己的私人事务不被行为人获知。保护隐私，也就

---

① Cohen. J. L “Redescribing Privacy：Identity，Difference and the Abortion Controversy”，Columbia Law Journal 3 .（1992）.

是保护他人的私人事务免遭行为人的无理侵犯。一方面，“侵犯”是指一些具体的、直接的、物理意义上的侵犯行为，如侵犯他人的住宅或者卧室。另一方面，实际生活中还存在一种抽象意义上的“侵犯”。比如非法获取他人的个人数据，非法干预他人对自己生活的决定或间接干扰他人的人际关系。因此，我们可以将隐私权分为三大类：空间性隐私权、信息性隐私权以及自治性隐私权。这种三分法的基础是他人能够控制自己的隐私事务，而不是私人领域与公共领域的区分理论。这就意味着，隐私的含义是指一个整体范围。之所以说“他人能够控制自己的私人事务不为行为人获知”，是因为隐私权是他人固有的权利。他人能够通过这种控制权来拦截行为人获取其私人信息的渠道。这里的“控制”就是对个人数据的保护，它也具有一定的民主政治意义。因为在一个民主的社会中，人们的个人数据必然会受到法律的保护。在此，我们必须重提传统习俗，因为传统习俗也认为，人们应该拥有这种控制权。一旦隐私权遭到了质疑，那么，这些传统习俗也将难以为继。

本文所关注的焦点是——只有当他人的隐私得到了普遍的保护，自由才能够得到实现。换言之，保护隐私是实现自治的前提。隐私权就是他人独立作出生活决定、独立行为的前提条件。只有当他人的私人事务得到了足够的保护，他才能够在多个相互冲突的愿望与目标之中作出选择。我们之所以珍视自己的隐私，不仅仅是因为隐私本身就具有价值，更是因为我们的隐私空间是我们发展、实施自治权的基础。与此同时，隐私权还意味着，当行为人进入到他人的私人空间之后，只要他人希望获得独处，那么，不论行为人拥有什么身份，他人都有权选择独处并且免遭行为人的干扰。隐私空间或隐私领域的理念也得到了许多传统习俗的认可，但这些传统习俗都是将其对隐私权的保护阐释为对自治权的保护。传统习俗也会与隐私权的定义产生分歧，这种分歧典型地表现为：对于家庭住宅是否拥有隐私权的问题，隐私权理论与传统习俗持有不同的观点。任何物理空间或是个人信息都不拥有绝对的隐私权。在自由民主的社会中，“隐私”也可能和“专制”联系在一起，所以我们有理由去质疑，我们对私人领域与公共领域之间的划分是否正当。①

实际上，“隐私”本身就是对私人领域的划分，现代社会中的私人领域就是法律所保护的个人自由。所以，隐私领域在本质上就是受到法律保护的自由。自由本身不论“自由”的定义中包含了多么复杂的权利与义务，并不必然能使那些有助于实现自由的前提条件也得到法律保护。② 但是，当我们的隐私受到保护时，自由和自治就能够得到实现。我们对“私人领域”与“公共领域”的划分能够有助于公众行为的规范，这样的区分不同于对“自由”与“不自由”的区分。为什么我们会普遍憎恶监视行为与窃听行为呢？为什么我们偶尔想要独处，偶尔又希望和朋友们相聚呢？为何我们期待拥有一个属于自己的房间？为何我们希望能够控制自己的私人信息，使其他同事无从获知？这些问题的答案都在于，所有这些行为无疑都是对我们自治权的吞噬。为了能够让他人扪心自问，我希望获得怎样的人生，他人就必须获得安宁的私人生活，必须使自己的生活免遭行为人的干扰。为了能够建立、完善并实现自己的人生目标，他人首先必须要使自己的私人生活免遭行为人的控制与操纵。③ 如果我们认为自由的终极目的就是实现自治，就是让我们有权决定自己的人生梦想与生活希冀，如果文明自由的社会制度能够为此提供保障，那么，就表明当我们在为自己设定人生目标时，其他人对我们隐私的侵犯就是对我们人生发展的限制或束缚，即使是文明自由的社会也难以阻止这些侵犯行为的发生。

笔者在本章节的开端就借助“控制权”的理论界定了私人领域的范围，随后又说明，我们之所以珍视自身的隐私，是因为我们需要实现自治，如果不存在私人领域，那么，自治就无从谈起。从本质意义上而言，隐私与自治相互联系。只有将公共空间与私人空间区分开来，自治权才能实现。隐私权对自治的保护就体现在，他人有权保护自己的私人事务免遭行为人的侵犯；他人的个人决定有权免遭行为人

---

① Cohen. J. L“Redescribing Privacy: Identity, Difference and the Abortion Controversy”, Columbia Law Journal 3 . (1992) 116.

② See Rawls (1972) A Theory of Justice, Oxford, 203.

③ All these aspects will be dealt with in greater detail in the following chapters.

的干预；他人有权控制自身的信息不被行为人获知。如果没有对公共、私人领域进行区分，单单靠“自由”与“不自由”的划分，我们的隐私空间（象征意义上的）将难以得到保障。

然而，也有学者提出了如下疑问：隐私与自治二者之间是否本身就存在关联？我们将隐私权分为三大类是否有必要？保护隐私权是实现自治的必然条件吗？

为了进一步论述自治与隐私之间的关系，我们必须首先提出这样一个问题：他人所拥有的自治权的范围越大，是否就表示他能够控制的（象征意义上的）私人空间越多？或者反过来说，他人能够控制的（象征意义上的）私人空间越多，是否就意味着他拥有的自治权的范围越大？如果他人经过反复斟酌后放弃了自己的一部分隐私权呢？这是否也等同于放弃了一部分的自治权？他是否能够在放弃一部分隐私权的同时却继续拥有完整的自治权呢？这个问题的答案似乎要取决于他人的放弃行为对哪部分的隐私权造成了实际的影响。从原则上而言，我们没有理由认为，当一部分隐私权被放弃时，一部分的自治权也必须被放弃。比如，我们可能不会去注意，哪些话语只能放在自己的心头上，哪些话能够讲给别人，我们可能会随意允许别人进入我们的私人领域，我们可能会将自己的人生大事委托给家长或是其他人决定，这些情况都意味着对个人隐私的放弃，对私人领域控制权的放弃，与此同时也必然包括从字面意义或象征意义上而言对一部分自治权的放弃。

在此，笔者可以举例说明：John Lennon 与 Yoko Ono 曾通过他们在阿姆斯特丹希尔顿酒店中度过的“蜜月”生活来表达自己反越战的政治立场。① 这就意味着他们当时放弃了自己的一部分隐私权。但是，这种为了政治目的而暂时放弃一部分隐私权的做法不应当被认为是对自治权的放弃。与此相反的是，Avishai Margalit 指出，只穿着内衣的女性在公园里享受日光浴被认为是一种不得体的行为，但其他女性身穿比基尼在公园享受日光浴就不被认为是不得体的行为。这种推

① 1966 年，John Lennon 与 Yoko Ono 在阿姆斯特丹希尔顿酒店的床上上演了著名的“床上和平行动（Bed - In）”，整整七天，洋子和列侬待在床上，接受世界各大媒体的采访，宣传他们鲜明的反战与和平理念。（译者加）

理说明，内衣本身就属于他人的隐私，而不论它是否被展示在公共场合。[①] 又如，犯罪嫌疑人被检方指控，这并不意味着他放弃了自己的自治权（但他已经放弃了一部分的隐私权）。并不是所有保护隐私的惯例都能够保护人们的自治权。然而，一些相对琐碎的文化和历史因素会改变我们用来区分私人领域与公共领域的传统习俗。此外，一些旨在保护隐私权的惯例其实也会涉及对公共领域的保护。以 Avishai Margalit 为例来说，也许这个例证的要点不是为了说明女性的隐私或自治需要得到保护，而是说我们应该对公园里的其他公众加以保护，即公园是公众自由活动的范围，个人的隐私权在这里必须受到限制。这与笔者所阐释的隐私权没有冲突。以上例证均表明，放弃隐私权并不等同于放弃自治权，当我们在享有自治权的同时，那些基础性的私人领域也会得到法律的保护。因此，正如 Margalit 所言，集权主义的政府都会竭尽所能地限制公民的私人空间，因为对公民私人空间的限制就意味着对他们自治权的限制，而公民自治无疑会对集权主义的政府造成潜在的威胁。

为什么会有观点认为，保护这三类隐私权（空间性隐私权、自治性隐私权、信息性隐私权）就是我们实现自治的前提条件？这种反对观点并不是以隐私权理论为依据，而是聚焦于这样一个问题——自治权的基础会不会是这三类隐私权之外的其他隐私权呢，或者说自治权的基础会不会仅仅是这三类之中的一类隐私权，而不是它们全部呢？换言之，为什么隐私权应该被分为这三类，它们有哪些特殊性？笔者将在下文中对其中所涉及的原则问题进行概要性的分析。总之，对不同类别隐私权的保护均是为了保护我们的自治权。我们之所以能够在社会中建立各种各样的人际关系，是因为我们的隐私权得到了保护，隐私权保障我们的自治。比如，对私人住宅的保护，就属于空间性隐私权，我们之所以需要空间性隐私权是因为我们的个人生活不应被打扰。而对亲密关系或友情的保护就属于信息性隐私权——我们之所以需要信息性隐私权，是因为我们与别人之间的关系和事务不应受到第三者的干预。而我们之所以需要自治性隐私权是因为我们的个人

① See Margalit (1996) The Decent Society, trans. N. Goldblum, Cambridge, Mass. and London. 201f.

决定不应受到其他人的干预。当然，现实中也存在其他一些重要的原因促使法律对这三种隐私权加以保护。隐私权的三重结构也就意味着三重的保护。

从另一个角度而言，隐私权也能被分为两大类：其一，一个宪政国家的法律体系所保护的隐私领域、权利以及隐私诉求。其二，道德观念或是传统习俗所保护的隐私权利或诉求。比如，住宅隐私权显然就是一项法定权利，当然，它也来源于我们的道德理念。而卧室隐私权，如他人用自己的卧室隐私权来排除其他家庭成员的进入，这就是一种道德理念，法律不能对此作出规定。单纯从传统习俗而言，他人的工资数额也属于他的私人事务，比如在德国，你就不能询问他人的工资数额，因为这是一种禁忌。但在美国，这样的问题就无伤大雅。当然，以上这些界定都存在争议，也需要进一步的解释论证。但是，它们都会以不同的方式对自治权造成影响，与此同时，以上论述也表明，不同的文化背景也会对自治权与隐私权之间的关系造成影响。至此，我们已经从功能意义上探讨了自治权与隐私权之间的关系。

隐私、自治与自我

约瑟夫 H. 库普弗[①] 著 李倩[②] 译

目 次

一、导论：隐私与个人自治

我们处于一个电子监控、数据银行及计算机信息收集技术大量存在的时代，在这样一个时代背景下，隐私的侵扰与保护受到公众极大的关注。但是，隐私的价值到底是什么，或者说免受电子监控及信息收集技术侵扰的真正意义在哪里？关于此问题，笔者的观点是：隐私是实现某些基本价值的必要条件——自治性自我的形成。要想实现个人自治，首先要形成自我观念，而隐私对于形成自我观念不可或缺。他人的隐私得到了保护，则他人的私人信息不被滥用，但隐私的作用不止于此，一方面，隐私是他人个人自治形成的必要因素而不仅是一个偶然因素，而另一方面，隐私本身似乎没有什么价值，当隐私不与一些更基本的价值相联系时，很难明确地说出保护隐私的意义。总之，笔者认为，隐私不是可有可无的，但其本身并无多大价值。

主张隐私是自治必不可少的原因在于隐私在自我观念形成过程中的作用，自我观念意味着能够决定自己的生活，是自主行为的必备条件；而隐私对于这样一个自我观念的形成是必需的。此外，道德层面和社会层面的个人自治也取决于隐私。现实生活中的隐私与意识中的

---

① 约瑟夫 H. 库普弗（Joseph H. Kupfer），美国爱荷华州立大学哲学系教授。

② 李倩，中山大学法学院助教。

隐私是不一样的，笔者接下来要论述的隐私价值的具体含义，只局限于前文所讲的与自我观念形成相关的隐私。

前文所论及的观点涉及的因果关系需要应用一些实例来证明，虽然笔者将会引用一些证据和专业的假设来证明本文的观点；这些证据不是决定性的，在大部分的研究当中，除了隐私之外还有各种变量存在。笔者对相似的条件没有反复研究，但若要反驳本文的观点则不止于举一个实证的反例，例如，他人在没有隐私的环境下长大却有很强的自治观念，还需解释他人在这种无隐私的环境下如何能形成其个人自治。这将会涉及一个对立的道德心理，这个对立的道德心理可能会有另一种对自我观念的哲学分析。

本文没有涉及大量的细微之处及界定不同种类隐私的标准，但为了避免一些理解上的困惑和疑义，笔者对一些概念进行了简略的说明。隐私包括他人对其私人信息的控制是基于两个原因，笔者有意不详细说明他人对其私人信息控制的程度及控制私人信息的范围，一方面是因为这就是本文要探讨的问题，另一方面是因为很难界定这个程度和范围。当然，他人对其私人信息的控制并不是说对所有有关他人自我事务的绝对控制，有时他人对某些事务失去控制并不关乎他人的隐私，他人的宗教信仰、与谁结婚或者他人的银行存款余额是多少这些事务是否为隐私得视情境而定。

除了他人对其私人信息的控制，隐私还包括他人决定谁能参与其私人生活或者谁能窥探其私人生活，有时这就等同于对私人信息的控制，但有时又不是，例如，当他人没有向对方传达新的私人信息时，那么，对谁能参与其私人生活的控制权就体现了另一种隐私含义。所以，对隐私比较实用的分类就是上述两种类型，即他人对其私人信息的控制及他人决定谁能参与其私人生活。

当然，笔者并不认为他人仅享有隐私就能形成其个人自治或自我的观念，其他的条件如智商、基本需求的满足及良好的社会关系也是必需的。

二、隐私对自治性自我观念形成和发展的作用

隐私对于自治性的自我的形成与维护是一个必要条件，这从隐私对自我观念形成的作用中可以看出，尽管自治概念含义丰富，但它其

中就包含了成为有目标的、自主的、负责任的个体的自我观念。自治意味着有决定自己行为或人生规划的自我意识，自治要求有作出人生规划及自主决定做什么的能力，他人在作出人生规划和自主决定时就是将自己置于各种可能的未来中。未来是属于自己的，应根据自己的意愿来决定，而自己的意愿可能与别人的愿望或希冀不一致，所以，他人在做出人生规划和做各种决定时需要一种根据自己的目标和想法来抉择的自我观念。除非他人认为自己的生活掌控在自己手中，他的选择是自主决定的，否则，就不算是行为自治。我们把他人的这种观念称作“自治性的自我观念”，用“自治性的自我观念”来界定自治并不是循环论证，因为“自治性的自我观念”有一个独立的概念：认为自己是一个有目标的，能自主决定的，负责任的个体。

自治性的自我有别于思想、目标、行为受制于别人的个体，他人认为是其自己的选择或自己的行为决定了什么样的事情发生在他身上，“自治包含了一种控制别人与自我界限的意识”。[①] 这句话很好地体现了在他人做选择和控制其私人信息时自治所具有的自我性。他人的个人自治不仅仅是指他人不受别人的干涉，还要求他人有控制其与别人关系的意识，包括别人与他的接近。如果他人不受别人的干涉，但他没有意识到这一点，这也称不上是自治。因为他的选择和行为依然取决于外部环境，取决于他对别人意愿的理解，除非他自己认为他是根据自己的想法来作出选择的；否则，即便不受任何外界约束，他的决定仍然不是自主的，他仍旧没有掌控到自己的生活。所以，自治要求有自治性自我观念的说法是恰当的。

在不断作出抉择和追求理想结果的过程中，他人的自我观念最终转化为自治行为，这个过程需要公众对他人的自我观念所划定的社会界限的认可及对他人控制其私人信息和行为的接受，同时，公众需要尊重他人让谁及何时参与到其私人生活的决定。当他人知道别人不会去干扰其追求自己想要的结果和目标时，他人就可以一心一意地去追求；他人选择目标并根据自己选择的目标来努力，这样他人的自我观

---

① R. Lauf er, H. Proshansky, and M. Wolfe, “Some Analytic Dimensions of Privacy”, in H. Proshansky, W. Ittelson, and L. Rivlin (eds.), Environmental Psychology (New York: Holt, Rinehart, and Winston, 1976), p. 206.

念就建立起来了。自治是一种社会产物，是各种社会实践的结果，社会实践需要他人自主决定，并促进隐私制度的建立。

这里需要指出的是，本文讨论的并不是个人自治的价值，但在某种意义上，本文已经假定个人自治价值的存在。笔者赞同西方文明对个人自治价值的肯定，也同意一些社会没有个人自治会更好的说法，但对这些观点的赞同与本文现在讨论的问题并无多大关系。本文现在要讨论的是，他人的自我观念在形成其个人自治过程中的作用及他人享有隐私的必要性，当然，在没有个人自治依然繁荣的社会，隐私是没有什么价值的，但这不影响本文观点的说服力。

如果他人享有了隐私权，那么，他人就可选择是否告知别人关于自己身体或精神状况的信息，这对他人形成自主决定的意识是必要的。因此，他人的隐私得到保护有助于形成和维护他人的个人自治，有关自我观念进化和退化的研究都有证据证明该主张是对的。心理学家如 Jean Piaget 和 Victor 证实，小孩在理解对私人信息进行控制的过程中会慢慢形成自我观念，生活中出现的隐私概念、秘密甚至是撒谎让小孩懂得了许多事情都可以不让别人知道，除非他自己选择讲出来。当小孩认识到他可以决定与谁亲近及亲近的程度时，能选择什么事情发生在他身上时就形成了自治性的自我观念。①

更令人关注的是，对那些长期缺乏隐私的成年人的研究表明，他们的自治性在下降。在 Orwell 笔下的极权社会里，他人是没有隐私可言的，同样，在今天的“公共机构”里，他人也是没有隐私的。例如监狱，就如 Erving Goffman 对收容所的描述：“在收容所之外，个人尚能顾全身体、即时行为、想法及一些财产不让外人接触或远离污染源，但在公共机构这些私人领域都受到了侵犯……”②

因此，当外部条件不允许时，他人的自我观念及自治性都将减弱。

同样的情景也会发生在私立疗养院、医院、军队及宗教组织，在

---

① R. Lauf er, H. Proshansky, and M. Wolfe, “Some Analytic Dimensions of Privacy”, in H. Proshansky, W. Ittelson, and L. Rivlin (eds.), Environmental Psychology (New York: Holt, Rinehart, and Winston, 1976), p. 206.

② Erving Goffman, Asylums (New York: Anchor Books, 1961), p. 23, my italics.

这些机构里，人们被剥夺了隐私，失去了思想、行为、自我。例如，精神病院的病人选择的自由程度是随着房间的大小及房间内床铺的数量成反比变化的：在较小的病房，病人享有更大的选择自由和行为自由；在较大的病房，病人的行为普遍是被动的、孤立的。被压缩的选择空间伴随着的是病人被动性的强化及对病人个人自治的蚕食①。

在20世纪50年代，在华盛顿圣伊利莎白医院的一个大而拥挤的病房里，由于病人的个人自治受到极大的空间限制从而发生了病人尿床的现象。“在社会等级的最低端，欧米茄只不过是睡觉用的小板凳……只要病人处于一个舒适体面的环境里，50%的病人就不会失禁。”②

就如之前所提到的，这些研究不是决定性的实例证据，这些实例中除了他人无隐私可言外还有很多其他糟糕的因素。犯人是典型的与外界隔绝的一类人，他们的衣着及行为都受到约束，他们不能自由决定做什么，我们能够说犯人没有隐私是主要的因素吗？可能没有隐私只是一个不相干的因素，无疑这是可能的，但没有证据证明此种观点的正确性，所以我们的猜测也仅止于此。这些研究似乎在理论上都证明了他人享有隐私有助于形成和维护其自治的观点，尤其是对小孩自我观念形成的研究。本文已经论证了隐私对“基本的”自治性自我观念形成和维护的重要性，我们可以将这看作他人享有隐私对其第一层次的自治形成的作用，就如对小孩说话、与之交流有助于小孩掌握第一阶段的语言能力一样。他人享有隐私还能进一步深化其自我观念，这种深化的自我观念对自治的发展非常关键，他人享有隐私有助于他人自我了解、自我批评及自我评估，而他人的这种自我控制就是其第二层次的个人自治。当他人有自我创造的能力，意识到可在不同的表达方式和生活方式中选择，这就类似于语言第二阶段的掌握，他人第二层次的自治建立在其自我评估的基础上。

那么，他人享有隐私对其第二层次的自治的形成到底有什么作用

---

① W. Ittelson, H. Proshansky, and L. Rivlin, “The Environmental Psychology of the Psychiatric Ward”, H. Proshansky, W. Ittelson, and L. Rivlin (eds.), p. 438.

② P. Sivadon, “Space as Experienced: Therapeutic Implications”, in Environmental Psychology, op. cit., p. 414.

呢？Hyman Gross 这样认为：“尊重他人的隐私，要求行为人尊重他人的观点和思想的变化，这可促进他人在自我剖析和自我批评中成长，他人想冒被自己愚弄的风险并可以自称为傻瓜，但他人不能被出自于自己口中的固有观念所愚弄。”① 他人需要有一个私密空间来思考自己的观点及行为，在没有“现实风险”的情况下检验选择的正确与否。

如果 Gross 所提到的他人的个人成长与其个人自治有密切的关系，那么，Gross 所认为的在自我剖析及自我批评中对他人隐私的尊重最终也会影响他人自治的发展程度。我们认为，在自我剖析和自我批评中成长的人的自治性强于没有自我剖析和自我批评的人，为什么这样说呢？因为当清楚自身缺陷时，他人判断自己的处境会更具优势，他人所作的选择是相互联系的，这里有一个连环效应问题。知道自身的缺陷使他人作出能最大限度把握自己人生走向的选择，他现在的选择必将有助于而不是无益于或阻碍未来的选择。一个在人生道路上如此前行的人必将具有更强的自治性，并且我认为他人的自我批评与他人的个人自治有着更深入的联系。

当我们意识到第二层次的自治可强化他人的自我观念时，能自我批评、自我剖析的人比其他人更加自治的观点将会证明一个能控制自我及坚持自我的人更具有自治性。Charles Taylor 论述了自我批评与自我完善所具有的作用，他指出：“一个人可以用其目标、理想来自治，除此之外，个人还会提出质疑：我应该是这样的人吗？这就是我想成为的人吗？”②

一个自我评估的人会确信美好人生的存在，对其人生有更多的自主性，这样的人会经常反省，这是自治强化自我观念及个性的体现，“这是一种自我反省及对人生最基本问题的反思”。他们会经常反问自己：“我真的理解了自我的本质了吗？我真的认为我现在所经历的是人生最佳的状态了吗？”一个不思考这些基本问题的人，他的信念

① Hyman Gross, “Privacy and Autonomy”, in Joel Feinberg and Hyman Gross, (eds.), Philosophy of Law (Encino, California: Dickenson, 1975), p. 191.

② Charles Taylor, “Responsibility for Self”, in Gary Watson (ed.), Free Will (Oxford: Oxford University Press, 1982), p. 111.

只产生于喧嚣的日常生活中而未得到充分的质疑与思考，难以对自身生活产生积极影响，其对人生的把握会弱于那些经常自我反思的人。这样的人缺乏第二层次的自治：自我观念中的自主决定意识及对自我的反思，并且这对第一层次自治中自我观念的选择能力和控制与别人关系的能力将产生不利影响。如果他人享有隐私权，那么，他人就不受行为人的侵扰，这样可创造他人自我审查和自我评估的私人空间，因此，他人享有隐私对其第二层次的自治与自我观念的形成和发展也是必要的。

三、隐私对道德层面的自我观念形成和发展的作用

隐私的道德基础对他人自我观念的影响也进一步促进其个人自治的形成。隐私能促使他人自治性自我观念的形成，他人享有了隐私也促进他人道德层面的自我观念的形成，尤其是促进他人被信任的自我观念的形成：被公众认为有行为自主、独立抉择及掌控自己的生活的能力。

他人的隐私得到了尊重，他人的私密生活也就免受别人的监控，这会给予了他人犯错的私人空间。当他人被允许暂时从公众视线和言论中消失时，社会就给予了他人信任[①]，他人也暂时远离了公众且他的暂时缺席得到公众认可。他人在这种社会环境中形成的自我与别人保持一定的距离，这种自我不是与社会无关的存在，这是有价值的自我独处。他人认为自己的独处拥有这种被认可的价值是其自治性的自我观念在道德上的延伸，当社会给予他人犯错或失败的机会时，社会就表现出了对其个人自治的信任，对其目标、选择及行为的信任。

为了培养这种公众信任感，他人必须对其所作所为负起责任，以此来证明公众对他的信任是正确的。他人须独立自主地做出让人信任的行为，即便他人不是每次都作出了正确的决定；但是，他人在每次作决定时都必须是谨慎而行的。对这种道德成就负责任的表现就是作出正确的决定，这就说明为了作出明智的决定，他人通常需要什么样的激励，而有道德责任感的人会深思熟虑，通常都能作出周全的

---

① Charles Fried makes this point in, “Privacy: A Rational Context”, in Today’s Moral Problems, (op. cit.), p. 370.

决定。

他人认为自己值得别人信任这一点是必需的，并且他人还要学着相信自己。他人不能只相信自己的选择，而不认为自己值得别人的信任。更重要的是，他人对自我的信任使其在心理上能够承受其自主行为的后果。他人自主决定并为之负责可能使其易受到批评、谴责，从而让他人害怕再次选择错误或失败，但这些恐惧都能被公众对他人的信任所抵消，因为公众对他人的信任会提升他人对自我价值评估的整体水平。当然，还有其他重塑自我价值感的因素比如技术成就。他人被公众信任是其个人自治的道德基础，当他人被公众信赖而形成自我价值感时，其对自己抉择的能力就有了道德自信，当他人从心理上认定了自我的价值感时，他人就自然而然地行为自主了。

在认定他人的个人自治时我们需区分隐私空间与孤立状态，当他人与世隔绝时，他人并不能形成被信任感，因为他被剥夺了与社会接触的机会，那就无所谓控制与别人的关系。比如，一个人被流放在外，是否和别人互动不是他所能选择的，这不同于那些自己选择处于选择受限或无选择自由环境的状况。当他人享有隐私权，他就能选择是否与别人互动或者暴露自己的私人信息，在隔离状态下，他人没有行使选择权的条件，而行使选择权是隐私权的核心，一旦他人选择隐居，其就得承受孤独。

他人的隐私得到了尊重，这就体现了别人对他人的信任，随之也生成了他人的自我价值感。相比之下，对他人的行为进行监控或收集他人的信息会让他人质疑自我的价值，他人会因为没有隐私而感觉别人对自己的信任受到威胁。所以，他人缺乏隐私要么阻却他人与别人之间信赖感的形成，要么会吞噬已形成的信赖感。

在前面部分，笔者提到他人缺乏隐私除了会动摇他人与别人之间的信赖感或他人的自身价值感外，还会影响某些更基本的价值。他人享有隐私是形成他人自治性自我观念及其个人自治的必要条件，如果这个观点是正确的，那么，持续的监控将会动摇自我价值感并摧毁他人的个人自治。这说明他人所享有的隐私空间越小，他就越会受到相应的损害，从公众对他人的信任感或他人的自我价值感到他人的个人自治都受到影响。必须指出的是，这里所提到的相应的损害并不表明他人的自我价值感的减弱与其个人自治的弱化有因果关系。可能某个层面上的他人自我价值感对其个人自治是必要的，但两者没有必然的因果关系。

四、隐私对社会层面的自我观念形成和发展的作用

因为他人的隐私主要涉及其生活中的私密行为，所以，在社会层面上，他人享有隐私也可促进他人自我观念和其个人自治的形成。一些哲学家甚至认为他人享有隐私是其建立私密关系和友谊的排他性的必要条件，例如，Charles Fried 认为，他人享有隐私可使他人选择对一些人隐瞒其私人信息而与另一些人分享其私人信息。从这个分析角度看，隐私使得私人信息变成了一种稀缺的商品，大多数人都不拥有这种商品，因此，私人信息成为了一种价值不菲的物品。

"他人与别人的私密关系是在他人分享其信仰、心境、活动的基础上建立起来的，他人有权利选择与谁分享这些私人信息，这种权利就是一种道德资本，他人在建立友情和爱情时会投入这种道德资本。"

当他人与某些人分享其私人信息时，他人其实是在分享有价值的物品，因为隐私使得这些信息变得独特或稀缺。这种稀缺的商品是私密活动的产物并有助于特殊关系的建立。如果他人不享有隐私，则其私人信息将不是专有的，他人将因此不拥有这种有助于建立亲密关系的稀缺商品。按照此观点，隐私使得私人信息变得有价值，他人的这种有价值的私人信息是其建立亲密关系或友情所必需的。这似乎并不十分正确，即便他人私人信息的专有是其建立亲密关系或友情所必需的，但对于亲密关系的建立而言，这还不够，就如 Jeffrey Reiman 所讲的，相互关心才是私人信息变得有价值的关键因素。[①] 他人与别人分享其私人信息并且分享信息的对象是他人所在乎的人，这才使得他人私人信息的分享与其亲密关系的建立相联系，Reiman 甚至进一步指出，他人享有隐私不是其建立亲密关系和友情所必需的。倘若有人（不是他人的朋友）获知了他人的私人信息，可能是通过窥探他人隐私的手段取得，但他人依然可以与别人建立亲密关系，他人依然拥有

① Reiman, op. cit., p. 383.

道德资本，因为“陌生人”没有完全掌握其私人信息，他人依然可以与其所在乎的人分享其私人信息及“有趣的经历”。

尽管笔者比较赞同 Reiman 对 Fried “稀缺商品” 观点的批判，但笔者认为，Reiman 忽略了隐私对建立亲密关系的另一个重要影响，即他人享有了隐私之后，他人就可控制其私人信息及选择与谁建立密切关系；而根据他人所建立的亲密关系就可判断出其社会身份，事实上，他人的自我观念如何取决于谁是其至交。Reiman 忽略了隐私在他人自我观念形成中的作用，因此，没有考虑到他人隐私的暴露方式对其个人自治造成的威胁。

他人之所以乐意与其关心的人分享其私人信息，是因为他人认为其关心的人同样关切着他，他人关心的人获知其私人信息是通过他人自主自愿分享的方式完成的，正是这种方式才使得他人享有隐私与其建立亲密关系相联系。如果他人享有隐私，那么，其私人信息的传播就有了自主性，而他人自愿暴露其私人信息可促成其与别人亲密关系的建立。当他人的私人信息暴露未经其允许时，就会出现亲密关系的表象，这种表象会模糊自我观念，让他人对其个人自治产生质疑，这是怎么回事呢？

他人的自我观念包括谁与其关系密切及判断其应该与什么样的人建立亲密关系，两者有助于界定他人自身。他人认为自己不仅是 Jones 的好朋友，而且还能判断 Jones 是否是另一个人的朋友，他人是根据 Jones 的私人信息来判断后者的。当他人的隐私被不当暴露时，该种暴露就产生了亲密关系的表象，他人对谁能了解其自身就没有选择权了，他人的自我观念受到威胁，陌生人与熟人之间的界限变得模糊不清，亲密关系的表象在他人的自我观念中植入了一种假想，这模糊了他人的自我观念。对于止于表面的亲密关系，他人发现他的控制力会减弱，他人觉得似乎不能选择与谁成为朋友，而任何人都可选择成为他的朋友。

当他人的一个泛泛之交的朋友在其肩膀上轻拍了一下或对其微笑了一下，而他人却有一种被挟持感，这就影射了他人与这个人之间并没有真正的友情。他人认为，这只是这个人的一厢情愿，他人感觉这种不真实的亲密关系侵害了其个人自治，这就如别人偷走了他人的一个吻，虽然这个被偷的吻没有降低他人其他吻的价值（就如 Fried 的商品理论），也没有使得别人的个人自治变得不可能，却夺取了他人选择情感表达对象的权利。他人的选择权及其自我观念受到了干预，所以他人觉得受到了冒犯，相应地对其个人自治也产生了自我质疑。

相对于 Fried 的观点，本文做一个不那么绝对的结论：他人享有隐私及其对私人信息的掌控可能并不是他人建立亲密关系绝对必要的条件，但还是有一定的影响。因此，他人享有隐私及其对私人信息的控制对加强其自治性自我的观念是重要的，没有隐私会影响他人对建立亲密关系的控制权，进而模糊其自治性自我观念。

五、结语

上文所论述的隐私的价值是非常广泛的，以他人自治性自我的形成及维护为基础并从道德层面和社会层面审视了他人享有隐私对其自我观念形成的作用，但得出的结论并不严谨。严格来讲，本文没有说明现实生活中的隐私的价值，甚至都没有确认其真实存在，当他人处于未被察觉的监控下时，他人会自认为自己有一个私密的空间，那么他人也会形成自治性，即拥有高度的自我价值感，不受到表面亲密行为的干扰。当他人认为其排他性地控制自己的身体、思想、行为时，他人就会相信自己是自主的，他人的目标、负责任的行为及其建立的亲密关系将他人与别人区分开来。即便他人受到持续的监控，只要他人没有意识到其被监控并认为自己享有一定的隐私空间，那么他人的个人自治就不会受到影响。

秘密的监控是对他人的欺骗，更是对他人的个人自治的侵犯。至少当他人知道自己没有隐私时，他人可以约束自己和尽可能地阻止别人获取其私人信息，即使秘密监控能与前文所提到的隐私的价值相并存，那也是不幸的。

从《1984》一书中，我们可以得出一个走出理论困境的方法，即当监控成为了一种国家制度时，秘密监控他人就不具有实际的可能性，他人就不会认为自己享有隐私，其个人自治就会弱化。事实上，要让窥探社会公众隐私的设备全部处于保密状态也是不可能的，就如《1984》中描述的一样，监控必须被公开。对隐私价值的论述是为建立社会隐私制度而不是为确立一个隐私概念提供基础的，他人享有隐私对他人自治性自我观念的形成与发展十分必要。本文所论及的隐私的道德基础和社会作用，都是以国家对他人隐私保护的公共政策和反对极权国家为背景的。

隐私与自治：对二者之间关系的重新评价

詹姆斯·斯泰西·泰勒[①] 著　罗小艺[②] 译

目　次

一、导论

自从 Warren 和 Brandeis 将隐私权界定为一种“独处权”以来，法学学者和哲学学者在他们的著述中普遍认为，侵害他人隐私的行为必然同时侵害他人的个人自治。虽然这个观点已经被广泛接受，但令人惊讶的是，鲜少有人提出具体的论据来支持这一观点。而且为数不多的几个支持理由要么对隐私权特征的描述存在错误，要么忽略了公开侵害他人隐私与秘密侵害他人隐私的区分，这些理由都存在缺陷，下文将对此进行具体论述。

本文将对现有的若干支持理由进行批判，进而论证侵害他人隐私权的行为和损害他人的个人自治之间确实存在联系。但隐私权和个人

---

① 詹姆斯·斯泰西·泰勒（James Stacey Taylor），美国路易斯安那州立大学助理教授。
② 罗小艺，中山大学法学院助教。

自治本身并不存在必然的联系，只有在同时满足其他条件的情况下，侵害他人隐私的行为才会损害他人的个人自治。

二、初步区分

本文旨在探讨的观点是“侵害他人隐私的行为同时会损害他人的个人自治”，而不是“侵害他人隐私的行为是不尊重他人个人自治的表现”这样较为缓和的观点。这一区别十分重要，因为侵害他人隐私的行为同时就表现为对他人个人自治的不尊重，这一点显而易见不必赘述。行为人不尊重他人个人自治的情况可能有两种。行为人在决定做出某种行为时，没有考虑到他人对其享有个人自治的事项，以至于行为人的行为阻碍他人的个人自治。这样一来，在故意侵害他人隐私的情况下，行为人试图获取他人不愿披露的信息（如他人的金融交易记录）。于是在试图获取这些信息的时候，行为人要么没有考虑到他人可能不希望披露这些信息（即成为不尊重他人个人自治的第一种情况），要么违背他人的保密意图而故意搜寻出这些信息（即不尊重他人个人自治的第二种情况）。

尽管我们很容易就能看出，侵害他人隐私的行为同时表现为对他人个人自治的不尊重，但不尊重他人的个人自治是否就会损害他人的个人隐私，这一点却不甚明了。例如，虽然 James Stewart 在 Hitchcock 的电影《后窗》中扮演的角色在康复期间窥探了邻居的生活，这是对邻居的个人自治的不尊重，但单纯的观察行为本身并不损害邻居对如何言行、如何控制自己行为等方面形成个人意思的能力。侵害他人隐私的行为同时会损害他人的个人自治才是哲学著述中盛行的观点。①

三、隐私、自治和控制

从表面上来看，要在侵害他人隐私的行为和损害他人个人自治之

① For example, Joel Feinberg claims that “spying in the personal realm would be an outrageous violation of privacy, and hence of personal autonomy” (“Autonomy”, 53, n. 44). Similarly, Richard Lippkeargues that invasions of privacy will necessarily have “debilitatingeffects on…autonomy” (“Work, Privacy and Autonomy”, 49).

间打造出一种必然联系似乎是件轻而易举的事。所有关于个人自治的典型阐述都普遍认为，如果他人的意思或行为受行为人控制，那么他人的个人自治就会遭受损害。相应地，如果他人能够控制行为人获取某项信息的途径，那么，就认为他人对该信息享有隐私权。例如，Hyman Gross 主张应当将隐私视为“一种状态，在这种状态下他人得以控制其个人事务是否能够被行为人了解”。[①] Charles Fried 认为，隐私权是“他人享有的对其个人信息的控制能力”。[②]

如果这种以控制为基础的隐私权解释是正确的，那么，要证明侵害他人隐私的行为同时会侵害他人的个人自治就十分容易。基于此种阐释，当隐私权遭到侵害时，他人就会对有关其个人事务的特定信息失去控制。[③] 既然如此，侵害他人隐私的行为就会导致他人丧失行使个人自治来决定是否公开相关信息的能力。

遗憾的是，上述对于隐私和自治之间关系的单一解释所赖以存在的基础是对隐私权概念的错误描述。正如 Judith Jarvis Thomson 所言，将隐私权界定为一种控制信息的能力是错误的。为了具体阐述其观点，Thomson 针对所有试图通过控制来定义隐私的尝试提出一个反例：“如果我的邻居安装了一个能够穿透墙壁来窥视人的 X 光设备，我回到家中关上门也不足以阻挡邻居的视线，那么，我理所当然会认为自己对决定是否被别人看见这件事失去了控制。除非我的邻居确实通过安装在墙上的设备现实地窥视了我，否则，我的隐私并不会遭受侵害。因此，不是获得观看能力的行为侵害我的隐私，而是现实的观看行为才侵害我的隐私。”[④]

Thomson 的观点是正确的。尽管他人可能对决定是否被行为人看见这件事失去控制，但除非行为人确实做出了窥视他人的行为，否则，他人的隐私并不会因此就受到侵害。侵害他人隐私的可能性仅仅

---

① Gross, “Privacy and Autonomy”, 169, 173.

② Fried, “Privacy (A Moral Analysis)”, 209. See also Kupfer, “Privacy, Autonomy, and Self – Concept.”

③ Falls – Corbitt and McClain have offered a version of this argument in “God and Privacy”, 370 – 1.

④ Judith Jarvis Thomson, “The Right to Privacy”, in Philosophical Dimensions of Privacy, 288, n. 1.

只是一种潜在可能性，并不等同于侵害行为本身。为了进一步支持Thomson的观点，我们还可以设计出他人能够控制自己是否被行为人看见但其隐私仍然遭到侵害的案例。例如，假设有一个人在生活中总是心不在焉，换衣服时经常忘记拉上窗帘，所以好色的邻居就有机会从外面透过窗户窥视她。如果邻居确实窥视了她，当然就侵害了她的隐私权，但此时她依然能够自主控制是否会被邻居看见，只要拉上窗帘就可以完全解决问题。

很显然，既然通过控制来界定隐私概念是错误的，那么，以此种隐私概念为基础来证明侵害他人隐私的行为必然同时侵害他人个人自治的论证就无法成立。

四、隐私与自治之间所谓的必然联系

在考察支持“侵害他人隐私必然侵害他人个人自治”这一观点的其他理由之前，有必要先确定一个行之有效的隐私概念。有观点主张，如果他人有正当理由拒绝行为人未经其同意获取某一事物，那么，该事物就被认定是私密的，这种说法似乎十分合理。根据这一观点，只要有正当理由拒绝行为人获取的行为，他人的财产就是私密的，如个人的医疗记录和金融记录。因此，隐私就是一个具有内在规范性的概念，而且同时是一个具有关联性的概念。① 不过，虽然他人有正当理由排除特定行为人获取某个特定信息，但这一权利并不是绝对的，哪怕针对同一个特定信息可能也无法完全排除其他人的获取。例如，他人有正当理由拒绝朋友们获知他上个月的交易记录信息，但如果他人的交易使用的是和配偶共同申请的银行账户，那么，他人就没有正当理由拒绝其配偶获得这些信息。如果他人有正当理由阻止其他实体（可能是其他个人、组织或政府）获取某个信息，那么，对这些实体来说，该信息就视为他人的隐私。

在界定了可行的隐私概念之后，现在我们可以把目光转向那些更加深入、更具说服力的支持理由，这些观点认为如果他人的隐私遭到

---

① This inherently normative account of privacy is similar to that offered by William A. Parent, “Recent Work on the Concept of Privacy”, American Philosophical Quarterly 20, no. 4 (1983): 341 - 355.

侵害，那么，他人的个人自治也必然地遭受损害。[①] 这些观点试图从两个方面证明侵害他人隐私的行为必然同时侵害他人的个人自治：其一，侵害他人隐私的行为阻碍他人个人自治能力的形成；其二，若他人已经形成个人自治能力，则侵害他人隐私的行为阻碍他人行使个人自治能力。

Joseph Kupfer 选择了第一条路径来证明侵害他人隐私的行为必然损害他人的个人自治，他认为，“隐私对个人自治的形成和维持来说是至关重要的”。[②] Kupfer 观点中使用的隐私概念除了“包含他人对其个人信息的控制”之外，还必然包含“将他人视为自主的、自决的、有责任能力之行为主体”的个人自治观念。[③] 在合理界定了这些核心概念的涵义之后，Kupfer 主张，侵害他人隐私的行为可能从两个方面阻碍他人自治能力的形成。

Kupfer 认为：“隐私有助于个人自治能力的形成和发展，因为隐私意味着他人能够控制是否使自己的精神活动被别人所知悉。这样的控制对他人来说是必要的，使他人能够意识到自己是作为自治主体而存在的。”[④] 为了支持这个观点，Kupfer 引用了 Jean Piaget 和 Victor Tausk 学者的成果，来证明儿童的自我意识的增长与自己有能力控制个人信息的认识之间具有密切联系。[⑤] 因此，当一个儿童开始意识到其有能力决定“别人是否能够以及在多大程度上能够获取与自己有关的信息时……这个儿童就发展出个人自治的自我意识”。[⑥] 因此，根据 Kupfer 的观点，隐私是一个人发展成“自主、自决、有责任能

---

① It should be noted that these arguments do not depend upon one's accepting the characterization of privacy given above. Indeed, none of the positive arguments that follow need rely on any particular characterization of privacy in order to be persuasive.

② Kupfer, "Privacy, Autonomy, and Self - concept", American Philosophical Quarterly, Vol. 24, No. 1, Jan., 1987, p. 82.

③ Kupfer, "Privacy, Autonomy, and Self - concept", American Philosophical Quarterly, Vol. 24, No. 1, Jan., 1987, p. 82.

④ Kupfer, "Privacy, Autonomy, and Self - concept".

⑤ Jean Piaget, The Moral Judgment of the Child (New York: BasicBooks, 1966); Victor Tausk, "On the Origin of the 'Influencing Machine' in Schizophrenia", Psychoanalytic Quarterly 2 (1933): 519 - 56. Cited byKupfer, "Privacy, Autonomy, and Self - concept", 88.

⑥ Kupfer, "Privacy, Autonomy, and Self - concept", 82.

力的”自治主体所要求的必要条件。基于此，隐私和自治之间就存在一种必然的联系，隐私是形成自治的必要条件。

Kupfer 还认为，如果他人不享有隐私，那么，他就无法进行深入、完全的自我反思和自我批判。Kupfer 主张，进行自我反思有助于他人达到更高的自我认知程度，而自我认知会在两个方面上有助于发展和维持他人的个人自治。他人如能够从这种私密的自我反省过程中更好地认识自己，就会更加了解自身的缺点，因此，更有利于避免个人自治遭到侵害而蒙受损失。除此之外，Kupfer 认为，在一个私密空间中“试验各种事物”还能够使他人批判性地思考自己关于“高尚、美好之生活的最高信念”，不因别人的侵扰而分散其注意力（或者受别人诱导）。[①] Stanley I. Benn 也提出了与此相似的主张。[②] Benn 认为，享有隐私是他人形成个人自治能力的必要条件，因为如果他人不享有一定程度的隐私，他人的行为就会遭受别人的严格批判、审查。而当他人意识到这一点时，他人就会改变自己的行为以免受到公众的责难。Benn 声称，缺乏隐私的状态容易产生他律而非自治，在这种状态下，他人的行为更加容易被公众的意见左右。[③] 因此，Benn 和 Kupfer 均认为，侵害他人隐私的行为阻碍他人自我意识的形成，而健全的自我意识是他人的自治思维和自治行为能力的基础，因此，侵害他人隐私必然同时侵害他人的个人自治。

五、隐私和自治关系的重新评价

很可惜，Kupfer 和 Benn 都未能证明，如果他人的隐私遭到侵害，其个人自治也必然遭受损害这一观点的实质正确性，因为他们都未能对公开侵害他人隐私与秘密侵害他人隐私的情况进行区分。

所谓公开侵害他人隐私，是指他人明确意识到自己的隐私正在遭受侵害的情况。公开侵害他人隐私最典型的案例当属 Orwell 的小说《1984》中“Big Brother”的监视对 Winston Smith 的隐私造成的侵

① Kupfer, “Privacy, Autonomy, and Self – concept”, 84.

② Benn, “Privacy, Freedom, and Respect for Persons”, 241.

③ Versions of this argument have been proposed by Benn, “Privacy, Freedom, and Respect for Persons”, 241, and Edward J. Bloustein, “Privacy as an Aspect of Human Dignity: An Answer to Dean Prosser”, in Philosophical Dimensions of Privacy, 188.

害。所谓秘密侵害他人隐私，是指他人没有意识到自己正被别人监视的情况。例如，他人被巧妙藏身的行为人偷窥，或者他人在旅馆房间时被行为人窃听，这些都是秘密侵害他人隐私的常见方式。

一旦对公开侵害他人隐私和秘密侵害他人隐私作出明确区分，我们马上可以发现 Kupfer 和 Benn 的观点都仅仅着眼于公开侵害他人隐私所具有的侵害他人个人自治的特征。认清这一点十分重要，因为无论通过他们列举的任何一种方式，行为人都可以秘密侵害他人隐私（如窥视他人但不让其发现或引起怀疑）而不损害他人的个人自治。

为了证明这一点，让我们来考察 Kupfer 举出的一个例子。如果一个儿童单纯地相信自己有能力控制让什么人感知到自己，这足以使他产生这样一种信念，即“很多事物维持在隐藏状态，除非他选择公开它们”，这样的信念会导致这个儿童坚信自己拥有“某种力量来决定什么事情会发生在自己身上”。在 Kupfer 的论述中，隐私是该儿童成为自治主体所必需的条件，但根据上述逻辑，这个儿童无需任何实际的隐私空间就可以形成“自己是一个有能力控制自身境遇的行为主体”的自我概念。因此，这个儿童只需要相信自己有能力控制让什么人“感知”到自己就能够形成自我概念，而这种信念的发展和维持并不足以排除他持续遭受到秘密监视的可能性。虽然 Kupfer 认为隐私对个人自治的发展和维持至关重要，但他人无需任何实际的隐私空间也能够进行自我反思活动。更确切地说，他人进行自我反思等能够增强个人自治能力的活动，所要具备的全部条件仅仅是他人坚信自己正处于私密状态即可。在 Benn 关于隐私和自治之间关系的论述中，可以得出这一结论。他人自由地进行独立判断所需要的全部条件就是他人确信自己正处于某种私密状态，而不需要真正的隐私空间来避免被迫屈服于主流观点。因此，他人无需实际上享有隐私空间就能够进行 Benn 和 Kupfer 所强调的那些发展、增强个人自治能力的活动。

六、秘密监视的问题

Kupfer 的理论忽略了公开侵犯他人隐私和秘密侵犯他人隐私之间的区分，所以他在隐私和个人自治之间建立起来的最为紧密的联系也不过是：隐私不受公开侵害是一个儿童成长为自治主体的必要条件。

显然，这一点并不意味着侵害他人隐私的行为必然损害他人现有的个人自治能力。进一步来说，Kupfer 和 Benn 在公开侵犯他人隐私和损害他人个人自治之间所建立起来的联系也仅仅是偶然性的。因为如果他人并不在意别人的看法，就不会担心自己遭人嘲笑，也就不会因为公众的看法改变自己原本期望的生活方式。因此，Kupfer 和 Benn 的论述都预设了一个前提条件，即他人易受公众意见的驱使进而改变自己的行为。

为了在侵害他人隐私和损害他人个人自治之间建立起一种联系，除了公开侵犯他人隐私对个人自治造成的影响之外，我们还应当关注秘密侵害他人隐私对其个人自治所造成的影响。乍看之下，秘密侵害他人隐私会损害他人个人自治的观点似乎无法成立。为了验证这一点，让我们来设想一个简单的试验：假设有两个时空，在时空 A 之中，Jim 不受秘密监视，他依据自己的价值和意愿而生活，享有高度的个人自治。在时空 B 之中，Twin Jim 受到非常隐蔽的秘密监视，隐私持续地遭受侵害。然而因为 Twin Jim 对秘密监视毫无察觉，因此他的生活和时空 A 中的 Jim 并无两样，同样依据自己的价值和意愿而生活。显然，既然 Jim 和 Twin Jim 所抱有的意愿和做出的行为都相同，那么，就难以理解为什么有人主张 Twin Jim 享有的自治程度比 Jim 来得更低。而要承认侵害他人隐私必然会损害他人的个人自治，恰恰必须承认这样的主张。

尽管上述假设试验确实对隐私与自治之间关系的标准阐述的可信度提出了质疑，但从某个角度来说，Twin Jim 就其行为和意愿所享有的自治程度确实比 Jim 更低。除了最初产生的那一刻，受到秘密监视的他人的意愿和行为可能会被行为人控制。因为秘密侵害他人隐私的行为人有能力控制他人想法（即关于自己是否正受到观察的确信），然后通过这一点进一步控制他人的意愿和行为。因此，假设只要他人的意愿和行为被行为人控制，就可以认定他人的个人自治受到损害，那么，遭受秘密监视之他人的意愿和行为就被行为人所控制，其个人自治也就因此受到损害。

七、隐私、思想控制和自治

从 Dennett 的控制理论中，可以直接分析出秘密侵害他人隐私的行为人是如何控制他人之意愿和行为的。Dennett 认为：“如果 A 和 B 之间的关系是，A 能够使 B 陷入 A 预设的思想状态（不超出 B 正常情况下的思想活动范围），那么，就可以认为 A 控制了 B。也只有在这种情况下，才可以认为 A 控制了 B。”① 秘密监视他人的行为人可以决定下一步要如何行动，来控制是否让他人发现并相信自己正受到监视。例如，如果行为人希望他人相信自己正受到监视，行为人只需披露自己即可。相反，行为人也可以继续隐藏自己，让他人继续误以为自己还享有一定程度的隐私空间。因此，在这种情况下，他人究竟应该做出公共场合中得体的行为，还是只适合个人空间的私密行为，其做出何种行为的意愿就取决于行为人的决定。既然是行为人真正地决定他人会做出何种行为，那么，在秘密监视的情况下，他人就其意愿和行为方面的个人自治无形中就受到了损害。

尽管 Dennett 的控制理论似乎能够解释行为人是如何控制他人的意愿和行为并因此损害他人的个人自治，但此种控制理论可能被其他反例推翻而无法实现其解释目的。为了证明这一点，让我们设想：假如有一个能说会道的说谎者，他知道可以说服轻信易受骗的朋友相信任何他想让朋友相信的事，只要向朋友灌输一定的想法（单独或者和自己的意图结合）就可以达到目的。根据 Dennett 的控制理论，当说谎者撒谎使朋友确信某种想法时，说谎者就对朋友实现了控制，朋友对相关事务的个人自治就受到损害。这些看起来似乎正确，但是根据 Dennett 的控制理论，这个能说会道的说谎者实际上不需要撒谎就可以控制朋友的想法。对 Dennett 而言，“当且仅当 A 和 B 之间的关系是 A 能够促使 B 陷入 A 预设的思想状态（不超出 B 的正常思想活动范围），那么，就可以认为 A 控制了 B”。既然该说谎者无论如何都可以说服朋友相信任何他想让朋友相信的事，那么，说谎者实际上不需要撒谎就可以实现 Dennett 所说的控制。根据 Dennett 的观点，无论说谎者是否实际对朋友撒谎，就算说谎者坚持的是千真万确的事实，朋友都将处于说谎者的控制中（并遭受个人自治的损害）。而且哪怕说谎者没有意识到自己有能力轻易说服朋友也从未这么做，他对

① Daniel C. Dennett, Elbow Room: The Varieties of Free Will Worth Wanting (Cambridge, MA: MIT Press, 1984), 52.

朋友依然实现了控制。不管说谎者自己有没有意识到，只要说谎者有能力说服朋友相信任何他想让朋友相信的事。根据 Dennett 的理论，这种能力就是实现控制所需要的全部条件。但并不能仅仅因为说谎者拥有说服朋友的能力就直接认定他对朋友实现了控制。和 Thomson 反对通过控制界定隐私的理由相同，说谎者拥有控制朋友想法的潜在可能性并不意味着该说谎者已经实际地实现了控制。因此，Dennett 的控制理论并不正确，相应地其通过控制理论证明秘密侵害他人隐私会损害他人个人自治的阐述也不正确。

Dennett 的控制理论之所以受到 Thomson 的反对，是因为其理论前提是以事实条件为基础，但得出的结论却是违背事实的。Dennett 只强调如果 A 能够促使 B 陷入 A 预设的思想状态（不超出 B 的正常思想活动范围）就认为 A 控制了 B，哪怕 A 实际上并没有这么做。这样的观点是错误的：因为 A 拥有控制 B 的想法的能力并不等同于 A 实际使用了这样的能力。为了避免陷入这一困境，Dennett 的控制理论应当修改成这样的表述："当且仅当 A 和 B 之间的关系是 A 实际上促使 B 陷入 A 预设的思想状态（不超出 B 的正常思想活动范围），那么就可以认为 A 控制了 B。"

我们将使用经过完善的 Dennett 控制理论来分析为什么秘密侵害他人隐私可能同时损害他人的个人自治，在此之前，应当先概括人类行为动机的模型来作为分析的基础。在这个模型中，人类拥有一系列核心的需求，这些需求构成行为动机的大部分基础。[①] 这些核心需求包含部分固有的生理需求（如对食物的需求、对愉悦享受的需求），这类需求是人类共有的。此外，其他的需求是特定个人所独有的，Bernard Williams 将这类需求称为一个人的"基础目标"，是构成个人生存之目标和意义的要素。这类核心需求一般难以通过精确的语言来具体表述。[②] 相反，只有这些需求和特定个人需求的信念结合在一起

---

① This model of motivation has been outlined by Robert Audi in his "The Structure of Motivation," Pacific Philosophical Quarterly 61 (1980): 258 – 75 and by Robert Noggle in his "Kantian Respect and Particular Persons," Canadian Journal of Philosophy, 26, no. 3 (September 1999): 449 – 47, 459 – 60.

② Bernard Williams, "A Critique of Utilitarianism," inUtilitarianism: For and Against, edited by J. J. C. Smart and Bernard Williams (Cambridge, UK Cambridge University Press, 1963).

时，个人才会因为特定的目标形成某种第一性的需求。①

通过这样的模型，因为 A 有能力控制 B 的信念，显然 A 可以就 B 的第一性需求实施 Dennett 的控制。如果 A 控制了 B 的信念，他就有能力通过这样的控制引导 B 的核心动机，那么 B 的第一性需求就会包含 A 的目的。A 可以通过两种方式实现其目的：一方面可以通过撒谎或说服使 B 拥有特定的信念；另一方面，可以通过隐瞒那些可能导致 B 改变信念的信息来使 B 继续拥有 A 的信念（和 A 希望 B 拥有的其他信念）。

将 Dennett 的控制理论和人类动机的理论相互结合，我们就可以解释秘密侵害他人隐私的行为是如何损害他人的个人自治。正如上文最初提出控制基础上的解释时那样，当秘密监视他人时，行为人为了不让他人发现自己正受到监视而采取隐蔽的手段。如果他成功地实现了此种控制，那么，行为人就得以控制他人的行为方式。既然他人对其行为享有个人自治意味着是他人自己而不是别人控制着这些行为，当进行监视的行为人剥夺了他人对其行为的控制时，行为人就损害了他人对这些行为的个人自治。因此，秘密侵害他人隐私的行为确实可能损害他人的个人自治。②

八、重新界定秘密侵害他人隐私与个人自治之间的关系

认为秘密侵害他人隐私可能同时侵害他人个人自治，并不等同于支持侵害他人隐私必然同时侵害他人个人自治的观点，在关于隐私权的著述中已被广泛接受。倒不如说，持有这样的观点是为了论述承认享有隐私和拥有个人自治之间的联系是偶然的。

为了对享有隐私和拥有个人自治之间的关系作出一个完整解释，下文将列举出侵害他人隐私的行为要同时侵害他人个人自治所必须满足的其他条件。

---

① Of course, as it stands, this account of human motivation has been simplified, for it will not be the case that a person's first-order desires will stem directly from the combination of one of her coremotivations with a belief.

② See John Christman, "Autonomy: A Defense of the Split-Level Self", Southern Journal of Philosophy 21 no. 3 (1987): 281-93, and John Christman, "Autonomy and Personal History", Canadian Journal of Philosophy 20, no. 1 (1991): 1-24.

第一个条件着眼于受到秘密监视的他人的想法。上文的论述已经表明，一旦他人意识到自己正在被行为人监视，那么，他人就会产生改变自己言行的想法。但是，如果他人并不在意自己是否正受到监视，那么，当他人发现自己受到监视时也不会产生改变自己言行的想法。既然如此，无论行为人是选择披露自己或者继续秘密地监视都不会对他人的想法产生影响。这是因为他人（如那些在意自己是否受到监视的人）受行为人控制而产生的想法并不是那些能够指导他人做出自己期望行为的想法。因此，如果要求他人隐私遭受秘密侵害时其个人自治要同时遭受损害，那么，他人在发现自己受到监视时必须是倾向于改变自己的行为。

第二个条件和第一个条件相似。如果他人并不在意自己是否受到监视，其个人自治就不会因为秘密侵害隐私的行为而遭受损害，同样，就算他人在意自己是否受到监视，但如果早已坚信自己处于行为人监视当中，那么，其个人自治也不会因此遭受损害。[①] 这样的人早已认定自己正被监视，其行为当然也是受到观察时应当表现出的得体行为。那么，进行秘密监视的行为人就丧失了对他人想法的控制，因为他人是否相信自己正受到监视不再取决于行为人的决定。因此，如果他人的隐私遭受秘密侵害其个人自治也受到损害时，必须满足的条件是：从未相信自己正在被监视，并且发现自己受到监视时必须产生改变自己行为的想法。

第三个条件和第四个条件集中探讨行为人的能力和想法。第三个条件承接上述两个条件，即如果秘密侵害他人隐私的行为要同时损害他人的个人自治，那么，行为人必须有能力控制那些与他人想法的形成有关的信念。如果秘密监视的行为人无法让他人意识到自己的隐私正遭受侵害，那么，行为人就不能影响他人的想法进而无法控制他人的想法和行为，故行为人对他人实施的秘密监视就不会损害他人的个人自治。例如，电影 *A Christmas Carol* 中的 Scrooge 在“过去之灵”的陪伴下拜访侄子时，他无法告知他的侄子自己正在观看室内欢度圣诞的情景。在此，即使 Scrooge 确实秘密地侵害了侄子及其家人的隐

---

① Or believes that he is likely to be under observation. I thank William mine for pressing me on this point.

私，也并不会因此而损害他人的个人自治。因为Scrooge没有能力告诉他们自己正在场观看，他就无法控制是否让他们发现自己正受到监视，因此，Scrooge就不能控制他们的想法及相应的行为。因此，为了使秘密侵害他人隐私的行为同时侵害他人的个人自治，行为人必须有能力告知他人他正在被秘密监视。

第五个条件以秘密侵害他人隐私的行为人的想法为重点。该条件基于这样一种认识，即行为人通过控制他人而侵害他人个人自治时，行为人必须是主观上有意对他人实施控制。因为主观的意思难以从外部发觉。因此，我们通过这样一个例子来加以阐释：在莎士比亚的著名悲剧*Othello*中，Iago通过控制Othello所接收的关于Desdemona行为的信息，控制了Othello的行为（或部分行为）。因为Iago对Othello的思想、价值观点、理想等方面都有深入的了解，所以，Iago能够确保当自己的图谋融入Othello的想法中时，Othello会做出Iago所图谋的行为。关于Iago如何操纵Othello的分析既符合上述人类行为动机的理论，也符合秘密侵害他人隐私的行为是如何损害他人个人自治的解释。既然是Iago而不是Othello来决定Othello应当做出何种行为，Othello几乎变成一个提线木偶。毫无疑问，Othello对其思想和行为的个人自治受到了损害。

在原版的*Othello*中，Iago当然是有目的地控制Othello的想法并损害其个人自治。现在让我们设想一下有另一个版本的*Othello*，在这个版本中，Othello的命运之所以走向悲剧，纯粹是因为他看到Cassio持有Desdemona的手帕后自己产生了误会。在这个版本当中，Iago提供给Othello的信息和原版中Iago提供给Othello的信息完全相同。唯一和原版不同的地方是，Iago在向Othello提供信息时并不在乎Othello会作何反应，不包含Iago自己的意图。但不幸的是，这个版本中的Othello仍然误以为Desdemona和Cassio之间存在不正当关系，依然亲手掐死了Desdemona。尽管这个版本中Iago和Othello做出的行为和莎士比亚原版中Iago和Othello做出的行为完全相同，但在假设的新版本中，是Othello本人决定了自己应该做出何种行为。和莎士比亚的原版不同，这个版本中的Othello对其行为拥有充分的个人自治。这一点十分重要，因为原版*Othello*和新版*Othello*之间唯一的不同就是，原版中 Iago 是有目的地让 Othello 看到这些信息，希望 Othello 做出 Iago 预设的行为。在其他条件都不变的情况下，正是 Iago 给 Othello 提供信息时带有的目的性使得原版 *Othello* 的个人自治受到损害，而新版中就恰恰相反。

因此，我们可以看出，行为人具有控制他人的目的是一个必要条件（但不是充分条件），只有主观上具备控制他人的目的，行为人才可能通过控制他人进而损害他人的个人自治。既然如此，秘密侵害他人隐私的行为如果要同时损害他人的个人自治，行为人主观上必须具有控制他人行为的目的。因此，为了使秘密侵害他人隐私的行为同时损害他人的个人自治，需要满足的最后一个条件是行为人主观上具备控制他人行为的目的。

第五个条件存在着一些违反直观的地方，依照其含义，他人在某个时刻是否对其思想和行为享有个人自治似乎取决于（至少部分取决于）行为人这一时刻恰好处于何种主观目的状态。[①] 但是除了违反直观感觉的地方，这个条件能够为那些秘密但非故意侵害他人隐私的案例提供合理的解释。典型的例子是：一位行人在夜晚的街道上行走，一抬头碰巧透过一个亮灯的窗户看到有对夫妻正在拥抱。在这个案例中，如果认为那对夫妻对其思想和行为的个人自治仅仅因为路人的偶然一瞥就受到减损，在无心的路人（毫无疑问也对此感到尴尬）快速移开自己的目光后，他们的个人自治又迅速恢复到圆满状态，这样的想法十分荒唐。但如果根据第四个条件，我们就无需主张那对夫妻的个人自治因此受到损害，因为侵害他们隐私的行为并不是故意的。[②] 既然无心的路人无意通过侵犯隐私来控制那对夫妻对其思想和行为的个人自治，那么，他就不具有满足秘密侵害他人隐私同时损害他人个人自治所要求的最后一个条件。因此，那对夫妻的个人自治并

① Instead of rejecting this condition based on this counterintuitive implication, it might be that this implication highlights an interesting aspect of personal autonomy that has hitherto been overlooked in the literature.

② Alternatively, this couple might have believed that they were being watched. In this case they would not have suffered from their autonomy being undermined for the reason given in the second defeating condition, above.

没有遭受损害，因为侵害其隐私的路人并不具备控制其思想和行为的主观故意。

九、个人自治和公开侵害他人隐私

上文已经证明，侵害他人隐私必然同时侵害他人个人自治这一广为流传的观点是不正确的，因为秘密侵害他人隐私和损害他人个人自治之间的联系就是偶然的，除了秘密侵害他人隐私的行为，还必须同时满足其他条件。而且，从上文关于秘密侵害他人隐私的行为是如何损害他人个人自治的论述已经清楚地表明，隐私与自治之间的关系存在各种不同的分析。这些论证过程表明，为了证明某个侵害他人隐私的特定行为（公开地或秘密地）是否同时损害他人的个人自治，我们还需要查明行为人是否能够控制他人因侵害行为而产生的思想上和行为上的改变。

正如秘密侵害他人隐私的行为人可以通过控制是否让他人相信自己正受到监视从而损害他人个人自治，公开侵害他人隐私的行为人同样可以控制是否让他人相信自己正受到监视，从而损害他人的个人自治。当他人认为自己的隐私正遭受公开侵犯行为的侵害，他人会调整自己的言行，只表现出自己愿意让别人看到的那一面。当然，正如上文已经谈到的，这种情况成立的条件是这个人必须在意自己的何种行为受到观察。根据 Kupfer、Benn 和 Rachels 的观点，隐私受到公开侵害的他人在意识到公开侵害行为的存在之后，会改变自己的言行来避免受到那些观察者的非难或避免失去那些观察者的认可。同样那些实际上没有被侵害但是被欺骗而误以为自己受到监视的人，也会据此改变自己的行为，因此其个人自治同样受到损害。处于监视的他人只好被迫主动作出改变，只表现出那些令行为人满意的举动，否则，行为人可能会对其加以惩罚、嘲弄或责难。此时他人的行为并非出于自己的观念和价值，而是根据臆测的行为人可能具有的观念和价值。在这种情况下，他人对其行为并不享有完整的个人自治。[①]

① For a discussion of this point, see James W. Child, “Specific Commands, General Rules, and Degrees”.

十、结语

本文的论述表明，侵害他人隐私的行为必然同时损害他人个人自治这一观点是不正确的。然而，并不能因此认为侵害他人隐私的行为和损害他人个人自治之间不存在任何联系。相反，我们应当认识到，无论是公开侵害他人隐私的行为还是秘密侵害他人隐私的行为都会影响作为他人行为基础之第一性生活目标的形成。因此，侵害他人隐私可能同时损害他人的个人自治。学者们为隐私寻找法律上或哲学上的价值意义时应再三斟酌：因为隐私对保护个人自治来说并不是绝对的，如果把保护个人自治当作隐私之价值的根本来源，那么，在特定情况下隐私可能变得毫无价值。

自由、隐私与自治

格兰特·B. 米德[1] 著　王垚[2] 译

目　次

一、导论

隐私权的提出及其所取得的卓越成就，在很大程度上归功于 Louis D. Brandeis 的努力。[3] Brandeis 对隐私权在民主社会中处于优先地位的确认不仅与众不同且颇具合理性，以至于他的观点经常被法官援引用于支持当代的隐私权（或者说我们在下文中称作的“自治”）。然而，Brandeis 对隐私权的解释已经被人们遗忘；经由他的后继者的改造，隐私权已经演变成自治权，原来保密和隐蔽的地方也已经变成公开领域。这种发展趋势不仅与 Brandeis 的本意相反，而且也与 Brandeis 关于隐私权的发展构想相悖。

Brandeis 对隐私权的宣告标志着，制宪者眼中的自由主义已转向现代自由主义。对自由主义的重新评价有助于我们了解美国自由主义从政治自由主义时代到个人自由主义时代，再到社会自由主义时代的发展轨迹。

隐私权的产生和发展不能完全归功于科学技术的进步，美国法律对隐私权的接受主要是因为自由主义理论为前提的改变。笔者将讨论三种自由主义观点：制宪者的自由主义、Brandeis 的自由主义和 Tribe

---

① 格兰特·B. 米德（Grant B. Mindle），美国北得克萨斯大学政治学副教授。
② 王垚，中山大学法学院助教。
③ Westin, Alan. 1968. Privacy and Freedom. New York: Atheneum.

的自由主义。关于以下三个理论问题——对人的分析特别是人的理性和情感之间的关系、对公共领域和私人领域的划分以及对自由社会中财产权所具有的重要地位的评价互不相同。

为了使子孙后代处于和平、繁荣、自由的环境中，制宪者们表达了一种自由主义观点，其目的在于调和体现人类高尚精神品质的理性与那些容易控制理性精神的情感之间的冲突。制宪者坚信，持有情感绝对服从于理性的观点并不影响理性与情感之间的调和，为了维持理性在理论上和政治上的优越地位，他们准备为情感提供一片生存之地。因此，生活领域被划分为两个部分，一个是公共领域，一个是私人领域；这两个术语是如此抽象以至于我们很难将这两个领域严格区分开来，但制宪者为了保护国家享有限制个人情感的公开表达的权力，因为这些公开表达行为阻碍了国家对人们理性精神的培养，他们才采用了这种两分法。学者普遍认为，财产权制度不仅有助于区分公共领域和私人领域，而且也被当作影响人类情感解放、文明化发展的一个制度。

在 Brandeis 所提出的自由主义观点看来，人类情感在道德上的模棱两可性、理性的脆弱性以及理性与情感之间存在的潜在矛盾被逐渐淡化；不仅情感服从于理性的观点被抛弃，而且文明社会的进步还等同于社会对人类情感逐渐增加的关注度（而不是等同于人类理性的发展）。要想成功调和人类理性和情感的冲突，不是通过求助于任何优先性规则（要么理性优于情感，要么情感优于理性），或者财产权制度，而是通过将公共领域和私人领域的分界线模糊化。换句话说，就是通过减少对公共领域与私人领域的区分。Brandeis 认为，在限制制宪者所认可的情感表达的场所，个人享有独处权，他的公共生活和私人生活能够严格区分开来。

但是，Tribe 质问，为什么人们在私人领域还被限制而不能表达其个性或者个人情感呢？为什么在公共领域或者私人领域，理性永远优先于情感呢？一旦理性与情感的区分变得显而易见，公共领域与私人领域互相渗透，那么，Brandeis 关于隐私权的构想中的良好个人品格的概念以及公私两分法便不再存在。隐私权的社会化不可逆转，财产权制度成为人们表达个性和情感的工具。

二、隐私与自治

在 Olmstead v. United States 一案①中，Brandeis 法官在其异议意见中将隐私权称为一项含义最广以及最为公民所重视的权利。虽然首席法官 Taft 的支持意见早已被人们遗忘，但是 Brandeis 法官的异议意见却给人们留下深刻印象。现在，隐私权在社会上受到高度的重视，以至于离开了它，美国人便无法生存。虽然隐私权的含义、起源、范围仍然存在争议，但是它的优先适用地位却不容置疑。

隐私权起源于哪里？正如 Brandeis 法官认为的那样，它本来就存在于制宪者所界定的自由主义理论中。“美国联邦宪法的起草者承担着营造有利于公民追求幸福、快乐的安全环境的重任。他们认识到了个人精神品质、情感、智力的重要性。他们知道，人们在物质生活中只能体验到部分的痛苦、快乐以及满足感。为了保护美国公民的信仰、思想、情感免受政府的侵扰，他们授予公民以独处权，一项含义最广以及最为公民所重视的权利。”②

难道隐私权仅就是追求幸福、快乐等权利的同义词吗？③ 制宪者是否认为：要是政府有责任保护美国公民的情感，他们也不会意志坚定地要求人们根据自己的理性追求幸福和快乐了；要是独立宣言最终无关人们的信仰和情感，它的作者也绝不会持有这样一个希望，“独立宣言可能是觉醒了的人们突破无知和迷信枷锁的标志”。④ 考虑到美国的建国者将这部有限的联邦宪法作为以后创造公共空间和保护个人权利与追求的空间的依据，在建国者所书写的法律文书中，如《美国联邦宪法》、国会关于批准通过的《美国联邦宪法第一修正案》、《美国联邦宪法第三修正案》、《美国联邦宪法第四修正案》、《美国联邦宪法第五修正案》以及《美国联邦宪法第九修正案》的讨论记录，或者同一时期的各州宪法，均缺少对暗含隐私权的权利的规

---

① Olmstead v. U. S., 277 U. S. 438 (1928).

② Lomstead v. U. S., 1928, p. 478.

③ For a most persuasive argument that it is not, see Smith, Rogers. 1982. The Constitution and Autonomy. Texas Law Review, pp. 176 – 181.

④ Jefferson, Thomas. 1979. Selected Writings. Harvey C. Mansfield, Jr., ed. Arlington Heights, IL: Harlan Davidson., p. 12.

于这一确认的两个原因，即精神情感和利益所致。制宪者的政治分析更倾向于肯定后者，主要是因为投身于满足个人利益的人被认为更愿意服从政府和理性的规制。制宪者禁止扰乱社会秩序的精神情感表达的意愿，可以从麦迪逊在《联邦党人文集》第四十九章中的一段话找到依据："仅仅只有公共理性才应该控制和规制政府。而精神情感则应该受到政府的控制和规制。"如果制宪者建议人们应该忽略理性的指示，以及认为国家应该以隐私或者自治的名义帮助人们摆脱与自己意见不一的观点，这简直难以想象。

当代人所看重的隐私与制宪者们所轻视的隐私之间的巨大差异，体现在他们对信仰自由原则的不同态度上。当代对信仰自由存在的合理性最为普遍的解释是，它属于个人自治和主权领域，其他人无权干涉。① 制宪者认为："每个人，无论其是否知道，从其呱呱坠地开始都将服从于上帝的权威，并对上帝承担责任。因为这份责任只能够通过理性和信念来引导，而不是通过强制或暴力手段，所以个人信仰才必须留待他自己的信念来决定……每个人都有责任饱含敬意地服从于造世者，因为这样才能够被造世者接受。这份责任先于世俗法义务产生，并且地位也高于它。在任何人被认为是一名世俗社会的成员之前，他必须先被当作上帝的子民。"②

当信仰自由起源于人类对造世者的原始义务时，它便不能被归于隐私或者自治领域。一旦人们理解了信仰自由的源起，就如同洛克拒绝包容那些"否认上帝存在"的人，以及杰斐逊欣然支持陪审团对无神论者的证词不加重视的做法，都不会被认为与信仰自由存在冲突或者不一致。③ 制宪者所建立的共和政体的本质属性在于对个人主权的否认，个人应该服从有权威的法律，而不是服从有权威的个人自己。

---

① Murphy, Walter, James Fleming, and William Harris. 1986. Constitutional Interpretation. Mineola, NY: Foundation Press., p. 1002.

② Madison, James. 1973. The Mind of the Founder. Marvin Meyers, ed. New York: Bobbs Merrill., p. 9.

③ Locke, John. 1947. A Letter Concerning Toleration. In Howard Penniman, ed., On Politics and Education. New York: Van Nostrand. p. 58; Jefferson, Thomas. 1979. Selected Writings. Harvey C. Mansfield, Jr., ed. Arlington Heights, IL: Harlan Davidson, pp. 46 – 50.

制宪者对个人拥有善良本性这一个性特征的确认，并不等同于他们尊重个人的情感、感受和情绪。对制宪者而言，由于他们已经看到了宗教狂热之徒所做的不正义之事，只注意保护美国公民的情感和感受，而未注意到这些情感和感受会战胜人的理性，这将是何等的荒谬可笑。自由国家的屹立不倒取决于它保护自己免于受到“拥有不良情绪的人”所控制，[①] 自由国家禁止被认为是私人行为的做法是野蛮的、愚蠢的以及不道德的。

在采用通过宪法性的法律承认信仰自由原则这一方法最具代表性的是 Reynolds v. United States 一案[②]和 Chaplinsky v. New Hampshire 一案[③]。在 Reynolds 一案中，法官们确认了信仰自由条款，不是因为他们考虑到了个人对限制其追求精神幸福行为的不满，而是因为他们承认了，假如国家的动机是正当而目标是合理的话，国家拥有限制宗教狂热行为的权力。因此，在本案中“合理的国家目标”的存在也就是保护社会道德，是证实禁止摩门教徒实行一夫多妻制的充分理由；尽管摩门教徒相信，一夫多妻制是上帝授权而实行的，是摩门教徒永久救赎的不可缺少的方法。如果授予摩门教徒适用这一规则的豁免权，“也就意味着信仰自由原则优越于世俗法，结果是导致每个公民都有自己的一套法律体系而自行其是”。[④]

在 Chaplinsky 一案中，Murphy 法官（一位基督教徒和著名的自由主义论者）支持法院的意见：“这里存在一些词语，禁止使用这些词语从未引起任何的宪法问题。这样的词语包括下流的、淫秽的、诽谤的、无礼的词语，这些词语的表达造成了损害，并容易引起暴乱。我已经观察很久了，那样的表达方式并未体现任何思想，它们对真理的追求毫无帮助，追求真理所带来的利益远远超过建立有序、文明社会的利益。”[⑤]

Murphy 法官并没有提及这些被禁止的词语可能有助于人们表达

---

① Jefferson, Thomas. 1979. Selected Writings. Harvey C. Mansfield, Jr., ed. Arlington Heights, IL: Harlan Davidson, p. 49.

② Reynolds v. U. S., 98 U. S. 145 (1878).

③ Chaplinsky v. New Hampshire, 315 U. S. 568 (1942).

④ Reynolds v. U. S., 98 U. S. 145 (1878), pp. 163-164, 166-167.

⑤ Chaplinsky v. New Hampshire, 315 U. S. 568 (1942)., pp. 571-572.

实现自我发展和追求精神幸福。在 Chaplinsky 一案中，人们仅能使用文明和合理的词语，并根据这些词语对国家福利所作的贡献来评判其好坏。在此案和 Reynolds 一案中，国家的目的都未限于保护和平；在两案中，国家被看作一个有着精神目的的道德实体。Murphy 法官断言："那些禁止规定并未引起任何宪法问题"，这是十分绝对的。我认为可能的原因是，美国人对他们享有公共道德和公共礼仪的权利不再自信，他们现在也开始怀疑自己分辨道德的与不道德的行为、礼貌的与不礼貌的行为的能力了。

由于制宪者不愿意通过确认人类精神情感为一项权利来赋予其支配权，所以他们满足于将其划入隐私领域。在这一领域中，人们的精神情感附属于财产权制度，这一个半自然半文明化的制度更容易服从理性的控制。正如麦迪逊所解释的，财产权不仅是指人们对外在事物的支配权；"它还包括人们对他们的观念、信仰、情感以及智力享有所有权"。如此理解，不仅在权力过于集中的国家，而且在自由过多的国家，财产权在这里都会受到威胁，而一个受欢迎的政府必须学会处理这种进退两难的情形。①

财产权是一个政治性的术语，它比隐私权一词更好，因为财产权一词更充分地展示了个人能够声称何物归自己所有。不仅人们对自己的情感享有所有权，而且隐私权本身也已转化为"神圣的所有权"。②对制宪者来说，广义的财产权或者所有权就是"一项含义最广以及最为公民所重视的权利"。

制宪者十分清楚保护精神情感的必要性，这些精神情感对人们追求幸福、快乐生活非常重要。可困难的是，如何找到一种方法在保护这些情感的同时，又不至于使它们危害社会公德和牺牲其他人的快乐。通过将情感看作一种形式的财产权，制宪者希望将这些泛滥的情感限制在私人场合或者在那些公众情感的表达十分必要的场合。立法

① Madison, James. 1973. The Mind of the Founder. Marvin Meyers, ed. New York: Bobbs Merrill. Mason, Alpheus T. 1946. Brandeis - A Free Man's Life. New York: Viking Press., pp. 243 -246.

② Madison, James. 1973. The Mind of the Founder. Marvin Meyers, ed. New York: Bobbs Merrill. Mason, Alpheus T. 1946. Brandeis - A Free Man's Life. New York: Viking Press., pp. 245 -246.

者是根据这些情感的社会作用而不仅是它们对个人的好处，来决定是否限制这些情感的表达。这些私人场合和可以表达个人情感的公众场合的存在，能够充分保障人们的私人空间免于受到国家的暴力入侵。通过承认国家享有禁止某些个人情感的公共表达的权利，国家扮演道德导师的角色便有了保障，也有助于阻止某些不适当的个人行为，这些个人行为不能也不可以受到刑事追诉。

三、隐私权的发展

对制宪者而言，理性是由人类精神解放所引起的宗教压迫的巨大障碍。但对于他们的后代来说，人类精神情感仅是宗教压迫的一个借口，制宪者因此而减少公民所享有的有关精神情感的自由权利是令人沮丧的。同样，美国人很容易发现他们对自由国家能否长存的担忧被过度夸大；现在需要特别保护的不是国家的完整性，而是个人的完整性。由于需要保护自由国家的情形逐渐减少，公共领域的含义也相应缩小。对宗教来说，即使宗教具有一个合法的世俗目的，在宗教领域也不能适用世俗法。国家保护宗教信仰自由，则必须证明这里存在一个占优的国家利益。关于言论自由，被禁止的言论自由种类现在被重新界定，它们的范围被合理缩小，目的在于对语言表达方式更多的关注，人们很难说这些表达方式是合理的或者是有政治倾向的，从而更好地保护了言论自由。

隐私权的这种具有浪漫色彩的个人主义转向可以在卢梭、密尔、艾默生以及梭罗的著作中找到依据。比如，在密尔的著作中，密尔认为个人享有独处权："任何权力试图强加于公民而违背了该公民的意愿，那么行使这一权力唯一合理正当的目的仅是阻止该公民对其他人造成伤害。哪怕是为了防止该公民造成自我伤害的目的，也不能是行使这一权力的正当理由。个人不能被迫地做出某种行为，仅仅因为别人认为这么做对他是有好处的、这么做会令他高兴、这么做是明智正确的。"① 在这里，国家的权力范围被削减至保护其公民免于遭受身

① Mill, John Stuart. 1975. On Liberty. David Spitz, ed. New York: W. W. Norton, pp. 10 - 11.

体伤害，同时也被扩张到促进“个人的全面发展”①。

密尔告诉我们，自由就是用自己的方式为自己获得好处。按此解释的话，自由就显然对人们的幸福生活至关重要了。② 密尔还解释：“如果被压制的观点是正确的，人类便被剥夺了从谬误走向真理的机会；如果被压制的观点是错误的，他们同样遭受了损失，因为真理只有在与谬误的碰撞中才更加清晰，更能长存。”③ 如果密尔所说的是正确的，如果社会的多元化对个人和社会的进步十分重要，如果任何人羞于在公众场合表达自己的意见和展现自己的个性，那么，这样的进步就会被阻碍。对隐私权的承认，不仅意味着对公共领域与私人领域的边界线的重新调整；还代表着与传统上把秘密理解为隐私的观念对抗。“如果阻止一种观点的表达的害处是，对全人类的行窃”，难道在其他人看来，阻碍个人的思想表达不也是一种偷盗行为吗？④ 阻止观点的表达将会剥夺我们发展个性和追求真理的机会。公共表达对于培养我们的个性十分重要。如果一位作家的手稿未被发表，思想的碰撞就不为可能，对作者、读者以及社会都将遭受损失。

虽然密尔不会赞同通过强制措施去迫使个人表达他内心的思想，但他却赞成创造一种言论自由的环境，这一环境会鼓励人们将内心思想全盘托出。人类的羞耻感是他们精神自由徜徉的阻碍。一个希望成为明智的人必须准备在公众场合表达他的思想。⑤

美国公法领域隐私权的先驱者 Louis D. Brandeis 认为：“事实证明，在《美国联邦宪法第一修正案》和《侵权法》中存在隐私权。”对于 Brandeis 来说，隐私权就是一个正义政府的最初始价值观。他的观点也不断地被法官引用来支持自治权。⑥

当 Brandeis 还是一个律师时，他就和其他人合著了《论隐私权》

---

① Mill quoting Von Humboldt, 1975, p. 2.

② Mill, John Stuart. 1975. On Liberty. David Spitz, ed. New York: W. W. Norton, pp. 14, 53.

③ Mill, John Stuart. 1975. On Liberty. David Spitz, ed. New York: W. W. Norton, p. 18.

④ Mill, John Stuart. 1975. On Liberty. David Spitz, ed. New York: W. W. Norton, p. 18.

⑤ Mill, John Stuart. 1975. On Liberty. David Spitz, ed. New York: W. W. Norton, pp. 10, 21, 32-33, 51, 61, 63-64.

⑥ Smith, Rogers. 1982. The Constitution and Autonomy. Texas Law Review, p. 184.

一文，并将其发表在《哈佛法律评论》上。在这篇文章中。他提倡将隐私权纳入到侵权法中；该文承认了“人类精神情感的法律价值”，并允许个人从伤害其情感的行为中获得赔偿，这样的伤害是由行为人公布他人在私人领域的行为和话语所造成的。① 在该文发表37年后而发生的 Olmstead v. United States 一案②中，Brandeis 进一步将隐私权提高到宪法权利的地位。他说道：“独处权是一项含义最广以及最为公民所重视的权利。”③ Brandeis 在 Olmstead 一案中表达了对隐私权的支持，认为隐私权是保护个人免受政府或其他人侵扰的权利。

为了澄清对 Brandeis 所提倡的隐私权概念的错误理解，笔者建议重新阐述这项隐私权。隐私权在当代的变化是对自治权的承认，而 Brandeis 的论证路径相区别，Brandeis 在1890年的文章和在 Olmstead 一案中的意见并不十分支持自治原则。Brandeis 将隐私权分为两种：一种是阻碍个人的家庭生活被公共讨论的隐私权，一种是阻碍国家对个人秘密行为进行监视的隐私权。

《论隐私权》一文的灵感来自于 Samuel D. Warren 太太在《波士顿邮报》上所遭受的侮辱。Samuel D. Warren 太太也是《论隐私权》另一个作者 Warren 的妻子，Warren 太太是一位优秀州长的女儿，又是一名年轻的律师和纸张制造商的妻子。《波士顿邮报》通过经常报道其隐秘的和令人尴尬的个人行为而吸引了大量观众。不幸的是，没有一种具体的法律救济能够消除这种侵权行为所造成的伤害。Brandeis 在一封给他妻子的信中写道：“我们的希望是使更多人明白，我们没必要对自己隐私受到侵犯而忍气吞声。”④

在1890年之前，隐私权从未被当作一项独立的法律权利；隐私所能获得的任何法律保护都是与其他更熟悉的法律权利相结合的结果，这些权利包括财产权，非法入侵、诽谤立法以及婚姻家庭法中的

① Brandeis, Louis, and Samuel Warren. 1890. The Right to Privacy. Harvard Law Review, 4: 193－220., pp. 193, 214, 219.

② Olmstead v. U. S., 277 U. S. 438 (1928).

③ Olmstead v. U. S., 277 U. S. 438 (1928, p. 478.

④ LDB to Alice Goldmark, Dec. 28, 1890, quoted in Mason, 1946, Brandeis－A Free Man's Life. New York: Viking Press. p. 70.

权利。虽然财产权的含义已经扩张到包括有形财产和无形财产，尤其是“文学和艺术作品，商业秘密和商标”，但 Brandeis 和 Warren 认为，即使在缺少具体的和有形的财产利益时，也存在一项对受损情感的法律救济。

Brandeis 等人通过说服法律职业共同体承认隐私权在普通法中的重要和独立地位，他们的目的是将隐私权带入公共视野，并割断与财产权的联系。法院院长 Roscoe Pound 认为，他们的文章仅仅“为我们的法律加入新的篇章”，隐私权的观点在当时是相当新颖的。《论隐私权》的作者认为，隐私权不是一项新的原则，它仅是一项旧原则（个人应该充分保护自身及其财产）运用于新事实，特别是在于技术的革新中，这些技术的发明和发现使得侵入人们私人和家庭生活变得更加容易。因此，他人的肖像在未经其许可的情况下不能放在广告上或者电影中；他人的秘密谈话不被监听，除非行为人当时就在场；大众传媒也不能将他人的隐私生活置于公共视觉之下。

《论隐私权》的核心部分是对英国和美国判例的一种创造性的重新解读，并因此得出这样的结论：如果仅以隐私权存在专有利益为由，把隐私当作财产权的一部分并予以保护的判决则不具有合理性。因为判决结果只能以隐私权作为基础才具有合理性，这些判例恰恰是隐私权具有法律地位的证明。仅仅以所举出的两个判例为例，法律就能够为未经授权而被公布的书信提供保护，即使这封书信并不具有文学价值。虽然通过援用所有权也能够惩罚未经授权的“文学艺术作品的复制行为”，但当这些文学艺术作品本身是没有任何价值时，这样的专有利益便荡然无存了，因为这些盗版作品伤害了作者以及其他在作品中被提及的人的情感。[①] 同样，在 Prince Abert v. Strange 一案中，一个英国法院不仅禁止被告复制 Albert 王子和 Victoria 女王所创作的图画，而且也禁止被告出版这些图画为主题的文章。

Brandeis 和 Warren 争论道：真正的罪行不是被告侵占了本属于 Albert 王子和 Victoria 女王的金钱利益，而是因为这一公开的出版行为给他们造成精神上的伤害。没有金钱或者财产利益，就没有出版的

① Brandeis, Louis, and Samuel Warren. 1890. The Right to Privacy. Harvard Law Review, pp. 199 – 200.

打算；要是因为一封信或者一幅图画没有任何价值，它的作者也不会同意将其出版了。那些作品所含有的价值不能由其出版行为所带来的金钱利益所衡量，而必须由其出版行为可能造成的精神痛苦和折磨来衡量。

我们可以简单地回顾人类文明的发展历程。最初，自由被狭义地界定为超越身体局限的自由。后来，逐渐承认了人类精神、感受、智力的自由。生存权逐渐演变成享受生活的权利，如果没有独处权，人们就无法享受生活。因此，生存权还必须包括隐私权。人类文明进步的历史也是隐私权法律地位逐渐提高的历史，这一断言可以在普通法的历史发展中找到例证，殴打罪逐渐被新的立法分类所补充，比如伤害罪、滋扰罪、诽谤罪，这就证明了社会逐渐增加“对人类情感的关怀”。“……人们免受身体伤害的立法规定被扩张到禁止行为人欲使他人遭受身体伤害的企图；这样的企图也就是将他人置于一种担忧受到伤害的恐惧中。从殴打罪发展到伤害罪，后来又发展到保护个人免受噪音和有毒气体、灰尘、烟雾和高频率的震动的伤害。对人类情感的关怀逐渐扩展了个人自由的范围。他人的名誉，也即他人在其他人心中的形象，也受到法律考虑，法律的发展势不可挡。丰富的精神生活，以及文明的进步所带来的对人们精神感受的重视告诉我们，部分的痛苦、快乐、生活的乐趣取决于这些精神感受。”①

Brandeis 和 Warren 断言，隐私权是随着人们对人类本质的重新认识，以及人们对快乐所需要素的重新理解而产生的。他们的观点是正确的，但是不幸的是，由于他们对人类文明的历史发展和普通法发展的错误认识，隐私权在法律上和哲学上的重要性并没有表现出来。②

普通法中“精神情感的”立法是否默示承认了精神感受的法律价值，这是十分模糊的。伤害、滋扰以及诽谤，传统上都被认为是对家庭安宁、社会秩序、国家和平的威胁。受到这些行为伤害的他人，

---

① Brandeis, Louis, and Samuel Warren. 1890. The Right to Privacy. Harvard Law Review, pp. 194 – 195.

② Newell, Martin. 1898. The Law of Libel and Slander in Civil and Criminal Cases, 2d ed. Chi – cago: Callaghan, pp. 1 – 18.

可以以法自卫，要不是存在民法上的救济，就可以直接惩罚行为人了。又如，在威斯敏斯特法案和理查德二世法案中都规定，由于诽谤容易导致社会的不和睦，因此禁止诽谤行为。① 可见，不是为了尊重人类精神情感本身，而是由于被诽谤者在政治上的滋扰才产生了诽谤罪。

隐私权从属于财产权，这种理念也许起源于人们对精神感受具有模糊性的认识。当然，精神情感能够提高人们的生活质量，“部分的痛苦、快乐、生活的乐趣存在于这些精神感受中”，但精神感受的这种好处必须与其容易对我们自身以及社会造成的不公的倾向相平衡。“对精神感受的重视是否标志着人类文明的进步”？我们有必要回顾一下情感的释放可能导致放纵行为，从而不利于人们的精神生活，使人们对别人的幸福生活感到更加敏感。一旦生存权演变成享受生活的权利，国家就很难拒绝人们从事有损于他人精神情感的活动的权利了。比如，爱八卦的人经常陶醉于探寻他人的隐私。我们有合理的理由相信，Saturday Evening Gazette 的读者喜欢阅读发生在 Warren 太太家有趣的故事。笔者怀疑，Warren 太太举办的聚会被公布出来，不是因为编辑想要伤害 Warren 太太和她的朋友们的精神感受，而毋宁说是为了回应读者们的精神情感的需要，从而满足那些未能被邀请到参加聚会的人的好奇心。

在《论隐私权》一文中，我们发现了一个具有浪漫主义色彩的自由理论，也就是关于“纯洁的人格”的一种理论。该理论认为，人格包括人的思想和情感，因此，隐私权是“人格权”的一部分。② 隐私权意味着，他人不仅能够在私下场合自由地表现自己，而且还可以用国家以往所禁止的方式来表现自己，他人能够自由地公开表现其自治权，而不必要担心面临刑事起诉、丢掉工作或者失去别人的尊重。Brandeis 和 Warren 是否同意隐私权的社会化这一观点是值得怀疑的。隐私权的最初目的是去限制行为人揭露他人隐私的话语和公开

① Newell, Martin. 1898. The Law of Libel and Slander in Civil and Criminal Cases, 2d ed. Chi-cago: Callaghan, pp. 20-23.

② Brandeis, Louis, and Samuel Warren. 1890. The Right to Privacy. Harvard Law Review, pp. 205, 207, 211.

他人隐私事务的行为，并对行为人公开他人秘密活动而对他人造成精神损害的行为施以法律惩罚。Brandeis 的目的不在于保护他人“情感的表达”，而在于保护他人免受行为人伤害其情感的行为。依照传统的观点，隐私是他人从公开场合的撤退，如此理解，它就与隐退和隐藏行为相联系，因为个人努力避免成为公共谈话的焦点，而不是希望拥有在公共场合随心所欲行为的权利。的确，隐私权所给予言论自由权的限制是十分重要的，因为根据 Brandeis 的理论，当言论被行为人用于侵犯他人的隐私时，追求真相不再重要，缺少恶意也难成免责借口。[①] 然而，遗憾的是，Brandeis 对流言飞语的谴责以及对“礼貌得体行为”的辩护却很少被援引。

“新闻媒体在各个方面都僭越了礼貌得体行为的范围。流言飞语不再是不端行为的根源……为了满足公共色情的偏好，报纸在其专栏中每日都公开出版有关性关系的细节……这些侵犯行为所造成的伤害最终导致社会道德的滑坡。即使有些道听途说是无害的，当它们被广泛或者持久传播时，它们同样可以产生罪恶的结果。浅薄的话语毁灭了健康的思想和美好的精神感受。在流言飞语极具破坏性的影响下，没有一种热情或者冲动能够长盛不衰。”[②]

在这段话中，Brandeis 对“道德”的关注，以及对公共话语中所体现的国家利益的重视，使得他的浪漫主义情怀有所缓和。他极力反对公共生活的庸俗化、平凡化，因为这毁灭了“健康的思想和美好的精神感受”。Brandeis 所尊重的不是粗俗的话语，而是优美表达的健康思想，只有健康表达的思想才值得法律保护。

如果人类的精神本质值得法律保护，那是因为不易导致身体伤害的话语仍然给社会造成一种明显的危险。“通过对相对重要的事情颠倒是非从而贬低他人的思想和灵感”，流言飞语不仅伤害了其所依赖的传播中介体，而且也伤害了整个社会。要感谢 Brandeis 的是，他谴责了这些浅薄的话语，这表明，即使是未造成他人身体伤害的言论，

---

① Brandeis, Louis, and Samuel Warren. 1890. The Right to Privacy. Harvard Law Review, p. 218.

② Brandeis, Louis, and Samuel Warren. 1890. The Right to Privacy. Harvard Law Review, p. 196.

也不能经常以隐私权为借口而不受到任何追究。

为了保护人们的人格免遭贬低，法律必须保护社会的道德利益。因此，“言论自由、宗教信仰自由并非是绝对无限制的，限制这些权利的目的在于保护国家免遭分裂，或者政治上的、经济上的以及道德上的伤害。”①

Brandeis 致力于为其所提出的具有浪漫主义色彩的自由提供更多的生存空间，但他没有以牺牲人类的理性品格为代价来达到此种目的，更不用说采用割断制宪者所建立的理性与情感之间的联系的方法了。非常不幸的是，Brandeis 在 Whitney 一案中所促成的浪漫主义与自由主义的结合十分脆弱以至于不能长久维持。虽然 Brandeis 仍然坚持，人类的理性品格应该处于优势地位，② 但他却不能解释为什么理性的命令优于情感的命令。因为浪漫主义与自由主义的结合依赖于自我约束、自我限制，但是两者的结合并没有证明自我约束是合理可行的，所以这种结合便不能长久维持下去。一旦《美国联邦宪法第一修正案》被认为同时包括了对情感的和理性的言论的保护，那么，我们对《美国联邦宪法第一修正案》规则所持有的传统期待便不再合理。这种传统期待是，《美国联邦宪法第一修正案》通过保护公共语言的文明性，维持了公共生活的质量，因为如果它还包括了对情感化的言论的保护，还怎么能维持公共生活的质量呢?《美国联邦宪法第一修正案》的这种发展趋势是 Brandeis 所乐意看到的，因为他始终认为，“国家的最终目的是为了让公民能够自由地培养自己的个性”，并将其中的一些个性命名为情感和感受。如果仅仅当言论所造成的威胁同时是严重的和危急的时候才压制言论的表达，那么，情绪化的以及不文明的语言所带来的“道德滑坡”便更加不可遏制了。Brandeis 在 Whitney 一案中所提出的方法没有为社会提供保护措施，以防止其受到由情感释放而诱发的人类本质的弱点所带来的危险。我们不要忘记，Brandeis 在 1890 年所发表的文章中对流言飞语所建议的救济措

① Whitney v. California, 1927p. 373.

② Whitney v. California, 274 U. S. 357 (1927).

施不是说更多的言论而是沉默，[①] 这是隐私权所带来的令人寒心的结果。

Brandeis 对自由的传统分析被他的后继者所抛弃，他的后继者转而支持自治。但承认人类精神情感的存在，并不是文明进步的表现，而是对人类的贬低，因为人类的理性被认为是如此脆弱，以至于不能形成对生活品味和生活方式的区别，相反，理性还被援用来否认这些区别存在的合理性。[②] 因此，人们能够随心所欲地行为，国家不再愿意通过惩罚人们公开的或者私下的自治表达来保护公共生活的质量，社会也不再愿意通过批评人们生活方式是不合理的、肤浅的以及无价值的来伤害人们的尊严。

对 Brandeis 来说，隐私权是他人最大程度地逃离社会的权利。但是对 Laurence Tribe（Brandeis 的后继者之一）来说，如此解释的隐私权不足以保护他人的个人尊严。Tribe 更愿意我们使用“自治”一词而不是“隐私”一词。“隐私”的含义是十分狭小的，它只是表现了一个内在的自我；而“自治”的含义则更加广泛，它同时表现了内在的自我和外在的自我。因为人们关心别人怎样评价自己，所以，人们的快乐和尊严取决于人们向别人能做些什么而不是直接取决于别人的施舍，通过这样做，人们最终树立了自己的公众形象。正如 Tribe 所认为的那样，自治的本质与隐匿无关。人们不是希望自己作为一个毒品吸食者而不被其他人所知道；人们所渴望的不是隐匿而是公开，也就是人们希望作为一个非毒品吸食者的正派形象而公开。[③] 如此理解的隐私权是公共表达的一种形式。在 Eisenstadt v. Baird 一案[④]、Roe v. Wade 一案[⑤]以及 Stanley v. Georgia 一案[⑥]中，美国联邦最高法院并不仅仅是确认了夫妻间的隐私权、身体隐私权或者人们决

① Whitney v. California, 274 U. S. 357 (1927), p. 377.

② Cohen v. California, 403 U. S. 15 (1971).

③ Tribe, Laurence. 1978. American Constitutional Law. Mineola, NY: Foundation Press., pp. 886 – 888.

④ Eisenstadt v. Baird, 405 U. S. 438 (1972).

⑤ Roe v. Wade, 410 U. S. 113 (1973).

⑥ Stanley v. Georgia, 394 U. S. 557 (1969).

定在自己家中读什么书、看什么电影的隐私权。“Baird 不能仅仅因为在公开演讲中将一个避孕工具给了一名妇女便受到惩罚。我相信，如果 Stanley 白天在中央公园拿着或者阅读一本色情书刊，他也不会受到惩罚。Roe 太太也可以公开地主张堕胎。”①

为了明白 Brandeis 所理解的隐私与当前社会所理解的隐私之间的分歧所在，我们只需要对比 Brandeis 运用法律来防止“道德滑坡”的决心与美国联邦最高法院在 Stanley v. Georgia 一案所表现出的对此漠不关心的态度。美国联邦最高法院认为，虽然政府有权禁止销售者销售色情书刊，但是，它却不能惩罚购买者或者剥夺购买者占有此书的权利。我相信，政府也只有在一种情形下有权禁止销售者销售色情书刊，那就是当销售这些书刊可能给社会带来损害时，而政府却绝对无权剥夺购买者的占有权，因为占有此书对购买者意义重大。政府虽然有权通过惩罚淫秽书籍的销售者来最大程度地阻止淫秽书籍的转播，但政府却绝对没有权力“控制他人的道德思想”。②

在 Stanley 一案中，美国联邦最高法院认为，政府在“保护他人的思想免受淫秽书籍内容影响”的行为中仅存在微弱的利益，以及政府在反对“损毁健康思想或美好精神感受的肤浅话语”的行为中并不存在任何利益。尽管 Brandeis 法官真诚地祈祷，美国联邦最高法院还是不愿意将 Stanley 购买色情书刊的行为描述成低俗的行为。与其说 Stanley 的行为是低俗的，毋宁说 Stanley 的行为展现了他无邪的个性，这是他在自己的住宅享有隐私权的结果。Tribe 认为，要是 Stanley 一案中的禁止购买色情书刊的制定法得到法院的支持，那么，这就可能导致“要么摧毁要么压制 Stanley 的内在自我”的结果。③既然该制定法剥夺了 Stanley 购买淫秽书刊的机会，“摧毁”或“压制” Stanley 内在自我的现象就会出现，那么，我们就可以很容易地理解为什么最初支持 Stanley 一案判决意见的 Marshall 法官，最后却“主张 Stanley 有罪的判决被撤销的原因是因为政府搜查的对象是

① Henkin, Louis. 1974. Privacy and Autonomy. Columbia Law Review, 64: 1410 - 1433.

② Stanley v. Georgia, 394 U. S. 557 (1969), p. 565.

③ Tribe, Laurence. 1978. American Constitutional Law. Mineola, NY: Foundation Press, p. 907.

Stanley 的住宅而不是 Stanley 自己，这是十分虚伪的”；以及为什么 Marshall 法官和 Brennan 法官现在准备推翻一些制定法，这些制定法禁止将淫秽书刊销售给“一个自愿购买淫秽书刊的成人”。虽然这些法官的逻辑是无瑕疵的，但美国联邦最高法院还是不愿意采用他们的方法。与 Brandeis 不同，我们并不觉得购买淫秽书刊的行为是讨厌的。我们对自治的热衷弱化了我们的道德信仰，以及弱化了我们曾经所认可的自治和道德之间存在的法律区别。

人类抵制摧毁或者压制内在自我的能力受到社会的威胁，因为社会崇尚道德。因此，社会必须放弃其评价社会成员的道德素质的权利，以免像 Stanley 一样的人觉得他们被迫地压制了内在自我而被迫地放弃了他们的思想及被迫地将他们表达真实个性的范围局限在隐私领域内。虽然隐私和自治都尊重个性，但自治并不拘束人们实现自我，这最终导致自治抛弃了公共领域与私人领域的区分。隐私必须社会化，以免人类的自尊和内在自我的完整性受到公共领域的自己和私人领域的自己之间持久存在的紧张而造成的伤害。Laurence Tribe 认为：“迫使他人以十分冒犯性的方式行为，实质上是对其自我的歪曲和侵犯。”① 如果人们的行为值得那样广泛的保护，那么，人们内在自我的表达也同样值得保护：“人们有权被雇佣、有权被信任、有权被爱、有权受到尊敬。”② 这是所有人都享有的权利，而不论人们如何行为，即使人们向他们的邻居说了些淫秽的话或者做了些猥亵的动作。

为了防止读者误将 Tribe 对自治的分析看成是极端的和无合法根据的，笔者建议读者注意 Tribe 对规定禁止使用大麻的制定法的批评以及他对一些禁止性规定的态度。例如，对禁止“一夫多妻制、通奸、集团性淫乱行为”的制定法的态度，他认为这些制定法实质上是对个人自由的一种违宪的限制。这与隐私不同，隐私更倾向于尊重和关心他人的感受，这是因为隐私区分了公共领域和私人领域，而这

① Tribe, Laurence. 1978. American Constitutional Law. Mineola, NY: Foundation Press, p. 961.

② Tribe Quoting J. Douglas Quoting Amerson in Barshy v. Board of Regents, 1978, p. 951.

种二元论正是自治努力去克服的。但是，只要隐私是私人财产权、隐私是宪法所保护的领域以及隐私的公开表达受到传统道德和法律的限制，这种二元论就倾向于持久存在。一旦隐私和私人财产权的联系被隔断，那么，隐私和自治的对立就显而易见了。

在 Olmstead 一案中，美国联邦最高法院准备在科技领域适用《美国联邦宪法第四修正案》、《美国联邦宪法第五修正案》，科技的发展是制宪者所未预料到的。随着窃听器的发明，政府窃听公民在住宅或办公室的谈话变得十分容易。为了收集涉嫌走私者的罪证，政府只要窃听五个月就可以达此目的了。窃听是一种搜查和扣押方式吗？使用窃听获得的证据对公民提起刑事诉讼是否违反了《美国联邦宪法第五修正案》赋予公民的不得自证其罪的权利？首席法官 Taft 不这么想，他认为，《美国联邦宪法第四修正案》保护公民免受不合理的搜查和扣押的条款仅仅适用于有形物品，这些有形物品是当局强制地和秘密地进入被告的住宅而搜查出来的。既然窃听器所记录的通话是无形的，窃听装置也安装在被告的住宅之外，因此，这并不违反《美国联邦宪法第四修正案》、《美国联邦宪法第五修正案》（手机通话是自愿的；政府并没有命令他们通话）。Olmstead 一案受到极大的重视，这并不是因为该案的判决已经在 1967 年被推翻了，[①] 而是因为 Brandeis 的异议意见，因为他在这份异议意见中提出了独处权，我们在前文中已经很详细地引用了这个段落。

Butler 法官对该案也表达了异议意见，但是他的异议意见是基于窃听行为侵犯了被告的财产权的理由："电话公司和电话使用者之间订立的合同明确规定，电话属于私人使用的设备。"[②] 既然电话线在使用中，电话线就属于他人的私人财产，不论窃听装置安装在哪里，它均等同于强制性地进入他人的住宅，因此便侵犯了他人的民事权利。

Brandeis 的异议意见如此不朽的原因在于 Brandeis 一贯拒绝支持隐私附属于财产权制度的态度，他也不认为隐私权应该置于财产权的

① Katz v. U. S., 389 U. S. 347 (1967).

② Olmstead v. U. S., 277 U. S. 438 (1928), p. 487.

保护之下。《美国联邦宪法第四修正案》、《美国联邦宪法第五修正案》所提供的保护不能完全被理解为对财产权的保护，它的范围更广。这是“一项独处权——一个含义最广以及最为公民所重视的权利”。[①]为了防止 Brandeis 提出的隐私与自治原则相混淆，特别是当隐私被运用到避孕和堕胎领域时，我们应该注意，Brandeis 通过 Buck v. Bell 一案[②]证实了其将《美国联邦宪法第四修正案》、《美国联邦宪法第五修正案》以及《美国联邦宪法第十四修正案》运用到当前情形中的合理性，在该案判决中，Homes 法官和 Brandeis 法官也都表达了支持意见（只有 Butler 法官持不同意见），他们认为“一连三代的弱智对于社会来说负担太重”，[③] 进而支持国家享有阻止弱智的人怀孕的权利，这一案例表明，Brandeis 所理解的隐私是十分有限的。我们认为，对政府权力的普遍限制并不能阻止美国联邦政府或者州政府为了适应当前社会环境而规制一些行为，这些行为可能在一个世纪或者半个世纪之前并未被认为是冒犯性的或者难以忍受的。

对 Brandeis 来说，在 Olmstead 一案中，政府的不适当行为因为这样一个事实而变得更糟，这个事实是政府用来起诉被告的证据的取得违反了华盛顿州禁止使用窃听器的法律。“国家对正派行为的树立、国家安全的需要以及自由环境的培养，要求政府官员遵循一些普通公民也必须遵守的行为规则……我们的政府是全方位的老师。它通过言传身教，为它的臣民树立了榜样。犯罪是具有传染性的。如果政府成为了一个违法者，它便培育了一个蔑视法律的环境；它邀请每个臣民为自己制定法律；从而造成了社会持续的混乱。”[④]

允许政府或者个人只遵守他们自己制定的法律规则（自治一词字面上的含义），那么社会便从此混乱无序。我们要求政府承认道德相对主义的行为，事实上忽略了政府作为道德导师的角色，这样政府就只能做出高尚的道德行为了。在 Olmstead 一案中，Brandeis 所理解的隐私权的范围十分狭小，因为 Brandeis 尊重政府制定的法律，以及

---

① Olmstead v. U. S., 277 U. S. 438 (1928), p. 487.

② Buck v. Bell, 274 U. S. 200 (1927).

③ Buck v. Bell, 274U. S. 200.

④ Olmstead v. U. S., 277 U. S. 438 (1928), p. 485.

这些制定法对政府和公民的行为所做出的限制。不幸的是，Brandeis在该案异议意见中所使用的语言很容易被误解，结果隐私权的后来的发展完全不是Brandeis法官自己所设想的那样，也许连他自己都不会同意后来这样发展的隐私权。

Brandeis看待隐私的视角是非常传统的。他提出隐私权理论的目的在于寻求保障个人远离公共生活的权利，至少是短暂的逃离；这样，人们就可以在个人隐私生活中寻找片刻的舒缓和精神恢复。[①] 这与当下隐私权的含义相去甚远，即个人享有在公开领域中不顾及其他人感受而行为的权利。Brandeis所设想的公共领域和私人领域这两个领域，各自都有自己的规则和法律限制，但很快都沦为一个领域，这是因为Brandeis成功地将隐私权从其附属的财产权制度中解放出来。

四、结语

自治的含义是指它试图为他人创设一种权利，使得他人无论在何时何地都能够自由地表达其个性。为了确保他人能够自由地行使这些权利，自治又增加了一项规则，使得他人在行为时应该给予其他人以适当的尊重。因此，自治是一项人格权。"我不是我自己，在某种程度上，我是其他人眼中的自己。"[②] 如果是这样的话，我的人格就取决于其他人是怎样看待我了。如果社会习俗迫使我放弃本真的自己或者改变我表达个性的方式，那么我的人格便遭受损害。这样的话，隐私被认为是一种公共表达方式。"……仅有旁观者认为他人的某些行为造成了实际损害，并不能证实法律限制他人的这些本应该受到保护的行为的合理性；值得注意的是，这并不是因为旁观者的观察行为冒犯了他人，相反，大部分情况下，他人还希望被其他人关注。"[③]

自治所需要的不是隐私，它与隐匿无关，而与社会接受有关。Cohen v. California一案[④]最好地展现了自治的这一发展趋势。读者也许想知道，为什么笔者始终坚持认为，Cohen一案是有关自治的案件，而不是有关言论自由的案件。我们的理解是，在Cohen一案中，

① Brandeis and Warren, 1890, p. 196.

② Tribe quoting I. Berlin, 1978, p. 966.

③ Tribe, Laurence. 1978. American Constitutional Law. Mineola, NY: Foundation Press, pp. 981-982.

④ Cohen v. California, 403 U. S. 15 (1971).

关键问题并不是原告享有反对立法草案的权利或者向其他人表达自己反对态度的权利，而是原告在表达自己的观点时所采用的粗鲁的、冒犯性的词语。要是 Cohen 将“打倒草案”这句话缝在他衣服的后面，他也许就不会面临刑事起诉了，而且他使用的词语也冒犯了本来支持他的人。要是法院要求 Cohen 使用文明的语言来表达自己的意见，那么，他的思想、意见就不会为人们所摒弃了，事实上，我们认为他使用文明的语言来表达其意见更容易受到人们的关注。如果在这种情况下使用粗俗的语言是必要的话，那么，这不是因为它有利于国家政体的改良或者有利于实现 Cohen 所提出的目标，而是因为它对于 Cohen 来说是重要的，它是 Cohen 表达其个性的工具，而不论它会给其他人造成怎样的影响。

隐私权的这一发展趋势也许并不是 Brandeis 法官所预料到的。当隐私权被置于财产权制度的保护之下时，隐私权就得不到的发展；当隐私权被置于自治的保护之下时，它就更加得不到发展了。